这是一部从鸦片战争到中华人民共和国成立（1840－1949年）110年间中国具有一定影响的人物（含少量对中国近现代有重要影响的外国人物）的图像集，其收录4255位历史人物的照片或画像。

　　图书编纂，素来崇尚图文并茂。而今读图时代尤其如此。图像（照片和画像）是极其重要的历史资料，比起单纯的文字更生动更具体更亲切，可直观地反映文字史料难以表达的信息。强大的视觉冲击力，使得阅读真正成为"悦读"、成为享受。

　　人物是历史活动的主体，重要人物对历史有无可比拟的影响。因此，人物传记一直是历史书籍的重要体裁，深受读者喜爱，可谓雅俗共赏，少长咸宜。与纯粹文字的人物传记、人物辞典相比，图文并茂或以图为主的读物，正越来越受到读者的青睐，自不待言。然而，有关中国历史事件的图片集已有很多，专题性的人物图片集也有不少，但相对完整的、抑或搜罗较多的中国近现代人物图像集却实不多见。中国近现代许多人物为人们所熟悉，图像能让读者加深印象，并提供读者想象的空间；也有许多人物不那么为人所知，图像则能让读者重新"认识"他们，一睹其"真容"；即便是人们已认识的人物，不同的图像也会引发读者不同的感慨。图像鲜活生动的特性，既能让读者对历史人物有形象感真实感，又可以为人物传记提供新素材新视角，有的图像还反映后人对像主的评价。既曰像传，自然有对人物的简要介绍，着重人物的生平事迹或主要活动，有俾于读者"阅图"。通过图文使读者将人物的事迹与形象有机地结合起来，从而加深对中国近现代人物的了解，乃是我们编辑这本像传的初衷。

中国近现代人物像传

南京图书馆 编

上海古籍出版社

《中国近现代人物像传》编委会

主　任　马　宁
副主任　方标军　全　勤
委　员　马　宁　方标军　许建业　钱　明　赵厚洪
　　　　　全　勤　姚俊元

《中国近现代人物像传》编辑组

组　长　陈希亮　夏　彪
成　员（按姓氏笔画排列）
　　　　　于　川　尤德艳　王陆军　叶　健　刘　娟
　　　　　刘小云　李培文　杨　帆　杨　萍　杨秋燕
　　　　　汪　励　陈希亮　陈晓明　周　蓉　周小平
　　　　　武心群　赵　华　赵彦梅　倪　瑜　夏　彪
　　　　　徐　昕　徐忆农　徐亚玲　袁　勇　袁　屏
　　　　　陶兴华　景远来　韩　梅

总 目

前　言

这是一部从鸦片战争到中华人民共和国成立(1840-1949年)110年间中国具有一定影响的人物(含少量对中国近现代有重要影响的外国人物)的图像集,共收录4255位历史人物的照片或画像。

图书编纂,素来崇尚图文并茂,而今读图时代尤其如此。图像(照片和画像)是极其重要的历史资料,比起单纯的文字更生动更具体更亲切,可直观地反映文字史料难以表达的信息,强大的视觉冲击力,使得阅读真正成为"悦读",成为享受。

人物是历史活动的主体,重要人物对历史有无可比拟的影响。因此,人物传记一直是历史书籍的重要体裁,深受读者喜爱,可谓雅俗共赏、少长咸宜。与纯粹文字的人物传记、人物辞典相比,图文并茂甚或以图为主的读物,正越来越受到读者的青睐,自不待言。然而,有关中国历史事件的图片集已有很多,专题性的人物图片集也有不少,但相对完整的、抑或搜罗较夥的中国近现代人物图像集却实不多见。中国近现代许多人物为人们所熟悉,图像能让读者加深印象,并提供读者想象的空间;也有许多人物不那么为人所知,图像则能让读者重新"认识"他们,一睹其"真容";即便是人们已认识的人物,不同的图像也会引发读者不同的感慨。图像鲜活生动的特性,既能让读者对历史人物有形象感真实感,又可以为人物传记提供新素材新视角,有的图像还反映后人对像主的评价。既曰像传,自然有对人物的简要介绍,着重人物的生平事迹或主要活动,有俾于读者"阅图"。通过图文使读者将人物的事迹与形象有机地结合起来,从而加深对中国近现代人物的了解,乃是我们编辑这本像传的初衷。

本书旨在为读者提供一部相对齐全而清晰的人物图像传记,为此,我们力求做到:一、收录人数较多,超过任何已出同类书籍。二、人物覆盖范围较广,晚清和民国并重,兼顾政治、经济、军事、文化、教育诸领域。三、图像原始真切,尽量使用珍稀的第一手文献资料,在广泛搜集的基础上甄别遴选。当然,要兼顾图像的数量和质量是很有难度的。譬如,有的人物很重要,但图像效果不佳;有的图像很清晰,但人物无足轻重或生平难考。这常常使我们忍痛割爱,有很多人物或图像都因此被舍弃。另外,需要说明一点:本书原拟题名为《中国近代人物像传》,故偏重于主要活动在民国及其之前的人物,后易名《中国近现代人物像传》,遂补充了少量民国时期声名不显、而1949年以后影响较大的人物。

本书的编纂只是一次尝试,人物和图像的选取定有不当之处,期待读者的批评或建议。

南京图书馆

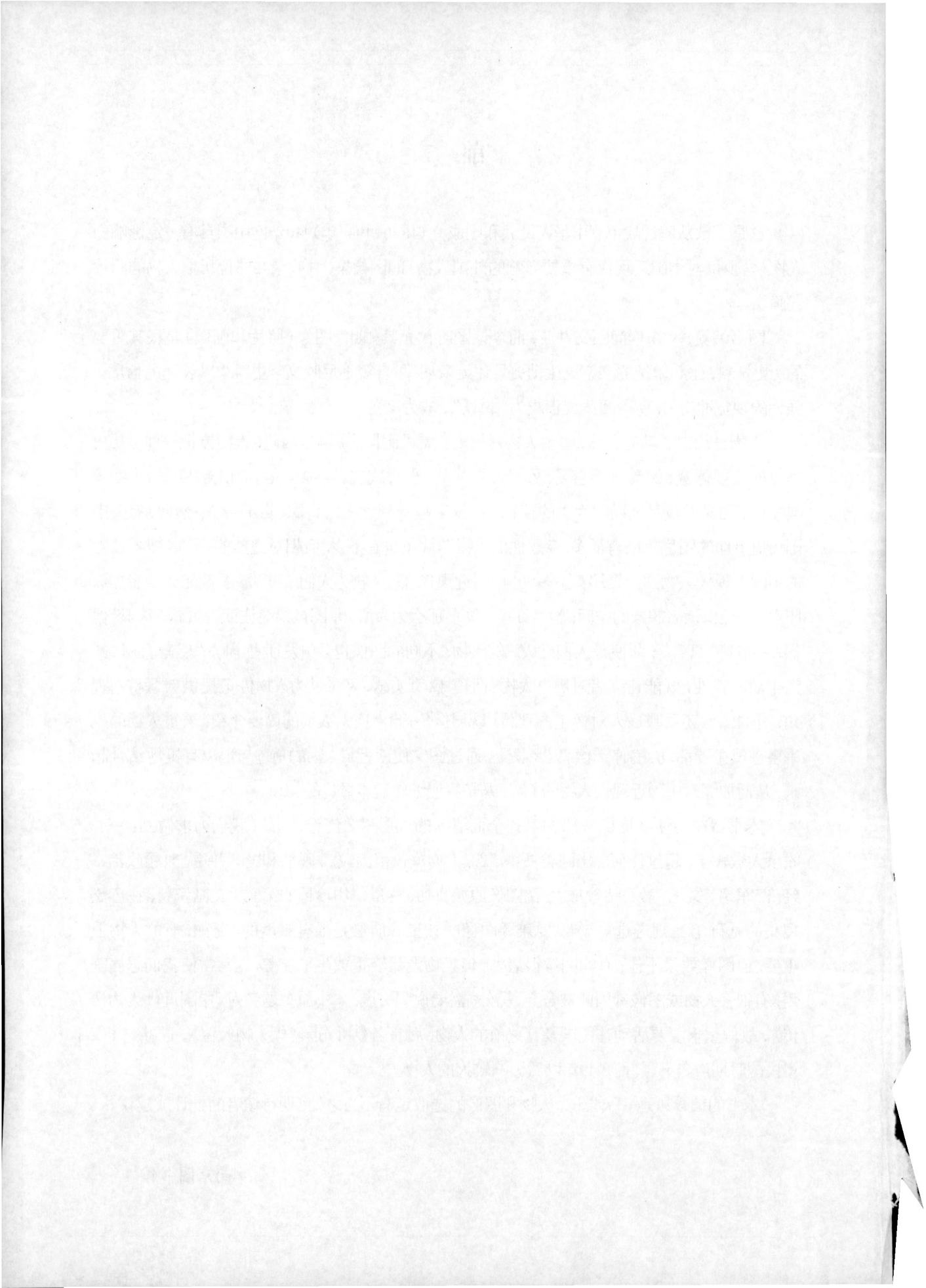

凡　例

一、规模

本书是关于中国近现代人物图像的比较系统的工具书，共收录人物4255人，一人一像，共计图像4255幅。

二、编排

本书正文词目（人物姓名）按笔画、起笔顺序排列。笔画由少至多为序，笔画数相同的按起横（一）、竖（丨）、撇（丿）、点（、）、折（乛）的顺序，第一字相同时，看第二字，余类推。外国人物依中文译名笔画。书前置按姓氏笔画排序的目录，书后附按姓氏拼音排序的索引。

三、范围

本书所谓"近现代"，实即学界通指的"近代"，起自1840年鸦片战争，讫于1949年中华人民共和国成立。所收人物主要活动于该时段。个别人物虽主要活动在该时段之前或之后，但对中国近代影响甚巨者，酌予收入。此外，本书收录少数在华活动，对中国近现代历史有一定影响的外国人。

四、内容

传主的姓名一般取其通行名。人物简介依次包括生卒年、字号、别名、籍贯、民族、学历、主要事迹（或主要任职）、代表著述。基本采取"述而不评"的原则，力求客观叙述，不作评论，遣词用语尽量中性。

五、一些特殊称谓的处理

机构名称，一般使用规范用法，如称"北京政府"，不称"北洋政府"；称"国民政府"，不称"国民党政府"。较长的名称使用简称，如使用"黄埔军校"代替"黄埔陆军军官学校"；使用"国民党中常委"代替"国民党中央执行委员会常务委员"。"1949年中华人民共和国成立后"简称"新中国成立后"。对伪政权、组织等加"伪"字注明，如"汪伪国民政府"，"伪满洲国"。对1949年后的台湾政权加引号注明，如"行政院"、"外交部"。

目　录

丁丙（1832—1899）

字嘉鱼，又字松生，晚号松存。浙江钱塘（今杭州）人。清诸生。家有藏书处"八千卷楼"，又增建"善本书室"，总称嘉惠堂。与兄丁申以私钱搜求散佚书回归文澜阁。辑有《武林掌故丛编》等，另著有《庚辛泣杭录》、《善本书室藏书志》。

丁里（1916—1994）

原名贾卓尔。山东历城（今济南）人。济南美术专科学校毕业。1935年加入中国左翼戏剧家联盟。1938年到延安，参与筹建鲁迅艺术剧院。同年加入中国共产党。新中国成立后，任总政文化部副部长。曾任大型舞蹈史诗《东方红》总导演。

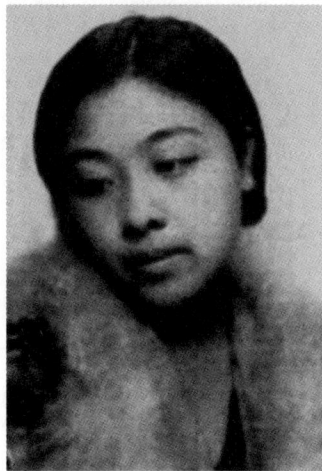

丁玲（1904—1986）

女。原名蒋冰之。湖南临澧人。1923年入上海大学。1927年发表处女作《莎菲女士的日记》。1930年加入"左联"，1932年加入中国共产党。1936年去陕北。1948年发表《太阳照在桑乾河上》。新中国成立后，任《文艺报》、《人民文学》主编。有《丁玲文集》行世。

丁晏（1794—1875）

字俭卿、柘堂，号石亭居士、颐志老人。江苏山阳（今淮安）人。清道光举人。咸丰年间以内阁中书加三品衔。熟谙经史，尤精校勘之学。擅诗。著有《毛郑诗释》、《三礼释注》、《周易述传》等47种，汇刻为《颐志斋丛书》。

丁超（1883—1933）

字洁忱。辽宁新宾人。清优贡生，日本士官学校毕业。历任奉天军械厂厂长，黑龙江、吉林督署参谋长，东北边防军东路前敌总指挥，吉林省政府主席。日军侵入东三省后沦为汉奸，任伪满通化省、安东省省长。1933年被擒杀。

丁谦（1843—1919）

字益甫。浙江仁和（今杭州）人。清同治举人。中法战争期间，因倡办团练加强海防有功，受赏五品衔。晚年潜心研究边疆及邻国地理，兼攻金石学。著有《蓬莱轩地理学丛书》。

丁颖（1888—1964）

别名君颖，字竹铭。广东高州人。日本东京帝国大学农学士。曾任中山大学农学院院长、国民政府农林部西南改良作物品种繁殖场场长。新中国成立后，历任华南农学院院长、中国农业科学院院长。1955年当选中科院生物学部委员。著有《我国的米问题》、《作物名实考》。

丁九成（1836—1903）

字鹤皋。江苏无锡人。以货殖名于时，贸易往来沪渎，重信义，好交游。

丁士源（1879—1945）

字问槎。浙江吴兴（今湖州）人。上海圣约翰大学毕业。复赴英国学习法律。清末任陆军部军法司司长、高等巡警学堂总办。北京政府时为陆军副督统、陆军中将、航空处处长。1932年投日，任伪满驻日公使、驻"国联"代表。

丁子明（1907—1997）

女。浙江吴县（今湖州）人。苏州蚕桑学校毕业。后考入上海神州影片公司当演员，主演影片《不堪回首》、《花好月圆》、《道义之交》。1931年退出影坛。新中国成立后，任上海影剧系统托儿所第一任所长。

丁文江（1887—1936）

字在君。江苏泰兴人。早年留学英国，学动物学及地质学。1916年任农商部地质调查所所长，1922年发起成立中国地质学会，1930年任北京大学地质学系教授，1934年任中央研究院总干事。著有《中国之造山运动》、《中国矿业纪要》等。

丁文蔚（1827—1890）

字豹卿，号蓝叔。浙江萧山人。官清福建长乐知县。善画，书法长于篆、隶书。会刻竹，能诗。著有《越中历代画人传》。

丁以此（1846—1921）

字竹筠。山东日照人。清末秀才。丁惟汾之父。治文字学、音韵学。著有《毛诗正韵》。

丁玉树（1897—?）

福建厦门人。福州华英书院肄业、菲律宾马尼拉牙科学院毕业。曾任厦门及上海和记洋行华经理、鼓浪屿电力电气公司董事长、上海维他富化学制炼有限公司及万国化学工业社经理。

丁世峄（1878—1931）

字佛言，号迈钝。山东黄县人。日本法政大学毕业。1911年任山东省咨议局议员，1913年当选众议院议员，反对袁世凯称帝，后任黎元洪总统府秘书长。1923年回乡研究古文字学，工书法、篆刻。著有《说文古籀补补》。

丁汉民（生卒年不详）

别号卓东。安徽涡阳人。毕业于陆军大学特别班第一期。1926年任西路军暂编陆军第一师第三旅长，1928年任第五军第六师师长。

丁西林（1893—1974）

原名丁燮林，字巽甫。江苏泰兴人。1914年赴英国伯明翰大学读物理和数学。曾任北京大学物理系教授，中央研究院物理研究所所长。业余从事戏剧创作。新中国成立后，任文化部副部长、中国戏剧家协会常务理事。写有《一只马蜂》等剧作。

丁兆冠（1881—1955）

字幼秋，又秋。云南石屏人。清末举人。毕业于日本早稻田大学政治经济科。曾任云南法政学校校长，云南省政务厅、司法厅、民政厅厅长。新中国成立后，任西南军政委员会委员、云南省人民政府委员。

丁名全（1903—?）

浙江安吉人。留德医学博士。曾任上海南洋医学院妇产科教授、上海妇孺医院院长、上海同德高级助产学校教务长兼妇产科教授。

丁汝昌（1836—1895）

字禹廷。安徽庐江人。1875年受命赴英国购军舰，统领北洋水师。北洋舰队编成，任海军提督。甲午战争时与日舰在黄海遭遇，带伤督战，后退守威海卫。翌年2月遭日军海陆围攻，力战不胜，自尽殉国。

丁志刚（1919—1996）
山东滕县人。重庆南开中学毕业，曾在陕北抗日军政大学学习。后任八路军山东纵队宣传大队队长。新中国成立后，历任山东省文化局副局长、北京图书馆副馆长、中国图书馆学会理事长。

丁作韶（1902—1978）
河南夏邑人。上海震旦大学毕业，法国巴黎大学法学硕士。历任国民革命军总政治部调查统计课课长、厦门大学及四川大学法学教授。晚年任台湾成功大学教授。

丁秉南（1909—？）
上海人。复旦大学肄业。曾任中华慈幼协会执行干事、上海儿童图书馆常务董事、上海福幼院总干事、上海幼幼教养院董事。新中国成立后，任上海少年儿童图书馆副馆长。

丁治磐（1892—1988）
别号似庵。江苏东海人。江苏陆军讲武堂、陆军大学毕业。抗战期间任国民革命军第二十六军军长。1948年任江苏省政府主席、京沪杭警备总司令部副总司令。1950年初率残部退守浙江舟山嵊泗列岛。后逃往台湾，任"总统府"国策顾问。

丁贵堂（1891—1962）

字荣阶。生于辽宁海城，祖籍山东黄县。先后就读于奉天高等学堂、法政学堂及北京税务专门学校。一生从事海关工作，曾任海关副总税务司、代理总税务司。新中国成立后，任海关总署副署长。

丁炳权（1897—1940）

字御伯。湖北云梦人。黄埔军校第一期毕业。1927年任国民革命军团长。1934年任湖北省保安处处长。抗战爆发后任国民党第八军第一九七师师长兼长沙警备司令。

丁济万（1901—1963）

字秉臣，号蔺荪。江苏武进人。上海中医专科学校毕业。曾任神州中医学会会长、上海中医师公会理事长、国民政府卫生部中医委员会委员。1949年去香港，设万昌堂国药号。

丁济生（1848—?）

字梅岩。福建建宁人。法政学堂毕业。曾为客籍学堂监督，邵武中学校长。1913年被选为众议院议员。1917年任护法国会众议院议员。

丁基实（1903—1988）

字群，又名李易山。山东日照人。德国布莱斯德大学毕业。丁惟汾侄子。曾任国民党山东省党部执行委员、国民政府国民参政员、山东省建设厅长。新中国成立后，任上海市人民政府参事。

丁象谦（1875—1956）

字六皆。安徽阜阳人。日本早稻田大学政治经济科学士。同盟会员。民初任参议院议员、护法国会参议院议员。1924年任北伐军大本营参议。1930年任国民党中央党史委员会编纂。1949年去台湾。

丁惟汾（1874—1954）

字鼎臣。山东日照人。1905年首批加入同盟会。长期从事国民党党务，曾任国民党中央常务委员、代理宣传部长、代理中央党部秘书长、中央政治学校教育长、监察院副院长、国民政府委员。1949年去台湾。

丁绪宝（1894—1991）

安徽阜阳人。南京中央大学毕业，物理学硕士。历任东北大学、中央大学、浙江大学教授。新中国成立后，任浙江师范学院、浙江大学任教授，国家科委计量局研究员。一生重视实验教学，建议在大城市建科学技术馆。

丁超五（1883—1967）

字立夫。福建邵武人。福州格致书院毕业。晚清秀才。1911年加入同盟会。后任北京政府众议院议员、护法国会参议院议员、福建省政府委员、国民党中央执行委员、立法院立法委员。新中国成立后，历任福建省人民政府副主席、民革上海市委主任委员、福建省副省长、全国政协委员。

丁惠康（1904—1979）

江苏无锡人，生于上海。丁福保之子。上海同济大学医科毕业，德国汉堡大学医学博士。历任上海医学院心肺系教授、虹桥疗养院院长、上海市第一第二届防痨大运动总干事。新中国成立后，任同德医学院教授、上海文史馆馆员。

丁韪良（1827—1916）

字冠西。美国印第安那州人。美国北长老会传教士，1850年来华传教，曾任同文馆总教习、京师大学堂总教习。1916年逝世于北京。

丁嗣贤（1899—？）

字盘甫。安徽阜阳人。清华大学毕业，美国麻省理工学院化工硕士。1928年任中央大学化学工程科教授兼代理主任。1932年任安徽大学教务长。1934年任上海交通大学化学系教授。与顾毓珍等共同发起成立中国化学工程杂志社。

丁福保（1874—1952）

字仲祜，号畴隐。江苏无锡人。清光绪秀才。早年习日文、算学及医学，曾任京师大学堂及译书局教习。1908年在上海行医，创办医学书局。1917年后信奉佛法。编有《佛学丛书》、《佛学大辞典》。

丁默邨（1903—1947）

别名时政、竹倩。湖南常德人。1934年任国民党军统局第三处处长。1938年任武汉特别市政府秘书长。1939年降日，任汪伪特工总部主任、汪伪国民党中央常务委员、交通部长、浙江省长。1947年以叛国罪被处死。

丁偶宣（1869—？）

字雨生。浙江新昌人。历任本邑沃西高等小学校长，县学校校董。1913年当选众议院议员。1917年任护法国会众议院议员。1922年北京国会恢复时，仍任众议院议员。

刁光覃（1915—1992）

原名国栋。河北束鹿（今辛集市）人。中学时代即热衷于戏剧演出，抗战期间演出过大量宣传抗日的戏剧。为新中国话剧舞台上第一个扮演列宁形象的演员。1978—1984年任北京人民艺术剧院副院长、艺术委员会主任、导演。

刁信德（1880—1958）

广东兴宁人。上海圣约翰大学医学博士。历任上海同仁医院主任医师、上海红十字会医院院长、圣约翰大学医学院教务长、大上海疗养院院长、中华医学会会长、中华麻疯救济会会长。

于伶（1907—1997）

原名任锡圭，字禹成。江苏宜兴人。1930年考入北平大学法学院。后从事戏剧创作。1932年加入中国共产党，参与"左联"领导工作。新中国成立后，任上海文化局局长、中国戏剧家协会和电影家协会副主席、上海戏剧学院院长等。代表作有《夜上海》、《七月流火》等。

于斌（1901—1978）

号冠吾、希岳、野声。黑龙江兰西人。罗马传信大学博士。曾任中华全国公教进行会总监督、津沽大学校长、天主教南京教区总主教。1938至1947年任国民参政会参政员。抗战期间宣传抗日。1948年去梵蒂冈，后到台湾，任台湾辅仁大学校长。

于一凡（1905—？）

原名凯，号佐仁。辽宁铁岭人。毕业于东北讲武堂第四期、陆军大学第八期。历任东北军第五十七军一一一师六三二团长、第十二军副军长，授少将军衔。淮海战役中被人民解放军俘虏，1961年获特赦。

于人俊（生卒年不详）

浙江宁海人。曾任杭州民法中学校长、安定中学教师。抗战时期一度负责黄岩中学教务。撰有《天台游草》、《义乌县志》、《宁海漫记》、《民国仙居县新志稿》。

于少卿（1898—1980）

原名绍庆，字复先。山东潍坊人。留德医学博士。历任山东大学医学院教授、河北医学院院长、国民党中央军医学校军医监、南京医学院院长、第二十集团军参议。1949年后，居台湾、美国。

于世秀（生卒年不详）

1920年代起任东北大学教授。1930年曾任东北交通大学副校长。

于右任（1879—1964）

字伯循。陕西三原人。清光绪举人。同盟会会员。创办《神州日报》、《民呼日报》。参与创办复旦公学、上海大学。历任南京临时政府交通部次长、南京国民政府审计院院长、监察院院长。1949年去台湾。长书法、诗词，著有《右任文存》、《右任诗存》。

于式枚（1850—1912，一作1853—1915）
字晦若，号穗生。广西贺县人。清光绪进士。历官邮、礼、吏、学诸部侍郎，曾任修订法律大臣、国史馆副总裁、京师大学堂总教习。

于光远（1915— ）
上海人。清华大学物理系毕业。1937年加入中国共产党。曾任中共中央图书馆主任。1941年起从事陕甘宁边区经济的研究。1954年任中科院哲学社会科学部委员。后历任国家科委副主任、国家计委经济研究所所长、中国社会科学院副院长。著有《政治经济学》、《论我国的经济体制改革》等。

于光和（1905—？）
号致生。甘肃宁朔（今宁夏永宁）人。历任宁夏林矿局局长、国民参政会参政员。1946年任宁夏省建设厅长。1948年任宁夏省水利局长。

于冲汉（1871—1932）
字云章。辽宁辽阳人。清秀才。曾任日本东京外国语学校中国语讲师。1912年任北京政府外交部特派奉天交涉员。1920年任奉天官银号总办。1922年任东三省保安总司令部总参议。1932年任伪满洲国监察院院长。

于汝洲（1901—1988）

女。字濯瀛。松江哈尔滨（今属黑龙江）人。毕业于上海人和产科学院。曾任东三省防疫事务总处医官、哈尔滨松江医院院长、哈尔滨松江产科学校校长、国民参政会参政员、立法院立法委员。1949年去台湾。

于寿椿（1892—？）

上海人。上海打铁业世春堂董事于光斗之子。沪江大学毕业。曾任全国纸烟捐税局秘书、中国通商银行总行襄理、上海棉布商业银行董事长、正德炼乳厂常务董事。

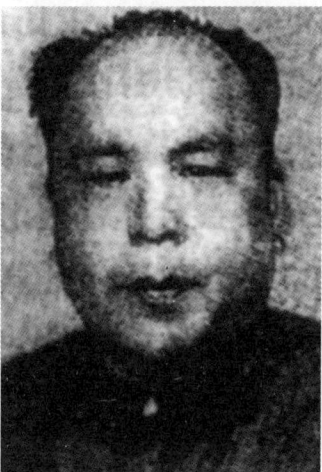

于国桢（1900—1952）

北京通县人。曾加入中国共产党，旋脱党。1928年起任国民党山西省党部训练部科长，湖北省第六、七区行政督查专员，热河省代理省主席、唐山市市长。1949年去台湾，任台中县县长

于学忠（1890—1964）

字孝侯。山东蓬莱人。初投吴佩孚，后附奉系。历任河北、甘肃、山东省主席，第三集团军总司令，军事参议院副院长，国民党中央执行委员。九一八事变后，主张抗日。抗战期间参加台儿庄等战役。新中国成立后，任国防委员会委员。

于宝轩（1875—？）

字子昂，又作志昂。江苏江都人。清末监生。曾任北京政府内务部次长、经济调查局总裁。北伐后任交通银行监事会主席。抗战爆发后投敌，任伪维新政府交通部次长、汪伪监察院委员。

于定勋（生卒年不详）

1930年代知名的电影编剧。1932年起先后任上海明星、天一等影片公司编剧。仅1932—1935年编写的电影剧本即有《爱与死》、《挣扎》、《苦儿流浪记》、《吉地》、《纫珠》、《春宵曲》等。

于荣岑（1914—1987）

别号华亭。河南鄢陵人。毕业于河南百泉师范学院。历任河南鄢陵县教育局督学、鄢陵县政府秘书长、警察局长，河南省政府警务处秘书。1949年去台湾，任国民党中央党部总干事。

于树德（1894—1982）

字永滋。河北静海（今属天津）人。日本东京帝国大学毕业。同盟会会员。1922年加入中国共产党，后脱党。历任国民党中央执行委员、黄埔军校教官、国民政府监察院监察委员、考试院考试委员。新中国成立后，任全国政协常委。

于省吾（1896—1984）

字思泊。辽宁海城人。沈阳国立高等师范毕业。后移居北平，潜心研究古文字和古器物。曾任辅仁大学、北京大学教授。新中国成立后，任吉林大学教授。著有《甲骨文字释林》。

于是之（1927— ）

原籍天津，出生于北京。1945年考入北京大学西语系法语专业。后参加祖国剧团、北平艺术馆任演员。1949年2月参加华北人民文工团（北京人民艺术剧院前身），出演话剧。曾任北京人民艺术剧院副院长，中国戏剧家协会副主席。出演的话剧有《龙须沟》、《茶馆》等。

于振瀛（1902—1960）

陕西镇坪人。北京国立医科大学毕业。历任国民党北平市党部监察委员、冀察政务委员会宣传处长、新疆省党部执行委员、立法院立法委员。新中国成立后，任政务院参事、民革中央常委。

于益钧（1894—? ）

别号梦李。河北沧县人。毕业于东北讲武堂第四期炮兵科、陆军大学第八期。曾任国民政府参谋本部参谋、国民党第三十七军参谋长。1945年授少将军衔。

于能模（1893—1966）
字伯度。浙江浦江人。法国巴黎大学法学博士。曾任国民党外交部条约委员会委员、中央大学法律系教授、第一届高等考试襄试委员。1949年去台湾。著有《国际私法大纲》、《国际私法》。

于基泰（生卒年不详）
字云峰。江苏江宁人。英国格拉斯哥大学理学士。历任南洋大学、复旦大学、东华大学教授，暨南大学理学院院长。

于望德（1910—　）
陕西三原人。英国伦敦大学政治学博士。于右任长子。曾任重庆大学、中央大学教授，行政院专门委员，经济会议政务组副主任，国民党第六届中央候补执行委员。1947年5月任国民政府驻哥伦比亚全权公使。1949年去台湾。

于焌吉（1899—1968）
字谦六。河北文安人。美国哥伦比亚大学哲学博士。曾任国民政府驻纽约总领事，驻意大利大使。1949年后，任台湾"驻意大利大使"兼"驻西班牙大使"。

于椿林（1905—?）

别号松柏。江西南城人。黄埔军校第六期毕业。历任南京中央军校教官、中央训练团国防要塞班副主任、华中"剿总"第二战防总队总队长。1949年去台湾。

于锡来（1907— ）

字北承。江苏金坛人。南京中央大学毕业。曾任国民党中央组织部总干事、国民党江苏省党部代主任委员、国民参政会参政员、立法院立法委员。1949年去台湾。

于豪章（1918—1999）

号文博。祖籍江苏淮安，生于安徽凤阳。中央军校毕业，后留学美国。历任中国远征军参谋、陆军总司令部科长、蒋介石侍从武官。1949年去台湾，任陆军"总司令"、"总统府"战略顾问。

于镇河（1898—1985）

字疏九。山西浑源人。历任阎锡山部旅长、师长、军长，1945年任国民党第七集团军副司令。1948年任大同警备司令。1949年率部起义，促成大同和平解放。新中国成立后，任山西省人民政府参事。

土丹参烈（约1908—　）

又名图丹承烈。西藏拉萨人。藏族。1942年任西藏地方政府第三批驻京代表。1944年任国民政府蒙藏委员会委员。1946年当选"国民大会"代表。

土丹桑布（1911—　）

西藏拉萨人。藏族。毕业于达赖山大学。曾任特宗宗本、粮台、堪穷及西藏政府驻京代表。1946年当选"国民大会"代表。1948年当选立法院立法委员。

土肥原贤二（1883—1948）

日本人。日本陆军大学毕业。1913年来到中国，任日本特务头目坂西武官的助理，后成为日本在中国第三代特务头目。九一八事变后任奉天伪市长，后挟持溥仪至东北建立伪满洲国。1935年逼签《秦土协定》，1937年率部侵入华北。1948年日本战败投降后作为甲级战犯被判处绞刑。

万里（1908—1986）

号克仁。四川夹江人。东北讲武堂、陆军大学毕业。曾任川康绥靖公署参谋处长、副参谋长。1949年12月，随邓锡侯部起义。新中国成立后，任川西军区高参、四川省政协常委。

万钧（1874—?）
字举之。贵州镇远人。清贡生。
曾任镇远两等学校校长。1913
年当选为国会众议院议员。
1917年任护法国会众议院议
员。1922年北京国会恢复时，
仍任众议院议员。1943年任国
民政府中央图书杂志审查委员
会委员。

万大铉（1910—　）
又名亚刚。浙江嘉兴人。历任阎锡
山部军长王靖国、中统局副局长
徐恩曾私人秘书，中统局西北区总
督导，国民党陕西省党部执行委
员，中统局秘书。1949年去台湾，任
"司法行政部调查局"资料室（又
称荟庐）主任。

万古蟾（1900—1995）
名嘉祺，号古蟾。江苏南京人。
万籁鸣孪生弟弟。早年入上海
美专学习。1926年入长城画片公
司，与兄合作摄制成中国首部动
画片《大闹画室》。1930年后，
先后入大中华、联华、明星、新
华影片公司和中国电影制片厂。
1949年入香港长城电影公司。
1956年为上海美术电影制片厂
导演。代表作有剪纸片《猪八戒
吃西瓜》、《人参娃娃》等。

万式炯（1905—1991）
号敬章、炎吾，又名承祖。贵州铜仁
人。苗族。毕业于贵州陆军崇武学
堂、陆军大学。曾任国民党第一〇三
师副师长，第十三绥靖区副司令官，
黔桂边区绥靖司令部副司令。1949
年底起义，后任贵州省政协常委。

万兆芝（1890—?）

字元甫。江西南昌人。清末贡生。美国哈佛大学硕士。民国年间历任约法会议秘书长，交通部、司法部秘书，外交部参事，北京大学、北京高等师范学校教授。抗战时投敌，任汪伪劳工局局长、合作局局长、华北法院分庭庭长。

万倚吾（1898—1951）

原名耀中。湖北黄冈人。毕业于保官军校第六期。曾任国民党独立第十一旅旅长、第一九七师师长、第八军军长、鄂东游击司令。1949年在重庆起义。

万梦麟（1896—1950）

字瑞孔。云南昆明人。毕业于云南陆军讲武堂、云南陆军高等军事学校。曾任黄埔军校教官、南京中央军校战术教官、中央陆军步兵学校教育处副处长。

万越凡（1895—1940）

湖北罗田人。毕业于保定军校第五期。曾任黄埔军校教官、福州警备司令部参谋、军事委员会驻赣军官训练团总务处长、庐山军官训练团办公厅秘书长。抗日战争爆发后，任军事委员会中将参议。1940年病逝。

万超尘（1906—1992）

名嘉结，号超尘。江苏南京人。万籁鸣弟。早年入南京美专、上海东方艺专学画。1925年入商务印书馆活动影戏部。1930年后，入联华、明星影片公司及中国电影制片厂。1949年后，任上海美术电影制片厂副厂长。代表作有木偶片《小小英雄》、《机智的山羊》、《神笔》、《雕龙记》等。

万福麟（1880—1951）

字寿山。吉林农安人。行伍出身。1917年任奉军第五十七旅旅长。1925年任黑龙江保安司令。后任东北边防军副司令长官，黑龙江、辽宁省政府主席。抗战期间任第一集团军、第二十集团军副总司令。1949年去台湾，任"总统府"国策顾问。

万墨林（1898—1979）

原名木林。上海南汇人。曾为杜月笙的总管家。历任上海万昌米行经理、上海米业公会理事长、全国粮食公会理事长、上海临时参议会参议员、全国商联会常务理事。1948年当选"国民大会"代表。1949年去台湾，著有回忆录《沪上往事》。

万籁天（1899—1977）

曾用名万群。湖北武昌人。曾留学日本。1921年入北京人艺戏剧专科学校学习。曾任南国社导演。先后创作话剧《东道主》、《唐宫秘史》，编导电影《意中人》。新中国成立后，任辽宁人民艺术剧院导演、辽宁省剧协主席。

万籁鸣（1900—1997）

名嘉综，号籁鸣。江苏南京人。早年任职上海商务印书馆、《良友画报》。1926年入长城画片公司，与弟万古蟾合作摄制成中国首部动画片《大闹画室》。1931年后，先后入联华、明星、新华影片公司和中国电影制片厂。1949年入香港长城电影公司。1954年为上海美术电影制片厂导演。彩色动画片《大闹天宫》是其代表作。

万耀煌（1891—1977）

字武樵，晚号砚山老人。湖北黄冈人。北京陆军大学毕业。曾任国民革命军新编第十军第一师师长、陆军第二十五军军长。1935年授陆军中将。抗战时任第十五军团军团长。1949年去台湾，任"总统府国策顾问"、国民党中央评议委员。

上官云相（1895—1969）

字纪青、寄青、霁青，别号古穆和尚。山东商河人。毕业于保定军校第六期。初入孙传芳部，后任国民革命军旅长、师长、军长。参加第三、第四次"围剿"红军，在"皖南事变"中率部伏击新四军。1949年去台湾，任"总统府"战略顾问。

上官业佑（1909—2002）

号启我。湖南石门人。毕业于国民党中央政治学校。曾任中央军校特训班政治部主任、三青团中央干事、"制宪国民大会"代表。1949年去台湾，任国民党台湾省党部主任委员、"总统府"战略顾问。

小凤仙（生卒年不详）

女。清末杭州某旗人武官之女。父母早亡，由张姓奶妈抚养。后流落上海、北京，沦落为妓。在北京结识云南都督蔡锷。1915年曾掩护蔡锷摆脱袁世凯监视离京赴滇，被视为侠妓。其后嫁王克敏为妾。晚年居沈阳，改名张洗非。

山田良政（1868—1900）

原名良吉，字子渔。日本人。1894年任日本陆军翻译官。戊戌变法失败后曾保护康有为等逃往日本。1900年任南京东亚同文会教授，同年受孙中山之托赴广东参加惠州之役，在与清军交战中殉难。

千家驹（1909—2002）

浙江武义人。北京大学经济系毕业。曾任广西大学、香港达德学院教授，创办经济服务社。新中国成立后，历任中央私营企业局副局长、中央社会主义学院副院长。主要研究中国的财政、公债、农村经济问题。著有《中国货币发展简史》、《我国社会主义经济研究中的若干问题》等。

川岛芳子（1906—1948）

女。姓爱新觉罗，又名金璧辉。满洲人，生于北京。满族。清肃亲王善耆之女，后过继给日本人川岛浪速。1930年起充当日本侵华间谍，作恶多端。1948年3月以汉奸、间谍罪被处死。

广禄（1900—1973）

字季高，本姓孔果洛氏。新疆伊犁人。锡伯族。毕业于伊犁惠远师范、北平俄文法政专门学校。历任国民政府驻苏领事馆秘书、总干事，国民党新疆党部执行委员。1949年去台湾，任"立法院"立法委员、台湾大学教授。

门致中（1886—1960）

字靖原。吉林汪清人。保定军校毕业。1922年任冯玉祥部第十师参谋长。1926任冯部副总参谋长。1928年任宁夏省政府主席。1940年起任汪伪华北治安军总司令、华北先遣军第九路总司令。1946年后寓居香港。

卫文灿（1908—1954）

字星垣。山西浮山人。毕业于山西师范学校。曾任国民党山西省党部执行委员。1948年当选"国民大会"代表。1949年去台湾。

卫立煌（1896—1960）

字俊如。安徽合肥人。湖南陆军学兵营结业。1926年参加北伐战争。1939年任国民党第一战区司令长官兼河南省政府主席，1943年任中国远征军司令长官，1948年任东北"剿总"总司令。1949年去香港。1955年回到北京，任全国政协常委、国防委员会副主席。

卫挺生（1890—1977）

字琛甫。湖北枣阳人。美国哈佛大学经济学硕士。历任北京交通大学、燕京大学、中央大学教授，国民政府立法院立法委员。1944年弃政从文，致力于历史研究。1948年去香港讲学，1949年赴台湾大学任教，1953年任菲律宾大学教授，1956年迁居美国。著有《山海经地图考》。

卫惠林（1900—1992）

学名安仁。山西阳城人。法国巴黎人类学院研究生。历任中山文化教育馆研究部民族学研究员，金陵大学、复旦大学、中央大学教授。为中国民族学会创办人之一。1949年去台湾，执教台湾大学考古人类学系。

卫景林（1906—1990）

字石樵。山西洪洞人。毕业于太原北方军校。历任国民革命军营长、第一〇一师副师长。1949年初随傅作义在北平起义。新中国成立后，任人民解放军第三十七军副军长、全国政协委员。

卫聚贤（1899—1989）

字怀彬，号卫大法师。山西万泉人。曾入清华大学国学研究院。1919年参加五四运动。1927年任南京古物保存所所长。1933年任上海中国公学商学系主任。1949年去香港任教。后去台湾，任辅仁大学教授。著有《中国考古学史》、《古器物学》等。

马良（1840—1939）

原名志德，字相伯，以字行。江苏丹徒人。早年入上海耶稣会，获神学博士学位。曾任上海徐汇公学校长、清政府驻日使馆参赞。1903年创办震旦学院。1905年创办复旦公学，任校长。1913年代理北京大学校长。"九·一八"事变后积极参加抗日救亡活动，1937年任国民政府委员。有《马相伯先生文集》。

马林（1883—1942）

本名亨德里克斯·斯内夫利特。荷兰人。毕业于荷京大学。1902年加入荷兰社会民主党。1920年当选第三国际执委。1921年作为第三国际代表来华，出席中共"一大"，与孙中山会晤商谈国共合作。1942年在荷兰被德国纳粹杀害。

马亮（1905—1971）

别号骥良。辽宁盖平人。毕业于北平郁文学院。曾任国民党辽宁省党部指导委员、天津特别市党部常务委员、国民政府内政部禁烟委员会主任委员。1949年去台湾，任"国民大会"代表。

马洪（1920—2007）

山西定襄人。延安马克思列宁学院毕业。1937年加入中国共产党。曾任延安中央研究院研究员。新中国成立后，历任国家计划委员会委员兼秘书长、中国社科院院长、国务院副秘书长。1985年至1993年任国务院经济技术社会发展研究中心总干事、国务院发展研究中心主任。全国人大常委。有《马洪选集》。

马浮（1883—1967）

字一浮，号湛翁，以字行。清光
绪举人。浙江绍兴人。留学德
国、日本。精通儒家经典，擅长
书画，为现代新儒家的早期代
表人物之一。抗战时期，任浙
江大学教授、复性书院院长。
1953年后，任浙江文史馆馆长、
中央文史馆副馆长。全国政协
特邀代表。有《马一浮集》。

马捷（1907—1984）

女。辽宁沈阳人。毕业于北平中国
大学。曾任东北物资调节局专员，
东北敌伪处理局专门委员。1948年
当选"国民大会"代表。1949年去
台湾。

马衡（1881—1955）

字叔平，别号无咎、凡将斋主
人。浙江鄞县人。早年就学于
上海南洋公学。1918年任北京
大学国文系金石学讲师。后任
北京大学、清华大学考古学教
授。1927年当选西泠印社第二
任社长。1934年起任故宫博物
院院长。1952年任北京文物整
理委员会主任委员。著有《中国
金石学概要》、《凡将斋金石丛
稿》。

马锳（1895—1975）

字幼坡。云南洱源人。白族。毕业于
云南陆军讲武堂、陆军大学。曾任
滇越铁路军警总局局长、国民革命
军第一集团军参谋长、云南省保安
副司令、云南省政府委员、云南警备
总司令部参谋长。1949年随卢汉起
义。

马大声（1888—1973）

陕西米脂人。毕业于复旦大学。曾任南京临时参议院参议，南京国民政府参议院法律咨询委员会委员，立法院社会调查部特派员、甘肃省政府顾问。新中国成立后，任甘肃省文史馆馆员。

马大浦（1904—1992）

安徽太湖人。中央大学农学院毕业，美国明尼苏达大学研究院硕士。曾任广西大学、中正大学、中央大学教授。新中国成立后，任南京林学院院长、南京林业大学名誉校长。

马小进（1887—？）

名骏声、号退之。广东台山人。曾入美国哥伦比亚大学及纽约大学学习。历任众议院议员，北京总统府秘书，税务处帮办，广东大元帅府参事，广东督军署参议，护法国会众议院议员。晚年以教学卖文为生，曾任广州大学文学院长。

马元枢（1912— ）

字宗融。福建福州人，祖籍河南。毕业于私立福建学院法律系。民国年间曾任南昌地方法院检察官、九江地方法院推事、宜昌地方法院院长、厦门地方法院院长、国民政府司法院最高法院推事。1957年任台湾"司法院最高法院"庭长。

马长寿（1907—1971）
字松龄。山西昔阳人。南京中央大学民族学专业毕业。先后执教于中央大学、东北大学、金陵大学、四川大学。新中国成立后，任浙江大学、复旦大学、西北大学教授。著有民族史著作多种。

马文车（1890—1961）
字心竹。浙江东阳人。曾留学日本政法大学。历任广州卫戍总司令部秘书长、国民政府军事委员会秘书厅厅长、国民革命军总司令部秘书长、浙江省党部执行委员、甘肃省政府委员。新中国成立后，任民革杭州市委副主委。

马文焕（1856—?）
字化封。直隶（今河北）香河人。北洋法政专门学校毕业。1910年考获知县，后分山西补用知事。1913年当选为众议院议员。1917年任护法国会众议院议员。1922年北京国会恢复时，仍任众议院议员。

马文鼎（1919— ）
青海循化人。回族。毕业于西安陆军大学参谋班。曾任马步芳部第八十二军参谋长。1949年9月8日在青海省湟中投诚。新中国成立后，任青海省人大常委会副主任、民革青海省委主任委员、全国政协委员。

马玉山（1878—1929）

字宝洪。广东香山（今中山）人。从小赴菲律宾谋生，1902年在马尼拉开办马玉山商店，经营糖果饼干生意，并附设纸盒、印刷等工厂。后在上海创办国民糖厂，在香港设马玉山糖果有限公司。分行遍及各省大埠及南洋。1928年因资金不足，宣告破产。旋赴南洋及广西集资，力图重振旧业，不幸病逝途中。

马玉崑（1827—1908）

字荆山。安徽蒙城人。清末毅军将领。以镇压捻军起家，官至都司，1874年随左宗棠抗击阿古柏和沙俄侵略。甲午战争爆发，率毅军赴朝鲜对日军作战，晋浙江提督。八国联军入侵时，护送慈禧太后和光绪帝西逃，后加太子少保衔。

马本斋（1901—1944）

河北献县人。回族。东北讲武堂毕业，在东北军任团长。九一八事变后，不满不抵抗政策，辞官回乡。抗战期间，组织"回民义勇队"抗日。1938年参加八路军，并加入中国共产党。后任冀鲁豫军区第三军分区司令员兼回民支队司令员，率部转战冀中与冀鲁豫地区。1944年于山东莘县病逝。

马东武（生卒年不详）

1930年代知名的电影演员。1925年入上海天一影片公司任演员。1925—1935年主演影片有《母亲》、《汪洋大盗》、《空门红泪》、《春宵曲》、《兰谷萍踪》、《青春之火》、《欢喜冤家》等十余部，大多为反角。

马占山（1885—1950）
字秀芳。直隶丰润（今属河北）人，生于奉天怀德（今吉林公主岭市）。九一八事变后任黑龙江省主席兼东北边防军黑龙江省副司令，率部抗日。西安事变时支持张、杨抗日主张。后任东北"剿总"副司令。1949年1月与傅作义等在北平宣布起义。

马占和（1912—1987）
别号蔼如。山西大同人。毕业于山西大学法学院。曾任山西省政府秘书，国民革命军第十七师政治部主任，国民政府社会部计划委员、内政部专门委员。1948年当选"国民大会"代表。1949年去台湾。

马汉三（1906—1948）
原名士杰。河北大兴人。早年入冯玉祥的西北军，后投靠蒋介石。曾任国民政府军事委员会调查统计局处长、华北区区长、北平办事处主任，国防部保密局北平站站长。1948年当选"国民大会"代表。旋被蒋介石下令秘密处死。

马地臣（1796—1878）
又译名孖地臣、马德生。英国人。爱丁堡大学毕业。1818年来华，沿中国海岸从事鸦片走私。1832年参与成立查顿·孖地臣公司，成为广州最大的鸦片走私犯，1840被驱逐回国。著有《英国对华贸易现状及其前途》。

马师恭（1903—1973）

字子敬。陕西绥德人。毕业于黄埔军校第一期。曾任国民党第十一师副师长、装甲第五军副参谋长、伞兵司令、整编第八十八师师长、第十八军军长。1949年去台湾，任"国防部"参议。

马光宗（1903—1987）

号耀武。甘肃宁定（今广河）人。回族。曾任国民党马鸿逵部第十一军骑兵二团团长、第八十一军骑兵第一旅旅长、第一六八师师长、第十一军军长。1949年9月23日率第十一军残部在宁夏中卫通电起义。新中国成立后，任甘肃省政协常委、全国人大代表。

马廷英（1899—1979）

字雪峰。辽宁金县（大连市金州区）人。留日博士。历任中央大学教授、中国地理研究所海洋组主任。1945年去台湾，任台湾大学教授。主要从事珊瑚化石的生长规律、古气候和大陆漂移的研究。著有《古气候与大陆漂移之研究》。

马仲英（约1912—约1937）

原名步英，字子才。甘肃河州（今临夏）人。回族。马步芳堂弟。曾任自组"西北边防联盟军"总司令，后任第十五路军第二路纵队司令，甘宁青联军总司令，国民革命军新编第三十六师师长，新疆省政府委员。1934年到苏联后不知所终。1937年新三十六师被盛世才收编。

马全良（1903—1965）

号俊如。宁夏金积人。回族。曾任国民革命军第七十师师长、第十一军副军长、宁夏兵团副司令、整编第十八师副师长、马鸿逵贺兰军军长。1949年9月23日在宁夏中卫通电起义。新中国成立后，任宁夏省交通厅长、甘肃省水利厅长。

马全忠（1914—1987）

号精一。甘肃河州（今临夏）人。回族。毕业于步兵学校将官班。曾任宁夏第十五军骑兵副旅长、第一一六八师副师长、骑兵独立第十师副师长、保安第四纵队司令、保安第二师师长。1949年参加宁夏和平解放。

马兆奎（1910— ）

号吉甫。河北博野人。毕业于中央政治大学。曾任福建闽海税务局长、福建龙岩县县长、福建省《中央日报》代理社长、国民党中央财务委员会专门委员。1949年去台湾，任"财政部"次长、台湾银行董事长。

马兆琦（1895—1960）

字效韩。河北清苑人。回族。保定军校第五期毕业。曾任察哈尔都统公署军务处处长、国民政府军事委员会北平绥靖主任公署军务处副处长、第八战区第十七集团军总司令部参谋长。新中国成立后，任甘肃省文史馆馆员。

马守援（1899—1951）

号学坡。贵州龙里人。毕业于陆军大学特别班第五期。曾任贵州省保安中将副司令，后当选第一届"国民大会"代表。1949年在四川参加起义。

马安澜（1916—2001）

原名青海。辽宁沈阳人。毕业于中央军校及美国陆军指挥参谋大学。曾任国民党第五军第四十五师副师长。1949年去台湾，任"陆军总司令"、"副参谋总长"。

马如龙（生卒年不详）

字晓云。甘肃河州（今临夏）人。1935年起历任宁夏省政府委员、国民政府国防部部员、宁夏省保安副司令。1948年当选"国民大会"代表。1949年9月参加通电向人民解放军投诚。

马寿华（1893—1977）

字木轩，号小静。安徽涡阳人。毕业于河南法政学堂。曾任河南法政专门学校教授、武汉国民政府最高法院委员、南京国民政府司法行政部总务司司长、南京市政府秘书长。后任台湾省政府委员兼财政厅长、台湾"行政法院"院长等职。业余兼事书法。

马孝骏(1911—1991)

浙江鄞县（今宁波鄞州区）人。小提琴家、作曲家兼指挥家。留法音乐教育学博士。曾任南京中央大学教授、台湾中国文化学院音乐系主任。解放战争时期移居法国，1962年定居美国。其子为大提琴演奏家马友友。

马志超(1903—1973)

字承武。陕西华阴人。毕业于黄埔军校第一期。曾任蒋介石侍从室侍从副官、河南省开封区保安司令、陕西省公安局局长、甘肃省会警察局局长、第八战区政治部主任，第一届"国民大会"代表。1949年去台湾。

马连良(1901—1966)

字温如。北京人。回族。幼年在喜连成科班学艺。初习武生，后改老生。其表演自成一家，世称"马派"。1930年组"扶风社"。1951年组马连良京剧团。1955年任北京京剧团团长。代表剧目有《借东风》、《铡美案》。

马步芳(1903—1975)

字子香。甘肃河州（今临夏）人。回族。早年入宁海军官训练团学习。国民政府时任青海南部边防警备司令、青海省政府主席，被称"青海王"。曾派兵"围剿"红军西路军。1949年任西北军政长官，后所部被人民解放军击溃。1950年移居埃及。

马步青（1898—1977）

字子云。甘肃河州（今临夏）人。回族。马步芳之兄。行伍出身。1924年任骑兵团长。1928年加入国民革命军，任旅长。1936年兼青海省政府委员。1937年任骑兵军长。1945年任国民政府蒙藏委员会委员。1949年去台湾，任国民党中央评议委员。

马呈祥（1914—1991）

字云章，号瑞云。甘肃河州（今临夏）人。回族。马步芳外甥。毕业于青海军官教导团、陆军大学。曾任骑兵第五师师长、第五军军长，新疆警备总司令部骑兵指挥官兼骑兵第一师师长。1949年逃往埃及，1950年去台湾，任澎湖防卫副司令。

马吟泉（1910—1984）

山东临驹人。毕业于山东第四师范。曾任国民政府军事委员会别动总队游击第五纵队第六梯队政训处主任，济南市党部委员，临驹县参议员，第一届"国民大会"代表。1949年去台湾。

马伯援（1884—1939）

原名告阶。湖北枣阳人。曾在日本早稻田大学、美国西北大学学习。历任南京临时政府内务部总务司司长、中华留日基督教学生青年会总干事。

马希援（1911—1985）

字平南。江苏武进人。毕业于中央大学法学院。历任湖南第三区战区检察官、自贡地方法院首席检察官、重庆实验地方法院检察官、无锡地方法院院长。1949年去台湾，任"国防部"军法局军法官。

马怀冲（1882—1974）

字明亮，别号马胡子。贵州晴隆人。曾任国民革命军暂编第七军第二师师长、贵州省公路局局长。1948年当选"国民大会"代表。

马启邦（1904—1984）

字叔庄。广西桂林人。回族。毕业于北平内政部警官高等学校。曾任桂林市警察局局长、广西省政府参议、广西省警保处处长。1948年当选"国民大会"代表。1949年去台湾。

马君武（1880—1940）

原名和。广西桂林人。1901年赴日留学，1905年加入同盟会，任秘书长。后又赴德国留学，获博士学位。历任南京临时政府实业部代理部长、护法军政府交通部长、非常大总统府秘书长、北京政府司法总长、中国公学校长、广西大学校长等职。

马青菀（11893—1962）

陕西西安人。毕业于陕西军官学校、陆军大学第十一期。曾在杨虎城部（十七路军）任旅长、师长。1932年叛杨，逃往南京，任国民政府军事委员会参议。1948年当选"国民大会"代表。新中国成立后，任陕西省人民政府参事、陕西省政协委员。

马拔萃（1906—1988）

别号聚占。广西容县人。毕业于广西军校、陆军大学。曾任国民党第四集团军总部副官处副官、第七军参谋长、第七军第一七一师、整编第九十七师师长、第五十六军军长。1949年后定居香港。

马其昶（1855—1930）

字通伯，晚号抱润翁。安徽桐城人。1910年任学部主事。1916年任清史馆总纂。其散文淡简，是桐城派末期的代表人物。著有《抱润轩文集》、《毛诗学》。

马英才（1903—1958）

号育才。甘肃东乡人。毕业于珞珈山军官团级高级研究班。曾任西北军石友三部副师长，宁夏省卫、宁、盐、同心四县保安司令，中央独立第十旅旅长，第二五七师师长，马鸿逵部贺兰军副军长。1949年9月23日在宁夏银川投诚。新中国成立后，任甘肃省民委委员。

马国恩（1904—？）
号荣九。吉林扶余人。毕业于东北陆军讲武堂、陆军大学。抗战时任第一战区第三集团军参谋长。

马金镖（1881—1973）
又名金标。山东济南人。回族。少年习武，曾拜洪拳、查拳名家学艺。艺成后，周游大江南北，摆擂比武，声名大振。曾先后在中央大学、金陵大学、中央国术馆任教。新中国成立后，任上海群英社武术总教练。

马学良（1913—1999）
字蜀原。山东荣成人。早年就读于北京大学文科研究所。曾任教于中央大学。新中国成立后，任北京大学、中央民族学院教授，中国社科院少数民族文学研究所副所长。长期从事民族语言的教学和研究。

马宗汉（1884—1907）
原名纯昌，字子畦，别号宗汉子。浙江余姚人。1902年进浙江高等学堂学习，后留学日本早稻田大学预备科。光复会会员。1907年在安徽参加徐锡麟组织的起义，失败后被捕牺牲。

马空群（1909—2007）

贵州遵义人。毕业于贵州大学。曾任贵州《民国日报》总主笔、贵州省政府社会处代处长、考试院贵州区县人员考试委员、国立贵阳医学院教授。1949年去台湾，任"监察院"副院长。2007年在美国旧金山逝世。

马建忠（1845—1900）

字眉叔。江苏丹徒人，定居上海。留学法国获博士学位，回国后随李鸿章办洋务，主张改革政治、兴办学校、立议院，任上海机器织布局总办。精通语言学。著有《富民说》、《马氏文通》。

马绍武（1909— ）

青海化隆人。回族。曾在国民党中央政治学校学习。曾任青海省教育厅、民政厅厅长，国民党青海省党部主任委员，国民党第六届候补中央执行委员，"制宪国民大会"代表。1949年去台湾。

马荫荣（1872—？）

字樾盒。山东茌平人。清光绪进士，授翰林院编修。曾赴日本任山东留学生监督。归国后任山东优级师范学堂监督、山东高等农业学校监督。1913年当选为参议院议员。1917年任护法国会参议院议员。1923年任长江上游总司令部参议。

马威龙（1905—1938）

字云飞。广西容县人。黄埔军校南宁分校毕业。1937年任中央军校教导总队团长，参加淞沪会战和南京保卫战。1938年任第二十七军第四十六师第一三六旅旅长，参加兰封战役，在与日军土肥原贤二部的力战中牺牲。

马耐园（1903—1976）

字启明。广东潮阳人。毕业于黄埔军校第三期。曾任中央警校训育室主任、浙江省防军司令部政治部主任、国民政府军事委员会总政治部组织处处长、广东省第二区行政督察专员兼保安司令。1948年当选立法院立法委员。1949年去台湾。

马星野（1910—1991）

原名允伟。浙江平阳人。留美新闻学学士。历任国民党中央政治学校教授、候补中央执行委员、《中央日报》社社长。1947年当选"国民大会"代表。后去台湾，任"中央通讯社"社长、"中国新闻学会"理事长。著有《新闻学概论》、《新闻事业史》等。

马思聪（1912—1987）

广东海丰人。曾入法国巴黎音乐学院学习小提琴和作曲。1932年，创办广州音乐学院并任院长。后任中山大学教授。新中国成立后，任中央音乐学院院长。1967年后侨居美国。代表作有小提琴独奏曲《思乡曲》、大合唱《祖国》等。

马庭松（1909— ）

字寒涛。河南浚县人。毕业于河南省公立法政专门学校。曾任国民党河南焦作市党部常务委员、浚县县长、河南省党部执行委员。1948年当选"国民大会"代表。1949年去台湾，后移居加拿大。

马洗繁（1893—1946?）

河北昌黎人。历任中央政治学校教授、河北省政府秘书长、南京市社会局局长、中央大学法学院院长、国民参政会参政员。

马济霖（1909—1992）

号雨苍。山西阳曲人。毕业于北平中国大学。曾任国民政府铁道部专员、实业部科长，国民党宁夏省党部执行委员兼组训处处长，三青团团部秘书，中央青年部秘书。1949年去台湾，任"立法院"立法委员。

马乘风（1906—1992）

别号趁枫。河南洛阳人。毕业于北京大学。历任国民党河南省党部宣传部长、民国大学教授、北平高级商业专门学校校长、冀察政务委员会参议、第一至四届国民参政会参议员。1948年当选立法院立法委员。1949年去台湾。

马涤心（1910—1986）

又名骏。安徽盱眙人。毕业于中央陆军军官学校、陆军大学。曾任国民政府军事委员会委员长侍从室参谋、第六军预备军第二师参谋长、国防部第一厅第二处处长。1949年去台湾，任金门防卫司令部参谋长、第一军团司令。

马崇六（1902—1998）

云南大理人。曾在云南讲武堂、日本陆军士官学校学习。历任黄埔军校教官，国民政府训练总监部监员、军事委员会工兵总指挥部总指挥、立法院立法委员、交通部政务次长。1949年赴香港，晚年独居日本。

马焕文（1903—？）

别号述尧。河北定县人。毕业于北平朝阳大学。曾任国民党河北省党部书记长、河北省政府委员。1948年当选立法院立法委员。1949年去台湾。

马寅初（1882—1982）

浙江嵊县人。美国哥伦比亚大学经济学博士。曾任北京大学、中央大学教授，中央研究院院士，浙江大学校长。新中国成立后，历任中央人民政府政务院财政经济委员会副主任、北京大学校长、中科院哲学社会科学部委员。著有《新人口论》等。

马维麟（1885—1953）

字豫勤、玉卿。甘肃导河（今临夏）人。回族。甘肃省立文高等大学堂毕业。1913年当选为参议院议员。1917年任临时参议院议员。新中国成立后，任甘肃省文史馆馆员。

马超俊（1886—1977）

号星樵。广东台山人。留学日本，后辍学回国。同盟会会员。1911年参加黄花岗之役。武昌起义时任华侨敢死队队长。曾奉孙中山命赴美国学习飞机驾驶。历任国民政府南京市市长、国民党中央社会部副部长。1949年去台湾，任国民党中央评议委员、"总统府"资政。

马奠邦（1908—1995）

甘肃广河人。回族。历任国民党第八十一军连长、营长、团长、副旅长、师长。1949年在宁夏起义。新中国成立后，任甘肃省人民政府参事。

马禄臣（？—1963）

广东人，生于香港。留学英国。毕业后曾留在英国行医，后回香港。系著名妇产科医生，曾任香港中华医学会会长、英国医学会会员。早年同情支持孙中山革命。新中国成立后不久，1955年即偕夫人李惠英参加"香港工商界回国观光团"到广州参观。

马弼德（1902—？）

字恒复。广东台山人，生于加拿大。加拿大医学博士。发起成立中国医学史学会。曾任上海公共卫生学会及心理卫生促进会总干事、中法生物化学研究所所长、《中国药物杂志》及《上海医事周刊》英文编辑。

马瑞图（1897—？）

别号子远、子元。安徽合肥人。毕业于保定军校第八期。1928年任国民政府军事委员会办公厅高级参谋。

马锡武（1882—1952）

号辅臣。甘肃清水人，原籍云南。回族。曾任国民革命军团长、甘肃保安副司令。1948年当选"国民大会"代表。新中国成立后，任甘肃省人民政府委员。

马腾霭（1921—1991）

宁夏金积人。回族。伊斯兰教哲合忍耶板桥门宦世袭教主。曾任国民政府宁夏省参议会副议长。1948年当选"国民大会"代表。新中国成立后，任宁夏人民政府副主席、政协副主席，甘肃省政协副主席，中国伊斯兰教协会副会长。

马福益（约1865—1905）

原名福一，一名乾。湖南湘潭人。1891年创立回仑山（亦作回龙山），开堂收徒近万，为清末湖南省势力最大会党首领。1904年接受黄兴劝说，策划反清起义，后被清军逮捕杀害。

马福祥（1876—1932）

字云亭。甘肃河州（今临夏）人。回族。曾入兰州武备学堂。慈禧挟光绪西逃，随驾扈从至西安，担任警卫，补为甘肃靖远协副将。后历任袁世凯政府宁夏护军使，国民政府军事委员会委员、青岛特别市市长、安徽省政府主席、蒙藏委员会委员长，国民政府委员。

马毓宝（1864—1933）

字孝先。安徽蒙城人。早年入清军，保定陆军大学第一期毕业，任清新军第35标标统。辛亥革命后，历任九江都督、江西都督、北京大总统顾问、国民政府参军处参军。

马遵廷（1908—？）

又名亦椿。浙江嵊县人。南京中央大学数学系毕业。毕业后留校任助教，后升为副教授。1952年任南京工学院教授、系主任。

马徐维邦（1905—1961）

原姓徐，因入赘马家，改姓马徐。上海美专毕业。1924年起先后入上海明星、联华、天一、艺华、中华影片公司。1947年后到香港，加入长城、新华影片公司。一生共导演了《寒江落雁》、《夜半歌声》、《碧血黄花》等32部影片。

丰子恺（1898—1975）

乳名慈玉，学名丰润，法名婴行。浙江崇德人。早年从李叔同学习绘画、音乐。1921年去日本。回国后长期从事美术、音乐创作和教学。尤以漫画名世。1928年从弘一法师皈依佛门。新中国成立后，任上海中国画院院长、中国美术家协会上海分会会长。主要作品有《护生画集》、《音乐入门》。

王力（1900—1986）

原名祥瑛，字渭华、了一。广西博白人。曾就读于清华大学国学研究院。后获巴黎大学文学博士学位。历任清华大学、西南联大、中山大学、岭南大学教授。1954年任北京大学教授，中国文字改革委员会副主任，全国政协常委。1956年当选为中科院学部委员。著有《古代汉语》、《中国语法理论》。

王之（1907—　）

字淡如。湖南长沙人。毕业于清华大学、美国威斯康辛大学。曾任南京国民政府军委会委员长侍从参谋、驻日本盟军总部首席联络官、国防部情报司司长、国防部办公厅副主任、青岛警备司令部副司令长官。1949年去台湾，任"总统府"参军、东吴大学教务长。

王平（1896—1979）

字均一、筠一。山西隰县人。毕业于山西法政专门学校。曾任山西离平县县长，国民革命军第三集团军总司令部政务组组长，绥远、河北、山西省政府秘书长，财政部政务次长。1948年当选"国民大会"代表。1949年去台湾。

王仡（1887—1950）

字杜伯，号绍甫。湖南东安人。毕业于陆军大学。曾任湖南督都府警卫营长、湘军第三师团长、第三战区长官部参谋处处长、第六十三师师长、国民政府国防部部员。

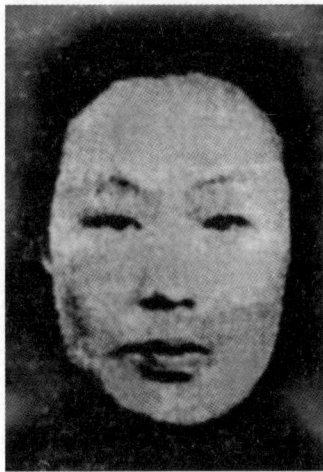

王兰（1915—1991）

女。字者香。天津人。毕业于天津师范学院。曾任天津树德中学教务主任、天津参议会参议员、国民党天津党部妇女委员会委员、天津社会局专员。1948年当选"国民大会"代表。1949年去台湾。

王民（1912—1990）

号啸声。安徽合肥人。毕业于安徽大学，后留学美国。曾任国民政府军事委员会战时干部训练一团、重庆战时青年训导团教官，国立女子师范学院教授。去台湾后，任《台湾新生报》社长。

王时（1889—1987）

字雨民。湖南永顺人。毕业于保定军校第二期。曾任湖南省第三区行政督察专员兼保安司令、湘鄂川黔边区绥靖公署副主任。1949年去台湾，任"国民大会"代表。

王助（1893—1965）

字禹明。河北南宫人。著名飞机设计师。早年赴英、美留学获科学硕士学位。1917年任美国波音公司第一任总工程师。1918年，回国创办了中国第一家飞机制造厂——福建马尾海军飞机工程处，任副处长。1939年任国民政府航空委员会中国航空研究所副所长，1946年任中国航空公司主任秘书。后去台湾，任成功大学教授。

王佐（1898—1930）

江西遂川人。绿林出身。1927年将绿林军改编为农民自卫军，响应北伐。同年10月率部上井岗山，接受中国共产党领导和改编。1928年加入共产党。历任湘赣独立团团长、红五军五纵队司令员。1930年3月在江西永新被错杀。新中国成立后被追认为革命烈士。

王英（?—1951）

号杰臣。祖籍河北邢台，生于绥远五原（今属内蒙古）。土匪出身，先后投附马福祥、冯玉祥、万福麟、阎锡山。1930年被蒋介石委为骑兵第三师师长。1935年投日，被日军委为大汉义军司令。抗战胜利后，任骑兵第一集团军总司令、平蒲路"剿共军总司令"。

王杰（1884—1943）
字从周。河南西华人。河南法政学堂毕业，后留学日本法政学堂。1912年当选为河南省议会议长。1913年当选为国会众议院议员。1917年任护法国会众议院议员。1922年北京国会恢复时，仍任众议院议员。

王易（1889—1956）
字晓湘。江西南昌人。北京大学毕业。历任北京师范大学、南昌心远大学、国民党中央政治学校教授，中正大学教授、文学院院长。新中国成立后，任职于湖南文史馆。著有《修辞学》、《修辞学通诠》、《国学概论》、《词曲史》。

王侃（1884—？）
字辅宜。江西东乡人。日本帝国大学法科毕业。曾任江西省司法司长。1913年当选为国会众议院议员。1927年9月，任国民政府最高法院推事。1942年任交通部法规委员会委员长。

王珏（1910—？）
号为天，山西阳城人。陆军大学第十期毕业。抗战期间任第八战区司令长官部参谋处副处长、处长，1949年任福州绥靖公署副参谋长。

王政（1906—1970）

号子政。云南新平人。清华大学毕业，美国斯坦福大学社会学硕士。历任中央大学教授、三青团中央组织处副处长、云南省教育厅长、"国民大会"代表。1949年后，任美国斯坦福大学教授。

王洁（1912—1994 ）

字朗如。湖北京山人。毕业于中央军校、三军联合参谋大学。历任高雄要塞司令部参谋长、台湾省保安副司令。1972年任台湾"国家安全局"副局长。

王宣（1889—1988）

字德斋。河北蓟县人。北京法政专门学校毕业，留学美国伊利诺大学。曾在平津各院校及国立西北农学院任教授。1949年去台湾，任"监察院"监察委员。著有《五权宪法建制研究集》。

王冠（1897—1974）

号雪生。祖籍河北大名，生于安徽凤阳。毕业于保定军校、陆军大学。曾任国民党第二十一军副师长、第二十三集团军参谋长、国防部部员。1947年晋中将衔。后退役。新中国成立后作为战犯被判刑关押。

王晋（1900—?）

字东垣。安徽肥东人。毕业于保定军校第九期。曾任国民革命军第九军代军长、国民党整编第二十三师师长、西安绥靖公署高参。1949年去台湾。

王莹（1913—1974）

女。原名喻志华。安徽芜湖人。1928年加入上海艺术剧社并参加左翼戏剧家联盟，曾主演话剧《放下你的鞭子》、《赛金花》、电影《自由神》等。1942年赴美学习。新中国成立后，任北京电影制片厂编剧。

王烈（1882—?）

浙江兰溪人。日本法政大学毕业。1912年任参谋部军事秘书。1913年当选为国会众议院议员。1916年国会恢复后，仍为众议院议员。著有《政治革命论》、《法家丛编》。

王健（1898—?）

字晋生。山西太谷人。上海圣约翰大学、天津工业专门学校毕业，美国哥伦比亚大学硕士。民国年间任天津南开大学化学系教授，天津华北制革公司总经理。

王辅（1897—？）
字亮臣、良忱，山西崞县（今原平）人。毕业于保定陆军军官学校、陆军大学。曾任国民革命军第一六五师师长、第一战区司令部高参、中央训练团军事教官训练班大队长、中央政治学校学生总队长、第三十六军副军长、整编第三十六师副师长。

王铨（1906—？）
又名子衡，别号公衡。江西崇仁人。毕业于南京中央陆军军官学校。曾任中央陆军军官学校队附、副大队长、大队长、副总队长，中央步兵学校教育处副处长、训练处少将副处长。

王琰（生卒年不详）
女。1930年代知名的电影演员。

王琛（1905—？）
别号晋青。河南济源人。毕业于黄埔军校第四期。早年参加北伐。曾任国民党第八十师炮兵营长、河南保安第三旅旅长、第九十九军副军长。1949年去台湾。

王竣（1902—1941）

原名俊，字杰山。陕西蒲城人。毕业于陕西同州师范学校、黄埔陆军军官学校。曾任陕西军参谋、山东第十七路军营长、陕西警备第一旅旅长。1939年为国民党第一战区陆军第八十军新编第二十七师副师长、师长。1941年在与日军作战时牺牲。

王普（1892—1958）

字慈生。安徽阜阳人。毕业于陆军大学。曾任安徽陆军第三混成旅旅长、安徽省长。后任国民革命军第二十七军军长、国民政府军事委员会委员、安徽省政府委员。晚年居天津。

王道（1912—? ）

字道胜。湖北武昌人。毕业于武汉大学、中央陆军军官学校、陆军参谋大学、国防大学。曾任山西太岳山区游击司令、湖北警保处处长、第六战区挺进第一纵队司令、海军总司令部高参。

王湘（1875—? ）

字芷塘。四川重庆人。日本医科大学毕业。历任四川军医局局长、云南陆军医院院长。1913年当选为国会参议院议员。1926年任北京政府农商部次长。1927年去职，在天津从事实业活动。

王祺（1890—1937）
字淮君，号思翁，别署醛散。湖南长沙人。毕业于湖南师范学校和美国加州大学。曾任广东军政府秘书，湖北省、湖南省政府委员，国民党中央执行委员，监察院监察委员。40岁后全力从事诗书画创作，著有《醛散书画集》、《醛散诗存》。新中国成立后，其书画作品被列为国家二级保护文物。

王弼（1912—1975）
又名兴宗，字辅军。海南澄迈人。毕业于南京中央陆军军官学校、日本陆军士官学校。曾任国民党第十集团军营附、琼崖守备司令部第二团团长。后任台湾警备司令部保安处处长。

王甄（1873—1941）
字陶民、逃名。江苏高邮人。自学花卉、山水、人物画。三十年代曾任上海美术专科学校教授、上海新华艺术专科教授。著有《三十六湖草堂画集》。

王筠（1784—1854）
字贯山，号箓友。山东安丘人。清道光举人，以国史馆誊录议叙选山西乡宁知县。博涉经史，长于《说文》，著有《说文句读》等。

王韬（1828—1897）

初名利宾，字紫诠，号子九、仲弢，晚年自号弢园老民。江苏长洲（今属苏州）人。清秀才。游历英、法、俄诸国，在香港办《循环日报》宣传维新变法。曾任格致书院山长。有《弢园文录外编》、《弢园尺牍》。

王韬（1880—?）

字子猷，敬三。山东福山（今属烟台）人。曾任清驻日公使馆翻译。1912年后，任浙江茧捐局局长、东北政务委员会总务处职员。1930年任北平市财政局局长、代市长。1933年任天津市市长。

王觐（1890—1981）

字漱苹。湖南浏阳人。上海中国公学毕业，留学日本明治大学学习法律。历任清华大学、北京大学、河北大学教授、系主任、教务长及朝阳学院代院长。新中国成立后，任广西文史研究馆馆员。著有《中华刑法论》。

王镇（1909—   ）

号剑平。湖北黄陂人。毕业于南京中央陆军军官学校、陆军大学、国防研究院。曾任国民党交通兵第一团及汽车兵团参谋，陆军大学战术教官，国民政府驻苏联武官，军务署交通辎重兵司司长，国防部联合勤务总司令部交通兵司司长。

王箴（1899—1994）

别号铭彝。江苏江阴人。清华学堂毕业，留美博士。早年发起组织中华化学会。历任厦门大学、浙江大学、交通大学教授。新中国成立后，先后在上海市纺织系统、化工系统任技术处副处长、副总工程师等，并任中国化学化工学会理事长。主编《化学工业》、《化学世界》。

王燮（? —1900）

字襄臣。顺天宁河（今属天津）人。官清京城右营都司，管永定汛事，后以巡漕有绩，加总兵衔。

王襄（1876—1965）

字纶阁，号簠室。天津人。北京农工商部高等实业学堂矿科毕业。曾在天津等地盐务稽核所任职。新中国成立后，任天津文史研究馆馆长。主治金石、甲骨学。著有《室殷契类纂》、《室殷契征文》。

王瀣（1871—1944）

字伯沆，一字伯谦，号无想居士，晚号冬饮。江苏南京人。南京钟山书院肄业。历任南京高等师范学校、东南大学、中央大学国文教授。著有《冬饮庐诗词稿》。

王璩（1887—?）

字式儒。河北新城人。国立北京法政专门学校、司法讲习所毕业。历任绥远政务厅厅长、河北唐山地方法院院长、北平地方法院院长、察哈尔高等法院推事兼院长。

王昇（1917—2006）

原名建楷，又名修阶。江西龙南人。曾任三青团江西支团干事、国民党江西省党部书记长。1948年曾随同蒋经国前往上海"打老虎"。1949年去台湾，任"国防部"总政治部主任、国民党中常委。

王一亭（1867—1938）

名震，号梅花馆主、白龙山人。浙江湖州人，生于上海。同盟会会员。参加上海光复，任上海军政府交通部长。后潜心绘画，同时致力于慈善赈灾事业。曾任中国商业储蓄银行董事长，与太虚大师在上海成立中国佛教会。

王人文（1863—1941）

字采臣、豹君，号遯庐。云南太和（今大理）人。清光绪进士。宣统时任川滇边务大臣。入民国，任参议院议员、四川宣抚使。

王人美（1914—1987）

女。湖南长沙人。1927年入上海美英女校。1931年随中华歌舞团加入联华影业公司。新中国成立后，任北京电影制片厂演员、全国政协委员。主演电影有《野玫瑰》、《渔光曲》、《风云儿女》、《长空万里》、《青春之歌》等。

王乃昌（1885—？）

字季文。广西桂林人。师范学校毕业。辛亥革命时，倡捐义饷，支援革命。当选为国会众议院议员。后创办《中华杂志》，抨击袁世凯独裁政治，并因反袁称帝被捕。1916年国会恢复后，仍为众议院议员。

王又宸（1883—1938）

名国梁，字痴公，号幼臣。山东掖县人。酷爱京剧，大小嗓皆精。有"谭（鑫培）迷"之称。清末曾为官吏，后下海演戏，擅演剧目有《连营寨》、《洪羊洞》、《南阳关》、《李陵碑》、《失街亭》等。

王士纬（生卒年不详）

南京中央大学毕业。编著有《心斋先生学谱》。

王士珍（1909—1987）

江苏苏州人。1925年入上海百代公司学习摄影。后入上海天一、大中华百合、明星、中电等影片公司任摄影师。拍摄影片有《春蚕》、《华山艳史》、《八百壮士》、《塞上风云》等。1949年去台湾，任"中央电影公司"厂长。

王大化（1919—1946）

山东潍县人。1936年考入南京国立戏剧专科学校，攻舞美设计。同年加入中国共产党。抗战爆发后，参加演剧活动，宣传抗日。曾与刘岘共同创作《抗战版画》。1939年到延安。1944年参加创作歌剧《白毛女》并任导演。1946年赴黑龙江讷河县搜集创作材料时，坠车牺牲。

王大桢（1893—1946）

字芄生，号曰叟。湖南醴陵人。曾在武汉陆军学校、日本东京帝国大学学习。历任国民革命军第三十五军参谋长、总司令部参议，国民政府驻日大使馆参事、交通部常务次长，国民党第六届候补中央执行委员。

王广庆（1889—1974）

字宏先。河南新安人。日本政法学院政治经济科毕业。早年加入同盟会。历任开封临颍县县长、河南大学校长。1948年当选国民政府立法院立法委员。1949年去台湾。著有《河洛方言》、《河洛近年石刻出土记》。

王广圻（1877—?）

字劼孚。江苏南汇（今属上海）人。北京同文馆毕业。曾任清政府驻荷兰使馆翻译、一等书记官。北洋政府时历任外交部秘书长、国务院秘书长、驻意大利公使、驻荷兰公使。后任国民政府内务部总务司司长。著有《中立之国际法论》。

王之翰（生卒年不详）

字干臣。陕西蒲城人。陕西陆军测量学校毕业。1911年参加白水起义，后加入中华革命党，参加讨袁之役，任陕西都督陈树藩属下骑兵营营附，旋被土匪杀害。

王子伟（1906—?）

别名懋昭。陕西渭南人。毕业于黄埔军校第四期。历任国民政府西安防空司令部参谋长、西安警备司令部副司令。1949年在西安起义。新中国成立后，任陕西省政协常委。

王子壮（1900—1948）

名德本，字子壮，以字行。山东济南人，祖籍山西山阴。曾就读于济南德文学馆、北京大学。参加五四运动。后任山东省教育厅视学、《十日》旬刊主编、南京国民政府监察委员。1948年当选为"国民大会"代表。有《王子壮日记》。

王子亮（1900—1984）
号寅初。河南沈丘人。毕业于南京
中央陆军军官学校。曾任国民革命
军第一三二师、三十一师副师长兼
政治部主任、第六战区军官总队大
队长、第三十军政治部主任、第三十
军军部川北留守司令。

王子野（1900—1982）
别名铁峰。四川蓬溪人。毕业
于国立成都师范大学。曾任四
川省立第七高级中学校长，嘉
陵女子师范学校教务主任，四
川平武、马边县县长。1948年当
选"行宪"第一届立法院立法
委员。1949年去台湾，后任青年
党中央委员。

王天民（1912—1983）
字冀陶。辽宁辽中人。北平师范
大学毕业，美国俄勒冈大学硕
士。曾任国民政府东北行辕政
务委员会文化处长、长春大学教
授。1949年去台湾，任台湾农学
院教授，中兴大学系主任、教务
长。

王天任（1911— 1986）
辽宁通辽人。毕业于东北大
学，日本陆军士官学校、陆军大
学。曾任国民革命军第三集团
军高级参谋、骑兵第三军副军
长、第一六九师师长，辽北省
政府委员，国民政府国防部参
议。1948年当选"国民大会"代
表。

王元龙（1903—1969）

四川成都人。保定陆军大学毕业。1924年入大中华影片公司当演员，后自组元龙公司任导演，旋加入天一公司。1948年后去香港、台湾，入大中华、大光明公司任导演与演员。代表影片有《楚霸王》、《孔雀东南飞》。

王云五（1888—1979）

原名之瑞，号岫庐。广东中山人，生于上海。曾任商务印书馆总编辑、总经理。主编《万有文库》，发明四角号码检字法，创立中外图书统一分类法。1946年起历任国民参政会参政员，国民政府经济部长、行政院副院长。1951年由香港去台湾，任"考试院"、"行政院"副院长。

王云沛（1904—1979）

原名岫，字云峰。浙江仙居人。毕业于黄埔陆军军官学校第二期步科。曾任浙江省保安司令部保安处处长、少将副司令。1948年当选"国民大会"代表。1949年5月兼任浙江省民政厅厅长、浙南行署主任，10月在浙江温州被俘。1975年获特赦，后在香港逝世。

王历耕（1900—1977）

福建古田人。留美医学博士。曾任重庆中央医院外科主任，江苏医学院教授。1949年后历任浙江医学院教授、外科主任，北京医院外科主任。著有《输尿管下三分之一结石之处理》。

王止峻（1898—1989）

字云峰。山西五寨人。毕业于山西单级师范、第一师范。曾任《北平新晨报》记者，国民政府财政部督察员、河南开封区直接税局局长、《新中国日报》社长。1948年当选"国民大会"代表。1949年去台湾。

王少陵（1909—1989）

广东台山人，1913年移居香港。在香港学习西画，1936年赴美国加州美术专科学校进修。1947年曾回国任中央大学艺术系教授。1949年后长居美国。其油画《红巾女郎》曾获1941年加州美术展二等奖、水彩画《纽约远眺》为纽约大都会博物馆永久收藏。

王少堂（1887—1968）

原名德庄，又名熙和。江苏扬州人。生于评话世家。自幼从父学说《水浒》，十二岁登台，说演结合，神形兼备，尤擅说《武松》、《宋江》、《石秀》、《卢俊义》四个"十回"。为扬州评话界四大名家之一。新中国成立后，任江苏省曲艺研究会会长、中国曲艺协会副主席。

王长玺（1912—　）

字锦生。辽宁锦西（今葫芦岛）人。毕业于国立东北大学、国立政治大学。抗战时任教于西北大学。曾任热河省地政局局长、国民政府行政院设计委员。1949年去台湾后，任"内政部"地政司司长。

王长慧（1918— ）

女。原籍江苏盐城，寄籍湖北汉口。毕业于国立政治大学。曾任第六战区动员委员会委员、湖北妇女运动委员会委员、第五战区妇女运动委员会常务委员、汉口市立小学校长。1948年当选立法院立法委员。

王化一（1899—1965）

又名若愚，别号德华。辽宁辽中人。毕业于北京大学、上海大夏大学。曾任辽宁省教育会副会长、古北口警备司令部代理司令、东北救亡总会主席团成员兼会刊《反攻》主编、第二届国民参政会参政员。新中国成立后任中央人民政府内务部参事。

王化民（1900—？）

女。字詠苏。河北清苑人。毕业于北平女子师范大学。曾任察哈尔省立第一女子师范学校、河北省立第二女子师范学校校长，国立河南中学校务委员，第四届国民参政会参政员。1948年当选立法院立法委员。

王化兴（1912—1992）

别号梦碟。辽宁辽阳人。毕业于日本陆军士官学校、陆军大学。历任成都军校教官、东北保安司令部第一区保安司令、整编第十六师师长。1949年后去台湾。

王介庵（1893—?）

原名大棋。湖北仙桃人。武昌高等师范毕业。1928年任湖北教育厅督学。1946年任"制宪国大"代表。1949年任湖北省教育厅长。

王公玙（1903—1983）

名宗璠。江苏海州（今东海县）人。毕业于中国大学。曾任江苏丰县、萧县、铜山县县长，江苏省政府秘书长、江苏省政府委员兼民政厅长，国民党江苏省党部执行委员兼书记长，江苏省政务厅厅长。1948年当选"国民大会"代表，旋去台湾，曾任海州同乡会会长，创刊《海州文献》。

王凤雄（1880—1961）

字韵仙。湖南衡阳人。法政学校毕业。曾任湖南大学教授，湖北、福建、贵州各省高等法院院长。1949年去台湾，任"司法院"大法官。

王凤喈（1896—1965）

江西安福人，移居株洲。毕业于北京高等师范学校，美国芝加哥大学哲学博士。历任长沙私立晨光大学校长，国立劳动大学教务主任，中央大学、中央政治学院教授。1950年去台湾，任台湾"国立编译馆"馆长。

王凤翯（1862—?）

字景檀。山东诸城人。辛亥革命时组织学生团百余人，联合民军宣布独立，被推掌民政事宜。1913年当选为国会参议院议员。1922年国会恢复时，仍任参议院议员。

王文山（1901—?）

湖北武昌人。毕业于武昌文华大学图书科，美国哥伦比亚大学图书馆学硕士、华盛顿大学政治学博士。曾任南开大学图书馆、清华大学图书馆主任，国民政府资源委员会秘书、交通部人事处处长。后弃官从商。

王文光（1909—　）

字彩若。陕西韩城人。毕业于北平朝阳大学。曾任陕西省教育厅督学、西安民众教育馆长、西安市参议院参议、西安市教育会理事长等职。1945年起，任国立西北大学法商学院经济学系教授。1948年当选"国民大会"代表。1949年去台湾，任"监察院"监察委员。

王文芹（1882—?）

字采章。直隶清苑（今属河北）人。畿辅大学毕业。历任直隶总商会、总农会协理，湖北、陕西等省教育科科长。1913年当选为国会参议院议员。1922年国会恢复时，仍任参议院议员。

王文秀（1904—?）

江苏镇江人，生于上海。圣约翰大学肄业。巨商王西星之子。曾任柯达洋行天津分行经理、驻沪远东总办事处华经理，上海同茂盛行经理。

王文坦（1907—?）

字履平。山东滋阳（今兖州）人。齐鲁大学教育系毕业。历任山东省教育厅督学、青岛市教育局代理局长、青岛市教育会理事长。1949年去台湾。

王文彦（1902—1955?）

别号人俊。贵州兴义人。何应钦妻弟。毕业于黄埔军第一期。历任北伐东路军总指挥部特务团团长、国民革命军第六十七军副军长兼西安警备司令。1949年去台湾，任"国防部"附员。

王文宣（1889—?）

别号思桂。江苏萧县（今属安徽）人。毕业于江北陆师学堂、陆军大学。历任保定军校教官、第六混成旅团长、淞沪江防司令部参谋长、国家总动员会议军事组主任。1945年任国民政府军事参议院参议。

王文蔚（生卒年不详）

字筱禹。山东人。直系军阀曹锟部属，曾任豫东镇守使，先后参加直皖、直奉战争。直系失败后先投冯玉祥，后投吴佩孚，吴失败后去职。

王文韶（1830—1908）

字夔石，号耕娱，晚号退圃。浙江仁和（今杭州）人。清咸丰进士，铨户部主事。历任湖南巡抚、云贵总督、直隶总督兼北洋大臣。修武备、办学堂及铁路矿务。对外力主妥协。为官以圆滑著称。八国联军入京，随扈西安，回京充政务处大臣、武英殿大学士。

王文德（1912—1989）

陕西商南人。毕业于国立政治大学。曾任《西京日报》记者，中央社汉中分社代理社长，西安临时参议会参议，国民党西京特别市党部执行委员，陕西省政府参议。1948年当选"国民大会"代表。1949年去台湾，续任"国大代表"。

王文璞（1882—?）

黑龙江海伦人。北洋法政学堂毕业。毕业后，充咨议局选举司选员。武昌起义后组织共和进行会，被举为干事部部长。又当选为中国国民党绥化分部部长，国会众议院议员。1922年国会恢复时，仍任众议院议员。

王认曲（1903—1966）

原名应澍，字润秋。湖南临澧人。毕业于黄埔陆军军官学校、日本陆军士官学校。曾任国民革命军第一六六师副师长、东北"剿总"高参。1947年辞职返居湖南。1949年8月参加湖南长沙和平起义。后任人民解放军第二十一兵团司令部高参、湖南省政府参事室参事。

王孔安（1901—？）

别号敬宣。陕西咸阳人。毕业于黄埔军校第六期。曾任国民党浙江警校政训处书记长、重庆行辕调查课长、军统设计委员、西安行营调查科长、保密局甘肃站站长、甘肃保安司令部副司令。1949年去台湾，任"国防部"参议。

王以哲（1896—1937）

字鼎方。吉林宾县（今属黑龙江）人。保定军校毕业。历任东北军陆军暂编第二十四师师长、陆军独立第七旅旅长、陆军第六十七军军长。西安事变后，因在解救张学良问题上与东北军主战派将领有分歧，被刺杀。

王以敬（1897—1990）

江西余江人。上海圣约翰大学医学博士，美国宾夕法尼亚大学医学院泌尿外科硕士。曾任上海圣约翰大学教授、上海宏仁医院院长。新中国成立后，任上海第二医学院教授、上海仁济医院泌尿科主任。主编有《泌尿生殖外科学》。

王允卿（1890—?）

辽宁海城人。毕业于日本明治大学。曾任山西大学教授、天津地方检察厅检察官、国民政府司法部法令审议会副委员长。九一八事变后投敌,任伪满洲国吉林高等检察厅厅长、伪满奉天省民政厅厅长、伪满热河省省长、伪满驻日本大使。

王双岐（1883—?）

字子邠。河北冀县人。日本早稻田大学法政经济科毕业。应清廷学部试,授七品小京官。民国成立后任山东胶济铁路游击队长。1913年当选为国会众议院议员。1922年国会恢复时,仍任众议院议员。

王玉泉（1900—?）

号松亭。山东掖县（今属莱州）人。毕业于陆军大学第八期。曾任第三十师参谋处处长、第三十师参谋长。抗战时任汪伪参赞武官公署参赞武官。

王玉章（1916—1997）

河北文安人。回族。中医外科专家赵炳南学生。1946年开始在北京行医。擅长诊治中医外科诸症。新中国成立后,任北京中医医院主任医师、中医外科教授。

王玉琦（1854—?）

字慕韩。吉林长春人。清贡生。曾任吉林咨议局议员。1913年当选为国会众议院议员。后国会恢复，仍任众议院议员。

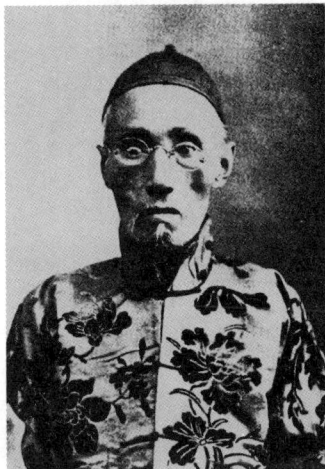

王正黼（1890—1951）

字子文，号儒冠。浙江奉化人。北洋大学矿冶系毕业，美国哥伦比亚大学矿冶工程硕士。曾任東北矿务局总办，管理东北全境13个矿山。勘察世界上储量最大的大石桥菱镁矿，创办北京门头沟平兴煤矿。后任国民政府实业部矿业司司长。抗战胜利后曾资助创建燕京大学工学院。1951年在美国华盛顿逝世。

王世伟（1900—1978）

江苏无锡人。北京协和医学院毕业，美国哈佛大学医学硕士。历任上海市卫生局科长、第二区卫生事务所所长，兼上海同德医学院公共卫生学教授。新中国成立后，任华东纺织管理局卫生科长、医院院长，上海市职业病防治所技正。

王世圻（1901—1980）

字可孙。福建福州人。毕业于清华大学，留学美国密歇根大学。回国后开办福州市公共汽车。历任国民政府京滇公路周览团总干事、西南公路运输管理局副局长、全国公路运输总局副局长。1949年去台湾，任"经济部"国营事业司司长。其夫人张霭真是宋美龄的秘书。

王世杰（1891—1981）

字雪艇。湖北崇阳人。天津北洋大学肄业，法国巴黎大学法学博士。回国后曾任北京大学教授。后历任国民政府法制局局长、国立武汉大学首任校长、国民政府教育部长、国民党中宣部长、国民政府外交部长。1949年去台湾，任"总统府"秘书长、"中央研究院"院长。著有《比较宪法》。

王世静（1897—1983）

女。福建福州人。王世圻之姐。福州华南女子大学毕业，美国密西根大学硕士。曾任华南女子大学校长。新中国成立后，任福建师范学院图书馆馆长、福建省政协常委。

王可风（1911—1975）

原名继尧。安徽萧县人。早年毕业于师范学校，从事教育工作。抗日战争爆发后投身革命。抗战胜利后，历任华北大学教员、中科院近代史所研究员及南京史料整理处主任、中国第二历史档案馆副馆长。主编有《历史档案整理方法》。

王平政（1878—？）

字德卿。山西解县（今运城）人。东京宏文学院师范科毕业。历任国民党河东机关部部长、河南省长公署秘书、山西省政府民政厅秘书、国民政府监察院监察委员。

王平陵（1898—1964）

本名仰嵩，字平陵，以字行。江苏溧阳人。曾就读于杭州省立第一师范学校。历任《时事新报》副刊《学灯》主编、上海暨南大学教授、《中央日报》副刊《大道》与《清白》主编。1949年去台湾，后曾任曼谷《世界日报》总编辑。著有小说《茫茫夜》、散文《雕虫集》及诗集《狮子吼》等四十余种。

王占元（1861—1934）

字子春，原名德贤。山东馆陶（今属河北）人。早年投淮军刘铭传部当兵，后入天津武备学堂学习。中日甲午战争中参加了鸭绿江战役。镇压过武昌、白朗起义。1916年任湖北督军兼省长，与冯国璋、李纯合称长江三督。北洋政府倒台后，避居天津，经营实业。

德富先生惠存 王占元敬

王占祺（1881—？）

号禹枚。浙江绍兴人。法文公书馆毕业。历任云南交涉署秘书、交涉员、科长，国民政府外交部驻云南特派员。

王甲本（1901—1944）

字立基。云南平彝（今富源）人。毕业于云南陆军讲武堂、陆军大学、中央陆军军官学校。曾任国民革命军第九十八师师长、第七十九军军长。参加过淞沪、鄂西、长沙会战。1944年9月7日在与日军作战时牺牲。

王用宾（1881—1944）

字太蕤。山西临猗人。留学日本。同盟会会员。民国成立后，历任山西省临时议会议长、河南省代理省长、国民政府立法院立法委员、司法行政部部长，当选国民党中央执行委员。1944年病逝。

王冬珍（1898—1977）

女。河北任县人。毕业于天津女子师范学校、日本早稻田大学。曾任国民党北平、河南省、陕西省、热河省党部执行委员、妇女部长，第四届国民参政会参政员，河北临时参议会参议员。1948年当选立法院立法委员。1949年去台湾，续任"立法委员"。

王立文（1908—？）

女。安徽宿县（今宿州）人。曾就读于莫斯科中山大学。历任上海勤业女子师范学校校长、安徽保育院院长、桂林难民救济总站主任、三青团中央女青年处副处长。1948年当选"国民大会"代表。1949年去台湾。

王立哉（1895—1985）

原名培禔，字立哉，以字行。山东诸城人。山东省商业学校毕业。历任实业部青岛商品检验局局长、山东省（临时）参议会副秘书长、山东省政府委员、国民参政员。1949年赴香港，1951年去台湾。

王汉良（1876—?）

浙江杭州人。浙江武备学堂毕业。早年加入同盟会。1912年参加讨袁之役。后任国民党上海市党部常委、上海市临时政府委员、上海育青中学校长。

王宁华（1904—1951）

名治邦。吉林永吉人。毕业于北京大学。曾任吉林省立女中、青岛女中训导主任，吉林省政府委员兼财政厅长，吉林省政府代理主席，国民党第六届中央执行委员。1946年4月18日在长春被东北民主联军俘获。

王永树（1910—1989）

字重三。浙江淳安人。毕业于中央陆军军官学校、陆军大学、美国指挥参谋大学。曾任国民党第三战区干部训练团教育处处长、浙江保安处干部训练团教育长、第八十七军副军长。1949年去台湾，任"国防部"总政治部组长、"国防部政工干部学校"校长。

王永庆（1917—2008）

台湾台北人，祖籍福建安溪。曾开办米店、碾米厂和砖厂，又转营木材业。曾任台北、板桥、嘉义砖厂股份有限公司常务董事。1954年创办台塑公司，1964年创立明志工业专科学校等。逐渐形成辖有多家公司的"台塑集团"，是台湾唯一进入"世界企业50强"的企业。其被誉为台湾的"经营之神"。

王永锡（1881—?）
字真存。广西平乐人。1913年当选为国会众议院议员。1917年任护法国会众议院议员。1922年北京国会恢复时，仍任众议院议员。

王民宁（1905—1988）
字一鹤。台湾台北人。毕业于北京大学、日本陆军士官学校。曾任陆军工兵学校教育处处长、台湾警备司令部副官处处长、台湾省政府警务处处长、总统府参军。1948年当选"国民大会"代表。1953年任"台湾省政府委员"。

王吉民（1889—1972）
名嘉祥，号芸心。广东东莞人。香港西医大学毕业。历任上海中国防疫医院院长、沪杭甬铁路管理局主任总医师、上海华人医学会副会长、《中华医学杂志》副总编辑、中华医学会医史博物馆馆长。

王吉言（1870—?）
字飚廷。直隶三河（今属河北）人。乙未科膳录。1898年以知县分发广东任用。后回乡创办学校。民国成立后当选为国会众议院议员。1917年任护法国会众议院议员。1922年北京国会恢复时，仍任众议院议员。

王吉亭（1901—?）

1930年代知名的电影演员。1924年入上海明星影片公司。1925—1938年，主演影片有《上海一妇人》、《最后之良心》、《新西游记》、《马路天使》、《风流冤魂》等；其间导演影片《为妻从军》、《恋爱与生命》等。

王亚权（1912—1994）

女。字肖篆。湖北英山人。北平女子师范学院英文系毕业，美国华盛顿大学硕士。回国后历任国立女子师范学院副教授、清华留美学生监督处秘书、中央图书馆英文编纂、北平第二女子中学校长。1949年去台湾，任"教育部"常务次长。

王亚南（1901—1969）

湖北黄冈人。曾留学日本、德国。1928年起与郭大力合作首译《资本论》，后毕生从事马克思主义经济学研究。曾任中山大学经济系主任、福建社会科学研究所所长、清华大学教授。1950年起任厦门大学校长。1955年当选中国科学院学部委员。历任福建省政协副主席、福建省社联主任委员。

王亚樵（1887—1936）

又名鼎，别名擎宇，字九光，谱名玉清。安徽合肥人。同盟会会员。曾任合肥革命军副总司令、安徽副宣慰使。曾多次策划、组织刺杀蒋介石、宋子文、汪精卫等。淞沪抗战期间任淞沪抗日义勇军司令，积极配合十九路军抗日。1932年4月29日与朝鲜志士合作，在上海虹口公园炸死、炸伤日本要员多人。1936年被军统特务刺杀。

王有兰（1887—1967）

字孟迪。江西兴国人。江西高等学堂毕业，后赴日本中央大学法科留学。同盟会会员。1912年任江西省内务司司长。1913年当选为国会众议院议员。后任江西省第四区、第一区行政督察专员，江西省临时参议会副议长。1949年赴香港，旋去台湾。

王有宏（？—1911）

字锦波、金波。天津人。清同治五年，投淮军刘铭传部，作战有功升为游击、记名总兵。河南巡抚张人骏为两江总督，从行，管江南缉捕营兼统总督卫队。辛亥革命时，在与民军作战中被打死。赠太子少保，谥壮武。

王有湘（1904—1985）

号楚南。河北冀县人。毕业于河北军事政治学校、陆军大学第十二期。曾任国民党第九十二军第一四二师副师长、第五十六师师长，1948年参加北平和平起义。新中国成立后，任中国人民解放军南京军事学院教员。后任北京市人民政府参事。

王有龄（1810—1861）

字英九，号雪轩。福建侯官（今福州）人。清道光十四年（1834）报捐盐大使，1839年由吏部签发浙江。1855年任杭州知府。1858年迁江苏布政使。1860年升浙江巡抚。次年，太平军攻陷杭州，自缢死。

王师复（1910—2005）

福建闽侯人。毕业于厦门大学经济系。曾任国民政府海军部编辑，海军高级教官，湖南大学、复旦大学、台湾大学教授，国民党中央改造委员会设计委员，"台湾省政府"顾问。晚年定居美国。

王师曾（1902—1983）

化名兴中。四川涪陵（今属重庆）人。毕业于北京大学。曾任青年党中央委员、南京陆军学校教官、《新中国日报》董事长、《中华日报》主笔、国民政府立法院立法委员。1949年去台湾，任"行政院"政务委员、青年党中央常委。

王光宇（1882—？）

字子玕。江西永新人。毕业于上海圣约翰大学，后留学日本、美国。历任湖南仁术医院院长、江西省立医学专门学校校长、汉口市卫生局局长、国民革命军第四集团军军医处长、私立湘雅医学院院长兼湘雅医院院长。新中国成立后，武汉中南卫生干部进修学校教授。

王光祈（1892—1936）

字润玙、若愚。四川温江人。北京中国大学法律科毕业，德国波恩大学音乐学博士。曾与李大钊等发起组织"少年中国学会"。1920年赴德国留学，先学经济，1922年改学音乐。1927年起专攻音乐学，直至1936年在德国病逝。著有《东西乐制之研究》、《中国音乐史》、《西洋音乐史纲要》。

王先谦（1842—1917）
字益吾，号葵园。湖南长沙人。清同治进士，授翰林院编修。历官国子监祭酒、江苏学政。辞官后主讲岳麓等书院。反对维新变法，曾向巡抚俞廉三告密，杀害百余湖南维新人士。其治学广博，著述闳富，著有《汉书补注》、《水经注合笺》等。

王先强（1901—?）
安徽合肥人。曾留学日本。民国时期任中央陆军军官学校政治教官、北京大学教授、内政部民政司司长、浙江省第二区行政督察专员兼嘉兴县长、浙江省民政厅长。

王先登（1914— ）
安徽无为人。毕业于马尾海军学校、江阴海军学校。曾任国民党江防司令部鱼雷快艇队轮机长、交通部衡阳造船厂厂长、海军机械学校校长。1949年去台湾，任海军"副参谋长"、"副总司令"，"中国造船公司"董事长。

王廷相（1851—1900）
字梅岑。直隶承德（今属河北）人。清光绪进士，以编修督山西学政。官至江南道监察御史。去职后主讲龙槐书院。随李秉衡抵御八国联军，失败后投水死。

王廷桢（1876—1940）

字子铭。天津人。日本陆军士官学校毕业。清末任陆军第五镇骑兵统带，后升禁卫军统领。1912年改任陆军第十六师师长。继迁江宁镇守使、察哈尔特别区都统、北京政府大总统府高级军事顾问。晚年寓居天津。

王廷弼（1887—?）

字湛尘。河南武陟人。直隶法律专门学校毕业。武昌起义后，回河南办理筹防总局事务。1913年当选为国会众议院议员。1925年署察哈尔审判处处长。1926年去职。

王伟生（1892—?）

上海人。上海高级学校毕业。曾任上海邮政管理局秘书处主任、东川邮政管理局会计长、邮政总局供应处副处长。1943年任汪伪上海邮政管理局局长。

王延松（1890—?）

浙江上虞人。历任上海市商会执行委员、中国银行总经理、上海市银行业同业公会执行委员、上海绸业商业储蓄银行董事长兼总经理。

王仲升（1896—1975）

亦名仲昇，又名连堂，山东寿光人。毕业于保官陆军军官学校。曾任国民革命军第五十一军第一一三师副师长、鲁苏战区总司令部点编委员。1949年去台湾，任海军陆战队司令。

王仲殊（1925— ）

浙江宁波人。1950年毕业于北京大学历史系。同年进入中国社会科学院考古研究所工作。后历任研究员、副所长、所长，中国考古学会秘书长。2006年荣膺中国社会科学院荣誉学部委员。著有《汉代考古学概说》。

王仲廉（1903—1991）

字介人、介仁。江苏萧县（今属安徽）人。毕业于黄埔军校第一期。曾任国民革命军第八十九师师长、第八十五军军长、第三十一集团军总司令、第十九集团军总司令、豫东第四兵团司令官。1949年去台湾，任"总统府"战略顾问。

王任远（1910—1996）

又名光再、维中、静民。河北清苑人。北平朝阳大学毕业，日本明治大学硕士、韩国成均馆大学博士。曾任国民党北平、天津党部委员，天津、河北临时参议会参议员，国民政府立法院立法委员。1949年去台湾，任国民党中央政策委员会秘书长、"司法行政部"部长。

王向荣（1891—1941）

字晓航。河北滦县人。永平中学毕业。曾任河南省、山东省政府委员兼财政厅厅长，山东省民生银行董事长。

王兆民（1901—1985）

字墨林。嫩江（今属黑龙江省）龙江人。毕业于北京大学。曾任福建省立医学院教授、西北卫生防疫处主任秘书、兴安省及安东省政府秘书长。1948年当选国民政府立法院立法委员。1949年去台湾。

王兆荃（1906—？　）

字寄屏。江西吉安人。毕业于复旦大学，留学英国。曾任《中央日报》编辑部主任、国防最高委员会编辑室主任、国民政府文官处秘书、上海市政府代秘书长、中央设计局参事。1949年去台湾，任东海大学、政治大学、东吴大学教授。

王兆离（1870—1942）

字伯明、午桥。陕西扶风人。清光绪举人。同盟会会员。辛亥革命后，当选为陕西省临时省议会议员。1913年当选为国会众议院议员。1926年双目失明，返归故里居长安。

王兆槐（1906—1986）

字恩贻，号铁庵。浙江遂安（今淳安）人。毕业于黄埔军校第四期。曾任北伐总司令部参谋，国民政府军事委员会特务总队总队长、交通部京沪区铁路管理局局长。1948年当选"国民大会"代表。1949年去台湾，任"国防部"高参。

王兆澄（1896—1949）

字子明。安徽天长人。日本东京帝国大学毕业。历任上海中华工业研究所研究员，上海维乙公司经理兼技师，中央大学农业化学系、复旦大学、浙江大学教授。1948年任湖南国立师范学院博物系主任教授。1949年在"反迁院"斗争中任代理院长，后被国民党败兵杀害。

王多辅（1877—?）

字惪溥。安徽太平（今黄山）人。京师大学堂优级师范科毕业。曾任皖江师范学堂监督、宁广八属教育特派员。又创办安徽省立第四师范学堂并任校长。1913年当选为国会众议院议员。后国会恢复，仍任众议院议员。

王次龙（1907—1941）

河北保定人。电影导演、演员、编剧。1926年起先后入上海中华百合、联华、大华等影业公司。又与兄王伯龙、王元龙共建三龙公司，还自组次龙制片厂。1941年在香港逝世。代表影片有《透明的上海》、《王氏四侠》、《自由魂》、《还我河山》等。

王汝圻（1880—？）

字甸伯。江苏阜宁人。日本早稻田大学政治经济科毕业。1913年当选为国会众议院议员。历任江苏省立法政专门学校分校校长、江苏省立第一商业学校校长、上海法政学院教授。

王汝泮（1905—？）

字采芹。河南南阳人。黄埔军校第四期毕业。参加北伐。历任国民革命军第一军团党代表办公室副主任、国民党河南省党部执行委员。1946年退役，任中央政治大学教授。1948年当选立法院立法委员。1949年去台湾。

王汝骐（1822—1898）

字骐谋，号菘畦。江苏太仓人。清道光举人。历主海门师山书院及娄东、安道两书院讲席。有《藤华馆诗存》。

王汝翼（1879—1960）

字鹭洲。甘肃天水人。甘肃武备高等学堂毕业。历任甘肃省议会议员，新疆轮台、焉耆等县县长，国民政府政务官惩戒委员会秘书。新中国成立后，任兰州市政协副主席。

王守政（1886—1970）
字书珊。山东文登人。清末贡生。北京大学土木工程系毕业。曾任黄河水利工程局主任工程师、青岛市工务局技正兼施工科科长。新中国成立后，任山东省河务局主任工程师。

王好生（1907—？）
字育众。河南新蔡人。毕业于南京陆军军官学校、北京南苑航空学校、陆军大学。曾任冯玉祥部飞行员、航空队长，国民政府军事委员会南昌行营航空署参谋、航空委员会第二处科长，陆军大学教官，陆军总司令部第二署少将副署长。1949年去台湾。

王观铭（1879—？）
名箴三。直隶（今河北）宁晋人。日本早稻田大学毕业。1912年被举为直隶省议会副议长。1913年当选为国会参议院议员。1917年任护法国会参议院议员。1922年北京国会恢复时，仍任参议院议员。

王寿宝（1902—？）
字乔年。上海人。同济大学土木科毕业，留学奥地利。历任浙江省公路局、水利局及安徽省公路局技师及主任技师，杭州之江文理学院、同济大学教授。著有《建筑构造学》、《水利工程》。

王运明（生卒年不详）

四川绵阳人。曾任四川乐山县县长。1948年当选"国民大会"代表。

王声溢（1902—1982）

原名王雄，号心一。湖南衡阳人。毕业于黄埔军校第四期。曾任国民革命军第九十三军第十师师长、湘北师管区司令。抗日战争时期，参加过晋南、桂柳会战。1949年参加湖南起义。

王芸生（1901—1980）

原名德鹏，笔名芸生。河北静海（今属天津）人。早年学徒，自学成才。1928年任天津《商报》总编辑。1929年入《大公报》，历任天津、上海、重庆版编辑、主笔、编辑主任、总编辑。新中国成立后，任《大公报》社长、中华全国新闻工作者协会副主席、全国政协常委。著有《六十年来中国与日本》、《芸生文存》。

王芸芳（1903—1947）

原名邱步武，字湘帆。山东济南人。爱好京剧，学青衣花旦。后又拜王瑶卿为师。扮相清丽，唱腔别致，能歌善舞，而且精通音乐。主演剧目有《潘金莲》、《封神榜》、《明末遗恨》。后因嗓败，窘困潦倒，1947年病逝于大连。

王克俊（1908—1985）

又名明德。山西临猗人。毕业于山西第一师范。曾任绥远省政府电务室主任、第八战区副长官部机要室主任、三青团绥远支团书记、华北"剿总"副秘书长兼政工处处长。1949年参加北平起义。新中国成立后,任人民解放军绥远军区副政委。

王克家（1876—?）

字赐余。湖南衡阳人。日本早稻田大学毕业。历任热河省司法厅厅长,湖南长沙地方审判厅厅长,湖南公立法政学校、国立北京法政专门学校、山西大学教授,湖南省参议会议长。著有《政治学概论》等。

王克敏（1873—1945）

字叔鲁。浙江杭州人。清光绪举人。清末任留日浙江学生监督。北洋政府时任中国银行、中法实业银行总裁,财政总长。抗日战争爆发后,任伪中华民国临时政府(北京)行政委员长、汪伪华北政务委员会委员长兼教育总署督办。抗战胜利后以汉奸罪被捕,自杀于狱中。

王克琴（1894—1925）

女。字者香。生于旗籍世家。自幼父母双亡,为生活所迫,进入梨园界,先学京剧,后学河北梆子,专攻花旦。扮相艳丽大方,唱念做兼能,转演于津、京、沪、汉等地。1925年在上海去世。

王连庆（1900—？）

别号璧如。江苏涟水人。毕业于黄埔军校第一期。曾任中央警卫军副官处长、湘鄂粤闽赣五省"剿匪"总司令部独立旅旅长、顾祝同第一集团军补充师师长、第九十四师师长、第十四军副军长。1949年后居香港。

王秀春（1909—1989）

安徽肥东人。毕业于国民党中央党务学校。曾任国民党安徽省党部委员，中统局党政情报处处长、南京区区长，国民政府行政院主计部统计局帮办。1949年去台湾，任国民党中央委员会秘书、台南市党部主委。

王伯秋（1883—1944）

字纯焘。湖南湘乡人。留学日本早稻田大学、美国哈佛大学。同盟会会员。曾与孙中山女儿孙婉结婚，后离异。历任东南大学政治经济科主任，国民政府立法院立法委员、长乐县长。

王伯群（1885—1944）

名文选，又名荫泰，字伯群，以字行。贵州兴义人。曾留学日本大塚弘文学校、中央大学。同盟会会员。参与创办大夏大学。曾任护法军政府、南京国民政府交通部长，国民党中央执行委员，国民政府委员。有《伯群文集》。

王伯骧（1901—?）

字东青。河南禹县（今禹州）人。毕业于陆军大学。参加过五原誓师和北伐战争。曾任吉鸿昌第十军参谋处上校处长，继任第五路军十五师少将参谋长。抗战中率部驰援卢沟桥。参加过武汉会战、徐州会战、鄂西会战等。历任副师长、副军长、代理军长。抗战胜利后调任国民党军事委员会中将高参。后去台湾，任"国防部"高参。

王汃清（1861—?）

字石泉。甘肃武威人。1913年当选为国会参议院议员。后国会恢复，仍为参议院议员。

王怀乐（1898—1966）

字廷维。广东台山人。加拿大皇后大学医学博士及外科硕士。曾任上海同仁医院外科医生，广州夏葛医科大学教授、院长。新中国成立后，任职广州第二人民医院。参与筹建广州医学院，并任教授。擅长甲状腺手术，被誉为"甲状腺专家"。

王怀庆（1876—1953）

字懋宣。河北宁晋人。1905年任袁世凯部标统。1912年任天津镇总兵。1920年兼京畿卫戌总司令。1924年参加直奉大战，任直方讨逆军第二军总司令。1926年4月7日再任京畿卫戌总司令，9月22日卸任，从此永离军政，寓居天津。

王怀奇（1897—？）

字子伟。山西沁阳（今属河南）人。国立北京法政学校毕业。曾任国民革命军第三集团军总司令部秘书，国民政府文官处参事、财政部山西统税太原管理所主任、晋北盐务督察处处长。

王怀晋（1891—？）

字楚英。福建福清人。福建公立法政专门学校法科毕业。曾任广东韶州地方审判厅厅长、福建省特种刑事法庭庭长、福建省军法审判长。

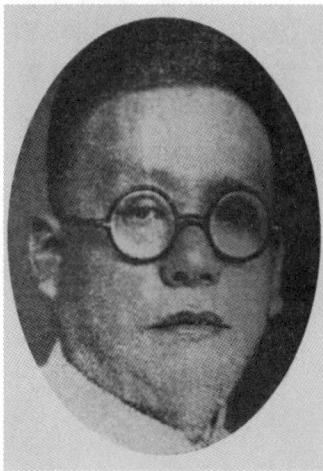

王怀琛（1890—1971）

字颂来。江苏吴县（今苏州）人。天津直隶高等工业学校、上海陆军兵工专门学校毕业。后赴奥地利、瑞士钢铁厂实习。回国后曾任汉阳兵工厂钢厂主任、东北兵工厂厂长、国民政府军政部兵工署技正。新中国成立后，任华东钢铁公司、上海钢铁公司总工程师，九三学社上海分社副主委。著有《铸钢学》。

王完白（1884—？）

浙江绍兴人。苏州伊利莎白医学校毕业，留学日本，医学博士。曾任沪宁铁路医官、常州医学校校长、常州福音医院院长、嘉兴福音医院董事长。1933年在上海创设福音广播电台，任总经理，播讲基督教义与医学常识。

王启常（1888—？）

浙江宁波人。上海圣约翰大学、英国伦敦大学毕业。历任南京临时政府财政部员、中华联合贸易会社驻欧代理人、北京中华妇人商业储蓄银行总经理。

王陆一（1896—1943）

名肇巽，又名天士。陕西三原人。弱冠即以诗文名关中，后追随于右任参加革命。1925年赴苏联莫斯科中山大学留学。1928年任国民党中央执行委员会秘书处书记长。1930年任安徽大学文学院院长。1931年年任国民政府监察院秘书长。1935年被选为国民党中央执行委员。

王劲修（1903—1951）

字键飞。湖南长沙人。毕业于黄埔军校第一期。历任国民党陆军新编第五师副师长、国民政府军事委员会高参。1949年7月调任湖南省绥靖总司令部副总司令。8月4日参加长沙和平起义。新中国成立后，任人民解放军第二十一兵团副司令兼第五十二军军长。

王纯根（1888—？）

名晦，字耕培，号纯根。上海青浦人。南社社友，早年在青浦创办《自治旬报》。1911年任《申报》编辑，旋任《申报》副刊《自由谈》主编。1914年创办文学周刊《礼拜六》，任编辑。还先后主编《自由杂志》、《社会之花》。多载旧派小说，尤以《礼拜六》为甚，文学界称为鸳鸯蝴蝶派，又称礼拜六派。

王奉瑞（1897—1981）

字仲琳。辽宁黑山人。毕业于日本东京商科大学。曾任北宁、陇海、正太铁路运输处长，正太铁路局长，东北交通委员会联运处处长，东北九省运输总局副局长，沈阳区铁路管理局长，第一届"国民大会"代表。1949年去台湾。

王青云（1904—1938）

字指升。山西洪洞人。山西省立第一师范学校毕业。"九·一八"事变后，投身抗日运动，先后在冯玉祥部、韩复榘部、"山东抗日救国会"任职。1938年建立冀鲁边区抗日游击支队，并任司令。同年加入中国共产党，任齐河县抗日民主政府县长。后在鄄城事件中被杀害。

王青云（1902—1959）

原名登梯，又名清云。湖南宁远人。毕业于黄埔军校第四期。曾任国民党南京中央陆军军官学校第十二、十三期第二队总队附，中央步兵学校研究委员，军训部参事，第九军第二五三师师长。1949年被人民解放军俘虏。1959年病逝于狱中。

王青芳（1900—1956）

号万版楼主。安徽萧山人。南京师范学校毕业。曾任课北京孔德学校、国立北平美术专科学校。1949年后任中央美术学院讲师。主要作品有《喜宝余乐》。

王若飞（1896—1946）
本名运生，字继仁。贵州安顺人。1919年赴法国勤工俭学。1922年发起成立旅欧中国少年共产党，同年转入中国共产党。回国后任中共中央秘书长。参加领导上海工人三次武装起义。1937年到延安。1945年随毛泽东、周恩来等赴重庆谈判。是中共第五、七届中央委员。1946年4月因飞机失事遇难。同机遇难的有秦邦宪、叶挺、邓发等13人。

王茂材（1872—？）
字幼山。江苏沛县人。日本法政大学毕业。1911年任江北财政公所荡滩科科长。1913年当选为国会众议院议员。1922年国会恢复时，仍任众议院议员。

王茂荫（1798—1865）
字椿年、子怀。安徽歙县人。清道光进士，授户部主事。1853年任户部侍郎。针对户部官票和大清宝钞的贬值现象，提出兑现主张，触怒咸丰皇帝，受到"严行申饬"。后调任兵部侍郎。马克思在《资本论》第一卷第一篇注83中曾提及此事。

王述先（1903—？）
字道生。河北容城人。北平大学政治系毕业。1928年任国民党河北党部组织部秘书。1945年任中统局主任秘书。1948年当选"国大"代表、国民政府立法院立法委员。1949年去台湾。

王叔朋（1909— ）

江苏无锡人。上海沪江大学毕业。曾在北平邮局任邮务员。后赴美国乔治顿大学学习邮务管理。1947年任邮局邮务长。后去台湾，先后任乡镇邮局局长、视察员，1969年任台湾"交通部"邮政总局局长。

王叔铭（1905—1998）

本名䥕，又名勋。山东诸城人。黄埔军校第一期毕业。1925年赴苏联学习飞行技术。1926年在苏联曾加入中国共产党，后脱党。历任中央航空学校洛阳分校主任兼空军轰炸机第二队队长、国民政府驻苏联大使馆空军武官、中央空军学校教育长、航空委员会代理主任、空军副总司令。1949年去台湾，任"空军总司令"、"国防部参谋总长"。

王卓凡（1892—1955）

湖南湘乡人。毕业于黄埔军校第五期炮兵科、陆军大学正则班第十一期。1940年12月任国民革命军第六十七军副军长，1943年2月改任第五十七军副军长。1950年去台湾。

王尚志（1901—? ）

福建金门人。印尼华侨。曾在国民党中央训练团受训。历任国民党驻荷属总支部常务委员、巴达维亚（即今雅加达）支部常务委员，华侨社团中华总会主席，国民政府"制宪国民大会"代表。1949年去台湾，任"行政院侨务委员会"委员。

王昆山（1912— ）

字伯仑。江苏盐城人。南京中央大学毕业。历任国民党空军沈阳锻铸厂、汉口锻铸厂厂长。1949年去台湾，任"国防部"第四厅少将处长。

王昆仑（1902—1985）

江苏无锡人。北京大学哲学系毕业。1927年任国民革命军总司令部政治部秘书长。1933年加入中国共产党。1941年参与发起组织中国民主革命同盟。1943年与谭平山发起组织三民主义同志联合会。曾任国民政府立法委员、国民党候补中央执行委员。新中国成立后，任民革中央主席、北京市副市长、全国人大常委、全国政协副主席。

王国秀（1895—1971）

女。又名竹素。江苏昆山人。美国哥伦比亚大学博士。曾任南京金陵女子大学、上海大夏大学史学系主任。1948年8月，应美国韦斯利大学邀请前往讲学。新中国成立后，随即回国。 1952年起任华东师范大学图书馆馆长、历史系教授。1936年、1938年、1947年，曾三次出席世界女青年代表大会。1959年冬出席亚洲妇女大会。

王国钧（1894—? ）

字伯衡。上海人。先后毕业于北京清华大学、美国普林斯顿大学、哥伦比亚大学。历任《申报》社副社长、北京《每日新闻》副编辑长兼《申报》北京通信员、北京政府交通部编译局局长。

王国维（1877—1927）

字静安，一字伯隅，号观堂。浙江海宁人。清光绪秀才。通多国文字，治学广博，著述宏富。辛亥革命后去日本，回国后以清遗老自居。1913年起从事中国古代史料、古器物等的考订，在甲骨文、金文和汉晋简牍的考释方面成就尤为突出。1925年任清华研究院教授。后在颐和园投水自尽。著有《观堂集林》、《人间词话》、《宋元戏曲考》等六十余种，其中四十二种收入《王国维遗书》。

王昌烈（1903—1968）

号一安。湖南湘潭人。毕业于日本陆军士官学校。曾任南京国民政府军事参议院高级副官、中央军校炮兵科长及第二总队总队长、第五集团军第三军参谋长、华北第四兵团参谋长、长沙绥靖公署少将高参。1949年参加长沙起义，任人民解放军第二十一兵团副参谋长。

王和顺（1869—1934）

字德馨，号寿山，曾用名德卿。广西邕宁（今南宁）人。壮族。行伍出身。1906年参加同盟会。1907年任中华国民军南军都督，指挥防城起义、河口起义。辛亥革命时发动了惠州起义。民国后，曾任袁世凯总统府军事顾问。袁世凯称帝后，积极参加讨袁活动。1923年起隐居广州。

王季玉（1885—1967）

女。江苏苏州人。美国麻省蒙脱霍克女子大学、伊利诺大学硕士。曾任苏州振华女子中学校长。1949年赴美国参加母校校庆，适逢新中国成立，选择立即回国。后任苏州市妇联副主任。

王季同（1875—1948）

字小徐。江苏苏州人。京师同文馆算学馆毕业，留学英国。发现四元函数求微分法及分解电网络新方法，发明一电气变流方法。著有《独立变数之转换与级数之互求》、《变压器诸尺度求最经济比例之方法》。信仰佛教，为居士，著有《佛法与科学之比较》。

王秉钺（1904—？）

号靖襄。辽宁沈阳人。毕业于东北陆军讲武堂。历任东北军卫队参谋长，国民党第四十九军参谋长、第十二军第一一二师师长、暂编第一军副军长、第五十一军军长。1949年5月在上海战役中被人民解放军俘虏，1975年获特赦，后赴美国。

王季思（1906—1996）

名起，字季思，以字行，室名玉轮轩。浙江温州人。1925年入东南大学文学系，受业于吴梅。一生从事古典文学教学和古代戏曲研究。1941年起历任浙江大学、之江大学教授，中山大学中文系主任，广东省文联副主席。著有《集评校注西厢记》、《玉轮轩曲论》等。

王秉谦（1886—1946）

字治安。辽宁锦西人。奉天法政学校毕业。曾任参议院议员、国民政府立法院立法委员兼财政委员会委员。

王征信（1899—？）

原籍山东。曾就读于上海法商学校。1926—1937年先后入上海大中华百合、明星影片公司，主演影片有《黄金之路》、《银幕艳史》、《血债》、《香草美人》、《春潮》、《盐潮》等数十部。抗日战争爆发后，随影人剧团去了昆明。抗战胜利后回上海，经营影片放映。

王金茂（1913—2002）

台湾宜兰人。日本庆应义塾大学医学博士。1945年起历任台湾行政长官公署卫生局防疫科科长、卫生局专门委员、台湾卫生处技术室主任、基隆医院院长。1974年任"行政院"卫生署署长。

王金职（1888—？）

字竞之。广东兴宁人。詹天佑长婿。曾留美学习工程技术。香港大学工程学博士。1908年参加粤汉铁路工作，民国元年参与筹建中华工程师学会，后任平汉铁路工务处长。撰有《詹天佑生平传略》。

王金镜（1861—？）

字耀庭。山东武城人。北洋武备学堂毕业。投袁世凯新军，历任第一镇管带、第二镇统带、第二镇第三协协统。1915年任北洋军第六混成旅旅长。1916年赴岳州镇压护国运动，次年任湖北武岳军总司令。1918年升第二师师长，率部进攻南方护法军。1921年与湘军作战失败。

王法勤（1870—1941）
字励斋。河北高阳人。同盟会会员。曾留学日本。历任国民党北方支部副支部长，河北省议会议长，国会参议院议员，国民党第二届中央执行委员、中央常委。创办《直声》杂志，曾追随汪精卫反蒋。

王泽浚（1905—1974）
号润泉。四川西充人。王缵绪次子。毕业于四川军官训练团、南京军校。曾任国民党第二十三军独立旅旅长、第一四九师师长、第四十四军军长、第九绥靖区副司令。淮海战役中被人民解放军俘虏，1974年病死狱中。

王治平（1879—？）
字化青。北京人。美国哥伦比亚大学哲学博士。1917年回国，任北京汇文大学国文科主任兼历史教授。1919年任天津中国青年会总干事。1926年任北京Asbury教会牧师。

王治邦（1895—1989）
号润民。安徽宿县（今宿州）人。毕业于陆军大学。曾任西北军团长、国民革命军第二十九军第三十七师一一一旅旅长、第五战区高级参谋。参加过长城抗战。新中国成立后，任安徽省宿州市政协委员。

王治岐（1901—1985）

字凤山。甘肃天水人。黄埔军校第一期、陆军大学将官班二期毕业。曾任国民党第八十军副军长、第一一九军军长、甘肃省政府代理主席。1949年12月在武都参加起义。新中国成立后，任甘肃省政协常委、民革甘肃省副主任。

王治昌（1877—1956）

字槐青。天津人。王光美之父。北洋大学毕业，留学日本早稻田大学。1912年任南京临时政府工商部主事。次年任北京政府农商部商务司长、农商部代理总长。1919年出席巴黎和会，任中国代表团专门委员。1924年任商标局局长。新中国成立后，为中央文史馆馆员。

王学文（1895—1985）

原名守椿，又名昂，号首春。江苏徐州人。日本京都大学毕业。1927年加入中国共产党。1937年春奉调延安，任中共中央马列学院副院长、华北财经学院院长、中共中央财政经济部政策研究室主任。新中国成立后，长期在中共中央宣传部从事经济理论研究工作。是中国科学院哲学社会科学部委员。著有《社会问题概论》、《中国经济学概观》、《<资本论>研究文集》等。

王学臣（1900—？）

又名学成。四川石柱（今属重庆）人。毕业于黄埔军校第六期。曾任国民党四川军官训练团教官、空军参谋学校教官、军士教导总队大队长、川康绥靖公署参谋、第二三四师师长。后被人民解放军俘虏，1975年获特赦。

王学农（1896—?）
浙江杭州人。美国麻省理工学院航空机械工程硕士。曾任上海交通大学及北京工业大学教授、江苏如泰靖税局局长、南京政府外交部科长、上海华中水电股份有限公司常务董事。

王学智（生卒年不详）
1936至1937年任天津市工务局局长。

王宠佑（1879—1958）
字佐臣。广东东莞人，生于香港。北洋大学毕业。先后留学美、英、法、德，获博士学位。曾任广东实业司司长、汉冶萍公司大冶铁矿矿长、汉口炼锑公司总工程师、国民政府经济部技正。1941年赴美，任华昌公司研究室主任等职。1958年在纽约去世。著有《锑业概论》、《煤业概论》。

王宠惠（1881—1958）
字亮畴。广东东莞人，生于香港。北洋大学毕业。美国耶鲁大学法学博士。同盟会会员。曾任南京临时政府外交总长，北京政府国务总理、司法总长兼教育总长，国民政府司法院院长、外交部长、行政院代理院长。1949年赴香港，1950年去台湾，任"司法部长"。著有《宪法危言》、《比较宪法》。

王宜汉（1882—1974）

字一韩，号毅斋，晚年号缄叟，涵叟。福建闽侯人。福州船政学堂及湖北法政学堂毕业。历任湖北方言学堂教员，安徽省长公署秘书，福建福安县长，国民政府立法院秘书、立法委员，国民政府主席林森私人秘书。新中国成立后，任福建省文史馆馆员。

王试功（1883—?）

字啸云。直隶怀来（今属河北）人。北洋大学毕业。曾任朝阳中学教员。1913年当选为参议院议员。1923年任北京政府国务院参议。1924年调署平政院评事。

王建今（1906—2007）

江苏盐城人。毕业于国立政治大学、日本早稻田大学。曾任国民党山东省党部整理委员，复旦大学、政治大学教授，国民政府司法行政部科长。1949年去台湾，1969年任"最高法院"检察署检察长。

王承斌（1874—1936）

字孝伯。满族。奉天（今辽宁）兴城人。陆军大学毕业。1922年任直隶省省长，授陆军上将。1924年与张作霖、冯玉祥联合反曹锟，任讨逆军副司令。旋被奉系逼迫下野，逐渐淡出政治舞台。1936年病逝于北京。

王孟邻（1900—？）
又名孟麟。湖北钟祥人。武昌中华大学文科毕业。历任武汉大学文理学院教授、第四届国民参政会参政员、国民政府立法院立法委员。1949年去台湾。

王绍文（1905—？）
字鸿志。湖南衡阳人。历任湖南《星报》、《湘江晚报》主编，北平研究院地质学研究所助理员。著有《山西繁峙产黄玉蓝晶及烟水晶之研究》、《山西交城正长石结晶研究》。

王绍堉（1923— ）
浙江绍兴人。复旦大学政治系、上海东吴大学法律系毕业。曾任台湾"联勤总部财务署"少将副署长、"财政部"常务次长、国民党中央财务委员会副主委。

王绍清（1912—1994）
四川铜梁（今属重庆）人。英国爱丁堡大学、里兹大学硕士。曾任广东戏剧研究所编辑，金陵大学、四川大学、华西协合大学教授。去台湾后，任台湾电影制片厂厂长、国民党文化工作委员会委员。

王荣庆（1905—？）

四川涪陵（今属重庆）人。陆军大学第九期毕业。曾任四川省第二区保安副司令，新编第二十五师参谋长、四川省保安司令部参谋长。1949年底在成都参加起义。

王荫泰（1886—1947）

字孟群。山西临汾人。毕业于德国柏林大学法科。历任北京政府外交部次长、中华汇业银行总经理、司法部总长。抗战爆发后投敌，参加伪华北中华民国临时政府，任实业部部长。后任汪伪华北政务委员会实业总署督办、总务厅厅长。抗战胜利后以叛国罪被枪决。

王荫棠（1903—？）

字棣华。江苏江都人。美国南加利福尼亚大学硕士、华盛顿大学博士。曾任国民党江苏省党部总干事、陆军大学政治外交教官。

王荫棠（1873—？）

字泽南。奉天海龙（今吉林梅河口）人。清廪生。曾任清直隶州知州、东平县统计长兼收捐总董。民国初年任众议院议员。

王柏龄（1889—1942）
字茂如。江苏江都人。保定北洋陆军速成学堂、日本陆军士官学校毕业。同盟会会员。参加过讨袁、护法、北伐诸役。历任云南讲武堂和黄埔军校教育长、国民革命军第一军副军长、中央陆军军官学校教授部主任、江苏省建设厅长、国民党中央执行委员。

王树荣（1871—1952）
字仁山。浙江吴兴（今湖州）人。清光绪举人，京师法律专门学堂毕业。历任山西、湖北、江苏高等检察厅检察长，国民政府司法行政部科长。著有《刚齐法学丛刻》、《墨守家法》。

王树桢（生卒年不详）
女。南京中央大学毕业。曾合作导演动画片《哪咤闹海》。

王树常（1885—1960）
字庭午。辽宁辽中人。日本陆军士官学校毕业。历任东北边防司令官公署军令厅厅长，河北省政府主席，平津卫戍司令，国民政府军事参议院副院长。新中国成立后，任水电部参事室参事、全国政协委员。

王树德（1913— ）

字勉达，江苏太仓人。毕业于国立交通大学、税务专门学校。曾任上海江海关税务员。历任各关帮办、副税务司、关区税务司。后去台湾，1972年任台湾"关税署"海关总税务司。

王树枬（1851—1936）

字晋卿，号陶庐老人。河北新城人。清光绪进士。曾任清户部主事、新疆布政使。辛亥革命后任清史馆总纂、参政院参政、国会众议院议员。主治经史，生平著述等身，主要收入《陶庐丛刻》，共八十册，分为经、史、算学、诗文四类。

王咸一（1892—1962）

原名宗鳌，字咸一，以字行。甘肃武都人。毕业于保定军校第六期。曾任西北军第四混成旅炮兵营排长、甘肃巡防营教练官、陕甘边防军营长、新编第十四师特务团团长、第四九五旅代旅长。1946年授少将军衔，同年退役。新中国成立后，任甘肃省参事室参议。

王星华（1906— ）

字新民。热河丰宁（今属河北）人。毕业于北平平民大学。曾任国民政府实业部青岛商检局技佐，第十二战区第七纵队副司令，热河省政府参议，国民党热河省党部督导员。1948年当选"国民大会"代表。1949年去台湾。

王星舟（1903—1990）

号月帆。辽宁海城人。曾于北京大学学习。历任国民党中央党务委员会委员、组织部主任秘书，国民政府教育部社会教育司长，宁夏省教育厅长，国民党辽宁党部主任委员。1948年当选"国民大会"代表。1949年去台湾，任"教育部"常务次长、"中央电影公司"总经理。

王星拱（1889—1949）

字抚五。安徽怀宁（今安庆）人。英国伦敦理工大学硕士。历任北京大学化学系教授，安徽大学、武汉大学、中山大学校长。哲学上坚持马赫主义的"感觉复合论"。1949年10月8日在上海病逝。著有《科学概论》、《科学与人生观》等。

王钟声（1884—1911）

原名熙普，钟声为艺名。浙江上虞人。早年留学德国。同盟会会员。1907年在上海创办我国第一所话剧学校——通鉴学校，任校长，并成立我国第一个话剧团体"春阳社"，以演出方式宣传革命。辛亥革命爆发后，参加了上海的武装起义。又赴天津策划起义，被捕遇害。

王重民（1903—1975）

字有三，号冷庐。河北高阳人。1929年北京师范大学毕业后，除曾任河北大学国文系主任外，主要在北平图书馆任职。1934年至1947年赴法国国家图书馆、美国国会图书馆工作。1947年回国，任北平图书馆研究部主任。新中国成立后，曾代理北京图书馆馆长，后任北京大学图书馆系主任、教授。一生主要从事目录学、版本学、图书馆学研究。著有《中国善本书提要》、《敦煌古籍叙录》等。

王笃成（生卒年不详）
字仲潜。湖北人。1913年当选为国会众议院议员。1917年任护法国会众议院议员。1922年北京国会恢复时，仍任众议院议员。

王顺存（1863—?）
字理堂。河南商城人。清光绪举人。历任辽宁怀仁、吉林奉化等县知县，1910年任呼兰知府。入民国后，曾任黑龙江省省会警察厅厅长，湖北督军公署秘书。抗战爆发后任青岛市保卫团总团长。

王保艾（1893—?）
别号浮仙。浙江黄岩人。毕业于保定军校第三期。曾任浙江省防军司令部科长、国民革命军第二十六军独立旅副旅长、浙江税警总队长、国民政府参谋本部参谋、第三战区军官训练团副教育长。1946年退役。

王保譓（1891—?）
号慧言。江苏太仓人。编有《王司农题画录》、《太原艺文目录》、《太原贤媛事略续辑》等。

王泉笙（1886—1956）

字逢源，号梵庵。福建惠安人。福州政治讲习所毕业。早年在福建从事反袁活动。失败后赴菲律宾，创办普智学校任校长。并任国民党吕宋支部及驻菲总支部执委会常委。抗战期间回国，任国民党中央常委、台湾省党部主任委员、国民政府立法院立法委员。抗战胜利后赴菲律宾办教育，任国民党驻菲支部评议员。

王俊士（1917—　）

字中选。山西神池人。毕业于中央政治学校、中央陆军军官学校。曾任国民党山西党部监察委员，国民政府国防部政工干部训练班教务组长、行政院总体战执行委员会委员。1948年当选"国民大会"代表。1949年后去台湾。

王禹廷（1915—2001）

名维谟，字禹廷，以字行。甘肃崇信人。毕业于陆军大学、陆军指挥参谋大学。曾任重庆联勤总司令部科长、联勤总部北平第五补给区司令部运输处处长。1949年1月参与北京起义，后资遣回兰州。1950年初由上海经香港去台湾，任高雄港区司令部少将副司令。1990年曾回大陆参观旅游。

王彦威（1842—1904）

原名禹堂，字弢夫，号黎庵。浙江黄岩人。清同治九年举人。历任工部衡司主事、军机章京、江南道监察御史、太常少卿。光绪十二年，为军机处汉官领班章京。曾辑编《筹办洋务始末记》182卷（后汇入民国年间出版的《清季外交史料》中）。

王闿运（1832—1916）

字壬秋，号湘绮。湖南湘潭人。清咸丰举人。曾入曾国藩幕。后主讲尊经书院、思贤讲舍、船山书院、江西高等学堂。清末授翰林院检讨，加侍讲衔。入民国后任清史馆馆长。工诗文，能词。所著除经子注笺外，尚有《湘军志》、《湘绮楼诗集、文集》、《湘绮楼日记》等，门人辑为《湘绮楼全书》。

王炳章（1890—1917）

字虎韬。山东潍县（今潍坊）人。早年就读于于廷樟在寒亭创办的于氏小学，经于介绍加入同盟会。1917年任在潍县成立的东北革命军第一梯团司令，旋率部预谋举事，响应孙中山广州护法军政府，反对段祺瑞解散国会。同年7月事泄被捕遇害。

王洪身（1882—?）

又名锡九，字曦秋。吉林农安人。曾为吉林都督陈昭常幕僚。1913年当选为国会参议院议员。1922年国会恢复时，仍任参议院议员。

王洪恩（1897—?）

字惠周。上海人。美国华盛顿大学毕业。曾任上海中华海运公司经理，大申营业公司总经理，国民政府立法院委员、驻芬兰参赞及驻挪威商务官。

王恺如（1889—1969）

江苏睢宁人。毕业于保定陆军军官学校、北京陆军大学。1929年任河南警务处处长，1934年任山东省省会公安局局长，1937年任山东河务局局长。新中国成立后，曾任睢宁县副县长。

王冠吾（1894—？）

字瀛杰、别名右威。吉林双城（今属黑龙江）人。满族。毕业于朝阳大学。曾任奉天财政厅秘书，国民政府国防最高委员会助理秘书、粮食部督察员，湖北粮政局局长，国民政府监察院监察委员。去台湾后，仍任"监察院"监察委员。

王冠英（1904—？）

字蕴三。河南巩县人。留学美国麻省理工学院。历任河南大学、北平大学工学院、焦作工学院电机教授。

王祖畲（1842—1918）

字岁三、紫翔，号漱山。江苏镇洋（今太仓）人。清光绪进士。官河南汤阴知县。父丧回乡。后历主邑中三书院及宿迁、崇明、宝山各书院讲席，晚年总纂州志。著有《经籍举要》、《礼记经注校证》、《读左质疑》等。

王振华（1928— ）

浙江嘉兴人。南京中央大学毕业、文学学士。长期从事教育事业。新中国成立后，任嘉兴市美术家协会会员、嘉兴市政协书画会会员。擅画梅花，作品曾在日本、韩国展出。

王恭睦（1899—?）

字望楚。浙江黄岩人。北京大学毕业，德国蒙兴大学地质学博士。历任武汉大学、中央大学、西北大学教授，教育部地质矿物名词审查委员会委员。新中国成立后，为陕西省政协委员。1959年，在《古生物学报》上以《湖北一新爬行动物化石的发现》为题报道了孙氏南漳龙。著有《矿物学名词》、《地质学名词》。

王晋丰（1897—1986）

别号耘三。山西介休人。毕业于山西大学。曾任国民党第二战区参事、山西民政厅科长、山西临汾县县长、山西省党部党务督导员、山西省临时参议会参议员。1948年当选"国民大会"代表。1949年去台湾。

王桂林（生卒年不详）

1930年代知名的电影演员。主演影片有《人道》、《天明》、《黄天霸》、《渔光曲》、《风云儿女》、《三个摩登女性》等数十部。

王桐荪（生卒年不详）
曾任私立无锡国学专修学校教授。与人合作选注《唐文治文选》，2005年由上海交通大学出版社出版。

王原谅（1905—？）
号友仁。四川永川（今属重庆）人。毕业于陆军大学第十一期。抗战期间任国民革命军第二十四军副参谋长。1947年任陆军大学教官。1948年被授少将衔。

王致云（1901—？）
字荫周。热河平泉（今属河北）人。北京大学肄业。历任国民党中央宣传部总干事、热河省党部主任委员，热河省（临时）参议会议长。1948年当选"国民大会"代表。1949年去台湾。

王晓籁（1886—1967）
原名孝赉，号得天。浙江嵊县人。早年参加光复会，旋去上海开设缫丝厂。辛亥革命后任上海总商会会董。南京政府成立后任全国商会联合会理事长、国民参政会参政员。1949年去香港，1950年初返回上海。1958年任上海市政协委员。

王晏清（1910—1992）

字兆平。湖南永兴人。毕业于中央陆军军官学校、陆军大学。历任国民党第十八军第十一师参谋长、第二〇八师副师长、第四十五军第九十七师师长。1949年在南京起义。新中国成立后，任人民解放军南京军事学院教员、南京市政协副主席、江苏省人民政府参事室副主任。

王恩博（生卒年不详）

字君雅。湖南慈利人。日本大学法科毕业。曾任清邮传部小京官。1913年当选为国会众议院议员。1917年任护法国会众议院议员。1922年北京国会恢复时，仍任众议院议员。

王铁汉（1905—1995）

盛京盘山（今辽宁盘锦）人。毕业于东北讲武堂、陆军大学。历任国民党第四十九军第一〇五师师长、第四十九军军长、第一绥靖区代司令官、沈阳防守区司令官、辽宁省政府主席。在九一八事变中曾下令打响抗日第一枪。1949年去台湾，任"总统府"国策顾问。著有《东北军事史略》等。

王铁崖（1913—2003）

原名庆纯，笔名石蒂。福建福州人。清华大学法学硕士，后留学英国。历任武汉大学、中央大学、北京大学教授。新中国成立后，任北京大学历史系国际关系史教研室主任、国际法研究所所长，中国社会科学院法学研究所研究员，香港特别行政区基本法起草委员会委员。主编《中国旧约章汇编》。

王造时（1903—1971）

名雄生。江西安福人。清华大学毕业，后赴美、英留学。五四运动时是清华学生活动的组织者之一。留学回国任上海光华大学教授。九一八事变后，创办《自由言论》，宣传抗日。与马相伯、沈钧儒先后组织成立上海文化界救国会、上海各界救国会和全国各界救国联合会。因此与沈钧儒、章乃器等"七君子"被国民党当局逮捕。新中国成立后，任复旦大学教授、上海市政协委员。

王颂蔚（1848—1895）

字芾卿，号蒿隐，初名叔柄。江苏长洲（今苏州）人。清光绪进士。官户部郎中，补军机章京。富藏书，工诗古文，时称"苏州才子"。著有《写礼庼文集》、《读碑记》、《古书经眼录》等。

王益崖（生卒年不详）

地学博士。民国时期曾任中央大学教授、中国地学会理事。著有《地理学》、《世界地理》、《自然地理ABC》。

王浩鼎（1901—1974）

又名世瑛，字鲁真。甘肃靖远人。毕业于黄埔军校第四期。曾任国民党平凉陇东师管区副司令、甘肃第六行政督察区保安副司令、第一一九军代参谋长、第二四七师副师长。1949年在武都参加起义，后任人民解放军独立第三军第九师师长。

王海波（1907—?）

安徽怀远人。日本东京帝国大学毕业，留美经济学硕士。曾任南开大学、中央大学、沪江大学教授，国民政府财政部及交通部委员。后经商，任上海环球信托银行总经理、中国物产贸易公司总经理。

王悦之（1894—1937）

原名刘锦堂，后认王法勤为义父，改名王悦之，字月芝。台湾台中人。东京美术学校毕业。1922年参与创办北京第一个研究西画的团体"阿博洛学会"，并在北京多所艺术院校任职。作品曾入选全国美展与巴黎万国博览会。有《王悦之画集》。

王家枚（1866—1907）

字吉臣，号寅孙。江苏江阴人。早年肄业于南菁书院。清光绪举人，授度支部浙江司主事。生平好藏书，喜汉学，藏书达三万卷，并集藏、著、印书于一身，其书斋名曰"重思斋"。著有《国朝汉学师承记续编》、《重思斋诗文集》等。

王家桢（1897—1984）

字树人。黑龙江双城人。北京大学肄业，日本庆应大学毕业。历任张学良的外交秘书主任，国民政府外交部常务次长、监察院监察委员，国民参政会参政员。1930年为接收威海卫专使。1945年作为中国代表团顾问出席旧金山联合国成立大会。新中国成立后，任民革中央委员、全国政协委员。

王家烈（1893—1966）

字绍武、省武。贵州桐梓人。贵阳讲武学堂、陆军大学毕业。参加护国、护法战争。历任黔军第二师师长、国民革命军第二十五军军长兼贵州省政府主席、贵州绥靖公署副主任等职。权倾贵州，人称"贵州王"。贵州解放前夕赋闲回故里。新中国成立后，任西南军政委员会委员、贵州省政协副主席。

王家鸿（1898—1997）

字仲文。湖北罗田人。柏林大学哲学博士。曾任国民政府驻德大使馆秘书，驻瑞士、埃及、比利时大使馆参事，外交部专门委员，资源委员会委员，四川大学、武汉大学教授。1949年去台湾。

王家楫（1898—1976）

号仲济。江苏奉贤（今属上海）人。美国宾夕法尼亚大学博士。曾任中央大学教授、中国科学社生物研究所研究员、中央研究院动物研究所所长。1948年当选中央研究院院士。新中国成立后，任中国科学院水生生物研究所所长。1955年选聘为中科院生物学部委员。是全国人大代表、武汉市政协副主席。著有《中国淡水轮虫志》。

王家襄（1871—1928）

字幼山。浙江山阴（今绍兴）人。日本警视厅特设警察专科毕业，主编《中国警察讲义录》。回国后，任清浙江省警察总办、吉林巡警总办。入民国，为进步党党务部长、北京政府国会参议院议长、河南中福矿务公司督办。1924年退居天津。

王陵基（1883—1967）
号方舟。四川乐山人。毕业于四川武备学堂，后赴日留学。曾任国民党第九战区副总司令长官兼第三十集团军总司令、四川省政府主席兼保安司令、四川"反共救国军"总司令。1950年2月化装潜逃时在四川江安被人民解放军抓获。1964年12月获特赦，居北京。

王继陶（1891—?）
浙江奉化人。在上海设汇丰呢绒号，任总经理，制作西服，兼营呢绒进口业务。并任光华地产公司、四明公所董事等职。热心公益，曾为中华麻疯病救济会捐款。

王继曾（1880—?）
字述勤。福建闽侯人。著名文物专家、收藏家王世襄之父。法国高等学校及巴黎政法大学毕业。回国后，曾任张之洞之幕僚。后任清政府驻法、日使馆随员，外务部主事。入民国，历任北京政府外交部政务司司长，国务院秘书长，驻墨西哥、古巴公使，英美烟草公司北平分行经理。

王梦石（生卒年不详）
1930年代知名的电影演员。曾入上海明星影片公司。1926—1934年主演影片有《爱情与黄金》、《无名英雄》、《新西游记》、《盐潮》、《青春线》等。

王崇仁（1908—1995）

号育轩。山东菏泽人。毕业于德国普鲁士高等警察学校。早年入西北军。从德国回国后，历任国民党第三十五师第六旅参谋长、暂编第十师副师长、第三二六师师长。1949年参加绥远起义，任人民解放军第三十七军第一一〇师师长，后任内蒙古自治区政协副主席。

王铭章（1893—1938）

字之钟。四川新都人。四川陆军军官学校毕业。早年参加保路运动和讨伐袁世凯战争。曾任川军第十三师师长，国民革命军第四师师长、第四十一军第一二二师师长。1938年率部参加徐州会战，3月在滕县与日军苦战三昼夜，不幸中弹牺牲。

王逸慧（1899—1958）

福建闽侯人。上海圣约翰大学医学博士。曾赴美进修。历任协和医学院妇产科副主任、副教授，上海医学院、圣约翰大学医学院妇产科主任、教授。新中国成立后，任第四军医大学附属医院副院长兼妇产科主任、教授，陕西省政协委员。

王焕镳（1900—1982）

字驾吾，号觉吾。江苏南通人。南京高等师范学校毕业。1930—1936年在江苏省立国学图书馆工作，任访购、保管、编辑部主干。新中国成立后，任杭州大学教授、浙江文史馆馆长。撰有《墨子集诂》、《墨子校释》、《明孝陵志》、《首都志》。

王鸿庞（1881—1943）

字亮齐。广东琼山人。广东高等警察学校毕业。同盟会会员。1913年当选为国会参议院议员。1917年任护法国会参议院议员。1922年北京国会恢复时，仍任参议院议员。62岁时在广州病故。

王鸿宾（1884—？）

字寅谷。陕西临潼人。清光绪末年求学于北京。1912年当选为国会众议院议员。1917年任护法国会众议院议员。1922年北京国会恢复时，仍任众议院议员。

王鸿韶（1898—1960）

字真吾。河北宝坻（今属天津）人。毕业于保定军校第三期。长期跟随李宗仁，历任国民党第七军参议，广西省干部训练团副教育长，第五战区参谋长，汉中行营、北平行营参谋长。1948年当选国民政府立法院立法委员。1949年去台湾。

王鸿儒（1911— ）

字席珍。河北井陉人。毕业于中央政治学校。历任国民政府财政厅科长，贵州省、河北省、北平市政府会计长。1949年去台湾，任"内政部"、"财政部"、"总统府"会计长。

王深林（1904—1978）

山东诸城人。上海同济大学肄业，留学苏联莫斯科中山大学、德国柏林大学。历任第五战区司令部参议，国民政府军事委员会桂林行营参议兼广西绥靖公署政治部代主任。1942年起长期从事民主党派活动。新中国成立后，任农工民主党中执行局委员、全国人大代表、山东省政协副主席。

王维克（1900—1952）

江苏金坛人。留学法国巴黎大学，曾是居里夫人的学生。历任商务印书馆编译，上海中国公学、湖南大学教授，1949年后任北京商务印书馆编审。译有《但丁》、《法国文学史》，编著有《自然界的现象》、《热力学原理》。

王绶琯（1923— ）

福建福州人。1943年重庆马尾海军学校毕业。1945年留学英国皇家格林尼治海军学院造船班。1950年改攻天文，入伦敦大学天文台。1953年回国，就职于中科院紫金山天文台、上海徐家汇观象台。1958年参与筹建北京天文台，后为北京天文台台长、中国天文学会副理事长。1980年当选为中国科学院院士。开创了中国的射电天文学观测研究。

王揖唐（1877—1948）

本名志洋，改名赓，字慎吾，号揖唐。安徽合肥人。清光绪进士。日本东京振武学校毕业。先后依附徐世昌、袁世凯、段祺瑞，曾任北洋政府内务总长、安福国会众议院议长、北方议和总代表，为安福系主将。抗战爆发后投敌，任伪华北临时政府内政部总长、伪华北政务委员会委员长、汪伪政府考试院院长、新民学会会长。抗战胜利后以汉奸罪被枪决。

王敬久（1902—1964）

字又平。江苏丰县人。黄埔军校第一期毕业。参加北伐、淞沪抗战、八一三抗战、孟良固战役。曾任国民党第七一军军长、第十集团军总司令、第二兵团司令官。1949年去台湾。

王森然（1895—1984）

原名樾，号杏岩。直隶（今河北）定县人。参加过五四、五卅运动，长期从事教育工作。新中国成立后，任中央美术学院教授、全国政协委员。精于美术史研究。著有《近代二十家评传》、《近代百家评传》。

王景岐（1882—1941）

字石孙，号流星。福建闽县（今福州）人。留学法国。曾任北京政府外交部参事。后历任国民政府驻比利时、瑞典、挪威、波兰公使。德军入侵波兰后避往瑞士，病逝于日内瓦。著有《流星集》。

王景春（1882—1956）

字兆熙。直隶（今河北）滦县人。美国伊立诺州立大学博士。历任京汉铁路局局长、中东铁路督办、英国退回中国庚子赔款董事会委员兼总干事。后用此款在美国购回大量工业、铁路及电讯材料。1949年后迁居美国加州。

王景儒（1889—?）

字雅堂。河北献县人。毕业于保定军校第一期。历任北京政府陆军第二十四师团长、混成旅参谋长，国民革命军新编第十六师师长，河北省政府建设厅长，国民党第五十三军副军长。

王焦氏（1887—1945）

女。本名王连寿。河北任丘人，1906年入醇王府为溥仪乳母，溥仪即位后跟随入宫。1945年和皇后婉容等在跟随八路军转移时被日军打死。

王鲁翘（1914—1974）

又名鲁齐，字嵩阜。山东济南人。毕业于南京国立国术馆、浙江警官学校。历任国民党军统局组长、天津警备司令部稽查处司法科科长、淞沪警备总司令部稽查处督察长。曾参与军统刺杀汪精卫、王亚樵的行动。1949年去台湾，任台北市警察局局长。

王敦善（生卒年不详）

南京中央大学毕业。1944—1946年任福建省立永安师范学校校长。

王寒生（1900—1989）

又名友谅。松江穆陵（今属黑龙江）人。毕业于东北大学。历任《大东日报》主笔、《外交月报》总编辑、国民党奉天党部青年部部长、三青团中央团部秘书主任。1948年当选国民政府立法院立法委员。1949年去台湾。

王裕凯（1903—？）

美籍华人。原籍江苏建湖。曾任复旦大学教授、大夏大学代理校长。1946年后在美国多所大学任教授。著有《中美学制之研究》。

王蓉卿（1891—？）

原名祖庆。浙江镇海人。上海澄衷中学及法国里尔大学毕业。曾任汉口上海义品银行、上海东方汇理银行华经理。

王献斋（1900—1941）

原名有廷。原籍山东，生于海参崴。上海沪江大学医科毕业。1922年入上海明星影片公司当演员，处女作为《滑稽大王游沪记》。因演《孤儿救祖记》而有"反派第一号"之称。1931年与胡蝶联合主演中国第一部有声电影《歌女红牡丹》。1939年后，入上海新华和华成影片公司。代表作尚有《狂流》、《新旧上海》等。

王献唐（1896—1960）
原名琯，号凤笙。山东日照人。初入青岛礼贤书院，后进青岛高等专科学校土木工程系学习。曾任山东省立图书馆馆长、中央国史馆副总纂修。新中国成立后，任山东省文管会副主任。长于金石文字、版本目录之学。著有《山东古国考》、《中国古代货币通考》、《国史金石志稿》。

王楚英（1923—　）
湖北黄梅人。毕业于中央陆军军官学校。1941年随中国驻缅甸军事代表侯腾入缅，任参谋。1942年3月至1944年10月，任中国战区参谋长史迪威上将缅甸指挥部参谋。1949年后到台湾，任"陆军总司令部"办公室主任、高雄守备区参谋长、第五十二军参谋长。1954年借到香港考察之机回到大陆，任南京市政协专门委员。

王雷震（1898—1983）
字雨辰。山西稷山人。毕业于山西陆军学兵团。历任国民党暂编第三军第十七师师长、第三十五军副军长。参加过长城、绥远抗战及平津战役。1949年在绥远起义。新中国成立后，任包头军分区司令、内蒙古自治区人民政府参事室参事。

王锡昌（1892—？）
福建人。北京清华大学毕业，留学美国。历任中东铁路技师，东北航务局总经理，上海中国航空公司总务局局长、事务长兼秘书，中美航空协约委员会委员。

王锡泉（1880—？）

字卓甫。直隶（今河北）蠡县人。日本经纬学校师范科毕业。历任直隶承德视学官，直隶学务处会计员，北洋法政专门学校庶务长等。1913年当选为国会众议院议员。国会恢复后，仍任众议院议员。

王锡焘（1891—1937）

号克刚。湖南湘乡人。湖南陆军讲武堂、陆军大学毕业。1917年起跟随唐生智，1926年任国民革命军第五师师长，1927年任武汉独立第二师师长，1932年任国民政府军事参议院参议、总务厅厅长。

王锡符（1898—1952）

号契章。河北高阳人。保定军校军校、陆军大学毕业。历任北平市公安局局长、河北省第八区行政督察专员、华北剿匪总司令部干训团副教育长。1949年参加北平起义。

王鹏万（1906—1996）

北京人。北洋医学院毕业，后赴法国波尔多大学医学院进修耳鼻喉科。历任重庆市民医院、上海市立第四医院院长。1952年后任上海第一医学院眼耳鼻喉科医院院长。

王鹏运（1848—1904）

字幼遐、佑遐、幼霞，号半塘、鹜翁。广西临林（今桂林）人。清同治举人。官至江西道监察御史，转礼科掌印给事中。曾代康有为上疏劾徐用仪阻挠新政。为清季四大词人之一。有《半塘定稿》。

王靖方（1882—？）

字伊文。河南沁阳人。日本东京明治大学毕业。历任上海《民呼日报》、《民吁日报》驻东京通讯员，上海、北京《民立报》记者。1913年当选为国会参议院议员。1922年国会恢复时，仍任参议院议员。

王靖国（1893—1952）

字治安。山西五台人。保定军校毕业。历任国民革命军第三十七师师长，晋军第三军军长。1949年太原会战时任太原防守司令兼第十兵团司令，被人民解放军俘获，死于战犯管理所。

王新令（1904—1965）

字鼎若，号楚青。甘肃天水人。毕业于南通师范学校。历任安徽省政府秘书、国民革命军第八方面军总司令部秘书、陆军新编第一军军部秘书长、国民政府监察院监察委员。新中国成立后，任甘肃省政协委员。

王源通（1807—1858）

学者。原名权，字蟾生。江苏震泽（今吴江）人。

王静芝（1916—2002）

字大安，号菊农。合江佳木斯（今属黑龙江）人，生于沈阳。北平辅仁大学国文系毕业。大学时曾从启功先生习书画。1948年当选"国民大会"代表。1949年去台湾，任辅仁大学、台湾师范大学教授。

王静如（1903—1990）

河北深泽人。清华大学研究院毕业，后赴法、英、德等国学习并研究语言学。历任燕京大学，中央民族学院教授，中国科学院考古研究所、民族研究所研究员。主要从事西夏语言文字的研究，著有《西夏研究》（共三辑）。

王慕曾（1903—1951）

浙江新登（今桐庐）人。浙江省政法专科学校毕业。曾任德清县公安局局长，陕西临潼、沔县、宁强县县长。1948年当选"国民大会"代表。1949年4月至5月28日，任上海提篮桥监狱代理典狱长。上海解放后为上海市人民法院公设辩护。

王蔼颂（1900—?）

广东人，生于上海。英国爱丁堡大学医科毕业。曾任汉口协和医院、上海圣心医院、上海仁济医院名誉外科医师。后在上海自行执业，专治耳鼻喉科。

王漱芳（1902—1943）

字艺圃。贵州盘县人。曾入东南大学商学院学习。参加北伐，任国民党东路军特别党部执行委员。后任南京市政府秘书长，国民党第五届中央执行委员、贵州省党部主任委员、甘肃省政府委员。

王肇治（1899—1989）

号权初。辽宁海城人。毕业于日本步兵学校。早年入东北军。后任国民革命军第五十七军第一一二师副师长、第十二军官大队大队长。1948年7月被俘，入人民解放军军官训练团学习，后任人民解放军军事学校教员。是民革中央常委、黑龙江省政协副主席。

王肇嘉（1903—?）

别号建亚。江苏宝应人。北京大学经济系毕业。1945年任台湾省行政长官公署会计处会计长。1947年任台湾省政府会计处处长。1976年前后任"监察院"审计部副审计长。1978年后专任教授。

王慧娟（生卒年不详）

女。1931年从影。先后入上海复旦、天一、明星、艺华等影业公司。1939年后息影。主演了《巾帼须眉》、《小女伶》、《一个女明星》、《舞宫春梦》、《大家庭》、《燕子盗》等影片。

王震南（1893—1959）

原名良汉，字子沛。浙江奉化人。毕业于浙江法政学堂。曾任国民革命军总司令部军法官、国民政府军政部陆军署军法司司长、陆军总司令部军法处处长。1949年去台湾。1959年在香港病逝。

王德厚（生卒年不详）

察哈尔怀来（今属河北）人。曾任国民党察哈尔省党部执行委员。1948年当选"国民大会"代表。

王德新（1894—?）

号步汤。河北清苑人。毕业于保定军校第五期。曾任国民政府国防部青年救国团第二总队第三大队上校大队长。1947年授少将衔。

王德溥（1899—1991）

字润生。辽宁沈阳人。直隶法政学堂毕业。曾任南京国民政府教育部秘书、陕西省政府委员兼财政厅长，国民党中央候补监察委员、内政部次长、"国民大会"代表。1943年曾任"国民政府军事委员会审判团"团长，参与了对陈潭秋、毛泽民等在新疆的共产党人的杀害。1949年去台湾，任"内政部长"。

王德箴（1912—2010）

女。江苏萧县（今属安徽）人。留美文学硕士。曾任广西大学、国立政治大学教授，三青团中央女青年处文化组组长。1948年当选国民政府立法院立法委员。1949年去台湾，任东吴大学及政治大学教授。

王翰鸣（1888—1966）

号墨庄。河南夏邑人。毕业于陆军大学。曾任国民党第十一军军长、第二十七军军长、国民政府军事参议院参议。后脱离军界。1949年后居天津。

王默秋（生卒年不详）

女。1930年代知名的电影演员。曾入上海联华影业公司。主演影片有《体育皇后》（1934年）、《新女性》（1934年）、《华山艳史》（1934年）、《蛇蝎美人》（1935年）等。

王镜仁（1909—1989）
辽北长岭（今属吉林）人。吉林大学毕业。曾任吉林长岭县教育局长兼县立中学校长、辽北省政府专员、辽北省参议员。1948年当选"国民大会"代表。后去台湾。

王镜清（约1903—？）
湖北钟祥人。美国爱荷华大学毕业。曾任湖北省立师范学校校长、国立政治大学教授。1947年被聘为宪政实施促进委员会常务委员。1948年当选"国民大会"代表。

王镜寰（1882—1935）
字明宇。辽宁锦州人。曾任奉天省东丰县知事、东三省水利局总办、奉天省政务厅厅长、察哈尔省政府委员兼财政厅长、奉海铁路公司总办、东三省交涉总署署长、国民政府外交部驻辽宁特派员等职。

王赞斌（1889—1976）
字佐才。广西凭祥人。广西陆军速成学校毕业。1922年协助李宗仁统一广西。后历任国民革命军第七军第二十一师师长、第四十八军副军长、第七军军长。1948年任国民政府监察院监察委员。1949年去越南，后去台湾。

王懋功（1891—1961）

原名国华，字东成。江苏铜山人。保定陆军军官学校第二期毕业，留学苏联伏龙芝陆军大学。曾任国民革命军司令部参谋长兼第二师师长、国民政府广州卫戍总司令。抗战时任江苏省政府主席、第十战区副司令长官。1945年后任江苏省政府主席兼江苏保安司令。当选国民党第六届中央执行委员。1949年去台湾，任"总统府"战略顾问。

王蘧常（1900—1989）

字瑗仲，号明两。浙江嘉兴人，生于天津。无锡国学馆毕业，留校任教。后至上海，在复旦大学、大夏大学、暨南大学的历史、中文、哲学系任教授，并任迁沪无锡国专教务长。1951年后，任复旦大学中文系、哲学系教授。工书法篆刻，中年后书法专攻章草。著作有《秦史稿》、《诸子学派要诠》等；书法作品出版的有《王蘧常书法集》、《王蘧常章草选》等。

王霭芬（1912—2002）

女。浙江萧山人。法国巴黎大学文学院硕士。曾任北京大学讲师、国民党北平市党部执行委员、妇女教育促进会会长。1948年当选为国民政府立法委员。1949年去台湾，任台湾师范大学、淡江文理学院教授。

王瀛生（1908—？）

浙江上虞人，生于上海。江苏公立商业专门学校毕业。除任五丰股票公司总经理外，还兼任悦康棉布号经理、晋裕染织厂董事长、中国内衣纺织厂常务董事。

王缵绪（1886—1960）

字治易，号屋园居士。四川西充人。清末秀才。保定军校肄业。曾任国民党四川省政府主席，第六、九战区副司令长官，重庆卫戍总司令，西南军政长官公署副长官。抗战时期，率二十九集团军出川抗战。1949年12月在成都起义，后任四川省人民政府参事、川西博物馆馆长。1957年企图偷渡香港时被捕。

王耀武（1903—1968）

字佐民。山东泰安人。黄埔军校第三期毕业。国民革命军陆军第七十四军军长。抗战期间，率七十四军打遍大江南北，当时媒体称之为"抗日铁军"。后任国民党陆军总司令部第四方面军司令官、山东省政府主席。1948年在济南战役中被俘。1959年获特赦。后为全国政协委员，定居北京。

王懿荣（1845—1900）

字正孺、廉生。山东福山（今烟台）人。清光绪进士，甲午战争后入值南书房，官至国子监祭酒兼练兵大臣。精通训诂、金石学。从药店所售"龙骨"上发现甲骨文，为发现与收藏殷墟甲骨的第一人。八国联军入京时投井自尽。谥文敏。

王鑫润（1877—？）

字赓山。甘肃皋兰人。北京高等法律学堂毕业。1912年任南京临时政府司法部佥事，同年当选为国会参议院议员，任宪法起草委员。1917年任护法国会参议院议员。1922年北京国会恢复时，仍任参议院议员。

王皞南（1891—1938）
字煦公。浙江黄岩人。毕业于陆军大学。1932年任国民党第十集团军宁波防守司令。1938年12月获罪，在金华被处决。

韦永成（1907—1997）
广西永福人。留学苏联莫斯科中山大学、德国柏林大学。白崇禧外甥，其妻蒋华秀为蒋介石亲侄女。曾任国民党广西省党部书记，南宁《民国日报》社社长。抗日战争爆发后，任第五战区政治部主任、安徽省民政厅长。1948年当选国民政府立法院立法委员。1949年去台湾。

韦永超（1911— ）
字灵隐。广西同正（今扶绥）人。上海大夏大学毕业。曾任军统广西站南宁通迅员、潜伏组组长。1943年任国民政府财政部缉私署视察。中国玄学研究社社长。后去台湾，1954年递补为"国民大会"代表。

韦拔群（1894—1932）
原名秉吉，后改名萃，字拔群。广西东兰人。壮族。贵州讲武堂毕业。1924年入广州农民讲习所学习。1928年加入中国共产党。1929年参加领导百色起义。曾任红二十一师师长、中华苏维埃共和国临时中央政府执行委员。1932年10月被叛徒杀害

韦卓民（1888—1976）
字作民。广东中山人。武昌文华大学
肄业，美国哈佛大学哲学硕士，英国
伦敦大学哲学博士。1929年任武汉
华中大学校长。抗战时期任国民参
政会参政员。新中国成立后，参与
华中师范学院领导工作。著有《亚
里斯多德逻辑研究》、《康德哲学讲
解》等。

韦宪章（1890—?）
别号敬周。广东中山人。毕业
于上海圣约翰大学。1946年任
国民政府财政部中央造币厂厂
长。1949年去台湾。

韦棣华（1861—1931）
女。美国人。1899年来华，筹办武
昌文华大学图书室，1910年文华
学校图书馆建成，任图书馆总理，
1920年任该校图书科主任兼教
授，1925年任中华图书馆协会图
书馆教育委员会书记。编有《庚子
赔款与中国图书馆运动》。

韦增复（1896—?）
广东中山人，生于广州。美国麻
省理工大学海军建筑科学士。
曾任香港广州怡和机器有限公
司推销部工程师、开滦矿务局
上海经理处经理、上海建中银
行经理。

云端旺楚克（1871—1938）

人称云王。蒙古族。内蒙古乌兰察布盟达尔罕旗人。1890年袭贝勒。1912年晋亲王。历任乌兰察布盟长、达尔罕旗旗长。1933年任"内蒙古自治政府"委员长。1935年任国民政府委员。1937年任伪蒙古联盟自治政府主席。

区寿年（1902—1957）

字介眉。广东罗定人。陆军大学毕业，历任国民党第十九路军第七十八师师长、第二十六集团军副总司令、第七兵团司令。1948年被人民解放军俘虏。1950年被释，后任广州市政协常委。

区芳浦（1891—1951）

名普春。广东南海人。毕业于广东高等师范学堂。民国年间历任福州市长、国民革命军第一集团军政治部主任、梧州市长、广东省政府财政厅长、国民党中央执行委员。1951年病逝。

尤志迈（1887—?）

字怀臬。江苏苏州人。原苏州总商会会长尤鼎孚之子。美国康乃尔大学农学学士。曾任中美土产公司经理、沪苏杭三处自由农场总经理、中国奶粉厂股份有限公司总经理、中国农牧公司董事长、上海市牛乳场联合会主席。

车蕃如（1910—？ ）

别号荫禧。贵州贵阳人。毕业于陆军大学研究院。曾任国民政府军令部第五处副处长、军政部步兵司司长，国民革命军第四十一集团军参谋长。1949年任贵州绥靖公署参谋长。1950年到台湾，任"陆军总部"参谋长。

牙含章（1916—1989）

别名马尔沙，笔名章鲁、子元。甘肃临夏人。1938年至延安，同年加入中国共产党，任中央调查研究局少数民族研究室副主任。1951年护送十世班禅从青海回西藏，任中共西藏工委委员兼秘书长。后任内蒙古大学副校长、中国社科院民族研究所所长。著有《达赖喇嘛传》、《班禅额尔德尼传》。

戈公振（1890—1935）

原名绍发，字春霆，号公振，以号行。江苏东台人。初任《东台日报》编辑，后长期在上海《时报》任职。1920年首创《图画时报》。1925年起兼任上海国民大学、复旦大学等校新闻学教授。1928年出任《申报》设计部副主任，1930年创办《申报星期画刊》，任主编。曾赴欧美、日本、苏联考察。著有《中国报学史》。

戈定远（1901—1977）

字卓超。浙江衢县人。毕业于浙江法政专门学校。初任北京法律馆科员、中国驻苏联特罗巴领事馆主事。后入西北军，任冯玉祥秘书。1929年任国民政府军政部陆军署军法司司长。1936年任冀察政务委员会秘书长。后任汪伪军事委员会委员、淮海省政府秘书长。新中国成立后，任全国政协委员。

戈绍龙（1898—1973）
字乐天。江苏东台人。江西公立医学专门学校毕业，留日医学博士。曾任北平大学医学院耳鼻喉科教授、广西省立医学院院长兼附属医院院长。1956年后历任南通医学院、苏州医学院副院长、教授。一生潜心于巴甫洛夫学说的研究，著有《高级神经活动论文集》。

贝时璋（1903—2009）
浙江镇海人。德国土滨根大学自然科学博士。曾任浙江大学生物系主任、理学院院长。1948年当选中央研究院院士。新中国成立后，任中科院生物物理研究所所长、中国动物学会理事长。

水心（生卒年不详）
民国时期著有《小学实用教学方法及其实例》、《怎样搜集并编辑地方性教材》、《怎样解决复式教学的困难》。

牛惠生（1892—1937）
上海人。上海圣约翰大学毕业，后赴美留学获硕士学位。1918年回国后任协和医学院整形外科主任。1929年于上海创办中国第一所整形医院，并兼任圣约翰大学医学院教授。1932年后历任中国医学会主席、上海中山医院院长。

牛践初（1905—?）

字怀善。江苏淮安人。中国公学大学部毕业。曾任国民党中央党部军队党务处指导员、江苏省党部书记长、江苏省保安司令部政治部主任。创办私立国华中学。1948年当选为立法院立法委员。后去台湾。

毛侃（1895—1988）

字恕可。浙江黄岩人。保定军校第三期毕业。曾任国民革命军第一军参谋长、武汉卫戍总司令部高参。抗日战争期间任第十五集团军副参谋长。1947年退役。晚年居南京。

毛森（1908—1992）

原名鸿猷，又名善森。浙江江山人。1932年入浙江警官学校，其间加入军统。曾任军统局杭州站、上海站站长，南京卫戍司令部第二处处长，京沪杭警备总司令部第二处处长，上海警察局局长，厦门警备区中将司令。1949年去台湾，后因得罪蒋经国而逃离。1968年侨居美国。

毛人凤（1898—1956）

原名善馀，字齐五，化名以炎。浙江江山人。毕业于上海沪江大学。1935年加入复兴社特务处。历任戴笠随从机要秘书、军统局副局长、国防部保密局局长。1949年去台湾后，任"国防部"情报局局长。1955年策划了旨在暗杀周恩来总理的喀什米尔公主号专机爆炸事件。

毛汉礼（1919—1988）
浙江诸暨人。浙江大学毕业，留美博士。1954年回国，任中国科学院海洋研究所研究员、副所长，《海洋学报》副主编。1980年当选中国科学院学部委员。1957年，与日本海洋学家合作提出大尺度上升流理论模式，迄今仍被广泛应用。著有《海洋科学》。

毛邦初（1904—1987）
字信诚。浙江奉化人。蒋介石原配夫人毛福梅之侄。毕业于黄埔军校第三期。曾任国民党中央航空学校校长、航空委员会副主任、空军副总司令。1949年去台湾，任空军副总司令、"驻联合国军事代表团"团长。后定居美国。

毛光熙（1908—2005）
浙江玉环人。比利时鲁文大学政治外交学硕士。曾任《温州日报》主笔。抗战期间任第三战区政治部设计委员兼《前线日报》电讯组主任、总编辑。1948年当选"国民大会"代表。1950年去台湾。

毛松年（1911—2005）
别号济沧。广东番禺人。毕业于国防研究院。历任广东省政府财政厅长、会计处会计长、主计处处长。1949年去台湾，任台湾银行总经理、"行政院"政务委员兼侨务委员会委员长。

毛秉文（1891—1970）

又名炳文，字慈衡。湖南湘乡人。毕业于保定军校。初入湘军。后任国民革命军第三十七军军长。1938年任第十一军军团长，参加淞沪会战。1943年任湘西行署主任。1948年当选"国民大会"代表。后去台湾。

毛岳生（1791—1841）

字生甫、申甫、兰生。江苏宝山（今属上海）人。清诸生。博通经史，力治元史。有《休复居诗文集》。

艺芸庑骑尉毛先生象

毛思诚（1873—1939）

原名裕称，字彩宇，号勉庐。浙江奉化人。清廪生。1902年设帐授徒，蒋介石从其读书。1924年任黄埔军校校办秘书。1927年任国民革命军总司令部文书科长。1930年任国民政府秘书。1934年任监察院监察委员。七七事变后归故里。编有《民国十五年以前的蒋介石先生》。

毛彦文（1898—1999）

女。浙江江山人。熊希龄夫人。美国密执安大学教育硕士。曾任上海复旦大学、国立暨南大学教授，北平香山慈幼院院长，浙江省、北平市参议员。后去台湾，任实践家政专科学校教授。

毛景彪（1911—1961）

号啸峰。浙江奉化人。陆军大学毕业。历任国民革命军预备第十师参谋长、第九十一军参谋长、第十集团军参谋长、第十六师副师长、国防部第一厅厅长。1949年去台湾。

毛镜如（1892—1974）

原名镜仁。浙江黄岩人。毕业于保定陆军军官学校、陆军大学，少将衔。国民政府时期，历任浙江省防军司令部科长、浙江警卫师参谋处处长、温州守备区参谋长、第三战区干训团训练处处长、浙江省保安司令。

毛瀛初（1911—2000）

浙江奉化人。蒋介石原配夫人毛福梅之侄，毛邦初之弟。美国空军参谋大学毕业。历任空军第四大队大队长、空军第四军区副司令、空军军官学校校长。1949年去台湾，任"国防部"次长、"联合勤务总司令部"副总司令、"民航局"局长。

仇亮（1879—1915）

原名式匡，字韫存，号冥鸿。湖南湘阴（今汨罗）人。毕业于日本陆军士官学校。曾任同盟会湖南支部长。1910年任清山西督练公所督练官，辛亥革命时在太原起义。后任中华民国临时政府陆军部军衡局局长、国民党本部会计部部长。"二次革命"时，在所创的《民主报》上载文指责袁世凯是民贼。1915年在北京被捕、遇害。

仇鳌（1878—1970）

原名炳生，字亦山，号楚遗、曜元。湖南湘阴（汨罗）人。毕业于日本明治大学。曾任同盟会湖南分会副支部长。1929年任国民政府铨叙部副部长。抗战期间，任国民参政会参政员。1947年任监察院粤桂区监察使。1949年随程潜和平起义。新中国成立后，任中南军政委员会委员兼参事室主任。

乌泽声（1883—?）

字谪生。吉林省吉林市人。日本早稻田大学毕业。曾在北京主办《大同报》、《国华报》、《新民报》。先后为北京国会、安福国会众议院议员。1932年任伪满洲国东支铁道督办公署参赞。

凤山（?—1911）

刘氏，字禹门，号茗昌。隶汉军镶白旗。历任清廷副都统、西安将军、荆州将军，宣统初任广州将军。1911年10月25日进广州城赴任时，被广东革命党人李沛基炸死。

卞萧（1874—1908）

字小吾。四川江津人。清光绪秀才，纳捐为主事。愤清廷之腐败，提倡实业救国。在重庆创办东华火柴厂、东文学校、女工讲习所，并创刊《重庆日报》，宣传革命，后被捕入狱遇害。

卞寿孙（1884—1968）

字白眉。江苏仪征人，生于武昌。留美哲学学士。1912年任教上海复旦公学。1914年任中国银行总行发行局总稽核。1916年任天津中孚银行总管理处主任秘书兼总稽核。1919年任天津中国银行经理。1951年移居美国，1968年在美国逝世。

卞奭年（1923— ）

江苏仪征人。曾在中央战时工作干部训练团、空军职校受训，后赴美，毕业于美国伊乃德空军基地双发动机飞行学校。曾任空军飞行官，参谋。1949年后，任台湾"驻日本大使馆"空军副武官，"中华航空公司"总经理。

文祥（1818—1876）

瓜尔佳氏，字博川，号文山。满洲正红旗人。满族。清道光进士。历官礼、吏、户、工部侍郎。咸丰时与奕訢合奏设立总理各国事务衙门。参与祺祥政变（又称辛酉政变）。同治间历任工、兵、户部尚书、大学士，并久任军机大臣及总理各国事务大臣。

文绣（1909—1953）

女。额尔德特氏，原名傅玉芳。清满洲镶黄旗人，生于北京。满族。1922年入宫为末代皇帝溥仪之妃，封为淑妃。1924年北京政变时随溥仪被逐出宫，流徙于醇王府、日本公使馆、静园等处。1931年与溥仪离婚。后当过小学教员。1947年与国民党少校刘振东结为夫妻。

文强（1907—2001）

字念观，别号莱之。湖南长沙（今望城）人。毛泽东表弟。黄埔军校第四期毕业。参加过北伐战争、南昌起义。1925年加入中国共产党，曾任红一师师长兼政委。后脱党入国民党军统，历任复兴社特务处驻上海办事处处长、军统局北方区区长、保密局北平站站长。淮海战役中被人民解放军俘虏。1975年获特赦，任全国政协委员、黄埔同学会副会长。

文瑞（?—1911）

钮祜禄氏，字芝亭。清满洲镶红旗人。世袭男爵，充头等侍卫，后官至西安将军。武昌起义时，抵抗西安新军，兵败自尽。

文群（1884—1969）

字诏云，笔名召生、章贡。江西萍乡人。文廷式之子。曾留学日本。同盟会会员。历任南京临时参议院议员，北京政府众议院议员、农商部代总长，南京政府江西省财政厅长、立法院立法委员。1949年去台湾。

文小山（1908—1950）

湖南沅江人。毕业于南京中央军校、陆军大学、德国陆军参谋学校。历任中国远征军第一路司令部参谋、国防部第二厅六处处长、国民党新编第一军副军长。辽沈战役中被解放军俘虏。

文圣常（1921— ）

河南光山人。武汉大学毕业。1946年赴美进修航空工程。1952年转向海洋学研究。历任山东大学教授、山东海洋学院院长、《海洋与湖沼》副主编，世界大洋环流实验（WOCE）中国委员会副主席。1993年当选中国科学院院士。著有《海浪原理》。

文廷式（1856—1904）

字道希，号芸阁，晚号纯常子。江西萍乡人。清光绪进士，授翰林院编修，升侍读学士。主张光绪帝亲政。与康有为等发起北京强学会，被革职。1900年在上海参加自立会。长史学，工词。有《纯常子枝语》、《云起轩词钞》。

文志文（1900—1926）

湖南益阳人。毕业于黄埔军校第一期。历任黄埔军校第三期学员总队区队长、国民革命军第一军第二师第五团团长。曾参加东征和北伐，1926年阵亡。

文树声（1898—1941）

广东顺德人。毕业于香港大学工程科，哥伦比亚大学硕士。曾任广西建设厅交通处长、中山大学理学院教授、广州市工务局长、勷勤大学工学院院长。后至澳门办厂，1941年因中暑去世。

文笃周（1874—？）

字塞翁。湖南衡山人。清邑庠生。历任新疆昌吉、绥来县知县，发审局提调。1913年当选为国会众议院议员。1922年国会恢复时，仍任众议院议员。著有《新疆古迹志》。

文素松（1890—1941）

字舟虚。江西萍乡人。保定军官学校毕业。曾任黄埔军校教官、国民革命军总司令部高级参谋、国民政府训练总监部参事。1936年授陆军少将衔。亦是著名碑帖鉴赏收藏家。1941年病逝。著有《汉熹平石经碑录》、《金石琐录》。

文鸿恩（1892—1934）

广东文昌（今属海南）人。云南陆军讲武学校毕业堂。历任国民革命军师长、军事参议院参议、上海市公安局长。

文逸民（1890—1978）

1925年起先后入上海友联、天一、艺华、中华影业公司。1947年后到香港，入大中华、永华、凤凰影业公司。1965年到台湾，任"中央电影公司"导演。导、演过《儿女英雄》、《神秘夫人》、《锦绣前程》、《国魂》等影片。

文登瀛（1882—?）

字仙舟。甘肃武威人。1913年当选为国会参议院议员。1922年国会恢复时，仍任参议院议员。

方若（1869—1954）

字药雨，原名方成，字楚卿。浙江镇海人。清光绪秀才。长期生活在天津。八国联军入侵时，引导日军攻入天津，接受日本"旭日"勋章。后任《天津日日新闻》社社长、天津日租界华人绅商公会会长。七七事变后投敌，任伪天津法院院长、伪天津市代理市长。抗战胜利后，以汉奸罪判刑。

方范（1908—1939）

字叔洪。山东济南人。日本陆军士官学校毕业。先后参加一二八和八一三淞沪抗战，并在热河和东北组织抗日义勇军。曾任东北边防军一〇五师参谋长、第五十一军第一一四师师长。1939年在山东与日军作战时殉国。

方闻（1901—1996）

原名树中，字彦光，号松岩。山西五台人。毕业于山西省法政专科学校。曾任《山西日报》编辑、平津卫戍总司令部交际处科长、第二战区司令部秘书处处长、国民政府行政院参议。1949年去台湾，任"国民大会"代表、辅仁大学教授。

方千民（1906—1984）

浙江温岭人。先后入上海美专和法国巴黎高等美术学院学习。历任上海新华美术专科学校、国立艺专、上海美专教授。新中国成立后，任浙江美术学院教授。

方正平（1909—1994）

湖南平江人。1926年投身革命，1928年加入中国共产党，1930年参加红军。参加过历次反"围剿"战争和二万五千里长征。历任红军大学队长、抗日军政大学大队长、新四军独立第三旅政委、第二十一兵团政治部主任。1955年被授中将。后任海军东海舰队政委、海军副政委。

方东美（1899—1977）

原名珣，字德怀，后改字东美，以字行。安徽桐城人。美国威斯康辛大学哲学博士。历任武汉大学、东南大学、中央大学、中央政治学校教授。1947年去台湾讲学，后任台湾大学、台湾师范大学、东吴大学教授。著有《黑格尔哲学论文集》、《中国人生哲学概要》。

方永燕（1893—1994）

字蔚东。辽宁铁岭人。毕业于北京高等师范学校，曾赴美国哥伦比亚大学研究教育。历任东北大学文学院院长，北平师范大学教授。1948年当选"国民大会"代表。1949年去台湾，任台湾师范大学教务长。

方圣澂（1885—1940）

字纪周。福建云霄人。全闽第一师范学校毕业。曾任云霄县视学官兼高等小学、县立初级中学校长。1913年当选参议院议员。1916年北京国会恢复时，仍任参议院议员。

方成珪（1785—1850）

字国宪，号雪斋，又号宝斋。浙江瑞安人。嘉庆清举人。官海宁州学正，升宁波府教授。精研文字学，尤勤于校勘，藏书数万卷。著有《集韵考正》、《字鉴校注》、《韩集笺正》、《宝研斋诗钞》等。

方光圻（1898—？）

字千里。江苏江都人。早年就学于南京高等师范学校理化科，后为美国芝加哥大学理学学士。美国物理学会会员。历任清华大学教授、中央大学物理系主任、国民政府军政部兵工署研究员兼技术司技正。1949年去台湾，任中正理工学院院长。

方先觉（1906—1983）

字子珊。江苏萧县（今属安徽）人。毕业于黄埔军校第三期。曾任国民党第十军军长、第二十八集团军副总司令、东南军政长官公署高参。1949年去台湾，任"国防部"参议、澎湖防卫司令部副司令官。

方志敏（1900—1935）

江西弋阳人。1924年加入中国共产党。曾任江西省农民协会秘书长。大革命失败后，1927年11月领导弋阳、横峰起义，创建赣东北革命根据地和红十军。历任江西省委书记、红十军政委、中共六届中央委员。1934年率部北上抗日，遭遇国民党军，被捕，1935年8月6日在南昌英勇就义。

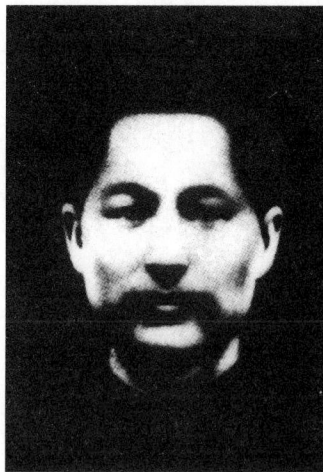

方声洞（1886—1911）

字子明。福建侯官（今福州）人。在日本留学时加入同盟会，担任中国留学生总代表、同盟会福建支部长。回国后在参加广州起义时牺牲。为黄花岗七十二烈士之一。

方秀珠（生卒年不详）

女。上海人。上海中西女塾肄业。上海名医萧智吉之妻。基督教徒，热心于教会、慈善及社会工作。曾任上海圣彼得堂副主席，中华麻疯救济会发起人、董事兼妇女部部长。

方希鲁（1909—1981）

字参然。浙江黄岩人。毕业于北平朝阳大学法律系。曾任南京国民政府司法行政部秘书、山东高等法院推事、首都高等法院检察官、台湾高等法院台南分院院长。1949年后，任台湾"司法行政部"主任秘书、"最高法院"庭长。

方青儒（1907—1984）

字知白。浙江浦江人。毕业于国民党中央党务学校。曾任国民党浙江省党部书记长，浙江省政府委员，第六届国民党中央执行委员。1948年当选"国民大会"代表。1949年去台湾。

方其道（1893—1946）

江西定南人。1921年任江西《中庸报》经理。1926年任北伐军第二师政治部主任。1932年任河南省政府秘书长。1926年3月18日牺牲的北京女子师范大学学生刘和珍烈士为其未婚妻。

方贤齐（1912— ）

福建福州人。毕业于上海交通大学。曾任粤汉铁路电务课长，长沙长途电话干线维护工务处处长，第三、六区电信管理局副局长兼总工程师。1947年去台湾，任台湾电信管理局局长、"交通部"常务次长。

方国瑜（1903—1983）

云南丽江人。纳西族。早年就读于北京大学研究所，1936任云南大学教授。新中国成立后，任云南大学文法学院院长，主持云南民族史、地方史的教学与研究。著有《滇西边区考察记》、《纳西象形文字谱》。

方宗诚（1818—1888）

字存之，学者称柏堂先生。安徽桐城人。官枣强知县。桐城派后期名家之一，治程朱理学，建正谊讲舍、敬义书院，从学者甚众。有《柏堂全集》、《志学录》等。

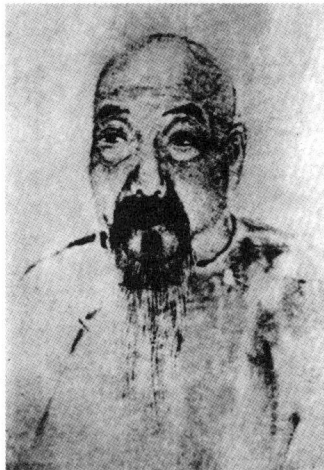

方宗鳌（1884—？）

字小峰。广东普宁人。日本明治大学毕业。曾任北京私立中国大学教务长，朝阳大学、北平大学教授。七七事变后投敌，任伪华北临时政府教育部次长、汪伪华北政务委员会教育总署署长。

方宗熙（1912—1985）

又名少青。福建云霄人。厦门大学毕业，留校任教。1950年获英国伦敦大学博士，旋回国。历任国家出版总署、人民教育出版社编审，山东大学、山东海洋学院教授，《遗传》主编。主要从事海藻遗传研究。著有《普通遗传学》、《达尔文主义》等。

方显廷（1903—1985）

又作方显庭。浙江鄞县人。美国耶鲁大学经济学博士。历任国民政府工商访问局调查主任、南开大学经济研究所主任、长沙临时大学法商学院院长、上海中国经济研究所执行所长。1947年底，受聘联合国亚洲及远东经济委员会，任经济调查研究室主任。1968年任新加坡南洋大学教授。著有《中国之棉纺织业》。

方觉慧（1886—1958）

字子樵。湖北蕲春人。日本早稻田大学毕业。参加武昌起义、二次革命。曾任《中华民国公报》编辑、《震旦报》经理兼总编辑。历任国民革命军第二十七军政治训练部主任、国民政府立法院立法委员、国民党中央执行委员。1949年去台湾。

方振武（1882—1941）

字叔平。安徽寿县人。安庆武备学堂毕业。先后参加辛亥革命、二次革命、北伐战争。曾任冯玉祥部方面军司令、安徽省政府主席。1933年与冯玉祥等组织察哈尔民众抗日同盟军，任前敌总司令。后受蒋介石胁迫去香港。1941年12月由香港返回内地时被国民党军统特务杀害。

方积蕃（1885—1968）

字椒伯。浙江镇海人。上海神州法政专门学校毕业。历任上海总商会副会长、中国通商银行南市分行经理、大有榨油厂董事长、宁绍轮船公司董事长、上海公共租界纳税华人会理事长、上海难民救济协会副秘书长等职。新中国成立后，任上海市政协委员。

方掬芬（1929—　）

女。湖北广济（今武穴）人。苏州社会教育学院艺术系肄业。1954年底考入由前苏联戏剧专家鲍·库里涅夫任教的中央戏剧学院表演干部训练班，1956年毕业。历任中国儿童艺术剧院演员、副院长、院长，中国剧协常务理事。曾主演儿童剧《岳云》等。

方棣棠（1899—1968）

广东潮阳人。曾留学法国。历任国民党旅欧支部副部长、中央党部秘书、中山大学教授兼土木工程系主任。新中国成立后，任广东省政协委员。

方鼎英（1888—1976）

又名同春，号伯雄。湖南新化人。曾入日本陆军士官学校学习，归国后任保定军校教官。辛亥革命时参加汉阳作战。后历任湘军第一军军长、黄埔军校代理校长、国民政府军事参议院参议。1949年参与湖南起义。新中国成立后，任湖南省政协副主席。

方颐积（1889—?）

字善夫。江苏仪征人。北京协和医学院博士、美国哈佛大学公共卫生硕士。历任北平协和医学院院长、北平市卫生局长、国民政府行政院卫生署副署长。1949年后，任台湾妇幼卫生协会理事长。

方镇东（1882—?）

字德九。河南沁源（今唐河）人。京师法政学校毕业。曾任张农口律师公会会长，并执律师业。1912年当选众议院议员。1916年北京国会恢复时，仍任众议院议员。

方懋伸（1896—1938）
子引之，号廷孝。浙江奉化人。金陵大学师范科毕业。历任中央航空学校大队长、浙江保安处干部训练班教育长、国民政府军事委员会委员长行营军法处处长、浙江淳安县县长。领少将衔。1938年于南京保卫战中阵亡。

方濬师（1830—1889）
字子严，号梦簪。安徽定远人。清咸丰举人。官至直隶永定河道。

尹达（1906—1983）
原名刘耀，字照林，又名刘虚谷。河南滑县人。毕业于河南大学。多次参加安阳殷墟发掘。1938年赴延安并加入中国共产党。新中国成立后，历任北京大学副教务长，中国科学院历史研究所副所长、考古研究所所长，中国考古学会副理事长、《历史研究》主编。著有《中国原始社会》等。

尹俊（1910—1987）
字杰夫，又名文卿、福满。湖南邵阳人。毕业于国防大学。抗战时期曾任国民革命军第十八军作战处作战科长。淮海战役中任第十军第十八师师长。1949年去台湾，任"宪兵司令"、"陆军副总司令"、"警备总司令"。

尹仲容（1903—1963）

原名国墉，初字仲固。湖南邵阳人。毕业于上海南洋大学。曾任国民政府资源委员会委员、行政院参事。1949年去台湾，任"经济部"部长、"美援运用委员会"副主任委员。

尹呈佐（1907—？）

原名仁民，别号佐勋、卫之。湖南永兴（一说湖北武昌）人。毕业于陆军大学。曾任第九战区第十兵站部参谋长、国防部第五厅办公室主任。1949年任第九十八军副军长。同年8月参加湖南和平解放。新中国成立后，任湖北省人民政府参事、湖北省政协委员。

尹呈辅（1892—1976）

字振之。湖北武昌人。参加过武昌起义。后入保定军官学校及中央军校学习。历任国民革命军第十五军第三师师长，第三战区长官部参谋处处长，军事委员会高级参谋，军令部中将高级参谋，武汉行营办公厅主任、副参谋长。还担任过"大韩民国光复军"参谋长。1949年去台湾。

尹作干（1905—1954）

又名作翰，别号子固，剑寒。山东日照人。毕业于陆军大学。历任国民革命军第十八军十一师少将参谋长、第九师师长、陆军总司令部高参、华中"剿总"第二路军副军长兼宜昌警备司令。1949年参加起义。

尹宏庆（1872—?）

字蕊樗。山东高唐人。清末举人。日本法政大学毕业。历任安徽凤阳、铜陵及山东郓城县知事。1913年为国会参议院议员。国会解散后回归故里。1916年国会恢复后，仍为参议院议员。

尹述贤（1898—1980）

字思齐。贵州金沙人。毕业于北京朝阳大学法律系。历任中央通讯社主任，《华北日报》社长，国民党贵州省党部委员，中央宣传部出版事业处处长。1948年当选立法院立法委员。1949年去台湾。

尹国祥（1909—?）

号宜民。河北涿县人。毕业于陆军大学。1941年任军事委员会铨叙厅第一处少将处长。1945年入法国陆军参谋大学学习。1948年任国民政府参军处军务局中将高级参谋。1949年去台湾，任"陆军总司令部"副参谋长。

尹钟岳（1898—1977）

又名全铎。湖南洞口人，生于浙江宁波。毕业于中央陆军军官学校。早年加入陈诚系部队。1947年任第十八军第一一八师少将师长。1948年淮海战役中被俘。1975年获特赦。

尹致中（1902—1984）

山东莱阳人。日本广岛高级工业学院肄业。1931年发明连三式自动制针机。先后创办兴华实业机器厂、大中工业社制针厂、大川实业公司机械厂、大信化学工业公司。1949年去台湾，后设立大东工业股份有限公司，制造自行车。1962年在香港创办大洋实业股份有限公司。1984年逝世于香港。

尹瀛洲（1901—1968）

别号岛山、岛三。河北盐山人。早年投冯玉祥部。1945年任第八军暂编第二十九师师长。后任第三十师第三十旅旅长。1948年授少将衔。1949年任任第六十九军副军长。同年12月在四川德阳起义。后任甘肃省人民政府参事。

巴文峻（1902—1987）

字维崧。内蒙古土默特旗人。蒙古族。毕业于法国昂格大学。曾任国民政府监察院监察委员、蒙藏委员会蒙事处处长、绥远境内蒙古各盟旗地方自治政务委员会常务委员、"国大"代表。1949年参加司拉善旗起义。新中国成立后，历任甘肃省蒙旗自治州人民政府副秘书长、内蒙古巴盟政府秘书长、内蒙古人民委员会副秘书长等。

孔庚（1872—1950）

谱名昭焕，字掀轩，号雯轩。湖北浠水人。日本陆军士官学校毕业。1905年加入同盟会。曾任湖北省政府委员、国民参政会参政员、国民政府立法委员。1946年在重庆创办《民主日报》，任社长。1948年隐居武汉，1950年病故。

孔令贻（1872—1919）

字谷孙，号燕庭。山东曲阜人。孔子第七十六代嫡孙，1877年袭封衍圣公。曾在曲阜建"文昌祠"，创小学堂，主张定孔教为国教。辛亥革命后，积极支持袁世凯和张勋的帝制复辟活动。工书画、能诗文。

孔宪铿（1899，一说1903—？）

字琴石。广东南海人。比利时布鲁塞尔大学经济学博士。曾任中央大学教授、《中央日报》主笔、国民政府内政部参事。抗战爆发后投敌，任伪维新政府行政院宣传局长、汪伪宣传部常务次长。

孔祥熙（1880—1967）

字庸之。山西太谷人。美国耶鲁大学经济学硕士。1913年任日本中国青年会总干事。1914年在日本横滨与宋蔼龄结婚。北伐期间任广东革命政府财政厅长、武汉国民政府实业部长。后任南京国民政府财政部长、中央银行总裁、行政院长。1947年去美国治病，1962年到台湾，1966年复去美国。

孔德成（1920—2008）

字玉汝，号达生。山东曲阜人。孔子第七十七代嫡长孙，袭封三十二代衍圣公、大成至圣先师奉祀官。1948年当选"国民大会"代表，任总统府资政。1949年去台湾，任台湾大学、台湾师范大学、辅仁大学、东吴大学教授，"考试院"院长，"总统府"资政。

孔繁经（1891—?）

别号健常。安徽合肥人。毕业于陆军大学。曾任国民革命军总司令部炮兵处副处长、陆军炮兵工学校教育处处长、军政部兵工研究委员会主任委员、军事参议院参议。1936年授少将衔。

孔繁瀛（1895—1993）

号仙洲。河北任丘人。毕业于陆军大学。曾任国民革命军第九军第一六一旅旅长、第五十四师师长。1947年授中将军衔。同年退役。

邓谠（1903—?）

字庆存。广东怀集人。毕业于黄埔军校第四期。历任国民政府军政部军需专员、兵站总监站长、第一师军需官、东北行辕参议、国防部少将参谋。1948年当选"国民大会"代表。1949年去台湾。

邓士章（1898—1967）

广东归善（今惠阳）人。上海同济大学毕业，留学德国柏林工业大学。历任黄埔军校军械处处长，国民革命军总司令部少将参议，国民政府军政部兵工委员，南京、衡阳中央修械厂厂长，兵工局驻香港办事处兵工委员。1949年11月在香港参加"两航"起义。后任国家民航总局顾问、全国政协委员。

邓广铭（1907—1998）

字恭三。山东临邑人。北京大学史学系毕业，留校任文科研究所和史学系助教。后历任复旦大学史地系教授，北京大学历史系教授、系主任，中国宋史研究会会长等。毕生致力于宋史研究。著有《辛稼轩年谱》、《宋史职官志考正》、《宋史刑法志考正》、《岳飞传》、《王安石》等。

邓飞黄（1895—1953）

字子航。湖南桂东人。北京大学经济系毕业。1926年任国民党中宣部《政治周报》主编。抗战期间任国民参政会参政员、三青团中央干事、国民党中央执行委员。抗战后任湖南省政府委员兼民政厅厅长。1949年8月参加湖南和平起义。后任中南区军政委委员会参事室参事。1953年病逝于武汉。

邓飞鹏（1906—1976）

字羽丰。广东德庆人。毕业于广东法政专门学校、广东军事政治学校。历任广东训练团训育处处长，陆军第一五六师政治部主任，广东花县、连平、阳春县县长。1949年去台湾。

邓不奴（1903—？）

女。字大珠。广东三水人。国民党元老邓青阳之女。毕业于广东大学法律系。历任广东女子中学、香江中学校长，国民党中央党部妇女委员会指导科科长、广东省党部妇女组主任，广东妇女会常务理事。1949年去台湾。

邓中夏（1894—1933）

原名康，字仲獬。湖南宜章人。北京大学哲学系毕业。1919年参加领导五四运动。1920年参与发起成立北京共产主义小组。曾任中国劳动组合书记部主任，中共中央执行委员，中共江苏、广东省委书记，中国工农红军第二军团政委。1925年组织领导省港大罢工。是中共早期工人运动的重要领导人。1933年5月在上海被捕，9月在南京就义。

邓世昌（1849—1894）

字正卿。广东番禺人。福州船政学堂首届毕业生。专长测量、驾驶。1887年被清廷派往英、德为北洋舰队接收致远等四舰，升副将加总兵衔，兼致远舰管带。次年擢总兵加提督衔。1889年补北洋舰队中军中营副将。1894年9月在甲午海战中率致远舰作战，不幸殉职。

邓廷桢（1776—1846）

字维周、嶰筠。江苏江宁（今南京）人。清嘉庆进士。道光时任安徽巡抚，升两广总督。1839年与林则徐协力整顿海防，查禁鸦片。后受诬害，与林则徐一同被革职，充军伊犁。1843年释回。工诗词，有《双砚斋诗钞》。

邓传楷（1912—1999）

江苏江阴人。毕业于美国华盛顿大学。抗战初期回国，历任第九战区政治部上校科长，国民党江苏省党部委员，上海法学院、暨南大学教授，浙江英士大学校长。1949年去台湾，任"台湾省教育厅"厅长，"考试院铨叙部"部长。

邓佐虞（1898—1938）

号述唐。河北高阳人。毕业于保定军校第九期步科、陆军大学第十三期。历任国民革命军连、营、团长，第一三九师参谋长等职。1938年5月在萧县与日军作战时牺牲。

邓启东（1910—1960）

原名定隆。湖南新宁人。南京中央大学毕业。1938年执教于湖南师范学院。1946年执教于武汉大学历史系。新中国成立后，任武汉大学教授、中国地理学会武汉分会理事长。著有《高级中学中国地理课本》、《世界气候区述略》。

邓青阳（1884—1960）

原名宪甫，字秀吉。广东三水人。日本明治大学法学士。同盟会员。历任南京国民政府司法部参事、广东法科学院院长、立法院立法委员。1949年去台湾。

邓泽如（1869—1934）

名文恩，字远秋，号泽如，以号行。广东新会人。早年赴南洋谋生，后致富。1906年加入同盟会。长期在南洋为革命捐资、筹款。辛亥革命后，历任国民党广东支部长、广州大本营建设部长、广州国民政府财政部长、南京国民政府委员、国民党中央监察委员。

邓宝珊（1894—1968）

名瑜。甘肃天水人。1910年加入同盟会。辛亥革命时，参加新疆伊犁起义。1932年后代理陕西省主席。抗战时期任晋陕绥边区总司令。1948年任华北"剿总"副总司令。1949年初代表傅作义与人民解放军达成协议，促成北平、绥远和平解放。新中国成立后，任甘肃省省长、全国政协常委、民革中央副主席。

邓宗瀛（1892—?）

江西人。美国威斯康辛大学和哥伦比亚大学毕业。1925年任中国驻秘鲁公使馆秘书。1932年任国民政府外交部秘书。1934—1937年任中国驻菲律宾总领事。

邓春膏（1900—1976）

字泽民。甘肃循化（今属青海）人。北京大学毕业，美国芝加哥大学哲学博士。参加过五四运动。1928年任兰州大学前身——兰州中山大学校长（1930年改为甘肃大学，1931年又改为省立甘肃学院）达八年之久。后任国民政府监察院监察委员、甘宁青区监察使、考试院甘青宁考铨处处长。1958年任兰州市政协委员。

邓祖禹（1892—?）

号铸九、涤清。浙江丽水（一说江西吉安）人。日本明治大学法科学士。抗战时期，附汪投敌，曾任汪伪政权警政部常务次长兼中央警官学校校长、首都警察总监、首都警备司令部副司令、江西省长、军委会委员。抗战胜利后被国民政府逮捕。

邓恩铭（1901—1931）

原名恩明，字仲尧，又名黄伯云。贵州荔波人。水族。1919年在济南参加五四运动。1920年与王尽美组织山东共产主义小组。1921年参加中共"一大"。后任中共青岛市委书记、山东省委书记。曾领导胶济铁路工人大罢工。1928年在济南被捕，1931年英勇就义。

邓峻德（1886—1930）

字天乙。山东乐安（今广饶）人。登州文会馆毕业。曾在胶州、安邱、烟台创办学校。1916年补为众议院议员。1917年任护法国会众议院议员。1922年北京国会恢复时，仍任众议院议员。

邓家彦（1883—1966）

字孟硕。广西桂林人。美国林肯大学哲学博士。同盟会会员。1912年任南京临时参议院议员，后参与讨袁、护法。1924年在国民党一大上当选候补中央执行委员。1934年任国民政府委员。1939年当选国民党中常委。1947年赴美完成博士学业。1952年到台湾，任"总统府国策顾问"。

邓辅纶（1828，一作1818—1893）

字弥之。湖南武冈人。清咸丰元年副贡，官浙江候补道。曾率兵镇压太平军。早年就读长沙城南书院，与王闿运、邓绎、李篁仙、龙汝霖结"兰陵词社"，时人誉为"湘中五子"。后以诗名，诗学《文选》体，多拟古之作。有《白香亭诗文集》。

邓散木（1898—1963）

原名铁，学名士杰，号钝铁，又号粪翁，笔名山人居士、天一居士等。名居室为厕简楼。上海人。1908年入英人华童公学。1934年创办南离公学，任校长。1934年在上海举办首次个人金石书画展，其后至1948年又举办个人展或合展12次。新中国成立后，在人民教育出版社工作。著有《篆刻学》、《中国书法演变简史》、《厕简楼印存》。

邓植仪（1887—1957）

字槐庭。广东东莞人。美国威斯康辛大学农学硕士。曾任广东农事试验场场长、广东农业专门学校校长、中山大学教务长兼农学院院长、广东土壤调查所所长。新中国成立后，任华北农业科学研究所研究员、农业部顾问。著有《土壤学教材》、《广东土壤概况与农业利用分区》等。

邓锡侯（1889—1964）

字晋康。四川营山人。保定军校第一期肄业。川军将领。曾任南京国民政府军事委员会委员、第二十二集团军总司令。抗战期间，率部出川抗日。抗战后任四川省主席、西南公署副长官。1949年12月，与刘文辉联名通电起义。新中国成立后，任西南军政委员会副主席。

邓演达（1895—1931）

又名策成、仲密，字择生，化名石生登。广东归善（今惠阳）人。保定军官学校毕业。1909年加入同盟会。曾任黄埔军校教育长、国民革命军总政治部主任。1930年任"中国国民党临时行动委员会（即第三党）"总干事，策划军事反蒋。1931年8月在上海被捕，11月蒋介石下令，被秘密杀害于南京。

甘乃光（1897—1956）

字自明。广西岑溪人。岭南大学经济系毕业。后赴美国芝加哥大学研究院深造。历任黄埔军校政治部英文秘书兼政治教官，南京国民政府内政部政务次长、外交部政务次长、驻澳大利亚大使，国民党中央执行委员。1956年在澳洲去世。

甘秉常（1899—?）

四川荣昌人。陆军大学特别班第二期毕业。历任国民党军职。1947年6月授少将衔。

甘祠森（1914—1982）

原名永柏。四川万县人。上海商学院毕业。曾任重庆大学、求精商学院教授。1945年参与筹组三民主义同志联合会、中国经济事业协进会，参加中国民主革命同盟。新中国成立后，任全国政协常委、民革中央副主席。

甘家馨（1904—1977）

又名义连，字友兰。江西萍乡人。广东大学毕业，后留学日本早稻田大学。1926年参加北伐。曾任厦门电报局局长、浙江瑞安县县长。1938年后，历任国民党江西省党部青年部部长，南京市党部组织部部长，中央党部总务处处长、组织部秘书长，中央执行委员。1950年后在香港执教著书。著有《日本通史》等。

甘维露（1884—?）

字德云。广东汕头人。美国哥伦比亚大学法学士。曾任东吴大学法律讲师、上海总商会法律顾问、中山大学法律教授、国民政府立法院委员。

甘鼎华（1895—?）

又名勋铭，号勋华。广东中山人。保定军校第八期毕业。曾任国民党第十九路军团长、新编第二军军长、第七战区粤桂边区总指挥部总指挥、国防部及陆军司令部高级参议。1949年去香港。

甘登俊（1898—?）

号轶卿。江西奉新人。陆军大学毕业。历任国民革命军连、营、团、旅长，陆军大学教官，暂编第二十二师副师长，第七十九军副军长。抗战期间参加徐州、武汉、鄂西诸会战。1946年退役。

艾时（1903—?）

号俊阶。湖北汉阳人。黄埔军校第四期毕业。1926年参加北伐。后任国民党中央军校洛阳分校政治部主任、军事委员会总政治部第二厅副厅长兼人事处长、空军第五特务团团长。1946年当选为"国民大会"代表和立法委员。1949年去台湾，续任"立法院"立法委员兼交通委员会召集委员。

艾沙（1909—1995）

全名艾沙·玉素甫·阿里普提金，号泽之。新疆英吉沙人。维吾尔族。曾任新疆省政府秘书长、三青团新疆支团干事长、国民党新疆省党部副主任委员。1949年出逃土耳其，长期从事泛突厥主义的活动。

艾爰（1906—?）

号业荣。原籍广东鹤山，生于湖北武昌。黄埔军校四期、陆军大学九期毕业。任国民革命军第九十二师参谋长、师长，南京警卫师师长。去台湾后，曾任"国防部"常务次长。

艾险舟（1891—1955）

原名华泳、又名艾伟，字险舟，以字行。湖北江陵人。上海圣约翰大学毕业，留美博士。历任东南大学、上海大夏大学教授，中央大学教育系主任、英国伦敦大学统计学研究员。1949年任香港罗富国师范学院教授。1950年去台湾，任"考试院"考试委员。著有《教育心理学大观》。

古应芬（1873—1931）

字勷勤、湘芹。广东番禺人。清末秀才。日本法政大学速成科毕业。1905年在东京加入同盟会。1911年参与策划广州起义。历任大元帅府秘书、大本营法制局局长、广州国民政府财政部长、南京国民政府文官长。当选国民党第二、三届中央监察委员。

古恩康（1884—？）

广东梅县人。原中国驻檀香山领事古今辉之孙。上海圣约翰大学医学博士，留学美国。曾任上海同仁医院主任医师、圣约翰大学医学院教授。参与创立中华医学会，任中华医学会副会长、中华医学会上海分会会长。

本庄繁（1876—1945）

日本人。日本陆军士官学校毕业。早年参加日俄战争，1931年升任关东军司令，参与制造九一八事变，率军侵占中国东北。日本战败投降后，剖腹自杀。

札希土噶（生卒年不详）

名巫怀清，字明远。西藏拉萨人。藏族。1905年由西藏派赴北京，曾任御前翻译、满蒙高等学堂藏文教习。1913年当选为国会参议院议员。1922年北京国会恢复时，仍任参议院议员。

左权（1906—1942）

湖南醴陵人。1924年入黄埔军校一期。1925年2月加入中国共产党。同年12月赴莫斯科中山大学和伏龙芝军事学院学习。历任红十二军军长、红一军团军团长，参加了反围剿和长征。抗战时期任八路军副参谋长，曾参与指挥百团大战。1942年6月在山西辽县（今左权县）与日军作战时牺牲。

左恭（1905—1976）
字胥之。湖南湘阴人。北京大学肄业。曾任国民党中央宣传部总干事、第四战区政治部秘书长、国民政府立法院编译处处长。1948年当选为立法院立法委员。新中国成立后，任北京图书馆副馆长。

左文举（1917— ）
吉林桦甸人。日本教育大学东洋史硕士。曾任三青团松江支团组长、国民党松江省党部执行委员。后去台湾。

左宝贵（1837—1894）
字冠廷，回族。山东费县人。行伍出身，曾与太平军、捻军作战，升副将，晋记名提督。1889年授广东高州镇总兵，仍驻守奉天。1894年，甲午战争时率部入朝鲜平壤，镇守城北，登城督战，遭炮击阵亡。

左宗棠（1812—1885）
字季高。湖南湘阴人。清道光举人。历任浙江巡抚、闽浙总督、陕甘总督、军机大臣、两江总督兼通商事务大臣。曾镇压太平天国和西北回民起义；筹办洋务，创办福州船政局；平定西北，率军讨伐阿古柏，收复新疆乌鲁木齐、和阗（今和田）等地。有《左文襄公全集》。

左景清（1912—1984）

笔名杜若。湖南湘阴人。左宗棠之曾孙。金陵大学文学院毕业。曾任《华报》、《中国日报》总编辑，成都《党军日报》主编，国民党中央组织部专员。后去台湾。著有长篇小说《同是天涯沦落人》。

左舜生（1893—1969）

名学训，字舜生，别号仲平。湖南长沙人。曾入上海震旦学院学习法语，后留学法国。参与创办《醒狮》周报，并任总经理。1925年加入中国青年党。曾任青年党中央执行委员会委员长、中央常委。1949年去台湾。后移居香港，任教于新亚书院。1969年返台，在台湾去世。

左曙萍（1908—1984）

号庶平，笔名麦逊、关外柳。湖南湘阴人。国民党中央政治学校毕业。曾任国民党中央党部总干事，中央航空委员会政治部主任，新疆伊犁、焉耆区行政督察员、浙江省政府委员兼秘书长。1950年去台湾。著有诗集《天山南北马蹄忙》。

厉汝熊（1891—？）

字树雄。浙江定海人。曾任江西地产营业公司总经理，上海华孚商业银行行长，浙江省长公署顾问，上海物品交易所、煤矿公司、联华银行董事，丰盛实业公司董事长。

石羽（1914—2008）

原名孙坚白。天津人。回族。重庆国立戏剧专科学校毕业。曾任中国电影制片厂、中国艺术剧社、清华电影公司演员。新中国成立后，任中国青年艺术剧院副院长、中国戏剧家协会理事。曾主演话剧《日出》、《上海屋檐下》。

石坚（1899—？）

号墨堂。辽宁辽阳人。沈阳高等师范学校毕业。曾任国民党东北党务办事处主任委员、吉林省党部主任委员、辽宁省参议会议长、辽宁省党部主任委员。1948年当选为国民政府立法院立法委员。后去台湾。

石挥（1915—1957）

原名毓涛。天津杨柳人。1939年到上海，先后参加中国旅行剧团、上海剧艺社、上海文华影片公司，任演员。所饰《蜕变》中的梁专员最为著名。1948年起任导演。有"话剧皇帝"之称。代表作为自编、自导、自演的《我这一辈子》。新中国成立后，导演有《鸡毛信》等影片。

石瑛（1878—1943）

字蘅青。湖北阳新人。清末举人。后留学比利时、法国、英国。同盟会会员。回国后曾为北京大学教授、武昌高等师范校长。后任国民党中央执行委员、湖北省建设厅厅长、南京市市长、考试院铨叙部长、湖北省临时参议会议长。

石九龄（1905—1988）

字子春。辽宁锦州人。北京法政大学毕业。曾任段祺瑞政府司法部秘书。后任国民党吉林省党部常务委员、东北挺进军政治部主任、国民政府军事委员会委员长侍从室调查专员、辽宁省生产局局长。1949年去台湾。

石广权（1872—1948）

又名蕴山，字一参，号建勋。湖南邵阳人。清末贡生。留学日本法政大学。同盟会会员。曾任船山学社社长，上海公学、湖南大学教授。著有《老子今诠》、《管子今诠》、《四书今读》。

石友三（1891—1940）

字汉章。吉林长春人。曾任国民革命军第十三路军总指挥。授陆军中将。因常出尔反尔，人称"倒戈将军"。抗战时任冀察战区副司令兼察哈尔省政府主席、第三十九集团军总司令。1940年与日军"联合防共"，引起部将不满，被活埋。

石方洛（1841—？）

清末官吏。字问壶。江苏吴县人。工诗。曾任永嘉县丞篆，分管楠溪，写下《楠溪竹枝词》十二首，另尚有《且瓯歌》。

石兴邦（1923— ）
陕西耀县人。1949年南京大学
边政系毕业，后为浙江大学人
类学研究所研究生。毕业后曾
任中科院考古研究所研究员、
陕西省社会科学院副院长及省
考古研究所研究员、所长。是
中国考古学会常务理事。长期
从事田野考古，主持了西安半
坡遗址的发掘。著有《半坡氏
族公社》。

石志仁（1897—1972）
字树德。河北昌黎人。香港大学机
械科毕业，美国麻省理工学院硕
士。1926年回国任北洋大学、东北
大学机械系教授，后从事铁路机
务管理工作。新中国成立后，任铁
道部副部长。1955年选聘为中科院
学部委员。

石评梅（1902—1928）
女。学名汝璧，笔名心珠、冰华
等。山西平定人。山西省立女子
师范学校、北京女子高等师范
学校毕业。在北京读书时开始
文学创作，并发表新诗。后任北
京师范大学教员。有散文、小
说、诗歌作品多种。小说以《红
鬃马》、《匹马嘶风录》为代
表。是民国四大才女（吕碧城、
张爱玲、萧红、石评梅）之一。
有三卷本《石评梅作品集》。

石青阳（1879—1935）
名蕴光。四川巴县人。清末秀才。早
年留学日本。1906年加入同盟会。
1911年参加四川保路运动。1914年
加入中华革命党。1924年当选国民
党一大中央执行委员。后参加西山
会议派。1931年任国民政府蒙藏委
员会委员长。

石星川（1880—1948）

字汉舫。湖北阳新人。日本陆军士官学校毕业。初任东三省陆军标统。1914年任湖北陆军第一师师长。1917年任护法军政府湖北靖国联军第一军总司令。抗战时期投敌，任伪武汉参议府议长、伪中江实业银行总裁，1943年任汪伪汉口特别市市长。1946年4月以"通敌叛国"罪被判死刑，后减为无期徒刑。1948年7月22日病死狱中。

石钟秀（1905—1991）

字莹卿。山西榆社人。中央政治学校毕业。曾任山东城武县、陕西洋县县长，青岛市民政局、地政局局长。1949年去台湾，任"内政部"总务司司长、台湾电力公司董事、山西文献社社长。

石美玉（1873—1954）

女。又名玛丽。湖北黄梅人，生于江西九江。美国密执安大学医学院毕业。曾创办九江唐福斯骨科医院及护士学校、上海伯特利医院（今上海第二医科大学附属第九人民医院），并任院长。参与筹组中华医学会，任副会长。晚年寓居美国加利福尼亚。

石美瑜（1908—1992）

福建福州人。福建法政专门学校毕业。1942年任上海法学院教授。抗战后任江苏高等法院刑庭庭长，1946年任国民政府国防部审判战犯军事法庭庭长。1949年去台湾，任律师。1992年逝世于美国。

石祖黄（1905— ）

号次公。湖南邵阳人。黄埔军校第六期毕业。曾任国民革命军第一八五师参谋长、师长，国民党第十八军副军长，国民政府驻苏联大使馆武官，装甲总队总队长，国防部办公厅高参。1949年移居香港，旋去台湾，曾任"反共救国委员会"主任。

石凌鹤（1906—1995）

原名联学，字时敏，化名石炼顽。江西乐平人。留学日本，攻美术。1927年加入中国共产党。1930年加入中国左翼戏剧家联盟，集电影与戏剧创作、编辑、导演、表演于一身。新中国成立后，任江西省文化局长、江西省文联主席、上海戏剧家协会副主席。著有《汤显祖剧作改译》等。

石焕鼎（1888—?）

号新之。广西义宁（今临桂）人。陆军大学毕业。1927年至1928年任国民政府军事委员会办公厅高级参谋。

石毓灵（1891—1951）

号幼平。湖北黄安人。毕业于保定军校。历任国民革命军新编第十七师师长、湖北省第六区行政督察专员、国民政府军事参议院参议。授中将衔。1946年退役，1947年任湖北省黄安县县长。1949年在湖北被捕。

石德宽（1886—1911）

字景吾。安徽寿县人。留学日本警监学校，加入同盟会。1908年回国后联络新军，参与安庆起义。1911年参加广州黄花岗起义。因消息泄露被捕，英勇就义。遗体葬于黄花岗，为黄花岗七十二烈士之一。

龙云（1887—1962）

原名登云，字志舟。彝族。云南昭通人。云南陆军讲武堂第四期毕业。历任云南省政府主席、国民党云南省党部主任委员、第一集团军总司令、陆军副总司令、国民政府军事参议院院长。1949年8月在香港发表声明，拥护中国共产党的领导。新中国成立后，任中央人民政府委员、国防委员会副主席、全国人大常委、全国政协常委、民革中央副主席。

龙骧（1877—?）

字麟振。湖北孝感人。清附贡生。早年在黑龙江财政局任职，后任察哈尔实业厅厅长。1928年任国民政府内政部秘书，后又任监察院秘书。著有《国家财政四大先决问题》。

龙矫（1903—1950）

原名祖升，号连云。湖南永绥（今花垣）人。苗族。陆军大学毕业。曾任国民革命军第十八军第六十七师参谋主任。抗战初期，任京沪警备司令部作战科科长，参加淞沪会战。后任新编第六军暂编第六师副师长。抗战后任国民党第二绥靖区少将高参、整编第七十三师副师长。1948年9月在济南战役中被俘。

龙廷弼（1850—1936）

字熙臣。湖南祁阳人。清光绪三年举人。早年应聘主编湖南省永明县县志。后曾讲学于湖南船山书院。著有《读易隅见》、《东洲毛诗授义》、《遯园四书集义》、《船山学说》。

龙国钧（1906—1974）

号泽庶。湖南长沙人。清华大学轻工科、陆军大学毕业。抗战爆发后，任参谋本部参谋、中国远征军司令部参谋、驻印新编第一军副参谋长、新编第三十八师副师长，参加了印缅滇抗战诸役。1948年任新编第七军参谋长。同年10月在长春向解放军投降。后任沈阳化工学校、广州轻工业化工学校教员。

龙鸣剑（1878—1911）

原名骨珊，字顾三、顾山，号雪眉。四川荣县人。清末秀才。留学日本时加入同盟会。回国后任四川省谘议局议员。在保路运动中曾率数千保路同志军攻打成都，被推为东路民军参谋长。后为保卫已宣布独立的荣县，率同志军攻打叙州，不幸病逝。

龙炎武（1908—1978）

字屏藩。湖南东安人。陆军大学毕业。曾任国民革命军第一三八师副师长。抗战期间，任第五战区第十、第八挺进纵队司令。1946年任安徽省保安副司令。1949年任第三兵团参谋长。1949年冬去台湾，曾任"总统府"中将参军。

龙济光（1876—1925）

字子诚、紫宸。彝族。云南蒙自人。土司出身。1907年镇压镇南关起义。历任清广西提督、陆军第二十五镇统制、广东都督、两广巡阅使。民国后，依附袁世凯、段祺瑞，先后任广东都督兼民政长、两广巡阅使。

平刚（1878—1951）

字绍璜。贵州贵阳人。清末秀才。曾任同盟会贵州分会会长、南京临时参议院参议员。1926年任贵州省教育厅长。抗战时期任贵州省参议会议长。新中国成立后，任贵州省人民政府委员。

卢汉（1895—1974）

原名邦汉，字永衡。云南昭通人。彝族。云南陆军讲武堂毕业。早年入滇军唐继尧、龙云部，任师长。1928年任云南省政府委员。1937年任第六十军军长。抗战时，率部参加台儿庄战役。1945年任云南省政府主席。1949年宣布云南起义。新中国成立后，任云南省军政委员会主席、全国人大常委、全国政协常委、国家体委副主任。

卢英（1894—1950）

字楚僧。湖北江陵人。保定军校毕业。曾任沪杭甬警备司令部参谋、上海市公安局侦缉总队长。是黄金荣的徒弟。"八一三事变"后，参与组织伪上海大道市政府。维新政府成立，任伪上海特别市警察局局长。后任汪伪中央委员、上海保安司令部副司令、上海市警察局副局长。抗战胜利后，被国民政府逮捕。1950年被人民政府处决。

卢佳（1909—?）

华侨，生于印度。美国马里南大学齿科医学士。1935年赴上海行医，兼任震旦大学教授。为中国牙科学会会员。

卢信（1885—1933）

字信公。笔名梭功。广东顺德人。留学日本、美国，学习法律。1903年加入兴中会。1907年任檀香山《民生日报》主编。辛亥革命后，任同盟会广东支部长。1913年为国会参议院议员。1926年任北京政府司法部总长。

卢前（1905—1951）

原名正绅，字翼野。江苏江宁人。早年入南京东南大学受教于词曲大师吴梅。毕业后任教于金陵、中央、暨南大学，曾任国立福建音乐专科学校（1949年后并入上海音乐学院）校长。并为《中华乐府》编辑、南京通志馆馆长。一生致力于词曲研究。1951年病逝于南京。著有《南北曲溯源》、《明清戏曲史》。

卢峻（1909—2000）

号于昉。浙江鄞县人。东吴大学法律学院毕业，美国哈佛大学法学博士。历任暨南大学、光华大学、东吴大学、中央大学法学教授。新中国成立后，任复旦大学、华东政法学院、上海社科院法学所教授。

卢于道（1900—1985）

原名析薪、日新。浙江鄞县人。早年留学美国，获解剖学科学博士。回国后长期从事神经解剖学研究和教学。曾任中央研究院研究员，复旦大学教授、理学院院长，中国科学社总干事。1946年参与发起九三学社。新中国成立后，任复旦大学理学院院长、九三学社中央副主席、上海市政协副主席。

卢天游（1879—？）

原名汝翼，字云村。广西桂平人。日本法政大学毕业。曾创办广西省法政财政自治学校。1912年任广西都督府法制局局长。1913年当选为参议院议员。1916年北京国会恢复时，仍任参议院议员。

卢永祥（1867—1933）

原名振河，字子嘉。山东济阳人。北洋武备学堂毕业。段祺瑞皖系骨干，历任陆军第十师师长、浙江督军。1924年江浙战争中，任浙沪联军总司令。第二次直奉战争后，任苏皖宣抚使。不久被奉系排挤下台，隐居天津。

卢仲琳（1880—？）

字伯琅。四川三台人。早年加入同盟会，曾参加镇南关与黄花岗之役。1912年任南京临时政府参议，1917年护法运动时为大元帅府参议，后为国民政府立法委员。

卢兴原（1885—?）

澳门人，祖籍广东新会。英国牛津大学硕士。历任苏州大学讲师，广东军政府外交部司长、大理院院长，广州国民政府总检察厅检察长，上海租界临时法院院长。

卢作孚（1893—1952）

又名思。四川合川（今属重庆）人。早年加入同盟会，曾参加四川保路运动。后参加少年中国学会。1925年创办民生实业公司，经营内河航运及远洋航运，为当时最大的民营航运企业。曾任国民政府交通部次长。1950年由香港回大陆，任全国政协委员、西南军政委员会委员。

卢松安（1898—1978）

原名榕林。北京人。毕业于北京师范学校，后任附属小学教员、国民政府教育总署科员、山西统税局秘书等。1949年前为中共地下党员，新中国成立后任中国佛教协会干事，负责文物保管和考古工作。一生收藏古籍颇丰，达两万余卷。1959年被聘为北京市文史馆员。有《易庐易学藏书》。

卢郁文（1900—1969）

直隶昌黎（今属河北）人。北京高等师范学堂毕业，留学英国。曾任国民政府经济部参事、新疆财政厅长、立法院立法委员。1949年任国民党政府和谈代表团秘书长，后留居北京。新中国成立后，任政务院参事、国务院副秘书长、全国政协常委。

卢忠良（1903—1988）

甘肃河州（今临夏）人。早年在马鸿逵部任团附、副旅长。抗战期间任国民革命军第十一军暂编第六师、第九师师长。1949年任第一二八军军长、宁夏兵团指挥官。同年9月通电起义。新中国成立后，任甘肃省农牧厅副厅长、甘肃省政协副主席、省民革主委。

卢性翘（1908— ）

字卜时、星桥，号知中。浙江诸暨人。陆军大学毕业。曾任国民党长沙军管区团长、金华防空司令部参谋长、中央陆军军官学校第八分校教育处处长、第二一〇师师长。去台湾后，任台中警备司令。1965年退役。

卢学溥（1879—1956）

字润泉、鉴泉。浙江桐乡人。清末举人。曾任清两江督署、直隶督署外交科长，北京政府财政部次长、交通银行董事长、中央造币厂厂长、新华储蓄银行董事长。1942年8月任汪伪中国银行监察人。抗战胜利后，续任浙江实业银行董事，兼永亨银行常务董事。新中国成立后，任中国银行监察人等职。

卢春芳（1886—？）

湖北汉川人。武昌文华大学毕业。曾在北京政府外交部任职。后任国民政府外交部特派安徽交涉员。1930年至1936年历任国民政府驻印度、朝鲜、哥斯达黎加总领事馆总领事。1944年至1945年任赈济委员会第一处处长。

卢荣鼐（1908—？）

澳门人，祖籍广东新会。原上海租界临时法院院长卢兴原之子。广州岭南大学毕业，留学英国。曾任伦敦中国学生会会长。1935年起在上海执律师业。其妻为伍朝枢之女。

卢钟岳（1887—？）

字临先。浙江诸暨人。日本明治大学毕业。曾任浙江巡警学校教员。早年加入光复会，后与徐锡麟谋起义，事泄被捕。旋至奉天创办《微言》报。1913年当选为众议院议员。1917年任护法国会众议院议员。1922年北京国会恢复时，仍任众议院议员。

卢莳白（生卒年不详）

1933年5月任中国电影年鉴编委会委员，7月发起成立中国教育电影协会上海分会。1934年8月任《戏剧与电影》编辑。1947年10月任《电影杂志》主编。

卢致德（1901—1979）

广东香山（今中山）人。北京协和医学院毕业，美国纽约大学医学博士。曾任国民政府军事委员会重庆行营及庐山军官训练团军医处处长、后方勤务部卫生处处长、军政部军医署署长，陆军卫生勤务训练所主任，国防医学院副院长。1949年去台湾，任台湾荣民总医院院长。

卢恩绪（？—1967）

广东香山（今中山）人。北京协和医学院毕业，美国纽约大学医学博士。曾任国民政府军事委员会重庆行营及庐山军官训练团军医处处长、后方勤务部卫生处处长、军政部军医署署长，陆军卫生勤务训练所主任，国防医学院副院长。1949年去台湾，任台湾荣民总医院院长。

卢浚泉（1898—1979）

字子惠。云南彝良人。彝族。卢汉之叔。云南陆军讲武堂毕业。参加过北伐战争。抗战时期，任国民革命军补充旅参谋长、第六十军旅长、暂编第十八师师长、第九十三军军长。1948年任东北"剿总"第六兵团司令。同年10月在锦州战役中被俘。1959年获特赦。任云南省政协专员、全国政协委员。

卢孰竞（1914—　）

女。原籍安徽庐江，生于天津。美国密苏里大学教育硕士。曾任国民党中央政治学校教官、中央训练团指导员，三青团中央监察。1949年去台湾后，任台湾艺术馆馆长。

卢景贵（1891—1967）

字介卿。山东掖县（今莱州市）人，生于辽宁沈阳。中国著名物理学家卢鹤绂之父。早年留学美国学习机械工程。历任津浦铁路济南机车厂工程师，四洮铁路工程局局长，东北交通委员会委员兼路政处主任委员。1933年解职后寓居天津。著有《东北铁路网之计划》、《东北路电述要》。

卢锡荣（1893—1957）

字晋侯。云南陆良人。早年赴欧美留学，获哲学博士。曾任北京政府教育部专门教育司司长、云南东陆大学副校长、云南省教育厅长、中央大学政治系主任。新中国成立后，任上海文史馆馆员。著有《思想革命》、《欧美五国游记》。

卢福宁（1914— ）

浙江杭州人。中央陆军军官学校毕业。曾任国民政府国防部第三厅第一处处长。1949年去台湾，历任"陆军总参谋长"、金门防卫司令部副司令、陆军指挥参谋大学校长。1972年退役。

卢德铭（1905—1927）

又名继雄，字邦鼎，号又新。四川自贡人。1924年入黄埔军校第二期，同年加入中国共产党。1925年任叶挺独立团参谋长，1927年任武汉国民政府警卫团团长，同年参加秋收起义任起义部队总指挥。在江西萍乡遭遇国民党军伏击，掩护部队突围时英勇牺牲，年仅22岁。

卢德绥（1910—? ）

上海人。上海光华大学商科学士。初供职于上海花旗银行，后任上海益茂企业股份有限公司董事兼总经理。

帅镛（1902—1982）

字学富。江西奉新人。黄埔军校干部训练班毕业。曾任国民革命军总司令部参谋、陆军第五十六师团长。抗战时任国民政府军政部骡马采购组主任。1947年后任国民党国防部第十补给区少将副司令。1949年去台湾，任"国防部总务局"高级参谋。

帅伯春（1906—？）

贵州安顺人。上海光华大学商学院银行系毕业。曾任上海环球企业公司副总经理、中国工业银行总行经理、新丰股票公司总经理。

帅崇兴（1891—？）

云南昆明人。日本陆军士官学校毕业。曾任云南陆军讲武堂和黄埔军校工兵科教官、国民革命军总司令部军务局科长、杭州警备司令部参谋长、中央陆军军官学校第三分校教育长。1946年退役。

叶子（1911— ）

女。原名叶仲寅。河北大城人。就读于北京女子师范学院、南京国立戏剧学校。抗战爆发后，加入怒潮剧社，出演《放下你的鞭子》、《为和平自由而战》等。1950年参加北京人民艺术剧院。1953年主演《龙须沟》。

叶光（1906—?）

字景春。浙江杭州人。中央政治大学毕业。历任国民政府军事委员会政治部机要室主任、中国远征军参议、第一战区长官部秘书长、联勤总司令部办公厅副主任、东南军政长官公署及国防部参议。去台湾后，任台湾红十字会总干事。

叶挺（1896—1946）

原名为询，字希夷。广东惠阳人。保定军校毕业。曾任孙中山警卫团营长。1924年赴莫斯科东方大学和红军学校中国班学习。1925年加入中国共产党。后参加北伐战争。1927年参加领导南昌起义，任前敌总指挥。同年又参加领导广州起义，任工农红军总司令。抗战爆发后，任新四军军长，皖南事变中被扣押，因于狱中。1946年获释。同年遇空难。

叶蓬（1896—1947）

号孛孛，字一衷。湖北黄陂人。毕业于保定军校第六期。曾任武汉警备司令部参谋长、司令，铁道部铁道队警总局局长。抗日战争期间投靠汪精卫，历任汪伪政权武汉绥靖公署主任、参谋本部参谋总长、陆军部部长、湖北省省长。1945年9月被国民政府逮捕，1946年冬被枪决。

叶开鑫（1887—1937）

字竞秋。湖南宁乡人。江南将备学堂毕业。同盟会会员。历任湘军第三师师长、国民革命军新编第五军（后改为第四十四军）军长、湖南省政府委员、国民政府军事参议院上将参议。

叶少英（1895—？）

江苏吴县人。英国牛津大学硕士。曾任华洋义赈会秘书、北洋政府外交部条约司秘书。1924年在上海开设律师事务所，任中国律师公会财政委员、上海公共租界特别巡捕总监。

叶长青（生卒年不详）

师从清末著名学者陈衍，曾任金陵大学教授。著有《文心雕龙杂记》、《文史通义注》、《文字学名词诠释》。

叶公超（1904—1981）

名崇智。原籍广东番禺，生于江西九江。美国哈佛大学及英国剑桥大学硕士。曾任清华大学、北京大学教授，国民党中央宣传部驻马来西亚专员、驻伦敦办事处处长，国民政府外交部长。1949年去台湾，任"外交部长"、"驻美大使"、"总统府"资政。

叶圣陶（1894—1988）

名绍钧。江苏苏州人。1921年发起组织文学研究会。曾任商务印书馆编辑、开明书店总编辑。主编《小说月报》、《中学生》、《国文杂志》、《开明少年》等。执教北京大学、复旦大学。新中国成立后，任中央人民政府出版总署副署长，教育部副部长兼人民教育出版社社长、总编辑，全国政协副主席，民进中央副主席。著有长篇小说《倪焕之》。

叶在均（1885—?）

字乃崇。福建福清人。毕业于京师法政学堂。曾任京师地方审判厅庭长，国民政府最高法院庭长、司法院大法官。

叶成玉（1880—?）

字振之。黑龙江省龙江人。法政讲习科毕业。1906年参与创办齐昂轻便铁路。1912年当选为临时省议会议员。1913年当选为国会众议院议员。1917年任护法国会众议院议员。1922年北京国会恢复时，仍任众议院议员。

叶企孙（1898—1977）

原名鸿眷。上海人。清华学校毕业，美国哈佛大学博士。曾任东南大学、西南联合大学教授，清华大学理学院院长兼物理系主任，中央研究院总干事、院士。新中国成立后，任清华大学校务委员会主任委员、北京大学教授、中科院自然科学史研究室副主任、中国科学院学部委员。

叶名琛（1806—1859）

字昆臣。湖北汉阳（今武汉）人。清道光进士，累官至广东巡抚。咸丰年间，1852年升两广总督兼通商大臣，1855年授协办大学士，1856年擢体仁阁大学士。1857年英法英联军进攻广州时，既不抵抗，也不议和，更不逃跑。英法联军攻入广州后被俘，在印度绝食而卒。时人称其为"六不总督"（不战、不和、不守、不死、不降、不走）。

叶秀峰（1900—1990）

江苏江都人。北洋大学毕业，美国匹兹堡大学硕士。历任国民党中组部调查科长、江苏省政府委员、西康省建设厅长。1947年中统改组为党员通讯局（党通局），任局长。1948年当选"国大"代表。1949年去台湾。同年8月"中统"、"军统"合并为"政治行动委员会"，任委员。

叶启杰（1895—1978）

字新吾。福建建瓯人。陆军大学毕业，中将衔。曾任晋绥军第十军第二十九师师长，参加中原大战。后任国民革命军第三十五军副军长。抗战时期，参加大同、忻口、太原保卫等战役。1946年退役。1947年就任建瓯中学历史教员。1978年逝世于兰州。

叶国强（1910—1985）

字少雄。福建南安人。上海艺术大学毕业。曾任公立金淘职业中学校长及《厦门日报》主笔。抗战爆发后，任国民革命军第二十五集团军参议、第八十师政治部主任。抗战胜利后退役，任厦门自来水公司总经理等。后去台湾。

叶灵凤（1904—1975）

原名韫璞，笔名叶林丰、临凤、亚灵等。江苏南京人。毕业于上海美专。早年入创造社、中国左翼作家联盟。曾任《洪水》、《幻洲》、《戈壁》、《现代小说》、等主编。抗战爆发，随《救亡日报》到广州。广州失陷后到香港，从此定居香港。有短篇小说集《女娲氏之遗孽》，译有《九月的玫瑰》。

叶昌炽（1849—1917）

字鞠裳，号缘督。江苏长洲（今吴县）人。清光绪进士，授翰林院编修。历任国史馆总纂、会典馆纂修、国史馆提调、甘肃学政。在甘肃期间，得敦煌县令汪宗翰寄赠敦煌写本、绢画。其在《缘督庐日记》中对这些写本、绢画作了考订、记录、研究，成为第一位研究藏经洞出土文书的人。著有《藏书纪事诗》、《语石》、《寒山寺志》。

叶佩高（1902—1987）

原名用迈。海南文昌人。陆军大学毕业。曾任国民革命军第十一师师长，第五十四军参谋长、副军长，整编第五十四师师长，第三十二军军长。抗战期间，作为滇西远征军，参加了高黎贡、腾冲城之战。1949年去台湾，任"国防部"高参。1968年移居美国。

叶学皙（1917— ）

字风雩。江苏江都人。中央大学毕业。曾任职于国民政府交通部、台湾铁路局。1951年后，任"行政院美援运用委员会"处长、"财政部国库署"署长。

叶建军（1912—2007）

甘肃民勤人。中央陆军军官学校毕业。历任甘肃省防空司令部参谋长，国民党第八战区高参、西北行辕和长官公署参议，甘肃省保安司令部少将政工处处长。1949年在河西起义。新中国成立后，任兰州市政协常委。

叶南帆（1890—1954）

字焕舟、勤。浙江青田人。陆军大学研究院毕业。历任国民政府交通部路警局科长、军事参议院参议、军事委员会处长、军法总监部厅长、运输监办公室主任。1947年7月退役。1949年加入民革，后任民革杭州市委主委。

叶显扬（1868—?）

字振声。内蒙古卓索图盟土默特左旗人，原籍安徽黟县。1912年被选为北京临时参议院议员。1913年当选为国会众议院议员。1916年国会恢复时，仍任众议院议员。

叶笃正（1916— ）

安徽安庆人，生于天津。清华大学学士，浙江大学硕士，美国芝加哥大学博士。曾任中科院地球物理研究所研究员，大气物理研究所所长。1981年当选为中国科学院学部委员，并任中国科学院副院长。著有《大气环流的若干基本问题》。

叶秋心（1913—1984）

女。湖北新洲人。圣约瑟女校毕业。1932年从影。先后入上海天一、明星等影片公司。新中国成立后居武汉。主演影片有《孽海双鸳》、《青春之火》、《春宵曲》、《吉地》、《百花洲》、《桃李争艳》、《双钉记》等。

叶衍兰（1823—1897）

字兰台，号南雪。广东番禺（今广州）人，原籍浙江余姚。清咸丰进士。官军机章京。后主讲越华书院。工词文，尤以词著。书画亦佳，善绘人物。精绘清代学者遗像，各附以小传，自顾亭林至魏默深凡百十七人。其孙恭绰，为影印传世。

叶衍庆（1906—1994）

江苏吴县人。医学硕士。历任上海女子医学院、圣约翰大学医学院教授，上海第二医学院外科、仁济医院骨科主任，卫生部医学科学委员会委员，中华医学会上海分会理事。新中国成立后，历任上海第二医学院教授、系主任，瑞金医院骨科主任，上海市伤骨科研究所所长。

叶恭绰（1881—1968）

字裕甫，号遐庵。广东番禺人。清末举人。京师大学堂毕业。曾任清铁道督办。入民国，任北京政府交通总长兼交通银行经理、交通大学校长，为交通系骨干之一。后任南京国民政府国学馆馆长、铁道部长。新中国成立后，任中央文史馆副馆长、北京画院院长、全国政协常委。著有《遐庵汇稿》、《历代藏经考略》。另有书画集。

叶夏声（1882—1956）

字竞生。广东番禺人。日本法政大学毕业。同盟会会员。历任广东法政学堂、两广方言学堂、高等警察学堂教习。辛亥革命后，任广东都督府教育及司法司长、南京临时政府秘书、众议院议员。1926年任国民革命军第七军参谋长。1936年任广东高等法院院长。抗战后开办律师事务所。1949年赴香港。

叶植楠（1903—1968）

原名华荣，号荫华。广东梅县人。陆军大学毕业。曾任国民革命军第一集团军第二军独立第四旅团长、粤桂边游击挺进队司令、云南绥靖公署参谋长。1949年任云南第二军区司令、第二十六军副军长。1950年自云南败走缅甸。后去台湾。

叶景葵（1874—1949）

字揆初。浙江仁和（今杭州）人。清光绪进士。早年入赵尔巽幕。1911年任天津造币厂监督署理大清银行监督。1915年任浙江兴业银行董事长。喜藏书，1939年与张元济、陈陶遗等在上海创办合众图书馆。有《杭州叶氏卷庵藏书目录》、《叶景葵杂著》。

叶楚伧（1887—1946）

原名宗源，字卓书，笔名小凤。江苏吴县人。同盟会会员、南社社员。1916年创办《民国日报》，任总编辑。曾任南京国民政府江苏省主席、立法院副院长，国民党中宣部长、中常委。有《世徽堂诗稿》、《楚伧文存》。

叶德辉（1864—1927）

字奂彬，号直山、郎园。湖南湘潭人。清光绪进士。曾任吏部主事。1900年编《觉迷要录》，以作"康梁逆案之定谳"。民国后，曾任湖南教育会、长沙总商会会长。1927年在湖南农民运动中被杀。精目录校勘及音韵训诂。著有《周礼郑注改字考》、《隋书经籍志考证》、《汉律疏证》。

叶澄衷（1840—1899）
原名成忠。浙江镇海人。清末
企业家。早年赴上海为学徒。
后以经营五金起家，成为上海
巨富。1889年起创办鸿安轮船
公司，上海、汉口燮昌火柴厂，
上海纶华缫丝厂等。1899年在
上海创办澄衷学堂。

申庆璧（1910—2009）
字完白。云南镇雄人。香港马丁神
道学院教育学博士。曾任国民政
府行政院县政计划委员会视察委
员、财政部督导专员、稽核。1949
年去台湾，先后在嘉义工业职业学
校、淡江文理学院任职。

田汉（1898—1968）
原名寿昌，笔名陈瑜。湖南长
沙人。留学日本东京高等师范
学校。创办《南国月刊》、南国
社、南国艺术学院。1930年参加
"左联"。1932年加入中国共产
党，任中共上海中央局文化工
作委员会委员。新中国成立后，
任中国文联副主席，中国剧协
主席。代表词作有《义勇军进
行曲》。

田桐（1879—1930）
字梓琴，笔名恨海，号玄玄。湖北蕲
春人。留学日本。同盟会会员。创办
《二十世纪之支那》、《复报》、《国
光新闻》等报刊。历任南京临时参
议院、北京国会、护法国会众议院
议员。四一二政变后，避居山西五台
山。1930年病逝于上海。有《玄玄遗
著》。

田稔（1887—?）

字多稼。浙江绍兴人。清附生。日本法政大学毕业。曾任浙江行政公署科员。1913年当选为国会众议院议员。1917年任护法国会众议院议员。1922年北京国会恢复时，仍任众议院议员。

田汉祥（生卒年不详）

南京中央大学体育系毕业。曾任教重庆大学体育系。后去台湾。与人合著《青年体操》。

田永谦（1895—1952）

湖北黄陂人。北京大学物理系毕业。曾任中华大学教职。后追随好友吴国桢，进入国民党政坛。历任湖北省财政厅公产管理处处长、汉口税捐稽征处处长，上海市财政局长兼上海市银行董事长。1949年去台湾，任台湾省政府主任秘书。

田西原（1900—1951）

字应贞。湖北保康人。北平交通大学毕业。曾任杨虎城部参谋。抗战爆发后，任国民革民军第三十七军副军长、第三十九集团军参谋长。1946年退役。后加入中国民主同盟。1948年任鄂西北游击司令。1949年所部改编为人民解放军江南地下第三军。

田克明（1906—2004）

字启东。江西上犹人。国民党中央党务学校毕业，后留学法、英。历任国民党江西省党部宣传部长、江西《民国日报》社长、内政部统计长、政治大学教授。1948年为"国民大会"代表。1949年去台湾，任东海大学统计学教授。

田应璜（1866—1927）

字子琮，号秘斋。山西浑源人。清光绪举人。曾任湖北省来凤县知县。入民国，1913年当选为国会参议院议员。1925年任临时参政院参政。1927年任安国军总司令部政治讨论会会员。

田美峰（1876—？）

黑龙江海伦人。曾在黑龙江通肯副都统衙门充差。1913年当选为国会众议院议员。1917年任护法国会众议院议员。1922年北京国会恢复时，仍任众议院议员。

田炯锦（1899—1977）

字云青。甘肃庆阳人。美国伊利诺斯大学博士。曾任国民政府监察院监察委员、监察院晋陕区监察使、考选部部长。1949年去台湾后，任"蒙藏委员会"委员长、"内政部"部长、"司法院"院长。

田席珍（1910—　）

字步仑。河北平乡人。陆军大学研究
院毕业。曾任国民革命军第二十七
师副师长，国民政府驻英国大使馆
武官，国防部监察局第一处处长，
河北训练团教育长。1949年去台湾，
任陆军指挥参谋大学研究室主任。
1961年退役。

田培林（1893—1975）

字伯苍。河南襄城人。北京大
学毕业，德国柏林大学哲学博
士。回国后，曾在西南联大任
教。后历任国民党中央组织部
党员训练处处长、河南大学校
长兼西北农学院院长、国民政
府教育部常务次长。1949年去
台湾，任台湾师范大学教育学
院院长。

田澂葵（1856—1911）

字梦琴。浙江上虞人。晚清官吏。

史说（1910—1994）

号习之。浙江富阳人。陆军大学
毕业。曾在中央陆军军官学校、
陆军大学、中央通信兵学校任
职。抗战期间，任远征军新编
第一军参谋长，参加印缅抗战。
1946年任新编第七军副军长。
1948年在长春随郑洞国部起
义。新中国成立后，任上海市
参事室主任，全国政协委员。

史子权（1906—？）

江苏武进人。交通大学工程科毕业。曾任武进溧阳建设局局长、上海新中实业公司总经理、上海新亚酵素厂经理。

史双兴（1897—1975）

号吉夫。山东商河人。陆军大学毕业。曾在北洋陆军中任职。后参加北伐。1937年任中央陆军军官学校教育处处长办公室主任。1940年后任陆军大学教官、总务处处长。后去台湾。

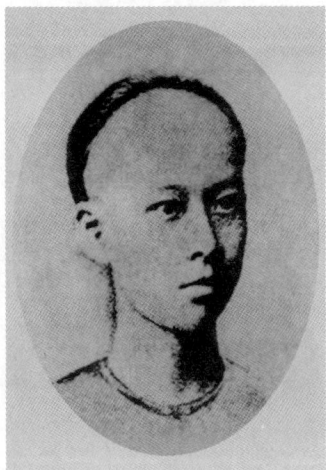

史坚如（1879—1900）

名文纬，字经如。广东番禺人。1898年入广州格致书院习自然科学。1899年加入兴中会。1900年在广州策应惠州起义，谋炸署两广总督德寿，被捕牺牲。

史尚宽（1899—1970）

字旦生。安徽桐城人。日本东京帝国大学法律系毕业，又入法国巴黎大学研究政治经济。历任中山大学教授，国民政府立法院立法委员、法制委员会委员长。1949年去台湾，任"司法院"大法官。著有《法学概论》等。

史国英（1898—？）

号蒂奋。江苏宜兴人。陆军大学特别班第二期毕业。历任国民党军职。1936年2月授少将衔。

史国钧（1887—？）

字秉权。河北宁河人。陆军大学毕业。1943年任国民政府军事参议院参议。1946年授少将衔。

史迪威（1883—1946）

美国军人。美国西点军校毕业。1942年任中印缅战区美军司令官兼中国战区统率部参谋长，指挥中美军队在印缅作战。后任美军太平洋战场司令。

史念海（1912—2001）

字筱苏，笔名沧州。山西平陆人。北平辅仁大学毕业。1934年参加禹贡学会。1937年任《禹贡半月刊》编辑。1947年任兰州大学历史系代主任。新中国成立后，任陕西师范大学历史系主任、副校长。毕生从事中国历史地理学研究。著有《中国疆域沿革史》（与顾颉刚合著）、《中国的运河》、《河山集》。

史泽咸（1885—？）

字刚峰。山东乐陵人。留学日本东京帝国大学。武昌起义后回国，组织山东军政府，任外交司司长。1913年当选为国会众议院议员。1922年国会恢复时，仍为众议院议员。

史量才（1880—1934）

名家修。原籍江苏江宁，生于江苏青浦（今属上海）。清末附生。毕业于杭州养蚕学校。1912年起任《申报》总经理。后成为上海报业巨擘。1932年淞沪抗战时发起成立上海市民地方维持会，任会长，筹款支持十九路军抗战。后被推选为上海地方协会会长、上海市临时参议会议长，对上海地方事务多有主持。1934年被国民党军统暗杀。

史鼎新（1889—1954）

原名宗铭，字鼎新，以字行。甘肃临洮人。陆军大学毕业。历任陕西边防督办署参谋、国民党西北行辕少将参议。1941年在兰州组织西北民主政团。1947年加入中国共产党。新中国成立后，任甘肃省商业厅副厅长。1954年病逝。

史耀东（1903—1976）

山东昌邑人。陆军大学毕业。曾任国民革命军营长、团附、处长、第一〇八师参谋长、副师长、山东省保安司令部参谋长。1949年去台湾，任"东南补给区司令部高参"、"国防部"高参。

丘侃（1912—2004）

江苏南京人。南京中央大学土木工程专业毕业，留学美国理海大学。在美期间，曾任美国公路研究所副研究员。回国后任南京工学院、南京化工学院教授，南京市政协委员。与人合编有《材料力学》。

丘逢甲（1864—1912）

字仙根，号蛰仙，别号沧海君。台湾淡水厅铜锣湾（今苗栗县铜锣乡）客家人，祖籍广东镇平。清光绪进士，授工部虞衡司主事。曾在台湾诸书院讲学。《马关条约》签订后，上书反对割台，并组织义军抗击侵台日军。失败后至广东镇平。任广东教育总会会长、广东咨议局副议长。辛亥革命后赴南京，被举为参议院议员。1912年病逝于镇平。

白杨（1920—1997）

女。原名杨成芳，又名杨君莉。湖南湘阴人。1931年考入上海联华影业公司，处女作为《故宫新怨》。后参加中国旅行剧团。1936年起主演电影《十字街头》、《一江春水向东流》、《祝福》。新中国成立后，任上海电影制片厂演员剧团团长、中国电影家协会副主席。

白云梯（1894—1980）

原名延泰，字巨川。内蒙古卓索图盟喀喇沁中旗人。蒙古族。蒙藏学校法制经济科毕业。1919年加入国民党。曾任国民党中执委，国民政府委员、蒙藏委员会委员长。1949年去台湾，任"总统府国策顾问"。

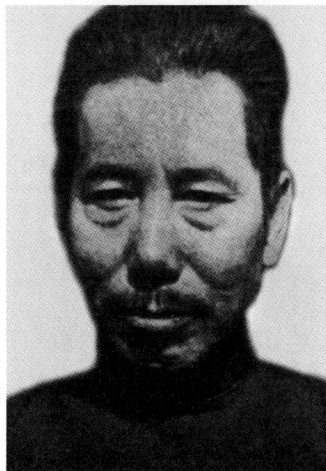

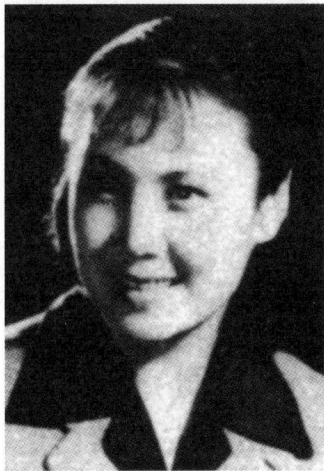

白寿彝（1909—2000）

字肇伦，又名哲玛鲁丁。河南开封人。回族。毕业于燕京大学，后任教于云南大学、中央大学。新中国成立后，任北京师范大学教授、全国人大常委。对回族史、中国伊斯兰教史领域的研究具有开拓性。著有《中国伊斯兰史纲要》、《中国交通史》、《中国通史》（主编）。

白求恩（1890—1939）

加拿大人。多伦多大学医学博士。曾在加拿大多家医院任胸外科主任。1935年加入加拿大共产党。1938年带领医疗队到延安，随后去晋察冀解放区从事医疗工作。1939年在医治伤员时感染中毒，后去世。

白坚武（1880—1938）

字馨远，号馨亚、兴亚。河北交河人。1907年考入天津北洋法政专门学校，与李大钊同学。曾投吴佩孚麾下，任政务处处长。1935年在日本特务土肥原策动下，组织"华北正义自治军"，任总司令。后又谋以暴动组建"华北国"。被冯玉祥以"通敌叛国"罪逮捕枪决。留有《白坚武日记》。

白宝山（1878—1941）

字峻青，号瑞石老人。河北宁河（今属天津）人。行伍出身。1913年任张勋定武军第四路统领。1915年起任海州镇守使，1925年兼淞沪护军使。1930年起任国民政府军事参议院参议。

白眉初（1875—?）

字月恒，河北卢龙人。天津北洋师范学堂毕业。曾任北京高等师范学校、东南大学、北京师范大学史地教授。著有《中华民国省区全志》、《中华建设新图》、《西藏始末纪要》、《地理哲学》。

白常洁（生卒年不详）

字西垣。陕西长安人。日本东京法政大学法律科毕业。1913年当选为国会众议院议员。1916年国会恢复时，仍任众议院议员。

白鹏飞（1890—1943）

字经天。广西桂林人。日本东京帝国大学毕业。历任北京法政大学、北京大学法律系教授，北平大学法学院院长、广西大学校长及国民政府监察院监察委员。"皖南事变"后，公开宣读《上蒋介石书》，要求蒋下"罪己诏"，险遭杀害。著有《行政法总论》、《法学通论》。

白崇禧（1893—1966）

字健生。广西桂林人。回族。保定军校第三期毕业。国民党新桂系首领。北伐战争时任国民革命军总司令部副总参谋长、东路军前敌总指挥。1927年参与蒋介石在上海发动的四一二反革命政变。曾任国民党中常委，南京国民政府军事委员会副总参谋长、国防部长。1949年去台湾，任"总统府"战略顾问委员会副主任委员。

白镇瀛（1900—1934）

字涤洲、荻舟。北京人。先世为蒙古白济特氏。北京大学毕业。历任国语统一筹备委员会常委、中国大辞典编纂处整理部主任、《国语周刊》主编。著有《国音常用字汇》、《四声举例》。

瓜尔佳幼兰（生卒年不详）

女。满族。军机大臣荣禄之女，醇亲王载沣之妻。溥仪、溥杰生母，辛亥革命后吞鸦片自杀。

乐山（1868—？）

字静亭。内蒙古昭乌达盟人。清头品顶戴，花翎和硕总管，都统衔。曾任北京政府蒙藏院咨议。1913年当选为众议院议员。1917年任护法国会众议院议员。1922年北京国会恢复时，仍任众议院议员。

乐文照（1896—1979）

浙江镇海人。美国哈佛大学医学院医学博士。回国后历任北京协和医院医师、上海圣约翰大学医学院副教授、上海医学院教授、中国红十字会第一医院内科主任。1927年发起并参与创建上海医学院。新中国成立后，任上海市第一人民医院内科主任、上海市卫生局顾问、上海市政协委员。

乐以琴（1914—1937）

四川芦山人。中央航空学校毕业。1935年入航空第四大队，后任二十二分队长。1937年8月14日，日本空军"王牌""木更津"航空队偷袭杭州笕桥机场，奉命率队迎敌，与队友高志航共击落敌机6架，己方无一损伤，打破了日本空军不可战胜的神话。此后7天中，又在上海、南京等地一人击落敌机8架。与高志航、刘粹刚、李桂丹四人被誉为中国空军的"四大金刚"。10月，在南昌对日空战中不幸殉国。

包容（1895—？）

字白度。浙江余姚人。留学日本。曾任江苏省立淮阴农业学校教务主任、河北大学农科教授、浙江大学农学训育主任、上海市园林场场长。著有《农产制造学》、《气象学》、《肥科学》。

包天笑（1876—1973）

原名清柱，小名德宝，笔名有天笑生、钏影等。江苏吴县人。清秀才。先后编辑或主编《苏州白话报》、《时报》、《小说时报》、《妇女时报》、《小说丛报》、《小说大观》等。1910年加入南社，1922年加入星社。抗战胜利后，迁居台湾，后定居香港。一生著译达一百多种，有《包天笑小说集》，译作《空谷兰》、《馨儿就学记》等。

包世臣（1775—1855）

字慎伯，号倦翁，学者称安吴先生。安徽泾县（古称安吴）人。曾任江西新喻（今新余）知县。其对时政，尤其是对鸦片战争后的中国经济有独到见解。书法提倡碑学。著有《安吴四种》。

包尔汉（1894—1989）

亦作鲍尔汉。新疆阿克苏人，生于俄国。维吾尔族。早年在苏联参加革命活动。1947年任新疆三区民族民主革命联合政府副主席、新疆省政府主席。1949年参与新疆和平解放，同年加入中国共产党。新中国成立后，任新疆省人民政府主席、新疆大学校长、中国伊斯兰教协会主任、全国政协副主席、中科院民族研究所所长。

包惠僧（1894—1979）

又名晦生，学名道享，化名包一宇，笔名栖梧老人。湖北黄冈人。湖北省立第一师范学校毕业。参加过五四运动。1920年加入武汉共产主义小组，1921年受陈独秀委派出席中共"一大"。曾任黄埔军校政治部主任。大革命失败后脱离共产党。新中国成立后，任内务部参事、国务院参事。

邝光林（1898—？）

字籍三。广东台山人。美国哈佛大学硕士。历任商务印书馆编辑，上海商科大学、光华大学教授，国民政府外交部科长，驻菲律宾、旧金山总领事。

邝富灼（1869—1931）

字耀西。广东新宁（今台山）人。美国哥伦比亚大学硕士。回国后任两广方言学堂、两广高等学堂英文教员。1908年应张元济之邀进上海商务印书馆，任英文部主任，直到1929年。1907年曾赴北京参加清廷留学生考试，授进士。编著有《新英文典》等。

邝耀坤（1902—?）

广东番禺人。美国哥伦比亚大学商科硕士。1928年回国后，任国民政府工商部商标局秘书、《中国评论周报》编辑、上海交通大学讲师。1949年去台湾，任"驻伊朗大使馆"、"驻泰国大使馆"参事。

立山（?—1900）

土默特氏，字豫甫。蒙古正黄旗人。历官晚清武备院卿、管理苏州织造、总管内务大臣、户部尚书。义和团运动兴起时，因反对向八国联军宣战，以"通洋人"罪被处死。

冯飞（1896—?）

别号若飞。四川江安人。1933年任湖北省政府秘书，后任国民政府外交部秘书，1939-1944年任外交部参事，1944-1948年任行政院秘书。

冯龙（1909—1987）

别号六龙。湖北黄陂人。毕业于陆军大学、兵学研究院。曾任国民革命军预备第一师、第二十二师师长，第四兵团第十六军副军长。1949年任第五十七军中将军长。同年12月在川西向人民解放军投诚。后逃到台湾。

冯伟（1892—？）

原名伟龙。广东南海人。美国诗那乔士大学毕业。获美国电学工程师证书。留美时，曾任必珠卜中国国民党总务主任。回国后任大本营无线电报局、广东无线电报总局局长、广东省政府参议。

冯如（1883—1912）

又名自如，号鼎三。广东恩平人。中国第一位飞机设计师、制造者和飞行家。12岁随父亲到美国谋生。1906年在美国旧金山集资创办飞机制造公司，1909年自制飞机试飞成功，参加飞行赛获优等奖。1911年带两架自制飞机回广州。被孙中山任命为广东革命军陆军飞行队长。后在飞行表演中失事遇难。

冯纶（1889—1954）

字次经。山西隰县人。日本东京明治大学毕业。历任山西大学法科教授、山西省立法学院院长、西北大学法学院法律系主任。并在太原创办云山高级中学。曾组设政法研究会，编印《政法月刊》。新中国成立后，任西北大学新法学研究会研究员、山西省高级人民法院顾问。著有《刑法总论》、《民法总论》、《商法概论》等。

冯环（1892—？）

字季英。河北丰润人。毕业于陆军大学。曾任陆军大学教官、国民革命军后方勤务总司令部副参谋长。1947年，任第一兵站总监部总监。

冯卓（1891—？）

号超如。陕西大荔人。辛亥革命时，参加陕西辛亥起义。抗战时期，任国民政府审计部会计长。喜好武术，对佛学有研究。

冯树（1909—1982）

字荫天，号真持。广西蒙山人。毕业于私立云江大学。曾任《民国日报》社社长、国民党第五战区政治部副主任、三青团中央团部第四处副处长。1948年任华中政务委员会副秘书长。后去台湾。

冯衍（1908—？）

字卜蕃。江苏通州人。毕业于陆军大学、国防研究院。历任国民政府军令部高级参谋，国民革命军第七十一军参谋长、远征军司令长官部副参谋长，国民政府国防部部长办公室副主任、土地及建筑司司长。1946年退役。

冯振（1897—1983）

原名冯汝铎，字振心，号自然室主人。广西北流人。1927年至1949年，长期任无锡国专教师、教务主任等职，抗战时期曾任代理校长。其间，还先后兼任江苏教育学院、上海暨南大学、大夏大学、交通大学教职。新中国成立后，任广西南宁师范学院、广西师范学院中文系教授、系主任。著有《老子通证》、《荀子讲记》。

冯梓（1909—1989）
山西平定人。北方陆军军官学校一期毕业。后入傅作义部。抗战时期参加了绥远战役、平型关战役等。1948年在平津战役中任国民党第三十五军第一〇一师师长。同年12月22日在河北新保安战役中被俘，后积极联络绥远起义事宜。新中国成立后，任人民解放军第三十七军副军长、第六十九军副军长、北京军区后勤部顾问。

冯煦（1843—1927）
字梦华，号蒿庵，晚年自称蒿叟。江苏金坛人。清光绪进士，授翰林院编修。历官安徽凤阳府知府、四川按察使、安徽巡抚。辛亥革命后，寓居上海，以遗老自居。曾参与纂修《江南通志》。工诗、词、骈文，尤以词称著。有《蒙香室词集》。

冯嶷（1897—1952）
字岐吾。湖北黄陂人。毕业于保定军校。曾任国民革命军第八十师副师长、第十三师参谋长，国民政府军政部陆军炮兵学校研究员、武汉行辕总办公厅主任。1948年任徐州"剿总"副参谋长。1949年3月任华中军政长官公署副参谋长，12月7日在广西钦州被俘。1952年病故。

冯乃超（1901—1983）
笔名冯子韬。广东南海人，生于日本。早年参加创造社，从事诗歌创作。1928年加入中国共产党。1930年与鲁迅发起筹建中国左翼作家联盟，并任党团书记兼宣传部长。1945年任重庆谈判中共代表团顾问。新中国成立后，任中山大学党委书记、副校长，广东省委文教部副部长等。有《冯乃超文集》。

冯子材（1818—1903）

字南干，号翠亭。广东钦州（今属广西）人。行伍出身。历官广西、贵州提督。中法战争时任广西关外军务帮办，年近七十仍率部大败法军于镇南关。甲午战争间曾奉调驻守镇江。

冯天如（1899—？）

别号柏园。海南文昌人。德国柏林大学经济学硕士。历任国民党广州市党部执委、中山大学教授、暨南大学秘书长、广东省建设委员会委员。

冯友兰（1895—1990）

字芝生。河南唐河人。北京大学毕业，美国哥伦比亚大学博士。曾任燕京大学、清华大学和西南联大哲学系教授、文学院院长。1948年当选中央研究院院士。新中国成立后，任北京大学教授、中科院哲学社会科学部委员、全国政协常委。著有《中国哲学史》、《中国哲学简史》、《中国哲学史新编》。

冯玉祥（1882—1948）

原名基善，字焕章。祖籍安徽巢县，生于直隶青县（今属河北）。早年曾任北洋陆军师长。后为国民革命军第二集团军司令、国民政府行政院副院长。九一八事变后，主张抗日，任抗日同盟军总司令。后任国民政府军事委员会副委员长、第六战区司令长官。1948年当选为民革中央常委。同年9月因轮船失火遇难。著有《我的生活》、《我所认识的蒋介石》。

冯占海（1899—1963）

字寿山。辽宁义县人。早年投奔姨夫张作相，为勤务兵。后入东北陆军讲武堂学习。1931年九一八事变后，率部抗日，历任吉林省抗日义勇军总指挥、察哈尔民众抗日同盟军第四路总指挥、国民革命军第九十一师师长、国民政府军事委员会中将参议。后解甲经商。新中国成立后，任吉林省体委主任、民革吉林省副主委。

冯汉骥（1899—1977）

字伯良。湖北宜昌人。美国宾夕法尼亚大学哲学博士。曾任四川大学历史系教授、四川博物馆馆长。擅长运用现代民族学和社会学研究古代社会。著有《中国亲属制》、《保保之历史起源》、《前蜀王建墓发掘报告》。

冯兰洲（1903—1972）

山东临朐人。济南私立齐鲁大学医学博士，后留学英国。曾任协和医学院、北京大学医学院教授。新中国成立后，任中国协和医学院、中国医科大学教授，中国医科院上海寄生虫病研究所所长。中国科学院生物学部委员。毕生从事寄生虫病的研究，著有《中国血丝虫病之分布及其传染法》、《中国蚊虫名录》等。

冯司直（1884—？）

字振邦，号天放。山西平定人。清末举人。日本明治大学毕业。后任山西省教育科科长、天津市政府秘书长、山西省政府委员兼教育厅厅长。抗战时投敌，任伪新民会会长、汪伪山西省长兼保安司令。抗战胜利后，被国民政府逮捕关押。（一说新中国成立后，被处死。）

冯延铸（1878—1938）

字鼎臣，改鼎澄，号澄园。察哈尔宣化（今属河北）人。回族。丁酉科（1897年）拔贡生。留学日本。历任山西提学使署社会科科长，祁县、平定县知事，在任内大力提倡新教育。后任国民革命军第十一军秘书长、宁夏省政府秘书长、宁夏省民政厅长。长于诗赋韵文，著有《东鳞西爪》、《澄园吟草六集》。1938年3月病故。

冯自由（1882—1958）

原名懋龙，字建华。祖籍广东南海，生于日本横滨。早年加入同盟会。曾任香港《中国日报》社长、同盟会香港分会会长、国民党美洲支部长、南京国民政府委员。1925年参加"西山会议派"。1943年当选国民政府委员。1948年赴香港，1951年由香港去台湾，任"总统府国策顾问"。

冯兆异（1893—？）

字沨侯。辽宁沈阳人。德国莱比锡大学经济学博士。历任辽宁省整理财政委员会常委、辽宁省财政厅科长、辽宁省驻沪办事处处长。1930年起连任立法院第一至四届立法委员。

冯庆桂（1882—？）

字千里。广东番禺人。美国康乃尔大学博士。曾任美国农业部种植局技士、华盛顿国会图书馆中文书编目员。后任北京大学、北京农业专门学校及地质研究所教授。著有《中国文学分类法》。

冯汝骙（？—1911）
字星岩。河南祥符（今开封）人。清光绪进士。授户部主事，充任军机章京。官至浙江、江西巡抚。曾在任内推行新政。辛亥革命时，南昌民军推为都督，不从，喝药自杀以殉清。谥忠愍。

冯启聪（1914—1994）
字伯曼。广东番禺人。毕业于海军军官学校、国防大学，后赴美国圣地亚哥海军两栖作战班学习。历任"中基"、"太平"舰舰长，第二舰队参谋长。去台湾后，任两栖部队司令，"海军总司令"，"国防部"副部长。

冯国瑞（1901—1963）
字仲翔。甘肃天水人。清华大学硕士。历任青海省政府委员兼秘书长、兰州大学中文系教授。新中国成立后，任兰州大学中文系主任、甘肃省文管会主任。精于金石龟甲、考据词曲。著有《麦积山石窟志》、《秦州记》、《天水出土秦器汇考》、《绛华楼诗集》。

冯国璋（1859—1919）
字华甫，一作华符。直隶河间（今属河北）人。北洋武备学堂毕业。1896年协助袁世凯创办北洋军。辛亥革命时，被清廷任命为第一军总统，率领北洋军镇压革命。后为北洋军阀直系首领。曾任北京政府副总统、代理总统。1918年被段祺瑞胁迫下台。次年病死于北京。

冯泽芳（1899—1959）

字馥堂。浙江义乌人。美国康乃尔大学农学博士。曾任江苏省立棉作试验场场长、中央棉产改进所副所长、中央大学农学院教授兼院长。新中国成立后，任中国农科院棉花研究所所长、中科院生物学部委员。

冯治安（1896—1954）

幼名治台，字仰之。河北故城人。早年投冯玉祥军中。曾任国民党河北省政府主席、国民革命军第二十九军军长、第六战区副司令长官、第三绥靖区司令。1933年参加长城抗战。1937年卢沟桥事变时，指挥抗击日军。中国八年抗战由此打响。1938年参加台儿庄战役。1949年去台湾，任"总统府"战略顾问。

冯祝万（1879—1954）

广东鹤山人。毕业于陆军大学。历任粤军总司令部军务处处长、广东省政府委员、国民党广东省党部执行委员、国民政府行政院西南政务委员。新中国成立后，居北京。

冯振骥（1888—？）

字遇伯。湖北建始人。苗族。清末秀才。日本明治大学法科毕业。同盟会会员。回国后清廷授法科举人。1913年当选众议院议员。1917年任护法国会众议院议员。1922年北京国会恢复时，仍任众议院议员。1933年回归乡里，兴办学校。新中国成立后，曾任建始县人民政府副县长。

冯桂芬（1809—1874）

字林一，号景亭。江苏吴县人。清道光进士。授翰林院编修。曾师从林则徐。重经世致用之学，力主"以中国之伦常名教为原本，辅以诸国富强之术"，强调学习西方科学技术，兴办军事工业。在《校邠庐抗议》中对清朝统治提出了一系列改革建议。曾入李鸿章幕府，其思想对洋务派有很大影响，亦为改良派之先导。另著有《显志堂诗文集》。

冯著唐（1908—2009）

别号海嵒。河北河间人。毕业于北平财政商业专科学校。早年在平、津、保定经营工商业。曾任北平商会常务理事，全国商联会秘书长。去台湾后，任"全国商业总会"秘书长，创立台湾地区电线电缆工业同业公会。

冯超骧（1879，一作1880—1911）

初名敬，字雨苍、郁庄。福建侯官（今福州）人。早年入南洋水师学堂、要塞炮术学校学习。广州起义时攻打督署牺牲。为黄花岗七十二烈士之一。

冯景兰（1898—1976）

字淮西。河南唐河人。美国哥伦比亚大学采矿专业硕士。历任河南中州大学、天津北洋大学、清华大学、西南联大教授，云南大学工学院院长。新中国成立后任清华大学、北京地质学院教授。1957年当选中国科学院地学部委员。提出"丹霞地形"的命名，为国际所采用。

冯鹏翥（1888—1944）

字运青，号天矫。山西代州（今代县）人。保定军校毕业。1924年任炮兵第七团团长。1927年任北方国民革命军左路炮兵司令。1928年任国民革命军第三集团军第四十二师师长。1931年任第六十七师师长。后专心研究佛学。1944年病逝于四川雅安。

冯鹤鸣（1885—？）

字欣农。天津人。曾赴美国学习土木工程。历任京绥铁路工程师、黄河河务局局长、北平铁路大学主任、黄河测量纵队队长。1945年任天津市工务局局长。

宁士毅（1893—？）

别号慎之。河北宛平（今属北京）人。毕业于陆军大学。曾任国民政府军政部陆军署军衡司铨叙科科长。1946年授少将军衔。

宁其俊（1896—？）

原名维汉，别号光宇。河南开封人。毕业于保定军校。曾任国民政府军事委员会洛阳行营参谋、成都中央陆军军官学校战术教官、徐州绥靖公署少将参议。1946年退役。

宁绪声（1907—？）

号鸣宸。辽宁海城人。毕业于陆军大学。1937年任中央军官教育队战术教官。1941年任陆军大学西北参谋班少将战术主任教官。1946年后任国民政府国防部军务局高参。

司可庄（1892—？）

字临之。河北迁安人。保定军校毕业。历任国民政府军事委员会武汉行营高参，第一兵站总监部总监及远输司令，远征军副参谋长，陆军大学兵学研究院教育长。抗战时期，参加过忻口、中条山、滇西等战役。1949年去台湾。

司徒颖（1879—？）

字仲实。广东开平人。北京大学采矿冶金科毕业。曾任甘肃省实业厅厅长。1913年当选为国会众议院议员。1922年国会恢复时，仍任众议院议员。

司徒福（1916—1992）

广东开平人。空军军官学校毕业。历任国民党空军第四大队大队长、空军军官学校高级飞行训练大队大队长。1949年去台湾，任"空军总司令"、"中华航空公司"董事长。

司徒赞（1900—1978）

字子襄。广东开平人。南京暨南学堂师范科毕业。后往印尼爪哇任中华学校校长，长期从事华文教育。抗战中入狱。1945年印尼独立后筹办联合中学，1955年任雅加达华侨总会主席，1960年回国定居，任全国政协委员。

司徒美堂（1868—1955）

原名羡意，字基赞。广东开平人。早年赴美，入洪门致公堂。曾随孙中山进行革命活动。后任致公堂总监督。抗战时期，发起组织"纽约华侨抗日救国筹饷总会"，支援抗战。1948年，公开声明拥护中国共产党的"五一"号召。新中国成立后，任中央人民政府委员、全国人大常委、全国政协委员、华侨事务委员会委员。

司徒雷登（1876—1962）

美国基督教长老会传教士、外交官、教育家。生于中国杭州。1904年开始在中国传教，曾参加建立杭州育英书院（之江大学前身）。1908年任南京金陵神学院教授。1919年到北京参与筹办燕京大学，并任校长。1941年遭日军拘禁，1945年日本投降后方获释。1946年任美国驻华大使，支持国民党发动内战。1949年8月回美国。

皮震（1900—1964）

号襄平。湖北大冶人。陆军大学毕业。曾任国民革命军军训部参谋，独立第十九旅旅长。抗战爆发后，任第二十四集团军总部参谋长，第六战区军训部训练处处长，中央陆军军官学校办公厅主任。1949年去台湾后，任"国防部"中将高参。

皮以书（1905—1974）

女。四川南充人。北京中国大学肄业，后留学苏联莫斯科中山大学。曾任国民党北平特别市党部妇女部长、陕西省党部妇委会主任，陕西战时儿童保育院院长。1948年当选为国民政府立法院立法委员。后去台湾，任国民党第八至十届中央委员。

皮宗敏（1909—1952）

字仲功。湖南长沙人。黄埔军校第六期毕业。历任国民革命军暂编第八军代参谋长、第十四集团军副参谋长、第十三编练司令部副参谋长。1949年去台湾，任"国防部"中将高参。

皮高品（1900—1998）

湖北嘉鱼人。武昌文华大学毕业。曾任齐鲁大学、武汉大学图书馆主任，浙江大学图书馆馆长。新中国成立后，任武汉大学图书馆系教授。长期从事图书分类学的教学与研究。编有《中国十进分类法及索引》。

皮锡瑞（1850—1908）

字鹿门、麓云。因景仰西汉今文学大师伏生，署所居名师伏堂，学者称师伏先生。湖南善化（今长沙）人。清末举人。博贯群经，今文经学造诣很深。主讲湖南龙潭书院、江西经训书院。因赞成变法，戊戌变法失败后，被革去举人。晚年曾任长沙定王台图书馆纂修。著有《五经通论》、《经学历史》等，收入《师伏堂丛书》和《皮氏八种》。

吉星文（1910—1958）

字绍武。河南扶沟人。1937年7月7日，时任宋哲元部第三十七师二一九团团长，在卢沟桥率部抗日。1949年到台湾后，先后任"澎湖防卫部副司令官"、"金门防卫部副司令官"。1958年8月在金门炮战中中弹身亡。

吉亮工（1857，一作1859—1915）

字住岑，别署莽书生、风先生。江苏江都人。工诗，能画。善画花鸟，无论苍松、怪树、走兽、飞禽以及佛像皆妙，往往不拘成法，随意气所之，有"扬州八怪"遗风。书法多为狂草。

吉鸿昌（1895—1934）

原名恒立，号世五。河南扶沟人。冯玉祥部将。1929年起任宁夏省政府主席，国民革命军第十军军长、第二十二路军总指挥兼第三十军军长。1932年加入中国共产党。1933年与冯玉祥组织民众抗日同盟军，从事抗日活动。1934年被蒋介石杀害。

老舍（1899—1966）

原名舒庆春，字舍予。北京人。满族。北京师范学校毕业。1924年赴英国伦敦大学执教。1930年回国，任齐鲁大学、山东大学教授。抗战时任中华全国文艺界抗敌协会常务理事、总务部主任。抗战胜利后，赴美国讲学。新中国成立后回国，任全国政协常委、全国文联副主席、中国作协副主席，获"人民艺术家"称号。代表作有《骆驼祥子》、《茶馆》等。

朴寿（? —1911）
费莫氏，字仁山。清满洲镶黄旗人。光绪举人。授吏部主事，累迁郎中。出为山西归绥道。1906年（光绪三十二年），召授镶蓝旗满洲副都统，迁正黄旗汉军都统。翌年，除福州将军兼充督办船政大臣。辛亥年，福州民军起义时，被杀。谥忠肃。

过养默（1895—? ）
江苏无锡人。美国麻省工业学院土木工程系硕士。曾任南洋公学（今上海交通大学）副教授、北京政府航空署总工程师。1924年与吕彦直创办东南建筑公司，后任总经理。曾设计过原南京国民政府最高法院等著名建筑。

过探先（1886—1929）
江苏无锡人。美国康乃尔大学农学硕士。1914年与赵元任发起组织中国科学社，发刊《科学》杂志。曾任东南大学教授、农艺系主任，金陵大学农科主任，国民政府教育部大学委员会委员，中国科学社理事。

达受（1791—1858）
僧人。俗姓姚，字六舟、秋楫，号万峰退叟。浙江海宁人。笃好金石，精鉴赏，阮元称其为"金石僧"。诗词、书画、篆刻均精妙。富收藏，有唐代怀素小草千字文尤为稀世之珍，故又自号"小绿天僧"(怀素所居曰"绿天庵")。著有《小绿天庵吟草》、《金石书画编年录》。

达赖·土登嘉措（1876—1933）

名牟尼教海。西藏达布朗敦人。藏族。第十三世达赖喇嘛。1879年坐床。1895年亲政。1908年赴北京会见慈禧太后和光绪皇帝。1910年出走印度。1933年在西藏逝世。

成刚（1905—1964）

又名应刚，别号应时。湖南宁乡人。陆军大学毕业。曾任国民革命军新编第五军荣誉第二师副旅长，国民政府军令部第四处处长。1942年任中国远征军暂编第六十六军副军长。1945年任国民党中央训练团办公厅少将主任。1949年任第五司令部第一〇二军军长。旋去台湾。

成仿吾（1897—1984）

原名昌祓，又名灏。湖南新化人。早年留学日本。1921年与郭沫若等在上海组织创造社。1926年任黄埔军校教官。1928年在巴黎加入中国共产党。1931年回国，先参加左联活动，后任中共鄂豫皖省委宣传部长。长征到陕北后，任中共中央党校教务主任，陕北公学、华北联合大学校长。新中国成立后，任中国人民大学、东北师范大学、山东大学校长。

毕永年（1869—1901）

字松甫、松号。湖南善化人。清拔贡生。1899年加入兴中会。1900年参与自立军起事。旋参加惠州三洲田起义，事败，入罗浮寺为僧。1901年病逝。

毕维垣（1886—?）

字辅廷。吉林长春人。清光绪举人。官至内阁中书。后归故里，创立各种学校达三百余处，又出任吉林高等师范学校校长。1913年当选为国会众议院议员。1923年任北京政府侨务局总裁。

师连舫（1910—1971）

字豫川。吉林密山（今黑龙江）人。北平朝阳大学毕业。历任国民政府内政部科长、松江省政府民政厅厅长、立法院立法委员。1949年去台湾，续任"立法委员"。

师岚峰（1883—1940）

名景云，字岚峰，以字行。河北安肃（今徐水）人。陆军大学毕业。历任江苏都督府军械处处长、北京政府将官府参谋长、北京陆军大学校长。1935年任国民政府军事参议院参议。1936年授中将衔。

光裕（?—1900）

清官吏。字伯宽。清宗室。

光绪帝（1871—1908）

清代皇帝。爱新觉罗氏，名载湉，庙号德宗。醇亲王奕譞子，母为慈禧太后之妹。1875—1908在位，年号光绪。即位时年仅4岁，由慈禧太后"垂帘听政"。1887年亲政，1898年主持"百日维新"（又称"戊戌变法"），后被慈禧幽禁。1908年在慈禧太后病死前一日去世。谥景皇帝。

曲诗文（1843—1914）

亦作士文。山东莱阳人。以农为生。1910年发动莱阳抗捐起义，翌年起义失败，流亡他乡。后被捕遇害。

吕公望（1879—1954）

原名占鳌，字戴之。浙江永康人。清廪生。毕业于保定军校。早年加入光复会。辛亥革命时，参加光复杭州和攻克南京之役。后任浙军第六师师长。护国运动时，任浙江督军兼省长，公开声讨袁世凯。后任援闽护法浙军总司令，1922年后弃政从商。新中国成立后，任浙江省政协委员。

同治帝（1856—1874）

清朝皇帝。爱新觉罗氏，名载淳，庙号穆宗。满族。咸丰帝（文宗）子，生母即慈禧太后。1861—1875年在位，年号初为祺祥，改为同治。即位时年仅6岁，由慈安、慈禧两太后垂帘听政。在位期间，用湘、淮军镇压了太平天国、捻军、回民、苗民等起义；推行洋务"新政"，号称"同治中兴"。同治十二年亲政，实仍为慈禧掌权。

吕凤子（1886—1959）

原名濬，号凤痴，画名江南凤。江苏丹阳人。清末秀才。南京两江优级师范学堂图画手工科毕业。长于人物、山水、花鸟，兼工书法、篆刻。曾任东南大学、中央大学教授，四川璧山国立艺术专科学校校长。新中国成立后，任江苏师范学院教授、中央美院民族美术研究所研究员、江苏省美协副主席等职。著有《中国画法研究》，另有《吕凤子画册》。

吕伯平（1858—1910）

字星阶。江西德化（今九江）人。历任清二十余县县令。好诗酒，善交流。著有《树蕙斋文賸》。

吕志伊（1881—1940）

原名占东，字天民。云南思茅人。清光绪举人。早年留学日本，加入同盟会，并为云南支部支部长。参加了广州黄花岗起义。辛亥革命后任云南都督府参议。入民国，历任南京临时政府司法部次长，广州军政府司法部次长、内政部次长，广东省最高法院院长，国民政府立法院立法委员。1940年病逝于昆明。

吕叔湘（1904—1998）

江苏丹阳人。东南大学外文系毕业，曾留学英国牛津大学、伦敦大学。1938年起任云南大学、金陵大学教授，开明书店编辑等。新中国成立后，任清华大学教授、中科院语言研究所所长、中国语言学会会长、全国人大常委。是中科院哲学社会科学部委员。著有《中国文法要略》，主编有《现代汉语词典》。

吕岳泉（1877—1953）

江苏南汇（今属上海）人。早年为英国永年人寿保险公司业务经理穆勒家帮工。1905—1911年任永年人寿保险公司南京经理处经理。1912年创办华安合群人寿保险公司，任总经理。开创了中国近代寿险之先河。并创办光华火油公司等。1948年冬到香港，后患病不起，于1953年在香港寓所病逝。

吕思勉（1884—1957）

字诚之。江苏武进人。历任中华书局、商务印书馆编辑，东吴大学教授，光华大学教授、历史系主任。新中国成立后，任华东师范大学历史系教授。毕生从事中国古代史研究。著有《白话本国史》、《中国通史》等。晚年着重研究断代史，著有《先秦史》、《秦汉史》、《两晋南北朝史》、《隋唐五代史》。另有《吕思勉读史札记》行世。

吕振羽（1900—1980）

湖南武冈（今属邵阳）人。湖南大学毕业。参加过北伐战争。1936年加入中国共产党。抗战时期领导湖南文化界抗日救亡，1942年赴延安任刘少奇政治秘书。新中国成立后，任东北人民政府文教委员会副主任、东北人民大学校长。是中科院哲学社会科学部委员。著有《史前期中国社会研究》、《简明中国通史》、《中国政治思想史》等。

吕海寰（1842—1927）

字镜宇，号敬舆。山东掖县人。清末举人。曾任清工部、兵部、外务部尚书，清政府驻荷、德公使，北京政府总统府高级顾问。1904年3月，参与建立万国红十字会上海支会（中国红十字会前身）。从1911年至1924年任中国红十字会会长、名誉会长达十四年之久。著有《奉使金鉴》、《庚子海外记事》。

吕斯百（1905—1973）

江苏江阴人。中央大学毕业，留学法国学习美术。回国后任中央大学艺术系主任。新中国成立后，任西北师范学院艺术系系主任、南京师范学院美术系主任、江苏美协副主席、全国政协委员。有《吕斯百画集》。

吕碧城（1883—1943）

女。字圣因，别署兰清、遁天、清扬。安徽旌德人。12岁时便以诗文闻名。工诗画，善治印，通音律。更是写得一手好词，被称为"近三百年来最后一位女词人"。1903年任天津《大公报》编辑，创办北洋女子公学，任总教习。曾被聘为袁世凯总统府秘书。1930年皈依佛教，为居士，法号宝莲。1943年在香港逝世。

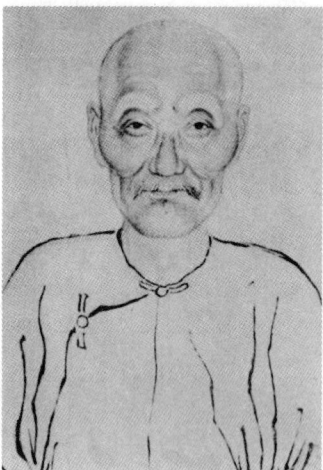

朱兰（1800—1873）

字久香，号耐庵。浙江余姚人。清道光进士，授编修，累迁侍讲学士。咸丰、同治时两度官内阁学士，署工部左侍郎。有文名，擅书法。曾为道光帝书扇。有《补读室诗文集、日记》。

朱昌（1890—？）

号觉僧。江苏武进人。保定军校、陆军大学毕业。曾任江苏省绥靖督办公署主任、南京警备司令部参谋长。抗战时投敌，任汪伪中央军官训练团特派员。

朱侠（1905—1948）

字尚义。浙江瑞安人。毕业于金陵军官学校，后入陆军大学。曾任国民党淞沪警备司令部参谋长、第四十二军参谋长、第三十八集团军参谋长、整编第一军参谋长。1948年4月任整编第三十六师副师长，8月在陕西澄城与人民解放军作战时阵亡。

朱炎（1885—？）

字炎之。上海人。留学比利时，获博士学位。历任北京政府教育部编纂、驻欧留学生监督，南京国民政府江苏省政务委员会委员，上海市政府土地局局长。

朱深（1879—1943）

字博渊。河北永清人。日本东京帝国大学法学部毕业。曾任北京政府总检察厅检察长、司法部总长。抗战时投敌，任伪中华民国临时政府议政委员会常务委员、法制部总长，汪伪中央政治委员会委员、华北政务委员会委员长等。1943年病死。

朱琳（1923— ）

女。生于江苏海州。幼时就学淮阴县。抗战爆发后，加入抗敌演剧九队，在国内巡演《家破人亡》。新中国成立后，为中国青年艺术剧院、北京人民艺术剧院演员。代表作有《雷雨》中的鲁妈。

朱谦（1903—1981）

字伯涛。浙江吴兴（今湖州）人。德国柏林大学毕业。曾任长兴煤矿局总工程师兼副局长、国民政府经济部燃料管理处处长。1949年去台湾，任"中国纺织公司"董事长、"国民大会"代表。

朱瑞（1883—1916）

字介人。浙江海盐人。南洋陆师学堂毕业。先后加入光复会和同盟会。辛亥革命时，在杭州光复后，任浙军援苏支队司令，率部参加光复南京战役。民初任陆军第六师师长、第五军军长、浙江提督。二次革命时支持袁世凯，旋督理浙江军务，劝袁称帝。在袁世凯授意下，捕杀王金发于杭州军人监狱。1916年病死于天津。

朱珔（1769—1850）

字玉存，号兰坡。安徽泾县人。清嘉庆进士。官至右春坊右赞善。主讲钟山、正谊、紫阳书院数十年。曾于吴中结"问梅诗社"。与姚鼐、李兆洛共负盛名。有《文选集释》、《小万卷斋集》。

朱偰（1907—1968）

字伯商。浙江海盐人。著名历史学家朱希祖长子。德国柏林大学哲学博士。1932年回国，任中央大学经济系教授、系主任，国民政府财政部关务署署长。新中国成立后，任南京大学经济系教授。后为江苏省文化局副局长，分管文物保护和博物馆。

朱一成（1900—1957）

江西兴国人。美国哈佛大学硕士。历任浙江大学、中央大学、交通大学教授，江苏、湖北电政管理局局长，国民政府交通部电信总局局长。后去台湾，任台湾电力公司董事长。

朱一新（1846—1894）

字鼎甫、蓉生，号质盦。浙江义乌人。清光绪进士，授编修。官监察御史。中法战争时，屡次上书主战。治学重通经致用，主讲广雅书院。工诗文。有《汉书管见》、《佩弦斋诗文杂著》。

朱士端（1786—？）

字铨甫。江苏宝应人。清道光举人。官广德州训导。精文字学。已刊行的著作有《强识编》、《说文校定本》、《宜禄堂收藏金石记》、《吉金乐石山房诗文集》。

朱义方（1900—1989）

字百行，号静盦。40岁后更号复戡，后以复戡号行。浙江宁波人。7岁能作擘窠大字，16岁时篆刻作品入选扫叶山房《全国名家印选》，17岁加入海上题襟馆，师事吴昌硕。后留学法国。曾任上海美专教授、中国书协名誉理事、西泠印社理事。长于书法、篆刻和古文字学。有《静盦印存》、《复戡印存》、《大篆字帖》。

朱子龙（1887—1908）

原名家梃，一名元成，字松坪。湖北荆门人。早年自学数理，为塾师。后在武昌创设日知会。又至日本，在东京加入同盟会。奉命回国至武汉联络新军中革命党人，遭人告密，被捕，病死狱中。

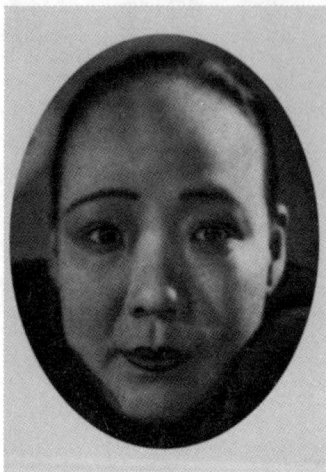

朱天红（生卒年不详）

女。1930年代的电影演员。主演过《吉地》（1933年）、《欢喜冤家》（1934年）等影片。

朱元琮（1912— ）

字仲瑜。江苏武进人。毕业于中央军校、陆军大学、美国陆军指挥参谋大学。1940年任国民党预备第十师师长。1949年去台湾，任"陆军预备部队训练司令部"副司令、"总统府"战略顾问。

朱元鼎（1896—1986）

原名继绍，曾用名经霖。浙江宁波人。美国康乃尔大学理科硕士、米西根大学哲学博士。曾任上海圣约翰大学教授、研究院院长。新中国成立后，任上海水产学院院长、水产研究所所长。

朱少屏（1881—1942）

名葆康，字少屏，号天一，以字行。上海人。留学日本。同盟会会员。曾任大总统府秘书。参与创办《民呼日报》、《民吁日报》、《民立报》，为《中国评论周报》社总经理。担任寰球中国学生会总干事多年，帮助大批青年赴国外勤工俭学。后任驻马尼拉副领事。1942年4月被日军杀害。抗战后被追认为烈士。

朱文中（1894—1939）

字佛公。江苏武进人。江苏省第一师范学校肄业。1927年任北伐东路军前敌政治部新闻委员。创办《钟山报》、《国民日报》。后任南京国民政府秘书、国难会议会员。

朱文伯（1904—1985）

原名作人。江苏泰兴人。毕业于上海大夏大学、日本陆军士官学校。早年加入中国青年党，并任上海市党部、旅日总支部负责人。抗战期间历任福建保安处副处长、第三战区司令长官部高参。1945年后任台湾警备司令部高级参谋、中国青年党台湾省党部负责人、"国民大会"代表。

朱文焕（1824—1881）

字友山。上海南汇人。工书画，精鉴别。后经商，广行善事。

朱文鑫（1883—1938）

字槃亭，号贡三。江苏昆山人。清末附贡生。江苏高等学堂毕业，美国威斯康星大学理学士。历任南洋大学、复旦大学教授。在利用现代天文知识对中国古代天文学进行研究方面，颇有贡献。著有《天文考古录》、《史记天官书恒星图考》。

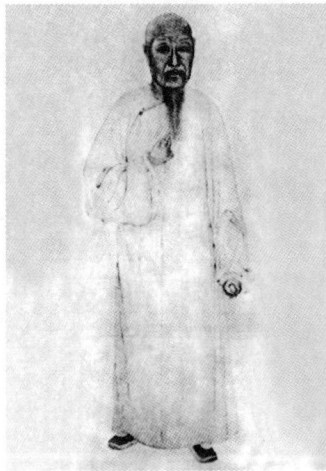

朱为弼（1771—1843）

原名振鹭，字右甫，号茮堂、椒堂。浙江平湖人。清嘉庆进士。道光间官至漕运总督。通六书，嗜金石文字学，书画、篆刻亦佳。有《蕉声馆诗文集》、《积古图释》。

朱世明（1902—1965）

字公亮。湖南湘乡人。留学美国参谋大学，少将衔。曾任国民政府参谋本部处长，驻苏联、美国大使馆武官，外交部情报司长，驻日军事代表团团长等。1950年卸任后定居于日本。1965年病逝于东京。

朱甲昌（1880—1941）

原名维松，字仲襄，笔名惕龙、大沩。江苏泰州人。清光绪廪生。精研古文、诗赋，尤好书法。1913年当选为国会参议院议员。1918年任北京总统府秘书。1923年任江苏省省长公署秘书。1924年至1927年，任陇海铁路开徐税捐局局长。有《朱仲襄遗墨》传世。

朱尔典（1852—1925）

英国人，生于爱尔兰。1876年来华，曾任各地方领事馆翻译。1906年任驻华公使，支持袁世凯当政。1912年8月17日在致送袁世凯政府的备忘录中提出了有关西藏问题的四项无理要求，留下后患。第一次世界大战时，鼓动北洋军阀对德宣战。1920年退休。1921—1922年以观察员身份参加华盛顿会议中日山东问题谈判。

朱执信（1885—1920）

名大符，字执信，号垫伸，以字行。原籍浙江萧山，生于广东番禺。留学日本。是最早的同盟会会员。1910年与赵声等发动广州新军起义。次年参加广州起义（黄花岗之役）。辛亥革命时发动广东民军起义，任广东军政府总参议。后参加讨袁、护法运动。1919年在上海创办《建设》杂志。1920年赴广州策动桂系军队反正，遭枪杀。有《朱执信集》。

朱朴之（1900—1970）

又称朱朴，晚号省斋。江苏无锡人。曾任国民政府外交部条约委员会委员、《中华日报》主笔。抗战时期投敌，任汪伪中央监察委员、交通部政务次长、宣传部次长。1942年主办《古今》杂志。1944年幽居北平，以赏玩字画为乐事。后去香港，经营书画。

朱有济（1886—？）

字作舟。天津人，原籍江苏宝山（今属上海）。南开学校毕业。曾任吉林印花税局局长，北京政府财政部江海关监督、财政部次长。1928年后寓居天津，为京剧票友，工武生，与王庚生、刘叔度合称"天津票界三杰"。

朱光潜（1897—1986）

笔名孟实。安徽桐城人。留学英、法获文学博士学位。回国后历任四川大学、武汉大学教授。新中国成立后，任北京大学教授、中国美学学会会长。是中科院哲学社会科学部委员。毕生研究美学，认为美是主观与客观的统一，美是一种价值。著有《西方美学史》、《谈美书简》、《文艺心理学》。

朱屺瞻（1892—1996）

号起哉，又号二瞻老民。江苏太仓人。8岁起临摹古画，中年时期两次东渡日本学习、考察西画艺术。新中国成立后，主攻中国画，擅山水、花卉，尤精兰、竹、石。曾任上海图画美术院教师、上海新华艺术专科学校教授。1956年受聘为上海画院画师。是中国美术家协会上海分会常务理事、上海文史馆馆员。有《朱屺瞻画集》等。

朱传经（1889—1950）

字伯林。安徽合肥人。毕业于保定军校、陆军大学。曾任程潜部团长、武汉陆海空总司令行辕参谋长、刘建绪部第十集团军参谋长、浙江省军管区参谋长。抗战胜利后退役。

朱仰高（1900—1977）

浙江嘉善人。留德医学博士。初在德国从事微菌学研究。1925年任上海同德医院医务主任，并自创朱仰高医学化验所。1936年任上海市医师公会常务主席。后曾任国民政府军事委员会侍从室医官。抗战胜利后，接管上海公济医院，任院长。

朱自清（1898—1948）

字佩弦，原名自华，号秋实，笔名余捷。江苏扬州人，祖籍浙江绍兴。北京大学哲学系毕业，后留学英国。1922年参与创办《诗》月刊，发表长诗《毁灭》。曾任清华大学、西南联合大学中文系教授，并为《新文学大系》编选《诗集》。1948年8月拒收美国救济粮，在贫病中逝世。散文以语言洗练、文笔秀丽著称。有《朱自清文集》。

朱兆莘（1879—1932）

字鼎青。广东花县人。清末廪生。美国哥伦比亚大学法政科硕士。曾任北京政府国会参议院议员、驻意大利全权公使，南京国民政府外交部次长、粤海关监督兼外交部特派广东交涉员。1932年意外中蛇毒身亡。

朱庆澜（1874—1941）

字子桥，或作子樵。浙江绍兴人。清附生。1911年任成都陆军第十七镇统制。辛亥革命时被推为大汉四川独立军政府副都统。后任北京政府黑龙江省督军署中将参谋长，广东省、广西省省长，广东新军司令。1931年任国民政府黄河水利委员会委员长。后主要从事慈善救济工作。1941年逝世于西安灾童教养院。

朱次琦（1807—1881）

字稚圭，世称九江先生。广东南海九江人。清道光进士。曾任山西襄陵知县，推行水田近万亩。后弃官回家，在九江创办礼山草堂，收徒讲学，从学者甚众，康有为亦为弟子。有《朱九江先生集》。

朱汝梅（生卒年不详）

广东台山人。美国麻省工业学院电气工程科学士。曾任广州中山大学、长沙湖南工业学院教授，广州电车路公司、上海电力公司工程师。

朱如堂（1901—?）

浙江吴兴人。上海圣约翰大学毕业，留美商科硕士。历任暨南大学、国民大学教授，广东国民政府财政部课长，宝丰保险公司总经理，上海商业储蓄银行董事长兼总经理。后去台湾，任上海银行副董事长。1976年董事长陈光甫逝世，当选为董事长。1991年任荣誉董事长。

朱观玄（1878—?）

字碧斋。福建建阳人。早年就读于全闽师范学堂，与宋渊源创设书报社，宣传革命。1916年补缺任国会众议院议员。1917年任护法国会众议院议员。1922年北京国会恢复时，仍任众议院议员。

朱玖莹（1899—1996）

湖南长沙人。曾任谭延闿秘书、北伐前敌总指挥部《政治周报》主编。后历任国民政府军事委员会行营秘书兼第一科科长、内政部土地司司长、河南商邱区行政督察专员、湖南衡阳市市长、福建省建设厅厅长、辽宁省政府秘书长、湖南省民政厅厅长等职。1951年去台湾，任盐务总局局长。好书法，以行草著名，颜体楷书皆得真传。

朱志尧（1863—1955）

字宠德，号开甲。上海人。曾任盛宣怀德大油厂总办、东方汇理银行买办。1904年投资创办求新机器制造轮船厂，主要建造浅水快轮和小型客货船。又投资开办同昌榨油厂、申大面粉厂，大通仁记航业公司以及宝兴铁矿公司、长兴煤矿等。第一次世界大战时，事业受挫，求新厂于1919年被法商接管。从此未能东山再起。

朱克靖（1895—1947）

原名宏夏，字竹懿，化名李有才。湖南醴陵人。1919年考入北京大学，1922年加入中国共产党。次年受党派遣留学苏联。历任国民革命军第三军党代表、共产国际执委会委员、江西省政府秘书长。1927年与朱德一起争取第三军官兵参加南昌起义。后任第九军党代表。抗战时期任新四军联络部部长、秘书长。1947年被国民党杀害。

朱希亮（1900—1979）

陕西临川人。燕京大学心理学系毕业，曾留学美国。历任北京大学、四川大学、浙江大学教授。新中国成立后，任湖北教育学院、华中师范学院心理学教授。毕生从事心理学的教学与研究。著有《完形心理学研究》等。

朱希祖（1879—1944）

字逖先。浙江海盐人。清秀才。早年留学日本早稻田大学，与鲁迅等同受业于章太炎。历任清史馆编修、北京大学史学系主任、中央研究院研究员、中山大学文史研究所主任、中央大学历史系主任。曾任国民政府国史馆总干事、考试院考选委员会委员。擅晚明史研究，富藏书。著有《中国史学通论》、《明季史料题跋》等。

朱启钤（1872—1964）

字桂辛，号蠖园。贵州开州（今开阳）人，生于河南信阳。清举人。徐世昌义子。1903年任清京师译学馆监督。辛亥革命后，历任北洋政府交通总长、内务总长、代理国务总理。拥护袁世凯称帝。1919年任南北议和北方总代表。1930年组织中国营造学社，任社长。新中国成立后，任中央文史馆馆员、全国政协委员。有《蠖园文存》。

朱念祖（1882—？）

字伯筬。江西人。日本明治大学政治科毕业。1912年任吉安府知事。1913年当选为国会参议院议员。1917年任护法国会参议院议员，大元帅府参议。1922年派兼文官高等惩戒委员会委员。

朱君毅（1892—1963）

原名斌魁。浙江江山人。美国哥伦比亚大学哲学博士。历任东南大学、清华大学、北京大学教授，国民政府立法院编译处处长、高等考试襄试委员、统计局副局长。新中国成立后，任上海财经学院教授。著有《教育统计学》、《统计学概要》等。

朱学仁（1914—？）

浙江镇海人。日本东京工业大学毛纺织科毕业。先后创办上海美伦毛纺织染厂、美昌呢绒号、美丰建业公司、中华毛纺厂公司。1948年去台湾。

朱绍良（1890—1963）

原名宝瑛，字一民。江苏武进人。日本陆军士官学校毕业。1910年加入同盟会。辛亥革命时任沪军都督府参谋。抗战时曾参与淞沪抗战。1939年升任第八战区司令长官兼甘肃省政府主席，翌年指挥绥西战役。抗战后任国民政府军事委员会副参谋总长、重庆行辕主任、福州绥靖公署主任兼福建省政府主席。1949年去台湾，任"总统府"战略顾问。

朱经农（1887—1951）

原名有昀。江苏宝山（今属上海）人。留学日、美。1905年加入同盟会。参与创办中国公学。历任北京大学教授、齐鲁大学校长、湖南省教育厅长、中央大学教育长、国民政府教育部政务次长、光华大学校长、商务印书馆总经理。1948年11月任中国出席联合国文教会议首席代表，后留居美国。

朱祖佑（1909— ）

浙江海宁人。山东大学毕业，美国华盛顿大学博士。回国后任青岛观象台海洋科科长。抗战期间曾在四川省和江西省气象所任职。1948年后，任台湾省气象所技正兼研究室主任，台湾大学教授、海洋研究所所长等。主要从事黑潮研究。

朱秋痕（1915—？）

女。原名超南。江苏苏州人。幼年即从父朱孤雁演出。1931年入上海明星影片公司，主演《旧时京华》、《啼笑姻缘》、《路柳墙花》、《人伦》等十多部影片。1937年在艺华影片公司主演《弹性女儿》，后退出影坛。

朱祖谋（1857—1931）

原名孝臧，字古微，号沤尹、彊村。浙江归安（今湖州）人。清光绪进士，授编修。官至侍读学士、礼部侍郎兼署吏部侍郎，曾任广东学政。居江苏苏州，与郑文焯同主吴中词坛。学以词名，亦工诗。有《彊村遗书》。又校刻唐五代宋金元人词为《彊村丛书》。

朱家宝（1864—1928）

字经田，号墨农。云南华宁人。清光绪进士，选翰林院庶吉士。后历任直隶平乡、新城、南和知县，为直隶总督袁世凯所赏识，推为"近畿循吏第一"。升保定知府、江苏按察使、安徽巡抚。辛亥革命后任安徽都督、参议院议员、直隶总督。拥护袁世凯称帝。支持张勋复辟，任"民政部尚书"。工书法，取法黄庭坚，堪称清末大家。

朱家骅（1893—1963）

字骝先。浙江吴兴人。德国柏林大学博士。曾任北京大学教授，中山大学、中央大学校长。1932年后历任国民政府教育部长、交通部长、浙江省政府主席，国民党中央执行委员会秘书长、中央调查统计局局长、中组部部长、国民政府考试院、行政院副院长，中央研究院院长。1949年去台湾，任"总统府"资政。

朱培德（1889—1937）

字益之。云南盐兴（今禄丰）人。云南讲武堂毕业。参加辛亥革命。历任北伐军右翼总指挥，广州、武汉、南京国民政府委员，江西省政府主席，国民革命军第三军军长、第一集团军总预备队总指挥，南京国民政府军事委员会参谋总长、办公厅主任、军训部总监。陆军上将。

朱彬元（1893—?）

湖南人。清华学校毕业，美国哥伦比亚大学商科硕士。曾任南京国民政府立法院统计处代理处长、中央大学教授、北平及上海税务学校校长、上海久安银行副经理。

朱虚白（1902—1981）

江苏宜兴人。毕业于北京大学。历任北平《益世报》主笔、天津《大公报》驻南京特派员、南京《朝报》主笔、《中央日报》庐山版主编、上海市政府新闻处处长。1935年曾与人创办《立报》。1949年去台湾，任台湾省政府新闻处处长。著有《中国报业史》。

朱绶光（1873—1948）

字兰荪。湖北襄阳人。日本陆军士官学校、日本陆军大学毕业。1905年加入同盟会。在日本士官学校，与阎锡山、程潜、李烈钧为同学。后长期担任阎锡山部总参谋长之职。抗战时期，参与了大同会战、平型关战役、忻口会战、太原会战的谋划、指挥。曾任国民政府军事委员会军政部政务次长、国防部上将参议、"制宪国大"代表。

朱琴心（1901—1961）

名琇，号杏卿。浙江湖州人，生于上海。自幼喜爱京剧，曾拜陈德霖、田桂凤为师。擅青衣、花旦，嗓音清亮甜润，扮相端庄秀丽。1920年代末，与四大名旦及徐碧云并驾齐驱，有六大名旦之誉。擅演剧目有《陈圆圆》、《人面桃花》、《王熙凤》。所编剧作有《曹娥投江》等。卒于台湾。

朱博泉（1898—2001）

贵州贵阳人，生于浙江杭州。清广西布政使朱晓南之子。沪江大学毕业，留学美国。1921年后，任浙江实业银行外汇部副经理、中央银行总稽核、上海银行业联合准备委员会经理、上海票据交换所总经理。1940年后，任汪伪中国实业银行总经理、中央储备银行参事会参事。抗战胜利后，以汉奸罪被判刑2年。后一直居住上海。

朱斯苎（1885—1953）

号榜生。浙江吴兴（今湖州）人。美国耶鲁大学法政科毕业。归国后清廷授法政科举人，任农工商部郎中。民国时在上海执律师业，开有自己的律师事务所。1924年任北京政府国务院谘议。

朱斯煌（1907—1985）

字芑征。浙江余姚人。复旦大学毕业，美国哥伦比亚大学经济学硕士。曾在复旦大学商学院任教。新中国成立后，任复旦大学教授。是中国较早研究信托学的学者。著有《信托总论》、《银行经营论》。

朱葆三（1848—1926）

名佩珍，以字行。浙江定海人。学徒出身。1878年他自设慎裕五金店，同年开设新裕商行，经营进出口贸易。一度为英商平和洋行买办。后创办、投资中国通商银行，浙江实业、四明银行，绍兴轮船公司，上海内地自来水公司等。历任上海总商会会长、全国商会联合会副会长。辛亥革命时，上海光复后曾任上海都督府财政总长。

朱敬民（1908—？）

贵州平坝人。曾就读于金陵大学、中央军校、陆军大学。历任国民党第一二一师师长、第九十四军副军长、贵州绥靖公署少将参谋长。抗战时，参加长沙会战、湘西会战。1949年移居香港。

朱谦之（1899—1972）

字情牵，笔名闽狂。福建福州人。北京大学毕业，留学日本。历任暨南大学教授，中山大学教授、哲学系主任、文学院院长。新中国成立后，任北京大学教授、中国科学院世界宗教研究所研究员。著有《周易哲学》、《历史哲学大纲》、《日本的朱子学》、《无元哲学》。

朱雷章（1905—1995）

字震初。江苏昆山人。上海交通大学电工科毕业。任上海电机制造厂工程师。1931年在国民政府首届高等考试（即高等文官考试）中获得第一名，时人誉为"民国状元"。后任国民政府交通部技正、监察院监察委员、中国考政学会常务理事。新中国成立后，任江苏省文史馆馆员。

朱鹏飞（1899—？）

原籍甘肃兰州，生于安徽当涂。黄埔军校第一期毕业。曾任国民革命军旅长、陆军总司令部政务处处长。1949年去台湾。

朱腾芬（1880—1931）

又名达三，字承芳，号馨梓。福建福鼎人。日本东京法政大学毕业。同盟会会员。曾任福建公立法政学校校长。1913年当选为国会众议院议员。1917年任护法国会众议院议员。1922年北京国会恢复时，仍任众议院议员。1925年起从事实业，建立崙山岛垦殖公司，任总经理。1931年病逝。

朱慈祥（1894—？）

字仁恺、育民。广东台山人。旅居马来亚、新加坡，以建筑为业。同盟会会员。先后在新加坡创办《天声旬报》、《民国日报》。曾任国民党驻南洋英属总支部监察委员会委员、中央侨务委员会委员。

朱溥恩（1874—？）

字稗竹。江苏武进人。清补优廪生。曾创办乔荫学校。历任武阳教育会会长、常州府中学校总务长、江苏省民政总长。1913年当选为国会众议院议员。1917年任护法国会众议院议员。1922年北京国会恢复时，仍任众议院议员。

朱霁青（1882—1955）

原名国陞，又名自新，字纪卿，号再造子。奉天广宁（今辽宁北镇）人。留学日本。同盟会会员。辛亥革命时组织关外民军，任民军都督府参谋长。后创办《东三省民报》、《平民周报》。九一八事变后，出关抗日，成立"东北国民救国军总监部"任总监。1935年任正太铁路局长。抗战胜利后，赴绥远经营垦区。1950年去台湾。

朱端钧（1907—1978）

字公吕。浙江余姚人。复旦大学外文系毕业。曾组织复旦剧社，并与洪深以光明剧社参加左翼剧团联盟。抗战期间，任中共领导的上海剧艺社导演及演出主任。先后导演了《夜上海》、《妙峰山》、《孔雀胆》等。新中国成立后，任上海戏剧学院副院长、上海戏剧家协会副主席。代表作有话剧《上海屋檐下》、《关汉卿》，沪剧《星星之火》、《蝴蝶夫人》等。

朱肇新（1892—?）

字燕五。广东开平人。曾留学美国。早年参加同盟会，反对袁世凯帝制。后任国民党美国、加拿大支部负责人。1935年任国民政府侨务委员会委员。抗战时期任汪伪侨务委员会委员。

朱蕴山（1887—1981）

安徽六安人。早年加入光复会、同盟会。曾参与徐锡麟刺杀安徽巡抚恩铭事件。1927年参加南昌起义。后参加抗日反蒋活动。1945、1947年参与发起三民主义同志联合会及中国国民党革命委员会。新中国成立后，任全国人大副委员长、全国政协副主席、民革中央主席。

朱德明（1900—?）

浙江嘉兴人。德国慕尼黑大学医学博士。曾任杭州广济医院内科主任、河南大学医学院教授。新中国成立后，任河南省人民医院副院长、河南省卫生厅副厅长。

朱鹤翔（1888—?）

字凤千。江苏宝山（今属上海）人。比利时罗文大学法科硕士，政治外交科博士。曾任北京大学法科教授，北京政府外交部参事，南京国民政府外交部政务司、国际司司长，国民政府驻比利时全权公使。1937年6月回国，任外交部顾问。

朱履和（1877—1945）

字笑山。浙江嘉兴人。早年留学英国。曾任南京国民政府外交部总务司司长、代理司法行政部部长、立法院立法委员。抗战爆发后投敌，任南京伪维新政府最高法院院长，汪伪政权司法院副院长、立法院副院长。

朱懋澄（生卒年不详）

四川资中人。英国格拉斯哥大学海军工程学士。曾任上海基督教青年会劳工干事，宁波基督教青年会会长，蒋介石英、德、法文秘书，国民政府工商部劳工司司长。曾作为中国代表出席在日内瓦召开的第十四届国际劳工大会，当选为副主席。

朱霞村（生卒年不详）

江西九江人。美国芝加哥大学毕业。民国年间曾任上海德士古火油公司华经理、通业证券股份有限公司董事兼总经理。

朱耀武（1905—1979）

山西右玉人。毕业于黄埔军校第一期。抗战时任国民党第二战区司令长官部高参、晋陕绥边区总司令部政治部主任。参加南口会战、平型关战役、中条山战役。抗战后任第一二一军副军长。1948年当选"国民大会"代表。1949年去台湾，任"国防部"第一厅办公室主任。

廷杰（1838—1911）

章佳氏，字用宾。清满州正白旗人。满族。光绪进士。1900年义和团运动爆发，主张镇压，被斥还京。官至盛京将军、法部尚书。曾推行新政，提倡禁烟。

廷雍（?—1900）

栋鄂氏，一作爱新觉罗氏，字邵民、绍民，号画巢。清满洲正红旗人。满族。贡生。累官直隶布政使、代理直隶总督。后被八国联军拘捕，斩首于保定。工书画。

乔奇（1921—2007）

原名徐家驹。浙江宁波人，生于上海。曾入中法戏剧学校学习戏剧表演。1939年参加中法剧社、上海剧艺社，开始为职业话剧演员。1951年入上海人民艺术剧院任演员。后任团长，国家一级演员。一生塑造了130多个人物形象，自己最满意的电影作品是《苦恼人的笑》，最满意的话剧作品是《马克思"秘"史》。

乔义生（1883—1956）
原姓张，字宜斋。山西临汾人。毕业于英国爱丁堡大学。后加入兴中会。历任山西都督府外交司司长、国民政府财政部荆沙关监督、国民政府委员。1949年去台湾，任"总统府国策顾问"。

伍士焜（1903—？）
字劲甫。广东台山人。广东大学法律系毕业。历任国民革命军总司令部军法官、国民党南京市党部执行委员、国民党中央监察委员会秘书。1949年去台湾，曾任高雄县凤山中学校长。

伍大光（1887—1936）
字韬若。原籍广东新会，生于上海。京师大学堂毕业，美国亚美利坚大学法政科硕士。历任广州大元帅府秘书，广东国民大学教授，国民政府外交部、司法院秘书长，广东勷勤大学校长。

伍光建（1867—1943）
号昭扆，笔名君朔。广东新会人。天津北洋水师学堂毕业，后入英国格林威治海军大学、伦敦大学学习。历任清海军处司长、北京政府财政部顾问、复旦大学教授。晚年专事译著。其后人整理、出版《伍光建翻译遗稿》。

伍廷飏（1890—1950）

字展空。广东容县人。广西武备学堂毕业。曾任广西省政府主席、建设厅厅长，浙江省、湖北省建设厅厅长。1948年当选"国民大会"代表。

伍守恭（1900—？）

江苏武进人。美国芝加哥大学法学博士。抗战前曾任东吴大学法学教授、上海执行律师、国民政府外交部外交研究会委员。1945年任战时生产局参事。后任日产处理委员会副主任委员兼台湾银行董事。

伍连德（1879—1960）

字星联。广东台山人，生于马来西亚。英国剑桥大学医学博士。1911年发起创立中国医学会，任会长，并负责编辑《中华医学杂志》。后任南京国民政府军政部陆军署军医司司长、全国检疫事务所总监、卫生署海港检疫处处长。对鼠疫的防治有较深入的研究。1937年抗战爆发，重返并定居马来西亚。

伍伯良（1893—1965）

广东台山人。德国柏林大学医学博士。先在法国、德国从医。回国后，任广州图强医院院长、广州市社会局局长。1931年后，任广州伍汉持纪念医院院长、图强高级助产职业学校校长。

伍直海（1902—?）

广东台山人。美国哥伦比亚大学医学博士。曾任广州岭南大学医务主任、苏州博习医院内科主任。后在上海自行执业。

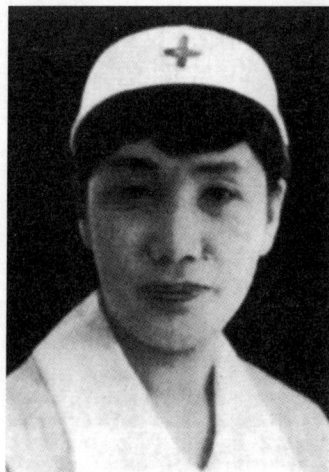

伍哲英（1884—1960）

女。福建长乐人。美国约翰霍普金斯大学护士专业毕业。1921年创办第一所中国人自办的护士学校——上海红十字会高级护士学校，任校长。历任南洋护校、济民护校、伯特利护校校长和中华护士学会会长。新中国成立后，任上海市第二护士学校校长。

伍朝枢（1886—1934）

字梯云。广东新会人。伍廷芳之子。英国伦敦大学毕业。获林肯法律研究院大律师资格。历任第一届国会众议院议员，广州大元帅府外交部部长，南京国民政府外交部长、驻美公使。1931年4月，宁粤分立，任广东省政府主席兼琼崖特别区行政长官。九一八事变后，任国民政府司法院院长，未就。1934年病逝于香港。

伍献文（1900—1985）

浙江瑞安人。南京高等师范学校毕业，法国巴黎大学博士。历任中央大学、复旦大学教授，中央研究院动物研究所研究员。1948年当选为中央研究院院士。新中国成立后，任中科院学部委员、中科院武汉分院院长、全国政协常委。

伍澄宇（1889—?）

广东人。留学日本。曾任中国同盟会美国支部长。1911年在美国任孙中山秘书。后任全国总工会会长、北京政府大总统府秘书、上海法科大学教授。

伍蠡甫（1900—1992）

艺名敬盦。广东新会人。伍光建之子。复旦大学文科毕业，后留学英国伦敦大学。曾任复旦大学、中国公学、上海大夏大学教授，上海黎明书局总编辑。新中国成立后，任复旦大学教授。著有《欧洲文论简史——古希腊罗马至十九世纪末》、《伍蠡甫艺术美学文集》。晚年兼任上海中国画院画师，有《伍蠡甫山水画集》。

延茂（?—1900）

姓杜，字松岩。清汉军正白旗人。同治进士，铨礼部主事。历官内阁侍读学士、奉天府府丞、驻藏办事大臣、吉林将军。八国联军入侵北京时，守安定门，城陷，全家自焚殉国。谥忠恪。

任颐（1840—1896）

初名润，字小楼，改字伯年，号次远。浙江山阴（今绍兴）人。幼从父学画。少时曾参加太平军为旗手。后师著名画家任熊、任薰，寓居上海卖画。擅花鸟、人物，亦工山水，技法独到，画风远播，开海上画派新风，为"海派"大师。与任熊、任薰合称"三任"。

任熊（1820—1864，一作 1823—1857）

字渭长，号湘浦。浙江萧山人。早年居宁波。后寓居苏州，往来上海卖画。善画人物肖像，画法学陈洪绶。亦工花鸟、山水。有《任渭长四种》，乃清末木刻画精品。弟任薰、子任预均以画名。任熊、任薰与弟子任颐，合称"三任"；并子任预，称"四任"。

任毅（1897—？）

字士刚。浙江慈溪人。香港大学理科学士。1924年参与创办上海五和织造厂，任董事兼经理。1930年集资创办亚光制造股份有限公司。亦为中国国货股份有限公司发起人之一。

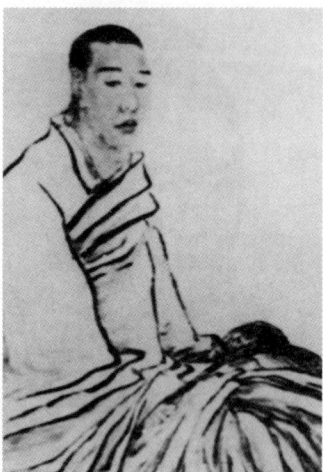

任薰（1835—1893）

字阜长，一字舜琴。浙江萧山人。任熊弟。"海上画派"代表之一。与任熊、任颐，时称"三任"。尤精双钩花鸟，亦工人物、山水。

任天知（生卒年不详）

名文毅，艺名天知。北京人。满族。早年留学日本，入日本国籍。1905年加入同盟会。1907年在上海开展新剧运动，形成"天知派新剧"，影响广泛。并与王钟声合办"通鉴学校"。辛亥革命时，常在剧中发表政治演说，宣传革命。所编剧本《黄金赤血》为其代表作。1914年后从新剧舞台上销声匿迹。

任可澄（1877—1945）

原名文灿，字志清。贵州安顺人。清末举人。1909年，与唐尔镛、华之鸿等组织宪政预备会，后为宪政派首领。1911年参与贵州独立并任军政府枢密院副院长。1915年任云南巡按使，参与护国运动，任广州军政府内政部长。1920年任贵州省代省长。1925年任北洋政府教育总长。

任传榜（1878—1953）

字筱珊。江苏吴江人。毕业于美国伊利诺大学。1917年任沪宁、沪杭甬铁路管理局局长，1920年任北京政府交通部参事，1932年任国民政府财务司司长。还做过南洋大学教授。1946年去美国。

任树椿（生卒年不详）

1934年曾在《东方杂志》第31卷14号上发表《中国田赋之沿革及整理之方案》。

任卓宣（1896—1990）

原名君彰，笔名叶青。四川南充人。北平高等法文专修馆毕业，后到法国勤工俭学。在法国加入中国共产党。回国后参加了广州起义，后任中共湖南省委书记等职。1928年被捕后叛变。担任过国民党中央宣传部副部长，长期进行反共宣传活动。1949年去台湾，曾任国民党中央评议委员，台北政治大学、政治作战学校教授。

任觉五（1900—1994）

四川灌县（今都江堰）人。日本明治大学毕业。1932年加入复兴社。曾任国民政府军事委员会庐山陆军军官训练团教官、西安行营政训处长、四川省教育厅长。1947年当选为国民党中央执行委员。1949年去台湾，任国民党台湾省党部主任委员。1994年在美国旧金山去世。

任继愈（1916—2009）

山东平原人。北京大学哲学系毕业，后考入西南联大北京大学文科研究所，师从汤用彤、贺麟。1941年获硕士学位。历任北京大学教授、中国社科院世界宗教研究所所长、国家图书馆馆长。毕生致力于研究中国佛教史和中国哲学史。1999年当选为国际欧亚科学院院士。著有《汉唐佛教思想论集》、《中国哲学发展史》、《老子绎读》。

任鸿隽（1886—1961）

字叔永。原籍浙江吴兴，生于四川垫江。清末秀才。曾留学日、美。同盟会会员。创办并主持中国科学社及《科学》杂志。历任北京大学教授、中华教育文化基金会干事长、四川大学校长、中央研究院总干事。新中国成立后，任全国政协委员、上海科技图书馆馆长、上海图书馆馆长。

任援道（1891—1980）

号良材。江苏宜兴人。保定军校毕业。参加过辛亥革命，曾任平津警备司令。抗战爆发后投敌，任伪维新政府苏浙皖三省绥靖军总司令、南京特别市市长，汪伪政权海军部部长、江苏省省长、上海市市长。抗战后逃往香港，经营酒楼。1949年后移居加拿大。

任德耀（1918—1998）

江苏扬州人。1940年毕业于四川江安国立戏剧专科学校舞台美术系。1947年在宋庆龄领导下，与张石流一起筹组中国福利基金会儿童剧团。新中国成立后，主要从事儿童剧创作、导演。曾任中国福利会儿童艺术剧院院长，中国文联委员。创作的代表作有《马兰花》。

华世芳（1854—1905）

字若溪，号蒉斋。江苏金匮（今无锡）人。清拔贡生。肄业于江阴南菁书院。官直隶州州判。与兄华蘅芳同以数学名。曾任自强学堂、龙门书院、南洋公学教习、总教习。有《恒河沙馆算草》、《近代畴人著述记》。

华罗庚（1910—1985）

江苏金坛人。初中毕业，自学成才。1936年留学英国。历任西南联大教授、普林斯顿大学研究员、伊利诺伊大学教授。新中国成立后，任清华大学教授、中国科技大学副校长、中国科学院副院长。1955年选聘为中科院学部委员。解决了"高斯完整三角和的估计"这一历史难题，著有《堆垒素数论》。同时注重数学的实际运用，著有科普读物《优选法评话及其补充》、《统筹法评话及补充》等。

华蘅芳（1833—1902）

字若汀。江苏金匮（今无锡）人。长期在上海江南制造局翻译馆工作，先后主讲上海格致书院、湖北自强学堂、两湖书院及无锡竢实学堂，造就数学人才甚众。又与徐寿制造黄鹄号轮船，是为中国自造轮船之始。著有《行素轩算学》、《行素轩文存、诗存》，译有《代数术》、《微积溯源》、《三角数理》等。

向乃祺（1884—1954）

字北翔、伯祥。湖南水顺人。土家族。日本早稻田大学政治经济科毕业。1913年当选国会参议院议员。1927年后，历任安徽省第八行政区督察专员、湖南省政府委员、国民政府监察院监察委员。新中国成立后，任湖南省政协常委、湖南省人民政府参事室参事。

向军次（1906—1991）

一名荣柳，号宅五。湖南石门人。陆军大学毕业。曾任国民革命军第八十八师、第一八五师、第五十五师副师长。1943年任国民政府军政部军务署机械化兵司司长。1946年任联合勤务总司令部运输署署长。1948年授少将衔。1949年到台湾。

向哲浚（1898—1987）

字明思。湖南宁乡人。美国耶鲁大学毕业。曾任国立北京法政大学、中国大学、东吴大学教授，国民政府最高法院检察署检察官、司法院大法官会议大法官。1946年作为中国政府任命的中国检察官，参与了远东国际军事法庭的东京审判。新中国成立后，任上海财经学院教授。1987年在上海逝世。

向理润（1906— ）

字泽荪。四川金堂人。清华大学毕业，美国威士康辛大学政治学博士。回国后，任金陵大学教授、中央陆军军官学校教官兼中央大学教授。1945年调任西康省政府委员兼教育厅长。1949年移居美国。

向瑞琨（生卒年不详）
字淑予。湖南长沙人。日本明治大学工商科毕业。清末工商科举人。辛亥革命后，赴北京任《亚东新报》、《东大陆报》主笔。参与创立中国民主党，创办全国商会联合会。曾任北京政府工商部次长、代总长。

向警予（1895—1928）
女。原名俊贤。湖南溆浦人。土家族。长沙周南女校毕业。1919年参加新民学会，同年赴法国勤工俭学。1921年回国。1922年加入中国共产党。曾任中共中央妇女部长，主编《妇女周报》。是中共三大、四大中央委员。1925年入莫斯科东方大学学习。1927年在中共湖北省委宣传部工作。1928年因叛徒告密在汉口被捕，同年5月遇害。

邬志坚（1890—?）
浙江奉化人。上海浸会大学毕业，留美硕士。曾创办沪北浸会堂，兼任牧师。任上海浸会大学讲师、宁波浸会中学副校长、上海沪江大学及复旦大学教授、中华麻疯救济会总干事。

多隆阿（1818—1864）
呼尔拉特氏，字礼堂。清满洲正白旗人。满族。咸丰初以骁骑校从军镇压太平军，转战鄂皖。同治初官至西安将军。在陕西盩厔（今周至）作战时，受伤而死，谥忠武。

色普澂额（？—1900）

舒穆鲁氏，字智泉。清满洲正白旗人。咸丰十年（1860）以健锐营前锋校从大学士瑞麟征讨太平军。旋从僧格林沁剿捻。光绪八年（1882）授镶红旗汉军副都统，充神机营专操大臣。二十六年（1900）累擢至宁夏将军，未行，义和团起，守北京正阳门，死于八国联军炮火。谥壮恪。

庄俊（1888—1990）

字达卿。浙江宁波人，生于上海。留美建筑工程学士。1914—1923年任清华大学驻校建筑师，1925年在沪开办建筑师事务所，1926年任中国建筑师学会会长。新中国成立后，任中央建筑设计院、华东建筑设计院总工程师。设计作品多为银行建筑，如上海金城银行（1928年，今江西中路交通银行，系上海市优秀历史建筑）等。

冰心（1900—1999）

女。原名谢婉莹。福建长乐人。美国威尔斯利女子大学毕业。曾在燕京大学、清华大学任教。抗日战争期间在昆明、重庆等地从事创作和文化救亡活动。1946年11月随丈夫吴文藻赴日本，被东京大学聘为第一位外籍女教授。1951年回国，任中国文联副主席、民进中央副主席。著有诗集《繁星》，散文集《寄小读者》，儿童文学作品选集《小桔灯》等。

庄士敦（1874—1938）

字志道。英国人。英国牛津大学文学硕士。曾任香港政府官员及山东威海卫行政公署长官。1919年被溥仪聘为英语教师。以学者兼官员的身份在华工作了34年，是个地道的"中国通"。回国后任伦敦大学汉文教授。著有《紫禁城的黄昏》。

庄希泉（1888—1988）

福建厦门人。同盟会会员。早年在新加坡创立中华国货公司、南洋女校。1922年在厦门创办厦南女子师范学校。抗战期间，赴香港主持福建救亡同志会。1947年加入中国民主同盟。新中国成立后，任国家侨委副主任、全国侨联主席、全国人大常委、全国政协副主席。1982年加入中国共产党。

庄国钧（1905—1986）

江苏武进人。1926年入上海影戏公司学摄影。1931年起，先后入上海联华、华新、中联等影片公司任摄影师兼导演、制片。1948年任香港永华影业公司摄影师。1951年到台湾，任台中制片厂厂长。制作影片有《如此英雄》、《清宫秘史》、《无愁君子》等。

庄蕴宽（1866—1932）

字思缄，号抱闳，晚年称无碍居士。江苏常州人。清副贡生。曾任清浔江书院山长、桂林兵备道总办、梧州知府。1910年加入预备立宪公会。辛亥革命时，曾代理江苏都督。1912年组织统一党，任参事。1915年任北京政府审计院院长。后任故宫博物院图书馆馆长。北伐后，回故里任《江苏通志》总编纂，直至病逝。

庄崧甫（1860—1940）

原名莪存，又名景仲，字崧甫，晚号求我山人，以字行。浙江奉化人。同盟会会员。1903年任奉化县立龙津中学堂舍监，推行新学。1910年在余杭创办杭北林牧公司。辛亥革命后，历任浙江军政府财政司司长、浙江省政府委员、国民政府立法院立法委员。1927年与人创办奉化孤儿院，任终身院长。曾从事农学研究，著有《农业新书》。

刘公（1881—1920）

原名耀宾，又名湘，字仲文。湖
北襄阳人。早年加入同盟会。
1907年组织共进会，任会长。
武昌起义爆发后，任湖北军政
府总监察、北伐左翼军总司令。
1920年病逝，1922年由北京政
府追赠陆军上将衔。

刘夷（1904—？）

字定一。江西庐陵（今吉安）人。刘
峙之侄。黄埔军校二期、陆军大学
毕业。曾任国民党独立第三十二旅
旅长，参加第一、二次"围剿"红
军。抗战期间被日军俘虏后投敌，
任汪伪中央陆军军官学校总队长、
中央独立警备旅旅长。抗战胜利
后被国民政府逮捕，获释后去香
港，后返回江西定居。

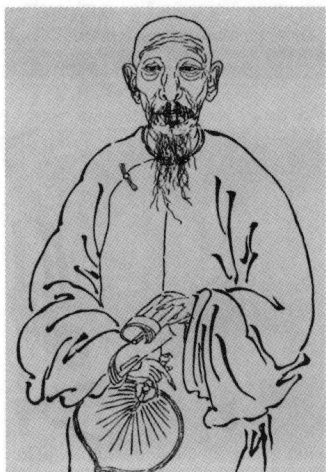

刘沅（1768—1855）

字止唐。四川双流（今成都）
人。有文名。终生以授课为业。
因书塾中有古槐一株，故名槐
轩。从学者常有300人以上，先
后师从的学生达数千人。后形
成以槐轩之学为宗的槐轩学
派。一生著作甚丰，现存逾200
卷，《槐轩全书》收入了其主要
著作。

刘纬（1879—？）

字鸿岷。四川荣县人。四川高等学
堂毕业。曾任荣县县立高等小学校
校长。1913年当选为国会众议院议
员。1922年国会恢复时，仍任众议
院议员。

刘英（1886—1921）

原名光铭，字丹书。湖北京山人。留学日本。同盟会会员。武昌起义时，在永漋河举兵响应。1913年当选为国会众议院议员。1917年为护法国会众议院议员。1921年树义军，拟讨伐王占元，事泄被捕。同年8月在武昌被害。

刘峙（1892—1971）

字经扶。江西庐陵（今吉安）人。保定军校毕业。早年加入同盟会。曾任黄埔军校教官。历任国民党河南省政府主席、第一战区副司令长官、重庆卫戌司令兼防空司令、第五战区司令长官、郑州绥靖公署主任、徐州"剿匪"总司令。因在淮海战役中战败被解职。1949年经香港赴印尼，以教书为生。1953年去台湾，任"总统府"战略顾问。

刘哲（1880—1954）

字敬舆。吉林永吉人。京师大学堂毕业。曾任国会参议院参议员，北京安国军政府教育总长兼京师大学堂校长，哈尔滨工业大学校长，东北、北平、冀察政务委员会委员。抗战期间被聘为国民参政会参政员。1948年任国民政府监察院副院长。1949年去台湾，任"监察院"副院长。

刘真（1913— ）

字白如。安徽凤台人。安徽大学毕业，后留学日本、美国。曾任湖北师范学院教授、国民政府立法院立法委员。去台湾后，任台湾师范大学校长、台湾省教育厅厅长。1997年任"总统府"资政。

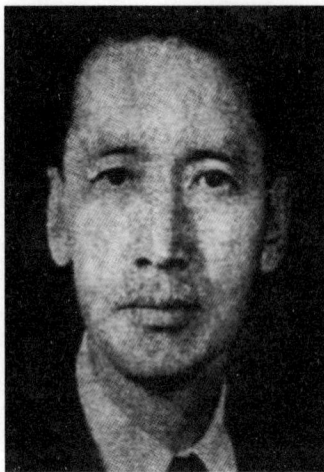

刘桂（1905—1979）

字馥斋。绥远托克托（今属内蒙古）人。中央政治学校毕业。曾任国民党平绥、晋察铁路特别党部主任委员，国民政府经济部汉口、广西梧州商品检验局长。1949年去台湾，任"经济部"商业司代理司长，"中国渔业公司"董事长。

刘斐（1898—1983）

字为章。湖南醴陵人。早年就学于广西、广东讲武学堂。后入日本陆军大学学习。面对日本的侵略，主张团结抗日，先后参加淞沪抗战和台儿庄战役。1940年任国民政府军令部次长，1946年任国防部参谋次长。1949年参加国共和谈。后在香港发表声明，拥护中国共产党领导。新中国成立后，任国防委员会委员、全国政协副主席、全国人大常委、民革中央副主席。

刘湘（1888—1938）

又名元勋，字甫澄，法号玉宪。四川大邑人。四川陆军速成学堂毕业。曾参加辛亥革命。历任护国军第一师第二旅旅长、川军总司令。1927年拥蒋反共，任第五路军总指挥。后任四川"剿总"总司令、四川省政府主席。抗日战争爆发后，率部出川抗日，任第七战区司令长官兼二十三集团军总司令。1938年病逝于汉口。

刘鹗（1857—1909）

字铁云，笔名洪都百炼生。江苏丹徒人，后定居淮安。治学广博，通数学、医术、水利、乐律，收藏和研究甲骨文，编成中国第一部甲骨文字录集《铁云藏龟》。另著有小说《老残游记》。曾官候补知府，后弃官经商。八国联军入侵时，向联军处购得太仓储粟。1908年清廷以"私售仓粟"罪充军新疆，病死。

刘濂（1876—？）

字仿叔。江西雩都（今于都）人。日本早稻田大学专门法律科毕业。执律师业。辛亥光复后，任江西司法局局长。1913年当选为参议院议员。1917年任护法国会参议院议员。1922年北京国会恢复时，仍任参议院议员。

刘士毅（1891—1982）

字任夫。江西都昌人。留学日本东京士官军事学校。曾任赣军第四师参谋长、广西军事政治学校副校长。1938年率第三十一军参加台儿庄战役。1946年任国民政府国防部次长。1949年，李宗仁任代理总统时任总统府参军长。后去台湾。

刘大白（1880—1932）

原名金庆棪，后改姓刘，名靖裔，字大白，别号白屋。浙江绍兴人。早年留学日本，加入同盟会。1912年任《绍兴公报》主笔，反对袁世凯。曾在浙江第一师范执教。1924年任复旦大学中文系主任。1929年任国民政府教育部次长。为"五四"白话诗倡导者之一。著有《旧梦》、《中国文学史》。

刘万春（1898—1990）

字寿山。河北交河（今属泊头市）人。保定军校毕业。原在直系靳云鹏部任职，后投国民革命军。1944年任第三十五军副军长。1948年任绥远保安副司令。1949年任第一一一军军长、第九兵团副司令。同年参加董其武领导的绥远起义。一一一军改编为人民解放军第三十六军，仍任军长。

刘广凯（1914—1991）

字孟实。辽宁海城人。海军军校第三期毕业，英国皇家海军学校结业。历任国民党"长治"舰舰长、海军海防第一舰队司令、海军副参谋长。1949年去台湾后，任"海军总司令"、"副参谋总长"、"联勤总司令"、"总统府"战略顾问。

刘广信（1907—1997）

字子成。安徽太和人。1926年入冯玉祥西北军，先后参加北伐和抗日战争。1946年任整编第六十八师一一九旅旅长。同年10月在山东郓城被人民解放军俘虏。后又任国民党第六十八军副军长（据说是因为1947年在回河南开封接家眷时于山东菏泽被国民党军扣押）。1949年去台湾。

刘广济（1897—1973）

号璞珩，字菩航。山东郓城人。陆军大学毕业。曾在孙传芳部任团长。后任国民革命军旅长、第四十七师师长。抗战爆发后，历任第三十二集团军参谋长、第一〇〇军军长、陆军总司令部第三方面军参谋长。1949年去台湾。

刘广瑛（1904—？）

字伯华。辽宁本溪人。黄埔军校第四期毕业。曾任国民党东三省党务特派员。九一八事变后先后任军及集团军政治部主任，第九十七师副师长。1946年退役。1947年当选国民党候补中央执行委员。1948年当选国民政府立法院立法委员。1949年去台湾。

刘子奇（1907—1993）

又名半亭，号锦心、岸秋。湖南新田人。黄埔军校二期毕业。早年入湘军鲁涤平部，后参加北伐。抗战爆发后，任国民革命军独立第十五旅旅长、第二十九军参谋长。抗战后任整编第一二三旅旅长。1947年在陕西榆林被俘，后从事策反工作。新中国成立后，任上海市人民政府参事室参事、上海市政协委员。

刘子潜（1903—1976）

一名云龙。陕西蒲城人。黄埔陆军军官学校毕业。曾任国民革命军总司令部参谋，杨虎城部上校团长。抗战时任成都军官学校教官、西安警备副司令。抗战后任西安军管区副司令。1949年10月任豫陕鄂边区绥靖公署中将参议。12月在川北参加起义。新中国成立后，任甘肃省人民政府参事室副主任。

刘元栋（1885—1911）

名钟群。福建闽县（今闽侯）人。早年参加反清复明会党。日俄战争后，闻有割闽易辽之说，即密谋福建独立，事泄未果。曾任福州消防会长。广州起义时，率部参加，在激战中牺牲。为黄花岗七十二烈士之一。

刘云瀚（1910—1981）

江西大庾人。陆军大学毕业。曾任国民政府军事委员会政治部办公室副主任、第五师师长、中国远征军副参谋长。参加过一二八淞沪抗战、武汉会战和鄂西会战。1947年任国民政府国防部第五厅厅长、新编第五军军长。1949年任第十九军军长。旋去台湾，任陆军供应司令部副司令。

刘长佑（1818—1887）

字子默、尔春，号荫渠。湖南新宁人。清道光拔贡生。会同廪生刘坤一募乡勇万余人，咸丰年间参与围剿太平军。同治元年，升任两广总督。同治六年，因疏于防范被降级留任。同治十年再度翻用，任广东、广西巡抚，镇压捻军和苗、回族起义军。光绪时官至云贵总督。

刘仁静（1902—1987）

又名亦宇。湖北应山人。1920年加入北京共产主义小组。1921年出席中共"一大"，次年主编社会主义青年团机关刊物《先驱》，不久赴莫斯科参加共产国际"四大"。后因参加托派被开除出党。新中国成立后，任国务院参事、北京师范大学教师、人民出版社特约翻译。

刘凤池（1887—？）

号桐岗。河北蠡县人。陆军大学毕业。曾任东北陆军第二军团警卫旅旅长、第三十军教导师师长。1932年任国民政府军事参议院参议。抗战期间降日，任汪伪华北政务委员会华北绥靖军副总司令。

刘文龙（1870—1950）

字铭三。湖南岳阳人。清末廪生。曾任新疆迪化知府，殖边银行新疆分行行长，新疆省政府主席、教育厅厅长等。1934年被盛世才以"谋害督办，颠覆政府"罪逮捕。1944年获释。

刘文岛（1893—1967）

字尘苏，号率真。湖北广济人。日本东京早稻田大学政治经济学部毕业，法国巴黎大学法律博士。历任中华大学教授，国民革命军总司令行辕总政治部主任，汉口特别市市长，国民政府驻德国兼奥地利公使、驻意大利大使、立法院立法委员。1949年去台湾。

刘文典（1889—1958）

原名文聪，字叔雅，笔名刘天民。安徽合肥人。1907年加入同盟会。1909年留学日本，师从章太炎。1914年加入中华革命党。后任北京大学教授、安徽大学校长、清华大学国文系主任。新中国成立后，任云南大学教授、全国政协委员。毕生从事古籍校勘及古代文学研究和教学。著有《淮南鸿烈集解》、《庄子补正》、《三馀札记》。

刘文符（1886—1911）

又名锋，字肩宇。福建连江人。曾投清军，宣传反清思想。参加广州起义，在攻打督署时被围，力战负伤，被捕后就义。为黄花岗七十二烈士之一。

刘文淇（1789—1854）

字孟瞻。江苏仪征人。清嘉庆优贡生。学贯群经，尤致力于《春秋左氏传》，有《左传旧疏考正》，代表作则是未完成的《春秋左氏传旧注疏证》（后有子刘毓崧、孙刘寿曾、曾孙刘师培续纂，仍未完成）。尚有《楚汉诸侯疆域记》、《扬州水道记》、《读书随笔》、《青溪旧屋集》，俱传世。

刘文辉（1895—1976）
字自乾、病虞，法号玉猷。四川
大邑人。保定陆军军官学校毕
业。曾任川军师长、北洋政府帮
办四川军务。1926年后任国民
革命军第二十四军军长，四川、
西康省政府主席，川康绥靖公
署副主任。1949年12月率部起
义。新中国成立后，任西南军
政委员会副主席、四川省政协
副主席、林业部部长、全国人
大常委、全国政协常委。

光绪丙戌黄山寿畫

刘心瑶（1840—?）
字心白，号玉通生。江苏武进人。
好玉成癖，善辨真膺。早年游历天
下，致力于诗。晚年病目归里，以
诗篇课学子。著有《玉纪补》、《玉
通生诗钞》、《玉通生诗选》。

刘书香（1896—?）
号味真。河南武强人。陆军大
学毕业。早年任职于西北军。
曾任国民革命军第三路军参
谋长。1938年任第十二军副军
长。

刘书蕃（1880—?）
字剑侯。福建闽侯人。福州中西书
院毕业。曾任贵州、陕西邮务局局
长。1927年任国民政府交通部邮政
司司长。1928年任交通部邮政总局
局长。1931年任交通部邮政储金汇
业总局总办。

刘正埅（1876—？）

字至元。黑龙江绥化人。清优贡生，授知县，签分奉天补用。历任科员、税务员。1913年当选为国会参议院议员。1917年任护法国会参议院议员。1922年北京国会恢复时，仍任参议院议员。

刘古复（1895—1948）

号鹏志。湖北广济人。陆军大学毕业。抗日战争期间曾任陆军大学教官、第六战区长官部高参室主任高参。1947至1948年任河北省第十三区行政督察专员兼保安司令。

刘本厚（1907— ）

字子培，号健园。河北清河人。陆军大学毕业。历任国民革命军团长、旅长、师长、第十一战区参谋处处长、暂编第三十三师师长、副军长、警备司令。1948年在平津战役中任第一〇一军副军长。1949年去台湾。

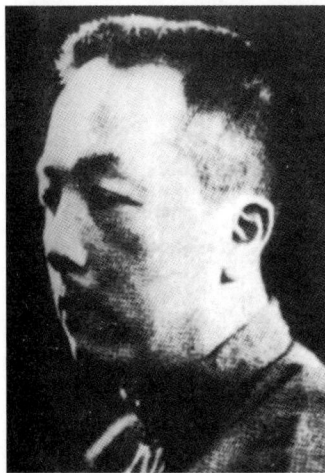

刘半农（1891—1934）

原名寿彭，改名复，字半农，以字行。江苏江阴人。早年在北京大学任教，积极参加新文化运动。后留学英、法，获法国国家文学博士。历任北京大学、辅仁大学教授、中央研究院史语所研究员。著有《半农杂文》、诗集《扬鞭集》。

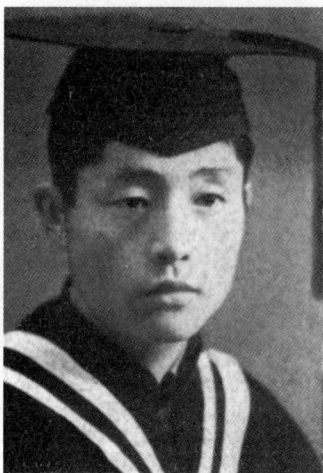

刘汉文（生卒年不详）

广东梅县人。曾参与筹办周浦江苏省农民银行及《中美日报》，任南京国民政府教育部上海专员。抗战中被日伪囚禁两年有余，抗战胜利后脱险。著有《国难被囚实录》。

刘永福（1837—1917）

本名义，字渊亭。广东钦州（今属广西）人。1857年参加广西天地会起义。组织黑旗军，抗击清军。后赴越南，驻保胜。中法战争爆发后，受清廷收编，率黑旗军屡次打败法军。1866年任广东南澳镇总兵。甲午战争时，帮办台湾防务，在台湾领导军民抗日。1911年11月广东独立，被推为广东民团总长，旋辞职回籍。

刘召东（1905—1951）

原名竟中。湖南华容人。陆军大学毕业。曾任第一九九师参谋长，第二十集团军参谋处处长。1943年调任远征军总部少将参谋长，参与制定、指挥腾冲战役，晋为中将。抗战后任第十六绥靖区司令部参谋长、湘鄂赣区总司令部副总司令兼参谋长。1949年3月拒绝起义。1950年在重庆被捕，1951年被枪决。

刘式训（1868—1923年后）

字箏笙，号紫箴。江苏南汇（今属上海）人。早年入北京同文馆习法文，后留学法国巴黎大学。曾佐李鸿章与列强谈判。1905年任出使法国、西班牙大臣。入民国后，历任外交部次长、大总统府顾问。1923年任外交委员会副会长。著有《法国政教考略》、《泰西礼俗新编》等。

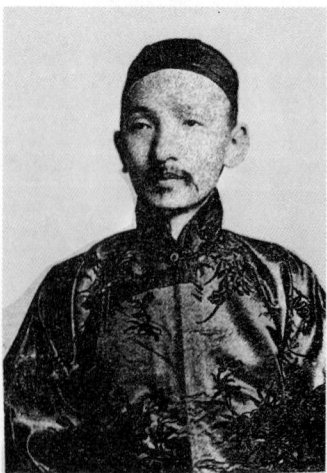

刘百闵（1899—1968）

名学逊。浙江黄岩人。曾赴日研习法律。历任中央大学、中央政治大学教授、国民党中宣部处长、国民参政员。1939年参与在四川乐山创办复兴书院,任总干事,主讲为马一浮。1949年去香港。曾参与筹建新亚书院。著有《经子肄言》、《孔门五论》。

刘师培（1884—1920）

字申叔,号左庵。江苏仪征人。早年加入光复会,改名光汉。1907年赴日本,入同盟会。创办《天义报》,宣传无政府主义。后入两江总督端方幕。1915年参加筹安会,拥护袁世凯称帝,1917年为北京大学教授。传承家学,于经学、小学,尤其是《春秋左氏传》,有精深研究,著述甚丰。有《刘申叔先生遗书》。

刘师舜（1900—1996）

字琴五。江西宜丰人。美国哥伦比亚大学哲学博士。历任清华大学教授,国民政府外交部欧洲司司长、政务次长。1949年后任台湾驻墨西哥"大使"、"外交部"顾问。晚年居美国。

刘光文（1910—1998）

浙江杭州人。清华大学毕业,留美硕士。历任广西大学、重庆大学、交通大学、复旦大学教授。1952年,在华东水利学院首创中国的水文系。毕生致力于水文学科的教学和科研工作。主编有《水文分析与计算》。

刘光旭（1875—?）

字署初。贵州修文人。清贡生。曾在龙冈创办学堂。后任《黔风报》编辑。1913年当选为参议院议员。1916年国会恢复时，仍任参议院议员。

刘光第（1859—1898）

字裴村。四川富顺人。清光绪进士。初任刑部主事。1898年参加保国会，9月任四品卿衔军机章京，参与百日维新。戊戌政变时被捕，与谭嗣同等同时遇害。为"戊戌六君子"之一。著有《介白堂诗集》、《衷圣斋文集》。

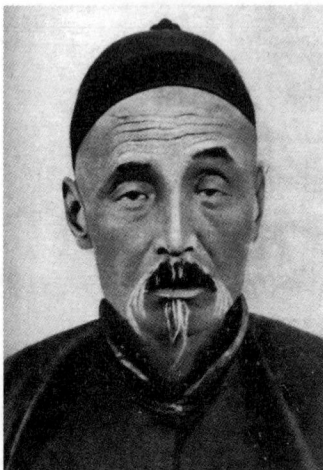

刘光蕡（1843—1903）

字焕唐，号古愚。陕西咸阳人。治学以经世实学及史地为重，提倡新学，尤重算学，认为"西人富强，以制造奇精，原本算术"。历主泾阳味经、崇实等书院，任四川、甘肃大学堂总教习。著有《烟霞草堂文集》。

刘先云（1910—2006）

湖北大冶人。武昌中华大学政经系毕业。曾任国民革命军第九十四军政治部主任、三青团中央干事、湖北省政府秘书长。1949年去台湾，任"教育部"常务次长，"考试院"秘书长。

刘廷芳（1891—1947）

字亶生。浙江永嘉人。美国哥伦比亚大学哲学博士。1920年回国后，任北京高等师范学校、北京大学教授，燕京大学神学系主任，国民政府立法院立法委员。抗战胜利后赴美就医。

刘仲容（1903—1980）

湖南益阳人。早年留学莫斯科中山大学。长期任李宗仁、白崇禧参议。抗战时期，积极从事团结抗战的民主活动。参与发起中国民主同盟（"小民革"）。解放战争时期，积极为和平奔走，为新中国的建立做出了贡献。新中国成立后，任北京外国语学院院长、民革中央副主席、全国政协常委。

刘自珍（1898—1960）

号智庵。天津人。保定军校第一期、陆军大学特别班第一期毕业。1928年任第二集团军铁甲车司令。1937年任第七十七军第一一一旅旅长。1942年任第七十七军副军长。参加过长城抗战。1948年随何基沣在贾汪起义。

刘汝贤（1870—？）

字峙东，号竹坡。河北献县人。陆军大学毕业。历任保定速成学堂教官，北京政府参谋次长、署参谋总长。1928年任国民政府参谋本部参谋次长。1931年起任国民政府军事参议院参议。1936年授少将衔。

刘汝明（1895—1975）

字子亮。河北献县人。毕业于陆军大学。曾任冯玉祥部军长、察哈尔省政府主席、第五战区副司令长官、徐州"剿匪"副总司令、京沪杭警备副总司令兼第八兵团司令官、闽粤边区剿匪总司令兼第八兵团司令官。参加过长城抗战、台儿庄战役。1949年去台湾。

刘纪文（1890—1957）

原名兆铭，字兆铭。广东东莞人。日本早稻田大学毕业。1910年加入同盟会。历任广东大本营军需处处长，国民政府南京特别市、广州市市长。当选国民党第三至六届中央执行委员。1949年去日本，后居台湾。1957年在美国洛杉矶病逝。早年与宋美龄曾有过婚约。

刘守中（1882—1941）

字允丞、允臣。陕西富平人。1909年加入同盟会。1924年任河南政务厅厅长。1933年派为国民政府监察院晋陕区监察使。曾当选国民党第二、四届中央执行委员，第三届候补监察委员。1940年退居三原，闭门著述。著有《续汉书郡国志释略补注》等。

刘寿曾（1838—1882）

学者。字恭甫、芝云。江苏仪征人。刘文淇之孙。清同治三年、光绪二年两中副榜。在父亲刘毓崧殁后，继主金陵书局。又继祖、父纂《春秋左氏传旧注疏证》，属稿至襄公四年，不幸去世。另有著作《传雅堂集》、《春秋五十凡例表》、《南史校义集平》等。

刘志丹（1903—1936）

名景桂。陕西保安（今志丹）人。1925年加入中国共产党。1926年入黄埔军校第四期，随军北伐。九一八事变后任陕甘边区红军副总指挥兼参谋长，开创陕甘边和陕北革命根据地。1935年任红二十八军长、北路军总指挥，1936年东渡黄河时遭国民党军阻击牺牲。

刘志詹（生卒年不详）

字苏佛。山西晋城人。清贡生。留学日本法政大学。曾任山西宪政研究会教员、教育总会会长、晋城医学馆馆长。1909年选为山西谘议局议员，1910年选为资政院议员。1913年当选为国会众议院议员。1922年国会恢复时，仍任众议院议员。

刘芷芬（生卒年不详）

广东梅县人。同盟会会员。为爪哇同盟会支部长。辛亥革命时赴武昌，任民军参谋。1913年当选为国会参议院议员。1917年任护法国会参议院议员。

刘芦隐（1894—1969）

江西永丰人。复旦大学毕业，留学美国加利福利亚大学。早年加入同盟会。曾任国民党美国支部总干事。回国后，任复旦大学教授。1927年后，历任国民政府立法院编译处处长、考试院副院长，国民党中央宣传部部长。1937年因杨永泰事件被捕入狱。1949年为李宗仁国策顾问。新中国成立后，为四川省文史馆馆员、全国政协委员。

刘克儁（1893—1974）
字卓吾。江西安福人。德国慕尼黑大学法学博士。历任武昌中山大学、南京中央大学法学院教授，南京国民政府立法院立法委员、司法院大法官。新中国成立后，任湖南师范学院图书馆馆长。

刘步蟾（1852—1895）
字子香。福建侯官（今福州）人。清福州船政学堂毕业，赴英国学习海军。回国后充镇北炮舰管带。1885年至德国购买定远舰，任该舰管带，擢北洋海军右翼总兵。甲午战争爆发，在黄海战役中，提督丁汝昌负伤后，代为督战。次年2月威海卫海战时，定远舰遭日军炮击，受重创，宁死不降，沉舰自尽。

刘含章（生卒年不详）
字仲缵。福建闽侯人。1929年任国民政府最高法院庭长。1939年任贵州省高等法院院长。1946年任国民政府司法院参事。

刘启文（1899—1937）
号靖远。河南淅川人。陆军大学毕业。早年入东北军。1935年任西北"剿匪"总司令部第五十七军第一一五师师长。西安事变后任第三二二旅旅长。1937年在上海与日军作战中殉国。

刘劲持（1904—1988）

浙江青田人。中央陆军军官学校毕业。抗战期间任国民革命军第七十六军第二十四师师长，参加南京守城战和武汉会战。后任国民政府国防部第五厅处长、整编第五十七师师长。1949年任第九十八军军长。同年12月在四川阆中起义。新中国成立后，曾任浙江省人民政府参事室主任。

刘坤一（1830—1902）

字岘庄。清廪生。湖南新宁人。咸丰间率团练军对抗太平军。光绪元年（1875）为两广总督。1979年调任两江总督兼南洋通商大臣。甲午战争后期为钦差大臣，督关内外诸军。1900年倡东南互保。后上"江楚三折"，主张变法。有《刘坤一遗集》。

刘其宽（1902—1981）

字保民、普润。广东信宜人。陆军大学毕业。曾任国民革命军第二师、独立第四师参谋长，第一集团军参谋处处长，第四路军总部参谋长。抗战时期，任第一五六师参谋长、师长，第三十五集团军参谋长。1950年去台湾。

刘茂恩（1898—1981）

字书霖。河南巩县（今巩义）人。保定军校毕业。早年入镇嵩军。1927年任国民革命军第二集团军第四军、第二十九军军长。抗战期间，任第十四集团军总司令，河南省政府主席。1948年任徐州"剿总"司令部政务委员。后去台湾。

刘雨民（1907— ）

字泽生，号诏仙。河南渑池人。1928年考入河南大学社会学系。后受训于中央陆军军官学校及中央训练团。曾任国民革命军第十三师副师长、第一和第八战区政工大队指导员、第十军副军长。去台湾后，任大学教授。

刘郁芬（1886—1943）

字兰江。河北清苑人。同盟会会员。保定北洋陆军武备速成学校毕业。曾任国民军第二师师长，甘肃、陕西省政府主席，国民政府军事参议院参议。1939年后任汪伪中央政治委员、汪伪政权军事委员会总参谋长。1943年病死于北平。

刘奇峰（生卒年不详）

字凌霄。山东恩县人。曾留学美国。民国时期任中山大学文科主任、考试院考选委员会委员、考试院参事。

刘尚衡（1875—? ）

字聘珊。贵州平越（今福泉）人。清副榜贡生。曾任贵州江口知县、贵州师范学校校长。1913年当选为国会众议院议员。1917年任护法国会众议院议员。1922年北京国会恢复时，仍任众议院议员。

刘国光（1923— ）

江苏南京人。西南联大经济系毕业。任中央研究院社会研究所任助理研究员。新中国成立后，派赴苏联莫斯科经济学院国民经济计划教研室当研究生，获副博士学位。回国后，历任中国科学院经济研究所所长、《经济研究》主编、国家统计局副局长、中国科学院副院长兼北京大学教授。著有《社会主义再生产问题》等。

刘国运（1907—1967）

字泰初。湖南衡阳人。中央航空学校、陆军大学毕业。曾任国民党空军第四路司令部司令、空军第三军区司令、空军总司令部副参谋长。1949年去台湾后，任"空军总司令部"参谋长、"国防部"参谋次长。

刘国钧（1899—1980）

字衡如。江苏南京人。金陵大学毕业，美国威斯康星大学哲学博士。历任金陵大学教授兼图书馆馆长、北平图书馆编纂部主任、西北图书馆馆长、兰州大学教授。新中国成立后，任北京大学图书馆学系主任。著有《中国图书分类法》、《图书馆学要旨》。

刘和珍（1904—1926）

女。江西南昌人。1918年入南昌女子师范学校学习。五四运动爆发后，率女师学生积极响应，后考入北京女子高等师范学校预科，被选为学生自治会主席，1926年3月18日在参加国民大会和游行请愿时，被段祺瑞政府自卫队枪杀。鲁迅在参加追悼会后，亲作《记念刘和珍君》一文。

刘季洪（1904—1989）

江苏丰县人。北京师范大学化学系毕业，美国华盛顿大学教育学硕士。曾任湖南大学、河南大学、西北大学校长，国民政府教育部社会教育司司长。1949年去台湾，任台湾师范学院教授、台湾正中书局董事长、政治大学校长、"考试院"院长。

刘岳厚（1892—1970）

字子奇。湖南醴陵人。湖南高等工业学校毕业。1928年任湖南公路局局长。1938年任国民党湖南省第六区行政督察专员，在衡阳创办《开明日报》，宣传抗日。1946年任"国民大会"代表。解放战争时期，为湖南和平解放做了许多工作。新中国成立后，任民革中央团结委员、湖南省政协常委。

刘金声（1895—1939）

字律初，号君恕。河北行唐人。保定军校第六期步科、陆军大学第八期毕业。1937年5月授少将衔。抗战期间任国民革命军第六十一军参谋长、军委会天水行营军训处副处长。1939年与日军激战殉国。

刘金奎（1903—？）

号锡城。湖北荆门人。黄埔军校第五期、陆军大学第十期毕业。抗战期间曾任国民革命军第五十四军第一九八师师长，驻滇西腾冲。

刘炎藩（1890—?）

字和宇。福建闽侯人。陆军大学毕业。1926年参加北伐。1927年任中央陆军军官学校教育长。1929年任国民政府训练总监部训练处处长。抗战时期任第三战区司令长官部高参。1946年退役。

刘泽荣（1892—1970）

字绍周。广东高要人。俄国圣彼得堡大学毕业。曾任旅俄华侨总会会长。1920年携眷回国，任中东铁路理事会总稽核，北平大学、西南联大教授。1940年任国民政府驻苏大使馆参赞。1945年任外交部驻新疆特派员。1949年随陶峙岳在新疆起义。新中国成立后，任外交部条约委员会法律顾问、全国政协委员。主编《俄汉大辞典》。

刘治洲（1882—1963）

字定五。陕西凤翔人。上海理化专科学堂毕业，留学日本。同盟会会员。归国后，创办三秦公学，参加了辛亥革命。1913年当选为国会众议院议员。历任北京政府农商部次长、陕西省省长、河南省建设厅厅长。1948年当选为"行宪国大"代表。新中国成立后，任民革中央团结委员、全国政协委员。

刘宝全（1869—1942）

原名毅民。河北深县（今深州）人，生于北京。幼年即从父学唱木板大鼓。曾一度改学京剧。在大鼓原有的基础上，吸收了京剧、梆子戏的唱法，并改用北京语音，形成京韵大鼓，为"刘派"京韵大鼓创始人，清末曾与"戏界大王"谭鑫培并驾齐驱，被誉为"鼓界大王"。代表曲目有《单刀会》、《古城会》、《华容道》。

刘宗宽（1904—1992）

号志弘。陕西蒲城人。早年就读西北大学。黄埔军校三期、陆军大学毕业。初入杨虎城部。抗战时期任暂编第十五师师长、陆军大学教官等。1949年任西南军政长官公署副参谋长，多次为人民解放军提供情报，并策动旧部起义。新中国成立后，任西南军区高级参议、全国政协委员、重庆市政协副主席。1993年被追认为中国共产党党员。

刘绍武（1899—1974）

字天任。广东兴宁人。陆军大学毕业。抗战时期，任第一五五师、一五九师师长。1946年任整编第六十四师副师长兼一五九旅旅长、广州警备司令。1947年2月赴山东参加内战。1949年在淮海战役中兵败后去香港。同年8月通电起义。新中国成立后，任广州市人民政府参事室副主任、市政协委员。

刘建绪（1892—1978）

字恢先。湖南醴陵人。保定陆军军官学校毕业。任北伐军第三十五军副军长兼第二师师长，后任湘赣"剿匪"第五路司令。抗战时期，任第三战区第十集团军总司令，率部参加八一三淞沪抗战。1941年任福建省政府主席。1945年当选国民党中央执行委员。1948年任总统府战略顾问。1949年在香港通电起义。1951年初又登报反共，秋赴巴西定居。

刘珍年（1898—1935）

字儒席。河北南宫人。毕业于保定军校。曾任直奉联军第十六旅旅长、国民革命军暂编第一军军长、第二十一师师长。驻军胶东，有胶东王之称。创办芝罘陆军军官学校，中原大战中保持中立。后与主鲁之韩复榘发生冲突，调至温州。1935年被蒋介石杀于南昌。

刘树杞(1890—1935)

字楚青。湖北蒲圻人。美国哥伦比亚大学化工博士。历任民初财政部参议、厦门大学教务主任、湖北教育厅长、武汉大学筹委会主任、中央大学化学系主任兼理学院院长、北京大学理学院院长。有《刘楚青博士专门论著汇刊》。

刘奎官(1894—1965)

艺名小奎官。山东历城（今济南）人，生于河南开封。从小学唱京戏，8岁登台演出，工红生、武净、架子花脸。曾一度入伍，后专事演出。新中国成立后，任云南省京剧院院长、云南剧协副主席。主演的代表剧目为《通天犀》。

刘显世(1870—1927)

字如周，号经硕。贵州兴义人。清末任清军管带，曾参加镇压广西会党起义。辛亥革命后，曾拥戴袁世凯称帝，旋即反袁，宣布贵州独立并自任总督、督军兼省长。后参加护法运动，任川滇黔三省护国联军副总司令。不久又与北洋直系军阀言和。后因军阀派系之争引退。

刘映奎(1864—1935)

字幼苏。福建宁化人。清举人。曾任法部主事、京师高等审判厅推事。辛亥革命后，被选为福建省议会副议长。1913年当选为国会参议院议员。1922年国会恢复时，仍任参议院议员。曾在北京朝阳、中国等大学中文系任教授。

刘星楠（1882—?）

字云平。山东清平（今分属临清和高唐）人。北京法政大学肄业。1913年当选为国会参议院议员。1922年国会恢复时，仍任参议院议员。

刘昭一（1868—?）

字晓峰。山东章丘人。山东省师范学校毕业。历任高等中学、师范学校教员。1913年当选为国会众议院议员。1917年任护法国会众议院议员。1922年北京国会恢复时，仍任众议院议员。1927年被张宗昌委任为山东自治筹备处处长。1930年退出政坛。

刘峥嵘（1884—1946）

原名芳，字剑鸣。湖北应山（今广水）人。毕业于保定陆军学堂、陆军大学。曾任国民党第三方面军参议、太原绥靖公署参议、粤汉铁路运输司令部总务处处长。

刘复基（1883—1911）

又名汝夔，字尧徵，湖南常德人。洪江起义失败后流亡日本，加入同盟会。回国后赴上海创《竞业旬报》，后至武汉主办《商务报》，宣传革命思想。1909年入湖北新军，任振武文学社评议部长。武昌起义前被捕牺牲。为武昌首义三烈士之一。

刘保罗（1907—1941）

原名艸，字奇声。湖南长沙人。就读于长沙师范。1929年参加上海艺术剧社，在《西线无战事》剧饰演"保罗"。后任中国左翼戏剧家联盟党团书记、华中鲁迅艺术学院戏剧系主任。1941年在演出中意外身亡。

刘祖尧（1884—？）

字子钦。山西省长治人。山西法政专门学校毕业。曾任长治县劝学所总董兼县视学。1913年当选为众议院议员。1917年任护法国会众议院议员。1922年北京国会恢复时，仍任众议院议员。

刘祖舜（1891—1954）

字韶仿。浙江黄岩人。毕业于浙江陆军讲武堂，后入保定军校、陆军大学。曾任国民党鄂豫皖边区"剿匪"司令部参谋处处长。抗战时期，历任中央陆军军官学校办公厅主任、第一战区长官司令部参谋长兼第十四集团军副总司令。1946年后，任国防部第一厅副厅长、副官学校校长。1949年去台湾。任"国防部"高级参谋。

刘振世（1903—1967）

字生东。湖南溆浦人。毕业于中央军校、陆军大学。抗战时任湘黔芷洪绥靖公署处长、驻辰溪独立第一旅旅长。抗战后，曾任国民党整编第二十九军参谋长。1948年宜川瓦子街战役被俘。后参加人民解放军，为大西北解放作出贡献。新中国成立后，任第二十二兵团第九军二十五师师长，驻防新疆。1954年，部队整编为新疆生产建设兵团，任第七师师长。

刘振东（1897—1987）

字铎山。山东黄县（今属烟台）人。曾就读于北京大学，后留学美、英。曾任中央政治学校教务主任兼研究部主任、国民政府财政部全国财务人员训练所教育长。去台湾后，任台湾"立法院"立法委员。

刘振生（1891—1964）

字慰斋。黑龙江双城人。天津北洋师范学堂毕业。曾任黑龙江省嫩江府视学。1913年当选为国会众议院议员。历任临时参议院议员、北京政府参政院参政。抗战爆发，任日伪北平中华民国临时政府法部总务局局长、华北禁烟总局局长等。1961年被聘为北京市文史馆馆员。

刘晋三（生卒年不详）

广东人。1930年代任上海联华影片公司布景、音响师。制作影片有《新女性》（1934年）、《大路》（1934年）等。

刘桂贞（1897—2001）

女。江苏江宁人。中央大学艺术系毕业。擅长国画，师从国画大师张大千。新中国成立后，任北京市文史研究馆馆员。撰有《国画花鸟概论》、《国画花鸟集》。

刘恩格（1888—1949）

字鲤门。奉天（今辽宁）辽阳人。奉天法政学堂毕业。留学日本。曾任云南法政学校教员，奉天提法司科员。1913年任国会众议院议员。1918年任安福国会众议院副议长。1932年任伪满立法院秘书长。

刘积学（1880—1960）

字群式。河南新蔡人。日本东京法政大学毕业。同盟会会员。辛亥革命后，在上海发起组织河南北伐军。1913年当选为国会参议院议员。后任国民党中央执行委员、国民政府立法院立法委员。新中国成立后，任河南省政协副主席。

刘海粟（1896—1994）

原名槃，字季芳，号海翁。江苏武进人。1912年创办上海图画美术院（后改为上海美术专科学校），任校长。后任江苏省教育会美术研究会会长。曾在日本、欧洲多次举办个人画展。新中国成立后，任华东艺术专科学校校长、南京艺术学院院长、上海美术家协会名誉主席。有画集《黄山》、《海粟国画》等。

刘继群（1908—1940）

江苏武进人。1930年代著名的滑稽演员。1925年起先后入上海长城、联华、新华、华新等影片公司，1940年在上海病逝。主演影片有《爱神的玩偶》、《儿子英雄》、《故都春梦》、《酒色财气》、《中国三剑客》等数十部。

刘基唐（1919— ）

湖北红安人。重庆大学毕业，美国匹兹堡大学化工系硕士。1948年回国，任中国植物油料厂工程师、交通大学唐山工学院化学系副教授。新中国成立后，历任铁道部铁道研究所副研究员、铁道科研院机车车辆研究所研究室主任、铁道部科技术情报所研究员兼情报研究室主任。著有《科技情报调研工作概论》、《情报科学与情报政策》。

刘梦熊（约1857前—1905）

谱名明远，一名孟熊，字味青、渭卿，号蕙圃。江苏丹徒人。刘鹗兄。曾官候选直隶州知府。通法语，工书，精算术。

刘铭传（1836—1895）

字省三，号大潜山人。安徽合肥人。早年在乡办团练，后随李鸿章镇压太平军。自千总累擢至提督，为淮军大将，所部号"铭军"。1885年为首任台湾巡抚，强防务，办铁路、煤矿、新式学堂等，为台湾近代化建设做出贡献。有《刘壮肃公奏议》。

刘敏斋（1883—?）

浙江镇海人。1915年创办锦泰昌报关行。曾任上海大东纸业股份有限公司董事长兼总经理、协泰昌纸号主人、同兴纸行董事长、上海纸业同业公会会长。

刘鸿生（1888—1956）

浙江定海人，生于上海。上海圣约翰大学肄业。早年任开滦煤矿买办，获巨额利润。后创办鸿生火柴公司、中华工业公司、华东煤矿公司等。抗战时期曾任国民政府火柴烟草专卖局局长。抗战后，任善后救济总署执行长兼上海分署长。新中国成立后，任全国人大代表、全国政协委员、全国工商联常委、上海市工商联副主委。

刘喜奎（1894—1964）

女。河北南皮人，生于天津。8岁学习京剧，9岁登台演出，武生、老生、青衣、花旦均擅。1910年在天津与谭鑫培、杨小楼等合作，名声大震。其演出以扮相秀美著称，为"女伶三杰"。新中国成立后，在中国戏曲学校执教。

刘喜海（1793—1852）

字吉甫，号燕庭。山东诸城人。嗜金石学，善鉴赏。清嘉庆二十一年（1816）中举，授兵部员外郎，调户部郎中。后外放福建汀州知府。累擢陕西按察使、浙江布政使，终因"嗜古"而丢官。一生搜集、整理泉币4600余种，其中从未见著录者千余种，辑为《古泉苑》101卷。还著有《金石苑》、《海东金石苑》。工诗文。书法宗颜真卿。

刘揆一（1878—1950）

字霖生、亦作连生、林生，别名棣华。原籍湖南衡山，生于湘潭。留学日本。同盟会会员。曾与黄兴组织华兴会。创办天津《公民日报》。曾任北京政府工商总长、国会议员。1932年任国民党党史编纂委员会纂修。1933年被聘为国民政府行政院顾问，后解职。新中国成立后，被聘为湖南省军政委员会顾问。

刘景烈（1879—?）

字晓愚。江西赣州人。北京法律学堂毕业。曾任清江西常备中军第二营营官、陆军第九镇正执法官、资政院议员。1913年当选为众议院议员。1922年国会恢复时，仍任众议院议员。

刘道一（1884—1906）

字炳生，号锄非。原籍湖南衡山，生于湘潭。早年追随其兄刘揆一从事革命活动，参加华兴会。后留学日本，加入同盟会，任书记、干事。在长沙响应萍浏醴起义被捕，就义于长沙浏阳门外。是同盟会会员中第一位为革命流血牺牲的烈士。孙中山、黄兴等都为之撰写挽诗。

刘廉一（1909—1975）

字德焱，别号雄、荣勋。湖南长沙人。黄埔军校七期、陆军大学毕业。曾任国民革命军第五十四军参谋长、陆军总司令部第三处处长。1941年曾随五十四军远征缅甸对日军作战。抗战胜利后任第八师师长、第六十七军军长。1950年去台湾，任"国防部"第三厅厅长。

刘静庵（1875—1911）

字贞一，号敬庵，又名大雄。湖北潜江人。少时加入湖北新军。1904年入科学补习所，密谋与湖北华兴会同时起义。后加入同盟会。1906年谋划响应萍浏醴起义，被叛徒出卖，于1907年1月被捕。1911年在狱中病逝。

刘墉之（1899—1942）

号兰楷。河北行唐人。陆军大学毕业。早年加入晋军。抗战期间任第六十一军第七十二师第四三三团团长，山西青年教军官教育团团长，第四十三军七〇师师长。1942年因对阎锡山克扣军饷不满，被处死。

刘毓崧（1818—1867）

字伯山、松崖。江苏仪征人。刘文淇子。终身编书、校书。曾入曾国藩幕府，主金陵书局。继父业，纂《春秋左氏传旧注疏证》，未竟而殁。

刘震东（1893—1938）

字曦洲、曦舟。山东沂水人。东北陆军讲武堂毕业。曾任东北义勇军第五军团总指挥、察哈尔抗日同盟军第二挺进军第二十三师师长。抗战爆发后，任第五战区高级参谋。1938年在山东莒县登上城墙，指挥部队与日军作战，中弹殉国。同年3月追赠中将衔。

刘镇中（1887—1969）

字谷盦。福建闽侯人。北京大学法科法律门第一届毕业生，法国巴黎大学法学博士。初任中央大学教授，1935年任国民政府司法行政部参事，1948年任司法行政部民事司司长。1949年2月受聘为厦门大学法律系教授。旋去台湾。

刘履芬（1827—1876，一作 1879）

名又作履汾，字彦清，号泖生、沤梦。浙江江山人。清诸生。咸丰七年，捐户部主事。光绪五年，代理嘉定知县，因为民雪冤与两江总督沈葆桢不洽，愤而自杀。工骈文及词，好藏书。著有《古红槑阁遗集》、《沤梦词》。

刘盥训（1876—1954）

字孚若。山西猗氏（今临猗）人。清末拔贡生。京师大学堂毕业。授内阁中书。历任山西大学堂教务长、京师大学堂学监、清学部主事。1913年当选为众议院议员。1928年起连任四届国民政府立法院立法委员。新中国成立后，任中央文史馆馆员。

刘翼飞（1894—1968）

字一飞，号觉僧，原名辅廷。辽宁铁岭人。保定陆军军官学校毕业。曾任东北军第十师师长、东北陆军第四旅旅长、兵工厂厂长、察哈尔省政府主席、国民政府军事参议院参议等。1935年授中将衔。新中国成立后，任天津市政协委员。

刘蘅静（1902—?）

女。广东番禺人。毕业于北京女子师范大学，留学美国哥伦比亚大学。历任国民党江西省党部妇女部部长、中央党部妇女运动委员会主任委员、上海市党部执行委员、中央候补监察委员、第一至四届国民参政员、国民政府立法院立法委员。1949年去台湾。

齐白石（1863—1957）

名璜，字濒生，号白石。湖南湘潭人。20世纪十大画家之一。早年曾为木工，后学习诗文、书画、篆刻，尝以为人写照、卖画、刻印为生。57岁后定居北京。历任国立北京艺术专科学校教授、中国美术家协会主席、中国画院名誉院长。其绘画笔墨纵横雄健，造型简炼质朴，篆刻布局奇特有力。能诗文。有《齐白石作品集》。

齐如山（1875—1962）

又名宗廉。河北高阳人。青年时入北平同文馆习德、法文。先后七次赴欧美考察戏剧。辛亥革命后回国。曾为梅兰芳赴美演出做了大量的策划、组织工作。后主持北平国剧学会近二十年，并建立国剧传习所，从事戏曲教育和研究。后去台湾。著有《说戏》、《国剧概论》、《国剧艺术汇考》。

齐国楷（1909—?）

别号砥周。河北蠡县人。陆军大学毕业，少将衔。抗战期间任国民党第三十二军炮兵团团长、独立十六师师长。抗战胜利后任江苏省保安总队总队长。新中国成立后，任江苏省人民政府参事室副主任。

齐彦槐（1774—1841）

字梦树，号梅麓。安徽婺源（今属江西）人。清嘉庆进士。任金匮知县、上海运漕粮议。曾制浑天仪、中星仪及龙尾、恒升二车。工诗文，尤长骈体律赋。擅书法。有《天球浅说》、《梅麓诗文集》。

齐真如（1884—?）

字性一。河南睢阳人。毕业于河南优级师范学校。辛亥革命时，担任起义军运输队劳军队员。民国后历任小学校长，河南省立图书馆馆长、教育厅厅长、省政府委员。1946年当选"制宪国民大会"代表。

齐燮元（1879—1946）

字抚万。河北宁河（今属天津）人。清末秀才。日本陆军士官学校毕业。清末曾在北洋军第六镇任职。辛亥革命后，历任陆军第六师师长、江苏督军等职。参加直奉战争。抗战爆发后投敌，任伪临时政府议政委员会常委、汪伪中央政治及军事委员会委员。1946年以汉奸罪被处决。

齐耀珊（1865—?）

字照岩。吉林伊通人。齐耀琳之弟。清光绪进士。曾任清宜昌府知府、湖北提学使。1913年任北洋政府盐务筹备处处长。1914任约法会议议员、参政院参政。1917年为浙江省省长。1920年调山东省省长。1921年后历任内务总长、农商总长，并一度兼署教育总长等职。去职后居天津，任农商银行总裁。

齐耀琳（1863—?）

字震岩。吉林伊通人。清光绪进士。历任安徽按察使、江苏布政使、河南巡抚。辛亥革命时阻挠河南独立。民国成立后，任吉林民政长，江苏巡按使、省长。1920年退出政坛，曾任天津耀华玻璃公司总董。1949年去台湾。

齐耀瑄（1881—？）

字式轩。吉林伊通人。清附生。曾创办清伊通巡警，官至吉林省补用知府。1913年当选为众议院议员。1922年国会恢复时，仍任众议院议员。

关天培（1781—1841）

字仲因，号滋圃。江苏山阳（今淮安）人。清嘉庆间由行伍考取武生，官至广东水师提督。1839年支持林则徐禁烟，曾击退英军武装挑衅。1840年，鸦片战争时坚守虎门炮台，英勇战死。谥忠节。

关文铎（1880—？）

字振之。黑龙江绥化人。清拔贡生。曾任劝学所总董。1913年当选为众议院议员。1917年任护法国会众议院议员。

关乔昌（1801—1854）

英文名Lamgua，音译蓝阁，中文艺名啉呱。广东南海（今广州）人。师从英国画家乔治·钱纳利，擅长肖像画，是十九世纪中国重要油画家。于广州十三行同文街16号设有画店，是晚清外销画主要生产地点。作品曾在纽约、波士顿、伦敦展出。存世作品尚有油画《自画像》、《美籍船长》及《森梅尔高佛肖像》(1825)等。

关炯之（约1870—1942）
又名关炯。湖北汉阳人，祖籍湖北荆州。晚清举人。历任上海公共租界会审公廨谳员、江苏省江阴县知事、中国佛教会执委、江苏省印花税局局长、湖北印花烟酒税局局长、上海慈善团体救济会常务理事。1912年皈依佛教，为上海名流居士。1942年逝世于上海。

关素人（生卒年不详）
字崇任。广东开平人。1931年当选国民党候补中央执行委员。1935至1945年任国民政府立法院立法委员。

关麟征（1905—1980）
原名志道，字雨东。陕西户县人。黄埔军校第一期毕业。曾参加对红军的"围剿"。1933年，任国民革命军第二十五师师长，参加长城抗战。抗战爆发，任第五十二军军长、第三十二军团长、第十五集团军总司令、陆军第一方面军副总司令，参加台儿庄战役、武汉保卫战等。抗战后，任中央陆军军官学校校长、陆军总司令。1949年后居香港。

米春霖（1882—1953）
字瑞风。辽宁锦县人。奉天法政学校毕业。初入清军朱庆澜部，后随朱参加辛亥革命。曾任黑龙江都督府副官，1919年升督军署副官长。后入张作霖、张学良的东北军。1928年任北京政府财政部印刷局局长。1930年任东三省兵工厂总办。1931年代理辽宁省政府主席。参与西安事变，主张和平解决。后寓居天津。1953年任天津文史馆馆员。

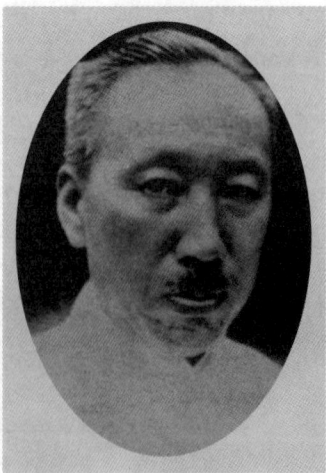

江标（1860—1899）

字建霞，号师鄦。江苏元和（今苏州）人。清光绪进士，授翰林院编修。出为湖南学政。与谭嗣同等创办湖南时务学堂、《湘学报》，倡变法维新。戊戌变法时，受命四品京堂入总署。尚未就任，新政失败，被革职禁锢于家。好为骈文，工诗词、绘画，精金石版本之学。辑有《灵鹣阁丛书》，著有《灵鹣阁诗稿》、《红蕉词》。

江浩（1880—1931）

原名文浩，字注源，号著元、竹元。直隶（今河北）玉田人。清光绪举人。日本警监学校毕业。1908年加入同盟会。1920年参加北京共产主义小组。后任中共顺直省委、两湖特委书记。1928年赴苏联参加中共六大。1931年病逝于海参崴。

江庸（1877—1960）

字翊云、逸云，号澹翁。福建长汀人。日本早稻田大学法科毕业。清廷授法政举人。历任北京政府司法部总长、修订法律馆总裁、北京政法大学和朝阳大学校长。1938年为国民参政员。抗战后，拒绝参选"国大"代表，力辞不就司法院大法官。新中国成立后，任政务院政治法律委员会委员、上海文史馆馆长、全国人大代表、全国政协委员。

江湜（1818—1866）

字持正、弢叔。江苏长洲（今苏州）人。清诸生。三与乡试，皆不第。出为幕友，辗转鲁闽苏等地。后捐得浙江候补县丞，在杭州都转盐运使营务处掌文书。又逢太平军攻至江南，家破人亡，疲于奔命。后忧愤而死。一生坎坷多舛，郁郁不得志，倾其全力作诗。其诗不用典故，以白描瘦折取胜，很为时人推重。有《伏敔堂诗录》。

江谦（1876—1942）

字易园，号阳复。安徽婺源（今属江西）人。历任通州师范学校校长、安徽省教育会会长、江苏省教育司司长、民初资政院和参议院议员、南京高等师范校长。晚年念佛讲教。著有佛学专著《绕音》等17种。

江瑔（1882，一说1888—1917）

字玉泉，号山渊。广东廉江人。清廪生。日本明治大学法科毕业。同盟会会员、南社成员。辛亥后，被选为广东临时省议会议员。1913年当选为众议院议员。1916年国会恢复时，仍任众议院议员。有感于丘逢甲抗日事迹，撰有《丘仓海传》。另著有《读子卮言》等。

江一平（1898—1971）

字颖君。浙江杭县（今杭州）人。复旦大学文学士、东吴大学法学士。以律师为业。曾任东吴大学教授、上海律师公会常委、国民参政员、"国民大会"代表、国民政府立法院立法委员。1949年在上海审判日本战犯时，被指定为冈村宁次辩护律师。后去台湾。

江天铎（1880—1940）

字竟庵、崭盦。广东花县人。日本早稻田大学毕业。历任北京政府众议院议员、农商部代理总长、内务部次长，北京民国大学校长。1927年后在北京、上海执律师业，业余研习书法。1940年曾出任华北学院院长，同年逝世。

江五民（1856—?）

名迥，字后村。浙江奉化人。文人。对诗词理论和当地诗人诗作颇有研究。著有《艮园文集》、《艮园诗钞》。编有《剡川诗钞(续编)》。尝为人纂修家谱，现得见的有《浙江宁波镇海柏墅方氏恭房支谱》、《浙江奉化计然村何氏谱》。

江中西（生卒年不详）

1930年代知名的电影演员。

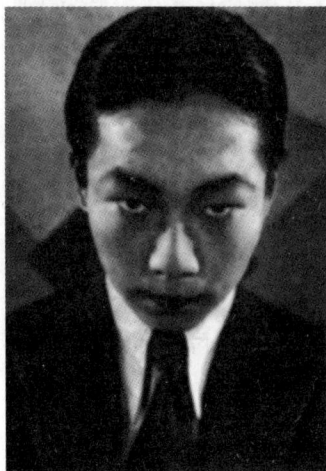

江中如（1893—?）

原名瑞锽，号钟如。湖北黄陂人。陆军大学毕业。曾任陆军大学教官。1943年任国民政府军事参议院参议。1946年退役。

江亢虎（1883—1954）

原名绍铨，号洪水、亢庐。江西弋阳人。留学日本。曾任清北洋编译局总办、《北洋官报》总撰。早年宣扬无宗教、无国家、无家庭之"三无主义"。1911年成立中国社会党。1922年在上海创办南方大学。1940年后，任汪伪国民政府委员、考试院院长。1946年以汉奸罪被判处无期徒刑。新中国成立后，继续关押在上海，1954年病死狱中。

江华本（1883—?）

字鉴源。湖北鄂城（今鄂州）人。日本东京帝国大学肄业。曾任湖北军政府外交司副司长，北京政府外交部政务司帮办，南京国民政府外交部亚州司司长、驻日使馆代办、条约委员会委员。

江泽涵（1902—1994）

安徽旌德人。南开大学毕业，哈佛大学博士。从1931至1986年在北京大学数学系任教，历任教授、系主任、理学院代理院长。1955年选聘为中科院数理学部委员。长期任中国数学学会副理事长。主要从事拓扑学临界点、不动点的研究，为中国引进拓扑学第一人。著有《拓扑学引论》、《非退化牛顿位势的临界点》、《不动点类理论》等。

江学珠（1901—1988）

女。字龙渊。浙江嘉善人。北京女子高等师范学校毕业。历任江苏省立松江女子中学、重庆女子师范学校校长。1949年去台湾，任台北市立第一女子高级中学、华兴中学校长，并被聘为国民党第十至十二届中央评议委员。

江春霖（1855—1918）

字仲默，号杏村，晚号梅阳山人。福建莆田人。清光绪进士。任御史时，连上八疏弹劾袁世凯聚党弄权，并参劾奕劻及载沣卖官纳贿，最后愤而辞官。有《江侍御奏议》、《梅阳山人诗文集》等。

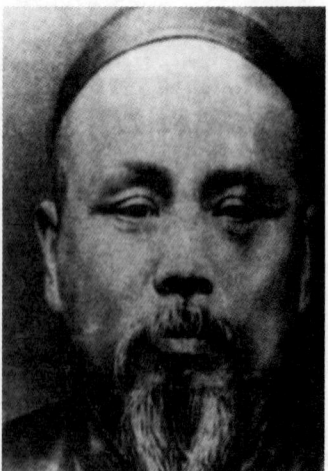

江洪杰（1878，一说1876—？）
字子因。安徽旌德人。曾任中国驻日本横滨副领事、驻日公使馆一等秘书、外交部秘书，抗战时任伪维新政府交通部长。

江康黎（1903—？）
江苏南通人。留美政治学硕士。曾执教于暨南大学和中央大学。历任国民党中央宣传委员会国际科科长兼英文《时事周报》主笔、中宣部国防宣传处主任。著有《行政学原理》。

江镇三（1891—？）
字海讽。湖南新宁人。日本明治大学毕业。曾任复旦大学教授、上海法政大学法律系主任、东方大学法学院院长。抗战爆发后投敌，任伪维新政府内政部民政司司长。著有《刑法各论》、《刑法新论》。

江朝宗（1861—1943）
行名世尧，原名雨丞，字朝宗。安徽旌德人。早年投刘铭传军，后投靠袁世凯。历任北京政府步军统领、代国务总理、京师宪兵总司令。抗战爆发后投敌，组织"北平治安维持会"，任会长。后任伪中华民国临时政府北平市长、汪伪华北政务委员会委员。

江履谦（生卒年不详）
曾任汪伪政府内政部政务次长。

江赞桑布（1874—？）
西藏拉萨人。藏族。曾任西藏忠译堪布、唐古忒学教习。1913年当选为参议院议员。1916年国会恢复时，仍任参议院议员。

池中宽（1901—1960）
原名杓兰。广东梅县人。北京陆军大学毕业，少将衔。曾任国民革命军第七十六军、第三集团军参谋长。抗战后，任第四战区长官部、第二方面军总部高参室主任。1946年退役。1949年移居香港。

汤杰（1899—1953）
湖南人。南京陆军学校毕业。1924年起，在上海大中华、天一、新时代等影片公司任演员、导演。代表影片有《火烧红莲寺》和《王先生》系列，并因出演《王先生》系列中的王先生而出名。

汤漪（1881—1942）

原名文漪，字裴予。江西泰和人。清光绪举人。曾留学日本，美国密西根大学毕业。同盟会会员。辛亥革命时，参加江西新军起义。曾任《民国报》主撰。1913年任北京国会众议院议员兼宪法起草委员会委员长，主持起草《中华民国宪法草案》。后任北京政府临时参议院副议长、国民政府行政院赈济委员会委员。

汤于翰（1913—?）

浙江人，生于上海。原交通部邮政局局长汤宝楚之子。上海震旦大学毕业，留欧医学博士。曾在欧州多个国家的医院、大学工作并研究癌症治疗。回国后先后任上海中比镭锭治疗院院长、同德医学院教授、中华医学会董事、中央医院董事。在防治癌症与心血管疾病方面有突出贡献，被选为伦敦皇家内科医学院和爱丁堡皇家内科医学院院士。1951年到香港。

汤天绣（生卒年不详）

女。原名天秀。江苏苏州人。1926年从影，入上海大中华百合（后并入联华）影片公司，1935年息影。主演影片有《清宫秘史》、《热血鸳鸯》、《王氏三姐妹》、《爱欲之争》等三十多部。

汤化龙（1874—1918）

字济武。湖北蕲水（今浠水）人。清光绪进士。曾留学日本法政大学。历任湖北谘议局议长、南京临时参议院副议长、北京政府众议院议长、段祺瑞内阁内务总长。曾与梁启超组织民主党和进步党，拥护袁世凯，对抗国民党。袁世凯称帝，又通电反袁。1918年出国考察，在加拿大维多利亚市被国民党人王昌刺杀身亡。

汤文通（1900— ）

福建晋江人。中央大学毕业，后留学美国。曾任福建省农业试验场场长，浙江英士大学、福建协和大学教授、系主任。抗战胜利后，1946年去台湾，任台湾农业试验所所长，台湾大学教授、系主任。著有《作物育种之原理与实施》。

汤玉麟（1871—1937，一作卒年为1949）

字阁臣。辽宁朝阳人。绿林出身。1912年被收编入奉天前路巡防营。曾任安国军第五方面军第十二军军长、热河都统。1928年东北易帜后，国民政府任命为热河省主席兼第三十六师师长。1933年日军侵热河时不战而逃，被国民政府明令通缉。1934年通缉令取消后，赴天津意租界居住。

汤用彤（1892—1965）

字锡予。湖北黄梅人。清华学校（今清华大学）毕业，美国哈佛大学哲学硕士。历任东南大学、南开大学、中央大学、北京大学、西南联大哲学教授，1948年当选中央研究院院士。新中国成立后，任北京大学副校长。1955年选聘为中科院哲学社会科学部委员。著有《汉魏两晋南北朝佛教史》、《印度哲学史略》。

汤尔和（1878—1940）

原名鼐，字调鼐。浙江杭州人。留学日、德。曾加入同盟会。历任北京医学专门学校校长，中华民国医药学会会长，北京政府教育、内务、财政总长。抗战爆发后投敌，任伪中华民国临时政府议政委员委员长、汪伪政权华北政务委员会常委兼教育总署督办。1940年病死于北平。

汤芗铭（1885—1975）

字铸新。湖北蕲水（今浠水）人。清光绪举人。福建船政学堂毕业。后赴法、英学习海军。回国后，任清"镜清"舰机长、"南琛"舰副舰长。辛亥革命时响应起义。后任南京临时政府海军部次长、北京政府海军部次长。抗战时一度充北平伪维持会会长，后赴重庆。1949年留居北京。晚年从事佛学研究。

汤贻汾（1778—1853）

字若仪，号雨生，晚号粥翁。江苏武进人，居金陵（今南京）。祖、父均以死效忠清廷，得袭云骑尉，曾为三江守备等地方武官。太平军攻克金陵，阖门殉清廷而死。谥贞愍。通天文、地理、琴棋书画。擅画山水，亦写墨梅、花卉，兼工行、草书和诗词。与戴熙并称"汤戴"。著有《琴隐园诗词集》、《画荃析览》。

汤晓丹（1910— ）

福建华安人。童年时侨居印度尼西亚，10岁随父回国。厦门集美专科学校肄业。1932年起，先后入上海天一和香港大观、南粤、南洋等影片公司任导演。新中国成立后，任上海电影制片厂导演、中国文联委员。导演影片有《天堂春梦》、《南征北战》、《渡江侦察记》、《红日》、《南昌起义》等。

汤恩伯（1899—1954）

原名克勤。浙江武义人。日本陆军士官学校毕业。1926年投奔蒋介石。抗战时，曾率部参加台儿庄战役、武汉保卫战等。1942年任第一战区副司令长官兼豫鲁苏皖边区总司令，驻守河南。1944年4月在豫中会战中抵抗日军不力，造成中原大溃败。后任南京卫戍总司令、京沪杭警备总司令。1949年去台湾，任"总统府"战略顾问。后死于日本。

汤逸人（1910—1978）

浙江杭州人。中央大学毕业，英国爱丁堡大学农学博士。曾任中央大学畜牧兽医系教授。1947年赴美，任联合国粮农组织畜牧专员。1950年回国，任北京农业大学畜牧系主任、中国农业科学院畜牧研究所副所长、全国畜牧兽医学会副理事长。著有《牲畜的繁殖》。

汤惠荪（1900—1966）

名锡福，字惠荪。江苏崇明（今属上海）人。日本鹿儿岛高等农业学校毕业。历任北京农业大学、浙江大学教授，云南大学农学院院长。1949年去台湾。1963年任台湾中兴大学校长。著有《台湾土地改革》。

汤增璧（1881—1948）

字公介，号郎卿，笔名曼华。江西萍乡人。清末秀才，留学日本。同盟会会员。曾任《民报》副主编，宣传革命。后为湖南第一师范学校国文教员，学生中有毛泽东、蔡和森等。一度任国民政府秘书、中央大学中国文学系教授。晚年任总统府国史馆纂修兼秘书。

汤震龙（1891—1970）

字悟庵。湖北蕲水（今浠水）人。美国康乃尔大学土木工程系毕业。历任武汉商埠公署工程处处长、湖北省工程处处长、国民政府救济水灾委员会第十六区工赈局局长。新中国成立后，任湖北省水利厅工程师。

汤澄波（1902—? ）

广东花县人。广东岭南大学毕业。曾任国民党广东省党部宣传部长。1935年任国民政府实业部天津商检局局长。1940年任汪伪工商部次长、全国经济委员会委员。

安舜（1898—1963）

号宾尧。河北保定人。回族。保定陆军军官学校毕业。曾任中央陆军军官学校第六分校第六学生总队总队长。抗战时，任国民党第一战区长官部参谋、第四十集团军参谋长。1946年任国民政府国防部中将高级参谋。1949年移居香港。

安志敏（1924—2005）

山东烟台人。1948年，北京大学史学研究部考古研究生毕业。曾任中国社会科学院考古研究所研究员、副所长，《考古》杂志主编。长期致力于田野考古工作。著有《周口店洞穴层采掘记》、《周口店山顶洞之文化》。

安绍芸（1900—1976）

河北武清人。清华大学毕业，留美经济学硕士。曾任复旦大学教授。后与人创办大成会计统计事务所，兼任国立上海商学院会计系主任。新中国成立后，任财政部会计制度局（今为会计司）局长。著有《经济学说史纲要》。

祁寯藻（1793—1866）

字叔颖、淳甫、实甫，号春圃。山西寿阳人。清嘉庆进士。官至军机大臣、体仁阁大学士。为道光、咸丰、同治"三代帝师"。儒学博大精深，精训诂。诗开近代宋诗派先声。书法更为一代宗师。著作有《马首农言》、《勤学斋笔记》、《馒欲亭集》等。

讷谟图（1878—？）

字作霖。绥远归绥（今内蒙古呼和浩特）人。北京同文馆俄文科毕业。曾任清花翎三品衔员外郎、京师审判厅推事。民国成立后，当选为参议院议员。

许沅（1873—1972）

字秋骦。江苏丹徒人。金陵大学毕业。1898年在杭州设方言学社。辛亥革命后，1912年任河南交涉局局长。1920年任特派江苏交涉员兼淞浦局局长。1923年任上海俄侨通商事务局总办。南京国民政府成立后，任外交部条约委员会委员。1931年退隐。

许珏（1843—1916）

字静山，号复庵。江苏无锡人。清光绪举人。早年入山东巡抚丁宝桢幕。曾先后随张荫桓、薛福成、杨儒等出使日本及欧、美多国，为参赞。甲午战争时以抨击朝政被迫辞职。光绪二十八年（1902），以候补道四品卿衔出任驻意大利出使大臣。辛亥革命后，隐居不出。有《复庵先生集》。

许昭（1865—1922）

字明君，号明斋。江苏常熟人。擅医，尤精于痘科。著有《世界历代名医传略》。

许复（生卒年不详）

字尚丹。江苏宜兴人。1944年任江苏省政府委员。

许增（1824—1903）

字迈孙，号益斋。浙江仁和（今杭州）人。好书画，收藏甚富，喜勘订校刻书籍。曾与谭仲修同校刻《唐文粹》，甚精核。辑有《榆园丛书》。

许梿（1787—1862）

字叔夏，号珊林。浙江海宁人。清道光进士。累官至江苏粮储道。好金石文，工书法，精通文字学。有《古均阁宝刻录》。

许士骐（1900—1993）

安徽歙县人。上海美术专科学校毕业。曾在南京晓庄师范学校、重庆育才学校、中央大学、南京师范大学任教。1946年，回歙县在老家宅基上建设行知小学，推行生活教育。新中国成立后，为上海杨浦区政协副主席。擅长花鸟和山水画。著有《人体解剖与造型美术之研究》、《晚学斋吟草》。

许之业（1900—？）

字敬甫。浙江杭州人。上海南洋商业专门学校毕业。诗人许翁斋之子。曾任北京交通银行发行部经理、永安薄荷厂董事长、大东书局常务董事、江苏省立商业学校教授、中国药业银行总经理。

许广平（1898—1968）

女。号景宋。祖籍福建，生于广东番禺。北京女子高等师范学校毕业。曾参加五四运动。1927年与鲁迅结婚。后协助鲁迅工作。在上海参加抗日救亡和爱国民主运动。1947年参与组织中国民主促进会。新中国成立后，任政务院副秘书长、全国人大和全国政协常委、全国妇联副主席、中国文联副主席、民进中央副主席。

许友超（1900—1963）

福建晋江人。早年赴菲律宾经营木业，历任木商商会会长，东方共济俱乐部总理，中华商会副会长，檀林学校总理，国难后援会暨马尼拉航空建设协会副主席、救国会主席。1932年曾任福建省政府思明市政筹备处处长。后又返回菲律宾。1963年赴美治病，11月逝世于美国。

许凤藻（1891—1953）

字伯翔。江苏无锡人。南京水师学堂毕业。早年任清海军"联鲸舰"副舰长。辛亥革命时参加起义。民国元年（1912）曾率舰护送孙中山前往武昌。后任北洋政府海军部司长，国民政府第五战区经济委员会主任、外汇管理委员会厦门办事处处长。1949年去台湾。

许文耀（1898—?）

字炳南。河北徐水人。毕业于陆军大学、中央军校。历任国民革命军营长、第五十五军第二十九师师长、第五十五军副军长、国民政府军事参议院谘议。

许世芳（1884—?）

福建闽侯人。北洋海军医学堂毕业。曾任山海关防疫委员、德州兵工厂总医官、学部名词馆医科编纂、海军医院院长。1928年任国民政府海军总司令部军医处处长。

许世英（1872—1964）

字俊人、静仁。安徽贵池人。清拔贡生。以七品京官分发刑部主事。后赴欧美考察，归国任山西提法使。民国后，历任北京政府内务总长、交通总长、内阁总理。1938年任驻日大使。1944年任全国赈灾委员会委员长。1949年移居香港，1950年去台湾，任"总统府"资政。

许世珣（1906—?）
江苏淮安人。上海大陆银行总经理许汉卿之子。北京协和医学院医学博士，后留学欧美。曾任河北省立医学院教授、国立上海医学院教授及儿科主任。后与妇科专家王逸慧合办上海协和医院。

许世瑾（1903—1988）
字诗芹。浙江绍兴人。北京医学专门学校毕业，留美公共卫生学硕士。1936起任国民政府卫生署统计主任、技正、保健处处长、视察，中央大学医学院教授，甘肃省政府卫生处处长。新中国成立后，任上海医学院教授。毕生主要从事卫生统计学的教学、研究工作。著有《医学统计方法》。

许仕廉（1901—?）
湖南湘潭人。留美哲学博士。历任武昌师范大学教师，燕京大学社会学系主任，国民政府外交部参事、实业部参事、银价委员会主席。1927年创办《社会学界》年刊。1928年主持创办清河实验区。1930年参与成立中国社会学社，任理事。抗日战争爆发前夕移居美国。著有《文化与政治》、《中国人口问题》。

许兰洲（1872—1951）
字芝田。河北南宫人。湖南陆军学堂毕业。1914年任黑龙江省陆军暂编第一师师长。1916年署黑龙江省督军。1920年任东三省巡阅使署参谋长。1927年任安国军大元帅府侍从武官长。后退出军界。1928年在天津创办河北国术馆，任馆长。

许让玄（1899—1963）

又名让贤。广东番禺人。陆军大学毕业。抗战期间任国民革命军第六十二军参谋长，先后参加湖南四次长沙会战和桂柳会战。1949年冬被人民解放军俘虏。1963年在押期间病亡。

许地山（1893—1941）

名赞堃，笔名落华生。福建龙溪人，原籍台湾台南。燕京大学毕业。后留学美国哥伦比亚大学与英国牛津大学，研究哲学与宗教史。历任燕京大学、北京大学、清华大学教授。参与发起文学研究会，同时致力于文学创作。抗战前夕去香港，任香港大学教授，并从事进步文化和宣传抗日活动。著有《空山灵雨》、《缀网劳蛛》、《中国道教史》、《国粹与国学》等。

许师慎（1907—1992）

江苏无锡人。江苏公立商业专门学校毕业。曾任国民党党史编纂委员会处长、国民政府监察院秘书兼发言人。后在总统府国史馆任职。去台湾后任教职，为台湾"国史馆"荣誉纂修。著有《兴中会革命史要》、《国父革命起缘详注》。

许延俊（1902— ）

字哲民。安徽来安人。回族。英国牛津大学农经学院毕业。历任浙江省建设厅科长、国民党中央训练委员会处长、政治大学教授。1949年去台湾，任"国民大会"代表。

许寿裳（1883—1948）

字季黻，号上遂。浙江绍兴人。早年就读于杭州求是书院，后留学日本，主编《浙江潮》。在日本与鲁迅结交，成为挚友。历任北京大学教授、江西教育厅厅长、北京女子高等师范学校校长、中山大学教授等。1946年任台湾省编译馆馆长。后任台湾大学国文系主任。1948年2月18日，于台大宿舍被害身亡。著有《章炳麟传》、《鲁迅年谱》（与周作人合作）等。

许克祥（1890—1967）

湖南湘乡人。湖南讲武堂毕业。同盟会会员。1927年任国民革命军第三十五军第三十三团团长，在长沙制造"马日事变"，屠杀共产党人和革命群众。1928年1月率部在湘南进攻参加南昌起义的部队。后任第三十七军副军长、国民政府军事参议院参议。1949年避居澳门。1953年去台湾。

许君远（1902—1962）

河北安国人。北京大学毕业。曾任天津《庸报》、北平《晨报》编辑，香港《大公报》、重庆《中央日报》副总编辑。1946年至1953年，任上海《大公报》编辑主任、资料组长。1953年后任上海四联出版社、文化出版社、新文艺出版社编辑室副主任等职。译有《老古玩店》、莎士比亚《喜剧故事选》。

许幸之（1904—1991）

江苏扬州人。1919年入上海美专学习，后留学日本东京美术学校。历任中华艺术大学西洋画科主任、上海天一影片公司美术设计、中山大学师范学院美术教授、苏州社教学院教授。新中国成立后，任上海科教电影制片厂副厂长、中央美院教授。有《许幸之画集》。

许岱云（生卒年不详）
清举人。曾授新兴县儒学。

许宝騄（1910—1970）
浙江杭州人，生于北京。清华大学毕业，英国伦敦大学理学博士。曾任西南联大、北京大学教授。1948年当选中央研究院院士。新中国成立后，任北京大学教授、全国政协委员。1955年当选中国科学院数学物理学化学部委员。是中国早期从事数理统计学和概率论研究的杰出学者。

许建屏（1889—?）
字鉴平。浙江嘉兴人。清华学校毕业，美国密西根大学学士。历任《大陆报》编辑、新《申报》总理、《大公报》主笔，南京国民政府财政部总务司长，汪伪中央信托股份有限公司总经理、中央保险公司经理。

许绍棣（1900—1980）
字蓂如，笔名绍棣、棣。浙江临海人。复旦大学商科毕业。历任国民党浙江省党部宣传部长、浙江省政府教育厅长、杭州《东南日报》社社长。1948年当选国民政府立法院立法委员。1949年去台湾。

许显时（1896—1986）

福建闽清人。北伐中任福建自治军第六路军参谋长、福建省建设厅长。1932年任甘肃省政府委员兼建设厅厅长。抗战中任第八战区司令部中将高级参谋兼经济作战处处长、军事工程处处长。抗战胜利后，任福建省银行总经理。新中国成立后，任福州市政协副主席、福建省政协副主席、民革福建省主委。

许炳堃（1882—1965）

字缄甫。浙江德清人。日本东京高等工业学校机织科毕业。清廷授工科举人，为内阁中书。1910年任浙江省立中等工业学堂监督(校长)。1912年任浙江省议会议员、浙江公立工业专门学校校长。1920年当选为浙江省教育会会长。1924年因病辞职。新中国成立后，为浙江文史馆馆员。1965年在上海逝世。

许修直（1880—1954）

原名卓然，字西溪。江苏无锡人。日本中央大学毕业。同盟会会员。曾任清江苏提法司科长、大理院推事。1924年任北京政府国务院印铸局长。1935年任国民政府内政部常务次长。抗战爆发后投敌，任伪华中维新政府行政院司法行政部部长。1945年任汪伪北平市市长。1954年在北京去世。

许浈阳（生卒年不详）

留学欧美。曾在岭南大学、广东大学任教，后任西南联大物理学系教授。1940年兼任西南联大师范学院附设学校主任。1946年任国立昆明师范学院理化系主任。

许恪士（1896—1967）

名本震，教名依纳爵。安徽歙县人。曾就读于北京高等师范大学，德国耶纳大学哲学博士。历任中央大学教授、三青团中央评议员。1947年任台湾省政府委员兼教育厅长。后任台湾大学教授。著有《中国教育思想史》。

许晓初（1904—1998）

安徽寿县人。回族。复旦大学经济学学士。初任中法制药公司襄理、总经理、董事长等。后又创设中法油脂化工公司、中法血清菌苗厂等四十余家公司，遂成颇具规模的制药及化工企业集团。曾任全国新药业与制药工业联合会会长。1948年当选"国民大会"代表。1949年去台湾。

许峭嵩（1883—?）

字唐山。广东茂名人。日本大学法律专门部毕业。回国后，应知事试，分发黔省任用。历署思南、青溪县知事。1913年当选为国会众议院议员。1917年任护法国会众议院议员。1922年北京国会恢复时，仍任众议院议员。

许高阳（1906—?）

字月朗。湖北武昌人。陆军大学毕业。曾任国民革命军第四集团军总参谋处参谋、第五战区司令长官部兵站总监参谋长、广西绥靖公署参谋处处长。1944年10月，时任国民革命军一七〇师师长，率部参加桂林保卫战。1949年任国民党联勤总部第九（华中）补给区司令。后去台湾，任"国防部"第二处处长，编写《国防年鉴》。

许涤新（1906—1988）

广东揭阳人。上海商学院经济系毕业。1933年加入中国共产党。曾任社会科学家联盟宣传部长、中共上海局文委会委员。抗战时，任武汉、重庆《新华日报》中共总支书记。后任中共上海工委会经委书记、香港工委会财委书记。新中国成立后，任中共中央统战部副部长、中国社会科学副院长、汕头大学校长。著有《中国经济的道路》等。

许朗轩（1912— ）

号永洪。湖北沔阳（今仙桃）人。美国陆军参谋大学毕业。曾任国民政府军令部第一厅第二处处长、国防部第三厅副厅长、青年军第二〇八师师长。去台湾后，任第七十五军、第九军军长，"国防部史政局"局长。

许雪秋（1875—1912）

亦作雪湫，原名有若。广东海阳（今潮安）人。1906年加入同盟会，被委任中华国民军东江都督。1907年领导黄冈起义。1908年加入光复会。1912年被陈炯明杀害。

许崇清（1888—1969）

字志澄、芷澄。广东番禺（今广州）人。许崇灏之弟。日本东京帝国大学毕业。同盟会会员。参加辛亥革命。民国时期历任广东省教育厅长、中山大学校长、考选委员会副委员长。新中国成立后，任中山大学校长、广东省副省长、全国政协常委。一生以教育为业，三次出任中山大学校长，主长中山大学近二十年。有《许崇清教育论文集》。

许崇智（1887—1965）

字汝为。广东番禺（今广州）人。日本陆军士官学校毕业。同盟会会员。辛亥革命时参加福州起义，任前敌总指挥。1917年任大元帅府参军长。1922年任北伐军总指挥。1925年任广州国民政府军事部长、广东省政府主席。1935年任国民政府监察院副院长。1939年移居香港。抗战后曾返回广州。1946年起定居香港。1965年在香港逝世。

许崇灏（1881—1957）

字公武。广东番禺（今广州）人。许崇智堂弟。南京陆师学堂毕业。同盟会会员。辛亥革命时组织镇江新军起义，任参谋长。参与光复南京。民初任江苏都督府参谋长、南京临时卫戍司令、粤汉铁路局总理。1932年任国民政府考试院代秘书长。1942年任国民政府委员。新中国成立后，任上海市文史馆馆员、参事室参事。

许康祖（1904—1966）

浙江嘉兴人。北京农业大学毕业，美国康奈尔大学畜牧学硕士。曾任浙江大学、西北农学院、中央大学农学院教授、国民政府农林部西北羊毛改进处处长。新中国成立后，任中国农科院西北畜牧兽医研究所研究员、河北农业大学教授。著有《畜牧概论》、《家畜图谱》、《中国的绵羊与羊毛》。

许景澄（1845—1900）

原名癸身，字竹筠。浙江嘉兴人。清同治进士。1884年（光绪十年）任清政府出使法德意荷奥五国大臣，兼摄比国使务。1890年任出使俄德奥荷四国大臣。1898年任总理衙门大臣兼工部左侍郎。1900年力主镇压义和团，反对围攻外国使馆，被慈禧太后处死。有《许文肃公遗稿》、《许文肃公外集》、《出使函稿》。

许赓梅（1879—1952）
字雪平。广东翁源人。清末拔贡生。同盟会会员。创办翁源县立中学，并任校长。历任广东省议会议员、广东省政府参事、1948年第一届"国民大会"代表。

许锡安（生卒年不详）
福建晋江人。燕京大学毕业。1920年，接任泉州培元中学校长（1940年辞去）。1956年，在台湾彰化创办私立彰化培元中学，任校长。

许靖华（1929— ）
江苏扬州人，后加入美国和瑞士籍。毕业于中央大学，1953年在美国获博士学位。曾任纽约州立大学副教授、苏黎士高级工学院地质研究所所长、国际沉积学会主席、国际海洋地质学会主席、美国国家科学院院士。主要从事海洋地质、沉积学和大地构造研究。著有《陆上和海底的远洋沉积》、《古海荒漠》等。

许福呎（1883—？）
字汉卿。江苏盐城人，生于山东。曾任清刑部主事、济南大清银行稽核委员、天津造币厂总收支。民国后任南京造币厂事务长、大通中国银行经理、南京中国银行行长、天津大陆银行总经理（后总行迁至上海）。

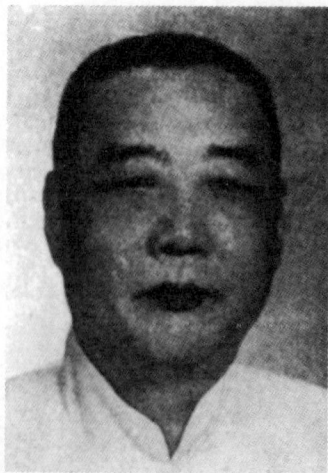

许静芝（1895—1984）

谱名毓钟，又名育中。浙江嘉兴人。
浙江陆军测量学校毕业。曾任国民
革命军总司令部秘书，国民政府文
官处秘书、文书局局长，总统府副
秘书长。去台湾后，仍任"总统府"
副秘书长。

许炟祥（1841—?）

原名诵禾，字子颂，晚号狷叟。
浙江海宁人。清光绪举人。曾任
官吏。有文名。著有《海宁乡贤
录》、《狷叟诗录》等。

那桐（1856—1925）

叶赫那拉氏，字琴轩。清满洲镶黄
旗人。满族。光绪举人。1900年任
总理各国事务衙门大臣。八国联
军入侵北京，充留京办事大臣，随
奕劻、李鸿章与联军议和。1903年
任外务部会办大臣。1909年为军机
大臣。1911年任内阁协理大臣、弼
德院顾问大臣。清帝退位后，迁居
天津。

阮式（1889—1911）

字梦桃，号翰轩。江苏山阳（今
淮安）人。同盟会会员、南社成
员。武昌起义后在山阳组成学
生队，后改为巡逻队，任队长。
遭知县姚荣泽暗算遇害。孙中
山、陈其美题有挽联。有《阮烈
士遗集》。

阮玲玉（1910—1935）

女。原名凤根，学名玉英。广东香山（今中山）人。1926年入上海明星影片公司为演员，后转入大中华、联华影片公司。1935年遗言"人言可畏"自杀。一生拍摄影片29部。代表作有《故都春梦》、《野草闲花》、《三个摩登女性》、《小玩意》。

阮啸仙（1897—1935）

名熙朝，字瑞宗。广东河源人。1921年加入广州共产主义小组。后任中共广东区委农委书记。曾参与筹备社会主义青年团。1924年任国民党中央农民部组织干事。1925年任第三届农民讲习所所长。1931年任中共中央北方局组织部长，旋当选中华苏维埃中央执行委员。红军主力长征后，留在赣南，任中共赣南省委书记兼军区政委。1935年牺牲。

孙武（1879—1939）

原名葆仁，字尧卿，号梦飞。湖北夏口（今武汉）人。武昌武备学堂毕业。后留学日本习军事。1907年参与组织共进会，为军务部长。1910年加入同盟会。1911年为武汉共进会、文学社主席，准备起义。后因发生事故，未能参加起义。武昌起义后，任湖北军政府军务部长。1915年任参政院参政。1926年后隐退，寄寓京沪间。

孙岳（1878—1928）

字禹行。河北高阳人。陆军大学毕业。同盟会会员。辛亥革命时，参与谋划滦州起义。1913年二次革命时，任黄兴部北伐第一军司令。1918年入曹锟部任职。1924年参与发动北京政变。后任国民军副总司令、直隶军务督办。

孙显（生卒年不详）
字勖三。江苏无锡人。清咸丰诸生。工书画，喜用枯笔，擅山水。有《妙香室遗稿》。

孙钟（1889—？）
字震东。河南祥符（今开封）人。日本中央大学经济科毕业。1910年授举人，任财政部主事。1913年当选为国会众议院议员。后任《神州日报》社社长。1917年任护法国会众议院议员。1922年北京国会恢复时，仍任众议院议员。

孙眉（1854—1915）
原名德彰，字寿屏。广东香山（今中山）人。孙中山长兄。经商致富，倾力支持孙中山革命活动。参加兴中会，响应武昌起义。晚年移居澳门。

孙科（1891—1973）
字哲生。广东香山（今中山）人。孙中山之子。美国哥伦比亚大学硕士。曾任武汉国民政府常委、广东代省长、交通部长、国民党中央常务委员。1927年起任南京国民政府委员、财政部长、行政院长、立法院长、国民政府副主席。1949年辞职，赴法国、美国。1964年到台湾，任"总统府"资政、"考试院"院长。

孙犁（1913—2002）

原名树勋。河北安平人。抗战时期，主要在共产党领导的冀中区从事革命文化工作。1944年赴延安，在鲁迅艺术文学院学习和工作，并从事党报文艺副刊编辑工作。发表了著名的《荷花淀》、《芦花荡》等短篇小说。新中国成立后，主编《天津日报》副刊《文艺周刊》，任天津作协副主席、中国作协名誉副主席。有《孙犁全集》。

孙敏（1905—1950）

原名孙锡康。江苏无锡人。1926年从影。先后入神州、大中华、天一、明星、艺华、中联等影业公司。主演了《难为了妹妹》、《杨乃武与小白菜》、《夜来香》、《玉蜻蜓》、《雾夜血案》等六十多部影片。

孙瑜（1900—1990）

原名成玙。四川自贡人。清华大学文学系毕业。留学美国，学习戏剧和电影编导、摄影。1928年起，入上海长城、联华影片公司和中国电影制片厂任编导。新中国建立后，任上海电影制片厂导演、中国文联委员、上海影协副主席。代表影片有《故都春梦》、《大路》、《长空万里》、《武训传》等。

孙楚（1890—1962）

字萃崖、萃岩。山西解县（今运城）人。保定陆军军官学校毕业。入阎锡山部，曾任第一〇一师师长兼西北"剿匪"总司令部第三防守区司令。抗战时，任第六集团军总司令。抗战后，任第八集团军总司令、太原绥靖公署副主任、第十五兵团司令。1949年在太原战役中被人民解放军俘虏。1961年获特赦。

孙萧（1910—2007）

字调之。江苏南京人。中央大学毕业。历任中央大学讲师、重庆大学副教授、浙江大学教授。新中国成立后，任南京大学教授、中国地质学会岩石学专业委员会副主任。主要从事我国火成岩石学研究，对华南花岗岩研究作出杰出贡献。著有《普通地质学》、《工程地质学》、《火成岩石学》等。

孙震（1891—1985）

原名定懋，字德操。四川潼川人。保定军校第一期毕业。1906年加入同盟会。先后参加讨袁护国和北伐战争。抗战时期，随刘湘出川抗战，任第二十二集团军总司令。参加过娘子关、台儿庄等战役。抗战后，任第五绥靖区司令长官。参加淮海战役，溃败。1949年去台湾，任"总统府"战略顾问。

孙乃祥（1876—?）

字瑞亟。奉天（今辽宁）沈阳人。清优贡生。曾任咨议局议事课课员、省议会秘书长。1913年当选为国会参议院议员。1917年任护法国会参议院议员。1922年北京国会恢复时，仍为参议院议员。

孙元良（1904—2007）

四川华阳（今成都）人。黄埔军校第一期毕业。曾参加"一二·八"和"八·一三"上海抗战。历任国民革命第二五九旅旅长、第八十八师师长、第七十二军军长、第二十八集团军副总司令。抗战后，任重庆警备副司令、第十六兵团司令、徐州"剿总"前线指挥部副主任。参加淮海战役，兵败。1949年去台湾。

孙正宇（1872—？）

字调元。河南开封人。河南高等警察学校毕业。1913年当选为国会众议院议员。1922年国会恢复时，仍任众议院议员。

孙世杰（1872—？）

字俊之。贵州铜仁人。清优贡生。留学日本。历任贵州省公立中学堂教务长、开封官立法政学堂监学、北京政府教育部主事。1913年当选为国会众议院议员。1922年国会恢复时，仍任国会众议院议员。

孙本文（1892—1979）

原名彬甫，别名时哲。江苏吴江人。北京大学哲学系毕业，美国纽约大学研究院社会学博士。历任复旦大学教授，中央大学教授、系主任、教务长，中国社会学社理事长，国民政府教育部高等教育司司长。新中国成立后，任南京大学教授。著有《社会学原理》、《社会心理学》。

孙立人（1900—1990）

字仲能。安徽舒城人。美国弗吉尼亚军事学院毕业。1942年任国民革命军新编第三十八师师长，作为中国远征军入缅对日作战，取得仁安羌大捷。升任新一军军长。解放战争时期，率新一军在东北与共产党部队作战。后任东北保安副司令、陆军副总司令兼陆军训练司令官。1947年11月将陆军训练部迁到台湾。1949年去台湾，任"陆军总司令"。

孙立己（1903—？）

江苏无锡人，生于上海。唐山大学校长孙鸿哲之子。唐山大学土木工程科学士，留学美国。曾任美国纽约城业建筑师、盐业金城中南大陆四行信托部沪部襄理、上海国际大饭店总经理。

孙兰峰（1896—1987）

字畹九。山东滕县人。黄埔军校毕业。1928年任傅作义部团长。1939年袭击包头日军，升国民革命军新编第三十一师师长。次年任新编第三军军长。1948年代察哈尔省政府主席。1949年参加绥远和平起义。新中国成立后，任内蒙古自治区人民政府副主席。

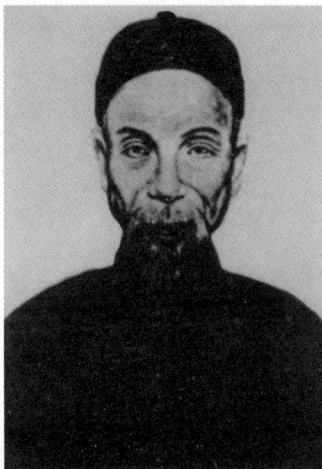

孙达成（1813—1888）

孙中山父。广东香山（今中山）人。农民。

孙传芳（1885—1935）

字馨远。山东历城（今济南）人。北洋直系军阀。北洋陆军速成学堂、日本陆军士官学校毕业。清步兵科举人。曾任福建督军、浙闽巡阅使兼浙江督军、闽浙苏皖赣五省联军总司令。是直系军阀中最有实力的首领。1927年兵败后，皈依佛门。1935年被刺身亡。

孙伏园（1894—1966）

原名福源，字养泉。浙江绍兴人。北京大学文科毕业。1920年参与发起文学研究会。曾在厦门大学、中山大学、齐鲁大学、四川大学执教。先后主编《晨报》、《京报》、《中央日报》、《新民报》之副刊，人称"副刊大王"。新中国成立后，任政务院出版总署版本图书馆馆长。著有《伏园游记》、《鲁迅二三事》等。

孙多慈（1913—1975）

女。字韵君。安徽寿县人。曾入中央大学艺术系，师从徐悲鸿学画。抗战时期避地浙南，任联中、联高美术教师。1949年随丈夫许绍棣到台湾，任台湾师范大学艺术学院教授，后任院长。画风写实、稳健。代表画作有《玄武湖春晓》。

孙衣言（1814—1894）

字邵闻，号琴西。浙江瑞安人。清道光进士，授翰林院编修。光绪时官至太仆寺卿。一生致力搜辑乡邦文献，筑玉海楼藏书。刻有《永嘉丛书》。

孙连仲（1892—1990）

字仿鲁。河北雄县人。原为冯玉祥部将领。北伐时任国民革命军东路第二军司令官。后任青海省政府、甘肃省政府主席。抗战时期曾任第二集团军总司令，第六、十一战区司令长官，河北省政府主席。参加指挥娘子关、台儿庄战役。抗战后任保定绥靖公署主任、南京卫戍司令、总统府参军长。1949年3月去台湾，后任"总统府国策顾问"。

孙冶方（1908—1983）

原名薛萼果。江苏无锡人。1924年加入中国共产党。1925年赴苏联莫斯科中山大学学习。回国后，在上海从事革命活动。后任中共江苏省文化工作委员会书记。新中国成立后，任国家统计局副局长、中国科学院经济研究所所长。长期从事社会主义经济理论研究。著有《中国社会性质的若干理论问题》、《社会主义经济的若干理论问题》。

孙诒让（1848—1908）

字仲容，号籀庼，学者称籀公。浙江瑞安人。清同治举人。官刑部主事，旋归。治经学、文字学。家富藏书。致力地方教育，提倡女子入学。创办算学书院、瑞安方言馆、瑞平化学学堂、德象女子学堂，创筹温州府学堂。在经、子训诂上，代表作是《周礼正义》、《墨子间诂》。

孙尚清（1930—1996）

经济学家。吉林洮南人。中国人民大学经济学研究生班毕业。历任中国科学院经济研究所副所长、《经济研究》副主编、国务院经济技术社会发展研究中心副总干事。著有《经济与管理》。

孙宝琦（1867—1931）

字慕韩。浙江杭州人。以父荫任清户部主事（父孙怡经曾为光绪帝师），改任候补直隶道员。后任清驻法、德公使，山东巡抚。辛亥革命后，任北京政府外交总长、财政总长、国务总理、驻苏特命全权大使。1927年退出政坛。1931年病逝于上海。

孙荣元（生卒年不详）

字公远。江苏盐城人。南京中央大学法学院毕业。民国年间著有《新疆问题与英俄帝国主义》。

孙洪伊（1870—1936）

字伯兰。直隶天津（今天津市）人。早年为袁世凯幕僚。民国后，先后成立共和统一党、民主党、进步党等。是进步党党魁。热心宪政，反对袁世凯复辟帝制。曾任联合内阁教育总长、内务总长。后参加护法运动。1920年任广州军政府顾问。1936年病逝于上海。

孙洪芬（1889—1953）

名洛。安徽黟县人。清末秀才。美国宾州大学化工硕士。历任东南大学理科主任兼化学教授、中央大学理学院院长、中华化学工业会总干事兼大同大学教授。1952年去台湾，任台南省立工学院教授兼教务主任。

孙桐萱（1895—1978）

字荫亭。河北交河（今属泊头市）人。原为冯玉祥部将领。1930年任第十二军军长，参加中原大战。抗战时期任第三集团军总司令，率部参加台儿庄战役。1943年在重庆被蒋介石监禁。后居北京。

孙逢吉（生卒年不详）

浙江杭州人。1926年毕业于南京高等师范学校。曾赴美国研究棉作。历任中央大学植棉训练班主任，浙江大学、云南大学教授。1947年任台湾糖业实验所农艺系主任。1982年移居美国。著有《棉作学》。

孙润宇（1879—1960）

字子涵，江苏吴县人。北洋大学毕业，后留学日本法政大学。清末法政举人。北洋政府时期，曾任高等警察学校校长、众议员、国务院秘书长。抗战时，参加伪天津治安维持会，任伪天津市政府秘书长，伪河北省公署总务厅厅长、秘书长，华北矾土矿业股份有限公司董事长。

孙家鼐（1827—1909）

字燮臣，号蛰生。安徽寿县人。清咸丰状元。光绪间毓庆宫行走，与翁同龢同为帝师。历任工、礼、吏部尚书。戊戌变法时为管学大臣，主办京师大学堂。后官至武英殿大学士，任学务大臣，充资政院总裁。卒谥文正。

孙雪泥（1888—1965）

又名鸿、杰生，字翠章，号枕流。江苏松江（今属上海）人。少年习诗画。1912年创办上海生生美术公司，出版《世界画报》等颇有影响的美术刊物。设五彩印刷工厂，专门经营文化事业。新中国成立后，历任上海画片出版社编辑部主任、上海中国画院画师、上海文史馆馆员。

孙清波（1900—1976）

字镜庵。湖南人。留美农学硕士。历任中央大学农学院教授、江苏农矿厅编撰委员、国民政府主计处统计局科长。1949年去台湾。

孙绳武（1894—1975）

字燕翼。北京人。回族。北京法政大学毕业。曾任全国电报督办、北京市政府参事、国民政府蒙藏委员会委员、中国回教救国协会常务理事。后去台湾，任"世界回教联盟"理事。

孙维世（1921—1968）

女。四川南溪人。中共早期党员、革命烈士孙炳文之女。先后就读于苏联莫斯科东方大学、国立戏剧学院。1946年回国后，在前线做宣传工作。新中国成立后，任中国青年艺术剧院导演、副院长。参与创建中央实验话剧院，任副院长、总导演。为全国政协委员、中国戏剧家协会理事。导演的剧目有《保尔·柯察金》、《西望长安》等。

孙越崎（1893—1995）

原名毓麒。浙江绍兴人。北京大学采矿系毕业，留学美国。回国后，任国防设计委员会专员兼矿室主任。1941年任甘肃油矿局总经理，建成我国第一座石油基地——玉门油矿。后任国民政府资源委员会委员长、经济部部长。1949年在香港通电起义。新中国成立后，任中央财经委员会计划局副局长、开滦煤矿总管理处副主任、煤炭工业部顾问、民革中央副主席。

孙道仁（1867—1935）

字静珊，号退庵。湖南慈利人。清荫生出身。1901年赴日考察军事，后任福建武备学堂总办。嗣任新军第十镇统制、福建提督。1911年加入同盟会。武昌起义时，福建新军在省城响应，亲至城内督战，被推为福建军政府都督。后任黎元洪总统府高等顾问。1923年告老回籍，晚年居厦门。

孙瑞璜（1900—1980）

名祖铭。江苏崇明（今属上海）人。清华学校毕业，美国哥伦比亚大学硕士。历任南开大学教授、国民政府建设委员会总稽核、新华信托储蓄银行副总经理、上海市银联会主席。新中国成立后，任中国人民银行上海市分行副行长。

孙殿英（1889—1947）

名魁元。河南永城人。行伍出身。曾任直鲁联军第十四军军长，后被收编为国民革命军第六军团第十二军军长。1928年盗掘清东陵。抗战爆发，时任新编第五军军长，在热河等地多次与日军作战。1943年投敌，任伪豫北"剿共"军总司令、伪第二十四集团军副总司令。抗战后任国民党新编第四路先遣军总指挥。1947年在汤阴被人民解放军俘虏，病死狱中。

孙蔚如（1895—1979）

陕西西安人。陕西陆军测量学校毕业。1916年加入中华革命党。原为杨虎城部将。参与西安事变，后执掌杨虎城部。任陕西省政府主席、第三十八军军长。后任第一战区副司令长官、第六战区司令长官，率部在中条山等地与日军作战。1949年拒绝去台湾。新中国成立后，任国防委员会委员、陕西省副省长、民革中央常委兼陕西省主委、全国政协委员等。

孙锵鸣（1817—1901）

字韶甫，号渠田。浙江瑞安人。清道光进士。累迁至侍读学士。罢归后主讲金陵、龙门等书院。曾劾穆彰阿为今之秦桧、严嵩。有《止庵遗书》。

孙毓筠（1872—1924）

字少侯，安徽寿县人。同盟会会员。辛亥革命时任江浙联军总部副秘书长。后为安徽省都督、约法会议议长。1915年参与发起筹安会，并任大典筹备处副处长。帝制失败后，被通辑。1918年获特赦。1924年在开封病逝。

孙增蕃（？—1988）

南京中央大学建筑系毕业。曾任李约瑟《中国科学技术史》翻译出版委员会委员。新中国成立后，在国家建筑工业部工作。曾校阅梁思成用英文写的《图像中国建筑史》的中文版（梁思成之子梁从诚翻译并注释）。

孙镜亚（1886—1954）

字靖尘。江西永丰人。上海复旦大学肄业。1917年在上海发起组织全国学生救亡会，任干事长。历任广州大元帅府参议，国民党中央执行委员、候补监察委员，国民政府立法院立法委员。1949年去台湾。

孙镜清（1884—？）

字性廉。四川江津人。京师法律学堂毕业，授副贡生，以直隶州知州分发河南省候补。1906年参与创办中国公学。1912年署商城县知事。1913年当选为国会众议院议员。1922年国会恢复时，仍任众议院议员。

孙中山母（1828—1910）

女。杨氏。广东香山（今中山）人。农民。

牟琳（1877—1950）

号贡三。贵州遵义人。清举人，后留学日本。回国后任遵义中学校、遵义师范学校校长。1909年任贵州咨议局副议长。1913年被选为国会众议院议员。1935年任贵州省政府委员。遵义解放前夕，参与成立维持会，维持遵义秩序，欢迎人民解放军入城。

纪亮（1891—？）

字子明。山西阳高人。山西大学毕业。曾任国民党中宣部干事。1931年12月，当选国民党候补中央监察委员。1936年4月，任冀察政务委员会建设委员。

纪范三（生卒年不详）
电影演员、导演。导演影片有《女侠定风珠》（1932年）、《弃爱》（1934年）等。主演影片有《南华梦》（1925年）、《猪八戒大闹流沙河》（1927年）、《王氏四侠》续集（1929年）、《满江红》（1933年）等。

寿富（1865—1900）
字伯茀，号菊客。清满洲镶蓝旗人。满族。光绪进士，选庶吉士。曾与康有为等创办知耻学会，任京师大学堂教习。后赴日本考察学校章程，归国后面见光绪帝，呼吁变法自强。八国联军攻陷北京，自缢身亡。著有《日本风土志》、《菊客文集》等。

麦孟华（1875—1915）
字孺博，号蜕庵。广东顺德人。清光绪举人。曾师从康有为，参与公车上书、创办不缠足会，协办《清议报》，参加保国会。1902年任《新民丛报》撰述，1913年任《不忍》杂志编辑。有《蜕庵诗词》。

麦柯尔（生卒年不详）
美国人。民国时期曾在中国传播近代西方教育实验理论和方法。著有《教育实验法》。

贡桑诺尔布（1871—1931）

字乐亭，号夔庵。内蒙古卓索图盟喀喇沁右旗人。清肃亲王妹夫。曾留学日本警察学校。1910年被钦选为资政院议员。1912年任北京政府蒙藏事务局总裁。1914年任蒙藏院总裁。1925年任善后会议议员、国宪起草委员。

志锐（1852—1912）

塔他拉氏，字伯愚，号公颖。清满洲镶红旗人。满族。瑾妃、珍妃堂兄。光绪进士。官礼部侍郎、乌里雅苏台参赞大臣、伊犁将军。武昌起义后为新军所杀。是清代末任伊犁将军，也是清代重要的竹枝词作家。创作的《廓轩竹枝词》百首具有重要史料和文学价值。

芮宝公（1906—1985）

别号晓缘。江苏江都人。复旦大学商科毕业。曾任中央大学、复旦大学教授。1949年去台湾，任台湾省立农学院教授。

严复（1854—1921）

名传初、宗光，字又陵、幾道。福建侯官（今福州）人。福州船政学堂毕业，后留英学习海军。曾任北洋水师学堂总教习、总办，复旦公学校长。主张学习西方，实行君主立宪。以翻译西方社会政治学说享名。译有《天演论》、《原富》等。

严恺（1912—2006）
福建闽侯人，生于天津。唐山工学院毕业，荷兰德尔夫特科技大学土木工程师学位。回国后任中央大学、上海交大教授，华东水利学院（现河海大学）院长，南京水利科学研究所所长。1955年兼任江苏省水利厅厅长，当选为中国科学院学部委员。1995年又当选为中国工程院院士。一生致力于我国大江大河的治理和海岸带的综合开发利用。

严一士（1905—1991）
字如谔。江苏吴江人。上海交通大学电机工程学院毕业。历任上海高昌庙电机制造厂、长沙中央电工器材厂第四厂工程师，金陵大学、中央大学机电系教授。新中国成立后，任南京工学院教授。

严工上（1872—1953）
祖籍安徽歙县，后移居江苏苏州。著名电影演员、作曲家。先后入上海神州、长城、明星、天一等影片公司。主演影片有《花好月圆》、《兄弟行》、《一江春水向东流》、《浮生六记》等；代表曲目有《夜来香》、《木兰从军》等。

严天骏（1868—1927）
字仲良。云南新兴（今玉溪）人。清光绪举人。日本东京弘文学院师范科毕业。1909年任清湖北长阳县知县。1913年当选为国会众议院议员。1922年国会恢复时，仍为众议院议员。

严中平（1909—1991）

江苏涟水人。清华大学经济系毕业。曾在中央研究院社会科学研究所从事研究工作。1947年赴英国进修。1950年回国。任中国社科院经济研究所研究员、副所长，中国经济史学会会长，全国政协委员。著有《中国棉纺织史稿》。

严月娴（1911—1985？）

女。祖籍安徽歙县。严工上之女。1925年起先后入上海神州、长城、华剧、明星等影片公司任演员。主演影片有《上海之夜》、《英雄与美人》、《啼笑因缘》、《春之花》、《夜明珠》等数十部。新中国成立后，在上海文史馆工作。

严良训（1790—1852）

字叔彝，号迪甫、楚桥。江苏吴县（今苏州）人。清道光进士，授翰林院编修。官江西建昌府同知、河南布政使。

严叔和（生卒年不详）

女。浙江宁波人。曾任中西女塾助教、上海银行妇女部主任。1924年，与谭惠然、张默君筹建成立上海女子商业储蓄银行，任行长。

严秉衡（生卒年不详）
1928年起先后入上海大中华百合、天一、明星、艺华等影片公司，先做演员，1931年改任摄影师。参演影片《乾隆游江南》、《古宫魔影》等；拍摄影片《丰年》、《歌场春色》、《热血忠魂》、《火烧红莲寺》等数十部。

严金清（1835—1909）
字紫卿。江苏金匮（今无锡）人。初为左宗棠幕僚，后历官温州通判、台湾淡水同知、新疆迪化知州、陕西廷榆绥道。有《严廉访遗稿》。

严独鹤（1889—1968）
名桢，字子材，笔名独鹤。浙江桐乡人。自1914年起，在上海主持《新闻报》副刊长达三十余年，主编有《快活林》、《新园林》等。又创办大经中学，任校长。新中国成立后，任上海图书馆副馆长、全国政协委员。著有《人海梦》、《独鹤小说集》。

严家炽（1885—？）
字孟凡。江苏吴县（今苏州）人。清末曾任九江知县、广州知府。民国后任粤海关监督，广东、湖南、江苏财政厅长。抗战爆发后投敌，1938年任伪华中维新政府财政部长，1940年任汪伪财政部次长。

严鹤龄（1879—1937）

字侣琴、履勤。浙江余姚人。上海圣约翰大学毕业，美国哥伦比亚大学哲学博士。曾任复旦公学学监。民国初，任浙江都督署外交司长，北洋政府国务院咨议、外交部参事。后任国立清华大学校长、国民政府驻美国公使代办、北平师范大学外国语文学教授。

劳培（1885—1911）

原名泮光，字肇明。广东开平人。幼年入天主教。1905年赴新加坡参加革命，并加入同盟会，任《晨报》记者。在广州起义时，为先锋队队员，攻打督署时牺牲。为黄花岗七十二烈士之一。

劳乃宣（1843—1921）

字季麐，号玉初、韧叟。浙江桐乡人，生于河北广平。清同治进士。1911年任江宁提学使、京师大学堂总监督兼署学部副大臣。辛亥革命后隐居授徒。张勋复辟，被任命为法部尚书。通等韵字母之学，撰《等韵一得》。主张推行拼音简字，有《宁音谱》、《吴音谱》。后制定注音字母时，多采其说。另著有《筹算浅释》等。

劳念祖（1862—?）

字敬修。广东鹤山人。广州高等商业学校毕业。早年为上海英商泰和洋行总买办。后创办（或投资）上海金陵自来水厂、中国邮船公司、先施百货公司、联保保险公司等。曾任通达企业公司、民丰造纸厂及马宝山饼干公司董事长，广东银行总经理，南洋兄弟烟草公司监察人，北京政府农商部顾问等职。参与创办上海商学会、上海总商会等。

劳冠英（1908—1977）

名方成。广西合浦人。陆军大学毕业。参加北伐战争。抗战时任第三战区暂编第三十五师师长。先后参加南浔路、马回岭、万家岭、湘北诸役。1945年起任国民政府军事委员会高参。1949年初任重建的第七十四军军长。溃败后去台湾，因"作战不力"遭拘押。后以开设杂货店维生。

劳崇光（1802—1867）

字辛阶。湖南善化人。清道光进士，选庶吉士，授编修。任山西平阳府知府、广西按察使等职。太平天国起义时，署广西巡抚，积极镇压起义。后升任两广总督、云贵总督，与冯世兴、岑毓英等平黔西苗回族起义。病殁，谥文毅。著有《常惺惺斋文稿》。

克兴额（1889—1950）

汉名包存智，字明远、指南。哲里木盟科尔沁左翼前旗（今辽宁康平）人。蒙古族。热河承德师范学校毕业。曾参加辛亥革命。历任广东国民政府参事及蒙藏委员会蒙事处处长，国民党中央宣传部《蒙藏周报》社主任。后任汪伪国民政府委员。1947年，内蒙古自治区政府成立，任自治区教育部参事。曾创办科左前旗蒙汉两等小学堂、东蒙书局。

克希克图（1889—?）

汉名恩浩，字仲养。原籍蒙古，江苏镇江驻防旗人。蒙古族。日本明治大学法科毕业。曾任黑龙江交涉局翻译科员，印铸局科员。1913年当选为众议院议员。1917年为安福国会众议院议员。1922年北京国会恢复时，仍任众议院议员。

苏青（1914—1982）

女。与张爱玲齐名的海派女作家。原名冯允庄。浙江宁波人。南京中央大学肄业。长期居上海，曾主办《天地》杂志。代表作有小说《结婚十年》、《歧途佳人》，散文集《浣锦集》、《饮食男女》。

苏星（1926—2008）

出生于内蒙古自治区敖汉旗，原籍山东莱阳。华北联合大学毕业。1948年加入中国共产党。历任中国人民大学副教授、北京市委《前线》杂志副主任、中央《红旗》杂志副总编辑、中共中央党校副校长兼《求是》杂志社总编辑。长期从事社会主义经济研究。著有《全民所有制内部的商品生产和价值规律问题》。

苏元春（约1845—1907）

字子熙。广西永安（今蒙山）人。初入湘军，与太平军作战，并参与镇压贵州苗民起义。任广西提督多年，随冯子材大胜法军。1903年以纵兵殃民、缺额扣饷被革职治罪，充军新疆。

苏甲熏（生卒年不详）

民国时期曾任中央大学农学院森林系教授。参加傅焕光等组建的森林勘察团，历时三年，走访了所有重要杉木产区。著有《松杉之生长》。

苏兆征（1885—1929）

广东香山（今中山）人。1903年赴香港，在外轮上充杂役。后任中华海员总会会长。1925年加入中国共产党。省港大罢工时，任罢工委员会委员长，领导了罢工。1926年当选为中华全国总工会委员长。后又当选为中共六届中央政治局委员。1929年在上海病逝。

苏克友（生卒年不详）

号洞之。福建人。留学美国，专修监狱学。曾任国民政府司法行政部辖第二监狱典狱长。著有《缓刑的研究》。

苏步青（1902—2003）

浙江平阳人。日本东北帝国大学理学博士。曾任浙江大学数学系主任。1948年当选中央研究院院士。新中国成立后，任复旦大学校长、全国人大常委、全国政协副主席、民盟中央副主席。1955年当选为中国科学院学部委员。主要从事微分几何学和计算几何学等方面的研究。

苏体仁（1888—？）

字象乾。山西朔县（今朔州）人。日本东京高等工业学校毕业。1932年任绥远省政府委员。抗战时投敌，任伪中华民国临时政府山西省省长、伪华北政务委员会常务委员。1949年春潜逃日本，后卒于日本。

苏秉琦（1909—1997）

河北高阳人。北平师范大学历史系毕业。曾任北平研究院史学研究所副研究员。新中国成立后，任中国社科院考古研究所研究员、北京大学考古教研室主任、文化部国家文物委员会委员。先后主持陕西泉护村、元君庙以及河南、河北等地新石器时代和商周时期主要遗址的发掘。著作有《瓦鬲之研究》、《斗鸡台沟东区墓葬》等。

苏炳文（1892—1975）

字翰章，号铁盦。奉天新民（今属辽宁）人。保定军校第一期毕业。1932年任东北民众救国军总司令。后任国民政府军事参议院参议、东北"剿总"司令部总参议。辽沈战役时曾策动第八兵团起义。新中国成立后，任全国政协委员、中央人民政府委员、黑龙江省体委主任。

苏锡文（1889—1945）

曾用名松治、有详。福建龙溪（今龙海）人。日本早稻田大学毕业。曾任福建省财政局长、广东大元帅府财政署长兼民政司长等。1937年上海沦陷后，曾任日本扶植下的上海市大道政府市长、伪上海特别市政府秘书长、汪伪上海市代理市长。1945年病逝。

苏曼殊（1884—1918）

名瑛、玄瑛，字子谷，法名博经，法号曼殊。广东香山（今中山）人，生于日本横滨。其母是日本人。南社社员。早年在日本求学，参加革命活动。回国后在惠州出家为僧。能诗擅画，通晓日文、英文、梵文等多种文字。在诗歌、小说等多种领域皆取得了成就，短暂的一生，放出了奇异的光彩。后人将其著作编成《曼殊全集》。

苏祐慈（1867—？）

字子和。广东顺德人。清附贡生。历任顺德地方自治会会长、旅京广东高等小学校校长。1913年当选为国会众议院议员。1917年任护法国会众议院议员。

杜威（1859—1952）

美国人。哲学博士。实用主义哲学的创始人之一，功能心理学的先驱。先后任明尼苏达、芝加哥、哥伦比亚大学哲学教授，美国哲学、心理学、教育协会会长。1919至1921年来华讲学，宣传"自然主义的经验论"，对中国知识界影响甚巨。著有《哲学的改造》、《经验和自然》。

杜澎（1921— 2010 ）

原名王润泉。直隶（今河北）饶阳人。北平美术专科学校肄业。学生时代即爱好戏剧，1949年参加华北革命大学文工团，任演员。1954年后任中国青年艺术剧院演员，中国曲艺家协会理事。主演剧目有《上海屋檐下》。曾参加《西望长安》演出，1956年获第一届全国话剧会演演员二等奖。

杜长明（1902—1947）

字镜如。四川浦江人。南京中央大学毕业，化学博士。先后任安徽大学、中央大学化学工程系教授。率先提出外扩散影响燃烧反应的理论。1947年因飞机失事去世。有与人合著的《科学与军事》。

杜月笙（1888—1951）

原名月生，后改名镛。上海人。青帮头目，是与黄金荣、张啸林并称的"上海三大亨"之一。1927年配合蒋介石"清共"，被聘为总司令部少将参议。后任中汇银行、中国通商银行董事长，上海市地方协会会长，上海市参议会副议长。抗战时期，据与日军合作。1948年为"国大"代表。1949年去香港。

杜凤书（1883—1911）

字玉兴。广东南海（今广州）人。同盟会会员。广州起义时攻打督署，中弹牺牲。为黄花岗七十二烈士之一。

杜亚泉（1873—1933）

原名炜孙，字秋帆，别署伧父。浙江会稽（今绍兴）人。浙江崇文书院肄业。1900年赴上海创办亚泉学馆，发行《亚泉杂志》、《交通学报》。后任《东方杂志》主编。

杜光埙（1901—1975）

字毅伯。山东聊城人。美国哥伦比亚大学公法学硕士。回国后任国立山东大学教育长、西北大学教授、国民政府监察院监察委员。1949年去台湾后，任东吴大学、政治大学教授。

杜仲陵（生卒年不详）
南京中央大学中文系毕业。曾任四川大学教授。著有《读杜卮言》。

杜聿明（1904—1981）
字光亭。陕西米脂人。毕业于黄埔军校第一期。1937年任陆军装甲兵团团长。1939年任第五军军长，率部参加桂南会战，取得昆仑关大捷。1942年任中国远征军第一路副司令长官。1948年任东北及徐州"剿总"副总司令，在淮海战役中被俘。1959年获特赦，任全国政协常委、文史专员，全国人大代表。

杜佐周（1895—1974）
字纪堂。浙江东阳人。南京中央大学毕业，哲学博士。先后任武汉大学、厦门大学、暨南大学教授，国立英士大学校长。新中国成立后，历任大夏大学、光华大学、福建师院、江苏师院教授。著译有《教育与学校行政原理》、《心理学》。

杜定友（1898—1967）
广东南海人，生于上海。菲律宾大学图书馆学学士。历任广东图书馆、复旦大学图书馆、中山大学图书馆、广东省立图书馆馆长。新中国成立后，任广东人民图书馆馆长、广东省图书馆学会会长。著有《世界图书分类法》、《图书馆学通论》。

杜建时（1906—1989）

字际平。河北武清（今属天津）人。美国加利福尼亚大学法学博士。1926年起入东北军。后任国民革命军第九战区司令长官部高参、国民政府军事委员会侍从室高参。1946年任天津市市长。1949年1月在天津向人民解放军投降。1961年获特赦，任全国政协委员、文史资料研究委员会副主任。

杜重远（1897—1943）

吉林怀德人。日本高等工业学校毕业。九一八事变后，参加东北民众抗日救国会。1934年创办《新生周刊》，任总编辑，宣传抗日。后被国民党当局以"散布文字共同诽谤罪"，判刑一年又两个月。抗战时期任国民参政员，支持国共合作。1939年任新疆学院院长，创办宣传新思想的刊物《光芒》。1943年被军阀盛世才杀害。

杜斌丞（1888—1947）

原名丕功。陕西米脂人。北京高等师范学校毕业。曾任第十七路军杨虎城部总参议、甘肃省政府秘书长。1936年参与策动西安事变。后加入中国民主政团同盟。1945年任民盟西北总支部主任委员。1947年在西安被胡宗南下令逮捕、遇害。毛泽东亲笔为他题词："为人民而死，虽死犹生。"

杜锡珪（1874—1933）

字慎臣、慎丞，号石钟居士。福建闽侯人。留学英国。曾任"江贞"驳船管带。辛亥革命时，率船参加长江舰队起义。后任北京政府海军总司令、海军总长。1926年6月至10月兼代国务总理。1931年任福建马尾海军学校校长。

巫宝三（1905—1999）
江苏句容人。哈佛大学博士。历任中国科学院经济研究所代理所长，经济思想史研究室主任，中国民主促进会中央常委。著有《农业与经济变动》、《国民所得概论》。

李达（1890—1966）
字永锡，号鹤鸣。湖南零陵（今永州）人。曾留学日本。1920年与陈独秀发起成立上海共产主义小组。1921年参加中共"一大"，被选为中央宣传主任。1923年脱党，长期任大学教授，坚持宣传马克思主义。1949年12月重新入党。后任湖南大学、武汉大学校长、中科院哲学社会科学学部委员、全国人大常委等。

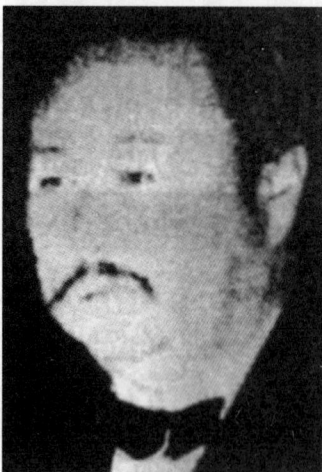

李杜（1880—1956）
字植初，原名荫培。辽宁义州（今义县）人。东北讲武堂毕业。九一八事变后，率部坚持在哈尔滨、吉林抗日。1932年任吉林省边防副司令长官。后被迫退至苏联境内，辗转到上海。1937年在上海就任东北抗日联军总司令。1945年加入中国共产党。新中国成立后，任全国政协委员、重庆市政协常委。

李纯（1875—1920）
字秀山。天津人。北洋武备学堂毕业。1907年任清第六镇第十一协协统，武昌起义后升统制。民国后，1913年署理江西都督，1915年任江西督军。1917年调江苏督军。1920年10月自杀身亡。

李英（生卒年不详）

江苏南京人。1931年入上海明星影片公司。1940年与妻子、著名演员顾兰君合组光华影片公司。主演影片有《巾帼须眉》（1931年）、《欢喜冤家》（1934年）、《黄天霸》（1940年）、《爱与罚》（1957年）、《神捕》（1979年）等数十部。

李详（1858—1931）

字审言，号后百药生、龥叟。江苏兴化人。清廪贡生。早年治经史。清末民初曾任江楚编译局、江南通志局分纂。并校刻《章氏遗书》。1923年任东南大学国文教授。1927年被聘为大学院（后改为中央研究院）特约著述员。工诗及骈文。留有《愧生丛录》、《药裹慵谈》、《学制斋诗集》等18种主要著作。

李弥（1902—1973）

字炳仁，号文卿。云南莲山（今盈江）人。黄埔军校第四期毕业。抗战时期曾参加昆仑关战役、松山战役。后任国民党第八军军长、第十三兵团司令。淮海战役中被打败，化装逃脱。旋任第十三编练司令部司令，往闽西、云南征兵。1950年1月去台湾，9月到缅甸北部组织"反共抗俄救国军"，并任"云南省政府主席"。1954年撤往台湾。

李俨（1892—1963）

原名禄骥，字乐知。福建闽侯人。1912年入学于唐山路矿学堂。1913年因家贫辍学，考入陇海铁路局，历任总段长、工务处长、副总工程师。新中国成立后，任中科院历史研究所研究员、自然科学史研究室主任，中科院哲学社会科学部学部委员。长期从事中国数学史的研究和整理工作。编撰有《中算史论丛》。

李济（1896—1979）

字济之。湖北钟祥人。清华学堂毕业，美国哈佛大学哲学博士。1924年起从事田野考古，发掘了山西夏县西阴村新石器时代遗址。后任中研院史语所考古组主任，领导并参加了安阳殷墟、章丘城子崖等考古发掘。1948年去台湾，任中研院院士、台湾大学教授、史语所所长。著有《殷墟器物甲编：陶器》等。

李觉（1898—1987）

字云波。湖南长沙人。何健女婿。保定军校毕业。先入何键部，参加北伐。后任湖南省保安司令。抗战时任国民革命军第七十军军长、第二十五集团军总司令，参加过武汉保卫战、长沙会战等。抗战后任第十四绥靖区司令官。1949年在湖南起义。历任人民解放军第二十一兵团副司令员、中南军区高级参谋，中南行政委员会参事，全国政协常委。

李珩（1898—1989）

字晓舫。四川成都人。留法博士。曾任山东大学、四川大学、华西大学教授，中央研究院天文研究所研究员。新中国成立后，任中科院上海天文台台长、《天文学报》主编。著有《造父变星统计研究》、《天文简史》、《宇宙体系论》。

李准（1871—1936）

字直绳。四川邻水人。历官清候补道员、南澳镇总兵、广东水师提督兼巡防营统领，曾为维护我国西沙、东沙群岛的主权作出过贡献。亦曾多次镇压革命起义，相继遭革命党人温生才、刘思复等谋刺（均未成）。武昌起义后以兵谏两广总督张鸣岐宣布独立。1912年任袁世凯高等军事顾问。1916年辞职，定居天津。

李晚（1873—1911）

又名晚发，字晚君。广东云浮人。曾加入中国青年会，广州起义时攻打督署，力战牺牲。为黄花岗七十二烈士之一。

李铭（1887—1966）

幼名福生，改馥荪。浙江绍兴人。日本高等商业学校毕业。历任浙江省实业银行上海分行总经理、交通银行董事、国民政府财政及最高经济委员会委员等职。1950年去香港。

李清（生卒年不详）

原名汉清。广东人，生于马来西亚。1934年起入上海明星、联华影片公司。1952年参与创办香港中联电影公司。1998年任电影《八旗子弟》制片人。主演影片有《生死同心》、《啼笑因缘》、《血溅宝山城》、《游击进行曲》等。

李鼎（1892—？）

字一秋。河北宝坻人。北京银行专门学校毕业。曾任汉口中国银行会计主任，天津保商银行经理，国民政府财政部钱币司科长、铁道部会计专员。1936年在上海开设会计事务所，自行执业。

李蒸（1895—1975）

字云亭。河北滦县人。美国哥伦比亚大学哲学博士。历任北平师范大学校长、西北师范学院院长、三青团中央副书记长、国民党中常委。1949年参加国共和谈。新中国成立后，任政务院参事、全国政协委员。

李锜（1881—?）

字莼生。湖南岳阳人。湖南省求实书院毕业。武昌起义后，与谭人凤等筹划在湘中响应。1912年任稽勋局湘调查员。1913年当选为众议院议员。1917年任护法国会众议院议员。1922年北京国会恢复时，仍任众议院议员。

李璜（1895—1991）

字幼椿，号学钝。祖籍陕西三原，生于四川成都。法国巴黎大学文科硕士。1924年创办《醒狮周报》，鼓吹国家主义。1930年任青年党代主席。抗日战争时期，任国民参政会主席团主席。1950年定居香港，任青年党主席。

李士珍（1896—1997）

字梦周。浙江宁海（今属宁波）人。杭州之江大学、日本警官学校毕业。后入黄埔军校第二期。1926年参加北伐战争。历任中央警官学校校长、三青团中央常务监察、国民党候补中央执行委员。1948年当选"国民大会"代表。1949年去台湾。任"中央警校"校长。

李士勋（生卒年不详）
南京中央大学毕业。曾留学德国。
译著有《弦裂》等多种。

李士群（1905—1943）
浙江遂昌人。上海大学毕业，苏
联东方大学肄业。早年加入中
国共产党，后叛变入中统。1938
年投靠日本人。1939年后历任汪
伪特工总部主任、警政部长、江
苏省主席，残酷迫害抗日军民。
1943年9月，在日本驻上海宪兵
司令部酒宴上被毒死。

李大钊（1889—1927）
字守常。河北乐亭人。北洋法政专
门学校毕业，后留学日本早稻田大
学。曾任北京大学教授、图书馆主
任，参与创办和编辑《新青年》、
《每周评论》。为中国共产党创始
人和早期主要领导人。1927年4月
被奉系军阀杀害。著有《守常全
集》。

李大明（1904—1961）
原名帝明。祖籍广东石歧，生于
夏威夷。从1921年起先后参与
香港《大同日报》、旧金山《中
华世界》、夏威夷《新中华日
报》的编辑工作。1944年当选
中国民主宪政党副主席。

李小缘（1897—1959）

原名国栋。江苏南京人。金陵大学毕业，美国哥伦比亚大学硕士。历任金陵大学图书馆馆长、东北大学图书馆馆长。1927年筹建金陵大学图书馆学系，任主任。这是我国最早的图书馆学系之一。新中国成立后，任南京大学图书馆馆长。毕生从事图书馆事业，著有《图书馆学》。

李及兰（1904—1957）

字治方，别号自芳。广东阳山人。毕业于黄埔军校第一期。抗战时期任国民革命军第九十四军军长、长江上游江防副总司令，率部参加枣宜、鄂西会战。1949年任广州绥靖公署副主任。同年去香港。1951年去台湾。

李广勋（1894—1984）

字叔章。江苏苏州人。1924年赴美国留学，入宾夕法尼亚大学医科，获博士学位。1927-1932年任苏州博习医院（今苏州大学附属第一医院）院长，是为该院第一位中国人担任的正式院长。1934年任苏州市防痨协会常务理事。

李之龙（1897—1928）

字在田，号赤显。湖北沔阳人。1916年考入烟台海军学校，后因响应北京五四运动等被开除。黄埔军校第一期毕业。1912年加入国民党。1921年加入中国共产党。1926年任中山舰舰长。"中山舰事件"后被逮捕，后从事秘密兵运活动。1928年8月被国民党杀害于广州红花岗。

李元信（1884—？）

广东中山人，生于澳大利亚悉尼。大学毕业。初在澳州及美国经商。后在上海与邝富灼创办中华麻疯救济会，任会长。又在上海创设联青社儿童施诊所。并任环球出版公司总经理、《环球中国名人传略》总编纂。

李木庵（1884—1959）

原名振堃，字典武（午）。湖南桂阳人。清末秀才。京师法律专学堂毕业。辛亥革命后，任广州地方检察厅检察长。1925年加入中国共产党。1940年到延安，曾任陕甘宁边区高等法院院长、检察长。参与创建西北各界救国联合会。新中国成立后，任中央人民政府司法部党组书记、副部长，最高人民法院顾问。

李公朴（1902—1946）

原名永祥。原籍江苏武进，生于淮安，后移居镇江。留学美国。1936年任全国各界救国联合会执委，被国民党逮捕，为"七君子"之一。1944年参加中国民主同盟，任中央执行委员。1946年7月在昆明被国民党特务刺杀。

李文田（1894—1951）

字灿轩。河南浚县人。保定军校毕业。初在张自忠手下任旅长。后随张自忠任察哈尔省政府副主席兼保安司令、天津市公安局副局长。抗战时期任国民革命军第三十八师师长，参加了台儿庄战役。后任第三十三集团军总司令。1947年任第三绥靖区副司令长官。1948任总统府参军。1951年病逝。

李文田（1834—1895）

字仲约，号芍农，别号畬光。广东顺德人。清咸丰九年探花。历任翰林院编修、侍读，提督江西学政，官至礼部侍郎，入值南书房。精典章舆地及辽金元史，曾为《蒙古秘史》作注。嗜金石，富藏古籍和石刻旧拓。工书法，宗北魏碑刻。

李文甫（1892—1911）

字炽。广东东莞人。同盟会会员。曾任《中国日报》经理，兼主《时事画报》笔政，宣传革命。广州起义时为前驱攻打督署，被捕就义。为黄花岗七十二烈士之一。

李文秀（1875—?）

福建晋江人。早年在马尼拉创立新合美公司，经营杂货业。历任中兴银行、中华商会董事。热心公益慈善事业，兴学、赈灾、支援革命。

李文范（1884—1953）

字君佩。广东南海人。留学日本法政大学。同盟会会员。1906年被举为粤省同盟会会长。曾任广州国民政府秘书长，南京国民政府内政部长、司法院副院长。1949年去台湾，任"总统府"资政。

李文定（1908—？）

别号尊也。河南宝丰人。陆军大学毕业。曾任国民政府军事委员会警卫师少将参谋长、国民革命军第三十二师副师长。抗战期间参加淞沪会战、豫北会战。1948年任第十九绥靖区司令部参谋长。1949年率部起义，后任南京军事学院军事教员、江苏省政协文史资料委员会副主任。

李文楷（1887—1911）

名芬。广东清远人。早年随叔父在广州经商。1909年供职于《星洲晨报》。1911年4月27日广州起义时与清军巷战，中弹牺牲。为黄花岗七十二烈士之一。

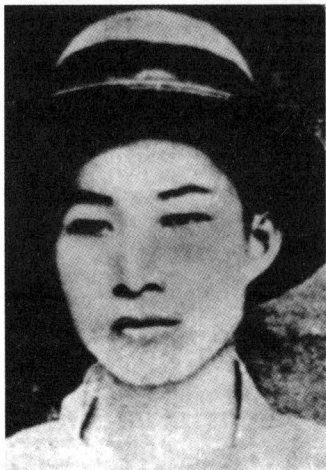

李文滨（1895—？）

福建闽侯人。曾任国民党福建省党部宣传部长。抗战爆发后投敌，任伪维新政府内政部总务司司长、汪伪内政部常务次长。

李方桂（1902—1987）

山西昔阳人。美国芝加哥大学语言学博士。回国后任中央研究院历史语言研究所研究员。1948年当选中央研究院院士。1949年赴美，历任华盛顿大学、夏威夷大学语言系教授，美国语言学会副会长。

李为纶（1886—?）

字伯玉。四川简阳人。日本明治大学政治科毕业。1913年当选为众议院议员。1935年任四川省第一区行政署督察专员、四川省政府委员兼教育厅厅长。1936年辞职。

李书华（1890—1979）

字润章。河北昌黎人。法国巴黎大学理学博士。曾任北京大学物理学教授、北平研究院副院长、故宫博物院理事会理事长、国民政府教育部部长、中央研究院总干事。1948年当选为中央研究院院士。1949年8月起先后侨居法国、德国和美国。后在美国纽约去世。

李书城（1882—1965）

字晓园、小园。湖北潜江人。清末秀才。留学日本陆军士官学校。1905年参与筹备和组织同盟会。辛亥革命时与黄兴并肩战斗。1921年前后，支持和帮助胞弟李汉俊在上海发起建立中国共产党，中共"一大"即在其家中召开。新中国成立后，任第一任农业部长、全国政协常委、全国人大常委。

李玉堂（1899—1951）

字瑶阶。山东广饶人。黄埔军校第一期毕业。曾任国民党第二十七集团军总司令、山东绥靖总司令。1949年11月任海南防卫总司令部副总司令，1950年1月兼任东路军总指挥及三十二军军长。同年4月撤往台湾。旋因夫人陈伯兰与中共地下党有联系而被捕。1951年2月在台北被枪杀。1983年山东省人民政府经批准，追认其为革命烈士。

李世璋（1901—1983）

江西进贤人。曾任黄埔军校教官。抗战时期，任国民政府最高国防委员会委员、第一战区司令长官部少将秘书长兼政训处长。因拒绝执行国民党《防止异党活动办法》被撤职。1945年参与发起三民主义同志联合会。新中国成立后，任监察部副部长、江西省副省长、民革中央副主席。

李世镜（1912—?）

号秀民。祖籍湖北天门，生于辽宁新民。黄埔军校第六期毕业。曾任国民政府军令部科长、处长，第二十五军参谋长。1948年任一〇八师师长，授少将衔。后去台湾。

李石岑（1892—1934）

原名邦藩。湖南醴陵人。日本东京高等师范学校毕业。1919年主编《民铎》。1921年主编《教育杂志》。1930年后，任中国公学、暨南大学、中山大学哲学教授。著有《西洋哲学史》。

李可染（1907—1989）

室名师牛堂。江苏徐州人。上海私立美术专门学校毕业。曾师从法国画家克罗多学油画。先后任教于徐州私立美专、重庆艺专、北平国立艺专。又师从齐白石、黄宾虹。新中国成立后，任中央美院教授、中国美协副主席。其借鉴西画的明暗处理，创山水画黑、满、重、亮的新画风。

李石曾（1881—1973）

名煜瀛。直隶高阳（今河北）人。清大学士李鸿藻之子。早年留学法国，办《新世纪》周报，加入同盟会，创建留法勤工俭学会。回国后任北京大学教授、中法大学董事长、北平大学校长、北平研究院院长、国民党中央监察委员。1949年去瑞士等国，1956年定居台湾。

李平书（1854—1927）

初名安曾，更名钟珏，别号且顽。江苏宝山（今属上海）人。清光绪贡生。清末任江南机器制造局提调、中国通商银行总董。辛亥革命后，任江苏民政司司长兼上海民政长。

李仙洲（1894—1988）

原名守瀛。山东长清人。黄埔军校第一期、陆军大学将官班甲级二期毕业。曾任国民党第二十八集团军总司令兼第九十二军军长、济南第二绥靖区副司令。1947年莱芜战役中被人民解放军俘虏。1960年获特赦，后任全国政协委员。

李仪祉（1882—1938）

原名协，字宜之。陕西蒲城人。京师大学堂毕业，后赴德国但泽尔工业大学攻读水利学。回国后参与创办我国第一所水利工程高等学府——南京河海工程专门学校，任教务长。历任陕西省水利局长、教育厅长、建设厅长，西北大学校长，黄河水利委员会委员长。1938年病逝于西安。著有《黄河之水文》。

李汉元（1897—?）

字西林。湖北南漳人。武昌文华大学毕业。曾任国民党陆军总司令外事处少将处长、天津市警察局局长。天津解放时被捕入狱。1975年获特赦，后居沈阳。

李汉丞（1868—?）

字吟秋。湖南衡山人。日本法政大学毕业。1905年参与组织中国同盟会。回国后创办衡山开知实业女子学校。后任北京政府工商部金事，并执律师业。1913年当选为参议院议员。1917年任护法国会参议院议员。

李汉俊（1890—1927）

原名书诗，又名人杰。湖北潜江人。日本东京帝国大学毕业。早年宣传新文化和马克思主义。1920年与陈独秀等发起组织上海共产主义小组，系中共一大代表，后脱党。曾任北京政府外交部秘书、武汉大学教授、湖北省教育厅长。1927年被桂系军阀杀害。

李汉魂（1896—1987）

又名汉魄、伯豪。广东吴川人。保定军校毕业。早年加入同盟会，参加北伐战争。后任广东省政府主席、国民党中央执行委员、第三战区副司令长官、总统府参军长、国民政府内政部部长。1949年后居美国。

李永声（生卒年不详）

字立三。直隶（今河北）人。1913年当选为国会众议院议员。1926年任广州国民政府监察院监察委员。

李圣五（1900—1985）

名福善，字圣五，以字行。山东泰安人。北京大学毕业，留学英国牛津大学。历任复旦大学教授、《中央日报》主编、《东方杂志》总编辑。1933年任国民政府外交部总务司司长。抗战爆发后投敌，1940年起任汪伪司法行政部长、教育部长、驻德国大使、外交部长。抗战胜利后，以汉奸罪被捕。1949年起隐居香港。

李邦贤（1899—？）

广东广州人。英华书馆毕业。上海茶商李日熙之子。其三代在沪经营茶业，并销往欧美各地。曾任永盛钱庄董事及副经理、国华保险公司董事兼经理。

李扬敬（1894—1988）

字钦甫。广东东莞人。保定军校第六期毕业。历任黄埔军校教育长、中央训练团副教育长、湖南及广东省民政厅长、国民党中央执行委员。1950年去台湾，任"国防部"中将参议、"总统府国策顾问"。

李臣典（1838—1864）

字祥云。湖南邵阳人。十八岁投湘军，从征太平军，破安庆后升参将，官至提督。

李有忱（1882—？）

字兰坡。奉天（今辽宁）新民人。奉天两级师范学校肄业。曾任新民师范中学教习监学、新民县教育会会长。1913年当选为众议院议员。1917年任护法国会众议院议员。1922年北京国会恢复时，仍任众议院议员。

李有源（1903—1955）

陕西葭县（今佳县）人。农民歌手。1942年用民歌形式唱出了《东方红》歌曲。1952年在陕西省文艺创作代表会议上获奖，被誉为"人民歌手"。

李成谋（？—1892）

字与吾。湖南芷江人。1854年入湘军水师，征战太平军，官至长江水师提督。

李先良（1904—? ）
江苏吴县人。毕业于国民党中央政治学校。曾任国民党中央宣传部、组织部干事，鲁东行署主任和青岛市市长。1949年去台湾，后赴美国纽约州立大学公共行政研究所进修，获硕士学位。1957年任政治大学教授，晚年移居加拿大多伦多。

李先闻（1902—1976）
字达聪。四川江津人，祖籍广东梅县。清华学校毕业，美国康奈尔大学遗传学博士。历任中央大学、武汉大学教授，中央研究院植物研究所研究员。1948年当选中央研究院院士。同年随中央研究院迁至台湾。1962年任"中央研究院"植物研究所所长。

李竹亭（1909—1951）
原名广荫。山西灵丘人。陆军大学毕业。曾任国民党军队第七兵团参谋长。1949年在四川德阳随第七兵团起义，后任人民解放军第一高级步兵学校战术教员。1951年自杀。

李传禧（1904—1990）
又名传玺，号受天。辽宁海城人。陆军大学毕业。曾任国民党第七绥靖区司令部少将参谋长。

李延年（1904—1974）

字吉甫，又名益寿。山东乐安（今广饶）人。黄埔军校第一期毕业。参加东征和北伐。抗战时任第三十四集团军总司令、第十一战区副司令长官，曾率部增援台儿庄会战。抗战胜利后，任徐州、福建绥靖公署副主任。1949年去台湾。

李仲公（1890—1978）

贵州贵筑（今贵阳）人。日本早稻田大学毕业。曾任国民党中央政治会议秘书长，国民政府交通部次长，贵州省民政厅长、教育厅长、财政厅长，内政部禁烟委员会主任委员。1948年当选为国民政府立法院立法委员。新中国成立后，任民革中央常委、宣传部长。

李仲辛（1912—1948）

湖南长沙人。黄埔军校毕业。曾任国民政府军令部科长，国民革命军第一八五师师长。抗战期间率部参加宜昌、鄂西、常德会战。抗战胜利后，任整编第六十六师师长兼开封城防司令。1948年在开封战役中兵败身亡。

李任仁（1886—1968）

字重毅。广西临桂人。晚清秀才。初在乡办学，与白崇禧有师生之情。后任广西省政府教育厅长、国民党西南执行部委员、国民政府立法院立法委员。抗战胜利后，发起组织中国民主促进会。新中国成立后，任广西壮族自治区副主席。

李自芳（1882—?）

字仲翔。广东台山人。京师法律学堂毕业。曾任广东高等审判厅联合庭推事。1913年当选为国会众议院议员。1917年任护法国会参议院议员。1922年北京国会恢复时，仍任参议院议员。

李兆年（1878—?）

字濬卿。福建建瓯人。清光绪优贡生。京师法政学堂毕业。历任清广东翁源县、浙江新登县知县，京师初级审判厅、地方审判厅推事。民国后，1913年当选为参议院议员。1922年国会恢复时，仍任参议院议员。

李兆洛（1769—1841）

字申耆，晚号养一老人。江苏阳湖（今常州）人。清嘉庆进士。任安徽凤台知县七年。主讲江阴暨阳书院二十年。精史学，尤嗜舆地。著有《养一斋集》、《历代地理沿革图》。

李旭旦（1911—1985）

江苏江阴人。南京中央大学毕业，英国剑桥大学理学硕士。曾任中央大学地理系教授、主任。新中国成立后，任南京师范学院地理系教授、主任，创办并主编《地理知识》。编译有《地理学思想史》、《人文地理学概说》。

李庆芳（1879—1940）

字枫圃。山西襄垣人。日本大学法科毕业。1909年回国，应留学生考试，清廷授法科举人。曾创办女子学校、法政研究会、晋阳报馆、晋阳书局。1913年当选为众议院议员。1928年任平津卫戍总司令部军法、外交、交通三处处长。抗战爆发后，回山西。曾被日军软禁四十余日，仍拒不屈从。

李守信（1892—1970）

字子忠，原名义。内蒙古卓索图盟土默特右旗（今包头）人。曾任东北军骑兵第十七旅旅长。1933年投靠日本，任伪蒙古联盟自治政府副主席、伪蒙古军总司令。抗战胜利后，任国民党第十路军总司令。1949年4月逃往台湾。旋返大陆，参与组织蒙古自治政府，失败后外逃。1950年被引渡回国受审。1964年获特赦。后任内蒙古自治区文史馆馆员。

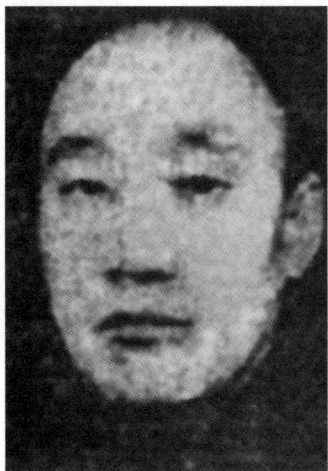

李如苍（1893—1969）

号仲孚。四川安岳人。陆军大学毕业。曾任国民革命军第二十六师参谋长、襄樊保安副司令、国民政府军政部城塞局处长、中央训练团兵役干部训练班副主任。1946退役。新中国成立后，任农工民主党中央机关研究员。

李约瑟（1900—1995）

英国人。剑桥大学生物化学博士。1943年任中英科学合作馆馆长。1945年任英国驻华大使馆科学参赞。长期致力于中国科技史研究。先后当选英国皇家学会会员、英国学术院院士、中国科学院外籍院士。著有《中国科学技术史》。

李纪堂（1873—1943）

原名柏，谱名贤仕，字纪堂，以字行。广东新会人，生于香港。1900年加入兴中会。曾以百万家财资助起义军饷。广东光复后，任军政府枢察处枢察。民国建立后，先后任交通次长、琼崖公路局局长。1941年任国民政府侨务委员会委员。1943年病逝。

李秀成（1823—1864）

原名以文，又名寿成。广西藤县人。1851年参加太平军。1859年封忠王。主要征战苏浙战场，是太平天国后期的主要将领。1964年7月天京陷落后被俘，写供状数万言，即《李秀成自述》。最终还是被曾国藩杀害。

李伯元（1867—1907）

原名宝嘉，字伯元，别署南亭亭长。江苏武进人。擅诗赋，工篆刻。屡试不第，清光绪中叶后居上海。编刊《指南报》，创办《游戏报》、《世界繁华报》，开国内小报先河。持社会改良和洋务思想，系晚清谴责小说代表作家。所撰小说常刻划宦途恶习，揭示民间陋俗，用以讽世，其中以《官场现行记》最为称著。

李伯钊（1911—1985）

女。笔名戈丽。四川重庆人。莫斯科中山大学毕业。杨尚昆夫人。曾任高尔基戏剧学校校长、华北文联副主任。新中国成立后，历任北京市委文委书记、北京人民艺术剧院院长、中国戏剧家协会副主席。作有话剧《战斗的夏天》、《母亲》、《北上》等。

李伯荆（1867—？）

字识轩。黑龙江呼兰人。1912年当选为省议会副议长。1913年当选为众议院议员。1917年任护法国会众议院议员。1922年北京国会恢复时，仍任众议院议员。

李伯颜（1894—？）

原名金璋。原籍山东，寄籍山西，后随父移居广州。广东法政专门学校法律科、陆军大学毕业。曾任广东军事政治学校上校教官，国民政府驻法国公使馆武官。抗战爆发后，任第四战区暂编第二军第八师少将副师长，第七战区高级参议。1946年退役。

李希圣（1864—1905）

字亦元，号卧公。湖南长沙人。清光绪进士。官刑部主事。光绪朝后期任京师大学堂提督。为诗专宗李商隐，多感怆国事之作。亦工骈文。著有《雁影斋诗存》。

李宏达（1903—1951）

字作述。广东五华人。陆军大学毕业。1944年任国民革命军师长，率部参加长衡会战、桂柳会战。1948年任第六十二军军长。1950年2月任海南防卫总司令高参，同年被解放军俘虏。

李君磐（生卒年不详）

电影演员、导演。1925年开始从影。主演影片有《母亲》（1925年）、《神女》（1934年）、《难姊难妹》（1935年）、《镇压反革命——警惕》（1951年）等。

李奉武（1898—?）

原名荫波。河北任丘人。陆军大学毕业。曾任国民革命军第五十一军——四师参谋长。1945年授少将衔。

李拔可（1876—1953）

名宣龚，字拔可，号墨巢，以字行。福建福州人。清举人，曾留学日本。清末任江苏候补知府、南洋劝业会审查副长。民国时任商务印书馆董事、总经理，上海水泥公司董事长，华丰搪瓷公司董事长，华东煤矿公司董事。著有《支社诗拾》。

李苦禅（1899—1983）

原名英杰，别署禅、禅父等。山东高唐人。北京国立专门艺术学校毕业。幼年习武及京戏，旋学画，先后拜徐悲鸿、齐白石为师。擅大写意花鸟画，并有新风范。历任杭州西湖艺术院、国立北平艺专中国画教授。新中国成立后，任中央美院教授、中国美协理事。

李茂之（1882—?）

广东新会人。曾任南京临时大总统府秘书。1913年当选为参议院议员。1917年任护法国会参议院议员。1918年任两广盐运使。1922年北京国会恢复时，仍任参议院议员。

李茂春（1902—?）

四川安岳人。日本陆军士官学校、陆军大学特别班毕业。1930年任军校炮兵区队长。1947年任陆军总司令郑州指挥部少将高参。1948年任第十二绥靖区参谋长。

李英才（1907—?）

号季琳。湖南湘阴人。陆军大学兵学研究院毕业。曾任陆军大学战术教官、国民政府军令部西北战地参训班少将战术教官、西安绥靖公署第十五军官总队总队附。1947年任第五兵团少将参谋长。同年12月在河南西平被俘。

李英铨（1877—?）

字镜衡。广东英德人。广东法政学堂政治科毕业。曾当选为广东省议会议员。1913年当选为众议院议员。1917年任护法国会众议院议员。1922年北京国会恢复时，仍任众议院议员。

李直士（1889—？）

福建福州人。李拔可之弟。留学日本，研究专门技术。曾任职于上海水泥厂，后创办华丰搪瓷公司，任董事兼总经理。

李述膺（1887—？）

字龙门。陕西耀县人。留学日本。辛亥革命时，随于右任进行革命活动，任《民立报》编辑。1913年任参议院议员。1924年任北京政府司法部次长。1925年参加善后会议。

李奇中（1906—1989）

又名奇忠。湖南资兴人。黄埔军校第一期毕业。1925年加入中国共产党。1927年参加南昌起义。后脱党，任国民党军副师长、第十六绥靖区副司令。新中国成立后，任全国政协文史专员、国务院参事。1986年重新加入中国共产党。

李叔同（1880—1942）

名文涛，字息霜，号叔同，以号行。浙江平湖人，生于天津。擅书画篆刻，工诗词。曾赴日本东京学西洋绘画和音乐。先后加入同盟会和南社。1913年任浙江两级师范学堂、南京高等师范学校教授。1918年赴杭州定慧寺出家为僧，法名演音，号弘一。音乐、美术、书法均名重一时。

李贤影（1910—?）

字冰愤。浙江宁波人。中央大学社会学学士。曾任中学任教和报社记者。先后创办宁波花园饭店、美华酒楼，上海新都饭店、花园酒楼、上海饮料厂，均任总经理。

李国珍（1884—?）

字硕远。江西武宁。日本早稻田大学政治经济科毕业。回国后，清廷授法科举人。曾任清政府度支部七品京官。辛亥革命后，任北京政府教育部、农商部次长。1913年当选为众议院议员。1922年国会恢复时，仍任众议院议员。

李昌熙（生卒年不详）

1930年任国民政府内政部技正。1942年任考试院考选委员会处长。

李明扬（1891—1978）

原名敏来，字师广。江苏萧县（今属安徽）人。留学德国柏林大学。1929年任国民革命军第三十一军副军长。抗战时，任苏鲁战区副总司令、第十战区副司令长官，率部参加台儿庄战役。1949年率部起义。新中国成立后，任江苏省农林厅长、江苏省政协副主席。

李迪云（1895－？）

浙江嘉兴人，生于上海。圣约翰大学毕业、美国康乃尔大学物理学硕士。曾任圣约翰大学物理科教授兼主任、华安合群保寿公司营业部主任、远东影院公司总经理、大华大戏院经营人。

李迪俊（1901—？）

字涤镜。湖北黄梅人。美国威斯康辛大学政治学博士。历任美国哈佛大学研究员、南京中央大学教授。1930年起任国民政府外交部科长、帮办、秘书、情报司司长。1939年任驻古巴大使。1947年任驻土耳其大使。

李服膺（1896—1937）

字慕颜。山西崞县人。保定军校毕业。1918年入山西学兵团。1926年任陆军第十四师师长。1928年升第三集团军第七军军长。次年任北平警备司令。1937年任陆军第六十一军军长，临战逃脱，被阎锡山正法。

李学清（1892—1977）

字宇洁。江苏吴县人。早年考入地质调查所学习地质学。1916年任北京地质调查所技士。1922年入美密西根大学学习岩石学与矿物学，获硕士学位。回国后任两广地质调查所技正兼中山大学地质系教授、中央大学理学院院长。新中国成立后，任南京大学地质系教授兼矿业教研室主任。是中国宝玉石矿物学研究的先驱之一。

李宗仁（1891—1969）

字德邻。广西临桂人。广西陆军速成学校毕业。早加入同盟会。国民党新桂系首领。曾任国民革命军第七军军长、第四集团军总司令。抗战时期任第五战区司令长官，先后指挥徐州会战、武汉会战。抗战胜利后任北平行辕主任。1948年4月任国民政府副总统，1949年1月任代总统，12月去美国。1965年7月从美国回北京定居。

李宗侗（1895—1974）

字玄伯。河北高阳人。法国巴黎大学毕业。曾任北京大学教授、故宫博物院秘书长、国立北平研究院史学研究会主任委员。1948年到台湾后，任台湾大学教授、台北"故宫博物院"理事。

李宗信（1900—1938）

号德贞。广西桂林人。李宗仁堂弟。陆军大学毕业。毕业后任国民革命军第四集团军总部秘书处处长、广西新军督练处副主任。抗战爆发后，任广西绥靖公署副秘书长、国民党广西省党部执行委员。

李宗黄（1887—1978）

字伯英。云南鹤庆人。保定军校毕业。同盟会会员。武昌起义时由保定潜入武汉，被黄兴派为督战参谋。历任广东军政府交通部次长，甘肃、云南省政府委员。当选国民党第五、六届中央执行委员。1949年去台湾。

李孟群（1828—1895）

字鹤人。河南固始人。清道光进士。曾任广西灵川县知县。咸丰时入湘军，转战湘、鄂、皖，与太平军作战。官至安徽巡抚。旋被太平军陈玉成部俘获，自杀。

李绍白（生卒年不详）

字坚白。辽宁辽阳人。奉天优级师范学校毕业。曾创办中学、师范学校。1913年当选为参议院议员。1917年任护法国会参议院议员。

李经方（1855—1934）

又名经芳，字伯行。安徽合肥人。李鸿章嗣子。清光绪举人。曾游历欧洲。1890—1892年任驻日本公使。后长期为李鸿章秘书、翻译。1895年随李鸿章赴日本马关议约，在李鸿章遇刺受伤后被加任为钦差全权大臣，负责具体谈判。后又画押割让台湾。出使英国大臣。1907年为驻英国公使。1911年署邮传部左丞。辛亥革命后寓居上海。

李经迈（1876—1938）

清大臣。字继皋。安徽合肥人。李鸿章幼子。清光绪年间，1905年曾任出使奥地利大臣。次年授光禄寺卿。1907年归国后又任江苏、河南、浙江按察使。1911年以候补侍郎代理民政部右丞。辛亥革命后寓居上海，密与宗社党人往来。张勋复辟时任外务部左侍郎。

李经羲（1860—1925）

字仲仙、仲宣、仲轩。安徽合肥人。李鸿章弟李鹤章之子。清光绪五年（1879）优贡生。历任清广西、云南、贵州巡抚，云贵总督等。民国后任北京政府政治会议议长、审计院院长、财政总长、国务总理。曾支持袁世凯称帝和张勋复辟，失败后，被免职。

李春荣（1894—？）

直隶平泉（今属河北）人。北洋法政学堂毕业。曾任直隶自治总局自治委员。1913年当选为众议院议员。1917年任护法国会众议院议员。1922年北京国会恢复时，仍任众议院议员。

李芃萱（1903—1983）

字青松。湖南兴宁（今资兴）人。陆军大学毕业。曾任国民党军整编第八师第一六六旅旅长，第六十四军、第九军军长。1949年在河南永城被俘。1975年获特赦。1983年因煤气中毒身亡。

李树森（1898—1964）

字朝赟。湖南湘阴人。黄埔军校第一期毕业。1936年任国民革命军第六十七师师长。1937年率部参加淞沪会战。1938年任第二十七军、第九十军副军长。1949年任湖南省政府委员兼秘书长。同年退广西，后去越南。1950年去台湾，任"国防部"中将参事室主任。

李厚基（1869—1942）
字培之。江苏铜山人。北洋武备学堂毕业。初入李鸿章直隶总督署。武昌起义后，任第四镇第七协协统。二次革命时任吴淞要塞司令，旋任福建镇守使。1916年起任福建督军、省长。晚年居天津。

李是男（1881—1937）
原名吉棠，字奕豪，号公侠。广东台山人。同盟会会员。1907年奉命赴美洲创建同盟会。1910年创办《少年中国晨报》，并任同盟会旧金山分会会长。1922年回国，任孙中山大总统府机要秘书。1934年任国民党中央革命债务调查委员会秘书。

李星沅（1797—1851）
字子湘，号石梧。湖南湘阴人。清道光进士。官至陕西巡抚、江苏巡抚、两江总督。曾上奏力主镇压太平军。咸丰帝即位后为钦差大臣，赴广西镇压太平军。后在宣武病死。

李思浩（1882—1968）
字赞侯。浙江慈溪人。京师大学堂毕业。清末举人。曾任清度支部税务司司长。入民国后，历任北京政府盐务署署长、财政总长，中国银行总裁。1936年任冀察政务委员会委员。抗战爆发后避走香港。1942年返沪，任阜通银行董事长。1944年任伪上海市政咨询委员会主任、《新闻报》社长。

李品仙（1892，一作1890—1987）
字鹤龄。广西苍梧人。保定军校毕业。历任国民革命军军长、南京国民政府军事委员会委员、安徽省政府主席、第十战区司令长官、国民党中央执行委员。1949年底去台湾，任"战略顾问委员会"顾问。

李保邦（1855—?）
字少文。直隶乐亭（今属河北）人。曾任山西隰州知州。1913年当选为众议院议员。1922年国会恢复时，仍任众议院议员。

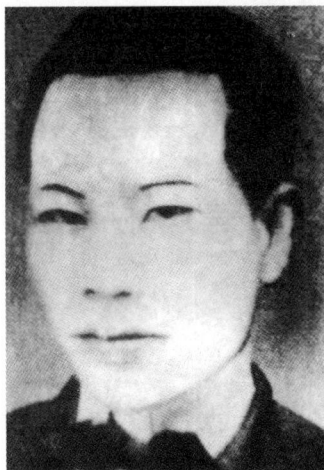

李炳辉（1884—1911）
又名祖奎，别号路得士。广东肇庆人。早年至大霹雳埠（今马来西亚）教会学校学习。初入耶酥会，后加入同盟会。广州起义时攻打督署，力战牺牲。为黄花岗七十二烈士之一。

李济深（1886—1959）
原名济琛，字任潮。原籍江苏，生于广西苍梧。北京陆军大学毕业。历任黄埔军校副校长、国民革命军参谋总长、广东省政府主席、国民政府军事参议院院长。1927年曾参加四一五广州大屠杀。1933年参与在福州成立的抗日反蒋的革命政府，任主席。新中国成立后，任中央人民政府副主席、民革中央主席、全国人大副委员长、全国政协副主席。

李祖莱（1910—？）

浙江镇海人，生于上海。银行界巨擘李厚祁之子。上海复旦大学商科毕业。曾任安裕钱庄副经理、盐业银行副经理、上海中国银行总行副经理、锦德银行及元祥钱庄董事长。1949年后去香港。

李祖虞（1885—1968）

字梦骃。江苏武进人。日本早稻田大学毕业。1912年任京师高等审判厅厅长。后在上海做律师，曾办理陆小曼、王庚离婚案。1934年任福建省民政厅长。1940年附汪投敌，任汪伪交通部常务次长、实业部政务次长、国民政府政务参赞、商业统制总会委员兼设计处处长。于1947年移居香港。

李振南（1898—？）

湖南宝庆人。湖南长沙雅礼大学毕业，美国耶鲁大学博士。曾任雅礼大学教授、美国纽约标准统计公司经济统计师、中国银行首席经济研究专员、上海工部局电力节制委员会委员。

李振钧（1878—？）

字澥荃。安徽合肥人。留学日本。曾任山东县知事。1916年任国会众议院议员。1917年任护法国会众议院议员。1922年北京国会恢复时，仍任众议院议员。

李载赓（1885—？）

字竹亭。河南杞县人。日本早稻田大学法律科毕业。回国后清廷授法政举人。后执律师业。1913年当选为众议院议员。1917年任护法国会众议院议员。1922年北京国会恢复时，仍任众议院议员。

李莲英（1848—1911）

绰号皮硝李。直隶河间（今属河北）人。清咸丰时自阉入宫。善伺人意，以善梳新髻得慈禧太后宠信，升总管太监，赐二品顶戴。在宫五十余年，弄权卖官，干预朝政。戊戌变法时构陷帝党及维新派。慈禧死后，退居宫外。

李晋华（1899—1937）

字庸莘。广东梅县人。中山大学毕业，后入燕京大学研究所。曾董理校刊《明实录》，著有《明史纂修考》。

李根源（1879—1965）

字雪生、印泉，号曲石。云南腾冲人，祖籍山东益都（今青州）。日本陆军士官学校毕业。1905年加入同盟会。1910年任云南讲武堂总办。1911年领导云南重九起义。南京国民政府成立后，任监察院监察委员、国民政府顾问。新中国成立后，任西南军政委员会委员、全国政协委员。

李烈钧（1882—1946）

原名烈训，字协和。江西武宁人。日本陆军士官学校毕业。同盟会会员。武昌起义后，任安徽都督、江西都督。1913年组织讨袁军，任总司令，发起二次革命。1922年任北伐军中路总司令。后历任国民党中央执行委员、监察委员，国民军总参议，江西省政府主席，南京国民政府委员、军事委员会常委。九一八事变后，主张抗日。后病逝于重庆。

李积芳（1881—1922）

字筱溪。湖南平江人。日本早稻田大学政治经济科毕业。回国后，清廷授法科举人。武昌起义后回湘，任法制局参事，旋组织湖湘法政学校。1913年当选为众议院议员。1922年国会恢复时，仍任众议院议员。

李健吾（1906—1982）

山西运城人。1925年考入清华大学西洋文学系，后留学法国巴黎大学。长期从事戏剧创作和外国文学研究，先后共创作、改编近五十部剧作。曾任上海市立实验戏剧学校教授。1954年起历任北京大学文学研究所、中国科学院文学研究所、中国社科院外国文学研究所研究员，中国戏剧家协会理事。代表作有《以身作则》、《这不过是春天》等。

李烛尘（1882—1968）

湖南永顺人。土家族。清末秀才，曾留学日本。历任天津久大精盐公司经理、永利化学工业公司副经理，重庆、天津工协理事长。新中国成立后，任中央人民政府委员，食品工业部、第一轻工业部部长，全国政协副主席，民建中央副主任委员，全国工商联副主任委员。

李浩培（1906—1997）

上海人。东吴大学毕业。后留学英国伦敦经济政治学院，从事国际法研究。曾任武汉大学、浙江大学教授。新中国成立后，任中央人民政府法制委员会专门委员，外交学院、中国人民大学、北京大学教授。1985年当选为瑞士国际法研究院院士。1993年为联合国前南斯拉夫问题特设国际刑事法庭法官。1997年在海牙去世。著有《国际私法总论》。

李涤生（1903—1994）

原名滋华，字棣生。山东博山人。南京中央大学毕业。曾任济南市社会局长、青岛市教育局代理局长。1949年去台湾，任"国大代表"、中兴大学教授兼系主任。著有《荀子校释》、《荀子集解订补》、《荀子研究》。

李家驹（1871—1938）

字柳溪。汉军正黄旗人。清光绪进士，授翰林。清末任湖北学政、京师大学堂监督、学部右丞、考察日本宪政大臣，授内阁学士，署理学部左侍郎、协办资政院。又任学部右侍郎、协同纂拟宪法大臣、资政院总裁。1914年任参政院参政。曾接受袁世凯称帝时授予的封衔。

李家钰（1892—1944）

字其相。四川蒲江人。四川陆军军官学校毕业。1913年参加上海及南京讨袁之役。后任四川边防军总司令、川军军长。抗战爆发后，率所部出川开赴抗日前线。1938年任国民革命军第二十二集团军副总司令，1939年任第三十六集团军总司令。1944年5月在与日军作战中牺牲。

李萍倩（1903—1985）

原名椿寿。原籍安徽桐城，生于浙江杭州。肄业于上海沪江大学。1930年代曾在上海明星公司当演员、导演。后入新华电影公司和华影公司。1947年到香港，任永华、长城影业公司导演。主要作品有《三笑》、《绝代佳人》等。1965年后任长城公司艺术顾问、香港华南电影工作者联合会会长、全国政协委员。

李梦彪（1879—1952）

字啸风。陕西洵阳（今旬阳）人。陕西高等学堂毕业。曾任《伊犁日报》编辑。1912年伊犁光复后，任军政司司长。1916年任众议院议员。1946年任陕西参议会副议长。

李盛铎（1859—1937）

字椒微，号木斋。江西德化（今九江）人。清进士，授翰林院编修。1898年任京师大学堂总办。民国成立后，1912年署山西巡抚。1917年任北京政府农商总长。1918年任参议院议长。富藏书，编有《木犀轩书目》、《木犀轩藏宋本书目》。

李章达（1890—1953）

字南溟。广东东莞人。入陆军大学学习。同盟会会员。曾任广州市公安局局长、广东民政厅厅长。1933年任福建人民政府委员。抗日战争中任第四战区第四游击总司令，坚持抗战。1948年1月，中国国民党革命委员会在香港成立，当选为中央常委兼秘书长。新中国成立后，任广东省政协副主席、民盟中央常委。

李清泉（1888—1940）

福建晋江人。自幼赴菲律宾经营木材生意。历任菲律宾中西学校及华侨教育会董事、马尼拉中华商会会长、南洋闽侨救乡会会长、福建省建设委员会常委。一生救乡救国，热心公益事业。是当地的华侨领袖。

李鸿章（1823—1901）

字子黻、渐甫，号少荃（泉）、仪叟，安徽合肥人。清道光进士。是淮军创始人和统帅、洋务运动的主要倡导者之一。官至直隶总督兼北洋通商大臣，授文华殿大学士，执掌晚清外交、军事、经济大权达三十年之久。先后签订《马关条约》、《辛丑条约》等三十多个条约，大多为不平等条约。去世后清廷封一等肃毅侯，谥文忠。有《李文忠公全集》。

李鸿藻（1820—1897）

字寄云，号兰孙。直隶高阳（今属河北）人。清咸丰进士，授编修。同治、光绪间历任侍讲、内阁学士、军机大臣、总理衙门大臣、兵部尚书、协办大学士、户部尚书、吏部尚书等。以清流议政，名重一时。中法、中日战争时属主战派。曾策动弹劾李鸿章。

李惟果（1903，一说1898—？）

祖籍四川南充，出生于贵州开州（今开阳）。清华大学毕业后留学美国。1932年任国立武汉大学文学院教授。曾任三青团中央常务干事、国民党中央宣传部长、国民党中常委、国民政府行政院秘书长。1949年去台湾。1971年后居美国。

李续宜（1823—1863）

字克让，号希庵。湖南湘乡人。清咸丰初以文章随兄李续宾征战太平军，转战赣、鄂、皖。官至安徽巡抚。

李续宾（1818—1858）

字克惠，号迪庵。湖南湘乡人。清诸生。咸丰初从师罗泽南镇压太平军。田家镇之战后，擢知府，罗泽南死后代统军征战。官至浙江布政使。后与陈玉成战于三河，被围战死。

李绮庵（1882—1950）

广东台山人。两广师范学堂及广东讲武堂毕业。后留学美国，加入同盟会。辛亥革命时回国，当选为广东省议会第一届议员。后任国民政府侨务委员会委员、国民党中央海外党务委员会委员。1949年去台湾。

李维汉（1896—1984）

原名和笙，化名罗迈。湖南长沙人。湖南省立第一师范学校毕业。1918年参加组织新民学会。1922年加入中国共产党。1927年任中央政治局常委。后任中共江苏省委书记。长征到陕北后，任陕甘省委书记、中央党校校长、陕甘宁边区政府秘书长。新中国成立后，任中央统战部长、全国人大副委员长、全国政协副主席。有《李维汉选集》。

李联琇（1820—1878）
字季莹、小湖。江西临川人。清道光
进士，授编修。咸丰间官至江苏学政、
大理寺卿。后以病告归。精于治经，同
治间主讲钟山、惜阴书院。工诗。

李葆恂（1859—1915）
原名恂，字宝卿，号文石，辛亥
革命后改名理，字寒石，号兔
翁。直隶易县（今河北）人。官
清江苏候补道。精鉴别，善书
画，亦工诗。

李敬斋（1889—1987）
名鹤。河南汝南人。美国密执安大
学毕业。历任开封中州大学教务
长、河南省教育厅长、国民党第六
届中央监察委员。1949年去台湾。

李景林（1885—1931）
字芳宸、芳岭。河北枣强人。保
定陆军军官学校毕业。曾任直
隶保安司令、直隶省长、奉军第
一方面军团司令。1926年与张
宗昌组直鲁联军，任直军总司
令。后任南京国民政府军事委
员会委员。

李景泌（生卒年不详）

1933年任国民党中央电影检查委员会常委及国产影片评选委员会委员（代表内政部）、《中国电影年鉴》编纂委员。

李景泉（生卒年不详）

字心源。绥远归化（今内蒙古呼和浩特）人。曾任山西省谘议局议员、萨拉齐五原县知事。1913年当选为众议院议员。1917年任护法国会众议院议员。1922年北京国会恢复时，仍任众议院议员。

李景濂（1869—?）

字右周。直隶（今河北）邯郸人。清光绪进士。曾任学部总务司案牍科主事、直隶文学馆馆长、北京大学文科教员。1913年当选为众议院议员。1922年国会恢复时，仍任众议院议员。

李善兰（1813—1884）

字壬叔，号秋纫。浙江海宁人。清诸生。早年精研古代算学。咸丰初到上海，翻译西方数学著作。同治间任京师同文馆算学总教习，授户部郎中三品卿衔。著有《则古昔斋算学》、《考数根法》。

李善棠（生卒年不详）

河南人。南京中央大学毕业，后留学美国。1918年在美国成立河南矿学会。1926—1928年任福中矿务大学（焦作工学院前身）校长。

李登辉（1873—1947）

字腾飞。福建同安（今属厦门）人，生于印尼爪哇。美国耶鲁大学文学学士。曾任商务印书馆特约编辑、中华书局总编辑。1905年起任复旦公学（后改复旦大学）教授、教务长、校长。1920年购地，1922年建成教室、办公室和宿舍各一幢，复旦大学正式迁往江湾（即今校址）。抗战期间，集留沪师生在租界内坚持复课，直至抗战胜利。

李瑞清（1867—1920）

字梅庵，号梅花盦主。江西临川人。清进士、翰林院庶吉士。先后入清两江总督魏光焘、周馥幕。1907年任两江师范学堂监督，后署江宁提学使、江宁布政使。民国后寓居上海。擅书法。

李锡兴（1912— ）

江苏武进人。南京中央大学毕业。历任南京国民政府军政部技正。后去台湾，任"军政部"副局长、台北市工务局副局长。

李锦沛（1900—1968）

字世楼。广东台山人，生于美国纽约。纽约光盛源号创办人李弈洽之子。曾在美国著名建筑事务所任职，参与设计新泽西城基督教青年会、纽约时报馆等大楼。1923年到上海后，负责设计了长沙、保定等地的青年会会堂以及上海青年会大楼。1929年后，参与南京中山陵和广州中山纪念堂的设计和建造。

李慈铭（1829—1894，一作1895）

初名模，字式侯，号莼客。室名越缦堂。浙江会稽（今绍兴）人。清光绪进士。官至山西道监察御史。工诗能词。治学所得成日记数十册，始于1853年，止于1889年，涉经史百家及时事，即著名的《越缦堂日记》。另有《白华绛趺阁诗集》、《越缦堂词录》。

李煜堂（1851—1936）

名文奎。广东台山人。早年赴美经商，后在香港等地创设药材、保险等公司。1905年加入同盟会。1911年广州光复，任财政司司长。晚年继续从事实业，支持革命，兴办学校及公益事业。

李福林（1874—1952）

字登同。广东番禺人。1907年加入同盟会。历任广东都督府警卫司令、大元帅府亲军总司令、粤军军长、国民党中央监察委员、南京国民政府军事参议院参议。1949年迁居香港。

李熙谋（1896—1975）
字振吾。浙江嘉善人。美国麻省理工学院电机工程硕士、哈佛大学哲学博士。历任浙江大学、暨南大学、上海交通大学教授。1953年去台湾，任"教育部"常务次长、东吴大学理学院院长。

李肇甫（1887—1950）
字伯申。四川巴县人。日本明治大学法科肄业。1905年加入同盟会。民初，任临时大总统府秘书、国会议员。1939年后，历任四川临时参议会议长、四川省政府秘书长、国民政府立法院立法委员。

李毅士（1886—1942）
原名祖鸿。江苏武进人。先后毕业于英国格拉斯哥美术学院和格拉斯哥大学物理系。历任北京大学、北京美专、上海美专、中央大学美术教授。著有《长恨歌画意》、《科学与艺术》。

李默然（1927— ）
原名李绍诚。生于黑龙江尚志。回族。1945年参加牡丹江邮政业余剧团，开始演剧生涯。新中国成立后，任辽宁人民艺术剧院院长、中国戏剧家协会副主席。先后主演《甲午风云》、《兵临城下》、《花园街五号》。

李燮阳（1883—？）

字弥青。云南昭通人。留学美国阿海约大学电气工程、铁路工程科。1912年回国，任云南实业司副司长。1913年当选为众议院议员。1917年任护法国会众议院议员。1922年北京国会恢复时，仍任众议院议员。

李藕庄（生卒年不详）

女。南京中央大学毕业。民国期间著有《中国工程师手册》（合作）、《物理丛表及换算表》。

李瀚章（1821—1899，一作1888）

字筱泉。安徽合肥人。李鸿章兄。清道光拔贡生，铨湖南永定知县。同治间擢湖南巡抚，参与镇压太平军。后历官江苏巡抚、浙江巡抚、四川总督、湖广总督、两广总督。

李劼人（1891—1962）

原名家祥，常用笔名劼人。四川华阳（今双流）人。曾留学法国巴黎大学。先后参加四川保路运动、少年中国学会、赴法勤工俭学。历任《四川群报》主笔、《川报》社长。抗战时任中华全国文艺界抗敌协会成都分会理事长。新中国成立后，任成都市副市长、四川文联副主席。代表作有小说《死水微澜》、《暴风雨前》、《大波》等。

李垚年（1881—? ）

字淑庭。福建建瓯人。浙江法政学堂毕业。曾任山西知县。1913年当选为众议院议员。1922年国会恢复时，仍任众议院议员。

李攈荣（1872—? ）

字笏辰。直隶武清（今属天津）人。历任县立高等小学校长，资政院议员，京兆教育会副会长。1913年当选为众议院议员。1916年国会恢复时，仍任众议院议员。

杨良（1900—1952）

又名德慧。湖南邵阳人。黄埔军校第一期毕业。历任国民革命军第三师政治部主任、中央军校政治部调查室主任、国民政府国防部人事司司长。一说其在1949年5月与周磐在云南密谋成立西南游击总司令部和湘鄂边区驻昆明办事处。西南解放后，潜伏昆明。1952年，被昆明市公安机关逮捕。后在邵阳与周磐一起被执行枪决。

李提摩太（1845—1919）

英国传教士。1870年来华传教。1890年应李鸿章之聘，任天津《时报》主笔，旋任上海广学会总干事。1895年加入强学会。甲午战后鼓动清廷政治维新。1902年设立山西大学堂。晚年反对孙中山革命，支持袁世凯当政。著有《在华四十五年》等。

杨枢（1844—1917）

字星垣。祖籍辽宁，先世隶广州驻防汉军正黄旗籍。回族。曾入广州同文馆学习。一度在张之洞幕府帮办洋务。1903年任清政府出使日本大臣。1906年授外务部右参议，旋改左参议。1909年任出使比利时大臣。著有《日俄战事纪要》。

杨杰（1889—1949）

字耿光。云南大理人。日本陆军大学毕业。同盟会会员。历任国民革命军第六军军长、长江要塞总司令、陆军大学校长、国民政府驻苏联大使。因倾向革命，1949年9月在香港寓所被刺身亡。著有《军事与国防》《大军统帅学》和《战争要诀》等。

杨虎（1889—1966）

字啸天。安徽宁国人。南京将弁学堂毕业。辛亥革命后，历任大本营海军处处长、北伐讨贼军第二军第一师师长、国民革命军总司令部特务处处长、上海警备司令、国民党中央监察委员。1949年后寓居北京。

杨度（1874—1931）

字皙子，号虎头陀。湖南湘潭人。清光绪举人。后留学日本，主编《游学译编》。1907年创办《中国新报》，宣传君主立宪。1915年发起组织筹安会，鼓吹帝制。晚年倾向革命。1929年加入中国共产党。

杨森（1884—1977）

原名淑泽，又名伯坚。四川广安人。四川陆军速成学堂毕业。同盟会会员。曾任四川省长、南京国民政府委员、第九战区司令长官、贵州省主席、重庆市长。1949年去台湾。

杨锐（1857—1898）

字叔峤、纯叔。四川锦竹人。清举人。张之洞门生。初任内阁中书。1895年参加强学会，1898年参加保国会。戊戌变法时由湖南巡抚陈宝箴推荐，加四品衔军机章京，参与新政。戊戌政变时被害，为"戊戌六君子"之一。

杨焜（1905—1975）

号怀白。湖南邵阳人。黄埔军校第四期毕业。曾任国民革命军第五十二师参谋长，国民党第九十三军副参谋长。1948年任新编第三军副军长，同年在辽沈战役中被人民解放军俘虏。新中国成立后，任武汉汉口高级步兵学校军事战术教员、湖南省人民委员会参事室参事。

杨渡（1886—？ ）

字泮溪。奉天（今辽宁）海城人。奉天省高等警察学校毕业。曾任黑龙江省城警官、奉天海龙府警务长等。民国成立后，当选为国会参议院议员，兼宪法起草委员会委员。1916年国会恢复后，仍应召就职。

杨廉（1897—1939）

字思默。四川安岳人。美国哥伦比亚大学毕业。历任北京大学教授、浙江大学系主任。1930年任国民政府教育部社教司司长。1933年任安徽省教育厅厅长。1938年任四川省教育厅厅长。

杨堃（1901—1998）

又名杨象乾、杨赤民。河北大名人。法国里昂大学文科博士。先后任教于清华大学、北京大学、云南大学。新中国成立后，任中国社科院民族研究所研究员。著有《民族学概论》。

杨士骢（1870—?）

字芰青。安徽泗县人。曾任湖南财政监理官，山西盐政使。1913年当选为国会众议院议员。1922年国会恢复时，仍任众议院议员。

杨大实（1884—?）

字秀翘。奉天（今辽宁）开原人。日本东斌学校毕业。1913年当选为国会众议院议员。1917年任护法国会众议院议员。1936年任东北军骑兵军驻西安办事处处长，参与西安事变。新中国成立后，任陕西省政协常委。

杨小仲（1899—1969）

原名保泰，艺名羼提生。江苏常州人。1921年编写电影文学剧本《阎瑞生》，由商务印书馆活动影戏部摄成影片。1926年任国光影片公司剧务主任。后任长城画片公司，联华、艺华、上海民营影片公司编导。新中国成立后，从事儿童片和戏剧片的编导，代表作有《兰兰和冬冬》、《宝葫芦的秘密》等。

杨小楼（1877—1938）

小名三元，名嘉训，艺名小楼。安徽石埭（今石台）人。自幼习艺，演武生，有"武生宗师"之称。擅演剧目有《连环套》、《长坂坡》、《霸王别姬》等。

杨之华（1900—1973）

女。浙江萧山人。1923年入上海大学社会学系学习。1924年与瞿秋白结婚，并加入中国共产党。曾任第五届中共中央委员、中共中央妇委书记。新中国成立后，任全国妇联副主席、全国人大常委。

杨开慧（1901—1930）

女。原名霞。湖南长沙人。杨昌济之女，毛泽东夫人。1921年加入中国共产党。长期从事农民和妇女运动，开展地下斗争。1930年被国民党逮捕杀害。

杨中明（1896—1970）
安徽舒城人。南京高等师范学校毕业。1931年任国民会议安徽省代表。1936年任安徽省第一区行政督察专员。1940年任河南省政府委员。1948年任安徽省财政厅长。

杨文会（1837—1911）
字仁山。安徽石埭（今石台）人。在南京创办"金陵刻经处"，刊印佛经和佛教逸书。晚年任佛学研究会会长，定期讲经。

杨文莹（1838—1908）
原名文鋈，字粹伯，号雪渔。浙江钱塘（今杭州）人。清光绪进士，授编修。官贵州学政。工书法，以瘦硬称著。

杨孔莺（1876—? ）
福建南安人。上海暨南大学商科毕业。后至菲律宾经商。历任马尼拉善举公所、教育会、木商会、宏农俱乐部、中华商会董事或会长等职。1920年代领导抗议菲议会妨害华侨商业之西文簿记律。此外对厦门市政建设尤多贡献。

杨以增（1787—1856）

字益之、号致堂。清道光进士。官至陕西巡抚、署陕甘总督、江南河道总督。曾于山东聊城建海源阁藏书楼，收藏古籍珍本及字画古玩。

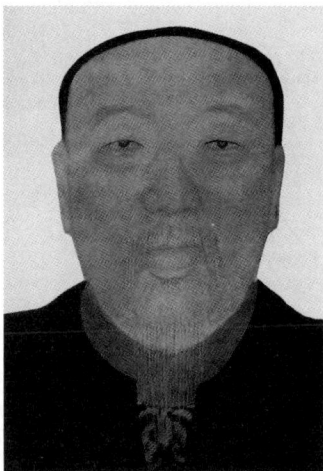

杨汇溪（1852—1922）

字怡洪。福建海澄人。17岁赴菲律宾经商。经商之余努力学经史及外语，被陈谦善聘请为甲必丹公署秘书，专办外文文案。1888年，独资创办菲律宾第一份华侨报纸——《华报》。后任马尼拉中华商会董事。1911年，在马尼拉加入同盟会，倾家支持孙中山革命。

杨汉烈（1917—1987）

四川广安人。四川军阀杨森之子。毕业于中央军校。曾任国民革命军第一九一师师长。1949年任第二十军军长，同年在四川金堂起义。新中国成立后，任甘肃省政协副主席。

杨永仁（1896—1976）

别名觉非，字全柏。海南文昌人。陆军大学毕业。抗战时任琼崖师管区司令、琼崖守备司令部副司令。1946年冬发起筹办海南大学。1949年任海南省第一区行政督察专员兼保安司令。同年移居香港。

杨永泰（1880—1936）

字畅卿。广东茂名人。曾留学日本。1914年参与组织欧事研究会。1916年参与发起政治学会。1922年参与组织宪政社。后任国民政府军事委员会委员长南昌、重庆行营秘书长，湖北省政府主席兼湖北省保安司令。为政学系核心人物。1936年10月在汉口码头遇刺身亡。

杨永清（1890—1956）

别号惠庆。原籍浙江镇海，生于江苏无锡。留美法学学士、文学硕士。曾任北京政府外交部秘书、驻伦敦总领事。1927—1952年任东吴大学（苏州）校长。

杨幼炯（1902—1973）

字熙清，号复斋。湖南常德人。曾留学日本，就读上海复旦大学。历任《神州日报》总编辑、中央大学教授、国民政府立法委员、"国大"代表。1949年后去台湾。著有《中国政党史》、《政治学纲要》等。

杨式震（1869—？）

字东川。直隶（今河北）满城人。清举人，法部候补主事。曾任本县小学校校长。1912年当选为国会众议院议员。1917年任护法国会众议院议员。1922年北京国会恢复时，仍任众议院议员。

杨西岩（1868—1929）

广东新会人。清附生。1896年随清政府驻美公使伍廷芳赴美，充使馆参赞。1898年改充驻檀香山领事官。后加入同盟会。辛亥革命后，任广州国民政府财政委员会委员、广东省财政厅长。

杨在田（1847—1930）

福建龙溪人。15岁赴菲律宾经商。后将其父的小铁店逐步拓展为瑞隆兴铁业公司，成为马尼拉富商。热心公益慈善事业，在故乡济困扶危、修桥筑路、施棺舍药。晚年居厦门鼓浪屿以终。

杨成志（1902—1991）

广东海丰人。法国巴黎大学民族学博士。回国后任中山大学教授、文科研究所所长。新中国成立后，任中央民族学院教授。曾参与编写《中国少数民族分布简图》、《中国少数民族地区旧有政制概况》。

杨全宇（1902—1940）

四川西充人。留学德国柏林大学。1928年加入中国国民党。1938年任成都市市长。1940年因与成都行辕主任贺国光有矛盾，被处决。

杨宇霆（1886—1929）

字麟葛、麟阁。奉天（今辽宁）法库人。日本陆军士官学校毕业。历任奉军司令部参谋长、北京总统府侍从武官、奉军第一军军长、安国军第四方面军团总司令。1929年被张学良枪决。

杨守仁（1872—1911）

原名毓麟，字笃生，号叔壬。湖南长沙人。清举人。后留学日本，倡言反满独立，又与黄兴等创办《游学译编》，为《神州日报》主笔。黄花岗起义失败后，在英国蹈海自杀。著有《新湖南》。

杨守敬（1839—1915）

字惺吾、星吾，号邻苏。湖北宜都（今枝城）人。清同治举人。1880年至1884年随钦使黎庶昌赴日本，公余致力搜求中国散佚古籍，多得唐、宋善本，在日本出版《古逸丛书》。归国后先后任黄冈教谕、两湖书院教习、勤成学堂总教长、礼部顾问官、湖北通志局纂修。精史地、金石、目录诸学，尤工书法。代表著作为《水经注疏》。

杨寿楣（生卒年不详）

无锡惠山人。1911年集资创办无锡电话公司。抗战时期任汪伪国民政府水利委员会委员长、国府委员。

杨村彬（1911—1989）

原名瑞麟。生于北京。北平大学艺术学院戏剧系毕业。1938年编导了《秦良玉》以宣传抗日。曾任中央青年剧社社长、上海实验戏剧学校教授、苏北军区政治部文艺研究室主任。新中国成立后，历任上海戏剧学院教务主任、上海电影剧本创作所编剧（创作《清宫外史》等）、上海人民艺术剧院副院长、全国政协委员。

杨杏佛（1893—1933）

名铨。江西玉山人。美国哈佛大学毕业。早年加入同盟会，为南社成员。曾任孙中山秘书、中央研究院总干事。1932协同宋庆龄组织中国民权保障同盟，反对蒋介石专制统治。1933年遭暗杀。有《杨杏佛文存》。

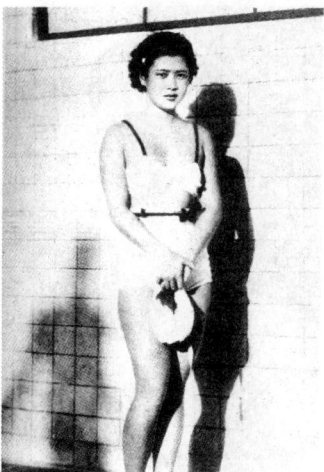

杨秀琼（1918—1982）

女。广东东莞人。有"美人鱼"之称。在1933年第五届全运会和1934年第十届远东运动会上分获四项女子游泳冠军。1935年第六届全运会又获两项女子游泳冠军。1936年参加了第十一届奥运会游泳比赛。后移居加拿大温哥华。

杨伯涛（1909—2000）

字荡波，别名序章。湖南芷江人。侗族。毕业于中央军校。1944年任国民革命军第十一师师长。1948年任第十二兵团第十八军军长，同年在淮海战役中被人民解放军俘虏。1959年获特赦，任全国政协委员。

杨希闵（1886—1967）

字绍基。云南宾川人。江西讲武堂毕业。历任滇军第三旅旅长、代理滇军总司令、西路讨逆军滇军总司令。1925年发动叛乱，企图推翻广州革命政府。事败后，逃往香港。新中国成立后回云南，任全国政协委员。

杨希震（1902—1987）

字葆初。湖北枣阳人。美国哥伦比亚大学研究院教育硕士。曾任中央大学实验学校校长，国立政治大学训导长、代校长。1949年去台湾，任台湾大学三民主义研究所教授。

杨虎城（1893—1949）

陕西蒲城人。早年参加辛亥革命。1924年加入国民党。1930年任国民革命军第十七路军总指挥兼陕西省主席。1936年12月与张学良发动西安事变。1949年9月在重庆被蒋介石杀害。

杨昌济（1871—1920）

字怀中，号华生。湖南长沙人。杨开慧之父。英国爱伯江大学毕业。回国后任教于湖南省高等师范学校、省立第四师范、第一师范。1918年秋任北京大学哲学系教授。毛泽东、蔡和森等是其学生。

杨岳斌（1822—1890）
原名载福，字厚庵。湖南善化（今长沙）人。湘军水师名将。清同治初官陕甘总督。光绪时赴台湾御法军。

杨宝森（1909—1958）
字钟秀，别号时斋。安徽合肥人。生于京剧世家，拜裘桂仙为师，自创一派。与马连良、谭富英、奚啸伯并称"四大须生"。演唱剧目有《杨家将》、《失宝斩》、《伍子胥》、《洪羊洞》。

杨诗浙（1879—？）
字海清。陕西山阳人。清廪生。曾任山阳县议会议长，四川巫溪、云阳县知事。1916年补为国会众议院议员。1917年任护法国会众议院议员。1922年北京国会恢复时，仍任众议院议员。

杨荣春（1856—？）
字熙坪。黑龙江兰西人。曾在兰西县办理地方自治，并当选为县议会副议长。1913年当选为国会众议院议员。1917年任护法国会众议院议员。

杨树丰（1896—? ）

上海人。南京东南大学肄业。地产大亨杨桂生之子。其子承父业，民国年间一直从事房地产业，拥有上海西区一带地产。曾任上海大西地产公司经理。

杨树达（1885—1956）

字遇夫，号积微。湖南长沙人。早年留学日本。先后任北京高等师范学校、清华大学教授。1937年返回长沙，任湖南大学、湖南师范学院教授，直至逝世。1947年当选为中央研究院院士。1955年当选为中国科学院哲学社会科学部委员。在古汉语语法、训诂、古文字学方面造诣深厚。著有《词诠》、《积微居金文说》、《汉语文言修辞学》。

杨树庄（1882—1934）

字幼京。福建闽侯人。黄埔海军学堂毕业。历任国民革命军海军总司令，福建省政府主席，国民政府委员、海军部部长。

杨树勋（1900—? ）

字建吾。广东揭阳人。留美哲学博士。曾任北京协和医学院教授、中央研究院研究员。1937年创办杨氏化学治疗研究所，任所长，研制之"新惜花散"对治疗梅毒有特效。

杨树璜（1870—？）

字实丞。福建连城人。清廪生。1913年当选为国会众议院议员。1917年任护法国会众议院议员。1922年北京国会恢复时，仍任众议院议员。

杨威理（1925— ）

原名陈威博。台湾淡水人。曾在日本留学，后入北京大学学习。1949年后，任中共中央马恩列斯著作编译局图书馆馆长。著有《西方图书馆史》。

杨保恒（1873—1916）

字月如。上海人。曾留学日本学习师范。1903年在上海创立廿二铺小学堂。1905年任龙门师范学堂教员。1912年任江苏省立第一师范学校校长。1915年主持教育部小学教科书的编纂。

杨亮功（1895—1992）

原名保铭。安徽巢湖人。美国纽约大学哲学博士。历任上海中国公学副校长、安徽大学校长、北京大学教育系主任等职。1949年去台湾，任"监察院"秘书长、"考试院"院长、"总统府"资政。著有《教育学研究》。

杨洪胜（1886—1911）

亦作宏胜，字益三。湖北谷城（一说襄阳）人。早年投湖北新军，结识革命党人，矢志反清，加入文学社。武昌起义前任交通，负责运送军火。后被捕就义。

杨宣诚（1890—1962）

字朴园。湖南长沙人。日本海军士官学校毕业。1910年加入同盟会。曾任国泰军舰舰长，国民政府驻日使馆海军武官、军令部第二厅厅长、军事委员会外事局局长、北平市政府秘书长。1948年去台湾。

杨振声（1890—1956）

字今甫，号歆甫。山东蓬莱人。美国哥伦比亚大学毕业。历任北京大学教授、清华大学文学院院长、山东大学校长、第一至四届国民参政会参政员。新中国成立后，任东北人民大学教授。

杨振春（1886—?）

字生吾。吉林双城（今属黑龙江）人。北京国立法政专门学校毕业。武昌起义后回乡，被选为地方保安会长。1913年当选为国会众议院议员。1922年北京国会恢复时，仍任众议院议员。

杨铁夫（生卒年不详）

名玉衔，字懿生，号铁夫、季良、鸾坡、紫曼，以号行。广东香山（今中山）人。清光绪举人，官广西知府。师承朱祖谋，为"千春春社"成员。对词学探索尤功，为世所重，时称"岭南词人"。著有《抱香室词》、《双树居词》、《梦窗词笺释》、《清真词笺释》。民国年间曾任无锡国专词学教授及香港广州大学、国民大学教授。

杨爱源（1888—1957）

字星如、沁如，号革非。山西五台人。保定军校第一期毕业。曾任南京国民政府军事委员会委员、察哈尔省主席、第二战区副司令长官、太原绥靖公署副主任。1949年去台湾。

杨家瑜（1903—1984）

字瑾叔。江西新建人。美国普度大学毕业。曾任北京大学、北洋工学院教授，中央大学教授、机械系主任。1947年赴台湾，任台湾省政府建设厅长。1955至1977年任台湾电力公司董事长。并任"总统府国策顾问"。

杨家骧（1883—？）

字韵笙。福建晋江人。日本大学法科毕业。1913年被选为参议院议员。

杨培昌（1900—？）

重庆人。清华学校毕业，留美经济科学士。1927年任税则会议参赞。1934至1936年任上海众业公所会员。1937年起任上海金城银行总行副经理，并兼任联华房地产股份有限公司董事、伟成企业公司常务董事。

杨梦弼（1863—？）

字肖岩。广东曲江人。清末以拔贡朝考，分发湖南试用知县。1912年倡办马坝圩育才两等学校，旋被选为县议事会议长。1913年当选为国会众议院议员。1917年任护法国会众议院议员。1922年北京国会恢复时，仍任众议院议员。

杨崇山（1882—？）

字简齐。黑龙江海伦人。直隶法政学堂毕业。曾任黑龙江高等检察厅检察官。1913年当选为国会参议院议员。1922年国会恢复时，仍为参议院议员。

杨崇瑞（1891—1983）

女。河北通县（今属北京）人。留美医学博士。先后创办北平第一助产学校、南京中央助产学校，倡导计划生育，主编《北京晨报》人口副刊，任世界卫生组织妇女卫生组副组长。新中国成立后，任卫生部妇幼局局长、全国政协委员。

杨铭鼎（1902—1997）

浙江上虞人。卫生工程硕士。1929—1931年，设计并监造了当时最先进的南京中央医院。后曾任贵阳湘雅医学院教授等职。1947—1949年任上海市卫生局环境卫生处处长，兼任上海圣约翰大学医学院教授。新中国成立后，先后任上海第一医学院教授、世界卫生组织顾问、卫生部卫生标准技术委员会副主任、中国医学百科全书编委等。

杨铭源（1878—1926）

字西堂。陕西宜君人。日本明治大学毕业。曾任同盟会陕西支部长，陕西临时省议会议长。1913年当选为国会众议院议员。1917年任护法国会众议院议员。1922年北京国会恢复时，仍任众议院议员。

杨庶堪（1881—1942）

字沧白，号邠斋。四川巴县人。清末秀才。同盟会会员。历任四川民政长及宣抚使、首届国会参议员、广东大元帅府秘书长、广东省长、段祺瑞内阁农商及司法总长、南京国民政府委员、国民党中央监察委员。

杨焕彩（1890—1965）

字佩章。山东沂水人。日本陆军步兵学校毕业。曾任国民政府军事参议院办公厅主任、苏鲁豫边游击挺进总司令部高参。1943年降附汪伪。抗战胜利后入中央训练团受训。1948年被人民解放军俘虏。1963年获特赦。

杨深秀（1849—1898）

本名毓秀，字漪村。山西闻喜人。清光绪进士。官刑部主事、郎中，授山东道监察御史。1898年3月，与宋伯鲁等在北京成立关学会。戊戌政变中，不避艰危，上书援引古义，请慈禧撤帘归政，遂遇害。为"戊戌六君子"之一。通金石、舆地、算数诸学。工诗善画。

杨绩荪（1891—1965）

湖南衡阳人。曾留学日本。1945年任第五战区司令部政训处处长。后任安徽省第六区行政督察专员、安徽省政府委员、湖南省政府秘书长。1949年去台湾。

杨绳祖（1883—？）

字诒孙。吉林人。国立银行专门学校毕业。后入银行任职。1913年当选为国会参议院议员。1917年任护法国会参议院议员。1922年北京国会恢复时，仍任参议院议员。

杨斯盛（1851—1908）

字锦春。江苏川沙（今属上海）人。幼贫，父母早亡，为泥水工匠。晚年积资兴办学堂、创建医院、建桥筑路、造码头。清廷追赠盐运使衔，入国史馆立传。

杨善德（1873—1919）

字树堂。安徽怀宁人。北洋武备学堂毕业。初任清新建陆军队官。后任北洋军管带、标统、协统。1911年任第四镇统制。入民国后，任第四师师长、松江镇守使。1917年任浙江督军。

杨尊亲（1843—1913）

福建南安人。幼时赴菲律宾谋生，先包办西班牙政府屠业，后进身商业，并被西政府任命为甲必丹。热心公益，为华侨购置义山（坟场）。历任马尼拉善举公所、中华商会董事。

杨锡珍（生卒年不详）

女。江苏苏州人。美国哥伦比亚大学教育学硕士。苏州东吴大学校长杨永清之妹。曾任中华基督教女青年会全国协会学生部执行干事、上海中西女子中学校长。后创办锡珍女子中学并任校长。

杨简初（1901—1996）

江苏苏州人。上海交通大学电机系毕业，美国普度大学电机系硕士。回国后曾任中央大学电机系教授。1930年代创建金陵大学电机系，并任系主任。新中国成立后，任南京工学院工业电气自动化教研组主任、教授。

杨靖宇（1905—1940）

原名马尚德，字骥生，化名杨靖宇。河南确山人。回族。1927年加入中国共产党。曾任中共豫南特委书记。1929年调至东北，历任东北反日救国会总会长、中共哈尔滨市委书记、南满抗日联军总指挥、东北抗日联军第一路军总司令兼政委、中共南满省委书记等。1940年2月在吉林濛江县与日军作战时壮烈牺牲。

杨嘉种（？—1935前）

别名阿苗，字冠邦。福建晋江人。原姓蔡，10岁时卖给在菲律宾经商的同乡杨孙獭为长子。17岁赴菲律宾经商，从事土产、航运。自置轮船"孙獭"号，常川走于祖地与菲律宾两地。历任马尼拉华侨教育会、善举公所、中华商会董事。对侨乡慈善事业贡献颇多。晚年居故乡。

杨端六（1885—1966）

原籍江苏苏州，生于湖南长沙。曾留学日本、英国。同盟会会员。历任中国公学经济学教授、中央研究院研究员、武汉大学法学院长、第一至四届国民参政会参政员。新中国成立后，任武汉大学经济系教授。

杨肇基（1876—？）

字启周。四川西昌人。日本明治大学法律高等科毕业。曾任教于上海中国公学、神州大学。1913年当选为国会众议院议员。1917年任护法国会众议院议员。1922年北京国会恢复时，仍任众议院议员。

杨增新（1864—1928）

字鼎臣。云南蒙自人。清光绪进士。晚清时任甘肃陆军学堂提学使兼学堂总办、新疆阿克苏道尹。1912年后任新疆都督兼民政长、新疆省长、新疆省政府主席。1928年7月，被部下刺杀。

杨鹤年（1872—1928）

字松轩，别号补拙轩老人。陕西华县人。同盟会会员。终身办学兴教，历任州县私立学校校长，创办天足会、华州教育研究会。辛亥革命后，任军政府教育司次长、陕西省议会副议长。

杨鹤龄（1868—1934）

名仕年，字礼遐。广东香山人，生于澳门。早年加入兴中会，与孙中山共谋革命。1912年南京临时政府成立，任总统府秘书。1923年任南方革命政府港澳特务调查员。

杨衢云（1861—1901）

一名飞鸿，原名合吉，字肇春。福建海澄（今龙海）人，生于香港。组织成立辅仁文社，任社长。参与筹建香港兴中会总部，推为会长。策划广州起义，后为清廷派人刺杀。

束荣松（生卒年不详）

字秀东。江苏泰县人。民国时期曾任如皋师范学校校长。编有《泰县乡土教材》。

邴克庄（1882—1937）

字敬如。辽宁盘山人。奉天高等警察学校毕业。毕业后创办警察协会。1913年当选为国会众议院议员。1928年任河北省政府委员兼民政厅厅长。1931年去职。

来秀（？—1911）

聂格里氏，字乐三。清满洲镶蓝旗人。历官刑部，屡决疑狱。充军机章京。光绪三十三年（1907），出知汀州府。辛亥革命时自杀。

来新夏（1923— ）

浙江萧山人。1946年毕业于辅仁大学，后入华北大学历史教研室，从范文澜读研究生。1951年至南开大学任教至今。曾创办南开大学图书馆系并任南开大学图书馆馆长。

连甲（生卒年不详）
清光绪进士。1906年由山东按察使改任山东提学使，1911年武昌起义时任湖北布政使。

连横（1878—1936）
字武公，号雅堂。台湾台南人，祖籍福建龙溪。1905年在厦门创《福建日日新报》，旋主持《台南新闻》和《台湾新闻》汉文部，宣传反清。1924年创办《台湾诗荟》。1927年创办雅堂书局。著有《台湾通史》。

连声海（1885—1947）
广东顺德人。上海法政学校毕业，后留学日本早稻田大学。同盟会会员。历任广东省政府秘书长，武汉国民政府秘书长，南京国民政府行政院秘书长、铁道部长、立法院立法委员。工书法、篆刻。著有《铁道概论》、《金石粹言》。

连震东（1904—1986）
字定一。台湾台南人。连横之子。日本庆应大学经济学部毕业。1932年加入国民党。1946年任台北县县长。1947年任国民党台湾省党部执行委员。后任台湾"内政部长"、国民党中常委。

时觉非（生卒年不详）

1930年代知名的电影演员。主演影片有《山东响马》（1927年）、《双剑侠》（1928年）、《父子英雄》（1930年）、《火山情血》（1932年）、《天伦》（1935年）等。

吴山（1876—1936）

原名平之。四川江津人。曾就读两湖书院，后留学日本东京大学法科。1917年赴广州，参加护法，任大元帅府秘书、司法部司长。后任中华全国铁路建设协会总干事，西北、河南省道办事处处长。

吴云（1811—1883）

字少甫，号平斋、退楼、愉庭。浙江归安（今湖州）人。清道光诸生。咸丰间总理江北大营营务以筹军饷，擢苏州知府。嗜金石，精鉴赏。所藏齐侯罍两件、王羲之兰亭序二百种，最为珍秘。著有《二百兰亭斋金石记》、《两罍轩彝器图释》。光绪四年任预画有《吴平斋合家欢图》。

吴石（1894—1950）

福建闽侯（今福州）人。保定军校、日本陆军大学毕业。历任黄埔军校教官、国民政府参谋本部处长、第十六集团军副总司令、国防部史政局局长。1947年起秘密接受中国共产党领导，提供了大量的情报。去台湾后，曾任"国防部"参谋次长，继续提供情报。1950年被捕就义。1975年被人民政府追认为革命烈士。

吴宓（1894—1978）

字雨僧，又作雨生，笔名余生。陕西泾阳人。清华学校毕业，美国哈佛大学文学硕士。与陈寅恪、汤用彤并称为"哈佛三杰"。回国后，历任东南大学、清华大学、西南联大、武汉大学、北京大学教授。曾主编《学衡》杂志、《大公报》文学副刊。新中国成立后，任西南师范学院教授。著有《白璧德与人文主义》、《吴宓诗集》、《吴宓日记》。

吴宪（1893—1959）

字陶民。福建福州人。美国哈佛大学博士。历任北京协和医学院教授、生物化学系主任，中央卫生实验院北平分院院长、营养研究所所长，中国生理学会会长。后被美国哥伦比亚大学聘为客座教授及研究员，1949 年又应聘为亚拉巴马大学客座教授。1959年病逝于美国。对蛋白质变性问题、营养学方面作过系统、深入的研究。

吴晋（1881—1956）

字惠范。江苏江宁（今南京）人。日本东京陆军士官学校毕业。历任江苏都督府顾问、沪军第一师参谋，北京政府副总统府咨议、国民政府军事委员会高级参谋。新中国成立后，为江苏省文史馆馆员。

吴健（生卒年不详）

字任之。上海人。上海圣约翰大学理学博士。后赴英国留学。曾任上海圣约翰大学教授，汉阳、大冶铁厂总办，国民政府工商部工业司司长。抗战胜利后，在上海任中学教师。

吴梅（1884—1939）

字瞿安，晚号霜厓。江苏长洲（今苏州）人。1909年加入南社。曾撰《血花飞》传奇，歌颂戊戌六君子。历任北京大学、东南大学、中山大学古乐曲教授。主要研究中国戏曲曲律和文词，著有《顾曲麈谈》、《中国戏曲概论》、《南北词简谱》等，另撰有《风洞山》、《湘真阁》等杂剧、传奇十二种。

吴雪（1914—2006）

四川岳池人。就读于成都大同电影戏剧学校。曾在成都、重庆创办话剧人社、西南话剧社。1938年加入中国共产党。1940年赴延安，历任延安西北青年救国会总剧团团长、青年艺术剧院副院长。新中国成立后，任中国青年艺术剧院院长、文化部副部长。曾执笔、导演和主演了极富艺术特色的讽刺喜剧《抓壮丁》。

吴晗（1909—1969）

原名春晗，字辰伯。浙江义乌人。清华大学毕业。历任云南大学、西南联大、清华大学教授。1943年加入中国民主同盟。1948年赴解放区。新中国成立后，任清华大学文学院院长、北京市副市长、民盟中央副主席、全国政协常委。1955年当选为中科院哲学社会科学部委员。以研究明史著称。编有京剧《海瑞罢官》，著有《朱元璋传》等。

吴康（1897—1976）

字敬轩，别署锡园主人。广东平远人。北京大学文科毕业，留法博士。曾任中山大学文学院院长、香港中文大学院长。1951年去台湾，任台湾大学教授。

吴淦（1839—1887）

字鞠谭、超琦，号纯斋，室名原胜斋。浙江钱塘（今杭州）人。官清嵊县训导。工文章，精楷书。有《原胜斋诗集》。

吴渊（1886—?）

字仲遥。四川达县人。留学日本早稻田大学。后因病归国。历任吉林巡抚公署秘书官、绥远将军府总务厅厅长。参与创办共和建设讨论会及民主党。后当选为国会众议院议员。

吴隐（1867—1922）

字遯盦，号石潜。浙江绍兴人。杭州"西泠印社"创始人之一，并自设分社于上海。创制仿宋聚珍排印书籍。工书画，善刻印，篆隶颇得古意，山水秀润有新意，尤以精制印泥著称。有《遯盦金石丛书》、《遯盦集古印存》。

吴湘（1882—?）

字楚碧。广东潮安（今潮州）人。留学日本。以道员归直隶补用。1912年任潮州议会副议长。1913年当选为国会参议院议员。1917年任护法国会参议院议员。

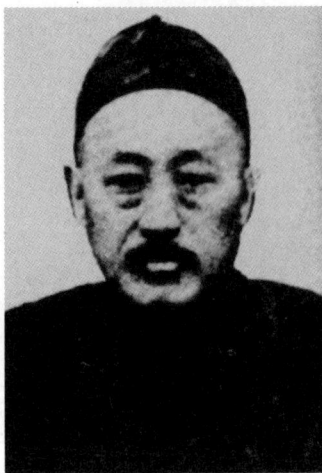

吴虞（1871—1949）

原名姬传、永宽，字又陵、幼陵。四川新繁（今属新都）人。留学日本法政大学。归国后任《醒群报》主笔，参与创办《蜀报》。曾因"反对儒教及家族制度"罪名被清廷通缉。辛亥革命后，任《公论日报》主笔、《四川政治公报》主编。1917年加入南社。历任北京大学、四川大学教授。1933年后隐居。著有《吴虞文录》、《秋水集》。

吴樾（1878—1905）

一作吴越，字孟侠，号建霞。安徽桐城人。早年就学保定高等师范学堂，广结志士，组织军国民教育会保定支部。创办两江公学、《直隶白话报》，宣传革命思想。1905年谋炸清出洋考察五大臣，意外身亡。有《吴樾遗书》。

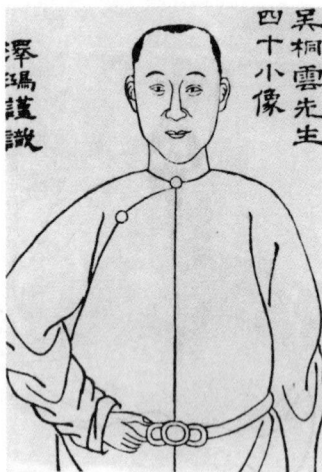

吴大廷（1824—1877）

字桐云。湖南沅陵人。清咸丰举人。工诗文。累官至台湾兵备道，在官兴利除弊有政绩，卒赠太仆寺卿。有《小酉腴山馆诗文钞》。

吴大猷（1907—2000）

别名洪道。广东高要人。南开大学毕业，美国密歇根大学哲学博士。曾任北京大学、西南联大物理学教授，中央研究院院士。后赴美国任纽约州立大学等大学教授、系主任。其间曾应胡适之邀赴台湾讲学。1978年回台湾定居，1983年任"中央研究院"院长。著有《理论物理》、《物理学的历史和哲学》。

吴大澂（1838—1902）

字清卿，号恒轩、愙斋。江苏吴县人。清同治进士，授编修，后出为陕甘学政。累官至广东、湖南巡抚。甲午战争时督湘军赴辽抗日，兵败革职。精金石学、古文字学，鉴赏，善篆刻。著有《愙斋诗文集》、《说文古籀补》、《字说》、《愙斋集古录》、《权衡度量考》等。

吴之英（1857—1918）

字伯朅，号西蒙愚者。四川名山人。清光绪优贡生。曾任资州艺风书院、简州通材书院主讲，成都尊经书院都讲、锦江书院襄校，国学院院正等职。响应"康梁变法"，组织蜀学会，与宋育仁创办《蜀学报》，并任主笔。戊戌维新失败后，回乡隐居，专心著述。有《寿庐丛书》。

吴开先（1898—1990）

江苏青浦（今属上海）人。上海法科大学毕业。历任南京国民政府立法院立法委员、上海市社会局局长、社会部政务次长以及国民党中央执行委员、中央组织部副部长。1949年去台湾，任"总统府国策顾问"。

吴云芳（1896—1978）

女。别号砚青。原籍浙江崇德（今属桐乡），生于陕西南郑。北京女子高等师范学校毕业。历任西安女子师范学校校长、国民参政会参政员、国民政府立法院立法委员。1928年创建西安培华女子职业学校。新中国成立后，任陕西省政协委员。

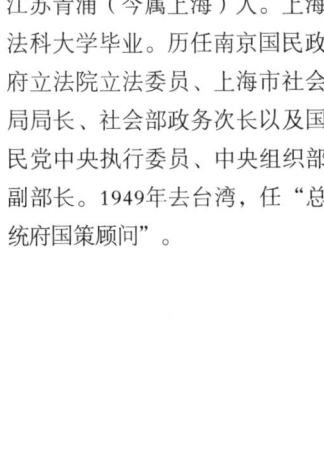

吴日法（1882—1927）

字审度。安徽歙县人。清廪生。曾任安徽省立第四师范、第三中学教员。创设水南公学。1913年当选为国会众议院议员。后任芜湖东门渡厘金总局局长。擅篆刻。

吴化文（1904—1962）

字绍周。祖籍山东掖县（今属莱州）。陆军大学毕业。初入冯玉祥部，1929年随韩复榘投蒋介石，任手枪旅旅长兼济南警备区司令。1943年投降日军，为伪军第三方面军总司令。抗战后，为国民党第五路军司令。1948年任整编第九十六军军长，同年在济南起义。改编为人民解放军第三十五军，任军长。新中国成立后，任浙江省政协副主席。

吴介璋（1875—1926）

字德裕，号复初。江苏常州人。江南陆师学堂毕业。曾任清武威新军统带、江南督练处总办、江西混成协协统。辛亥革命时，被推为南昌都督，旋被替代。民国后，任广州军政府军事参赞、兵站总监。1926年11月1日，在上海南京路不慎被英美电车公司的汽车撞死。

吴文藻（1901—1985）

字渭枢。江苏江阴人。美国哥伦比亚大学社会学硕士、哲学博士。1929年回国，任燕京大学教授、社会学系主任、文学院院长。1937年在云南大学创办社会学系并任主任、文学院院长。1946年赴日本，任中国驻日代表团政治组组长。1951年回国，任中央民族学院教授、全国政协委员、民进中央常委。著有《民族与国家》、《文化人类学》。

吴允周（1902—1968）

原名斌，又名振武。浙江东阳人。黄埔军校第三期、陆军大学十期毕业。历任国民革命军总司令部参谋、陆军骑兵第三军副军长、黄埔军校七分校主任办公厅主任、西北训练团教育长、成都中央军校教育长、国民政府军事委员会高参。1949年去台湾，任"国防部"参议。

吴玉章（1878—1966）

名永珊，字树人。四川荣县人。1903年留学日本。1905年加入同盟会。1911年回国，参加辛亥革命。1918年参加护法军政府。1925年加入中国共产党。1927年参加南昌起义，任革命委员会委员兼秘书长。1938年任延安鲁迅艺术学院院长。1948年任华北大学校长。新中国成立后，任中央人民政府委员、中国人民大学校长、全国人大常委。

吴仞之（1902—1995）

原名翔，字上千。江苏常州人。1915年考入上海大同大学预科。后积极参加爱国剧运、救亡剧运。1939年为上海剧艺社导演《人之初》。抗战后参与创办上海市立实验戏剧学校。后任大同电影公司编导。新中国成立后，任华南军政大学文艺系副主任，上海科学教育电影制片厂副厂长，上海戏剧学院教授、副院长兼导演系主任。

吴用威（1873—？）

江苏徐州人。清光绪举人。历任江苏兴化县知县、福建盐运使。民国后，曾任行政院参议。七七事变后投敌，任伪维新政府行政院秘书长、汪伪监察院秘书长。

吴印咸（1900—1994）
江苏沭阳人。1922年毕业于上海美专。曾入上海天一、明星等影片公司任摄影师。后任八路军总政治部电影团摄影师。新中国成立后，任东北电影制片厂厂长、北京电影学院副院长。摄制影片有《马路天使》、《南泥湾》、《白求恩大夫》、《红旗谱》等。

吴兰修（1789—1873）
字石华。广东嘉应州（今梅县）人。清嘉庆举人。官信宜训导。通经史，精考据，兼擅算学，藏书数万卷。著有《南汉记》、《方程考》、《荔村吟草》等。

吴记藿（1866—1932）
字嘉福。福建南安人。少小赴菲律宾经商。曾任同盟会驻菲专员、国民党驻菲总支执行委员、马尼拉中华商会董事。尤致力于家乡教育事业，创办泉州培元学校、上海南洋高级商业学校等，对国内慈善事业亦多捐助。

吴永刚（1907—1982）
上海人。曾就读于上海美术专科学校。1925年入百合影片公司任布景师。1928年入天一影片公司，后入联华、新华影业公司、中央电影制片厂，历任美工、场记、编剧。1947年自组大业电影公司。新中国成立后，任上海电影制片厂导演。代表作有《神女》、《巴山夜雨》等。

吴发来（生卒年不详）

安徽人，生于上海。复旦大学商学院毕业。曾任美丰洋行华经理、美盛烟草公司华经理、美胜实业公司副总裁、光华商业储蓄银行董事、中国唱针厂总裁。先后创办美隆烟叶公司和四明烟草公司。

吴式芬（1796—1856）

字子苾，号诵孙。山东海丰（今无棣）人。清道光进士。官至内阁学士兼礼部侍郎。善藏鼎彝碑碣拓片，精鉴古书画，善操琴。著有《封泥考略》、《攈古录金文》。

吴有训（1897—1977）

字正之。江西高安人。毕业于南京高等师范学校，美国芝加哥大学物理学博士。1927年筹办江西大学。历任清华大学、西南联合大学教授、物理系主任、理学院院长、中央研究院院士、中央大学校长、中国物理学会理事长。新中国成立后，任中科院近代物理研究所所长、中国科学院副院长、全国人大常委、全国政协常委。1955年为中科院学部委员。

吴在章（1886—?）

字蕴斋。江苏镇江人。日本早稻田大学商学士。曾任《新闻报》、世界书局、中国投资管理公司董事长，金城银行董事、协理兼沪总行经理。1915年任农商部佥事时，曾随团参加美国旧金山世博会。

吴光杰（1886—1970）

又名中俊，字霖泉。安徽合肥人。保定陆军速成学校毕业，后入德国柏林工科大学学习。历任汉阳兵工厂炮厂主任、陆军检阅使署教练处炮兵主任、南京中央军校高级教官、重庆军事委员会高级参谋。1946年退役。1948年去台湾。

吴光新（1881—1939）

字自堂、植堂。安徽合肥人。日本陆军士官学校毕业。段祺瑞妻弟。是北洋皖系军阀将领。1914年任陆军第二十师师长。1917年任长江上游总司令部司令、湖南督军。1925年任北京政府陆军总长。1939年在香港去世。

吴廷琛（1773—1844）

字震南，号棣华。江苏元和（今苏州）人。清嘉庆七年状元。典试湖南，复出任金华知府。道光年间，官至云南按察使，权布政使。后以疾归里。工诗。有《归田集》。

吴仲直（1905—1974）

字佐之，号君辅、均夫。浙江诸暨人。毕业于中央军校。抗战时任国民革命军第二十六集团军参谋长、第六师师长，先后参加过徐州会战、鄂北会战、湖南会战。1948年任第七十五军军长。后去台湾。

吴汝纶（1840—1903）

字挚甫、挚父、至父。安徽桐城人。清同治进士，官冀州知州。长期主讲莲池书院，晚年被任命为京师大学堂总教习。曾师事曾国藩，与张裕钊、黎庶昌、薛福成称"曾门四弟子"。又曾入李鸿章幕，且关系密切，为之编纂《李文忠公全书》，以辩诬止谤。素以古文著称，为桐城派后期作家。有《桐城吴先生全书》。

吴汝康（1916—2006）

江苏武进人。中央大学生物系毕业，美国华盛顿大学医学博士。1940年起在中央研究院史语所和人类学研究所任研究实习员和助理研究员。新中国成立后，任大连医学院教授、中科院古脊椎动物与古人类研究所副所长、中科院学部委员。对中国古人类学和旧石器时代考古学研究有重大贡献。

吴芳吉（1896—1932）

字碧柳，号白屋吴生。四川江津人。曾考取清华留美预科，因参加学潮，被开除。1919年赴沪，任《新群》杂志诗歌编辑（其间发表《婉容词》、《两父女》等），有诗名。旋任上海中国公学国文教授。后历任西北大学教授、成都大学国文系主任、江津中学校长。九一八事变后，创作了抗日诗作《巴人歌》。后病逝。有《白屋吴生诗稿》。

吴克诚（1872—1931）

名泽投，字克诚。福建晋江人。早年随父赴菲律宾经营木业。1921年"西文簿记案"发生后，领导华侨抗争。对闽省公益慈善事业多有贡献。历任马尼拉中华商会副会长、东方俱乐部总理、华兴银行总理、善举公所与教育会董事。

吴作人（1908—1997）

原籍安徽泾县，生于江苏苏州。先后就读于上海艺术大学、南国艺术学院美术系，南京中央大学艺术系，后留学巴黎高等美术学校。历任中央大学、北平艺术专科学校教授。油画、中国画兼擅，1940年代起侧重中国画创作。新中国成立后，任中央美术学院院长、中国美协主席。有《吴作人画集》。

吴作棻（1884—1924）

原名文芳，字南屏。贵州遵义人。贵州省师范学校毕业。曾任遵义两等小学校长、《贵州公报》总编辑、关岭县知事。辛亥革命后，任贵州护国军东路司令部秘书长兼咨议官。1913年当选为国会参议院议员。1917年任护法国会参议院议员。1922年北京国会恢复时，仍任参议院议员。1924年病逝于北京。

吴希庸（1911—1968）

辽宁辽阳人。法国南锡大学经济学博士。历任察哈尔民众教育馆馆长、东北大学讲师、安东省政府教育厅长、辽宁省政府教育厅长。新中国成立后，任北京铁道学院（现北方交通大学）教授。著有《人口思想史》、《近代东北移民史略》等。

吴良溥（1884-?）

字溉亭。江苏溧阳人。清末秀才。两江优级师范图画手工科肄业。擅工艺美术，曾任江苏第四师范工艺科及中央大学艺术科教师。

吴启鼎（1891—？）

字芑汀。浙江慈溪人。留学美国。曾任国民政府财政部运输局局长、闽海关监督、浙江印花研究税局局长。1932—1940年任财政部税务署署长。1937—1947年兼任四明银行董事长、总经理。

吴奉璋（生卒年不详）

字伯阶。浙江黄岩人。1948年任国民政府最高法院推事、庭长。

吴坤修（1816—1872）

字子厚，号竹庄。江西新建人。清咸丰间为湘军水师司军械，旋领新募"彪字营"。同治间官至安徽布政使，署巡抚。曾刊《半亩园丛书》。有《三耻斋诗集》。

吴其玉（1904—1995）

笔名琪屿。福建闽清人。燕京大学毕业，美国普林斯顿大学哲学博士。曾任燕京大学、之江大学教授，东北外交研究院委员会委员，《外交日报》总编辑。新中国成立后，任四川大学、西南政法学院教授，中国社科院民族研究所研究员。主要从事新疆蒙古史研究。

吴其昌（1904—1944）

字子馨。浙江海宁人。无锡国专、清华大学研究院毕业。曾加入中国营造学社、北平考古学社、中国博物馆协会。历任南开大学讲师、北平图书馆特约编纂委员、武汉大学教授。主要著作有《朱子著述考》、《殷墟书契解诂》、《宋元明清学术史》、《金文世族谱》、《北宋以前中国田制史》。

吴茂荪（1911—1984）

安徽泾县人。中央大学毕业。曾任南京中央军校教官、重庆卫戍区总司令部参议、国民政府行政院兵役部副处长。抗战时期领导抗日救亡运动。1941年参与发起中国民主革命同盟，1945年任三民主义同志联合会中央委员，1948年参加民革。新中国成立后，任民革中央副主席、全国政协常委、全国人大常委。

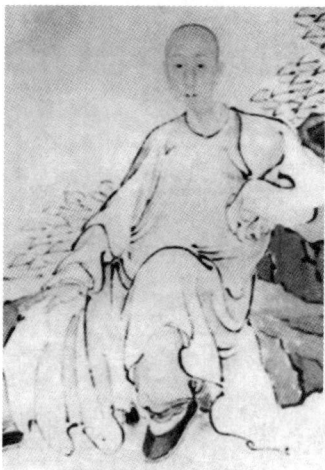

吴郁生（1854—1940）

字蔚若，号钟斋、钝斋，晚号钝叟。江苏吴县人。清光绪进士。授翰林，曾为内阁学士，兼礼部尚书、四川督学。主考广东，康有为出其门下。西太后因而不用。西太后死，乃任邮传部尚书、军机大臣。辛亥革命后，回故里。后寓居青岛。善诗文，工书画。晚年酷爱摄影、看电影。出版有摄影册《中国名胜第二十二种·崂山》。

吴奇伟（1890—1953）

字晴云，号梧生。广东大埔人。保定军校毕业。初入陈炯明部。1927年投靠蒋介石。抗战时任第九集团军总司令、第六战区副司令长官、湖南省主席。参加八一三上海保卫战、南浔线会战及鄂西战役等。抗战胜利后，任徐州、广东绥靖公署副主任。1949年参与策划粤东起义。新中国成立后，任全国政协委员。1953年在北京病逝。

吴叔同（生卒年不详）
曾任中华书局、商务印书馆海外课本联合编刊社副主任，中华书局上海方面经理，中华书局董事长。1950年任香港中华书局董事长，与家人定居于港。

吴昆田（1808—1882）
原名大田，字云圃，号稼轩。江苏清河（今淮安）人。清道光举人。由内阁中书官至刑部员外郎。晚年居家，曾组织团练，以防御太平军。有《漱六山房文集》。

吴国柄（1898—1987）
湖北建始人。吴国桢兄。唐山交通大学、英国伦敦工科大学毕业。历任唐山造车厂副厂长、唐山锻铁厂厂长、国民政府汉口市政府参事兼工程主任、重庆防空司令部工程处少将处长。1949年赴香港。1952年去台湾，任"行政院"设计委员。著有《军事工程学》、《道路工程学》。

吴国桢（1903—1984）
字峙之。湖北建始人。清华大学毕业，留美哲学博士。历任南京国民政府汉口市长、重庆市长、外交部政务次长、国民党中央宣传部长、上海市长。1949年去台湾，任"台湾省政府主席"兼保安司令、"行政院"政务委员。1953年赴美国。后为大学教授。

吴昌硕（1844—1927）

名俊、俊卿，字昌硕、仓石，别号缶庐、苦铁。浙江安吉人。清同治秀才，曾为江苏省安东（今涟水）县知县，仅一月即去。后居上海。篆刻融合诸家，创为一派。书法善摹石鼓文，突破成规，亦自成一家。三十岁始为画，能开拓新貌，为"海上画派"代表人物。有诗集《缶庐集》。书、画、印、诗堪称四绝。1913年任西泠印社社长。

吴忠信（1884—1959）

字礼卿，号守坚。安徽合肥人。江南武备学堂毕业。同盟会会员。参与辛亥革命、二次革命、护法之役。曾任南京国民政府安徽省政府主席、贵州省政府主席、蒙藏委员会委员长、国民政府委员、总统府秘书长。1940年2月曾入藏主持西藏第十四世达赖坐床大典。1949年去台湾。著有《西藏纪要》、《入藏日记》。

吴凯声（1900—1997）

亦作闿声。江苏宜兴人。法国巴黎大学法学博士。回国后，任北洋政府法律顾问，兼上海法科大学教授，并开有法律事务所。因打赢日本水手残杀我国车夫陈阿堂一案，名声大震。曾任国民政府外交部秘书，后为法律顾问。另任中央银行、哈同洋行等数十家单位和个人的法律顾问。1939年投敌，任汪伪驻意大利大使、外交部次长。1982年为上海文史馆馆员。

吴佩孚（1874—1939）

字子玉。山东蓬莱人。晚清秀才。保定陆军速成学堂毕业。北洋军阀直系首领。曾任北洋第三镇第三标标统、两湖巡阅使、直鲁豫巡阅使。1924年第二次直奉战争时，任讨逆军总司令。1926年联奉，进攻冯玉祥部。1927年被北伐军击败，退出政坛。抗战爆发后拒绝出任伪职。

吴金鼎（1886—? ）

福建晋江人。30岁后赴菲律宾经营木业。热心公益慈善事业，尤不惜重金研制良药，如治霍乱之"独胜散"、医鼠疫之"三胜丹"、治痢疾之"百草回生丹"等，为贫苦百姓医治疾病。并常主动为祖国捐款、捐药。

吴金鼎（1901—1948）

字禹铭。山东安丘人。齐鲁大学毕业，入清华学校国学研究院修习人类学，后至中央研究院史语所考古组任职。1937年获英国伦敦大学博士学位。1945年任齐鲁大学文学院院长、国学研究所主任和图书馆主任。曾参加或主持了河南安阳殷墟、山东章丘城子崖、安阳后岗以及云南、四川等著名历史遗址的发掘。

吴泽湘（1897—1972）

字醴泉。四川成都人。英国伦敦大学毕业。曾任北京交通大学、中国大学教授。后历任国民政府陆海空军总司令部外交处秘书、军事委员会参议、驻天津特派员，重庆市政府秘书长、外交部驻智利大使。1949年去台湾，任"外交部"顾问。

吴泽霖（1898—1990）

江苏常熟人。美国俄亥俄州大学博士。回国后任上海大夏大学社会学系主任、文学院院长，清华大学人类学系主任、教务长。新中国成立后，历任中央民族学院教授、西南民族学院教授、中国社科院民族研究所研究员、中南民族学院教授。著有《社会学及社会问题》、《现代种族》。

吴学周（1902—1983）

字化予。江西萍乡人。东南大学毕业，美国加州理工学院化学博士。曾任中央研究院化学所所长、上海交通大学医学院教授。新中国成立后，任中国科学院上海物理化学研究所、长春应用化学研究所所长，是中国科学院学部委员。毕生致力于分子光谱及化学反应动力学的研究。

吴宝谦（1890—？）

字益三。奉天（今辽宁）沈阳人。北京高等师范学校毕业。历任沈阳高等师范附属中学教员、北平市私立弘达中学校长、北京政府教育部社会教育司办事员、北平师范大学数理系讲师。

吴宗焘（1897—？）

字公鲁。浙江吴兴（今湖州）人。北京大学毕业。曾任中国大学、民国大学、朝阳大学、中央大学教授。1928年任国民政府审计院审计。著有《中国之汇兑》、《中国之币制与汇兑》。

吴宗濂（1856—1933）

字挹青，号景周。江苏嘉定（今属上海）人。清监生。1876年入上海广方言馆习法语，后又入北京同文馆。曾任清政府出使意大利大臣、北京大总统府外交谘议、北京政府外交部特派员、国民政府条约委员会委员。后居上海，为法租界公董局董事。著有《随轺笔记》。

吴定良（1894—1969）

江苏金坛人。南京高等师范学堂，英国伦敦大学生物统计学博士。后又跟随皮尔逊教授学习人类学。回国后任中央研究院史语所人类学组专任研究员，创刊、主编《人类学集刊》。抗战后任浙江大学人类学系主任、人类学研究所所长。1948年当选中央研究院院士。新中国成立后，任复旦大学生物系教授、人类学教研室主任。

吴承仕（1884—1939）

字检斋。安徽歙县人。清光绪举人。从章太炎研习文字、经子之学，与黄侃、钱玄同并称章门三大弟子。后与黄侃有"北吴南黄"之称。辛亥革命后曾任司法部佥事。先后任北京大学、北京师范大学、中国大学、东北大学教授。1936年春加入中国共产党。抗战爆发后，在天津从事抗日救亡运动。后病逝。著有《经学通论》、《国故概要》等。

吴承洛（1892—1955）

字涧东。福建浦城人。清华留美预备学校毕业，美国哥伦比亚大学硕士。为中国化学学会创始人之一。曾任北京工业大学教授，国民政府实业部全国度量衡局局长、经济部商标局局长。新中国成立后，任政务院财经委员会技术管理局度量衡处处长和发明处处长。1955年病逝。

吴绍周（1902—1966）

原名见登，字国宾、子斌。贵州天柱人。苗族。中央军校毕业。抗战期间，任国民革命军一一○师师长、第八十五军军长。曾参加台儿庄战役、鄂北高城保卫战、中原大会战。1945年任第九集团军副司令。1948年任第二、第十二兵团副司令官。1948年在安徽蒙城被人民解放军俘虏。1952年回长沙定居。后为湖南文史馆馆员。1966年病逝。

吴绍曾（1898—1946）

字省三。河北玉田人。北京交通大学毕业，留美经济学博士。历任国立交通大学、北平铁道管理学院教授，京沪、津浦、陇海铁路副局长。1946年调任长春中苏共管的中长铁路中方理事，前往赴任时因飞机失事遇难。

吴经熊（1899—1986）

一名经雄，字德生。浙江鄞县人。东吴大学毕业，美国密西根大学法学院法学博士。曾任巴黎大学、柏林大学、哈佛大学研究员。1924年回国，历任东吴大学教授、法学院院长，国民政府立法委员、上海特区法院院长。1946年后任驻教廷公使、美国新泽西州大学教授。1966年去台湾，任中国文化学院教授。著有《法律哲学研究》。

吴春阳（1884—1911）

又名春旸，字旸谷。安徽合肥人。同盟会会员。在安徽组织武毅会，两次参与安庆起义。安徽光复后任都督府总经略，旋遭赣军黄焕章杀害。

吴荣光（1773—1843）

字殿垣、伯荣，号荷屋，晚号石云山人。广东南海（今广州）人。清嘉庆进士，授编修。历任御史、福建盐法道。道光间官至湖南巡抚兼署湖广总督。后降调福建布政使。工书法。于书画金石，尤精鉴别。著有《吾学录初编》、《石云山人文稿》、《绿伽楠馆诗稿》、《筠清馆金石录》、《历代名人年谱》等。

吴荣萃（1879—?）

字拔其。江苏六合（今属南京）人。日本明治大学法律科毕业。历任两江师范学堂教员、江苏咨议局议员。1913年当选为国会众议院议员。1922年国会恢复时，仍任众议院议员。

吴南轩（1896—1980）

原名冕。江苏仪征人。美国加利福尼亚大学教育心理学博士。历任中央政治学校、中央大学教授，清华大学、复旦大学校长。1949年去台湾，任政治大学文学院院长。著有《国际心理卫生运动史》、《儿童心理卫生》等。

吴研因（1886—1975）

原名辇瀛。江苏江阴人。上海师范讲习所毕业。早年曾任江阴县立单级小学、上海尚公学校校长，上海中华书局、商务印书馆编辑。编有多种白话小学课本和教员用书。1947年起任国民政府教育部初等教育司司长、国民教育司司长等。新中国成立后，任教育部初等教育司司长、中学教育司司长，全国政协常委。

吴思豫（1886—1958）

字立凡。浙江嘉兴人。日本陆军士官学校毕业。曾任黄埔军校训练部主任，国民革命军总司令部办公厅主任，青岛特别市市长、警备司令，国民政府军事委员会铨叙厅厅长。1948年任总统府第四局局长。1949年辞职，隐居上海。1952年赴天津定居。1953年加入民革。1955年为天津文史馆馆员。

吴贻芳（1893—1985）

女。别名冬生。浙江杭州人。1919年作为中国首届女大学生毕业于金陵女子大学，后为美国密执安大学生物学博士。1928年回国，任金陵女子大学校长，是中国教育史上第一位女大学校长。1945年出席联合国成立大会，是第一位在《联合国宪章》上签字的女性。新中国成立后，任南京师范学院副院长、江苏省副省长。

吴重熹（1841—1921）

字仲怡。山东海丰（今无棣）人。清同治举人。光绪年间，历任河南陈州、开封知府，福建按察使，江宁、直隶布政使。1907年以直隶布政使护理直隶总督，继改署理江西巡抚、邮传部侍郎、河南巡抚。1912年曾任袁世凯总统府顾问。解职后寓居天津。有《吴氏文存》、《吴氏诗存》。

吴笈孙（1874—?　）

字世湘。河南固始人。曾随徐世昌任职于邮传部。1914年后任北京政府政事堂司务所所长，国务院印铸局长，徐世昌总统府秘书长。

吴俊陞（1863—1928）

字兴权。山东历城人。17岁从军，后为奉系军阀主要将领。1913年任奉天第二骑兵旅旅长。1917年任陆军第二十九师师长。1921年任黑龙江督军、省政府主席，次年升东北保安副司令。1927年任东北保安司令。1928年6月4日在皇姑屯与张作霖一同被日本人炸死。

吴剑学（1882—1944）

别号熙农。湖南湘乡人。日本陆军士官学校毕业。在日本加入同盟会。回国后，投山西吴禄贞部任军官。1918年任湘军总司令部参谋长。1924年任北伐第四师师长。1929年任湖南省政府委员。1935年退职回乡闲居。1944年夏日军占领湘乡后，拒绝出任伪职，被日军枪杀。

吴炳湘（1874—1930）

字镜潭。安徽合肥人。毕业于武卫前军随营学堂。1911年任山东巡警道。1913年任大总统府秘书长、京师警察厅总监。1925年任安徽省省长。后解职从商。曾任中兴公司驻矿协理、董事。

吴祖光（1917—2003）

又名召石、韶。江苏武进人，生于北京。就读于中法大学文学院。旋任南京国立戏剧专科学校秘书，继任国文及中国戏剧史教师。1937年抗战爆发，创作了话剧处女作《凤凰城》。后任重庆中央青年剧社、香港大中华影业公司、香港永华影业公司编导。新中国成立后，任中央电影局编导、中国剧协副主席。代表作有《风雪夜归人》等。

吴挹峰（1888—1971）

浙江杭州人。曾加入中华革命党。历任国民党中央政治学校总务主任及训育委员会主任、浙江省党部主任委员、第六届中央执行委员。1949年去台湾。

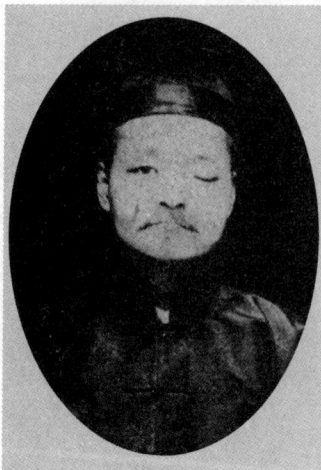

吴桂华（1877—1927）

字秋辉，号侘傺生。山东临清人。山东优级师范学校毕业。曾任《齐民报》、《民生报》主笔，山东齐鲁大学教授。有《侘傺轩文存》。

吴铁城（1888—1953）

广东香山（今中山）人，生于江西九江。日本明治大学毕业。1908年加入同盟会。辛亥革命时任江西军政府总参议。民初任香山县长、广州市公安局长。后任南京国民政府上海市长兼淞沪警备司令、广东省政府主席、立法院长、行政院副院长兼外交部长，国民党海外部长、中央党部秘书长。1949年赴香港，后去台湾，任"总统府"资政。

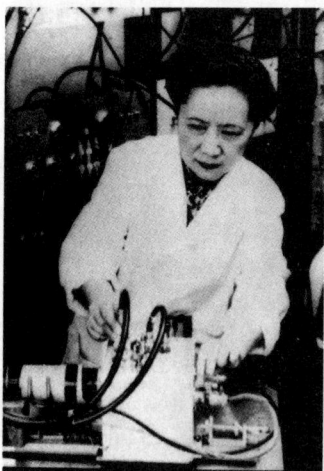

吴健雄（1912—1997）

女。江苏太仓人。南京中央大学毕业，美国加利福尼亚大学物理学博士。1942年与袁世凯孙子、物理学家袁家骝结婚。1954年加入美国国籍。曾任美国普林斯顿大学、哥伦比亚大学教授，台湾"中研院"院士，美国科学院院士，中科院外籍院士。在 β 衰变研究领域具有世界性的贡献，有"东方居里夫人"之称。

吴家煦（生卒年不详）

字和士。江苏吴江人。民国时期曾任江苏省教育厅视学、南菁沪校校长。曾创设中华博物研究会，主编《博物学杂志》。编著有《江苏植物志略》、《新式理科笔记册》、《新制动物学教本》、《矿物学》、《新式理科教授书》、《军国民教育救国论》。

吴家镇（1888—? ）

字重狱。湖南湘乡人。日本东京高等师范学校毕业。历任北京政府教育科长，北京政法大学、中国大学、厦门大学教授。

吴趼人（1866—1910）

原名沃尧，字小允、茧人，自署我佛山人。广东南海人。二十多岁起寓居上海，一度客居山东，游历日本。1906年在上海编《月月小说》，后主办广志小学。创作有诸多小说，政治倾向接近于改良派，是谴责小说的代表作家，以《二十年目睹之怪现状》名世。

吴焕章（1901—1988）

吉林大安人。毕业于北京法政大学。1930年任东北《民国日报》总编辑。九一八事变后，在东北协助马占山抗日。1945年任兴安省政府主席、保安司令。后去台湾，被聘为"行政院"设计委员。

吴琢之（1897—1967）

原名其相，号叔屏。江苏太仓人。毕业于法国里昂工业学校汽车专修科。1931年与张静江等创办江南汽车公司，任经理。1933年承办南京公共汽车，并建修车厂。新中国成立后，任江南汽车公司总经理、江苏省交通厅工程师。

吴敬群（1899—1993）

字澄宇。广东定安（今属海南）人。陆军大学毕业。曾任国民党中央陆军军官学校第四分校处长、国防部陆军总司令部第一署第三处处长。1948年任海南岛要塞司令。后去台湾，任"国防部"第五厅副厅长。

吴鼎昌（1884—1950）

字达铨。浙江吴兴（今湖州）人，生于四川华阳。同盟会会员。日本东京高等商业学校毕业。清商科进士。曾任大清银行总务科长。民国初年，任中国银行总裁、盐业银行总经理、段祺瑞内阁财政部次长。1920年起任"北四行"储蓄会主任、《大公报》社长、国民政府实业部长、贵州省政府主席、国民政府文官长、总统府秘书长。1949年去香港。

吴鼎新（1876—1964）

字济芳，号在民。广东开平人。京师大学堂肄业。1912年任广东教育总会会长。1917年任广西教育厅厅长。1927年任广东国民大学校长。1939年任广东省参议会议长。晚年居香港。

吴景超（1901—1968）

曾名似彭，字北海。安徽歙县人。清华学校毕业，美国芝加哥大学社会学博士。曾任金陵大学、清华大学教授。新中国成立后，任教于清华大学、中国人民大学。是中国最早研究都市社会学的代表人物之一，著有《社会组织》、《都市社会学》。

吴景濂（1873—1944）

字莲伯、号述唐，别号晦庐，晚年自署抱冰老人。奉天宁远（今辽宁兴城）人。清光绪举人。京师大学堂毕业。1909年任奉天咨议局议长。民国后，任北京临时参议院议长、众议院议长、非常国会议长。1923年支持曹锟竞选，涉嫌贿赂作弊，被迫离开政界，寓居天津。九一八事变后，多次拒绝出任伪职。

吴道镕（1852—1936）

字玉臣，号澹庵。广东番禺人。清光绪进士，授翰林院编修。后讲学潮州韩山、广州应元等书院。辛亥革命后闭门著述。书法自成一体，与陈融、桂坫、叶恭绰并称"岭南四大家"。工诗。有《澹庵诗存》、《澹庵文存》。

吴曾祺（1852—1929）

字翊亭，亦作翊庭。福建侯官（今福州）人。清光绪举人。历任平和、泰宁等县学教谕，漳州中学堂监督。1903年任全闽师范学堂教务长。后受聘上海商务印书馆。利用该馆涵芬楼藏书，于1910年编成《涵芬楼古今文钞》，严复誉之为"艺苑巨观"。辛亥末，辞职返里。1915年任福建经学会副会长。另著《涵芬楼文谈》、《清史纲要》等。

吴湖帆（1894—1968）

原名翼燕，字遹骏，书画作品多署湖帆。江苏苏州人。吴大澂之孙。幼承家学，旋从陆廉夫学画。画风秀丽丰腴，清隽雅逸，青绿设色尤为卓绝。山水入古而化，自成面目；没骨荷花婀娜绰约，创有新格；亦喜写松梅竹。工书法，精行楷。亦精鉴赏、善词。曾任故宫文物评审委员。新中国成立后，任上海中国画院画师、上海美术家协会副主席、上海市文管会委员。

吴禄贞（1880—1911）

字绶卿。湖北云梦人。日本陆军士官学校毕业。先后参加兴中会和华兴会。1900年参加自立军起义。1910年任陆军第六镇统制。武昌起义后，与第二十镇统制张绍曾密谋举兵反清。又赴石家庄与山西革命军联系，策划北方新军起义。11月17日被暗杀。

吴锦堂（1855—1926）

名作谟。浙江慈溪人。初为上海店铺帮佣。1889年赴日本经营进出口贸易，在神户开设怡生商号，又在上海设义生洋行。后在兵库县自设东亚水泥株式会社。1904年加入日本籍。为日本明治、大正年间关西实业界十大巨头之一。曾捐资兴修家乡水利，创办慈溪锦堂学校。1911年加入同盟会。1926年病逝于日本神户。

吴稚晖（1865—1953）

原名眺，后改名敬恒，字稚晖，以字行。江苏武进人。清光绪举人。日本东京高等师范学校毕业。1905年加入同盟会。1915年参与发起留法俭学会，1921年任里昂中法大学校长。1927年支持蒋介石反共。1924年起任国民党中央监察委员，国民政府委员、国防最高会议常委，中央研究院院士。1949年去台湾，任"总统府"资政。有《吴稚晖先生全集》。

吴福桢（1898—1996）

别号雨公。江苏武进人。东南大学农科毕业，美国伊利诺大学科学硕士。曾任东南大学、金陵大学教授，浙江大学农学院院长，中央农业实验所副所长。新中国成立后，任华东病虫防治所所长、中国昆虫学会副理事长。

吴熙载（1799—1870）

名廷飏，字熙载，以字行，又字让之。江苏仪征人。清诸生。书法家包世臣弟子，篆刻学邓石如。工四体书，尤擅篆、隶。精文字学，善金石考证。画亦高雅有致。

吴毓麟（1871—1944）

字秋舫。安徽歙县人。回族。天津水师学堂毕业，被派赴德国浮尔底造船厂学习。回国后任天津水师学堂教习，后授知府衔。民国时，历任大沽海军造船所所长，北京政府导淮事务局局长、交通总长。1924年退职。寓居天津。抗战时拒绝出任伪职。

吴蕴初（1891—1953）

名葆元。江苏嘉定（今属上海）人。上海兵工学校毕业。1923年在沪开办天厨味精厂。1928年创办中华工业化学研究所，任董事长。后又相继创办天原电化厂、天盛陶瓷厂、天利氮气厂。曾任国民参政会参政员。新中国成立后，任华东行政委员会委员、上海市人民政府委员、上海市工商联副主委、上海市民建副主委。

吴蕴瑞（1892—1975）

字麟若。江苏江阴人。南京高等师范学校体育专修科毕业，美国哥伦比亚大学体育学硕士。历任南京高等师范学校、中央大学、东北大学体育教授。新中国成立后，任南京大学体育系主任、上海体育学院院长、中华全国体育总会副主席。著有《运动学》、《体育教学法》等。

吴鹤龄（1896—1980）

原名乌尼伯英，字梅轩。内蒙古卓索图盟喀喇沁右旗人。蒙古族。北京大学毕业。历任国民政府蒙藏委员会委员、蒙古地方自治政务委员会委员。1936年起投靠日本，任伪蒙古军政府参议长，伪蒙古联盟自治政府、伪蒙疆联合自治政府参议长、政务院长。1949年，参与阿拉善旗"西蒙自治运动"，任参议长。后客死日本。

吴醒亚（1892—1936）

湖北黄梅人。早年加入同盟会，参加了辛亥革命。历任国民革命军总司令部秘书、第三十七军政治部主任、安徽省政府委员兼民政厅厅长、湖北省政府委员兼民政厅厅长，上海市社会局局长。1935年当选国民党第五届中央执行委员。曾大肆搜捕共产党人，残酷镇压革命。1936年在江西庐山病死。

吴瀚涛（1894—1988）

字涤愆。吉林九台人。美国伊利诺大学研究院国际公法博士。历任东北大学、北京大学、中央大学教授，《外交学报》总编辑，国民政府监察院秘书长，合江省政府主席，东北"剿匪"总司令部总秘书长。1949年去台湾，任台湾东吴大学教授、"总统府"参事。

吴耀宗（1893—1979）

广东顺德人。美国哥伦比亚大学神学硕士。1918年受洗入基督教。后赴美留学。回国后任上海中华基督教青年会全国协会协会组、出版组主任，青年协会书局总编辑。九一八事变后，投入抗日救亡运动。1945年创办、主编《天风》周刊。抗战后，积极反对内战。新中国成立后，任中华基督教总会会长。是全国人大常委、全国政协常委。

岑春煊（1861—1933）

原名春泽，字云阶，号西林。广西西林人。清末举人。1900年任清甘肃布政使，八国联军攻陷北京，护送慈禧等至西安，升陕西巡抚。后任四川、两广、云贵总督，邮传部尚书。辛亥革命后，护国运动期间任军务院副抚军长，后自任护法军政府主席总裁。1920年被粤军驱逐，寓居上海、苏州。著有《乐斋漫笔》。

岑德彰（1899—？）

字有常。美国哥伦比亚大学法学硕士。曾任上海圣约翰大学、中央政治大学、中国大学教授，国民党上海市政府秘书。1934至1941年任国民政府行政院参事。著有《上海租界略史》、《中华民国宪法史料》。

邱渊（1908— ）

又名默雷。四川简阳人。陆军大学毕业。曾任陆军大学教官。1944年任陆军总司令部第三处处长。旋任联合勤务总司令部川东供应局局长。1949年任西南补给区司令。后去台湾。

邱椿（1897—1966）

字大年。江西宁都人。清华学校毕业，美国哥伦比亚大学哲学博士。曾任清华大学、厦门大学教授，西南联大师范学院教育系主任。新中国成立后，任北京师范大学教授。著有《中国新教育行政制度之研究》。

邱正伦（1896—1961）
字宇清。四川井研人。清华学校毕业，美国纽约大学商科硕士。历任上海大夏大学、中国公学教授，复旦大学国际贸易系主任。抗战时期，在上海任私立新中国大学商学院院长。

邱有珍（1904—1978）
号友诤。江苏淮安人。国民党中央党务学校、日本东京高等师范学校研究科毕业。曾任国民党江苏省党部执委。1948年当选为国民政府立法院立法委员。1949年去台湾，任"立法委员"。著有《邱有珍文集》、《国父思想》。

邱行湘（1907—1996）
字辽峰。江苏溧阳人。毕业于黄埔军校第五期。曾任中国远征军司令长官部副官处处长、国民党第六战区第五师师长、青年军第二〇六师师长。1948年在洛阳战役中被人民解放军俘虏。新中国成立后，任江苏省政协委员。

邱希贺（1907—2009）
别号修贤。湖南安化人。黄埔军校第五期、陆军大学第十三期毕业。1942年任第三十七集团军总司令部参谋处处长。1945年任黄龙山警备司令。后任国民政府国防部第三厅办公室主任。1948年授陆军少将衔。1949年在福州任第八十军第二〇六师师长。旋去台湾，任"陆军作战计划督导委员会"委员。

邱昌渭（1898—1956）

字毅吾。湖南芷江人。美国哥伦比亚大学哲学博士。回国后初任北京大学、清华大学、中山大学教授。1936年任广西省教育厅厅长。1946年任绥靖区政务委员会副秘书长。1949年任总统府秘书长，同年去台湾，任"总统府国策顾问"。

邱清泉（1902—1949）

原名青钱，字雨庵。浙江永嘉人。黄埔军校第二期毕业，后留学德国柏林陆军大学。回国正值抗日战争爆发，参加了淞沪会战及南京保卫战。抗战时期，曾任第五军新编第二十二师师长、第五集团军第五军军长。1948年任第二兵团司令长官。1949年在淮海战役中中兵败自杀。

邱维达（1904—1998）

字力行。湖南平江人。中央军校、陆军大学毕业。抗战时期，任国民革命军第二十四集团军参谋长、第五十一师师长。参加过淞沪会战、上高会战、湘西会战等。1948年任第七十四军军长。1949年在淮海战役中被俘。新中国成立后，任江苏省参事室参事、江苏省政协常委。

何东（1862—1956）

原名启东，字晓生。广东宝安人，生于香港。生父是荷兰裔犹太人（后入英国籍），粤语音译名何仕文。生母为广东宝安人施氏，自幼由母亲独力抚养。香港皇仁书院毕业。初入怡和洋行，升任华总经理。1900年起开设生记商号。后任香港上海汇丰银行、黄埔船坞公司、电灯公司、电车公司、置地公司、渣甸轮船公司董事、总经理。始创香港望族何东家族。

何启（1859—1917）

字迪之，号沃生。广东南海人。香港中央书院毕业，后留学英国，获大律师资格。1882年回港当律师，主张革新政治。1884年捐资创办雅丽氏利济医院，附设西医书院（后并入香港大学）。1890年任香港立法局华人议员。1895年参与孙中山筹划广州起义活动。1899年助刊香港《中国日报》。1909年任香港大学助捐董事会主席。

何杰（1888—1979）

字孟绰。广东番禺人。唐山路矿学堂毕业，留美硕士。回国后历任北京大学地质系主任，北洋大学教务长，中山大学两广地质调查所所长、地质系主任，重庆大学矿冶系主任，并为中国地质学会会长。新中国成立后，任唐山工学院采矿系主任、北京矿业学院副院长。是中国科学院院士、全国人大代表。对我国的宝石和玉石有较深的研究。

何雯（1884—? ）

字宇尘。安徽怀宁人。日本法政大学毕业。曾任湖南调查局法制科科长，上海《神州日报》总编辑、《民声报》总理。与王揖唐创立中华大学。1913年任国会众议院议员。1922年北京国会恢复时，仍任众议院议员。

何键（1887—1956）

字芸樵。湖南醴陵人。保定军校毕业。曾任国民革命军第三十五军军长。1927年5月策动许克祥发动马日事变。后任南京国民政府委员、湖南省政府主席、国民党中央执行委员。抗战时期，任国民政府内政部长。1950年去台湾，任"总统府国策顾问"。

何廉（1895—1975）

字淬廉。湖南宝庆（今邵阳）人。美国耶鲁大学经济学博士。历任国民政府行政院政务处处长、全国粮食管理局副局长、经济部次长。南开大学首任经济系主任，长期主持南开经济研究所，一度代理南开大学校长。1947年赴美国，在普林斯顿大学为访问学者，后任哥伦比亚大学教授。1975年逝世于纽约。

何瑶（1894—1968）

字元良。云南石屏人。同济大学医工专门学校毕业，美国普渡大学机械工程学士。曾任普渡大学中国学生会会长。回国后任云南大学教授，云南东陆大学理工学院院长、代理校长。后东陆大学改为省立云南大学，任校长。新中国成立后，任民革云南省委候补委员。

何乃民（1902—1966）

浙江义乌人。唐山工业专门学校毕业，留学法国里昂中央工业学院。曾任国民政府辎重兵学校汽车学教官、兰州汽车修配厂厂长、交通部技术人员训练所公路系主任、上海高级机械学校教授。新中国成立后，任哈尔滨军事工程学院教授，交通部交通科学研究院研究员、汽车运用研究室副主任。长期从事汽车的研究工作。

何士果（1867—1921）

广东大埔人。清首任驻日公使何如璋之子。光绪进士。曾任清驻日使馆随员和商务委员、吉林府知府，吉林法政学堂总理。1900年与丘逢甲等在潮州办新学"岭东同文学堂"，后又与人合办《岭东日报》。1913年当选国会参议院议员。1917年任护法国会参议院议员。

何义均（生卒年不详）

湖南澧县人。清华留美预备班毕业，美国耶鲁大学法学博士。历任中央大学法律系教授、三青团中央干事、"国民大会"代表、美国驻广州使馆顾问。

何之泰（1902—1970）

字叔通。浙江龙游人。南京河海工科专门学校毕业，美国依阿华大学水利工程博士。历任中央大学、北洋工学院教授，江苏省水利厅技正，湖南大学工学院院长，浙江省水利局局长。新中国成立后，任武汉大学水利系主任、长江水利水电科研院院长。毕生从事水利科学研究和工程技术管理。

何丰林（1873—1938）

字茂如。山东平阴人。天津武备学堂毕业，入北洋军。民国后任袁世凯政府淞江防守司令。后入皖系，任陆军第六混成旅旅长。江浙战争时任浙沪联军第一军司令。1927年入奉系，任安国军政府大元帅府军事部长。曾任军事特别法庭审判长，签署判决李大钊绞刑的命令。1938年投敌，任伪华北政务委员会武官长。同年病死天津。

何天炯（1877—1925）

字晓柳。广东兴宁人。1903年留学日本，1905年加入中国同盟会，任同盟会第一任会计，后任广东支部长。1911年参与策划筹备广州起义。辛亥革命后，任临时大总统驻日全权副代表。1914年任中华革命党广东支部长。1924年任广东大元帅府参议。1925年病逝。有《无赫斋诗草》。

何元文（1891—1986）

字少梯。湖南醴陵人。北京中国大学毕业。历任湖南资兴、衡阳、常宁县县长，湖南建设厅代理厅长。1933年任长沙市首任市长。后任国民政府军事委员会少将参议。1949年赴香港。1951年去台湾，任教职。

何凤山（1901—1997）

湖南益阳人。长沙雅礼大学毕业，留德经济学博士。历任湖南大学经济系教授，国民政府驻维也纳总领事、外交部情报司司长、驻埃及大使。二战期间，作为中国驻维也纳总领事曾向数千犹太人发放了前往上海的签证，使之免遭纳粹的杀害，被称为"中国的辛德勒"。1949年去台湾，任"驻墨西哥大使"、"驻哥伦比亚大使"。1973年定居美国旧金山。

何玉芳（1885—? ）

字秉璋。辽宁法库人。奉天高等巡警学堂毕业。历任护路游击警备军总指挥、天津戒严副司令、哈尔滨特别市市长、河北省政府委员兼实业厅厅长。

何世桢（1895—1972）

字毅之、思毅，号干臣。安徽望江人。东吴大学毕业，美国密歇根大学法学博士。曾任东吴大学教授、上海租界临时法院院长、国民政府司法行政部政务次长。抗战时期，为汪伪国民党中央委员。1948年当选"国民大会"代表。1949年后居上海。

何成濬（1882—1961）

字雪竹，亦字雪舟。湖北随县人。清末秀才。日本陆军士官学校毕业。早年入同盟会。参加过讨袁、护法、北伐。后任南京国民政府委员、北平行营主任、湖北省政府主席、军事委员会军法执行总监，国民党中央执行委员。西安事变时不愿赴西安谈判营救蒋介石，后遭蒋冷遇。1949年赴香港。1951年去台湾，任"总统府"资政。

何兆璜（生卒年不详）

1930年代知名的电影音响师。为上海明星影片公司创办人张石川之内侄。曾任上海明星影片公司收音股长。录制影片有《春蚕》（1933年）、《女儿经》（1934年）、《姊妹化》（1935年）、《船家女》（1935年）等。

何兆璋（1915— ）

浙江定海人。复旦大学肄业。张石川女婿。1931年入上海明星影片公司，任电影音响师。1941年改任导演，处女作为《鬼恋》。1949年密筹拍摄迎接上海解放的《望穿秋水》。新中国成立后，任上海电影技术厂厂长、上海市电影局总工程师。录音影片有《姊妹花》等四十多部；导演影片有《梦断关山》、《长相思》等二十多部。

何宇铨（1893—1969）

字颖孙。贵州贵阳人。河南法政学堂毕业。历任河南法律学校教务长，黑龙江高等审判厅庭长，河南省高等检察厅检察官、司法厅代理厅长，松江省高等法院院长。

何应钦（1890—1987）

字敬之。贵州兴义人。留学日本陆军士官学校。同盟会会员。曾任黄埔军校总教官。参加两次东征、北伐。后任南京国民政府军政部长、军事委员会参谋总长、陆军总司令、国防部长、行政院长。1941年参与策划制造震惊中外的"皖南事变"。1949年去台湾，任"总统府"战略顾问委员会主任。

何其巩（1899—1955）

字克之。安徽桐城人。安徽省立芜湖农业学校肄业。早年入冯玉祥西北军，任秘书长。后历任国民联军总司令部秘书长、国民政府北平市首任市长、安徽省财政厅长、行政院驻北平政务整理委员会委员、北平中国学院（后改中国大学）代理校长。1955年在北京病逝。

何其芳（1912—1977）

原名永芳，又名季芳，笔名秋子。四川万县人。北京大学哲学系毕业。1938年到延安，并加入中国共产党.。曾任延安鲁迅艺术学院文学系主任、朱德秘书。1944—1947年两次到重庆，在周恩来领导下工作，任中共四川省委宣传部副部长、《新华日报》社副社长。新中国成立后，任《人民文学》编委、中国社科院文学所所长。有散文集《画梦录》，诗集《预言》等。

何杰才（1895—1969）

字其伟。上海人。清华学校毕业，美国哈佛大学硕士。历任英文《北京日报》编辑长，北京政府国务院秘书长，南京国民政府上海土地局局长、外交部第三司司长、外交部条约委员会委员。新中国成立后，曾在上海光华大学任教。

何非光（1913—1997）

生于台湾台中市。16岁到上海谋生。1932年从影，1939年后改任导演。主演影片有《母性之光》、《热血忠魂》、《日本间谍》等；导演影片有《东亚之光》、《气壮山河》、《血溅樱花》等。新中国成立后，在上海文史馆工作。

何叔衡（1876—1935）

谱名启璿，字玉衡，号琥璜。湖南宁乡人。晚清秀才。湖南公立第一师范毕业。1918年参与组织新民学会。1920年与毛泽东等创建湖南共产主义小组。是中共一大代表。曾任中华苏维埃政府中央执行委员、工农监察部部长、最高法院院长。1934年红军主力长征后，留在苏区坚持斗争。1935年在福建上杭水口战斗中牺牲。

何宗莲（1864—1931）

字春江。山东平阴人。早年投清军吴长庆部当兵。后入北洋武备学校学习。曾任定武军总教习、第一镇统制。辛亥革命后，任中央陆军第一师师长、北京大总统府侍从武官。1918年授将军府弼威将军。不久，引退归鲁，从此不复过问军政事务。

何绍基（1799—1873）

字子贞，号东洲，晚号蝯叟。湖南道州（今道县）人。清道光进士，授编修。咸丰初官四川学政。曾典福建等乡试。历主山东泺源、长沙城南书院。工诗，通经史，精律算，好金石。书法尤以草书为一代之冠。著有《惜道味斋经说》、《东洲草堂诗文集》、《东洲草堂金石跋》。

何柱国（1898—1985）

别署铸戈。广西容县人。日本陆军士官学校毕业。系东北军高级将领，参与西安事变。抗战中，任第十五集团军总司令、第十战区副司令长官，曾与八路军、新四军协同作战。抗战后，因双眼突然失明，长期在杭州养病。新中国成立后，任全国政协常委、民革中央常委。

何思敬（1896—1968）

浙江杭县（今余杭）人。早年留学日本。回国后任中山大学教授、法科主任。1932年加入中国共产党。1938年到延安。曾任抗大教员、中央党校研究员、延安大学法律系主任。1945年以法律顾问参加国共谈判。新中国成立后，任北京大学法律系教授，中国人民大学法律系、哲学系主任。著有《马克思的国家与法权学说》。

何衍璿（1902—1971）

名刚。广东高明（今属佛山）人。法国里昂大学数学硕士。曾任大夏大学教授，中山大学数学系主任、理学院院长，中国数学会理事。新中国成立后，任云南大学理学院院长、代理校长。著有《解析几何》、《整数论》、《微积概要》、《置换论》。

何思源（1896—1982）

字仙槎。山东荷泽人。北京大学毕业，美国芝加哥大学硕士，复留学德、法。历任中山大学教授兼图书馆馆长、山东省政府委员兼教育厅长、山东省政府主席兼保安司令。1946年任北平特别市长。北平解放前夕，为北平市和平谈判首席代表，促成北平和平解放。新中国成立后，从事编译工作。是全国政协委员、民革中央委员。

何庭流（1895—？）

陕西乾县人。日本东京帝国大学经济学学士。1926年入吴佩孚幕，任外交科长。后任天津市政府总务厅厅长。抗战爆发后投敌，任伪华北临时政府行政委员会参事，汪伪政权农矿部次长、湖北省教育厅长。

何炳松（1890—1946）

字伯臣、柏丞。浙江金华人。浙江高等学堂毕业，留美历史学硕士。历任北京大学史学系教授、武昌师范大学校长、商务印书馆副经理、《教育杂志》主编、暨南大学校长。1946年受命任国立英士大学校长，因生病未到任。同年病逝。著有《浙东学派溯源》、《通史新义》，编译有《中古欧州史》、《近世欧洲史》、《新史学》。

何炳贤（1901—1999）

又名仪。广东番禺人。美国加利福利亚大学硕士。历任上海大陆大学教授、国民政府实业部国际贸易局局长。抗战时期投敌，任汪伪全国经济委员会委员、军委会常委、中央储蓄银行监事、中央陆军军官学校校务委员兼秘书长等职。抗战胜利后，与陈公博等逃往日本。后引渡回南京，被判刑八年。1948年被释放，1949年移居香港。

何济周（生卒年不详）

又名济舟，别号燮珊。辽宁岫岩人。曾任热河省政府参议。1948年当选国民政府监察院监察委员。1949年去台湾。

何浩若（1899—1971）

字孟吾。湖南湘潭人。清华学校毕业，美国威斯康辛大学哲学博士。历任黄埔军校教官、湖南省政府委员兼财政厅厅长、国民政府军政部第三厅厅长、《中央日报》社社长、三青团中央常务干事、国民政府军事委员会外事局局长、行政院政务委员、国民党中常委。1949年去台湾，任"国防研究院"讲座教授。

何海涛（1873—? ）

字伯龙。甘肃皋兰人。曾任清直隶知州。1913年当选参议院议员。1917年任护法国会参议院议员。1922年北京国会恢复时，仍任参议院议员。

何焕南（1874—? ）

云南盐兴（今禄丰）人。曾任云南省议会议员、靖国联军总司令部咨议官。1926年任广东连县县长。1931年任国民政府财政部九江关监督。

何基沣（1898—1980）

字芑荪。河北藁城人。陆军大学毕业。初在冯玉祥部任职。1933年长城抗战中，率部赴喜峰口抗击日军，升任国民革民军一一〇旅旅长。七七事变后，指挥所部在宛平城抵抗日军。后任第一七九师师长、第七十七军军长。解放战争时，任第三绥靖区副司令官。1948年淮海战役中率部起义。新中国成立后，任水利部、农业部副部长、全国政协常委。

何琴莲（生卒年不详）

女。江苏吴县人。北京协和女子医学院医学博士、留英博士。名西医何莲君之女。民国时期曾在上海及国内各地行医，尤精予妇产科。

何联奎（1902—1977）

字子星。浙江松阳人。北京大学毕业，复留学法、英，治人类学。历任北京大学、中央大学教授，《扫荡报》总社长，国民参政员，中央大学法学院院长，国民党中央执行委员会常委，1948年当选为"国民大会"代表。1949年去台湾，曾任"行政院"副秘书长、台湾"故宫博物院"管理处主任。

何鲁之（1891—1968）

四川华阳（今双流）人。早年曾加入少年中国学会。后留学法国，参与发起组织中国青年党。回国后历任成都大学、四川大学历史学教授、系主任，国民参政会参政员，国民政府委员。1949年后居香港，开办自由出版社，从事反共宣传，并任台湾"总统府国策顾问"。

何瑞章（1887—? ）

字次衡。安徽南陵人。南京江南高等学堂毕业。历任北京政府交通部秘书、交通部金事、大总统府秘书、交通部高等工业委员会总务局长、京绥铁路局副局长、张作霖顾问。

何辑五（1900—1983）

原名应瑞。贵州兴义人。何应钦之弟。陆军大学毕业。1928年任国民革命军第一集团军第十军副军长。1934年任国民政府军事参议院参议。1941年任贵阳市市长。1946年任贵州省政府委员兼建设厅长。1948年当选"国大"代表。1949年赴香港。1950年去台湾，仍任"国民大会"代表。

何德奎（1896—1983）

字中流。浙江金华人。美国哈佛大学硕士。曾执教于上海大同、交通、光华大学。1928年任上海公共租界纳税华人会秘书，1931年入工部局总办处任会办，1936年升任副总办。1943年因汪伪政权接收工部局而辞职。1945年任上海市副市长、市政府秘书长。1947年离职。1949年去香港。1974年回沪，任上海市政协委员。

何懋刚（生卒年不详）

1930年代知名的电影录音师。为上海明星影片公司创办人张石川之内弟。曾先后入上海明星、香港国泰等影片公司。录制影片有《女儿经》（1934年）、《风雨牛车水》（1956年）、《儿女英雄传》（1959年）等。

但焘（1881—1970）

字植之，别号天囚居士。湖北蒲圻人。日本中央大学毕业。曾任同盟会湖北支部主盟人。1917年任非常国会秘书长。1919年任安福国会秘书长。1928年任湖北省政府委员。1932年任广东中山县教育局长。后长期任国民政府秘书。1948年任国史馆副馆长。后去台湾，为"总统府"资政。

但懋辛（1886—1965）

字怒刚。四川荣县人。早年留学日本，加入同盟会。辛亥革命时在重庆响应起义。后任川军第一军军长。抗日战争时期，任国民政府军事参议院参议。1948年当选国民政府立法院立法委员。后为成都的解放作出贡献。新中国成立后，任西南军政委员会司法部部长、全国人大代表、四川省政协副主席、民革四川省主委。

佟曾功（1924—2000）

北京人。北京大学毕业。1955年留学苏联国立莫斯科图书馆学院研究生部，获苏联教育科学副博士。回国后，任中国科学院图书馆馆长、中国图书馆学会理事长。

伯希和（1878—1945）

法国人。早年习汉文。1902年在法国驻华使馆任职。1906-1908年活动于中国甘肃、新疆一带，盗窃敦煌千佛洞珍贵文献约5000件，运往巴黎。1911年任巴黎法兰西学院东方语文教授。一战期间，任法国驻华使馆陆军武官。

佟麟阁（1892—1937）

原名凌阁，字捷三。河北高阳人。早年入冯玉祥部。1930年任国民革命军新编第一军军长。1933年任抗日同盟军第一军军长、代理察哈尔省主席。1937年代理第二十九军军长驻北平南苑。七七事变爆发时，率部抗击日军。7月28日遭敌伏击，壮烈殉国。

余光（生卒年不详）
先后入上海强华、天一、艺华影业公司做演员。主演了《母亲》（1925年）、《觉悟》（1933年）、《红楼春深》（1934年）、《弹性女儿》（1937年）等影片。

余诚（1884—1910）
亦名仲勉、叔澄，字简斋、剑桥，号思父。湖北麻城人。早年留学日本。1904年参加科学补习所，1905年加入同盟会，推为同盟会湖北分会会长。1906年回武汉，任武昌文华大学教授、武昌翻译学校校长，并任《河南》杂志主笔。从事发展同盟会会员、反清等革命活动。1910年病逝。

余通（？—1910）
字子明。广东饶平人。早年加入同盟会，潮州黄冈起义（又称丁未黄冈之役）领导人之一。起义失败后，赴新加坡经营种植业，后病故。

余上沅（1897—1970）
湖北沙市（今荆州市）人。毕业于北京大学英文系。后留学美国，研习戏剧。1925年回北京组织"中国戏剧社"，在北京美专（后改北京艺专）开办戏剧系。历任上海光华大学、暨南大学、北京大学教授。后在南京创建国立戏剧学校，任校长。新中国成立后，任教于复旦大学、上海戏剧学院。有《上沅剧本甲集》、《余上沅戏剧论文集》。

余井塘（1895—1985）
名愉，字景棠、井塘。江苏兴化人。复旦大学商科毕业，留美经济学硕士。曾任东南大学教职、中央政治学校教务主任、江苏省民政厅厅长。抗战时期任国民政府教育部常务次长、国民党中组部副部长。1949年去台湾，任"内政部"部长、"行政院"副院长。

余云岫（1879—1954）
名岩，号百之。浙江镇海人。赴日学医。辛亥革命时，曾返国参加救护工作。1916年大阪医科大学毕业后回国，任上海医院医务长、上海医药会会长、国民政府内政部卫生专门委员会委员。曾提出"废止中医案"。新中国成立后，任中华医学会理事。著有《灵素商兑》、《医学革命论初集》。

余日章（1882—1936）
湖北蒲圻人。上海圣约翰大学毕业，美国哈佛大学硕士。辛亥革命爆发后，组织红十字会，自任总干事。并任黎元洪秘书、湖北军政府外交部交涉局局长。后任中华基督教会总干事、中华全国基督教协进会会长。提倡"基督教救国论"。

余心清（1898—1966）
安徽合肥人。金陵神学院毕业，曾为冯玉祥部随军牧师。后留学美国。回国后仍在冯玉祥部任职。九一八事变后，从事抗日反蒋活动。1933年参加福建事变。1944年参加中国民主同盟。1947年策动孙连仲起义被捕，李宗仁代总统时获释。新中国成立后，任中央人民政府办公厅副主任、典礼局局长，国家民委副主任，全国人大常委会副秘书长，北京市政协副主席。

余东雄（1893—1911）

广东南海人，生于南洋。15岁加入同盟会。曾多次谋划暗杀清官吏活动，皆因不熟悉国内情况，未果。1911年初回国，广州起义时参加敢死队，在攻打督署时牺牲。为黄花岗七十二烈士之一。

余汉谋（1896—1981）

字幄奇。广东高要（今属肇庆）人。保定军校第六期毕业。1916年加入中华革命党。抗战时期任第四战区副司令长官、第七战区司令长官。参加过淞沪抗战、南京保卫战等战役。1948年任国民党陆军总司令。1949年任华南军政长官。1950年率残部去台湾，任"总统府"战略顾问。

余纪忠（1910—2002）

江苏武进人。毕业于中央大学历史系，后留学英国。曾任青年军第二○三师政治部主任、三青团中央干事、东北行辕新闻处处长、《中苏日报》(沈阳)社长。1949年去台湾，任《中国时报》董事长、国民党中常委。

余青松（1897—1978）

福建厦门人。早年就读清华学校，美国加利福尼亚大学哲学博士。曾在美国利克天文台工作过。1927年回国任厦门大学教授。1929年任中央研究院天文研究所所长。先后创建紫金山和昆明凤凰山天文台。曾任中国天文学会会长。1947年再度出国。1955年任美国胡德学院教授兼威廉斯天文台台长。是英国皇家天文学会会员。

余既成（1874—1912）

名丑，号既成。广东饶平人。早年入洪门会，1906年冬加入同盟会。1907年与陈涌波、余通等人发动潮州黄冈起义，被推为起义军副司令。失败后避往香港。后在新加坡任孙中山护卫。辛亥革命时，任潮州光复军司令。后因卫兵擦枪不慎走火，致重伤，于1912年初亡故。1924年被追认为烈士。

余晋龢（1887—？）

字幼耕。浙江绍兴人。毕业于东京陆军士官学校。历任陆军部参事、宪兵学校教官、青岛市公安局长、北平市公安局长、厦门市市长。抗战期间投敌，任汪伪北平市长、华北政务委员会常委。

余家菊（1898—1976）

字景陶、子渊。湖北黄陂人。中华大学毕业，留学英国伦敦大学、爱丁堡大学。曾加入少年中国学会。1922年与李璜合著《国家主义教育》。1925年任《醒狮》周刊副刊编辑，正式表明反共。次年加入中国青年党。1947年任国民政府委员。1949年去台湾，为中国青年党主席。

余程万（1902—1955）

号石坚。广东台山人。黄埔军校第一期、中山大学政治系毕业。1932年入陆军大学研究院深造。1940年任国民革命军第七十四军第五十七师师长，1943年率部参加常德会战。后任七十四军副军长。1948年任第二十六军军长，1949年任"云南绥靖主任"。后赴香港。1955年在香港被杀。

余楠秋（1897—1968）

名箕传。湖南长沙人。清华学校毕业，留美文学士。曾任东南大学商科教授。后长期在复旦大学任教授、文学院长兼西洋文学系主任等。

余嘉锡（1884—1955）

字季豫。湖南武陵（今常德）人。清光绪举人。曾任清吏部文选司主事。民国后，任辅仁大学国文系主任、文学院院长，讲授目录学、古籍、经学、《世说新语》的研究。1950年起任中国科学院语言研究所专门委员。毕生致力于《四库全书总目》考订。著有《四库提要辨证》、《目录学发微》、《古籍校读法》。

余籍传（1894—1959）

字剑秋。湖南长沙人。上海中国公学毕业，美国伊利诺大学硕士。1924年回国，任潭宝公路总工程师，主持建成湘南第一条公路。后历任长沙市政处处长、南京市工务局局长、湖南省建设厅长、行宪国大代表、行政院设计委员。1948年移居澳门，1952年去台湾。著有《湖南省建设》、《美国之公路财政》等。

谷凤翔（1907—1988）

字岐山。察哈尔龙关（今属河北赤城）人。早年就学于朝阳大学法学院。1947年任东北九省监察使。去台湾后，任"司法行政部"部长，国民党中央党部秘书长。

谷正伦（1890—1953）

字纪常。贵州安顺人。留学日本陆军士官学校。1922年任广州军政府中央直辖黔军总司令。南京国民政府成立后，历任首都卫成司令，宪兵司令，甘肃、贵州省政府主席。1949年任贵州绥靖公署主任。旋赴香港，1952年去台湾，任"总统府国策顾问"。

谷正纲（1902—1993）

字叔常。贵州安顺人。谷正伦之弟。曾留学德国柏林工业大学。1924年加入国民党。1928年加入国民党改组同志会。后任国民党中央执行委员、社会部长、最高国防会议委员。1949年去台湾，任国民党中常委。

谷正鼎（1903—1974）

字铭枢。贵州安顺人。谷正伦之弟。留学德国柏林大学、苏联莫斯科中山大学。历任国民党北平特别市党部委员，陕西省党部主任委员，国民党中央执行委员、中组部部长。1948年当选为国民政府立法院立法委员。1949年去台湾，任国民党中央评议委员会委员。

谷钟秀（1874—1949）

字九峰。河北定县人。日本早稻田大学毕业。同盟会会员。1912年任南京临时参议院议员，并组织统一共和党。1916年任农商总长兼全国水利局总裁。1935年任河北省民政厅长。著有《中华民国开国史》。

谷嘉荫（1875—? ）

字芷航。吉林扶余人。清贡生，得候选通判，旋任黑龙江善后局委员。民国成立后，1913年当选参议院议员。1917年任护法国会参议院议员。1922年北京国会恢复时，仍任参议院议员。

孚琦（1869—1911）

西林觉罗氏，字朴孙。清满洲正蓝旗人。满族。历任军机章京、郎中、内阁学士、刑部右侍郎。光绪年间出为广州副都统、署广州将军。宣统间摄将军篆。曾设八旗工艺学校。1911年4月，被同盟会会员温生才刺杀。谥恪愍。

狄膺（1896—1964）

原名福鼎，字君武。江苏太仓人。北京大学毕业，留学法国里昂大学。历任国民党南京市党部宣传部长，国民政府立法院立法委员、国防最高委员会第三处处长，国民党第六届中央执行委员。1949年去台湾，任国民党中央党史编纂委员会副主任。

狄葆贤（1875—1921）

字楚青，号平子。江苏溧阳人。清光绪举人。戊戌变法时拥护维新运动，失败后逃往日本。1900年参加中国国会和自立军起义。1909年当选江苏省咨议局议员。曾创办《时报》、《民报》和有正书局。

邹容（1885—1905）

原名绍陶，字蔚丹、幼丹、威丹，别署革命军中马前卒。四川巴县（今重庆）人。留学日本东京同文书院，回国后成立中国学生同盟会。宣传反清革命。著有《革命军》。1903年6月，因《苏报》宣传《革命军》，章炳麟等人被捕入租界狱。邹容奋起投狱，与章炳麟共患难。于1905年4月3日卒于狱中，年仅20岁。

邹琳（1888—1984）

字玉林，笔名达公。广东大埔人。北京法政专门学校毕业。曾任广州军政府司法部司长、国民政府财政部政务次长、广东省政府委员兼财政厅长。1949年后居香港。

邹鲁（1885—1954）

字海滨。广东大埔人。1905年加入同盟会。1911年参加黄花岗起义。1913年当选众议院议员。1925年参加西山会议。后曾任中山大学校长、国民党中央常务委员、国民政府委员。1949年去台湾，任国民党中央评议委员。

邹谦（1894—1969）

字曼支。湖南新化人。日本东京高等师范学校毕业。历任湖南大学、中央大学、台湾大学教授。著有《教育心理学》。

邹弢（1850—约1918前后，一作？—1924后）

字翰飞，号酒丐，别号瘦鹤词人。江苏金匮（今无锡）人。以著长篇狭邪小说《海上尘天影》著名。曾任《苏报》主编，晚岁在上海启明女学任教。

邹文海（1908—1970）

号景苏。江苏无锡人。毕业于清华大学，后留学英国伦敦政治经济学院。历任湖南大学、厦门大学教授，暨南大学法学院院长。1949年去台湾，任法商学院、政治大学教授。著有《自由与权力》、《代议政治》。

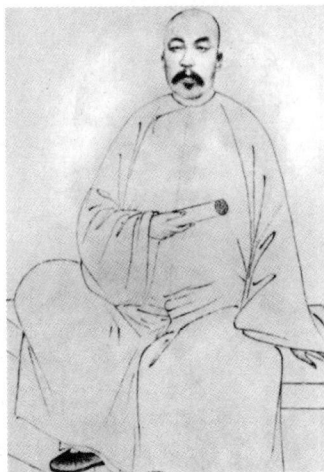

邹代钧（1854—1908）

字甄伯、伯陶。湖南新化人。清光绪时曾随刘瑞芬出使英、俄等国，归国后创办舆地学会，在国内首创铜版彩印地图。

邹作华（1894—1973）

字岳楼。吉林永吉人。日本陆军士官学校毕业。曾为张作霖旗下炮兵旅长，后随张学良易帜，历任东北国民军炮兵司令、国民政府陆军炮兵学校校长、全国炮兵总指挥。1948年，加陆军上将衔。1949年去台湾，任"总统府国策顾问"。

邹伯奇（1819—1869）

字一鹗、特夫。广东南海（今广州）人。精研天文、历算、舆地、仪器制造。撰写较系统的几何光学著作。曾独立制造了中国第一台照相机并拍摄照片，比西方仅仅晚了4年。著有《摄影之器记》、《格术补》。

邹秉文（1893—1985）

原名应菘。江苏吴县人。美国康乃尔大学毕业。参与组织中国科学社。曾任金陵大学农林科教授，国民政府实业部上海商品检验局局长、全国经济委员会委员。1948年赴美国，任和昌公司董事长。1956年回国，任农业部、高教部顾问。

邹钟琳（1897—1983）

江苏无锡人。美国康奈尔大学昆虫生态学硕士。历任中央大学农学院教授、西北农学代理院长。新中国成立后，任南京农学院教授、全国农学会副理事长。著有《昆虫生态学》等。

邹韬奋（1895—1944）

原名恩润，笔名韬奋。上海圣约翰大学毕业。从1926年主编《生活》周刊起，毕生从事新闻出版事业。1932年开办生活书店，任总经理。1935年创刊《大众生活》周刊。1936年在香港创办《生活日报》、《生活星期刊》。同时担任上海与全国各界救国联合会的领导工作，被国民党当局逮捕，是"七君子"之一。1944年病逝于上海。著有《萍踪寄语》。

言心哲（1898—1984）

别名荣彰。湖南湘潭人。美国南加州大学硕士。曾在燕京、中央、复旦等大学教社会学。新中国成立后，任复旦大学社会学系教授、华东师范大学研究部和教育系翻译。曾主编《儿童与社会》杂志。著有《农村社会学概论》、《现代社会事业》、《中国乡村人口问题之分析》。

况周颐（1859—1926）

原名周仪，字夔笙，号蕙风。广西临桂（今桂林）人，祖籍湖南宝庆。清光绪举人。官内阁中书。后入张之洞、端方幕府。民国年间寓居上海，以卖文为生。一生致力于词，尤精于词论。与王鹏运、朱祖谋、郑文焯合称"清末四大家"。著有《蕙风词》、《蕙风词话》。

应云卫（1904—1967）

字雨辰，号杨震。浙江慈溪人。1921年参与创立上海戏剧协社。1930年代初加入中国左翼戏剧家联盟。在上海导演话剧《怒吼吧！中国》及影片《桃李劫》等。抗战时发起组织中华戏剧界抗敌协会。拍摄影片《八百壮士》、《塞上风云》等。新中国成立后，历任上海电影制片厂导演、影协上海分会副主席、上海江南电影制片厂厂长。

应书贵（1898—？）

浙江人，生于上海。名建筑师应永亮之子。金陵大学肄业。曾任大华杂志公司总经理、中国联合出版公司董事、中华基督教全国总会主席、上海市中心教会会长。

应成一（1897—1983）

原名业存。浙江永康人。东吴大学毕业，美国威斯康辛大学社会学硕士。曾任复旦大学教授、中文系主任、社会学系主任、教务长、法学院院长。新中国成立后，先后任山东财经学院、上海财经学院教授。晚年任上海社科院社会学研究所特约研究员。著有《社会学原理》、《社会心理学》。

应尚德（1887—1983）

字润之。浙江奉化人。美国哥伦比亚大学硕士。曾任金陵大学、南开大学教授。1931年任国民政府外交部总务司司长。1936年任驻美大使馆参事。1939—1948年任驻马拉瓜总领事。1948年去职。

冷遹（1882—1959）

字御秋。江苏丹徒（今属镇江）人。毕业于安徽武备学堂。同盟会会员。参加过辛亥革命、二次革命、讨袁、护法运动。与黄炎培等人，1917年创办中华职业教育社，抗战期间组织中国民主政团同盟（民盟前身）。新中国成立后，任江苏省副省长、江苏省政协副主席。

辛汉（1880—?）

字濯之。江苏江宁（今属南京）人。日本东京帝国大学法科毕业。曾任浙江高等检察厅检察长，辽阳地方审判厅厅长。1913年当选为国会参议院议员。1922年国会恢复时，仍任参议院议员。

辛铸九（1880—1965）
名葆鼎。山东章丘人。清末举人。民国时期历任益都（今青州）师范校长、峄县县长、济南商会会长。新中国成立后，为山东省人大代表、省政协委员。工书法。

汪东（1890—1963）
原名东宝，字叔初、字旭初，号寄庵，笔名宛童。江苏吴县（今苏州）人。留学日本。早年追随孙中山，反对帝制、宣传革命，参加过辛亥革命。曾任《民声日报》、《大共和日报》编辑、总编辑，北京大总统府法政咨议。1927年后任中央大学文学院长、复旦大学教授。新中国成立后，任苏州市政协副主席、江苏省政协常委。

汪波（1908—1987）
字澄之。福建惠安人。政法大学毕业。曾任司法审判官、检察官、大学教师、律师。1949年去台湾，任"国民大会"代表。

汪瑢（1828，一作1826—1891）
字芙生、越人，号玉泉、榖庵。浙江山阴（今绍兴）人。幼随父宦游广东，寄籍番禺。先后为刘坤一、曾国荃幕僚，长于中外交涉。晚年隐居著述，有《随山馆集》等。

汪鋕（1794—1855）
字式金，号剑秋。浙江钱塘
（今杭州）人。工词。著有
《四书说略》、《五经说
略》。

汪士铎（1804，一作1802—
1889）
字振庵，号梅村。江苏江宁（今
南京）人。清举人。精"三
礼"，与杨大堉并称"汪杨"。
擅舆地之学，究心《水经注》。
工诗。主要著作有《汪梅村先生
集》、《悔翁笔记》、《南北史
补志》、《水经注图》等。由后
人编纂的《汪悔翁乙丙日记》，
是议论中国人口问题较多的一部
著作。

汪大燮（1859—1929）
字伯唐、伯棠。浙江钱塘（今
杭州）人，原籍安徽黟县。清
举人。晚清时任内阁中书、总
理各国事务衙门章京、外务部
右侍郎、驻英公使。民国后任
北京政府教育总长、参政院副
院长、外交总长、国务代总理
兼财政总长。编有《英国宪政
丛书》、《分类编辑不平等条
约》。

汪之昌（1837—1895）
字振民。江苏新阳（今昆山）人。
晚清学者。有《青学斋集》等。

汪元臣（生卒年不详）

江苏江都人。同济大学毕业，后赴德国柏林大学习医。民国时期曾任江苏省立医院院长。喜爱昆曲，曾聘请谢纯江先生到镇江为省立医院之助产学校、护士学校设昆曲班。

汪曰桢（1813—1881）

字刚木，号谢城、薪甫。浙江乌程（今湖州）人。清咸丰举人。精于史学，好研数学，尤熟古今推步诸术，亦好填词。著有《四声切韵表补正》、《荔墙词》、《历代长术辑要》、《古今朔闰考》、《古今诸术考》、《玉鉴堂诗集》等二十余种。

汪以诚（1889—？）

号服三。浙江新登（今属桐庐）人。毕业于陆军大学第十期。历任国民党军职。1947年7月授少将衔，同年退役。

汪汉溪（1874—1924）

字龙标。安徽婺源（今属江西）人。早年毕业于梅溪书院。清秀才出身。1899年起任《新闻报》总理、董事，使之成为与《申报》并驾齐驱的报纸。之后其长子伯奇继承父业，担任《新闻报》总经理。

汪亚尘（1891—1983）

号云隐居士。浙江杭县（今属余杭）人。东京美术学校毕业。擅画金鱼。曾任上海美专、上海新华艺专教授，《时事新报》副刊《学灯》主编，中国画会常务理事。1947年赴美国考察，后受聘执教暑期绘画班，教授中国画。1975年回台湾养病，1980年回上海定居。

汪优游（1888—1937）

名效曾，字仲贤，艺名优游，笔名陆明悔。原籍安徽婺源（今属江西），世居上海。1910年加入进化社，成为职业戏剧演员。1921年与沈雁冰等创立民众戏剧社。是中国早期的话剧演员，曾创作独幕剧《好儿子》，1920年代风行话剧舞台。著有《我的俳优生活》。

汪自洋（1887—?）

字子阳。内蒙古喀剌沁右旗人。崇正师范学校毕业。毕业后在喀剌沁右旗地方创办小学。1912年任第一届国会参议院议员。1929年任国民政府蒙藏委员会古北口台站管理局局长，军事委员会北平分会参议。

汪兆镛（1861—1939）

字伯序，号憬吾、清溪渔隐。广东番禺人。汪精卫兄。早年入两广总督岑春煊幕府。辛亥革命后避居澳门，著述不问时事。有《孔门弟子学行考》、《晋会要》。

汪国栋（生卒年不详）

字砥流。江苏高淳人。1942—1943年任江苏省第一区行政督察专员兼保安司令。

汪荣宝（1878—1933）

字衮甫，一字太玄。江苏吴县人。清贡生，后留学日本。曾任清廷民政部右参议。民国后，任中华民国临时参议院议员，驻比利时、日本国公使。

汪哕鸾（生卒年不详）

字轮忱。湖北武昌人。清光绪举人。曾任山西大学堂教习、广东学务公所专门科长。辛亥革命时回武昌，主编《群报》。1913年当选为国会众议院议员。1917年任护法国会众议院议员。1922年北京国会恢复时，仍任众议院议员。

汪胡桢（1897—1989）

字干夫。浙江嘉兴人。美国康乃尔大学土木工程硕士。曾任国民政府导淮委员会设计主任工程师，主持领导修复钱塘江海塘工程。主编《水利》月刊时，将水利古籍印为《水利珍本丛书》。新中国成立后，任浙江大学教授、北京水利水电学院院长、中科院学部委员。主编出版了我国最早的大型专业工具书《中国工程师手册》。

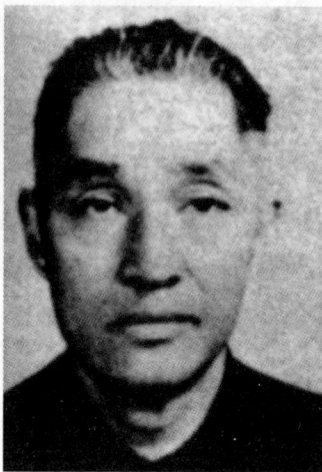

汪菊潜（1906—1975）

上海市人。美国康乃尔大学硕士。回国后从事铁路与桥梁工程和管理工作。新中国成立后，任铁道部工程总局副局长兼总工程师、武汉大桥工程局总工程师、铁道部副部长。

汪曼云（1904—1972）

字秀峰。浙江杭州人。曾任国民党上海市党部委员。1939年后，历任汪伪国民党中央执行委员、农矿部次长、司法行政部次长、行政院政务委员、行政院清乡事务局局长。1945年以汉奸罪判处有期徒刑15年，1949年2月疏散出狱。1954年7月再次被捕，以反革命罪判处无期徒刑，1972年病逝狱中。有《我所知道的汪伪特工内幕》。

汪康年（1860—1911）

字穰卿、毅白，晚号恢白、醒醉生、桐翁。浙江钱塘（今杭州）人。曾入张之洞幕。后为清光绪进士，官内阁中书。甲午战争后，1895年参加强学会，在上海创办《时务报》，宣传变法维新，又办《京报》、《刍言报》。有《汪穰卿遗著》、《汪穰卿笔记》。

汪隆燿（1776—?）

字虚中。浙江钱塘（今杭州）人。工诗。

汪敬熙（1897—1968）

字缉斋。江苏吴县人。美国霍普金斯大学哲学博士。历任中山大学、北京大学心理学教授，中央研究院心理研究所所长，中央研究院院士。晚年居美国，继续从事心理学研究。

汪道渊（1913—2011）

字守一。安徽歙县人。曾就读于上海大夏大学。后曾任重庆卫戍总司令部军法处处长、北平警备总司令部政工处处长。1949年去台湾，任"司法行政部"部长、"国防部"部长、"司法院"副院长。

汪曾武（？—1956）

字仲虎。江苏太仓人。1895年参加公书上车。清末任职巡警部和内阁法制院。民国以后任北京政府平政院第一庭书记官。新中国成立后，为中央文史馆馆员。著有《述德小识》、《平阳杂识》、《历代泉币考略》、《趣园味莼词》等。

汪瑞闿（1873—1941）

江苏吴县人。清光绪举人。清末任江西监察使、江苏巡警道、长沙关监督。民国后任江西省省长、参政院参政。1938年任伪维新政府浙江省长。1940年任汪伪浙江省政府主席。

汪筱孟（生卒年不详）

女。浙江杭州人。沪江大学毕业，留美新闻学硕士。上海国际饭店总经理林勉之之妻。民国时期曾任上海《大陆报》（英文）记者编辑、大学英文及戏剧系教授。

汪辟疆（1887—1966）

名国垣，字辟疆、笠云，号方湖、展菴。江西彭泽人。京师大学堂毕业。是著名的目录学家、藏书家。历任江西心远大学、中央大学教授。新中国成立后，为南京大学中文系教授。有《汪辟疆文集》。

汪精卫（1883—1944）

名兆铭，字季新，笔名精卫。广东番禺人，祖籍浙江山阴（今绍兴）。曾留学日本法政大学。1905年加入同盟会，任《民报》主编。1910年曾因谋刺清摄政王载沣被捕。辛亥革命后，历任广东和武汉国民政府主席、南京国民政府行政院长、国民党副总裁。抗战爆发后投日，成立伪国民政府，任主席。1944年死于日本。

汪震东（1887—? ）

热河平泉（今属河北）人。师范学校毕业。曾筹办汉蒙小学堂，并任蒙藏局蒙文《白话报》编辑。1916年补缺当选国会众议院议员。1917年任护法国会众议院议员。1922年北京国会恢复时，仍任众议院议员。1948年当选"国民大会"代表。

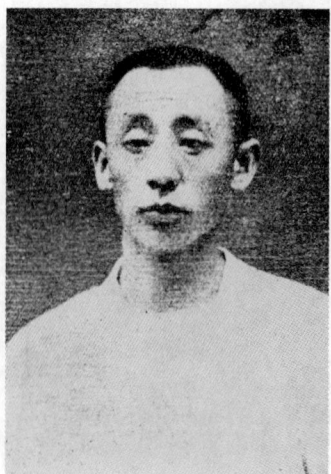

汪翰章（生卒年不详）
曾任汪伪国民政府司法行政部政务次长。主编有《法律大词典》。

汪恵章（生卒年不详）
江苏人。畜牧学硕士。民国时期历任东南大学、中央大学和南京大学教授。主要从事动物营养学教学和研究。著有《畜牧概言一束》。

沙馥（1831—1906）
字山春。江苏长洲（今苏州）人。出身绘画世家，马仙根弟子。擅画写意人物、花卉，兼能山水。为苏州阊门外山塘年画铺中最著名画家。

沙可夫（1903—1961）
原名陈维敏。沙可夫为其俄文名字。浙江海宁人。留学法国、苏联。1926年在巴黎加入中国共产党。1932年进入中央苏区，曾任中央苏维埃政府教育人民委员部副部长。抗战爆发后到延安，任新华通讯社主任。后致力于戏剧活动，参与筹建鲁迅艺术学院，任副院长。新中国成立后，任文化部办公厅主任、中央戏剧学院副院长。

沈扬（1917—1964）

吉林延吉人。1940年毕业于国立戏剧专科学校。曾参加昆仑、文华影片公司《万家灯火》、《我这一辈子》的拍摄。新中国成立后，任上海人民艺术剧院演员，主演《关汉卿》、《第二个春天》。

沈寿（1872—1921）

女。原名雪君、云芝，获慈禧太后赐"福"、"寿"二字，改名寿，别号天香阁主。江苏吴县人。擅刺绣，作品获世界万国博览会最优等奖，曾创办苏州刺绣学校、天津自立女工传习所。

沈昌（1904—1942）

字立孙。浙江桐乡人。早年赴美国留学。历任镇江县长、平绥铁路局局长。抗战爆发后，任川滇铁路公司总经理、叙昆铁路工程局局长、中国远征军随军铁路特派员。

沈荩（1872—1903）

原名克诚，字愚溪。湖南善化（今长沙）人。曾留学日本。1900年与唐才常等组正气会（旋改名自立会），任自立军右军统领。后在上海、北京进行反清活动。1903年因揭露《中俄密约》于报端，被清廷逮捕杖杀。

沈崧（1895—1939）

字次高。广东番禺人。法律本科毕
业。汪精卫外甥。曾任国民政府顺
德县县长、佛山市市长、财政部筹
饷总处处长、禁烟委员会委员、铁
道部路警管理局局长。1938年随汪
精卫投敌。1939年在香港被刺死。

沈士远（1881—1955）

浙江吴兴（今湖州）人。历任北
平燕京大学教授，"五四"运动
中，任北京中等以上学校教职员
联合会书记。后任浙江省政府
秘书长，浙江省、湖北省、江西
省教育厅长，国民政府考试院
考选委员会副委员长、高等考试
初试再试典试委员长。1950年
任北京故宫博物院编纂委员、
文献馆主任。与其弟沈尹默、沈
兼士有"沈氏三贤"之称。

沈元鼎（1895—?）

字籁清。原籍浙江绍兴，生于江
苏淮阴。毕业于复旦大学预科，
后留学美国。曾任大陆银行沪
行副经理、上海商科大学教务
主任、国际复兴开发银行首席常
任理事、国民政府财政部政务次
长。1949年去台湾，任中华书局
董事。

沈云龙（1910—1987）

字泽清、直青，号耘农。江
苏东台人。曾就学于光华大
学，后留学日本。曾任上海
《国论月刊》编辑、《中华时
报》社论委员、福建省政府参
议。1948年当选"国民大会"
代表。1949年去台湾，任台湾
行政长官公署新闻室副主任、
"中央研究院"近史所教授、
青年党中央常委。

沈友梅（1904—1995）

浙江鄞县人。上海正风文学院、兴业营造测绘专门学校毕业。历任国民党鄞县党部执委、镇海县党部书记长、《宁波日报》社社长、浙江省参议员。1950年去台湾，任"立法院"立法委员。

沈从文（1902—1988）

湖南凤凰人。早年从军。1924年开始发表小说，后蜚声文坛，与诗人徐志摩、散文家周作人、杂文家鲁迅齐名。曾主编《中央日报》文艺副刊、《大公报》文艺周刊。任中国公学、西南联大、北京大学教授。新中国成立后，任中国历史博物馆、中国社科院研究员。著有《边城》、《湘西散记》、《中国古代服饰研究》等。

沈尹默（1883—1971）

原名实，号君默、尹默等，晚号秋明室主。浙江吴兴（今湖州）人，生于陕西西安。毕业于日本京都帝国大学文科。历任北京大学、北京女子师范大学教授。参与主编《新青年》。后任河北教育厅厅长、北平大学校长。新中国成立后，任全国政协委员、中央文史馆副馆长、上海文联副主席。其书法早在民初就有"南沈北于（右任）"之称。

沈尔昌（1889—?）

字季宣。浙江绍兴人，生于江苏。浙江高等学校毕业。曾任上海地方审判厅庭长、江苏省长公署咨议厅厅长、浙江省财政厅长、汉口银行公会会长、伪维新政府财政部次长。

沈发藻（1904—1973）

字思鲁。江西大庾（今大余）人。毕业于黄埔军校第二期。曾任国民党第二军副军长、湘粤赣边区"剿匪"总指挥、第一届"国民大会"代表。1949年去台湾，任"陆军副总司令"。

沈亚伦（生卒年不详）

1930年代知名的电影演员。新中国成立后，任上海电影制片厂演员。主演影片有《西厢记》、《吕四娘》、《青灯怨》、《鸳鸯剑》等。

沈西岑（1904—1940）

笔名叶沉。浙江德清人。曾执教于上海美专，加入创造社，参加发起中国左翼作家联盟。后入天一、明星等影片公司，任美工和编导。1938年当选中华全国电影界抗敌协会理事。执导《船家女》、《十字街头》。

沈成式（1889—？）

字崑山。福建福州人，生于上海。英国剑桥大学学士。曾任北京国立大学土木工程科讲师、北京市政府工务处副处长、颐中烟草股份有限公司董事。

沈刚伯（1896—1977）
名汝潜。湖北宜昌人。武昌高
等师范学校毕业，后留学英国
伦敦大学习埃及学、英国史。
曾任中央大学教授、历史系主
任。1948年去台湾，任台湾大
学文学院院长、历史系主任，
1970年当选为"中央研究院"
院士。

沈寿榕（1823—1882）
字意文。浙江海昌（今海宁）
人。工诗。

沈汝瑾（1858—1917）
字公周，号石友、钝居士。江苏
常熟人。诗作多记民生疾苦，晚
年创作好用新名词和方言俗语。
能画花卉蔬果，工书法。好藏
砚，多为精品。

沈青来（1898—?　）
浙江吴兴人。美国密歇根大学博
士。曾任苏州东吴大学数学教授兼
理学院院长。

沈其益（1909—2006）

湖南长沙人。中央大学农学院毕业，曾在英国伦敦大学及洛桑斯特实验站研究学习。回国后任中央大学教授。新中国成立后，任北京农业大学和中国农业大学教授、教务长、副校长。著有《中国半知菌》、《中国棉作病害》。

沈叔玉（1885—?）

福建福州人。英国伦敦大学肄业。曾任沪杭甬铁路副经理、京沪及沪杭甬铁路局长、国民政府财政部关务署署长、上海国华银行总经理。

沈昌焕（1913—1998）

字揆一。江苏吴县人。留美政治学硕士。历任中国远征军总司令部参议、蒋介石英文秘书、外交部礼宾司司长。1949年去台湾，任"外交部长"、"总统府"秘书长、国民党中常委。

沈秉堃（1862—1913）

字幼岚。湖南善化（今长沙）人。清末年间，1907年任甘肃按察使，1908年授云南布政使，1909年任广西巡抚。1911年辛亥革命广西独立后，任都督。后任南京留守府高等顾问。

沈河清（1887—?）
字曙秋。云南建水人。云南法政学校毕业。辛亥革命云南光复后，任富滇银行经理。1913年当选为国会众议院议员。

沈学钧（1904—1976）
又名伯陶。浙江吴兴（今湖州）人。留学法国、英国。回国后任复旦大学商学院教授。新中国成立后，任上海财经学院、青海财经学院教授。著有《统计方法在会计上之应用》。

沈宗瀚（1895—1980）
字海槎，别署克艰居士。浙江余姚人。美国康乃尔大学博士。历任金陵大学副教授，陕西省政府农矿厅厅长，中央农业实验所所长。1949年去台湾，任"中国农学会"理事长、"中央研究院"院士。著有《中国农业资源》。

沈树镛（1832—1873）
字韵初，号郑斋。上海南汇人。清咸丰举人。官内阁中书。富藏金石书画，精鉴赏。

沈思屿（生卒年不详）
南京东南大学地学系毕业。民国时期曾为中国科学社成员。任中央大学教授，浙江大学教授、总务长。著译有《中等外国地图集》、《天时与地理》。

沈祖同（1901—? ）
福建闽侯人。留学法国。历任奉天交涉署科长，国民政府陆海空军副司令行营参事兼总务处副处长、军事委员会北平分会外事组组长，热河省政府财政厅长。1949年去台湾。

沈祖伟（1892—? ）
字奎侯。浙江吴兴（今湖州）人。美国密西根大学土木工程系毕业。历任上海石油会社支店建筑工程师、南京河海专门学校校长、中央大学土木工程系教授。

沈祖荣（1887—1977）
字绍箕。湖北宜昌人。美国纽约州立图书馆学校毕业。1920年与韦棣华在文华大学创设图书科。历任武昌华中大学文华图书馆主任、私立武昌文华图书馆专科学校校长。新中国成立后，任武汉大学教授。

沈祖棻（1909—1977）

女。字子苾，笔名绛燕、苏珂。浙江海盐人。南京中央大学国文系、金陵大学国学研究所毕业。曾在金陵大学、华西大学教授古典文学史、诗词、戏剧。新中国成立后，先后在江苏师范学院、武汉大学教授古典文学。有诗、词集《微波辞》、《涉江词》，被誉为"当代李清照"。与其夫程千帆教授一起被师友赞为"昔时赵李今程沈"。

沈桂芬（1818—1881，一作1817—1880）

字经笙、小山。北京宛平人，祖籍江苏吴江。清道光进士。同治初年累官军机大臣、总理各国事务大臣，是清朝第一个掌握中央实权的汉人。

沈恩孚（1864—1944）

字信卿，号渐盦。江苏吴县人。早年任龙门师范学堂监督，后任江苏学务总会会长。辛亥革命后，筹办南京河海工程专门学校、董理同济大学，创办上海鸿英图书馆。

沈兼士（1887—1947）

原名坚士。浙江吴兴人，出生于陕西省汉阴县。书法家沈尹默之弟。早年留学日本。历任北京大学文学院院长、中央研究院历史语言研究所研究员、辅仁大学代理校长、北平故宫博物院文献馆馆长。对语言文字和明清档案有精深研究。著有《广韵声系》、《段砚斋杂文》。

沈鸿烈（1882—1969）

字成章。湖北天门人。早年入日本海军学校并加入同盟会。1920年后历任东三省海军副总司令、青岛市长。抗日战争时期任山东省主席、国民政府农林部长、浙江省主席。1949年去台湾。

沈葆桢（1820—1879）

字幼丹、翰宇。福建侯官（今福州）人。林则徐外甥、女婿。清道光进士。同治间接替左宗棠任福建船政大臣，主办福州船政局。1874年为钦差大臣，率轮船兵弁驰往台湾，全权处理日本侵台事件。1875年（光绪元年）撤军内渡，升任两江总督兼南洋通商大臣，督办南洋海防，扩充南洋水师，并参与经营轮船招商局。

沈曾植（1850—1922）

字子培，号乙盦、寐叟、谷隐居士。浙江嘉兴人。清光绪进士。历官至安徽提学使、总理衙门章京等。张勋复辟时任学部尚书。1901年任上海南洋公学（上海交通大学前身）监督。学通经史，熟谙西北南洋地理。工诗、词、文、书法。

沈瑞麟（1874—1945）

字砚裔。浙江吴兴（今湖州）人。清举人。1910—1917年任中国驻奥地利公使。1925年任北京政府外交部总长。1927年任内务部总长。1932年任伪满宫内府大臣。

沈瑜庆（1858—1918）

字志雨，号爱苍、涛园。福建侯官（今福州）人。林则徐外孙、沈葆桢子。官至贵州巡抚，是清朝最后一任贵州巡抚。诗作多关时事，有"诗史"之称。著有《涛园集》传世。

沈嗣良（1896—1967）

浙江宁波人。早年毕业于上海圣约翰大学，后赴美国哥伦比亚大学留学，获教育管理硕士学位。曾任中华全国体育协进会总干事，先后率团参加第七、八届远东运动会和第十、十一届奥运会。并与王正廷、张伯苓等人筹办了1927年在上海举行的第八届远东运动会。抗战时期任上海圣约翰大学校长。抗战胜利后定居美国。

沈韵兰（1853—1916）

女。字淑英。浙江钱塘（今杭州）人。工诗词，善画。有《倚梅阁诗词》。

沈毓桂（1807—1907）

字寿康，号赘翁。江苏吴县人。1850年入上海墨海书馆。1876年与蔡尔康合编通俗报纸《民报》。1882年创办上海中西书院任总教习，协助林乐知《万国公报》，后任华文主笔。

沈觐鼎（1893—2000）

字沦新。福建闽侯人。日本东京帝国大学农学士。历任南京国民政府外交部亚洲司司长兼国际联盟中国代表团专门委员，驻巴拿马、哥斯达黎加等国公使。后去台湾，任"驻日本大使"、中国文化大学教授。

沈蕴存（1907—1986）

别号蓄初。江苏盐城人。黄埔军校第六期毕业。历任国民党第七十八师参谋主任、国民政府国防部第二厅副厅长。1949年被人民解放军俘虏。新中国成立后，任全国政协委员。

沈麟元（1826？一作1861—1908）

字卓哉，号竹斋。浙江钱塘（今杭州）人。官河南淅川厅同知。工书，善画山水。

宋庆（1820—1902）

字祝三。山东蓬莱（今烟台）人。行伍出身。同太平军和捻军作战有功，晋升记名总兵，赐"毅勇巴图鲁"勇号，所部号称"毅军"。官至湖南提督、四川提督。驻防旅顺十多年。甲午战争期间统领各军，扼守辽东，屡战屡败，辽东失守后被革职留任。毅军改称武卫左军。八国联军进犯北京时，又从北仓败退。后病死于通州军营。

宋恪（1894—1951）
字宾三。甘肃伏羌（今甘谷）人。美国哥伦比亚大学毕业。曾任兰州甘肃学院院长、三青团中央干事、甘肃省教育厅长。1947年当选为国民党中央监察委员。

宋桢（1886—？）
字维周。直隶（今河北）永平人。清优廪生。曾任永平自治研究所所长，天津广仁堂董事。1913年当选为国会参议院议员。1917年任护法国会参议院议员。1922年北京国会恢复时，仍任国会参议院议员。

宋涛（1914—2011）
安徽利辛人。1939年参加新四军。后入陕北公学、华北联合大学学习。1942年加入中国共产党。曾任华北联合大学、华北大学教员。建国后，历任中国人民大学教授、政治经济学系主任，中国科学院经济研究所研究员。主编有《政治经济学教程》。

宋梓（1895—1945）
字子材。甘肃伏羌（今甘谷）人。1909年考取优贡，庚戌科朝考一等，以七品小京官分邮传部。1913年当选为国会参议院议员。1918年任安福国会众议院议员。

宋锷（1899—1976）

号敬明。湖南湘潭人。烟台海军学校毕业。曾任海军舰炮总队部总教练官，青岛海军学校教务处长，国民政府军令部二厅科长、驻美公使馆海军副武官、驻英公使馆海军正武官，海军总司令部第三署署长。1948年授少将衔。1949年任海军总司令部参谋长。旋去台湾，任参谋次长、"总统府"战略顾问。著有《列强海军概况》。

宋小濂（1863—1926）

字首山。河南省嵩县人。1930年任国民革命军第三十二军军长。1935年授中将衔，转任第七十五师师长。抗战爆发后兼任漳厦警备司令，1938年11月因作战失利辞职。旋返乡，后任嵩县参议会议长。1947年9月在嵩县组织反动武装与人民解放军作战，失败后逃往南京。1950年在上海被捕获，1951年在嵩县被处决。

宋子文（1894—1971）

广东文昌（今属海南）人，生于上海。美国哥伦比亚大学经济学博士。早年追随孙中山革命，任英文秘书。曾任广东革命政府财政厅长。南京国民政府成立后，历任财政部长、中央银行总裁、行政院院长、中国银行董事长、最高经济委员会主席、外交部长、驻美特使、广东省政府主席。1949年经香港去法国，后移居美国。

宋子良（1899—1983）

广东文昌（今属海南）人，生于上海。宋子文弟。留学美国。历任国民政府外交部总务司司长，中国国货银行总经理，中央银行、中国银行董事，中国建设银行公司理事，广东省政府委员兼财政厅长。抗战后任国际复兴建设银行代理理事兼中国银行、交通银行董事，中央信托局理事。1949年后居美国。

宋子英（1900—?）

字品优。安徽肥东人。毕业于保定军校、陆军大学。抗战期间曾任国民党第一战区干训团教育长、第九军新编第二十四师师长、新编第七军暂编二十四师师长。1948年任东北"剿匪"总司令部副参谋长。同年11月在沈阳向人民解放军投降。

宋天才（1880—1950）

字首山。河南省嵩县人。1930年任国民革命军第三十二军军长。1935年授中将衔，转任第七十五师师长。抗战爆发后兼任漳厦警备司令，1938年11月因作战失利辞职。旋返乡，后任嵩县参议会议长。1947年9月在嵩县组织反动武装与人民解放军作战，失败后逃往南京。1950年在上海被捕获，1951年在嵩县被处决。

宋文郁（1885—?）

字墨林，号从周。辽宁台安人。张作霖连襟。奉天高等巡警学校毕业。历任奉天省会警察厅厅长、黑龙江省警务处处长、东省特别市政管理处处长兼哈尔滨市市长。九一八事变后，任伪满东省特别区长公署总参议。晚年居北京。

宋文政（1898—1935）

字宪侯。湖北当阳人。日本京都帝国大学化学系毕业。历任国立武昌中山大学、厦门大学、广西大学教授。1935年10月因试验炸药时发生爆炸殉职。

宋以信（1908—? ）

福建莆田人，生于北京。宋发祥之子。燕京大学毕业，美国哈佛大学商科硕士。曾任上海太古洋行糖部华经理、信华公司驻沪代理。

宋玉琳（1880—1911）

亦名豫琳，字建侯。安徽怀远人。早年曾入新军，参加安庆起义。1911年奉同盟会之命，率江淮革命志士97人赴广州。参加广州起义，负责攻打提督署，苦战被俘，后英勇就义。为黄花岗七十二烈士之一。

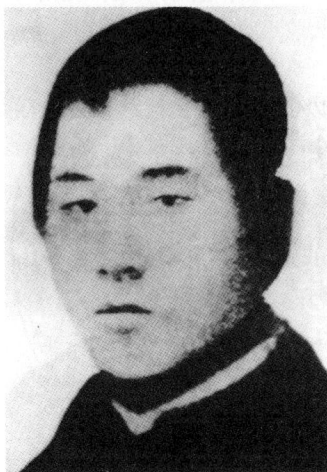

宋汉章（1872—1968）

名鲁。浙江余姚人。上海中西书院毕业。清末曾在上海电报局、通商银行谋事，后任上海大清银行经理。民国后，任中国银行上海分行经理、上海总商会会长、上海银行公会会长。1931年创中国保险公司，任董事长。1935年任中国银行总经理。1948年任中国银行董事长。1949年去香港。

宋发祥（1883—? ）

字致长。福建莆田人。美国芝加哥大学毕业。回国后曾任福建大学、北京大学化学教授。后任北京政府财政部专门委员、南京造币厂厂长、全国造币厂监督、南京国民政府驻澳大利亚、爪哇、维也纳总领事。

宋则久（1867—1956）

字寿恒。天津人。学徒出身。1912年创设直隶国货维持会，任会长；1913年独资办天津工业售品所，任经理；1928年在河南开封，由冯玉祥出资开设国货商店，任总经理。历任天津总商会董事、河南省工商厅厅长。抗战爆发后，放弃推销国货，改营中外百货。后居北平香山。

宋则行（1917—2003）

原名宋侠。上海人。曾就读于中央政治学校经济系、南开大学经济研究所，英国剑桥大学博士。1948年回国任暨南大学教授。新中国成立后，任东北计划统计学院、东北财经学院教授，辽宁大学副校长，全国人大常委。主要从事政治经济学、当代西方经济理论、外国经济史研究。有《宋则行经济论文选辑》。

宋克宾（1898—1979）

又名子贤，别号从贤。河南商丘人。早年入冯玉祥部。抗战爆发后任第三战区司令长官部高级副官、河南省第二区行政督察专员兼保安司令。1939年夏投降日伪，任伪和平救国军第三师师长。1940年10月率部反正，任国民革命军新编第七军副军长。后任国民政府国防部少将部员。1948年起义。新中国成立后，任甘肃省政协常委。

宋希尚（1896—1982）

字达庵。浙江嵊县人。河海工程专门学校毕业，美国布朗大学工学硕士。历任浙江省道局主任工程师、黄河堵口总工程师、南京工务局局长。抗战时任西北公路运输局局长。抗战后任青岛港工局局长。1949年去台湾，任台北工业专科学校校长。著有《黄河堵口实录》、《欧美水利调查录》、《中国四大海港》、《张謇的生平》等。

宋希濂（1907—1993）

字荫国。湖南湘乡人。黄埔军校一期毕业，留学日本。1926年曾加入中共，后脱党。1933年任第三十六师师长兼抚州警备司令，参加围剿中央苏区。抗战时期，任第七十八军、第七十一军军长，参加淞沪会战、南京保卫战、武汉会战。1948年任华中"剿总"副总司令。1949年12月被俘，1959年获特赦，任全国政协常委。1980年旅居美国。

宋国宾（1892—1956）

江苏扬州人。上海震旦大学医学博士，留学法国。曾任震旦大学细菌学教授、上海体仁医院院长、上海市医师公会主席、上海医学会委员长、中华医学会业务保障委员会主席、医药评论社主编。著有《医业伦理学》等。

宋炜臣（1866—1920）

字渭润。浙江镇海（今宁波）人。学徒出身。后在叶澄衷创办的上海燮昌火柴厂任协理、经理。1897年在汉口创办汉口燮昌火柴厂，任经理。又在汉口创办水电股份有限公司、扬子机器制造公司。成为"汉口头号中国商人"。1913年后被选为国会议员。后退职居家。

宋春舫（1892—1939）

浙江吴兴（今湖州人）。上海圣约翰大学毕业，留学法国，后为瑞士日内瓦大学硕士。五四时期起，提倡话剧艺术，介绍欧洲戏剧，是我国最早研究和介绍西方戏剧及理论的学者。曾任圣约翰大学、北京大学、清华大学、东吴大学教授。富藏戏剧书籍，并创办私人戏剧图书馆"褐木庐"，被誉为世界著名三大戏剧藏书家之一。有《宋春舫论剧》。

宋相成（1901—1968）

号金滔、允功。四川巴县（今属重庆）人。四川陆军讲武学堂、陆军大学毕业。1928年任黄埔军校校长办公厅秘书。后任陆军大学教官。抗战时曾任第九战区第三十集团总司令部参谋长，参加长沙、常德、长衡会战。1946年任江西省政府委员兼保安副司令。1948年任四川省民政厅长。1949年12月在成都被俘。1968年于关押所病故。

宋哲元（1885—1940）

字明轩。山东乐陵人。北京武备学堂毕业。初投陆建章，后隶冯玉祥，任旅长、师长。后历任热河都统，陕西、察哈尔、河北省主席，国民革命军第二十九军军长。1933年率二十九军在长城线上抗击日军。七七事变中，所部奋起抗战。后任第一集团军总司令、第一战区副司令长官、国民政府军事委员会委员。病逝于四川绵阳。

宋思一（1894—1984）

原名中滇。贵州贵定人。黄埔军校一期毕业。参加过北伐。抗战爆发后，曾任第三十七军一四〇师师长，参加武汉会战。1944年任贵阳警备司令兼贵州省防空司令。1948年任京沪杭警备总司令部副总司令。1949年任贵阳绥靖公署副主任。1954年被捕，1975年获特赦。后任贵州省政协常委、民革贵州省副主委。

宋海潮（1908—1979）

字泽生。山西万荣人。毕业于山西学兵团。抗战期间曾任国民革命军第三十五军一〇一师三〇三团团长，参加五原抗战，后任暂编第三军第十七师副师长。1948年冬任天津警备司令部第三三三师师长，后任华北剿匪总部驻归绥指挥所军官总队少将总队附。1949年9月参加绥远起义。新中国成立后，任内蒙古自治区人民政府参事。

宋渊源（1882—1961）

字子清。福建永春人。清末秀才。福建优等师范学堂毕业，留学日本明治大学。同盟会会员。辛亥革命时，任福建都督府参事。后历任北京国会、护法国会参议院议员，福建护法军总司令，国民政府委员，国民参政会参政员，"国民大会"代表。"福建事变"时，被蒋介石任命为宣抚特派员。1953年从香港去台湾，续任"国大"代表。

宋瑞珂（1908-1995）

字荣光、鸣玉。山东青岛人。黄埔军校三期、陆军大学毕业。抗战时任第五十四军十四师副师长、第十八军一九九师师长、第九军副军长、第六十六军军长，参加淞沪会战、武汉会战、枣宜会战。抗战胜利后在武汉接受日军投降。1946年任整编第六十六师师长。1947年7月在鲁南战役中被俘，1960年获特赦。后任上海市政协委员、民革中央监察委员。

宋嘉树（1864-1918）

原名韩乔荪，又名嘉澍，字耀如，英文名查理。广东文昌（今属海南）人。基督教信徒，获美国温特比大学神学证书，归国后任传教士。1894年与孙中山相识，其后对革命事业贡献颇多。共生有三子三女，三女为：宋霭龄、宋庆龄、宋美龄；三子为：宋子文、宋子良、宋子安。

宋鹤庚（1886—1952）

字阜南。湖南湘乡人。日本陆军士官学校毕业。在日本加入同盟会，后回国参加了辛亥革命、护法战争等。曾任湘军师长、援鄂军总指挥、建国湘军总指挥、国民革命军总司令部高等顾问、湖南省政府委员兼建设厅厅长、国民政府军事参议院上将参议。1931年辞职回乡，闲居上海、长沙、湘乡间。

宋霭龄（1889—1973）

女。又名爱琳，英文名爱丽斯。广东文昌（今属海南）人。美国卫斯理安女子学院毕业。曾为孙中山英文秘书。1914年与孔祥熙结婚。抗战时与宋美龄组织妇女指导委员会。后赴香港，任伤兵之友协会会长。1947年赴美国养病。1973年在美病逝。

良弼（1873，一作1877—1912）

爱新觉罗氏，字赉臣。满洲镶黄旗人。满族。日本士官学校毕业。历任清政府陆军部军学司司长、军咨使。清季组织宗社党，为首领。后被革命党人彭家珍炸伤而死。

启功（1912—2005）

爱新觉罗氏，字元白、元伯。生于北京。满族。曾长期在辅仁大学任教，兼任故宫博物院专门委员。新中国成立后，任北京师范大学教授、中央文史馆馆长、国家文物鉴定委员会主任委员、中国书法家协会主席、全国政协常委。并任故宫博物院、国家博物馆顾问，西泠印社社长。工书画诗词。通晓语言文字学，擅古书画鉴定，尤精碑帖之学。

张云（1896—1958）

字子春。广东开平人。武昌高等师范学校毕业，法国里昂大学天文学博士。回国后任中山大学教授、教务长，并两度出任中山大学校长。1929年创设中山大学天文台。主要从事变星研究。1947年在美国哈佛讲学期间发现一颗新变星。1949年后定居于香港。著有《普通天文学》和《高等天文学》。

张贞（1884—1963）

字干之。福建诏安人。保定军校肄业。北伐时任国民革命军独立第四师师长，后所部被改称陆军暂编第一师、新编第一师、第四十九师，均任师长。人称"闽南王"。曾任福建"剿匪"司令，多次参加"围剿"闽西苏区和红军。1948年当选国民政府立法院立法委员。1949年携家眷去台湾，任"总统府"战略顾问。

张冲（1904—1941）

字淮南、怀南。浙江乐清人。哈尔滨政法大学毕业，曾留学苏联。历任国民党中组部调查科总干事、副部长。第二次国共合作前后，多次奉命与中共代表谈判。1937年到苏联洽谈军援事宜。后任国民政府军事委员会办公厅顾问处中将处长。1941年在重庆病逝。周恩来亲临吊唁，并送挽联"安危谁与共；风雨忆同舟"。

张辛（1811—1848）

字受之。浙江嘉兴人。张廷济侄。爱金石之学，精摹勒上石，作篆刻牙石印，古劲有韵。清道光间客居北京松筠庵。

张弛（1891—1967）

字勉中。江西九江人。陆军大学毕业，后留学德国。早年参加北伐战争。1933年任南昌行营高级参谋。抗战时期，任国民革命军第一五五师师长、第三十五集团军参谋长、第六十四军军长。1949年任第四兵团中将副司令官。旋去台湾。

张纯（1907—1983）

字绍寅。湖南湘乡人。毕业于黄埔军校，后入陆军大学。1947年任国民党整编第五十四师一九八旅旅长，1949年升第五十四军副军长兼参谋长。同年去台湾，任军长、台湾中部防守司令。1954年后任"国防部"联合作战计划委员会委员。

张坤（1874—1921）

字子厚。河南陕县人。清光绪举人。庚戌会考，授度支部主事。后任河南陕州中学堂监督，河南咨议局副议长。1913年当选为国会众议院议员。1916年国会恢复，仍任众议院议员。

张庚（1911—2003）

原名姚禹玄。湖南长沙人。1932年参加中国左翼戏剧家联盟武汉分盟。1934年在上海任剧联常委。抗战爆发后，组织蚁社流动演剧队进行抗日宣传。1938年到延安，任鲁艺戏剧系主任。后任东北鲁迅文艺学院副院长。新中国成立后，任中央戏剧学院副院长、中国戏曲研究院副院长、中国戏曲学院院长。著有《中国戏曲通史》、《戏曲艺术论》等。

张炎（1902—1945）

字光中。广东吴川人，生于越南。陆军大学毕业。初入粤军。1932年任第十九路军第六十一师副师长，参加一二八淞沪抗战。后任广东省民众抗日自卫团第十一区统率委员会主任。1940年任广东特别守备区副司令。1943年任第四战区中将参议。1945年1月率部起义，任高雷人民抗日军军长。3月被杀害于广西玉林。1958年人民政府追认为革命烈士。

张弧（1875—1937）

原名毓源，字岱杉，别署超观室主人。浙江萧山人。清光绪举人，官至署福建布政使。民国后任北京政府财政总长兼盐务署督办。北洋政府垮台后隐居天津。1934年任"满洲采金会社"理事长。1935年任冀察政务委员会高等顾问。后病逝于北京。著有《超观室诗集》。

张轸（1894—1981）

字翼三。河南罗山人。日本陆军士官学校毕业。抗战时任第一一〇师师长，后升至第十战区副司令长官，参加台儿庄战役、武汉保卫战、随枣战役，1942年入缅抗日。1948年任华中"剿总"副总司令、河南省政府主席。1949年任华中军政长官公署副长官，率部在湖北起义，为人民解放军第五十一军军长。新中国成立后，任湖北军区副司令、河南省副省长。

张钫（1886—1966）

字伯英。河南新安人。保定陆军速成学堂炮兵科毕业。同盟会会员。辛亥革命时在陕西起义。历任陕西陆军第二师师长、陕西靖国军副总司令、河南省代理主席、国民政府军事参议院副院长。1949年12月在川北起义。新中国成立后，为全国政协委员、中央文史馆副馆长。收藏唐代墓志一千多件，名斋为"千唐志斋"。有回忆录《风雨漫漫四十年》。

张勋（1854—1923）

原名和，字少轩。江西奉新人。行伍出身。1895年投靠袁世凯。因镇压义和团有功，累官江南提督。辛亥革命后，任袁世凯政府江苏总督、长江巡阅使。仍表示忠于清廷，其本人及所部定武军均留发辫，人称"辫帅"、"辫子军"。1917年拥溥仪复辟帝制，旋被段祺瑞击败，逃入荷兰使馆。后病死天津。

张恢（1894—？）

原名广奎，字止垣。江苏南通人。毕业于南通师专水利测绘科，后入江苏省地政局工作。1932年任中央大学地理系教授。1949年去台湾。参与编纂《中华民国地图集》。

张埙（1874—？）

字伯衍。安徽怀远人。清光绪举人。广东法政专科学校毕业。1912年任安徽怀远县县议会副议长。1913年当选为国会众议院议员。1917年任护法国会众议院议员。1922年北京国会恢复时，仍任众议院议员。

张桐（1917—2005）

河南开封人。幼年随舅父习武。1933年入河南国术馆，拜中国武术名家陈泮岭、郑汝平为师。1938年任陕西国术馆武术教练。新中国成立后，任武术高级教练、国家级裁判员，1995年被评为"中华武林百杰"之一。曾任全国武协委员，陕西省武协副主席，西安中华武术研究会会长。

张玺（1897—1967）

字尔玉。河北平乡人。留法博士。曾任中法大学、北京大学教授，国立北平研究院动物研究所研究员、所长。新中国成立后，任中国科学院水生生物研究所海洋生物研究室副主任、海洋研究所副所长、山东省政协副主席。主要从事海洋软体动物和原索动物的研究。著有《贝类学纲要》。

张浩（1881—1938）

字雨樵。浙江东阳人。日本警监学校毕业。辛亥革命后，任浙江省警察厅厅长。1913年当选为国会众议院议员。1917年任护法国会众议院议员。1922年北京国会恢复时，再任众议院议员。

张继（1882—1947）

原名溥，字溥泉。河北沧州人。1899年留学日本早稻田大学。1905年加入同盟会。辛亥革命后任南京临时参议院议员、北京政府参议院议长。反对孙中山联俄、联共、扶助农工的政策，提出"弹劾共产党"案。1925年参加西山会议。后任南京国民政府司法院副院长、立法院院长、国府委员、国史馆馆长。

张彪（1860—1927）

字虎臣。山西榆次人。行伍出身。曾任清湖北提督、新军第八镇统制。辛亥武昌起义时，率督署卫队与起义军顽抗。南北议和后卸职，于天津日租界筑"张园"，做寓公。

张淦（1897—1959）

字洁斋，号济公。广西桂林人。广西陆军速成学校、陆军大学毕业。抗战时期任国民革命军第七军军长、第二十一集团军副总司令，率部参加武汉会战、随枣会战。抗战后任第三兵团司令。1949年任华中军政长官公署副长官。同年12月在广西博白被俘。后关押在北京功德林战犯改造所，1959年病逝于改造所。

张维（1898—1975）

别名运宝，字楚杭。湖南浏阳人。长沙湘雅医学专门学校医学博士，美国哈佛大学公共卫生学硕士。历任国民革命军长沙伤兵疗养院院长，长沙防疫医院院长，中央大学医学院公共卫生系教授、系主任，上海卫生局长，上海医学院教授。新中国成立后，任华东人民医学院公共卫生系教授、上海第二军医大学教研室主任。

张琴（1876—1952）

字治如。福建莆田人。清光绪进士，授翰林院编修。在乡创办崇实中学、兴化中学。曾任莆田国医专科学校校长兼授医学史。后为京师闽学堂监督。1913年当选为国会众议院议员，任《亚东新闻》主笔。1917年任护法国会众议院议员。1922年北京国会恢复时，仍任众议院议员。

张琨（1917— ）

字次瑶。美籍华人，生于河南开封。美国耶鲁大学博士。历任美国华盛顿大学、加利福尼亚大学语言学教授。对中国苗、瑶、藏、纳西等少数民族语言有较深入的研究。

张群（1888—1990）

字岳军。四川华阳（今双流）人。日本陆军士官学校毕业，与蒋介石为同学。辛亥革命时，参加上海起义。1931年在上海成立"新中国建设学会"，成为"新政学系"首脑。曾任南京国民政府上海市长、外交部长、军事委员会秘书长、重庆行营主任、四川省政府主席、行政院院长，国民党中常委。1949年去台湾，任"总统府秘书长"。

张韬（生卒年不详）

别号孔修。浙江萧山人。浙江官立法政学堂毕业。1927年任国民政府军事委员会政训部组织处处长。抗战爆发后投敌，1938年任伪维新政府立法院委员。1940年任汪伪政权最高法院院长。

张榕（1884—1912）

原名焕榕，字荫华，号辽鹤。祖籍山东济南，生于辽宁抚顺。1905年在北京与吴樾谋刺清廷出洋五大臣，事败被捕。1908年越狱，逃亡日本东京，易名为黄仁葆，旋加入同盟会。武昌起义后谋反赵尔巽未果。1912年，被赵尔巽、张作霖派人暗杀。有《辽鹤集》。

张熊（1803—1886）

字子祥，号鸳湖外史、寿甫。浙江秀水（今嘉兴）人，寓居上海。擅画花鸟草虫蔬果，尤善画大幅牡丹，屏山巨幛，以寻丈计者愈见力量。时称"鸳湖派"。与任熊、朱熊合称"沪上三熊"。亦工诗文、篆刻。著有《题画集》、《银藤花馆诗钞》。收藏金石书画等达一万多件，名扬艺林。

张镇（1899—1950）

字真夫。湖南常德人。陆军大学毕业，中将衔。历任南京国民政府宪兵司令部司令、宪兵学校校长、首都卫戍司令部司令。1949年去台湾。

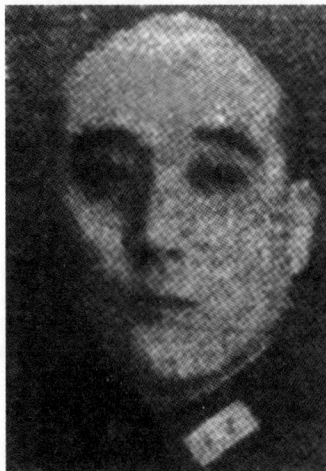

张履（1792—1851）

原名生渊，字渊父。江苏震泽（今吴江）人。清嘉庆举人。官句容县训导，讲程朱理学，精"三礼"之学，善古文辞。有《积石文稿》、《积石诗存》。

张穆（1805—1849）

本名瀛暹，字诵风、石洲。清山西平定人。通训诂、天文、历算，尤精边疆史地。著有《蒙古游牧记》、《俄罗斯补辑》、《魏延昌地形志》等。

张曜（1832—1891）

字亮臣，号朗斋。清直隶大兴（今属北京）人，原籍浙江钱塘。初纳赀为县丞，后从僧格林沁赴豫攻捻，累擢至河南布政使。以目不识丁遭参劾，改总兵，遂发愤读书。后又从李鸿章剿捻，随左宗棠入陕甘、进兵新疆。官至广西、山东巡抚，曾治理黄河水患，襄办海军。

张詧（1851—1939）

字叔俨，小名长春，晚号退庵。江苏南通人。张謇三兄。曾任清江西贵溪、东乡知县，江西省学堂正监督。1904年回南通助弟张謇兴办实业。1914年创办大有晋、大豫公司。1921年创办南通交易所。1931年移居上海。

张淼（1908—1987）

号亦苗。浙江永嘉人。法国国立图卢兹大学经济学硕士。历任中央政治学校教授，浙江、福建省直接税局局长。抗战期间在温州倡办私立建国高级商业学校，为董事长。新中国成立后，任上海商学院教授、副院长，上海财经学院、山东财经学院教授。

张一清（1891—1958）

原名廷栋，号翼青。江西丰城人。曾留学日本。历任江西临川师范学校校长，国民党中央干部学校、中央政治大学教授，中正大学教授兼训导长。1949年去台湾，任"立法委员"。

张一麐（1867—1943）

亦作一麟，字仲仁，号公绂。江苏吴县人。清光绪举人。先后入袁世凯、江苏巡抚程德全幕。入民国任袁世凯政府总统府秘书长、政事堂机要局长、徐世昌内阁教育总长。袁世凯称帝后辞职居苏州。八一三淞沪抗战，首倡成立老子军（60岁以上）。是南京国民政府国民参政会第一至三届参政员。

张卜熊（生卒年不详）

民国时期著名耳鼻喉科专家。留美医学博士。主要在上海、苏州等地行医。在苏州开办过卜熊医院和助产学校。1937年抗战爆发后，曾组织"中国红十字会吴县分会救护总队"，任副总队长。

张人骏（1846—1927）

字健庵，号安圃。河北丰润人。张佩纶堂侄，张爱玲叔。清同治进士。历任山东布政使、漕运总督、山西巡抚、河南巡抚、两广总督、两江总督。武昌起义后阻止江、浙、沪革命，兵败逃往上海。后居天津，以遗老自命。

张乃燕（1894—1958）

字君谋，号芸盦、芸庐。浙江吴兴人。瑞士日内瓦大学理学博士。历任北京大学化学教授、浙江省教育会会长、江苏省教育厅长、中央大学校长、全国建设委员会副委员长。1933年任国民政府驻比利时国全权公使，1935年辞职回国。后隐居上海，以书画文物收藏鉴赏自娱。著有《世界大战全史》、《芸庐历史丛书》、《有机染料学》。

张于浔（1887—1951）

字惠民。江西南昌人。江西陆军学校毕业，曾留学日本、法国。历任江西都督府副官长、护法军政府大元帅府参议，南京国民政府最高法院推事、司法院大法官。1949年去台湾。

张士才（1872—? ）

字越钟。直隶（今河北）获鹿人。曾任石家庄商会总理。1913年当选为国会众议院议员。1917年任护法国会众议院议员。1922年北京国会恢复时，仍任众议院议员。

张大千（1899—1983）

原名正权，改名爰，又名季爰，法号大千。四川内江人。1916年随兄赴日本学习绘画。历任中央大学、北平艺术专科学校国画教授。曾用三年时间临摹敦煌壁画。1949年后周游世界。晚年定居台湾。人物、山水、花鸟、鱼虫、走兽，工笔写意，无一不精。诗文真率豪放，书法劲拔飘逸，外柔内刚，独具风采。与齐白石并称中国当代两大画家。

张大义（1883—？）

字直卿。云南大理人。日本法政大学毕业。同盟会会员，参加武昌起义。历任南京临时政府总统府秘书、国会众议院议员、护法军政府交通部次长、云南省实业厅厅长。

张广建（1864，一作1867—1938）

字勋伯。安徽合肥人。清光绪年间入淮军。后受袁世凯赏识，1911年任山东布政使兼管漕运。民国后任北京政府山东都督、京兆尹、甘肃都督。1921年被免职，离开甘肃返京赋闲。后回乡投资兴学，任蜀山农林学校董事长。1924年授陆军上将。1927年离开军职，寓居天津。

张之万（1811—1897）

字子青，谥文达。直隶南皮（今属河北）人。张之洞从兄。清道光二十七年（1847）状元。历官河南、江苏巡抚，闽浙总督，兵部尚书。光绪年间官至东阁大学士，入军机。画承家学，山水用笔绵邈，骨秀神清。初与戴熙讨论六法，交最相契，时称南戴北张。书精小楷。有《张文达公遗集》。

张之江（1882—1966）

字紫岷、子珉，号子姜。河北盐山人。1903年入北洋常备军。1911年参加滦州起义。后入冯玉祥部，任察哈尔都统、西北边防督办。1927年因病去职。后任中央国术馆馆长，1936年选拔武术队参加第十届奥运会。1945年当选为国民党第六届中央执行委员。1948年任国民政府立法院立法委员。新中国成立后，任全国政协委员。

张之洞（1837—1909）

字孝达，号香涛。直隶南皮（今属河北）人。清同治进士。任两广总督、湖广总督时创办枪炮厂、矿务局、铁厂，设学堂，筹办铁路。1894年为两江总督，编练江南自强军。1898年发表《劝学篇》，提出"旧学为体，新学为用"。是清末洋务派首领。义和团运动时，与刘坤一同倡"东南互保"。1907年调任军机大臣。有《张文襄公全集》。

张子修（1903—？）

山东寿光人。西北陆军干部学校毕业。曾任冯玉祥部第二军参谋长、第二十二路军总参议。1935年任马鸿逵部第十五路军参谋处长。1937年授少将衔。后降日军，1945年1月22日被汪伪政权授予陆军少将。

张开璇（1890—1955）

字慕舟。福建永安（一说湖南醴陵）人。日本陆军高等经理学校毕业。历任湖南省财政厅长、福建省政府秘书长。新中国成立后，任福建省政协委员。1954年被聘为北京中央文史馆馆员。1955年在北京病逝。

张开儒（1869—1935）

字藻林、俗林。云南寻甸人。彝族。日本陆军士官学校毕业。1905年加入同盟会。辛亥革命时，参加云南光复。后相继参加护国战争、护法运动。1923年任广东大元帅府参军处参军长。1924年因病辞职，去澳门居住，潜修佛典。1927年秋由澳门回昆明定居，任云南省政府高级顾问。

张元良（1902—1950）

四川合川人。黄埔军校三期、莫斯科中山大学政治经济专业毕业。历任国民党南京特别市党部常委、第五战区政治部副主任、国民政府军事委员会驻滇缅参谋团高参、重庆行辕政治部主任、国民党第六届中央监察委员。1949年任西南军政长官公署政工处处长。同年12月在四川泸县被俘，1950年2月去世。

张元济（1867—1959）

字筱斋，号菊生。浙江海盐人。清光绪进士。曾任清总理衙门章京，因参加维新运动被革职。后任南洋公学译书院院长。1902年起任商务印书馆经理、董事会主席。校印百衲本《二十四史》，主编《四部丛刊》，出版《东方杂志》、《教育杂志》。新中国成立后，任上海文史馆馆长、商务印书馆董事长、全国人大代表。著有《涵芬楼烬余书录》。

张元第（1898—1956）

字嵩冠。天津人。日本东京农商务省水产讲习所毕业。历任水产学校制造厂技师、制造科主任、校长。是我国早期水产教育的开拓者之一。

张太雷（1898—1927）

原名曾让，字泰来，改名太雷。江苏武进人。北洋大学毕业。1920年加入北京共产主义小组，旋赴天津组织社会主义青年团。1921年春赴莫斯科，任共产国际远东书记处中国科书记，参与创建中国共产党。历任社会主义青年团中央书记，中共湖北省委书记，中共中央南方局书记兼广东省委、军委书记。1927年广州起义时，在指挥战斗中牺牲。

张友鸾（1904—1990）

字悠然。安徽安庆人。北平平民大学新闻系毕业。历任北平《世界日报》、上海《立报》、南京《民生报》、《南京人报》总编辑。1953年调人民文学出版社任古典文学编辑。著有《〈西厢〉的批评与考证》、《汤显祖及其〈牡丹亭〉》。

张友渔（1899—1992）

又名象鼎，字有仪、友彝。山西灵石人。毕业于日本东京大学。1927年加入中国共产党。历任北平《世界日报》主笔、燕京大学教授、《新华日报》社长、中共中央华北局秘书长。新中国成立后，任北京市副市长、中国社科院副院长、全国人大常委、全国政协常委。参与1982年宪法的起草和多项法律的制定工作，为中国法制建设作出重要贡献。

张巨伯（1892—1951）

字归农。广东鹤山人。美国俄亥俄州立大学农科硕士。历任岭南大学、东南大学教授，江苏省昆虫局局长兼中央大学、金陵大学农学院教授，浙江省昆虫局局长，《昆虫与植物》旬刊经理，中山大学农学院院长。1951年病逝于北京。

张仁蠡（1900—1951）

字范卿。河北南皮人。张之洞小儿子。北京大学毕业。早年任职于北京政府教育部，后历任鄞城县知事，永清县、霸县、丰润县县长。华北事变后投敌，任伪冀东防共自治政府民政厅厅长。抗日战争爆发后，任伪新民会副会长、伪武汉特别市市长、汪伪天津市长。抗日战争胜利后，以汉奸罪被判无期徒刑。1951年被人民政府处决。

张公任（1905—1940）

江苏泰兴人。曾任国民党江苏省党部执行委员。抗战期间，任第二十四集团军总司令部少将参议、苏北第四游击区总指挥部第三纵队司令。提出"不问党不党，只问抗不抗"口号。郭村战斗发生时，曾给新四军让路。黄桥战役中更以弹药、装备支持新四军。

张文生（1867—1937）

字星五。江苏沛县人。原为张勋部属。清末曾任江防营统领、徐州镇总兵。1911年在南京抗拒革命军，升为记名提督。拥护张勋复辟，张勋复辟失败后，转附皖系倪嗣冲。历任徐州镇守使，定武军统领，苏、皖、鲁、豫四省边区剿匪督办，新安武军统领等。1920年任安徽督军。1922年为定威将军。

张文虎（1808—1885）

字孟彪，号啸山。江苏南汇（今属上海）人。清诸生。同治中入曾国藩幕。曾应金陵书局之聘，校《史记》，世称善本。晚年在南菁书院讲学。习经史、小学、历算、乐律，长于古籍校勘。尝与金山钱熙祚、钱培名合作，校《守山阁丛书》、《指海》、《小万卷楼丛书》等数百种古籍。有《校勘史记杂记》、《古今乐律考》、《舒艺室随笔》等。

张文艳（1898—1940）

女。京剧名伶。擅长小花旦戏，曾与孟小冬、吕月樵、露兰春、小金玲等在上海大世界乾坤大剧场演出。1918年起先后参演了《荡湖船》、《打花鼓》、《查头关》、《宝蟾送酒》等剧目，尤以《纺棉花》蜚声一时，被誉为沪上坤旦之首。

张文焕（生卒年不详）

字彬希。湖北黄梅人。曾任南京国民政府驻苏联庙街领事、驻苏联伯利副领事。1931年后在国民政府外交部亚洲司工作。

张方佐（1901—1980）

浙江鄞县人。日本东京高等工业学校毕业。曾任江苏无锡振新纱厂、浙江萧山通惠公纱厂工程师、厂长，中国纺织建设公司工务处长。新中国成立后，任华东纺织管理局副局长，纺织工业部纺织科学研究院院长，华东纺织工学院、北京化纤学院院长。是全国人大代表、全国政协委员。

张心澂（1887—1973）

别号仲清。广西桂林人。北京译学馆毕业。曾任职于清邮传部、北京政府交通部。1932年任国民政府交通部会计长。1939年任广西省会计长。著有《伪书通考》、《中国现代交通史》等。

张玉麟（1899—1975）

字道镕。江苏宜兴人。江苏法政专门学校毕业。历任浙江玉环、平阳、乐清县长，1937年任国民党河南省党部书记长，后任江苏省政府委员、新闻处处长。1949年去台湾，任江苏文献社社长。

张正宇（1904—1976）

江苏无锡人。早年随兄张光宇到上海，习画舞台布景。主要从事美术创作、出版、经营活动。曾出版《时代》，主办《独立漫画》。1945年到台湾，1949年经香港回北京。新中国成立后，任中国青年艺术剧院美术设计总顾问，《人民画报》、《美术》、《戏剧报》编委。在大型动画片《大闹天宫》中担任背景设计。有《张正宇书画选集》。

张世英（1844—1916）

字育生，号佩莪。甘肃秦州（今天水）人。清光绪进士。入翰林院为庶吉士。光绪九年出任陕西甘泉知县，后又任武功、渭南、凤翔、蒲城、石泉、凤县、城固知县和邻州、商州知州，历时28年。注重教育。辛亥革命后，秦州独立，任临时军政府总务处长。

张世膺（1884—1911）

字育和、华飞、善飞。江西德化（今九江）人。留学日本时加入同盟会，为江西主盟人。后任清北洋第六镇参谋长。辛亥革命时，清廷下令第六镇开赴武汉镇压革命，和第六镇统制吴禄贞商议准备率部起义。11月，与吴禄贞一起被袁世凯派人暗杀于石家庄车站。

张可治（1897—? ）

字志拯。江苏江宁人。清华学校毕业，美国麻省理工学院机械工程学士。历任浙江大学工学院教授、中央大学机械系主任。

张厉生（1901—1971）

字少武。河北乐亭人。曾留学法国巴黎大学。1935年任国民党中央组织部长。1942年任行政院秘书长。1944年任内政部长。1948年任行政院副院长。1949年去台湾，任"行政院"副院长、国民党中央委员会秘书长。

张丕介（1905—1970）

字圣和。山东馆陶（今属河北）人。山东省立第三师范毕业，留德经济学博士。历任国民党山东省党部宣传部长、国民政府教育部农教委专任委员、中央政治学校中国地政研究所教授、贵州大学农学院院长。1949年定居香港，在新亚书院任教达二十年。著有《土地经济学导论》。

张平群（1900—1987）

原名秉勋。天津人。伦敦大学经济学院毕业。历任南开大学商学院院长，国民政府实业部秘书、行政院参事，国民党候补中央委员，中国驻纽约总领事。1949年去台湾，任"外交部"欧洲司司长。

张东荪（1887—1973）

原名万田，字圣心。浙江杭县（今属杭州）人。早年留学日本。辛亥革命后，任孙中山临时大总统府秘书。曾参加进步党，为研究系重要成员之一，主编《时事新报》。后组织国家社会党。1941年参加中国民主政团同盟。1946年为中国民主社会党主要领导人之一。1948年曾参与北平和平解放。新中国成立后，任全国政协委员、中央人民政府委员。著有《新哲学论丛》、《认识论》、《唯物辩证法之总检讨》。

张北生（1902—1954）

江苏南通人。曾任国民党中央党部干事、嘉定县长、南通县长、江苏省党部委员。抗战爆发后投敌，任汪伪江苏省政府委员兼政务厅厅长、太湖东南地区清乡专员公署督察员兼保安司令、苏北清乡公署主任、江苏省第一区行政督察专员兼保安司令。抗战胜利后被捕，以汉奸罪被判无期徒刑，关押上海提篮桥监狱。

张申府（1893—1986）

原名崧年，一作嵩年。河北献县人。早年参加新文化运动，1921年在巴黎建立共产主义小组，是中共旅欧支部负责人（1925年退党）。1924年任黄埔军校政治部副主任。后任清华大学、北京大学教授。1935年参加一二·九运动。抗战时，积极从事抗日活动。1942年加入中国民主政团同盟。新中国成立后，任北京图书馆研究员、全国政协委员。长期从事哲学和逻辑学研究。

张立志（1900—？）

字士心。湖北浠水人。北平燕京大学文学硕士。曾任齐鲁大学历史系教授。著有《山东文化史研究》、《辽东史略图》、《普通中国史》、《中外条约汇览》、《远东史》。

张汇文（1905—1986）

号叔海。山东临朐人。清华大学毕业，美国斯坦福大学政治法律博士。曾任中央大学、英国剑桥大学教授。1947年回国，任南京国立政治大学教授。旋到上海创办《上海英文自由论坛报》，任总经理。新中国成立后，任东吴大学法学院、复旦大学法学院、上海社科院法学所教授，中国国际法学会副会长，民革上海市副主委。

张汉臣（生卒年不详）

浙江缙云人。1926年到上海，随早期电影导演兼布景师方沛霖学艺。1929年起先后入上海联华、新华等影片公司，任布景师。新中国成立后，任上海电影制片厂美工师。参与摄制的影片有《无愁君子》、《三毛流浪记》、《铁道游击队》、《红色娘子军》、《霓虹灯下的哨兵》等。

张永成（生卒年不详）

1882年入清军。1895年入新建陆军。曾任北洋常备军左翼步队第六营管带、第三镇六协统领、第五镇统制。入民国后，1915年任陆军第十一师师长。1924年任直系讨逆军检察副使。曾授将军府绩威将军。

张发奎（1896—1980）

字向华。广东始兴人。武昌军官第二预备学校毕业。历任国民革命军第四军军长、国民政府军事委员会委员。抗日战争期间，任第二兵团总司令兼第八集团军总司令、第四战区司令长官、第二方面军司令长官。参加过淞沪、武汉、昆仑关等战役。抗战后任广州行辕主任，1947年任总统府战略顾问。1949年3月任陆军总司令，7月辞职移居香港。

张百熙（1847—1907）

字冶秋、埜秋，号潜斋。湖南长沙人。清同治进士。官内阁学士，戊戌政变时因荐举康有为革职留任。后历官工部、吏部、邮传部尚书。《辛丑条约》后疏请变科举、建学堂、设报馆。1902年为京师大学堂管学大臣，制定《钦定学堂章程》，力主派学生出洋留学。后为总理学务大臣，统辖全国学务。

张光宇（1900—1965）

江苏无锡人。14岁到上海学画布景。1925年起开始创作漫画和讽刺画。曾与叶浅予等组织上海漫画会，主创《上海漫画》。后任上海大中华、香港永华影业公司美工主任。1948年任香港人间画会会长。1950年回到北京，任中央美院教授、中央工艺美院装饰系主任。代表作品有大型动画片《大闹天宫》的人物造型。

张光炜（1875—1955）

字莲仙。贵州盘县人。清光绪举人。任清谘议局议员、资政院候补议员。辛亥革命后，任贵州都督府秘书长。1913年当选为国会参议院议员。1917年任护法国会参议院议员。1922年北京国会恢复时，仍任参议院议员。后曾任浙江青田、分水，山东蒙阴、临朐等县县长，及学校教员等职。1953年被聘为贵州省文史馆馆员。1955年在遵义去世。

张廷济（1768—1848）

名汝霖、廷济，字顺安、叔未，号未亭。浙江嘉兴人。嘉庆三年解元，后多次会试未中，遂绝意仕途。建"清仪阁"，自商周至近代，凡金石书画刻削髹饰之属，无不收藏，各系以诗。工诗词，亦能书画。著有《清仪阁所藏古器物文》、《清仪阁金石题识》等。

张廷谔（1890—1973）

字直卿。直隶丰润（今属河北）人。天津北洋高等工业学堂毕业。1911年参加滦州起义。1917年后历任天津内河轮船局局长、北京电报局总办、直鲁电政监督等职。1923年任北京政府国务院秘书长。1934、1945年两度出任天津市市长。1948年底去台湾，任"总统府国策顾问"。

张廷弼（1881—？）

字西岩。甘肃宁朔（今宁夏青铜峡）人。甘肃师范学校毕业。曾任两等小学校校长。1913年当选为国会众议院议员。1917年任护法国会众议院议员。1922年北京国会恢复时，仍任众议院议员。

张竹君（1876—1964）

女。广东番禺人。广州夏葛女医学堂毕业。先后设立提福、南福医院。武昌起义后，发起成立赤十字会，组织救伤队去汉口抢救起义官兵，并掩护黄兴、宋教仁随队去武汉。中华民国临时政府两次授予国家级勋章，以表其功。一·二八和八·一三淞沪战争时积极参与救护工作。上海沦陷后，渐次退居家园，但终身以公益事业为己任。

张仲山（1881—？）

别号褆人。河北清苑人。曾留学日本。1921年任直隶公立医学专门学校校长。1922年任河北大学医科学主任。1928年任陆军军医学校校长。1931年任河北省高等教育委员会委员。

张任政（1898—1960）

惠衣。浙江海宁人。北京大学毕业。曾执教浙江国学专修馆、中央大学、无锡国学专修馆、浙江大学。历任国民政府中央文物保管委员会专门委员、浙江博物馆馆长等职。新中国成立后，任浙江省文物管理委员会常务委员。对古文物、版本以及古乐府、音韵均有研究。著有《金陵报恩寺塔志》、《纳兰性德年谱》。

张华澜（1879—1956）

字芷江。云南石屏人。清光绪举人。留学日本攻师范科。在日期间加入同盟会。民国成立，为参议院参议员、众议院教育委员长。参加护法运动，任大元帅府参议。后任国民政府监察院监察委员。新中国成立后，为云南省文史馆馆员。后病逝于昆明。有《镜沧楼诗文稿》。

张江树（1897—1989）

字雪帆。江苏常熟人。南京高等师范毕业，美国哈佛大学硕士，历任武汉大学、光华大学化学系教授，中央大学化学系主任、理学院院长。新中国成立后，任南京大学教务长、理学院院长，南京工学院筹委会主任委员，华东化工学院院长。

张自忠（1891—1940）

字荩忱。山东临清人。曾就读山东法政专门学校。后投冯玉祥部。1931年任国民革命军第二十九军第三十八师师长，1933年率部在喜峰口参加长城抗战。华北事变后任察哈尔省政府主席、天津市市长。1938年参加台儿庄战役及武汉保卫战，升任第三十三集团军上将总司令。1940年在湖北宜城南瓜店与日军作战时牺牲。

张寿荣（1827—? ）

字菊龄，号舫庐。浙江镇海人。清同治举人。光绪时曾辑刊《花雨楼丛钞》。能文，有《舫庐文存》。

张孝友（1905—1961）

字师仲。甘肃庆阳人。平凉柳湖师范毕业。曾入冯玉祥部。1931年初回原籍，任陇东绥靖司令部少校参谋主任。1933年任庆阳五属(辖庆阳、宁县、正宁、合水、环县)保卫团团总。抗战中任保安第三团团长及合水县县长。抗战后任甘谷、西和县县长。1949年起义。新中国成立后，先后在庆阳地区建设科、平凉地区林业局工作。

张志让（1893—1978）

江苏武进人。留学美国和德国，攻读法学。历任北京大学、东吴大学、复旦大学教授。九一八事变后，积极参加抗日救亡运动。新中国成立后，任复旦大学校务委员会主任委员、最高人民法院副院长、全国政协常委。

张苇村（1896—1935）

山东郯城人。保定军官速成学校毕业。参加北伐战争。后投靠蒋介石。历任山东军事委员、国民教育资格委员会委员、山东省党务整理委员会主任。1930年韩复榘主鲁后投韩叛蒋。后任山东临时军法会审委员会委员长兼审判长，参与杀害中共山东省委书记邓恩铭等22名共产党人。1935年遇刺身亡。

张克侠（1900—1984）

原名树棠，又名双印。河北献县人。初入冯玉祥部。1927年留学莫斯科中山大学。1929年秘密加入中国共产党。翌年任张自忠师参谋长。七七事变前夕，任第二十九军副参谋长。1946年任第三绥靖区副司令。1948年在淮海战役中率部起义，任人民解放军三十三军军长、淞沪警备司令部参谋长。新中国成立后，任农林部副部长、中国林科院院长、全国政协常委。

张克澜（生卒年不详）

1920年代末起任上海暨南、联华等影片公司摄影师。摄制影片有《海上夺宝》、《江湖二十四侠》、《千古恨》、《慈母曲》等。

张我华（1886—1938）

安徽凤阳人。日本明治大学法科毕业。历任上海《神州日报》记者，北京政府国会参议院秘书长、全国烟酒事务署署长，南京国民政府外交部常务次长、内政部常务次长。1932年辞职，居宣城。1938年遭日机轰炸遇难。

张秀民（1908—2006）

字涤瞻。浙江嵊县人。厦门大学国学系毕业。从1931年起至1971年一直在国立北平国书馆（后改北京图书馆、国家图书馆）工作，达四十年之久。历任索引股股长、参考研究组组长。长期从事中国印刷史研究。著有《中国印刷史》。

张作人（1900—1991）

原名念恃，号觉任。江苏泰兴人。北京高等师范学校博物部毕业，留学比利时、法国，获博士学位。回国后，任中山大学教授、生物系主任、校训导长。新中国成立后，任同济大学动物系教授、主任，华东师范大学生物系教授、主任，中国动物学会副理事长。长期从事生物学教学和原生动物学研究。著有《动物学》、《生物哲学》。

张作相（1881—1949）

字辅臣、辅忱。奉天（今辽宁）义县人。奉系将领。张作霖结拜兄弟。1928年张作霖被炸死后，一心辅佐少帅张学良，张学良称之为辅帅。曾任东北边防军副司令长官，吉林省政府主席，国民政府委员、军事参议院上将参议。1933年退出军政界，在天津英租界隐居。1949年病逝。

张作霖（1875—1928）

字雨亭。奉天（今辽宁）海城人。奉系军阀首领。绿林出身，后受招安。辛亥革命时，带兵入省城镇压革命党人。1916年任奉天督军兼省长。1922年宣布东三省独立，自任保安总司令。1924年打败直系军阀，控制北洋政府。1926年为安国军总司令。1927年在北京下令绞杀李大钊等。组成安国军政府，就任陆海军大元帅。1928年在皇姑屯被日军炸死。

张伯苓（1876—1951）

名寿春。天津人。北洋水师学堂毕业，留学美国哥伦比亚大学。甲午战争后主张教育救国。1904年与严修一起筹设私立敬业中学堂，后改名南开中学堂。1919年二人又共同创办南开大学。1936年创建重庆南开中学。后任西南联大校委会常委、国民参政会副议长、国民党中央监察委员、国民政府考试院院长。1950年从重庆到北京。后在天津病逝。

张伯烈（1872—1934）

字亚农。湖北随州人。日本法科大学毕业。曾任清河南提学使。民国后，任南京临时参议院议员、北京政府国会参议院议员、大总统政治咨议。发起组织共和党。1914年对袁世凯不满，辞职闲居。1917年任护法军政府大元帅府秘书。1922年任众议院副议长。1923年帮助曹锟贿选总统，曹锟倒台后在天津当律师。晚年定居北京。

张亨嘉（1847—1911）

字燮钧。福建侯官（今福州）人。清光绪进士。1888年提督湖南学政。1897年入直南书房。1898年曾组织成立闽学会。1901年任浙江学政。旋回京，仍在南书房行走。1904—1906年任京师大学堂总监督。历任都察院左副都御史、兵部右侍郎、礼部左侍郎、玉牒馆副总裁、经筵讲官。有《张文厚公文集》。

张怀芝（1860—1933）

字子志。山东东阿人。北洋武备学堂毕业。清末任北洋第五镇统制。民国后任察哈尔都统、山东督军。投靠段祺瑞，参加直皖战争和第二次直奉战争。

张宏铨（1880—？ ）

字伯衡。湖南乾城（今吉首）人。日本宏文学院高等师范预科毕业。辛亥革命后赴上海与熊希龄等人发起共和协会（后改为共和党）。1913年当选为国会众议院议员。1916年国会恢复，仍任众议院议员。

张良弼（1867—1931）
字佑卿。河北获鹿人。日本弘文学院师范科毕业。回国后，任直隶补习学校、直隶甲种工业学校校长。1913年当选为国会众议院议员。1917年任护法国会众议院议员。1922年北京国会恢复时，仍任众议院议员。1931年病逝于北平。

张君劢（1887—1969）
原名嘉森，字士林，号立斋。江苏宝山（今属上海）人。留学日本早稻田大学、德国柏林大学。清末授翰林院庶吉士。辛亥革命后，组织民主党。任上海《时事新报》总编辑。1934年参与创立国家社会党。后任民盟中央常委，1946年退出民盟，参加"国民大会"。1947年任民主社会党主席。1949年去澳门，后去美国。著有《科学与人生观》。

张君嵩（1901—1948）
字岳中、岳宗。广东合浦（今属广西）人。黄埔军校一期、陆军大学毕业。1931年任第十九路军一五六旅六团团长，参加淞沪抗战。后任二三四旅少将旅长，参加围剿闽西苏区。1933年参加福建事变。1940年任第十二集团军暂编第八师师长，参加粤北会战、长沙会战、长衡会战。1948年任广东第十"清剿"区司令。同年11月在遂溪被起义部队击毙。

张灵甫（1903—1947）
原名宗灵，字灵甫。陕西长安人。黄埔军校四期、陆军大学毕业。抗战时期历任第五十八师师长、第七十四军副军长，先后参加长沙、常德等会战。1946年任第七十四军军长（后整编为第七十四师任师长）。1947年率部进攻山东解放区，死于孟良崮战役。

张其昀（1901—1985）

字晓峰。浙江鄞县人。南京高等师范学校毕业。曾任上海商务印书馆编辑。后任中央大学地学系教授、浙江大学史地系主任和文学院院长、中国地理学会总干事。1949年去台湾，任"教育部长"、国民党中常委。著有《中华五千年史》等。

张国浚（1878—? ）

字济川。直隶清苑（今河北）人。直隶大学堂毕业。曾任保定府中学堂监督、清苑县议会副议长、永年县县令、直隶官钱局局长。1913年当选为国会众议院议员。1922年北京国会恢复时，再任众议院议员。

张忠绂（1901—1977）

字子缨。湖北武昌人。美国霍浦金斯大学政治学博士。历任北京大学教授、《外交月报》总编辑、国民参政员、国民政府外交部美洲司司长。后留居美国。著有《中华民国外交史》。

张国淦（1876—1959）

字乾若，号石公。湖北蒲圻人。清末举人，曾任内阁中书。1910年任奕劻内阁统计局副局长。辛亥革命后为"参议"，参加南北议和。后任北京政府国务院秘书长，教育、司法总长。晚年从事史地调查研究。新中国成立后，任全国政协委员、中国社科院近史所研究员。著有《辛亥革命史料》、《中国古方志考》。

张鸣歧（1875—1945）

字坚白，号韩斋。山东无棣人。清光绪举人。1898年入岑春煊幕，后任广西布政使、两广总督。辛亥革命时镇压反清起义。民国后任广西、广东巡按使。不久辞职，隐居上海法租界，后移居天津英租界。抗战时参与伪华北政务委员会活动。1945年9月病死于天津。

张鸣珂（1829—1908）

字玉珊，号公束，晚号窳翁。浙江嘉兴人。清咸丰十一年拔贡。官江西德兴县知县、义宁州知州。工诗词，嗜书画。所著《寒松阁谈艺琐录》广载清代书画家事迹，为研究清代艺术史重要参考资料。另有《寒松阁诗集》、《寒松阁词》。

张知本（1881—1976）

字怀九。湖北江陵人。日本法政大学毕业。同盟会会员。1913年当选为国会参议员。后任湖北法科大学、上海政法大学校长，湖北省政府主席，国民政府立法院立法委员、行政法院院长。1949年去台湾，任"总统府国策顾问"。

张和岑（1898—1985）

浙江鄞县人。东吴大学生物系毕业，美国康乃尔大学博士。历任东吴大学生物系、中法大学药学院教授。新中国成立后，任上海第一医学院教授、生药学教研室主任。毕生从事药用植物学教学和研究工作。

张季鸾（1888—1941）

原名炽章。陕西榆林人，生于山东邹平。早年留学日本并加入同盟会。回国后从业于报界。曾任北京、上海两地的《中华新报》总编辑。1926年起任天津《大公报》总编辑兼副总经理（直至病故），提出著名的"不党、不卖、不私、不盲"的办报方针，是民国时期的杰出报人。有《季鸾文存》。

张秉辉（1899—1948）

福建闽侯人。广东国立专修学院毕业。曾任广东宝安县县长、上海慈善团体联合救灾会主席。七七事变后投敌，任伪维新政府教育部司长、汪伪内政部次长。

张岱年（1909—2004）

别名季同。河北献县人，生于北京。北京师范大学毕业。任中国大学副教授、清华大学教授。新中国成立后，任北京大学哲学系教授、清华大学思想文化所所长、中国哲学史学会会长。著有《中国哲学史大纲》、《中国伦理思想研究》。学术研究主要为三个方面：一是中国哲学史的阐释；二是哲学问题的探索；三是文化问题的研讨。

张佩纶（1848—1903）

字幼樵，一字绳庵，号篑斋。直隶丰润（今属河北）人。李鸿章女婿，张爱玲爷爷。清同治进士。曾署都察院左副都御史，与陈宝琛等号称"清流派"。中法战争时主战，以三品卿衔会办福建海疆事宜，兼署船政大臣。马尾海战中，所率福建水师被击灭，被革职充军。1888年获释，复入李鸿章幕。后娶李鸿章小女儿菊藕为妻。著有《涧于集》、《涧于日记》。

张金鉴（1902—1988）

字明诚。河南安阳人。美国斯坦福大学政治学硕士。历任国民党中组部训练处处长，河南大学、南开大学、中央政治学校教授，国民政府立法院立法委员。1949年去台湾，任政治大学、中兴大学教授。著有《中国政治制度史》、《政治学概论》。

张治公（1881—1951）

又名树林，字干岑。河南洛阳人。辛亥革命时起兵响应张钫。民国后先后隶附刘镇华、吴佩孚、唐生智、冯玉祥等部。1931年任国民政府军事参议院少将参议。1937年授陆军少将。后投敌，1944年任日伪白河县县长。1951年被人民政府枪决。

张治祥（1884—1919）

字辑五。四川彭山人。日本法政大学毕业。1906年加入同盟会，为四川主盟人。1907年在成都从事革命，事泄被捕。1911年四川光复获释，任军政府参赞、四川外交司司长。1913年当选为国会众议院议员。1919年在赴夔州途中遇刺身亡。

张学良（1901—2001）

字汉卿，号毅庵。奉天（今辽宁）海城人。东北陆军讲武堂毕业。张作霖长子。1928年任东三省保安总司令。旋宣布东北易帜，服从国民政府，任东北边防军司令长官。1930年任陆海空军副总司令。1935年任西北"剿总"副总司令。多次劝谏蒋介石联共抗日，遭拒。1936年12月与杨虎城发动西安事变。后长期被软禁。1946年被押送台湾监禁。1994年移居美国。

张宝树（1910—1998）

别号东帆。河北高阳人。日本东京帝国大学农学博士。曾任河北省水产专科学校教授、河北省渔业会理事长。后任国民党河北省党部副主任委员、省政府秘书长。1948年当选国民政府立法院立法委员。后去台湾，任台湾大学教授、国民党中央委员会秘书长兼中常委。

张宗昌（1881—1932）

字效坤。山东掖县（今莱州）人。早年赴东北谋生，充衙署门役，一度沦为胡匪。后投靠冯国璋、张作霖。二次直奉战争后任宣抚军第一军军长，成为奉系军阀实力派之一。后历任山东省省长、直鲁联军总司令、安国军副总司令。1928年兵败下野。1932年在济南车站被刺身亡。

张定璠（1891—1945）

字伯璇。江西南昌人。江西陆军测绘学校毕业。辛亥革命后，入保定军校工兵科。历任黄埔军校办公厅主任、北伐军总司令部参谋处长、江西省警察厅厅长、南昌市市长、淞沪卫戍司令部参谋长、上海特别市市长、首都建设委员会委员。抗战时任国民政府军事委员会第一部副部长。后病逝。

张官云（1881—？）

字纪五。河北束鹿人。天津北洋大学预科毕业。曾任保定育德中学校校长。1913年当选为国会众议院议员。1917年任护法国会众议院议员。1922年北京国会恢复时，仍任众议院议员。

张绍曾（1880—1928）

字敬舆。河北大城人。日本陆军士官学校毕业。同盟会会员。辛亥革命时，任清北洋陆军第二十镇统制，与吴禄贞等举兵反清。后任北京政府陆军训练总监、陆军总长、国务总理。主张迎孙中山入京协商南北统一，为总统曹锟所忌，不久去职，退居天津。1928年3月遇刺身亡。

张政烺（1912—2005）

字苑峰。山东荣成人。毕业于北京大学历史系。曾任中央研究院历史语言研究所副研究员、北京大学教授。新中国成立后，历任北京大学教授、中华书局副总编辑、中科院历史研究所研究员。在中国古代史、考古学、古文字学、古器物学、版本目录学等诸多学术领域进行了具有开拓性的研究。有《张政烺文史论集》。

张荫桓（1837—1900）

字樵野、皓峦。广东南海（今广州）人。1882年起在清总理衙门任职。曾任出使美国、西班牙、秘鲁三国大臣。累迁户部左侍郎。1897年又出使英、美、法、德、俄诸国。戊戌变法期间曾主持京师矿务、铁路总局。戊戌政变后被革职，谪戍新疆，1900年在戍所被杀。

张荫梧（1891—1949）

字桐轩。河北博野人。保定军校第五期毕业。初入晋军，曾任第三集团军第七军副军长。后任国民政府军事委员会委员、北平特别市市长、河北省政府委员、三青团中央监察。抗战时期在河北组织"河北民军"，力倡"曲线救国"。北平和平解放前夕，串联旧部准备组织反动武装以抵抗。1949年被逮捕，后保外就医，旋病死。

张相文（1867—1933）

字蔚西，号沌谷。江苏桃源（今泗阳）人。曾任上海南洋公学教师、天津北洋女子高等学校校长，并兼任北京大学等多所大学教授。创立中国地学会，任会长。另任国会众议员、辅仁大学校董等。著有《中国地理沿革史》、《本国中等地理教科书》。

张树元（1879—1934）

字少卿。山东无棣人。日本陆军士官学校毕业。曾任清北洋第五镇炮兵标统、第十协统领。入民国后为北洋军阀皖系将领。历任北洋陆军第五师师长、山东军务帮办、山东省长、山东督军、临时执政府军务厅厅长。北洋政府倒台后去职。后在家乡逝世。

张树桐（1867—? ）

字凤廷。内蒙古卓索图盟喀喇沁旗人。北京法政学堂毕业。曾任蒙旗司法行政长官。1912年任《蒙汉旬报》编辑，昭乌达盟、卓索图盟副都统。1913年当选为国会众议院议员。1917年任护法国会众议院议员。

张树森（1881—? ）

字蜕觉。陕西安康人。日本法政大学毕业。1912年与殷汝骊等在南京组织统一共和党，旋与同盟会合并，后改组为国民党，复创超然社。1913年被选为国会众议院议员。

张星烺（1888—1951）

字亮尘。江苏桃源（今泗阳）人。张相文之子。美国哈佛大学毕业。历任北京大学、厦门大学、辅仁大学、燕京大学、清华大学等校历史学教授。长期研究中西交通史，著有《中西交通史料汇编》等。

张贵永（1908—1965）

字致远。浙江鄞县人，生于马来西亚。早年留学德国，获博士学位。长期任教中央大学，历任教授、历史系主任、史学研究所所长。主授西洋史。1949去台湾，任台湾大学历史系教授。著有《西洋通史》、《西洋外交史研究》、《张致远文集》等。

张钟端（1878—1911）

字毓厚、裕厚。河南许昌人。留学日本中央大学。在日本加入同盟会，创办《河南》杂志，进行反清宣传。武昌起义后回国，1911年12月抵开封，被推举为河南军政府临时总司令兼都督，组织革命军，准备发动起义。事泄被捕，英勇就义。

张复元（1880—？）

浙江天台人。日本中央大学法学士。曾任浙江法政专门学校教授、浙江军政府民政科科长。1913年当选为国会参议院议员。1917年任护法国会参议院议员。1922年北京国会恢复时，仍任参议院议员。

张笃伦（1892—1958）

字伯常。湖北安陆人。保定军校毕业。同盟会会员。参加护法、北伐战争。1929年后历任陆军第五路军第九军副军长、国民政府军事参议院中将参议、重庆市市长、湖北省政府主席、西南军政长官公署政务委员会委员兼秘书长。1949年去台湾。

张亮清（1881—？）

湖北汉阳人。毕业于日本陆军士官学校和陆军大学。曾任陆军测绘学堂总办、炮兵学校教育长、陆军大学兵学研究院主任。1935年任国民政府参谋本部第一厅厅长。1937年授中将衔。

张炳瑞（1906—1981）

江苏松江（今属上海）人。上海医学院毕业。1948年赴美国考察。1949年6月回国后，任华东军政委员会卫生部技正、第二军医大学教授、上海市卫生防疫站科长。

张洪沅（1902—1992）

四川华阳（今成都）人。清华留美预备班毕业，美国麻省理工学院化学博士。1930年创立中国化学工程学会，任主席。1932年发起成立中国化学学会，任会长。1934年创办发行中国《化学工程》杂志。历任中央大学、南开大学教授，重庆大学校长。新中国成立后，任成都科学技术大学教授。

张恨水（1895—1967）

原名心远，笔名恨水。安徽潜山人，生于江西上饶。曾任《世界晚报》、《立报》、《新民报》副刊主笔、主编、总经理等。1936年与张友鸾创办《南京人报》。新中国成立后，任中央文史馆馆员、中国作家协会理事。为鸳鸯蝴蝶派向现代小说过渡的代表作家。代表作有《春明外史》、《金粉世家》、《啼笑因缘》、《虎贲万岁》等。

张宣武（1907—1984）

字崇文、云波。河南泌阳人。陆军大学毕业，少将衔。早年入冯玉祥部，后入川军。抗战时期任国民革命军第四十一军第一二二师参谋长、第三六四旅旅长，参加徐州、随枣会战。1949年任第四十一军军长。同年12月在四川什邡通电起义。新中国成立后，任山东省人民政府参事室参事、民革山东省主委。

张振武（1870—1912）

原名尧鑫，字春山、春三。湖北罗田人。湖北省立师范学堂毕业。1905年留学日本。1907年加入同盟会，旋入共进会。1911年参与领导武昌起义，后任湖北军政府军务部副部长。1912年8月被袁世凯杀害。

张振铎（1908—1989）

原名鼎生，字闻天。浙江浦江人。上海美术专科学校毕业。历任上海新华艺专、重庆西南美专、武昌艺专国画教授。新中国成立后，任湖北艺术学院、湖北美术学院教授、系主任、副院长、中国文联委员。出版有《张振铎画集》。

张载扬（1873—? ）

一名载阳，字暄初。浙江新昌人。浙江武备学堂毕业。初入浙江武备新军。1912年任杭州警备司令。1916年任浙军第二十五师师长。1922年任浙江省长。1924年江浙战争时，任浙沪联军第三军司令。

张晓崧（1903—1950）

又名叔夜，字旭野。浙江温岭人。黄埔军校毕业。历任浙江省保安区谍报股长、师军训主任、国民党第十集团军少将高参、上海市民政处处长。

张恩绶（1881—? ）

字泽余。河北深县人。日本早稻田大学政治经济科毕业。回国后清廷授法政科举人。1913年当选为国会众议院议员，并任北洋法政专门学校校长、北洋法政学会会长。1922年北京国会恢复时，仍任众议院议员。

张钰哲（1902—1986）

福建闽侯人。美国芝加哥大学博士。1928年在美国发现一颗小行星，命名为"中华"。回国后在中央大学任教。1941年任中研院天文所所长。新中国成立后，任中科院紫金山天文台台长、中科院学部委员、中国天文学会理事长。领导行星研究室发现许多小行星和三颗新彗星并以"紫金山"命名。1978年国际小行星中心将2051号小行星名为"张"(zhang)。

张爱玲（1920—1995）

原名煐。祖籍河北丰润，生于上海。张佩纶孙女，李鸿章曾外孙女。1939年入香港大学专攻文学。1943年开始发表作品。1944年与胡兰成结婚。晚年定居美国。代表作有小说《金锁记》、《倾城之恋》、《色戒》、《半生缘》、《红玫瑰与白玫瑰》等。有《张爱玲全集》行世。

张奚若（1889—1973）

字熙若。陕西朝邑（今大荔）人。美国哥伦比亚大学政治学硕士。早年加入同盟会，参加辛亥革命。曾任中央大学、北京大学、清华大学、西南联大教授，第一至四届国民参政会参政员。曾与胡适同组"现代评论社"。新中国成立后，任中央人民政府委员、教育部长、全国政协常委。

张凌高（1890—1955）

四川璧山（今属重庆）人。美国耶鲁大学哲学博士。1926年起任华西协和大学副校长，1931至1946年任校长，因病辞职。1939年任三青团中央监察。1943年任三青团中央评议员。1948年任四川省政府委员。1955年病逝于成都。

张竞生（1888—1970）

广东饶平人。法国里昂大学哲学博士。早年参加反清革命和南北议和。1912年赴法国留学。1920年回国，在广州上书陈炯明，提倡计划生育。后任北京大学教授、开明书店总编辑、广东省实业督办、广东省参议员。新中国成立后，任广东省文史馆研究员。著有《性史》。

张竞立（1887-? ）

字彬人。浙江海宁人。日本东京高等商业学校毕业。初任清邮传部部员、大清银行行员。民国后任中国银行总行发行局局长、交通大学教授、铁道部财务司司长、上海中业信托银行董事长。1949年迁居香港，1970年代初病逝于美国。

张海鹏（1867—1949）

字仙涛。辽宁盖平（今盖县）人。原冯麟阁部下，后被张作霖收编。1927年任东北骑兵第三十二师师长。九一八事变后投日，1932年任伪满洲国执政府侍从武官长。次年任伪满热河省长兼警备司令官。1941年告老退职。

张祥麟（1890—1976）

江苏川沙（今属上海）人。美国哥伦比亚大学毕业。曾任北京政府外交部驻纽约总领事。1931年12月任南京国民政府外交部情报司司长。1932年任联合国东北调查团总务、宣传组长。1935年起任上海汇丰银行秘书、上海百新书店董事长。抗战胜利后，参加爱国民主运动。新中国成立后，任上海市人民委员会参事室参事。

张通典（1859—1915）

字伯纯，号天放楼主、志学斋老人。湖南湘乡人。清附贡生。曾入曾国荃幕。1898年与谭嗣同在长沙倡办南学会、时务学堂、《湘报》《时务报》。复入张之洞幕，参与洋务活动。辛亥革命时，先后参与自立军起事、广州新军起义和苏州光复。曾任南京临时政府内务司司长、大总统府秘书。

张难先（1874—1968）

名辉澧，号义痴。湖北沔阳（今仙桃）人。早年参与组织科学补习所，后加入日知会，参加武昌起义。后任国民政府考试院铨叙部部长、浙江省政府主席。抗战时任国民参政会参政员、湖北省民政厅厅长。抗战胜利后支持爱国民主运动。新中国成立后，任中南军政委员会副主席、全国人大常委。著有《湖北革命知之录》。

张骏祥（1910—1996）

笔名袁俊。江苏镇江人。清华大学毕业，美国耶鲁大学艺术硕士。回国后任四川江安国立戏剧专科学校教授、中央青年剧社社长。新中国成立后，任上海电影制片厂导演、上海电影局局长、文化部电影局副局长。先后导演话剧《北京人》、《蜕变》，电影《白求恩大夫》等。

张培元（1894—1934）

青海贵德人。甘肃军事教导团毕业。曾任新疆伊犁屯垦使。1933年任国民党新编第八师师长、新疆省政府委员、新疆边防督办。1934年联合马仲英起兵进攻盛世才，兵败自杀。

张培爵（1876—1915）

字列五。重庆荣昌人。成都高等理科优级师范学校毕业。同盟会会员。辛亥革命时，与杨庶堪等人宣布重庆独立。推为重庆蜀军政府都督。成渝两军政府合并后，1912年3月任四川军政府副都督，继改任民政厅长。二次革命失败后，避居天津租界。1915年被袁世凯杀害。

张梦白（1910—2002）

江苏常州人。东吴大学毕业。先后在东吴大学附中和东吴大学任教，兼大同大学教授。1948年夏赴美国哥伦比亚大学留学深造，1949年获法学硕士学位。新中国成立后回国，任东吴大学（后改江苏师范学院、苏州大学）历史系教授，讲授世界史。译有《爱尔兰史》。

张雪中（1900—1995）

原名达。江西乐平人。黄埔军校一期毕业。抗战时期历任国民革命军第八十九师师长、第十三军军长、第三方面军副司令官、第十九集团军总司令，参加过徐州会战、武汉会战、豫中会战。抗战后任淮海绥靖区司令官、衢州绥靖公署副主任。1949年去台湾，任"国防部"参议。

张焕纶（1843—1903）

字经甫，号经堂，门人称宏毅先生。上海人。早年入龙门书院。刘熙载弟子，精地理学。1878年创办正蒙书院，以学贯中西、讲求时务为宗旨，开中国近代新式小学教育之先河。1897年为南洋公学首任总教习。1902年任敬业学堂总教习。著有《历代方略纪要》、《救时刍言》、《暴萌录》。

张啸林（1877—1940）

原名小林。浙江慈溪人。原为杭州地痞，1912年到上海，后与黄金荣、杜月笙同为上海租界青帮头子。1927年参加四一二反革命政变，被蒋介石委任为海陆空军总司令部顾问、国民革命军总司令部少将参议。1939年投日，筹建伪浙江省政府，任省长。1940年在上海被刺杀。

张鸿烈（1887—1962）
字幼山。河南固始人。美国伊利诺大学政治教育硕士。历任河南中州大学校长、河南省教育厅长、河南省政府秘书长、山东省建设厅长、国民政府立法院立法委员。1949年去台湾，续任"立法委员"。

张尉森（1884—?）
字荫廷。陕西渭南人。日本明治大学政治学学士。曾任陕西省议会议员。1913年当选为国会参议院议员。1917年任护法国会参议院议员。1922年北京国会恢复时，仍任参议院议员。

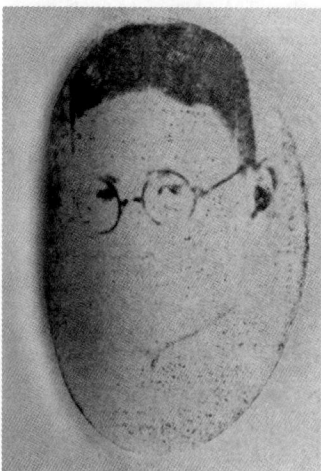

张维城（1895—1941）
又名维仁，字廷珍。江苏青浦（今属上海）人。毕业于北京大学。曾任北京政府国务院副秘书长。1923年任教于上海中国公学等。1926年任北京"正谊通讯社"社长。1929年任国民政府外交部情报司司长、驻朝鲜汉城总领事、驻芬兰公使代办。后在上海执律师业。1935年任国民政府监察院审计部驻外审计兼陕西省审计处长。1941年突发心脏病逝世。

张维屏（1780—1859）
字子树，号南山、松心子，晚号珠海老渔。广东番禺人。清道光进士。历任知县、知府。后辞官归里。工书法，通医学，尤善诗，为"粤东三子"之一。鸦片战争爆发后，写下许多反对外敌侵略、赞颂人民抗战的不朽诗篇，其中《三元里》和《三将军歌》最为著名。辑有《国朝诗人征略》，著有《松心草堂集》。

张维桢（1896—？）

女。又作维桢。江苏青浦（今上海）人。罗家伦夫人。北京辅仁大学毕业。历任金陵女子文理学院教授、三青团中央女青年处处长、国民参政会参政员、国民党中央监察委员、国民政府立法院立法委员。1949年去台湾。

张维藩（1892—1963）

字介人。河北丰润人。保定军校一期、陆军大学六期毕业。入冯玉祥部，后任宋哲元师参谋长。1924年随冯玉祥参加北京政变。1930年任第二十九军参谋长，1933年参加喜峰口抗战。1935年任二十九军总参议兼任北平市公安局长。七七事变前后，代宋哲元主持二十九军军务。抗战爆发后任第一集团军司令部参谋长。抗战后至北京闲居，直至逝世。

张联魁（1881—？）

字星五。山西代县人。日本东京农业大学毕业。回国后清廷授农科举人。曾任山西提学使署实业科科长。1913年当选为国会参议院议员。1938年任伪中华民国临时政府山西省建设厅长。后又任伪华北政府河南省建设厅长。1942年6月去职。

张敬之（1868—？）

字翰卿。直隶（今河北）曲周人。初办理本地团练事务，后入地方自治研究所。毕业后任省直戒烟总会稽查员等。1913年当选为国会众议院议员。1917年任护法国会众议院议员。1922年北京国会恢复时，再任众议院议员。

张敬尧（1880—1933）

字勋臣。安徽霍丘人。保定军校毕业。1918年任湖南督军兼省长，因残暴统治，湖南人民展开驱张运动，1920年被迫退出湖南。后在吴佩孚、张宗昌、张作霖部下任司令、军长等职，对抗北伐军，被国民革命军击败。九一八事变后，与日本板垣勾结，密谋策应日本关东军进占京津。1933年5月被国民党军统特务刺杀。

张雅南（1867—? ）

字龙轩。吉林人。清贡生。后入吉林法政学堂附设宪政研究所、官绅自治研究所学习。1912年被选为府城议会议员、副议长。1913年当选为国会众议院议员。1922年国会恢复时，仍任众议院议员。

张惠长（1899—1980）

字锦威。广东中山人。幼时随父侨居美国，纽约寇蒂斯航空学校毕业。1917年回国，历任广州大元帅府航空处副处长，国民政府军政部航空署署长兼广州航空学校校长，广州"非常会议"国民政府空军总司令，南京国民政府驻古巴公使、行政院直辖中山模范县县长、立法院立法委员，"国民大会"代表。1949年去台湾。

张斐然（1894—? ）

江西吉安人。毕业于日本东京高等工业学校。历任南昌市工务局长，武汉市公用局长，江西省、河南省建设厅长，全国经济委员会西北办事处专员。1948年去台湾。

张辉瓒（1884—1931）

字石侯。湖南长沙人。日本陆军士官学校毕业。1912年任谭延闿参谋。参加反袁、护法战争。1921年任湖南省警务处处长。后参加北伐战争。1927年任国民革命军第二军（后改为第十八师，任师长）副军长。1929年入赣，兼任南昌卫戍司令。1930年指挥围剿红军，12月在江西吉安龙冈被俘。翌年1月28日，在东固万人公审大会上被杀。

张景欧（1897—1952）

字海珊。江苏金坛人。美国加利福尼亚大学农学硕士。历任东南大学教授、中央大学昆虫组主任兼教授、国民政府农矿部技正、中山大学教授兼广东省昆虫研究所所长、上海商品检验局植物病虫害检验处主任。新中国成立后，任复旦大学昆虫学教授。

张景惠（1871—1958）

字叙五。辽宁台安人。早年投张作霖，历任奉军第一师师长、察哈尔都统。1927年任北京政府陆军部总长。九一八事变后任伪满军政部总长、国务总理大臣。后被苏军俘获。1950年移交给中国，关押在抚顺战犯管理所，直至去世。

张鲁山（生卒年不详）

曾任汪伪中央宣传讲习所讲师。著有《大亚细亚主义导论》、《"国民政府"政纲释义》。

张鲁泉（1880—？ ）
山东桓台人。山东农业学校毕业。后赴日本考察农政。1913年当选为国会参议院议员。1917年任护法国会参议院议员。1922年北京国会恢复时，仍任参议院议员。

张赓年（1901—？ ）
字潮如。浙江奉化人。东南大学商学士。1927年起任南京国民政府外交部秘书、外交部驻江苏江宁交涉员、驻德国汉堡总领事。

张善与（1882—1969）
字绍平、天放。河南新乡人。日本早稻田大学政治经济科毕业。1913年当选为国会众议院议员。后任国民党河南省党务指导委员、河南《民国日报》社社长。1946年当选"制宪国民大会"代表。1949年去台湾，执律师业。

张善子（1882—1940）
原名正兰，号虎痴。四川内江人。国画大师张大千之兄。早年参加同盟会。1913年参加讨袁之役。1922年任北京总统府谘议。1925年后任上海美术专科教授。抗日战争时期，在国内外举办画展，筹款支持抗战。善画山水、花卉、走兽，尤以画虎闻名。

张善琨（1909—1957）

浙江吴兴（今湖州）人。上海南洋大学毕业。曾任大世界游乐场、共舞台总经理。1934年起先后创办新华、华新、华成影业公司。1942年后任汪伪中华联合制片公司总经理及中华电影联合公司副总经理。抗战后曾以汉奸罪遭通缉。1951年在香港创办长城影业公司。

张尊五（生卒年不详）

著有《东坡文学》、《北宋词论》、《三十年代的无锡国专》等。

张道行（1917—？）

原籍张家港市。曾获美国依阿华大学国际法博士。历任国民政府外交部秘书及顾问、驻荷兰大使馆参事。后定居美国，曾任美国林肯大学校长。

张道藩（1897—1968）

字卫之。贵州盘县人。毕业于英国伦敦大学思乃德艺术学院。后赴巴黎学习。先后任国民政府交通部、内政部、教育部次长，国民党中宣部部长、海外部部长。1935年创办国立戏剧专科学校。1938年发起成立中华全国文艺界抗敌协会。1949年去台湾，任"立法院"院长。

张曾敭（1852—1920）

字小帆、润生、抑仲，号静渊。直隶南皮（今属河北）人。清同治进士。历官湖南永顺知府、福建按察使、福建盐法道、广西布政使、山西巡抚、浙江巡抚等。任浙江巡抚时派绍兴知府贵福杀害革命女杰秋瑾，遭举国舆论谴责。后辞官归籍。

张裕钊（1824—1894）

字廉卿。湖北武昌人。清道光举人，授内阁中书。曾师事曾国藩，为"曾门四弟子"之一。主讲金陵、文正、江汉、经心、鹿门、莲池等书院。工古文，尤善书法。其书法独辟蹊径，融北碑南贴于一炉，创造了影响晚清书坛的"张体"。有《濂亭集》。

张瑞芳（1918— ）

女。河北保定人。初入北平国立艺专习西洋画。抗战爆发后，参加中华民族解放先锋队，演出抗日剧《放下你的鞭子》。1938年加入中国共产党。后任重庆怒吼等剧社特约演员，与白杨、舒绣文、秦怡为重庆话剧界"四大名旦"。1947年任长春电影制片厂特约演员。新中国成立后，任上海电影制片厂演员剧团团长。

张锡銮（1843—1922）

字金波。浙江钱塘（今杭州）人。清武监生。1875年随热河都统崇实入东北。任通化知县、锦州凤凰厅候补道。甲午战争时任东边道，曾与越鸭绿江入侵中国的日军作战。后以事去职。1903年复任东边道。1911年任山西巡抚。民国后历任东三省宣抚使、署奉天都督、署吉林都督。1917年退出政界，赋闲天津。

张锦芳（1872—1942）

字絅庵。河南项城人。张镇芳弟。
"民国四公子"之一张伯驹生父。
清廪生。曾任度支部郎中，库藏
司、盐务处、两淮司科员。1913年
当选为国会众议院议员。

张新吾（1880—？ ）

上海人。日本东京帝国大学毕
业。1912年任北京政府工商部
参事、代理工商部次长、农商
部参事。1934年任中国学院化
学系主任。1937年1月，任国
民政府驻日本大使馆代理商务
参赞。

张歆海（1898—1972）

字叔明。浙江海盐人。清华学
校毕业，入美国哈佛大学，1922
年获英国文学博士学位。历任
东南大学外文系主任，上海光华
大学代校长，中央大学文学院副
教授，国民政府外交部欧美司
长，驻葡萄牙、波兰、捷克公
使。1941年后定居美国，在美国
大学执教。1972年在上海病逝。

张福运（1890—1983）

字景文。山东福山（今烟台）
人。获哈佛大学文学士及法学
士学位。历任北京政府交通部
航政司司长、北京交通大学校
长，国民政府关务署署长、国
定税则委员会委员长。1951年
赴美国定居。

张福星（1902—1975）

1929年毕业于上海圣约翰大学医学院，同年赴美国留学。曾任圣约翰大学医学院附属一院眼科主任、副院长。新中国成立后，任解放军总医院外科部主任兼眼科主任。

张静江（1876—1950）

原名增澄，又名人杰。浙江吴兴（今湖州）人。出身江南丝商巨贾之家，21岁时捐得二品候补道衔。1902年以一等参赞随清驻法公使孙宝琦出国。在巴黎创办《新世纪》周报，并加入同盟会。曾给予孙中山经济支持。是国民党四大元老之一。历任广东国民政府常委、南京国民政府建设委员会委员长、浙江省政府主席等。抗战爆发后去美国。

张静愚（1895—1984）

字精一。山东高唐人。曾留学英国，习机械工程科。1925年起历任广州国民政府航空局局长、孙中山大元帅府航空局局长、中央陆军军官学校航空队队长、国民革命军总司令部舰空署署长、河南省建设厅长、国民党中央候补执行委员。1949年去台湾，任"经济部"次长、台湾机械公司董事长。

张嘉谋（1874—1941）

字中孚。河南南阳人。清举人。曾任南阳中学教习、河南商业学校校长、河南省议会副议长。1913年当选为国会众议院议员。1917年任护法国会众议院议员。1922年北京国会恢复时，仍任众议院议员。

张嘉璈（1889—1979）

字公权。江苏宝山（今属上海）人。清末秀才。日本庆应大学毕业。北洋政府时任中国银行副总裁。南京政府成立后，历任中国银行总经理、铁道部长、交通部长、中央银行总裁。1949年后赴澳大利亚、美国，从事教学和研究工作。曾任旧金山美亚银行董事长。

张慧剑（1906—1970）

安徽石埭人。1925年起历任北京、南京、重庆、南昌、金华等地报纸副刊编辑，后任上海《新民报》主笔。1926年开始发表作品。1952年加入中国作家协会。著有《慧剑杂文》、历史小说《屈原》、传记《李时珍》。

张瑾雯（1882—1945）

字次瑜。四川南部人。日本中央大学毕业。回国后，考获清商科举人，任内阁中书。1913年当选为国会众议院议员。1917年任护法国会众议院议员。1922年北京国会恢复时，仍任众议院议员。

张镇芳（1863—1933）

字馨庵。河南项城人。袁世凯表弟。清光绪举人。曾任清天津道、长庐盐运使、湖南提法使、署直隶总督兼北洋大臣。民国成立后，任河南都督兼民政长。后支持袁世凯称帝，与朱启钤等被列为"七凶"。袁世凯死后参与张勋复辟，失败后被捕。1918年获释。1921年在天津任盐业银行董事长。1933年病死。

张德泽（1905—1998）

字洵如。河北东光人。曾就读于北京大学第二平民夜校师范班。1925年入故宫博物院工作。1929年调故宫文献馆，从事明清档案整理工作。新中国成立后，为中国第一历史档案馆副研究馆员。著有《清代国家机关考略》，编有《清代外交史料》（嘉庆、道光朝）。

张德钦（1892—？）

字次舟。江苏宝山（今属上海）人。留学美国，为法理学博士。历任上海律师公会常委、上海工部局委员、上海公共租界华人纳税会常务委员。抗战期间投靠汪精卫，任汪伪政权边疆委员会常委、中央政治委员会财政专门委员、浙江省财政厅长、中央信托公司保险部经理、中国实业协会常务监事。

张德彝（1847—1919，一作1915）

本名德明，字在初。清汉军镶黄旗人。曾游历欧洲十国，担任驻外使馆译员，并为光绪帝英文教师。1901年以后任出使英、意、比大臣，后专任使英大臣。从1866年到1906年，共八次出国，在国外27年。有日记依次为《航海述奇》、《再述奇》、《三述奇》至《八述奇》。《三述奇》中有目击巴黎公社革命的记载。

张默君（1884—1965）

女。名昭汉。湖南湘乡人。早年加入同盟会，1918年赴美留学。历任江苏省立第一女子师范学校校长、杭州市教育局局长、考试院考选委员会委员、国民党中央常务监委。1949年去台湾，任国民党中央评议委员。

张耀曾（1884—1938）

字镕西。云南大理人。日本东京帝国大学毕业。同盟会会员。武昌起义后，为临时参议会议员，并任同盟会总干事。1912年当选为众议院法制委员长，草拟了宪法初稿。曾任北京政府司法总长。是民初政学会首领。后辞官去上海，历任律师、大学教授、南京政府国民参政会参政员。九一八事变后，著文宣传抗日。著有《考察司法记》、《列国在华领事裁判权法》。

张樑任（1905—？）

浙江平湖人。德国柏林大学政治学博士。历任国立编译馆编审，国民政府考试院高等考试襄试委员、交通部法规委员会委员、邮政储金汇业总局处长、国防最高委员会参事。

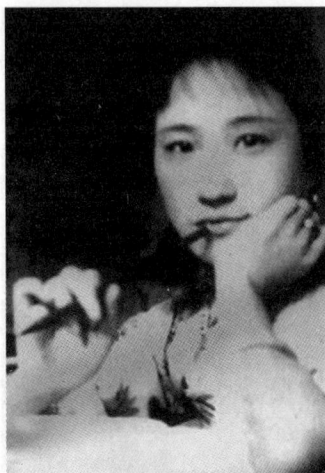

张絅伯（1885—1969）

名晋，字絅伯，以字行。浙江宁波人。上海南洋公学毕业，留学日本读商科。1923年在青岛筹设明华商业储蓄银行分行，任经理。1927年至上海任总行总经理兼青岛分行经理。抗战时期拒与日商合作经营。抗战胜利后，加入中国民主建国会。新中国成立后，任政务院外交部条约司专门委员、全国政协委员、全国人大代表。

陆小曼（1903—1965）

女。原名陆眉。江苏武进人，生于上海。1922年与徐志摩结婚。徐志摩逝世后，整理出版徐遗诗《云游》、散文集《爱眉小札》。在绘画、文学上卓有成绩。新中国成立后，任上海文史馆馆员。

陆心源（1834—1894）

字刚甫，号存斋。晚号潜园老人。浙江归安（今湖州）人。清咸丰举人，官至福建盐运使。家有皕宋楼、十万卷楼、守先阁分别庋藏宋元刻本、明清刻本及普通本。是清季著名的四大藏书家之一。著有《皕宋楼藏书志》、《穰黎馆过眼录》、《唐文拾遗》、《宋诗纪事补遗》等。刊刻有《湖州丛书》、《十万卷楼丛书》。

陆印泉（1911—1994）

江苏松江（今属上海）人。南京中央大学毕业。曾任《中国文学》、《诗歌月报》、《内外杂志》、《阵中日报》编辑。新中国成立后，任民革上海市委常委、文史资料工作委员会副主任。著有《榕树集》、《中国抗战的前途》。

陆光熙（？—1911）

本名惠熙，字亮臣。顺天宛平（今属北京）人。陆钟琦之子。清光绪进士，选庶吉士。后东渡日本学陆军。回国后清廷授编修，擢翰林院侍讲。1911年，由京赴晋，山西新军攻抚署时，与父陆钟琦同被击毙。

陆志鸿（1897—1973）

字筱海。浙江嘉兴人。曾留学日本研究金属采矿。历任中央大学土木系教授、工学院院长，台湾大学机械系教授、校长。著有《工程力学》、《材料力学》、《材料强度学》。

陆丽霞（1912—1935）

女。1930年代知名的电影演员。上海两江女子体育专科学校毕业。1931年从影。主演影片有《兰谷萍踪》、《生机》、《美人恩》、《两兄弟》等十部。1935年因难产在上海逝世。

陆伯鸿（1875—1937）

名熙顺。上海人。早年曾任上海华商电气股份有限公司总经理、上海圣心医院院长，后投资经营和兴实业公司、内地自来水公司、和兴钢铁厂等企业。1937年上海沦陷时遇刺身亡。

陆宝忠（1850—1908）

原名尔诚，小字定生，16岁改今名，字伯葵，号峰石。江苏太仓人，清光绪进士。历官至礼部尚书、都御史。

陆宗舆（1876—1941）

字润生。浙江海宁人。日本早稻田大学毕业。曾任清资政院议员、印铸局局长。后任袁世凯临时大总统府财政顾问、驻日公使，参与二十一条交涉。1916年后任交通银行股东会长、中华汇业银行总理。在段祺瑞指使下，与曹汝霖、章宗祥勾结，出卖国家主权。五四运动爆发后，被免职。1940年任汪伪政府"行政院"顾问。

陆荣廷（1856—1927）

字干卿。广西武鸣人。出身绿林，后为广西提督苏元春收编，清末为广西提督。护国运动时为广东督军，1917年为两广巡阅使，实际控制两广，形成桂系军阀集团。1921年被孙中山、陈炯明击败，逃往越南，随后退出军政界。

陆钟琦（1848—1911）

字申甫。顺天宛平（今属北京）人，原籍浙江萧山。清光绪进士。历任江苏粮道，江苏、江西、湖南按察使，官至山西巡抚。1911年武昌起义爆发后，山西新军攻抚署时，拒降中弹而亡。

陆修祜（1877—1964）

字笃初，号景周，晚号慕陶。江苏太仓人。晚清秀才。先后受业于李伯豫、王晋蕃、王祖畲、唐文治等大师。曾担任过南洋大学教授，无锡国专经学、哲学教授。著有《孙吴兵法概论》等。

陆剑芳（生卒年不详）

女。1920—1930年代知名的电影演员。在1927年由上海复旦影片公司出品的《红楼梦》（被视为第一部真正意义上的《红楼梦》影视作品）中饰演林黛玉。

陆莲芬（生卒年不详）

女。1930年代任上海明星影片公司演员。主演影片有《到西北去》（1934年）等。

陆润庠（1841—1915）

字凤石，别号固叟。江苏元和（今吴县）人。清同治十三年（1874）状元。光绪初，督山东学政，迁国子监祭酒。1896年以母疾归苏州，总办苏州商务。后任工部、吏部尚书，参预政务大臣。1911年任弼德院院长。辛亥革命后，留清宫，任溥仪师傅。能书法，擅行楷。

陆梅僧（1897—1971）

字冶伦。江苏宜兴人。清华学校毕业，美国哥伦比亚大学硕士。历任上海仁昌公司副经理，上海联合广告公司董事兼经理，东南大学、东吴大学广告学教授。著有《广告》等。

陆皓东（1860—1895）

原名中桂，字献香，号皓东。广东香山（今中山）人。与孙中山为同乡、同学，协助孙中山成立兴中会。1895年参加广州起义时被捕就义。

陆锦文（1892—？）

生于上海。清华学校毕业，留美医学博士。曾在美国医院实习多年。回国后，长期供职于上海华安合群保险股份有限公司医务部，任医师兼人寿保险检验体格师。

陆增祥（1816—1882）

字魁仲，号莘农。江苏太仓人。清道光三十年（1850）状元，授翰林院修撰。历官湖南辰永沅靖道，有政声，以疾告归。少通六书，好学博览，工诗，精金石学。著有《篆墨述诘》、《吴氏筠清馆金石记目》、《金石偶存》、《三百砖砚录》、《八琼室待访金石录》等。

陆澂祥（1871—1949）

字子兴。上海人。幼年入基督教，就读于上海广方言馆。1912年任北洋政府国务总理、外交总长。1915年被迫与日签定《二十一条》。1919年率领中国代表团出席巴黎和会。1927年去职后于比利时从事宗教事务。

阿英（1900—1977）

原名钱德富，又名钱杏邨。安徽芜湖人。早年参加左翼作家联盟。1926年加入中国共产党。1941年参加新四军革命文艺工作，1946年任中共华东局文委书记。新中国成立后，任天津市文化局长、华北文联主席、全国文联副秘书长。一生著述丰富，涉及文学、文艺理论、戏剧、电影文学史、美术史等多方面。有《阿英文集》。

阿旺根敦（1873—? ）

字云亭。西藏工布人。少年时曾学汉文，后为西藏商务翻译员。1908年由驻藏大臣奏派驻京，充富唐古忒学翻译员。1913年被选为众议院议员，1914年当选为约法会议议员。1916年国会恢复时，仍为众议院议员。

陈方（1897—1962）

字芷汀、芷町。江西石城人。历任国民政府军事委员会侍从室少将组长、国民党中央监察委员、国民政府文官处政务局局长、总统府第二局局长。后去台湾，任"总统府国策顾问"。

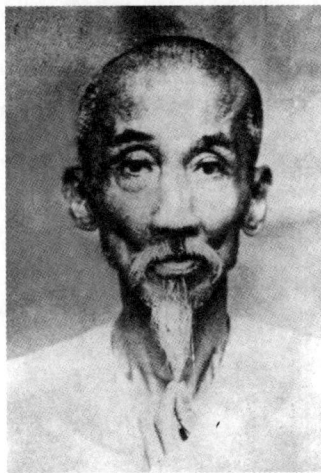

陈书（1838—1905）

字伯初，号俶玉，又号木庵。福建侯官（今福州）人。陈衍长兄。清光绪举人。官直隶博野知县。工书法，善山水画。论诗不喜空言神韵，专事音节。诗作格严气肆。著有《木庵居士诗》、《木庵文稿》。

陈可（1902—? ）

又名麟书。江西清江人。中央军校、陆军大学毕业。1937年任国民革命军通信兵团副团长。1945年任国民政府军政部交通司副司长。1949年任军政部通信兵学校教育长。

陈仪（1883—1950）

字公侠、公洽。浙江绍兴人。留学日本士官学校、陆军大学，与蒋介石为同学。加入光复会。历任福建省主席、国民政府行政院秘书长、陆军大学代校长。1945年任台湾省行政长官。1948年任浙江省主席。1949年尝试策动京沪杭警备总司令汤恩伯一同投降共产党，遭告发。1950年被蒋介石处死。

陈奂（1786—1863）

字倬云，号硕甫、师竹。江苏长洲（今苏州）人。清诸生。咸丰元年，举孝廉方正。治学重考据，学从段玉裁。精《毛诗》，著有《毛诗传疏》、《毛诗说》、《毛诗九谷考》、《毛诗传义类》等。

陈良（1896—1994）

字初如。浙江临海人。北京陆军军需学校毕业。历任黄埔军校政治部科长，国民政府军政部军需署署长、粮食部次长、上海市长、副参谋总长。1949年去台湾，任"交通部"部长。

陈庚（1909—1951）

号锦秋，字景秋。湖南湘潭人。黄埔军校第六期毕业。抗战期间任国民政府国防部处长、联勤总部少将副局长。1949年任第一兵团司令部副参谋长，参加湖南和平起义。后任人民解放军第五十二军参谋长。

陈诚（1898-1965）

字辞修。浙江青田人。保定军校毕业。历任黄埔军校教官、国民党第十八军军长。抗战期间，任第九、六、一战区司令长官。战后，任国防部参谋总长。1948年去台湾，任台湾省政府主席、"行政院长"、"副总统"。

陈垣（1880—1971）

字援庵。广东新会人。清末秀才。曾任京师图书馆馆长、辅仁大学校长。1948年当选中央研究院院士。新中国成立后，任北京师范大学校长、中科院哲学社会科学部委员。主要研究宗教史、文献学、元史、中西交通史。著有《元西域人华化考》、《二十史朔闰表》、《中国佛教史籍概论》等。有《陈垣学术论文集》行世。

陈衍（1856—1937）

字叔伊，号石遗。福建侯官（今福州）人。清光绪举人。曾入刘铭传、张之洞幕。任官报局总编纂、学部主事、京师大学堂教习。1898年为《戊戌变法榷议》十条，主张维新变法。辛亥革命后，历任各大学教授。最后寓居苏州，与章炳麟、金天翮共倡办国学会，任无锡国专教授。著有《石遗室诗话》、《石遗室诗文集》、《近代诗钞》。

陈宧（1870—1943）

初名仪，字二安、二盦。湖北安陆人。留学日本士官学校。历任清新军第十九、二十镇统制，北京政府参谋部参谋次长，四川都督。1912年授陆军中将。1925年任军事善后委员会委员。

陈铁（1898—1982）

贵州遵义人。黄埔军校第一期毕业。1935年任国民革命军第十四军第八十五师师长，参加忻口会战。后任第五、第一集团军副总司令、东北"剿总"副总司令。1949年底率部起义。新中国成立后，任贵州省副省长。

陈晨（1909—1979）

原名昌顺，又名伟杰。湖北武汉人。1930年起先后入上海明星、联华等影片公司任摄影师。新中国成立后，任北京电影制片厂、北京农业电影制片厂摄影师。拍摄影片有《展览会》、《新旧时代》、《胜利进行曲》、《停战以后》等。

陈章（1900—1992）

又名端臣，字俊时。江苏苏州人。留美电机硕士。历任浙江大学、上海交通大学教授，中央大学电机系主任、工学院院长，南京工学院无线电系主任。著有《无线电工程》、《无线电基础》。

陈策（1883—? ）

字勤宣。安徽寿县人。日本明治大学毕业。同盟会会员。曾任安徽芜湖安抚使。1913年当选国会众议院议员。1917年任护法国会众议院议员。1922年北京国会恢复时，仍任众议院议员。1924年任浦信铁路督办。

陈策（1893—1949）
字筹硕。广东琼山人。广东海军学校毕业。辛亥革命时，指挥炸弹队、敢死队，进攻海口府城。1915年，策动海军同学，首义讨伐袁世凯。后任海军第一舰队总司令、海军学校校长、广州市市长。

陈善（1877—? ）
字敬夫。云南盐丰（今属大姚）人。法政专门学校毕业。1913年当选参议院议员。1917年任云南蒙自道尹。1926年去职。

陈湜（1831—1896）
字舫仙。湖南湘乡人。曾为曾国荃部将，征战太平军，参与镇压捻军。官陕西按察使。甲午战争时，驻防山海关，力抗日军进攻。后擢江西布政使。

陈源（1896—1970）
字通伯，笔名西滢。江苏无锡人。留英博士。1922年任北京大学教授，1929年任武汉大学校长兼文学院长。1946年任中国驻联合国教科文组织代表。后去台湾。著有《西滢闲话》。

陈誉（1920—2003）

字颂声。安徽芜湖人。西南联大学社会学系毕业，美国哥伦比亚大学理学硕士。1950年回国，任华东师范大学图书馆副馆长、馆长，图书馆学系主任。著有《社会科学情报工作导论》。

陈群（1890—1945）

字仁鹤。福建闽侯人。早年留学日本。北伐时，曾任国民革命军东路总指挥部政治部主任。1931年任南京警察厅厅长。1932年任国民政府内政部次长。七七事变后投敌，任伪华中维新政府内政部长、汪伪考试院院长。日本投降后畏罪自杀。

陈箓（1877—1939）

字任先，号止室。福建闽侯人。武昌自强学堂毕业，后留学德、法，专攻法学。获法国巴黎大学博士学位。清光绪末年归国，授法科进士。曾任清法部制勘司主事、翰林院编修、外务部考工司郎等。辛亥革命后，任北京政府外交部代总长、中国驻国联代表。抗战期间任梁鸿志伪政权外交部长。1939年被军统特工刺杀于上海家中。著有《止室笔记》。

陈豪（1839—1910）

原名钟锜，字蓝洲，号迈庵，晚号止庵。浙江仁和（今杭州）人。陈叔通之父。清同治优贡生，官湖北汉阳知县。工诗，擅书画，精山水花卉。传世作品有《苍松图》、《暗香疏影图》等。著有《冬暄草堂诗集》。

陈澄（1898—? ）
字少浦。福建惠安人。北京协和医学院医学博士，留学英国爱丁堡皇家学院。民国时期曾任上海仁济医院外科主任、中国海军部上海医院医务主任、普安医院院长。

陈璧（1852—1928）
一作陈壁。字玉苍、佩苍、雨苍，晚号苏斋。福建闽县（今闽侯）人。清光绪贡士。官至山西道监察御史、河南道监察御史、商部右侍郎、邮传部尚书。著有《望嵒堂奏议》。

陈瀛（1906—? ）
江苏常熟人。曾任中央大学副教授、南京大学教授。

陈堃（1873—? ）
字伯简。福建建瓯人。法政学堂毕业。曾任浙江宁波地方审判厅民事庭长、福建闽侯地方审判厅刑庭推事。1913年当选为国会众议院议员。1917年任护法国会众议院议员。1922年北京国会恢复时，仍任众议院议员。

陈九韶（1875—1968）

字雯裳。湖南郴县人。国立法政学校政治经济科毕业。1913年当选众议院议员。1917年任护法国会众议院议员。1922年北京国会恢复时，仍任众议院议员。新中国成立后，任湖南省文史馆馆长。

陈又新（1891—1957）

云南广南人。云南讲武堂第九期、陆军大学第一期毕业。1934年任内政部警官高等学校校长。1936年任国民革命军第五十一师师长。抗战期间任第十五及二十八集团军副总司令。新中国成立后，曾任西南军政委员会禁烟禁毒委员会副主任。1957年春在昆明病逝。

陈三立（1853—1937）

字伯严、伯尹，室名散原精舍。江西义宁人。陈宝箴之子，陈寅恪之父。清光绪进士，官吏部主事。参与戊戌变法，被革职。后参与创办江西铁路公司、中国商办铁路公司。为清末同光诗派代表人物。有《散原精舍诗集》。

陈三多（1872—？）

字祝萱、其华。福建晋江人。早年赴菲律宾马尼拉经营布业。历任善举公所及中华商会主席、中西学校董事、教育会会长、南洋闽侨救乡会总干事、《新闻日报》总理。一生爱侨爱乡，致力公益慈善事业。

陈士和（1887—1955）

字兰亭。原籍浙江绍兴，生于北京。辛亥革命后拜评书艺人张智兰学说《聊斋志异》。其台风大方，语言生动，所说《聊斋》，被称之为"笑话聊斋"。出版作品有《评书聊斋志异》。

陈大庆（1905—1973）

江西崇义人。黄埔军校第一期毕业。1929年任中央军校武汉分校教育长。1945年任第三方面军副司令官。1948年任淞沪警备司令。1949年去台湾，任"国家安全局"局长、"陆军总司令"、"台湾省政府主席"、"国防部长"。

陈大齐（1887—1983）

浙江海盐人。曾留学日本、德国。历任浙江高等学校校长，北京大学哲学系主任、代理校长，国民政府考试院秘书长。1949年去台湾，任政治大学校长、"中国孔孟学会"理事长。

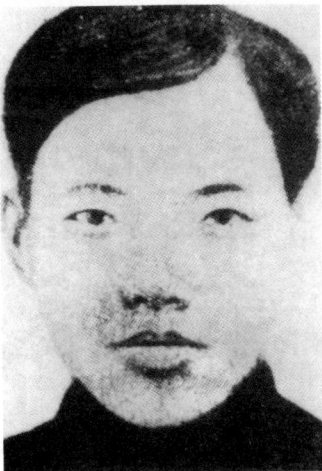

陈与燊（1888—1911）

字愈心。福建闽县（今福州）人。同盟会会员。1908年留学日本早稻田大学。1911年4月参加黄花岗之役，在攻打督署时中弹，被捕就义。为黄花岗七十二烈士之一。

陈之长（1898—1987）

字本仁。四川简阳人。兽医学博士。历任中央大学、四川大学和四川农学院畜牧兽医系教授。著有《家畜不育与不妊》。

陈之佛（1896-1962）

原名绍本，号雪翁。浙江慈溪人。早年留学日本学习工艺美术。历任上海美专、中央大学、南京大学教授，南京艺术学院副院长，江苏省文联、美协副主席。著有《中国工艺美术史》、《陈之佛画集》。

陈子方（1915—2005）

原名大椿。浙江余姚人。1938年加入中国共产党。曾任人民解放军华东野战军一纵队医院副院长、浙东干部学校副校长。新中国成立后，任浙江省民政厅副厅长。

陈子范（1881—1913）

字祢生，号勒生。福建侯官（今福州）人。早年习海军，后加入同盟会及南社，主笔《皖江日报》。1913年参加二次革命和反袁斗争，因制造炸弹不慎牺牲。

陈子斌（生卒年不详）

字南屏。江西石城人。北京法律学堂毕业。曾任清大理院法官。1913年当选众议院议员。1917年任护法国会众议院议员。1922年北京国会恢复时，仍任众议院议员。

陈天华（1875—1905）

字星台，号思黄。湖南新化人。华兴会、同盟会发起人之一。编辑《游学译编》、《民报》，宣传民主革命思想。1905年底在日本投海自杀。著有《猛回头》、《警世钟》。

陈友仁（1879—1944）

广东顺德人，生于英属西印度群岛。1924年任孙中山英文秘书。1926年当选国民党中央执行委员。后历任广州国民政府、广州非常会议、南京国民政府、福建人民革命政府外交部长。

陈云裳（1919—　）

女。原名陈云强。广东台山人，生于广州。广州市立女子师范学校肄业。陈星池之女、名医汤于翰之妻。爱好艺术和体育。1935—1952年在上海、香港主演电影《木兰从军》、《月儿弯弯照九州》等数十部。曾连续三届（1939—1941年）荣膺"中国电影皇后"称号，系上海明星公司"四大名旦"之一。

陈少白（1869—1934）

又名白。广东新会人。1895年参与建立香港兴中会。1899年创办香港《中国日报》。1905年任同盟会香港分会长。1911年任广东军政府外交司长。1921年任孙中山总统府顾问。著有《兴中会革命史要》。

陈日平（1888—1952）

广东中山人。日本早稻田大学商科学士。曾任清邮传部主事、广东省立岭东商业学校校长、中山县财政局长、国民政府立法院立法委员。抗战时投敌，任汪伪财政部常务次长、上海新闻报副社长、大亚实业股份有限公司董事长。抗战胜利后以汉奸罪被判刑。

陈中孚（1882—1958）

字奇曾。江苏吴县人。日本法政大学毕业。1923年任广州大本营参议。后任安徽省财政厅长、青岛市长、冀察政务委员会外交委员会委员长。1938年任南京伪维新政府行政院长梁鸿志顾问。1941年任汪伪国民政府委员、中央监察委员。

陈水鲤（1900—1945）

福建厦门人，生于新加坡。1920年英华中学毕业后入和丰银行任职，后任新加坡和丰银行支行经理。1933年任华侨银行（总行设在新加坡）上海分行经理。

陈仁涛（1905—？）

浙江镇海人。长期致力于地产和实业，曾任上海汉光电化厂、中华电业股份有限公司、永兴地产股份有限公司董事长。亦是近代著名的收藏家，1950年代末病逝于香港。

陈化成（1776—1842）

字业章，号莲峰。福建同安（今厦门）人。鸦片战争时调任江南提督，在吴淞设防抗英，率部坚守炮台，英勇阵亡。

陈公璧（生卒年不详）

清末任商部左侍郎。

陈公博（1892—1946）

广东南海（今广州）人，祖籍乳源。早年就读于北京大学，留美硕士。为中共一大代表，翌年退党。历任国民党中常委、国民政府行政院实业部长。1939年随汪精卫投敌，曾任汪伪立法院院长、上海市长、代国民政府主席兼行政院长、军委会委员长。1946年被判处死刑。著有《苦笑录》。

陈文述（1771—1843）
原名文杰，字退庵，号云伯。
浙江钱塘（今杭州）人。诗作
沉博艳丽，以多为贵，后期渐
归雅正。

陈文征（1850—1922）
福建龙溪人。早年赴菲律宾经
商。西班牙据菲时期，被委以甲
必丹之职，为维护华侨利益，据
理力争。

陈文褒（1881—1911）
广东大埔人。南洋商人。同盟
会会员。广州起义攻打督署时
中弹牺牲。为黄花岗七十二烈
士之一。

陈以义（1880—1915）
字仲权，号西溪。浙江嘉兴人。南
社成员。曾任国民党嘉禾县支部支
部长。在反袁斗争中牺牲。

陈允中（1875—？）

字权均。江苏金坛人。曾入南菁书院学习。后任金坛师范学校校长。1913年当选众议院议员。1917年任护法国会众议院议员。

陈允全（？—1925）

福建思明人。16岁赴菲律宾宿务经商。组织中华会所，创设崇华医院，购置坟山，倡办中华学校。民国以来，屡捐巨款助家乡教育。

陈书农（1893—1973）

名廷典、鼎勋。四川简州人。保定军校毕业。历任国民党第一二五师师长、四十五军军长、二十二集团军副总司令、十六兵团副司令兼四十七军军长。1949年去香港。1956年返回四川，任四川省政协委员、参事室参事。后移居上海，任上海市政协委员。

陈去病（1874—1933）

原名庆林，字佩忍，号巢南。江苏吴江人。留学日本。1906年加入同盟会。1909年与柳亚子发起成立南社。曾任《江苏》、《警钟日报》、《国粹学报》编辑，广州非常国会秘书长，江苏革命博物馆馆长。著有《浩歌堂诗钞》、《续钞》、《明末遗民录》、《五石脂》等。

陈世材（1911— ）

江西万安人。美国哈佛大学政治学博士。曾任国立政治大学教授。1949年去台湾，任"外交部"司长、驻联合国"中国代表团顾问"、美国康州中央大学教授。著有《国际法学》、《两汉监察制度研究》。

陈世骧（1912—1971）

字石湘。河北滦县人。北京大学毕业，后留学美国哥伦比亚大学专攻中西文学理论。1947年起长期执教加州大学柏克莱分校东方语文学系，主讲中国古典文学和中西比较文学。有《陈世骧文存》。

陈可钧（1888—1911）

字希吾、少若。福建侯官（今福州）人。留学日本。1910年准备赴北京刺杀摄政王载沣，未果。1911年4月参加黄花岗之役，被捕就义。为黄花岗七十二烈士之一。

陈可钰（？—1944）

字景瑗。广东清远人。早年入广东陆军讲武堂，后加入同盟会。1921年任粤军第一师参谋长。1926年任国民革命军第四军代军长，参加北伐。次年任国民政府军事委员会委员。1928年任国民党中央政治会议委员。

陈布雷（1890—1948）

原名训恩，字彦及，号畏垒，笔名彦、布雷。浙江慈溪人。浙江高等学校毕业。曾任《天铎报》记者、《时事新报》主笔、国民党中宣部副部长。1935年后历任蒋介石侍从室第二处主任、最高国防委员会副秘书长等职，长期为蒋介石草拟文件，被称为蒋介石的"文胆"。1948年11月13日在南京自杀。著有《陈布雷回忆录》。

陈白尘（1908—1994）

原名征鸿，又名斐。江苏淮阴（今淮安）人。1930年参加左翼戏剧家联盟，开始从事戏剧、文学和革命文化活动，曾任国立戏剧专科学校教授。新中国成立后，任南京大学中文系主任、《人民文学》副主编、中国剧协副主席。代表作有话剧《升官图》、《大风歌》、《岁寒图》等。

陈立夫（1900，一作1898—2001）

名祖燕，字立夫。浙江吴兴（今湖州）人。陈其美之侄，陈果夫之弟。留美硕士。长期主持国民党党务工作。历任国民党中组部部长、中常委，国民政府教育部长、立法院副院长。1949年去台湾，1951年赴美国，1969年返回台湾。曾任"总统府"资政、国民党中央评议委员会主席团主席。晚年潜心研究中国文化。

陈汉明（1897—？）

广东人，生于澳大利亚。悉尼基督教会学校肄业。初在上海执律师业，任东南大学法学院讲师，兼上海英文《字林西报》编辑。后任香港《远东杂志》主笔、香港移民局副局长。

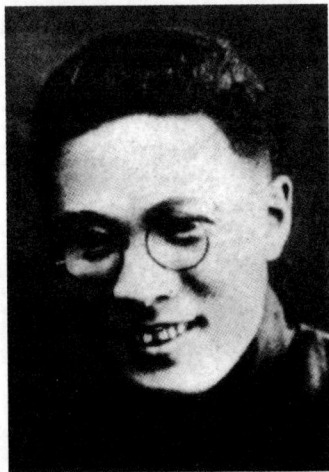

陈汉泉（1903—?）

浙江慈溪人。早年赴上海学习服装制作。 1928年，与人合资创办永新内衣制造厂及永新呢绒服装公司。1943年生产了ADK雨衣（即今大地牌风雨衣之前身），被誉为亚洲"雨衣大王"。

陈汉章（1863—1938）

字伯弢，号倬云。浙江象山人。清举人，京师大学堂史学门毕业。曾任北京大学经史教授、中央大学史学系主任。著有《中国通史》等。

陈训悆（1907—1972）

一作训畬、字叔兑。浙江慈溪人。陈布雷胞弟。上海同文书院毕业。抗战期间任香港《国民日报》社长、重庆《中央日报》总编辑。战后任《申报》总经理。1949年去台湾，任《中央日报》社长、"中央通讯社"总编辑。

陈邦典（1901—1976）

字梦挢。江苏嘉定（今属上海）人。上海圣约翰大学医学博士、留美泌尿科硕士。1933年回国，历任南京中央医院泌尿科主任、上海仁济医院院长兼泌尿科主任、上海市医师公会理事长、中华医学会上海分会理事长。 新中国成立后，曾任安徽医学院副院长兼附属医院泌尿科主任等职。著有《临床泌尿科学》、《实用膀胱镜检查》等。

陈邦瑞（？—1911后）

字瑶圃。浙江慈溪人。清光绪进士。历官至左侍郎、度支部右侍郎。1911年为协同纂拟宪法大臣、弼德院顾问大臣。

陈亚化（生卒年不详）

1930年代知名的电影编剧。

陈达明（1893—？）

广东顺德人，生于加拿大。加拿大大学医学博士、外科硕士。曾任广州时疫医院院长、上海粤民医院医师主席、上海中国疗养院院长，主治儿科及肠胃科疾病。对营养和维他命有研究，主张推进饮用豆浆。

陈此生（1900—1981）

广西贵县人。曾任教于广东大学、中山大学、广西大学。1933年参加左翼作家联盟。1946年参与发起中国国民党民主促进会。新中国成立后，任广西人民政府副主席、民革中央副主席、《光明日报》副社长兼总编辑。

陈光远（1873—1939）

字秀峰。河北武清（今属天津）人。北洋武备学堂毕业。1904年任清第二镇第四协统领，1911年署理第四镇统制。民国后，追随袁世凯、冯国璋。历任总统府谘议官、陆军第十二师师长、京津警备副司令、江西督军等。后弃武经商。在天津英租界购置大量房地产，为津门巨富。

陈光甫（1881—1976）

原名辉祖，后改名辉德。江苏镇江人。美国宾州大学商学士。先后创办上海商业储蓄银行、中国旅行社。历任中央银行理事、全国经济委员会委员、国民政府委员。1949年去香港，后去台湾，任上海银行董事长。著有《陈光甫日记》。

陈光谱（1880—?）

字耀远。安徽宣城人。陆军军医学校肄业。曾创办法政讲习所、自治研究所、师范讲习所、公私立高初等小学。1913年当选国会众议院议员。1925年任安徽省实业厅厅长。1926年去职。

陈则民（1881—1951）

江苏吴县人。日本大学法科毕业。曾任北京政府总统府顾问、上海律师公会会长。抗战爆发后投敌，任伪维新政府教育部长、江苏省长，汪伪监察院监察使。抗战后，以汉奸罪被判无期徒刑。1951年病死于苏州。

陈仲子（生卒年不详）

民国时期曾任职北京大学音乐研究会。著有《白话牡丹亭》、《音乐教授法》、《德皇外妾自述记》。

陈庆云（1897—1981）

字天游。广东香山（今中山）人。幼居日本。1917年空军学校毕业，并获美国飞行证书。同年，协助孙中山创办空军。历任广东海军副司令、中央航空学校校长。抗战初期，任空军募款委员会主任委员。1949年侨居美国。

陈守一（1906—1995）

江苏邳县人。北京朝阳大学法科毕业。1927年加入中国共产党。曾任中共信应地委统战部长、陕南行署秘书长、中国政法大学第一部主任。新中国成立后，历任司法部第五司司长、北京大学法律系主任。著有《中国法制建设三十年》。

陈芸生（？—1911）

广东潮州人。早年加入同盟会，参与发动潮州黄冈起义。武昌起义后潮州光复，因事被害。

陈体诚（1894—1942）

字子博。福建闽侯人。早年被选派赴美国加基钢铁学院专攻桥梁工程。1919年学成回国，历任浙江省公路局总工程师、局长，福建省建设厅厅长，甘肃省建设厅厅长，中缅运输总局副局长。

陈体强（1917—1983）

福建闽侯人。牛津大学哲学博士。曾在清华大学任教。新中国成立后，在国际关系研究所、国际法研究所和国际问题研究所担任和主持国际法研究工作。1981年任外交学院教授。著有《关于承认的国际法》、《国际法论文集》。

陈作新（1870—1911）

字振明，号竟成。湖南浏阳人。同盟会会员。湖南弁目学堂毕业。曾在新军中任职，进行革命活动。武昌起义后任湖南军政府副都督，旋被杀害。

陈伯平（1885—1907）

名渊，字墨峰。浙江山阴（今绍兴）人。光复会会员。留学日本，习巡警。回国后协助秋瑾办《中国女报》。1907年在安庆参加徐锡麟发动的起义，攻占军械局时牺牲。

陈伯陶（1855—1930）

字象华，号子砺。广东东莞人。清光绪十八年（1892）探花。任国史馆协修、江宁提学使、广东教育总会会长。著有《孝经说》、《宋东莞遗民录》、《明东莞五忠传》。

陈伯蕃（1899—？）

上海人。留学日本。曾任汪伪国民政府驻日大使馆参事、华中铁道公司理事、全国火柴业同业联合会理事长。

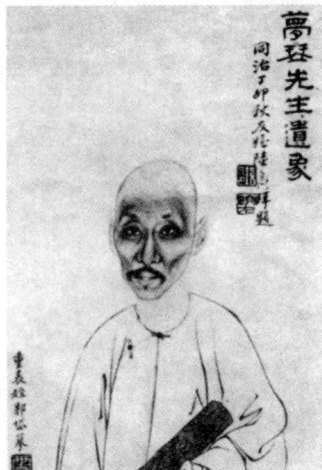

陈希恕（1790—1850）

字养吾，号梦琴。江苏吴江人。有诗名。

陈迎来（1869—1950）

福建厦门人。清光绪年间赴菲律宾，后经营酒业，有"酒王"之称。同时投资造纸、罐头、金融业。热心华侨教育事业和救国救乡活动，筹设菲律宾华侨教育会，15年连任马尼拉华侨教育会会长。长期积极参与祖国赈灾和抗日活动。

陈启天（1893—1984）
湖北黄陂人。武昌中华大学毕业。1919年加入少年中国学会。1924年创办《醒狮》周报。1925年加入青年党。抗战时期任国民参政会参政员。1947年任国民政府经济部长。1949年去台湾，任青年党主席。

陈纳德（1890—1958）
美国人。1937年来华任国民政府航空委员会顾问，训练中国空军。抗战期间组织"美国志愿航空队"（又称"飞虎队"），后改为美国第十四航空队，任少将队长，帮助中国抗战。

陈其尤（1892—1970）
广东海丰人。日本中央大学毕业。早年加入同盟会，参加黄花岗起义。1920年任潮、汕海关监督。1925年参与创办美洲致公党。1947年任致公党中央副主席。1952年任致公党中央主席。

陈其采（1880—1954）
字蔼士。浙江吴兴（今属湖州）人。陈其美之弟。陈果夫、陈立夫叔父。曾留学日本陆军士官学校。1927年后，历任浙江省政府财政厅长、江海关监督、江苏省财政厅长、国民政府主计长、国民政府委员。1949年去台湾。

陈其美（1878—1916）

字英士。浙江吴兴（今属湖州）人。陈果夫、陈立夫叔父。同盟会会员。1911年参与策划黄花岗起义。7月任同盟会中部总会庶务部部长。10月武昌起义后，参与策划上海起义，上海光复后任沪军都督。1913年任上海讨袁军总司令。1914年任中华革命党总务部长。1916年遇刺身亡。

陈其瑗（1888—1968）

广东广州人。北京大学毕业。1924年任广东财政厅长。1926年当选国民党中央候补执行委员。后参加国民党临时行动委员会和国民党革命委员会。新中国成立后，任内务部副部长、全国侨联副主席。

陈奇恩（1910—？）

浙江绍兴人。上海圣约翰大学经济科毕业。曾集资兴办纺织厂，后任上海毛绒纺织厂股份有限公司经理。

陈果夫（1892—1951）

名祖涛，字果夫。浙江吴兴（今湖州）人。陈立夫之兄。早年参加辛亥革命。同弟陈立夫二人与蒋介石关系密切，在大陆时期为蒋所倚重，负责国民党内组织及党务，有"二陈"、"CC系"之称。为民国时期"四大家族"之一。曾任南京国民政府委员、监察院副院长、江苏省政府主席等。长期任国民党中组部副部长、中常委。1949年去台湾。

陈国祥（1877—1921）

字敬民。贵州修文人。清光绪进士。日本法政大学毕业。1912年任北京临时参议院议员。1913年任众议院副议长。1914年任约法会议议员、参政院参政。1916年复任众议院副议长。

陈明仁（1903—1974）

字子良。湖南醴陵人。黄埔军校第一期毕业。1933年任国民革命军第八十师师长。1945年任第七十一军军长。1948年任华中"剿总"副总司令。1949年在长沙通电起义。新中国成立后，任国防委员会委员、人民解放军第五十五军军长、全国政协常委。1955年被授上将军衔。

陈鸣一（1902—?）

浙江杭州人。清华学校毕业，留美硕士。曾任清华大学教授、浙江省电气局科长、上海新华信托储蓄银行总稽核。

陈岱孙（1900—1997）

原名总。福建闽县（今福州）人。陈宝璐之孙。清华学校毕业，美国哈佛大学哲学博士。曾任清华大学经济系教授、法学院院长。新中国成立后，任中央财经学院副院长、北京大学经济系主任、全国政协常委。著有《政治经济学史》、《从古典学派到马克思》。

陈宝书（1860—1916）

字玉森。江苏太仓人。清光绪举人。宣统时任长阳知县。工诗词。

陈宝琛（1848—1935）

字伯潜，号弢庵、橘隐。福建闽县（今福州）人。清同治进士，授翰林院庶吉士、编修。擢翰林院侍讲，充日讲起居注官、内阁学士兼礼部侍郎。与张佩纶、黄体芳、宝廷等好论时政，合称"清流四谏"。中法战争失利，受牵连，回归故里。1909年奉诏入京充礼学馆总裁。1911年任宣统帝溥仪师傅，为太子太傅、弼德院顾问大臣。工书画。

陈宝璐（1857—1912）

字叔毅，号铁珊。福建闽县（今福州）人。陈宝琛二弟。清光绪进士，选庶吉士，散馆改刑部主事。未几归乡，一委于学。为学原本经术，会通汉宋儒者之说。工书画。有《艺兰室文存》。陈家兄弟六人：陈宝琛、陈宝瑨、陈宝璐、陈宝琦、陈宝瑄、陈宝璜。三个中进士，三个中举人，清廷特赐"六子科甲"题匾，荣耀一时。

陈宝箴（1831—1900）

字右铭。江西义宁（今修水）人。清咸丰举人。历任浙江、湖北按察使。任湖南巡抚时与黄遵宪等倡办新政，开办时务学堂，设轮船、电报、矿务及制造公司。戊戌政变后被革职。

陈定闳（1912— ）
江苏扬州人。中央大学社会学系毕业。曾任复旦大学副教授、中央大学教授。新中国成立后，任川东教育学院、重庆师范学院教授。著有《历史社会学发凡》、《中国社会思想史》。

陈定闿（1914—? ）
江苏镇江人。中央大学化学工程系毕业。后留学美国。曾任重庆炼铜厂工程师、台湾铝业公司协理、联合国远东经济委员会技术专家。编译有《铝业技术手册》。

陈建功（1893—1971）
数学家。浙江绍兴人。留日博士。曾任浙江大学数学系主任、台湾大学代理校长、中央研究院数学所研究员。新中国成立后，任复旦大学教授、杭州大学副校长。1955年当选中国科学院学部委员。主要从事分析学方面的研究。

陈承箕（1869—? ）
字子裘。福建泰宁人。清贡生。曾任汀州府学教授、自治研究所所长、农林会会长。1913年当选国会众议院议员。1917年任护法国会众议院议员。1922年北京国会恢复时，仍任众议院议员。

陈绍宽（1889—1969）

字厚甫。福建闽侯人。曾入南洋水师学堂习海军。历任北京政府海军第二舰队司令，南京国民政府海军部部长、军事委员会常委、海军总司令。解放战争时期，拒绝参加内战。新中国成立后，任民革中央副主席、福建省副省长。

陈绍馨（1906—1966）

台湾台北人。早年留学日本东北帝国大学，日本关西大学文学博士。历任台湾大学教授、台湾省文化协进会常务理事。著有《社会学与人口学》、《台湾人口问题》。

陈经熔（1868—？）

字绍闻。江苏泰兴人。日本早稻田大学毕业。早岁创办宗孟两等小学校。1913年当选国会众议院议员。1916年国会恢复时，仍任众议院议员。

陈春华（1904—？）

浙江余姚人。曾在上海创立泰丰棉号、祥泰棉号、同义商行。后任民丰银行董事。热心慈善及教育事业。

陈树人（1884—1948）

广东番禺人。早年留学日本，加入同盟会。1922年起，历任国民党中央党务部长、工人部长、海外部长、中央执行委员会常委，国民政府侨务委员会委员长。工山水花鸟，为岭南画派创始人之一。

陈省身（1911—2004）

美籍华人，原籍浙江嘉兴。南开大学学士，清华大学硕士，德国汉堡大学博士。曾任西南联大教授、中央研究院数学研究所代所长。1948年当选中央研究院院士。后长期执教于美国加州柏克莱大学。1961年当选美国科学院院士。1994年当选为中国科学院首批外籍院士。在整体微分几何上作出卓越贡献。

陈星炜（1905—1990）

字沧舟。江西靖安人。留学英国法律专业。曾任职于上海颐中烟草股份有限公司。著有诗集《花消英气集》、《纶钓斋诗集》。

陈昭常（1867—1914）

字简穉。广东新会人。清光绪进士，授翰林院编修。历官清广西按察使、邮传部左丞、吉林巡抚。民国初年任吉林都督兼民政长、广东民政长。

陈思度（1899—? ）

广东人。清华学校毕业，美国密歇根大学硕士。曾任上海华安合群保险公司寿险计核员，后又兼任太平人寿保险公司精算师。是时称"中国三大寿险精算师"之一。新中国成立后赴香港，任永安人寿保险公司精算师直至去世。著有《人寿保险责任准备金》等。

陈剑修（1897—1953）

原名宝锷。江西遂川人。北京大学毕业，英国伦敦大学心理学硕士。历任北京大学、中央大学、武汉大学教授，南京教育局局长，国民政府教育部蒙藏教育司司长，湖北教育厅厅长，广西大学校长。新中国成立后，任中南军政委员会教育部副部长兼中原大学副校长。1953年逝世。

陈炯明（1878—1933）

字竞存。广东海丰人。清秀才。广东法政学堂毕业。1909年加入同盟会。辛亥革命后任广东都督。先后参加二次革命、护国运动、护法运动，后反对孙中山北伐，发动武装叛乱。失败后避居香港。1925年参与将美洲洪门致公堂改组为中国致公党，并任首任总理。

陈洪道（1877—1933）

字演九。浙江温岭人。法律学校毕业。曾任广西梧州府、桂林府地方审判厅厅长，广西高等审判厅厅丞，浙江省法院院长。1913年当选国会参议院议员。1917年任护法国会参议院议员。

陈济成（1896—？）

上海嘉定人。抗战爆发后，附汪投敌。先后任汪伪国民党中央候补监察委员、侨务委员会委员长、行政院政务委员、边疆委员会委员长、国民政府委员、驻"满洲国"大使。1945年抗战胜利后，被关押于上海提篮桥监狱。1976年获释放。

陈济棠（1890-1954）

字伯南。广东防城（今属广西）人。陆军速成学校毕业。早年加入同盟会，入粤军。历任国民革命军第四军军长、第一集团军总司令，国民政府国防最高委员会委员，海南行政长官兼警备司令。1950年去台湾。

陈觉生（1899—1943）

广东中山人。日本东京帝国大学农、法双学士。历任南京国民政府外交部条约委员会委员、河北省政府顾问、天津市政府参事、平津卫戍司令部总参事。1935年任冀察政务委员会委员、北宁铁路管理局局长。

陈祖烈（生卒年不详）

字继庭。福建闽侯人。清光绪举人。日本法政大学毕业。曾任福建公立法政大学教授。1913年当选参议院议员。1917年任护法国会参议院议员。1922年北京国会恢复时，仍任参议院议员。

陈祖基（1880—? ）

字歔湖。云南宣城人。曾修业于云南师范学堂。清己酉科拔贡，授广东知县。曾任云南《民报》、《共和滇报》总编辑，共和党云南支部理事。1913年当选众议院议员。1917年任护法国会众议院议员。1922年北京国会恢复时，仍任众议院议员。

陈素农（1900—1983）

浙江永嘉人。黄埔军校第三期毕业。1931年后任国民革命军第八十八师参谋长。抗战期间任第十军、第九十七军军长。1946年任新疆警备副司令。1951年去台湾。

陈浴新（1890—1974）

又名东方望。湖南安化人。陆军大学第一期毕业。1920年任沅陵镇守使府参谋处处长。抗战期间，任第二十五集团军总司令部参谋长、第三战区副司令长官部办公厅主任。1949年参加湖南起义。新中国成立后，任湖南省人民委员会委员、湖南省文物管理委员会副主任。

陈涌波（? —1911）

广东饶平人。1907年加入同盟会，为潮州黄冈起义领导人之一。辛亥革命潮汕光复，回汕头召集旧部准备北伐，为清降将杀害。

陈家鼎（1875—1928）

字汉元，又名陈曾，自号半僧。湖南宁乡人。日本早稻田大学毕业。1904年加入华兴会。1905年加入同盟会，先后创办《汉帜》、《洞庭波》，编辑《民报》。1913年当选国会众议院议员。

陈调元（1886—1943）

字雪轩。河北安新人。陆军大学第一期毕业。原为北洋军阀直系将领，后任南京国民政府军事委员会常委、安徽省政府主席、国民政府委员、军事参议院院长、国民党中央执行委员。

陈继承（1893—1971）

江苏靖江人。保定军校第二期毕业。早年加入同盟会，参加北伐战争。历任中央军校教育长、第六战区副司令长官、北平警备总司令、首都（南京）卫戍总司令。1950年去台湾。

陈梦家（1911—1966）

浙江上虞人。中央大学法律系毕业，后入燕京大学攻读古文字学研究生。曾任清华大学教授。新中国成立后，任中国科学院考古研究所研究员。著作有《殷墟卜辞综述》、《汉简缀述》。

陈雪屏（1901—1999）

江苏宜兴人。美国哥伦比亚大学硕士。历任北京大学、西南联大教授，国民党中央执行委员，国民政府教育部代部长。1949年去台湾，任国民党中常委、"行政院"秘书长。

陈铭枢（1889—1965）

字真如。广东合浦（今广西浦北）人。早年加入同盟会，参加北伐战争。历任广东省政府主席、国民党中央执行委员、国民政府行政院副院长。1932年支持自己一手创建的十九路军在一二八淞沪抗战中抗击日军。1933年与李济深等发动福建事变。1948年在香港与李济深等建立中国国民党革命委员会。新中国成立后，任中央人民政府委员、全国人大常委。

陈铭鉴（1881—? ）

字子衡，号莲友。河南西平人。清光绪举人。北京中华大学法科毕业。历任河南学务公所省视学、汝宁府师范学校校长。1913年当选参议院议员。1916年北京国会恢复时，仍任参议院议员，并在平、津两地执律师业。

陈逸云（1911—1969）

女。广东东莞人。美国密歇根大学硕士。历任国民党南京市党部妇女部部长、国民参政会参政员、三青团中央干事、国民党中央候补执行委员、国民政府立法院立法委员。1949年去台湾。

陈望道（1890—1977）

原名参一，笔名佛突、雪帆。浙江义乌人。早年留学日本。1920年与陈独秀等组织马克思主义研究会，系《共产党宣言》的最早翻译者。历任上海大学、复旦大学中文系主任。新中国成立后，任复旦大学校长、上海市社科联主席、民盟中央副主席、全国人大常委。1955年被选为中科院哲学社会科学学部常委。著有《修辞学发凡》等。

陈焕南（1881—? ）

字山毓。湖南东安人。日本东京宏文学校师范科、警务科毕业。回国后历办教育及警务事宜。1913年当选国会参议院议员。1917年任护法国会众议院议员。

陈焕章（1881—1933）

字重远。广东高要人。清光绪进士。留美博士。一生推崇并致力于孔教事业，并开办数所孔教学校。1913年被袁世凯聘为总统府顾问。1918年任安福国会参议院议员。著有《孔门经济学原理》。

陈清源（1859—1929）

福建晋江人。18岁赴菲律宾经商。在马尼拉和礼智省建立瑞源米行、泉源布庄、聚德源苎业公司、瑞成铁业公司等七家企业。历任马尼拉善举公所、华侨教育会、中华商会，泉州华侨联合会、华侨女子公学董事或总理。

陈鸿钧（1881—? ）

字容甫。江西上犹人。日本中央大学法律系毕业。归国后，被选为江西省议会副长。1913年当选参议院议员，后改为众议院议员。1917年任护法国会众议院议员。1922年北京国会恢复时，仍任众议院议员。

陈鸿诰（? —1884）

字曼寺。浙江秀水（今嘉兴）人。工书画。

陈鸿畴（1878—? ）

字锡九。河南长葛人。日本岩仓铁道学校建筑科毕业。曾任洛潼铁路材料总厂厂长。辛亥革命时，任威武军驻汉口兵站站长。1913年当选众议院议员。1922年国会恢复时，仍任众议院议员。

陈渠珍（1882—1952）

号玉鍪。湖南沅陵人，生于凤凰县城。1906年毕业于湖南武备学堂。同盟会会员。曾任清进藏抗英部队营管带。入民国后，历任护法第一路军参谋长、湘西巡防军统领、湘西屯边使、沅陵行署主任、新六军军长。1946年被授中将衔。有"湘西王"之称。1949年和平起义。后任全国政协委员、湖南省人民政府委员。1952年病逝。

陈寅恪（1890—1969）
江西义宁（今修水）人。陈三立之子。早年留学日本和欧美，通晓二十余种语文。曾任清华大学教授、中央研究院史语所研究员。1948年当选中央研究院院士。新中国成立后，任中山大学教授、中央文史馆副馆长、中科院学部委员。有《陈寅恪文集》。

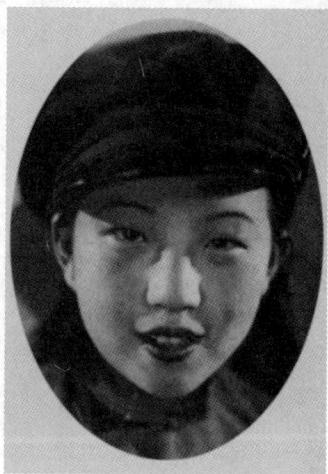

陈绮霞（生卒年不详）
女。江苏孟河人。曾入上海天一影业公司，主演了《百花洲》（1934年）、《黄浦江边》（1936年）、《女同学》（1936年）等影片。与其姐姐陈玉梅均为1930年代的当红演员。

陈维稷（1902—1984）
中国纺织专家。安徽青阳人。早年留学英、德。1930年回国后历任上海暨南大学、复旦大学、交通大学教授，中国纺织建设公司厂长、总工程师。新中国成立后，任纺织工业部副部长。

陈敬岳（1870—1911）
字接祥。广东嘉应州（今梅县）人。同盟会会员。1910年参与组织明新学堂，宣传革命。1911年谋刺清广东水师提督李准，事败入狱，旋遭杀害。

陈景山（生卒年不详）

广东新会人。15岁赴菲律宾经商。先后创立宝兴汇兑公司、雪茄厂、广荣昌进出口公司。历任马尼拉广东会馆副主席、华侨教育会董事、中华商会副会长。对华侨社会福利事业多有贡献。

陈铿然（1906—1958）

广东潮州人。电影导演。上海沪江大学毕业。1925年创办友联影片公司。1932年后相继入明星、艺华、中国电影制片厂。新中国成立后，入上海电影制片厂。导演影片有《五卅沪潮》、《荒江女侠》、《上海屋檐下》等数十部。

陈裕光（1893—1989）

浙江鄞县（今属宁波）人，生于江苏南京。美国哥伦比亚大学化学博士。1927年起任金陵大学校长。抗战时期任第一至四届国民参政会参政员、三青团中央监察。1946年任南京市参议会议长。新中国成立后，任华东教育部图书仪器清理处主任、上海轻工业研究所化学顾问、南京大学校务委员会顾问。

陈湘泉（1909—1990）

上海人。上海巨商及天主教名人陈子鸿之子。震旦大学医学博士，留学法国。曾任中国红十字会驻巴黎万国红十字会代表、上海市卫生局防疫处处长。新中国成立后，任上海市结核病防治委员会常委。编著有《结核病的预防和治疗》。

陈谦善（1844—1901）

号乐峰。福建同安人。早年赴菲律宾谋生。西班牙统治菲律宾时任甲必丹职。先后创立崇仁医院、中西学校，倡办菲律宾第一家华文报纸《岷埠华报》，增置义塚等。后任清朝驻菲律宾首任总领事，受封光禄大夫。甲午中日战争时，曾慷慨捐款。

陈蓉光（1879—?）

字蕴斋。福建惠安人。清举人。法政大学肄业。1913年当选众议院议员，兼任预算股委员。1922年北京国会恢复时，仍任众议院议员。后任厦门商埠督办。

陈楚楠（1884—1971）

福建厦门人，生于新加坡。1904年创办《图南日报》，宣传革命。1905年加入同盟会，旋任新加坡分会长。1907年创办《中兴日报》，并为起义筹款。1928年任福建省政府委员。1932年任国民政府侨务委员会委员。1933年后隐居新加坡。

陈锦涛（1871—1939）

字澜生。广东南海人。美国耶鲁大学博士。曾任清度支部副大臣、南京临时政府财政总长、北京政府财政总长、伪华中维新政府财政部长。

陈嘉会（1875—1945）

字凤光，晚号仙峰山人。湖南湘阴人。日本法政大学毕业。回国后，在长沙参与创设法政学堂。1912年任南京临时政府陆军部军法局长。1913年当选众议院议员。1943年当选湖南省参议会副议长。

陈嘉庚（1874—1961）

爱国华侨领袖。福建同安人。早年赴新加坡经商，1910年加入同盟会，募款支助孙中山。1913年起在福建集美创办多所学校。1921年创办厦门大学，曾任国民参政会参政员。新中国成立后任中央人民政府委员、全国政协副主席、全国人大常委、全国侨联主席。

陈肇英（1888—1977）

初名元隆，字雄夫。浙江浦江人。炮兵将校专科学校毕业。参加辛亥革命、护法运动。历任虎门要塞司令，国民政府立法院立法委员，监察院闽浙、安徽江西监察区监察使。当选为国民党第四、五、六届中央执行委员。1949年去台湾。

陈瑾昆（1887—1959）

湖南常德人。日本东京帝国大学毕业。曾任北洋政府大理院推事、最高法院庭长。后在北京大学、朝阳大学任教。1946年去延安并加入中国共产党，1947年就职于中共中央法律委员会，并任华北人民法院院长，参与制定《中国土地法大纲》。新中国成立后，任中央法制委员会副主任委员。参与《婚姻法》、《宪法》的制订工作。

陈遵妫（1901—1991）

字志元。福建福州人。东京高等师范学校数学系毕业。曾参与筹建紫金山和昆明凤凰山天文台。历任中央研究院天文研究所研究员、《宇宙》总编辑、北京天文馆馆长。著有《流星论》。

陈潭秋（1896—1943）

名澄，字云先。湖北黄冈人。武昌高等师范学校毕业。为中共"一大"代表。曾领导京汉铁路、安源煤矿工人运动。任中共江西、满洲省委书记，中共驻共产国际代表。1943年在新疆被盛世才杀害。

陈燕燕（1916—1999）

女。浙江宁波人。1930年入上海联华影业公司当演员。1932年主演《南国之春》。后入明星、新华、伪"中华"、文华、群力等公司拍片。1949年去香港，加入永华、邵氏公司。1980年代初去台湾，加入"中国电视公司"。

陈翰笙（1897—2004）

原名枢。江苏无锡人。德国柏林大学博士。历任北京大学历史系教授，中央研究院社会科学研究所所长，《远东评论半月刊》主编。1942年后，曾任美国大学教授和霍普斯金大学国际问题研究所研究员。新中国成立后，任外交部顾问、国际关系研究所副所长、中国科学院哲学社会科学部委员。著有《中国当前的土地问题》。

陈衡恪（1876—1923）

字师曾，号槐堂。江西义宁（今修水）人。陈三立之子，陈寅恪之兄。早年考入南京江南陆师学堂附设矿务学堂，后留学日本高等师范学校。历任北京高师、北京艺专教授，江西省教育厅教育司司长。工篆刻、诗文和书法，尤长于绘画。著有《槐堂诗抄》、《染仓室印存》。

陈黻宸（1859—1917）

字介石。浙江瑞安人。清进士。1909年任清浙江咨议局议长。民国后，1913年当选国会众议员。曾任上海时务学堂总教习、京师大学堂史学教习、浙江公学监督、北京大学教授等职。著有《中国通史》、《诸子通义》。

陈燮枢（1874—1958）

字赞卿，一作赞钦。浙江绍兴人。日本早稻田大学毕业。曾任绍兴龙山法政学校校长。1913年当选众议院议员。1916年北京国会恢复时，仍为众议院议员。

陈耀东（生卒年不详）

江苏泰兴人。曾赴法国学习外交。民国时期著有《国民外交常识》。

陈耀垣（1887—1949）

广东香山（今中山）人。1909年在美国三藩市加入同盟会。1920年回国，奉孙中山之命，组织中央筹饷会。1922年，派为国民党驻三藩市总支部总干事。当选为国民党第三、五届中央执行委员。1949年任侨务委员会副委员长。

陈夔龙（1855—1948）

字筱石，又作小石。贵州贵筑（今贵阳）人。清光绪进士。曾任四川总督、直隶总督兼北洋大臣。辛亥革命中，镇压滦州新军起义。张勋复辟时任弼德院顾问大臣。著有《梦焦亭杂记》。

邵灿（？—1862）

原名元津，字辉圃，号又村。浙江余姚人。清道光进士，授翰林院编修。咸丰间累擢漕运总督。

邵纲（生卒年不详）

1930年代的电影童星。

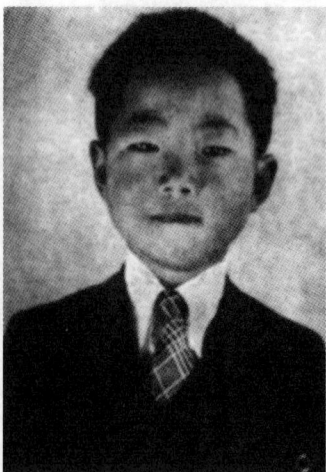

邵力子（1882—1967）

名闻泰，字仲辉。浙江绍兴人。同盟会会员。1921年加入上海共产主义小组，同年加入中国共产党，1926年退党。曾任国民政府甘肃、陕西省主席，国民党中央宣传部部长，国民政府驻苏联大使，国民参政会秘书长，国民党中央常务监委。1949年参加国共和谈。新中国成立后，任政务院委员、全国政协常委、全国人大常委。

邵元冲（1890—1936）

字翼如。浙江绍兴人。早年加入同盟会。1924年任国民党中央执行委员，1925年参加西山会议。1929年后，任国民党中央执行委员、国民政府立法院副院长。1936年西安事变时被击伤去世。

邵曰濂（1854—1929）

原名维城，字子长，号莲伯。浙江余姚人。邵灿子。清同治进士。累官清太常寺少卿、大理寺少卿、光禄寺正卿、太常寺正卿。

邵长镕（1864—? ）

字冶田。江苏灌南人。清贡生。1912年任江苏都督府实业科、交通科科长。1913年当选为国会众议院议员。1922年国会恢复时，仍为众议院议员。

邵仲康（1883—？）

名庆麟，字仲康。黑龙江巴彦人。师范学校毕业。曾任视学、劝业等职。1913年当选为国会众议院议员。1927年任北京政府内务部参事。1928年去职。

邵树华（1887—？）

字季实。浙江宁波人。宁波法政学堂毕业、同济大学肄业。曾任清沪海道尹兼外交部江苏交涉使秘书长。民国后，任上海会审公堂会审官，上海县县长，中央储备银行上海分行副经理、业务局副局长。

邵素霞（生卒年不详）

女。电影演员。主演过《双珠凤》（1928年）、《血滴子》（1929年）、《江洋大盗》（1929年）、《孽海双鸳》（1933年）等影片。

邵家麟（1899—1983）

字稼荪。浙江吴兴（今湖州）人。美国康乃尔大学化学博士。历任复旦大学、大夏大学、暨南大学、华东化工学院教授。

邵维鹤（生卒年不详）

浙江宁波人。邵氏影业公司（前身为上海天一影片公司）创始人邵醉翁之子。1930年代任上海天一影片公司电影音响师。

邵飘萍（1884—1926）

原名振青。浙江金华人。清末秀才。浙江高等学堂毕业。1912年任《汉民日报》主编，曾因反对袁世凯和北洋军阀多次被捕，1918年创办《京报》，1924年秘密加入中国共产党，1926年被奉系军阀杀害。一生从事新闻工作15年，被誉为是"新闻全才"。

邵醉翁（1896—1975）

原名仁杰，号醉翁，以号行。浙江宁波人。1925年与其兄弟邵逸夫等在上海创办天一影片公司，任总经理兼导演。1937年后，将影片公司迁往香港，改名南洋影片公司，后又成立邵氏制片公司。新中国成立后，任上海市政协委员。

邰爽秋（1896—1976）

原名家骧、字叔龙。江苏东台人。美国哥伦比亚大学教育学博士。历任南京中学校长、中央大学教授、大夏大学教育学院院长。新中国成立后，任北京师范大学教授。

武训（1838—1896）

山东堂邑（今聊城）人。初无名，以排行称武七，清廷嘉奖其兴办义学赐名"训"。自幼孤贫，不识字。成人后靠行乞积资，放债置田，设义塾，跪泣劝学。

武衡（1914—1999）

江苏徐州人。清华大学地质系毕业。参加过一二九运动。1936年加入中国共产党。1939年到延安，曾任中共中央青年委员处处长、延安中山图书馆主任，兼延安自然科学院地矿系教员。新中国成立后，任中科院学部委员、国家科委副主任。著有《抗日战争时期解放区科技发展史资料》。

武泉远（1903—1986）

河北吴桥人。东北讲武堂毕业。历任国民党第六战区参谋处长、第五十五师师长、辽宁省政府委员。后去台湾，任台湾警备司令部参谋长、澎湖防守司令部副司令。

武堉干（1898—1990）

字佛航。湖南溆浦人。国立武昌高等商业专门学校毕业。曾任中央大学商学院、上海商学院、湖南大学商学院教授。新中国成立后，任复旦大学、上海财经学院、北京对外贸易学院教授。著有《鸦片战争史》、《中国国际贸易概论》。

招镇国（？—1911）
字蔼呈。广东南海人。晚清官吏。

苗夔（1783—1857）
字先麓。清直隶肃宁（今河北）人。主讲翼经书院，精声韵之学。

苗培成（1894—1983）
字告宝。山西晋城人。北京大学采矿冶金系毕业。曾创办太原平民中学。历任山西省教育厅厅长，国民政府监察院安徽、江西监察区监察使，监察院监察委员。当选国民党第五、六届中央执行委员。1949年去台湾。

英华（1867—1926）
字敛之，号安蹇，晚号万松野人。清满洲正红旗人，生于北京。1901年在天津创办《大公报》并任主笔。1925年任北平公教大学（后名辅仁大学）国学部（即辅仁社）主任。

英和（1771—1840）

索绰络氏，字定圃、树琴，号煦斋。清满洲正白旗人。乾隆进士。嘉庆间直南书房，道光间官至户部尚书、协办大学士。有文名。

范樵（1883—? ）

字鹤侣。陕西郃阳（今合阳）人。1913年当选参议院议员。1917年任护法国会参议院议员。1922年北京国会恢复时，仍任参议院议员。

范文照（1893—1979）

广东人，生于上海。上海圣约翰大学毕业，留学美国。曾任中国建筑师学会会长、上海联青社社长。其设计的南京中山陵和中山纪念塔以及广东省政府建筑均曾获大奖。此外还设计有南京铁道部、励志社大楼。1949年后定居美国。

范文澜（1893—1969）

浙江绍兴人。北京大学毕业。先后在南开大学、北京大学任教。1947年任华北大学副校长。新中国成立后，任中科院近代史所所长、中国史学会副会长、中科院哲学社会科学部委员。著有《中国通史简编》、《中国近代史》（上册）。

范予遂（1893—1983）

化名樊世昌。山东诸城人。北京高等师范学校毕业。曾任山东省视学主任，《民国日报》总编辑。1930年，在上海与谷锡五创办《民间》半月刊及民力书局。当选国民党第六届中央执行委员。新中国成立后，任山东省政协副主席。

范石生（1887—1939）

字小泉，筱泉。云南河西（今通海）人。清秀才。并以秀才身份入昆明优级师范。毕业后，任小学校长。复考入云南讲武堂。历任唐继尧第一军参谋长、国民革命军第十六军军长、云南省政府委员。1939年被人枪杀。

范汉杰（1896—1976）

原名其迭。广东大浦人。陆军大学毕业。历任第十九路军第三十三师师长、第一战区副司令长官、东北"剿总"副司令等职。抗战时曾先后参加一二八淞沪会战、上海抗战和中条山战役。1948年辽沈战役中，在锦州被俘。新中国成立后，任全国政协委员。

范存忠（1903—1987）

字雪樵。上海崇明人。东南大学外语系毕业，哈佛大学哲学博士。回国后任中央大学外文系主任、文学院院长。新中国成立后，任南京大学副校长、民盟中央委员、南京市政协副主席。著有《约翰逊博士与中国文化》，译有《英国史纲要》、《英国文学史纲要》。

范光启（1882—1914）

字鸿仙，别号纯黄。安徽合肥人。同盟会会员、南社社友。曾任《民呼》、《民吁》、《民立》三报主笔。因反对袁世凯，在上海被暴徒杀害。

范当世（1854—1905）

初名铸，字无错，后字肯堂。江苏通州（今南通）人。曾为李鸿章幕僚。工诗善为文，散文属桐城派。与弟范钟、范铠并称"通州三范"。

范传甲（1873—1908）

字寿三。安徽寿州（今寿县）人。早年投身营伍，组织岳王会、华族会，策动军队革命。后与熊成基谋划安庆起义，被捕遇难。

范旭东（1883—1945）

原名源让，字明俊。湖南湘阴人。留学日本。1914年在塘沽开办久大盐业公司。1917年创办永利制碱公司。1922年建立黄海化学工业研究社。曾任中国化学会会长、国民参政会参政员。

范雪朋（1908—1974）

女。原名姚雄飞。江苏宜兴人。1926年到上海友联公司任演员。主演武侠片《十三妹》、《九曲楼》、《大人国》、《红蝴蝶》、《荒江女侠》等。新中国成立后，任上海电影制片厂演员。

范筑仙（1881—1938）

原名金标，字夺魁。山东馆陶（今属河北）人。天津北洋陆军讲武堂结业。初为脚夫，后当兵。历任连长、营长、团长、旅长。参加北伐及中原大战。抗战时期任山东省政府委员。在作战中牺牲。

范源濂（1876—1927）

字静生。湖南湘阴人。曾留学日本。参与组织国民协进会，创办中华职业教育社，组织尚武学社。历任北京政府教育总长、中华书局总编辑、北京师范大学校长、中华文化教育基金委员会董事长。

范殿栋（1865—？ ）

字云卿。吉林榆树人。清附贡生。曾任县议事会议长。1913年当选众议院议员。1917年任护法国会众议院议员。1922年北京国会恢复时，仍任众议院议员。

茅乃封（生卒年不详）

亦作茅逎封，字汉台。江苏丹徒人。茅以升之二叔。1911年任江浙联军参谋长。1943年7月任南京国民政府军事参议院参议。1946年5月授少将衔。

茅以升（1896—1989）

字唐臣。江苏镇江人。留学美国，获工学博士。曾任河海工科大学、天津北洋大学校长，中央研究院院士。新中国成立后，任交通大学校长、中科院学部委员、中国科协副主席、九三学社中央副主席。曾领导设计、修建杭州钱塘江大桥。

茅有为（1899—1951）

又名子明，化名毛雍才、毛善能。江苏奉贤（今属上海）人。早年曾兴办初级小学校，组建农民协会。1939年在上海开办特务学校，后任汪伪中央监察委员、汪伪政府社会福利局长、伪江苏省政府委员。1951年4月以汉奸罪被处决。

茅国祥（生卒年不详）

南京中央大学毕业。民国时期曾任杭州市学生联合会执委、宣传部长，编有《反日特刊》。

茅祖权（1883—1952）

字泳薰。江苏海门人。日本法政大学毕业。1912年当选国会众议院议员。1930年参加"扩大会议"，任约法起草委员。后当选为国民党第五、六届中央执行委员。1950年在上海被逮捕。1952年在狱中病逝。

林文（1885—1911）

初名时塽，字广尘，号南散。福建福州人。留学日本时加入同盟会，任福建分会会长。回国参加黄花岗起义时战死。为黄花岗七十二烈士之一。

林圭（1875—1900）

字述唐，号梧庵。湖南湘阴人。曾就学于湖南时务学堂，赴日本留学回国后，在上海参与发起自立会，组织自立军七军，任中军统领。以起兵事泄被捕，与唐才常等同时遇害。

林旭（1875—1898）

字暾谷，号晚翠。福建侯官（今福州）人。清光绪举人，任内阁中书。曾受业于康有为，推行维新运动，1898年任军机章京，参预新政。戊戌政变时被补，与谭嗣同等同时被害，为"戊戌六君子"之一。遗著有《晚翠轩集》。

林苍（生卒年不详）

1930年代起从影。导演影片有《血溅二柳庄》（1936年）、《地久天长》（1940年）、《西北在线》（1941年）等。1949年后移居香港，转任演员。主演影片有《青山翠谷》（1956年）、《四千金》（1957年）、《兰闺风云》（1959年）等。

林启（1839—1900）

字迪臣。福建侯官（今福州）人。清光绪进士，授编修。曾督学陕西，官杭州知府。创办求是书院及蚕业学堂。1901年求是书院改为浙江大学堂。

林纾（1852—1924）

字琴南，号畏庐。福建闽县（今福州）人。曾任教于京师大学堂。能诗、画，并创作传奇、小说、笔记多种。听人口述，以古文翻译欧美小说一百七十余种，多为世界名著，译笔流畅。

林虎（1887—1960）

原名荫清，字隐青。广西陆川人。江西武备学堂毕业。曾任广州护法军政府陆军部次长。1922年入陈炯明部，率军围攻总统府。1948年当选国民政府立法院立法委员。新中国成立后，任广西壮族自治区政协副主席。

林损（1890—1940）

字公铎。浙江瑞安人。1913年任北京大学文科教授，后历任北京师范大学、东北大学、中央大学教授，抗战爆发后，闭门著述。有《叔苴阁丛书》。

林彬（1893—1958）

字佛性。浙江乐清人。北京大学法律系毕业。历任北方法院检查官、最高法院审判官、国民政府立法院立法委员、司法院大法官。1949年去台湾，任"司法行政部"部长、台湾大学教授。

林翔（1882—1935）

字璧予。福建闽侯人。留学日本明治大学。曾任广州护法军政府总检察厅检察长，南京国民政府司法院最高法院院长、考试院铨叙部部长。

林森（1867—1943）

原名天波，字子超，号长仁。福建闽侯人。1905年加入同盟会，创办福州阅报社。1909年由上海海关调往江西省九江海关工作。武昌起义后，在九江响应起义，任九江军政府民政长。后历任南京临时参议院议长、北京参议院议长、护法军政府外交部长、国民政府立法院院长、南京国民政府主席。1943年8月1日因车祸在重庆逝世。

林蔚（1889—1955）
字蔚文。浙江黄岩人。日本陆军大学毕业。上将衔。曾任南京国民政府参谋本部次长，1942年任军事委员会驻滇参谋团团长，1946年任国防部次长。1950年去台湾，任"总统府"战略顾问。

林义顺（1879—1936）
字发初，号蔚华。广东澄海人，生于新加坡。毕业于圣约瑟学校。同盟会会员。1908年先后在槟榔屿、仰光各地创设同盟会分会。1911年创设林义顺公司。曾任新加坡中华总商会会长、国民政府侨务委员会委员。

林子力（1925—2005）
福建连江人。1948年在香港任《华商报》增刊《世界展望》编辑，并在三联书店兼职。1949年到北京，曾任《学习》编辑。后任中共中央书记处研究室研究员，兼理论组组长。1950年代初起，便致力于中国经济问题和马克思主义经济学说的研究。著有《论联产承包制》等。

林云陔（1881—1948）
原名公竞，字毅公。广东信宜人。留学美国。早年加入同盟会，参加黄花冈起义。南京国民政府成立后，任广州市市长、广东省主席、审计部部长，国民党中央监察委员。

林长民（1876—1925）

字宗孟，自称苣苳、苣苳子，又号桂林一枝室主，晚年号双栖庐主人。原籍福建闽侯，生于杭州。林徽因之父。早年留学日本，1913年当选众议院秘书长，后任立法院秘书长、段祺瑞内阁司法总长。1921年以中国首席代表参加世界国联总会，1925年参加郭松龄反张作霖之战，中流弹身亡。

林文庆（1869—1957）

字梦琴。原籍福建海澄（今龙海），生于新加坡。英国爱丁堡大学医学院外科硕士。1892年起在新加坡行医。1906年加入同盟会。曾任新加坡中华总商会副会长。后回国，任厦门大学校长、国民政府侨务委员会委员。1938年回新加坡定居。

林文质（1851—1925）

字代彬。福建南安人。19岁赴菲律宾经商。历任马尼拉善举公所、中华商会董事。热爱中国传统文化，喜音乐、好美术古玩、工词曲。热心公益慈善事业，在侨乡两地赈灾兴学、救难济贫、造桥铺路。

林为周（1905—1994）

别号行俭。广东镇平（今蕉岭）人。陆军大学毕业。抗战时，任第十一军军长，参加徐州会战、南京保卫战、武汉会战、湖南会战。1946年任第七十六军第二十师师长。后移居南洋。

林为亭（1869—1928）

福建晋江人。十余岁即随兄赴马尼拉谋生。创办懋义卷烟厂，后壮大为懋源公司。热心公益慈善事业，对国内公债、华北赈灾、海内外学校多捐资以助。晚年居厦门鼓浪屿以终。

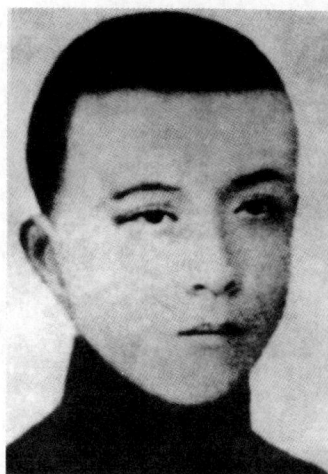

林尹民（1887—1911）

字静庵，号无我。福建闽县（今福州）人。留学日本时加入同盟会。参加广州黄花岗起义，攻打督署时中弹牺牲。为黄花岗七十二烈士之一。

林玉麒（1871—？）

字式言。浙江永嘉人。曾任清福建莆田、永福等县知县，广东官银号经理。民国后，1913年当选为众议院议员。1922年国会恢复时，仍任众议院议员。

林世熙（1899—？）

广东人，生于天津。清华大学毕业，留美医学博士。北洋医学堂总办林联辉之子。在美国时曾任数家医院的耳鼻喉科医师。回国后在北京协和医院研究眼科。后在天津、上海自开诊所，并为上海医学化验所所长。

林可胜（1897—1969）

福建厦门人，生于新加坡。英国爱丁堡大学哲学与科学博士。历任北平协和医学院生理学教授兼系主任、中国生理学会会长兼《生理学杂志》主编。1948年当选中央研究院院士。1949年赴美讲学，后留居美国。

林白水（1874—1926）

名獬、万里，字少泉，号白水、退室学者。福建闽侯人。曾留学日本早稻田大学法科。1905年加入同盟会。1913年当选国会众议院议员，任袁世凯总统府秘书长。一生从事报业活动，先后创办并主持《杭州白话报》、《俄事警闻》、《新中国报》、《公言报》等。1926年被暗杀。

林乐知（1836—1907）

美国人。1860年来华，任上海广方言馆教习，后创办并主编《万国公报》。1901年创办苏州东吴大学。有《中东战纪本末》。

林永升（1855—1894）

字钟卿。福建侯官（今福州）人。福州船政学堂毕业。1877年赴英国学习海军，归国后署北洋海军左翼左营副将，升总兵。甲午战争时，在中日黄海海战中率经远舰官兵殉国。

林永俣（1914—2002）

字誉虎，号秋士。福建闽侯人。林则徐后裔。燕京大学毕业，后留学美国哈佛大学法律学院。主编《协进》月刊、《天风》周刊。先后加入中国民主同盟、中国民主建国会。新中国成立后，任上海社科院特约研究员，主要从事社会保障的研究。

林西锦（1881—? ）

福建晋江人。同文书院毕业。曾任中学教师、美领馆秘书、太古钿记公司买办。后赴菲律宾经商，创办锦华公司，主营汇兑及土产。历任马尼拉教育会会长、中华商会及华侨各团体联合会副会长。

林光瑞（生卒年不详）

南京中央大学毕业。民国时期编有《合作社浅说》。

林则徐（1785—1850）

字少穆、元抚，晚号竢村老人。福建侯官（今福州人）。清嘉庆进士。提倡经世之学，主持译编《四洲志》。曾任湖广、两广、陕甘、云贵总督。1839年在广东虎门销烟，并领导抗英斗争。有《林则徐集》。

林廷华（1892—1966）

字裕吾。海南文昌人。陆军大学毕业。曾任广东第六十四军参谋长。抗战时任第六十五军军长。1948年任国防部中将部员。1950年2月在香港通电起义。新中国成立后，任广东省政协委员。

林兆耆（1907—1992）

上海人。上海中央大学医学院（上海医学院前身）毕业。历任上海中山医院和红十字第一医院院长、上海医学院内科系和医疗系主任、中华医学会常务理事。1977年被选为上海市政协委员。

林庆年（1893—1968）

福建安溪人。北京大学毕业。曾任赣军独立团团长。1924年，前往吉隆坡开茶行。次年，在新加坡设立"林金泰茶行"总行。后历任新加坡中华总商会会长、国民大会代表、国民参政员、茶业公会主席、国民政府侨务委员会副委员长。1948年后定居新加坡，创办中南实业有限公司。

林伯和（生卒年不详）

广东云浮人。曾任广州岭南学校教员、澳门明新中学校长。1913年当选为国会众议院议员。1917年任护法国会众议院议员。1922年北京国会恢复时，仍任众议院议员。

林直勉（1887—1934）

原名培长，字绍轩，晚号鲁直。广东东莞人。同盟会会员。1909年与胡汉民等在香港设立同盟会南方支部。辛亥革命后，辅佐胡汉民掌握广东军政。1932年任国民政府行政院西南政务委员会委员。

林杰生（1853—1920）

名嘉炎。广东南海人。早年赴菲律宾经商，从事进出口生意。1898年与余硕三等筹建广东会馆。1904年与丘允衡等组织中华商务局（即后之中华商会）。曾任中华商会副会长兼善举公所、中华教育会董事。

林述庆（1881—1913）

字颂亭、松亭。福建闽侯人。1906年任南京新军管带，1909年入同盟会。武昌起义后在江苏镇江起义，任军政府都督。1912年10月任北京政府总统府军事顾问。1913年遭袁世凯毒杀。

林建章（1874—1940）

字增荣。福建闽侯人。毕业于江南水师学堂。曾参加武昌起义。第一次世界大战期间，任北京政府驻海参崴海军代将，节制海陆各军参战，战后任第一舰队司令。1924年段祺瑞执政时为海军总长，授予海军中将并加海军上将衔。后卸职寓居上海。

林柏生（1902—1946）
号石泉。广东信宜人。曾任汪精卫秘书、黄埔军校政治教官。1929年起先后创办南华通讯社、《南华日报》、《中华日报》。1938年底随汪精卫投日，历任汪伪宣传部长、安徽省长。1946年以汉奸罪被处死。

林柏森（1897—1960）
广东镇平（今蕉岭）人。日本炮兵学校毕业。1932年任陆军工兵学校校长。1946年任陆军总司令部参谋长。1949年去台湾，任"陆军副总司令"。

林修明（1885—1911）
字德绍。广东镇平（今蕉岭）人。南洋华侨。留学日本。归国后，任蕉岭中学及松口公学教习，从事革命活动。广州起义攻打督署，力战被捕遇害。为黄花岗七十二烈士之一。

林勉之（1907—? ）
上海沪江大学毕业、留美硕士。是中国第一位赴美学习、研究旅馆管理的留学生。1932年回国后，历任上海国际大饭店总服务台主任、总经理，上海旅馆同业公会监事长。

林觉民（1887—1911）

字意洞，号抖飞、天外生。福建闽县（今福州）人。同盟会会员。留学日本庆应大学，从事革命活动。1911年4月广州起义时被捕就义，留下情真意切的绝笔《与妻书》。为黄花岗七十二烈士之一。

林冠慈（1883—1911）

原名冠戎。广东归善（今惠阳）人。同盟会会员。早年在美国学得炸药制造术，后加入刘思复组织的支那暗杀团。在炸广东水师提督李准时，为清军杀害。

林语堂（1895—1976）

原名和乐、玉堂。福建龙溪人。上海圣约翰大学毕业，德国莱比锡大学博士。初任北京大学教授、厦门大学文学院长，并成为《语丝》主要撰稿人之一。1932年主编《论语》半月刊。1934年创办《人间世》。1935年创办《宇宙风》。1945年赴新加坡筹建南洋大学并任校长。后任香港中文大学教授。1966年定居台湾。

林珠光（1901—1974）

福建思明人。少小赴菲律宾，经营布庄兼投资实业。历任马尼拉华侨教育会、中华青年会、中华商会会长或董事。热心社会公益慈善教育体育事业，在菲本埠和厦门、上海等地均有捐助。

林振彬（1896—1976）

字吟秋。福建福州人。美国哥伦比亚大学广告学硕士。曾任商务印书馆虹口分馆经理、沪江大学教授、上海华商广告公司总经理、沙利文饼干公司董事、万国体育会慈善基金委员。1948年去美国，后居香港。

林辂存（1879—1919）

字景商。福建安溪人。清秀才。戊戌变法时上书言变法，光绪帝以郎中用，派充总理各国事务衙门章京上行走。变法失败后，先后任安溪、同安、龙溪等书院山长。辛亥革命后倡办学校并任福建暨南局总理，积极处理华侨事务。民国成立后被选为众议院议员。

林祥谦（1892—1923）

原名元德。福建闽侯人。早年为汉口江岸铁路工人，1922加入中国共产党，任京汉铁路工会江岸分会委员长，积极从事工人运动。1923年2月7日领导江岸工人举行罢工（史称"二七"大罢工），遭湖北督军肖耀南杀害。2009年9月被评为"100位为新中国成立作出突出贡献的英雄模范"之一。

林逸圣（1897—1977）

原名环海，号夷圣。湖北黄冈人。陆军大学毕业。1928年任汉口市公安局局长。1929年春反蒋失败后，隐居上海。抗战时，派为宜昌行署主任。1948年任华中"剿总"司令部政务委员会秘书长。1949年携眷去香港。

林康侯（1875—1965）

名祖淦，字康侯。上海人。1927年后任上海银行公会秘书长、上海总商会主席委员、国民政府财政部常务次长、全国商会联合会主席委员。1941年底被日军逮捕投敌。晚年居香港。

林斯孝（1906—1970）

号鸥翔。福建福州人。陆军大学毕业。曾任东北行营第四处少将副处长。1948年任国防部总务处处长。

林朝聘（1900—1969）

福建南安人，生于菲律宾。菲律宾马尼拉JoseRizal学院商科学士。曾任马尼拉菲岛香烟厂总经理。1935年回国，任上海华菲烟草公司总经理、华菲投资公司总经理、中美化学公司董事。1950年在沪创办上海华侨化工电解厂，任总经理。后任上海市侨联副主席、上海市政协委员。

林惠祥（1901—1958）

福建晋江人。菲律宾大学研究院硕士。1929年入中央研究院民族学组，1931年后任厦门大学教授。毕生致力于人类学的研究和教学，著有《台湾番族之原始文化》。

林普晴（1821—1873）

女。福建侯官（今福州）人。林则徐女、沈葆桢妻。

林鹤钦（1902—? ）

浙江宁波人。留美硕士，专攻印刷术及工商管理。曾在天津创立秀鹤图书馆，旋在上海创设艺文印书局，发行《艺文印刷月刊》，附设工读学校，后又创办天津亚当斯密经济学院。

林徽因（1904—1955）

女。又名徽音。福建闽侯人。留学英美。林长民长女。回国后任东北大学建筑系教授。1930年代初，与丈夫梁思成一起用现代科学方法研究中国古代建筑。1931年，受聘于北平中国营造学社。次年，为北平大学设计地质馆和灰楼学生宿舍。新中国成立后，任清华大学建筑系教授。参与设计中华人民共和国国徽和人民英雄纪念碑。有《林徽因诗集》。

林翼中（1887—1984）

原名家相，字翼宗。广东合浦（今属广西）人。历任广东省民政厅长，香港《新中日报》社长，国民党中执委会常委，国民政府农林部政务次长，监察委员，广东省参议会议长。1949年去台湾。

林耀华（1910—2000）
福建古田人。美国哈佛大学哲学博士。回国后任教于燕京大学、北京大学。新中国成立后，任中央民族学院民族研究所所长。长期致力于民族学研究和考察。著有《凉山彝家》、《民族学研究》。

松寿（？—1911）
佟佳氏，字鹤龄。清满洲正白旗人。荫生。历官江西、江苏、河南巡抚，官至察哈尔都统和闽浙总督。辛亥革命时率兵镇压福州新军起义，兵败自杀。

杭立武（1905—1991）
安徽滁县人。英国伦敦大学博士。曾任金陵大学、中央大学教授，中央研究院特约研究员，教育部部长。1949年去台湾，历任驻泰国、老挝、菲律宾、希腊"大使"。

杭辛斋（1869—1923）
名慎修，字一苇，别号夷则。浙江海宁人。曾在天津与严复等创办《国闻报》，在京创办《白话报》，主编《农工杂志》，与邵飘萍合办《汉民报》。入同盟会，又入南社，精易学。

杭鸿志（1907—1988）

字振民。江苏铜山人。陆军大学兵学研究院毕业。曾任陆军大学研究院主任。1949年12月起义。新中国成立后，任人民解放军军事学院战史教授、江苏省政协副主席。

郁达夫（1896—1945）

名文，小字荫生。浙江富阳人。早年留学日本，与郭沫若等发起成立创造社。回国后从事新文学创作，主编《创造季刊》、《洪水》等刊物。1928年与鲁迅合编《奔流》杂志。1930年加入"左联"。抗战时在新加坡主编《星岛日报》文艺副刊，宣传抗日，1945年被日本宪兵秘密杀害于印尼。1952年被人民政府追认为革命烈士。有《郁达夫文集》。

欧震（1899—1969）

字雨辰。广东曲江人。粤军讲武堂毕业。曾任国民党第四军军长、第三兵团司令、广东省保安司令。1949年后去台湾。

欧世璜（1912— ）

浙江象山人。中央大学农学士，美国威斯康辛大学植物病理学博士。曾任中央研究院副研究员、中央农业实验所技正、国际稻米研究所植物病理主任、美国威斯康辛大学教授。

欧阳仑（生卒年不详）
民国时期曾任职中央大学。著
有《十年来之机器工业》。

欧阳成（1879—？）
字集甫。江西吉水人。日本中央
大学毕业。归国后，被李烈钧聘
为顾问。1913年当选为众议院议
员。1922年国会恢复时，仍任众
议院议员。

欧阳钧（1882—？）
字麓宾。福建长乐人。北京法
律学堂毕业。1913年当选为众
议院议员。1917年任护法国会
众议院议员。1922年北京国会
恢复时，仍任众议院议员。

欧阳棻（1900—？）
号子揆。湖南宜章人。陆军大学毕
业。1938年任国民革命军第五十二军
副军长。后任新编第二军、第二十九
军副军长。1945年授少将衔。

欧阳翥（1898—1954）

字铁翘，号天骄。湖南望城人。德国柏林大学博士。曾任中央大学、南京大学生物系教授、系主任、理学院代院长。

欧阳山尊（1914—2009）

原名欧阳寿。湖南浏阳人。幼年过继给伯父欧阳予倩。先后就读于广州民国大学、上海大夏大学。学生时代起就参加戏剧活动。新中国成立后，任北京人民艺术剧院副院长、总导演。代表作有电影《透过云层的霞光》。

欧阳予倩（1889—1962）

原名立袁，艺名莲笙、兰客。湖南浏阳人。曾留学日本。后加入新剧同志会，任电影编导兼京剧演员。1929年任广东戏剧研究所所长。新中国成立后，任中国剧协副主席、中央戏剧学院院长。有《欧阳予倩文集》。

欧阳振声（1875—1931）

字俊民，号笃初。湖南宁远人。早年留学日本早稻田大学并加入同盟会。1912年任北京临时政府参议院议员，后被选为众议院议员。国会解散后在上海创设泰东图书局，1917年任湖南省议会议长。

欧阳斐莉（生卒年不详）
女。1930年代知名的电影演
员。

卓炯（1908—1987）
湖南慈利人。广东学海书院研究
生肄业。曾在中山大学、南洋中
学、南方大学任教。新中国成立
后，任广东省委党校政治经济学
教研室主任、广东省社科院副院
长。长期从事社会主义商品经济
理论研究。著有《论社会主义商
品经济》。

尚小云（1900—1976）
原名德泉，字绮霞，艺名尚三
锡。直隶（今河北）南宫人。
5岁起学习京剧，不久即登台
演出，武生、老生、青衣均
擅。与梅兰芳、程砚秋、荀慧
生并称京剧四大名旦。新中
国成立后，任陕西省京剧院院
长、中国剧协理事。

尚镇圭（1875—1923）
字连池。陕西大荔人。留学日本。
同盟会会员。曾任陕西同州府中学
校监督。辛亥革命后被选为陕西临
时省议会议员。1913年当选为众议
院议员。1922年国会恢复时，仍任
众议院议员。

昌涛（1817—1893）

高僧。俗姓刘，字静涵，号蕖汀道人。江苏铜山人。

易书竹（生卒年不详）

号铭勋。湖南醴陵人。1929至1937年任湖南省政府委员兼秘书长。

易次乾（1880—1942）

广东鹤山人。广东黄埔水师学堂、水雷学校毕业。同盟会会员。1913年当选为国会众议院议员。1922年12月任蒙藏院副总裁。1940年在汪伪政府财政部中央储备银行任职。

易君左（1898—1972）

原名家钺，号意园。湖南龙阳（今汉寿）人。日本早稻田大学硕士。曾任安徽大学教授，《国民日报》、《时事与政治》社社长。1949年去台湾，创办《新希望》杂志，并任中华诗学社社长。

易宗夔（1874—1925）
字蔚儒。湖南湘潭人。留学日本。早年与谭嗣同等创立南学会，1909年被选为资政院议员。民国后，任国民党政事部干事、众议院议员。1923年任北京政府法制局局长。

易顺鼎（1858—1920）
字实甫、中硕，号眉伽、哭庵。湖南龙阳（今汉寿）人。工诗、词及骈文，尤以诗名，与樊增祥并称"樊易"。

易培基（1880—1937）
字寅村，号鹿山。湖南长沙人。毕业于武昌方言学堂。曾任湖南省立第一师范校长，北京政府教育总长，故宫博物院院长。1933年组织故宫珍品南运，因被诬"盗换文物"而被迫辞职。

易堂龄（1870—1939）
字致中。湖南湘阴人。湖南陆军弁目学堂毕业。早年入湖南新军，参加武昌起义。1912年任陆军第三镇统制。1923年任湘军总司令部军事委员。1931年任国民政府军事参议院参议。

罗列（1907—1976）

原名先发，字冷梅。福建长汀人。陆军大学兵学研究院毕业。1939年任国民革命军第四十八师师长。1948年升任整编第一军军长。1949年任西南军政长官公署参谋长。1951年去台湾，任"陆军总司令"、"总统府"战略顾问。

罗坤（1883，一作1884—1911）

广东南海（今广州）人。越南华侨，曾留学日本。同盟会员。在广州起义时，攻打督署，被捕就义。为黄花岗七十二烈士之一。

罗朋（1910—1937）

广东南海（今广州）人。越南华侨，曾留学日本。同盟会会员。在广州起义时，攻打督署，被捕就义。为黄花岗七十二烈士之一。

罗联（1859—1911）

广东南海（今广州）人。早年在越南经商，同盟会会员。广州起义时为"选锋"（敢死队），在转战小北门时被捕就义。为黄花岗七十二烈士之一。

罗黼（1881—？）

字子文。山西朔县人。山西优级师范学校毕业。1910年授举人，以司务签分学部。1913年当选为众议院议员。1917年任护法国会众议院议员。1922年北京国会恢复时，仍任众议院议员。

罗大冈（1909—1998）

原名大刚。浙江绍兴人。法国巴黎大学博士。1947年任南开大学外文系教授。新中国成立后，任清华大学、北京大学、中国社科院外国文学研究所研究员。

罗文干（1888—1941）

字钧任。广东番禺人。英国牛津大学法律硕士。历任清广东审判厅厅长，北京政府总检察厅检察长、财政总长、北京大学教授，南京国民政府司法行政部部长。

罗尔纲（1907—1997）

广西贵县人。上海中国公学毕业。1934年在北平发起成立史学研究会。1947年任中央研究院研究员。新中国成立后，任中科院近代史研究所研究员。著有《太平天国史》、《太平天国史丛考》等。

罗永庆（1864—？）

字善庭。奉天兴京（今辽宁兴宾）人。历任清陕西候补知县、陕西督粮仓总办。1898年回乡创办城乡国民学校，并任劝学总董。1913年当选为众议院议员。1917年任护法国会众议院议员。1922年北京国会恢复时，仍任众议院议员。

罗永绍（1870—？）

字仪陆。湖南新化人。日本法政大学毕业。早年在新化创立实学堂，又创立宝应中学堂、湖南留学预备科。1913年当选为众议院议员。1917年任护法国会众议院议员。1922年北京国会恢复时，仍任众议院议员。

罗师杨（1866—1931）

字幼山，称希山先生。广东兴宁人。早年于故乡倡导新学，1911年任广州两广方言学堂教习，1912年被选为广东省议会议员。著有《东亚各国史》、《中国近代史》。

罗仲霍（1882—1911）

原名坚，字则君。广东惠阳人。槟榔屿（今马来西亚）师范学堂毕业。早年在吉隆坡办学堂。回国参加广州起义，攻打督署时被捕，后英勇就义。为黄花岗七十二烈士之一。

罗庆蕃（1897—？）
浙江余姚人。美国麻省工业学院机械科硕士。1924年与人集资创办上海五和织造厂，该厂专制内衣，其鹅牌产品远销海外。

罗君强（1902—1970）
原名光治，字健行，号竹侯。湖南湘乡人。曾入大夏大学，后赴法国勤工俭学。1922年加入中国共产党，1925年脱党。1937年任蒋介石侍从室秘书。1939年附汪投敌，任汪伪安徽省长。抗战胜利后被捕，判处无期徒刑。

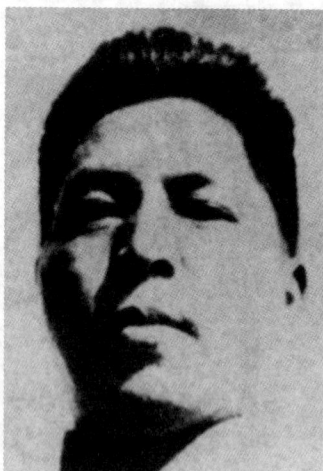

罗卓英（1896—1961）
字尤青。广东大埔人。保定军校毕业。早年任国民党第十八军军长。抗战中任第九战区副司令长官。1942年任远征军司令长官，入缅作战。抗战胜利后，任广东省政府主席。1949年去台湾。

罗佩金（1878—1922）
字镕轩。云南澄江人。四川华阳（今双流）人。1906年入日本士官学校。同盟会会员。辛亥革命时，参与发动昆明重九起义。历任云南民政长、广西省长。1920年任迤南巡阅使，指挥驻军剿匪。1922年在滇西华坪为土匪所杀害。

罗念生（1904—1990）

原名懋德。四川威远人。留学美国、希腊。回国后，为中华教育文化基金会翻译西方名著。抗战时，与朱光潜等创办抗日杂志《工作》。抗战后先后执教于湖南大学、山东大学、清华大学。新中国成立后，任中科院文学研究所研究员、中国社科院外国文学研究所研究员。主要从事研究、翻译古希腊戏剧和文学。译有《普罗米修斯》、《伊索寓言》。

罗泽南（1808—1856）

字仲岳，号罗山。湖南湘乡人。清诸生出身。以办团练起家，后协助曾国藩编练湘军。参与镇压太平军，率湘军转战江西、湖北、湖南三省。1856年在武昌之战中，中弹伤重而死。与曾国藩标榜程、朱理学，门徒多为湘军悍将。

罗泽闿（1903—1994）

别号恩永。湖南常德人。陆军大学毕业。曾任青年军第二〇二师师长，西安绥靖公署副主任。1949年任第三十七军军长，参加长江防御。旋兵败去台湾，任"国家安全局"设计委员。

罗宗洛（1898—1978）

浙江黄岩人。日本北海大学农学部毕业。历任中山大学、中央大学、浙江大学生物系教授，中央研究院植物研究所所长。1948年当选为中央研究院院士。新中国成立后，任中国科学院上海植物生理研究所所长、中国植物生理学会理事长、中国科学院学部委员。是我国现代植物生理学奠基人之一。

罗荣光（1833—1900）
字耀庭。湖南乾州（今吉首）人。初由武童投入曾国藩湘军，后随湘军洋枪队与太平军作战，官至天津镇总兵。1900年坚守大沽炮台，抵御八国联军，拒降殉职。

罗荣安（1900—1965）
广东博罗人。工学硕士。曾在中央大学开办自动工程研究班，培养航空技术人才。后去台湾，任台湾大学机械工程教授兼台湾科学馆馆长。

罗香林（1906—1978）
字元一，号乙堂。广东兴宁人。清华大学历史系毕业。曾任暨南大学、中山大学教授。1943年与傅斯年等发起中国历史学会。1951年起任香港大学教授。著有《中国民族史》。

罗振玉（1866—1940）
字叔言、叔蕴，号雪堂。江苏淮安人，祖籍浙江上虞。清举人。清末任学部参事兼京师大学堂农科监督，辛亥革命后以清朝遗老自居。金石学造诣深厚。著有《殷墟书契》、《三代吉金文存》。

罗逢元（1823—1876）

字旋吉。湖南湘潭人。湘军水师营官，与太平军作战，转战鄂、赣、浙、皖。官至记名提督。

罗浩忠（1896—1972）

字心汉。广西中渡（今并入鹿寨县）人。陆军大学毕业。曾任国民党金华师管区司令，浙江省第三区、第七区行政督察专员，广西省第二区行政督察专员。1949年去香港。1954年到台湾。

罗润业（1887—？）

字德堂。甘肃镇番（今民勤）人。清选贡生。新疆自治研究所毕业。1913年当选为众议院议员。1922年国会恢复时，仍任众议院议员。

罗家伦（1897—1969）

字志希，笔名毅。原籍浙江绍兴，生于江西进贤。早年积极参加新文化运动，为五四运动学生领袖。1920年后留学英、美，回国后任清华、中央大学校长。抗战胜利后，任国民党中央党史编纂委员会副主任。1947年5月，出任驻印度大使。1950年去台湾，任"考试院"副院长、"国史馆"馆长。

罗家衡（1883—1961）

别名缑笙，字象平。江西吉安人。日本早稻田大学毕业。曾创办私立江西法政专门学校。执律师业。1913年当选众议院议员。历任北京政府农商部次长、国民政府外交部特派员。新中国成立后，任上海市政协常委。

罗常培（1899—1958）

直隶宛平（今属北京）人。北京大学文科毕业。历任厦门大学、中山大学教授，中央研究院史语所研究员，北平大学中文系主任，西南联大国文系主任。新中国成立后，任中科院语言研究所所长、中科院哲学社会科学部委员。

罗章龙（1896—1995）

又名文虎、璈阶。湖南浏阳人。1918年与毛泽东等发起成立新民学会。后考入北京大学，参与发起北京共产主义小组，曾任中共中央宣传部长。1931年因组织成立"中央非常委员会"，被开除出党。后在河南大学、西北大学、湖南大学任教。新中国成立后，任教于中南财经学院、湖北大学。1979年起，任中国革命博物馆顾问。

罗清生（1998—1974）

广东南海（今广州）人。美国堪萨斯州立大学兽医学博士。历任东南大学教授、中央大学农学院长。新中国成立后，任南京大学农学院长、南京农学院副院长。编著有《家畜传染病学》、《禽病学》。

罗鸿年（1880—1957）

字雁峰。江苏丹徒人。英国伯明翰大学商学士。历任北京政府安福国会参议院议员、财政部次长、上海造币厂厂长、教育部次长、大陆银行总经理及财政整理委员会专门委员。抗日战争期间，避乱于香港。新中国成立后，定居上海。

罗惇曧（1885—1924）

字掞东，号瘿公。广东顺德人。曾任清邮传部郎中。1912年任北京总统府秘书、参议。为康有为弟子，少负诗名，工书法。著有《太平天国战记》、《中英滇案交涉本末》。

罗增麒（1882—? ）

字祥征。广西凌云人。清拔贡生。广西法政学校毕业。曾任泗镇邑中学校校长。1913年当选为众议院议员。1917年任护法国会众议院议员。1922年北京国会恢复时，仍任众议院议员。

罗霞天（1899—1980）

浙江于潜（今并入临安）人。留学柏林大学。五四运动中当选为杭州学生会会长，并创办《浙江日报》。后任浙江省政府委员、国民党第六届中央执行委员。1948年当选国民政府立法院立法委员。1949年去台湾。

罗翼群（1889—1967）

原名道贤，字逸尘，晚号东樵。广东兴宇人。两广参谋处测绘学堂毕业。1924年任大本营军需总局局长。1931年任西南政务委员会委员。1945年当选为国民党中央执行委员。1949年8月在香港通电起义。新中国成立后，任全国政协委员、广东省政协常委。

罗桑班觉（1882—？）

字鹭鼎。内蒙古土默特旗人。初在西藏任仔仲及翻译。1908年赴北京，被达赖喇嘛留驻京当差。后任殖边学堂兼唐古忒学藏文教员。1913年当选为众议院议员。1916年国会恢复时，仍任众议院议员。

图们布（1844—1911）

字书府。清满洲正白旗人。满族。清军将领。

季圣一（1884—？）

江苏海门人。曾任海门县议会议长、江苏省实业司司长、上海市烟酒事务局局长。抗战时投敌，任汪伪江苏省建设厅厅长。

季芝昌（1791—1861）
字云书，号仙九。江苏江阴人。清
道光进士，授翰林院编修。历官至
仓场侍郎，咸丰时任闽浙总督兼署
福州将军。

季羡林（1911—2009）
山东清平（今临清）人。清华
大学毕业，德国哥廷根大学哲
学博士。1946年任北京大学教
授，创办东方语言文学系。新中
国成立后，任北京大学副校长、
中国社科院南亚研究所所长、
中国科学院哲学社会科学部
委员。其学术研究，自谓是"梵
学、佛学、吐火罗文研究并举，
中国文学、比较文学、文艺理
论研究齐飞"。

竺可桢（1890—1974）
字藕舫。浙江绍兴人。美国哈佛
大学博士。曾任东南大学、中
央大学教授，浙江大学校长，中
央研究院气象研究所所长，并筹
划组建了中国气象观测网。亦是
中国近代地理学的奠基人。1948
年当选中央研究院院士。1955年
当选中国科学院学部委员。著有
《东南季风与中国之雨量》等。

秉志（1889—1965）
原名翟秉志，曾用名秉农山、
翟际潜。满族。河南开封人。
美国康乃尔大学博士。历任东
南大学、中央大学教授。曾创
办中国科学社生物研究所。
1948年当选中央研究院院士。
新中国成立后，任中科院学部
委员、中国动物学会理事长。

岳秀夫（1881—?）

字宋生。河南兰封（今兰考）人。河南省优级师范学校专科毕业。清廷授理科举人。曾任河南省临时议会议员、实业司科长。1913年当选为国会众议院议员。1917年任护法国会众议院议员。1922年北京国会恢复时，仍任众议院议员。

岳维峻（1883—1932）

号西峰。陕西蒲城人。岳飞后世。早年随井勿幕加入同盟会。曾任国民军第二军第二师师长，陆军第三军副军长，陕西招讨使。1931年率部"围剿"鄂豫皖根据地时，被红军俘虏，次年8月在河南光山新集镇被处决。

金一（1873—1947）

原名天翮，后改天羽，字松岑。江苏吴江人。1899年与陈去病创办雪耻学会。旋加入中国教育会和爱国学社。1933年与章太炎在苏州成立国学会。曾应《江苏》杂志约请，写了《孽海花》前六回，后交曾朴修改、续写。曾翻译俄国虚无党的《自由血》，著有《女界钟》、《三十三年之落花梦》等，在清末民初颇有影响。另有《天放楼诗文集》。

金庸（1924—）

原名查良镛。浙江海宁人。英国剑桥大学哲学博士。1944年入国立政治大学外文系。抗战胜利后，任《东南日报》记者、《大公报》编辑。1949年后在香港创办《明报》。与古龙、梁羽生并称中国武侠小说三大宗师。代表作有《倚天屠龙记》、《射雕英雄传》等14部。

金焰（1910—1983）

原籍朝鲜。1927年入上海民新影片公司，旋加入南国艺术社。1929年因主演《风流剑客》而成名。1933年加入中国左翼戏剧家联盟。新中国成立后，任上海电影制片厂演员剧团团长、上海影协副主席。

金鉴（1832—1911）

字明斋，号奕隐。浙江钱塘（今杭州）人。工书画，精鉴别，能刻印，善围棋。

金古朴（1897—？ ）

浙江宁波人，生于上海。曾任天津友华银行放款部主任、香港交易所营业部主任、南京国民机器公司总裁、赫金进出口贸易公司总裁、元通银公司董事长、宁绍商业银行常务董事。

金汉鼎（1891—1967）

字铸九。云南华宁（今划归江川县）人。1909年入云南陆军讲武堂。1911年参加云南重九光复起义。后任国民革命军第九军军长、云南省政府委员、国民政府军事参议院参议。1949年12月随卢汉起义。新中国成立后，任北京市政协委员。

金仲华（1907—1968）

笔名孟如。浙江桐乡人。杭州之江大学毕业。1934年起主编《世界知识》半月刊。1935年任生活书店编辑部主任，与邹韬奋等创办《大众生活》周刊。1938年任香港《星岛日报》主编。抗战胜利后任上海《新闻报》总编辑。新中国成立后，任上海《新闻日报》社长、总编辑，中国新闻社社长，上海市政协副主席，上海市副市长。

金兆棪（1879—1945）

字仲荪。浙江金华人。清举人。京师大学堂毕业，授内阁中书。曾任金华府中学堂监督、永嘉县知事。1913年当选为众议院议员。1917年任护法国会众议院议员。1922年北京国会恢复时，仍任众议院议员。

金问泗（1892—1968）

小名连，号纯孺。浙江嘉兴人。早年入天津北洋大学学习。1917年任驻美国使馆学习员。南京国民政府建立后，历任外交部第一司司长，驻荷兰、比利时、挪威大使。1959年侨居美国。

金诒厚（1885—?）

字笃生。直隶大兴（今属北京）人。顺天高等学堂毕业。曾任山东高等学堂英文教员。1913年当选为众议院议员。1917年任护法国会众议院议员。1922年北京国会恢复时，仍任众议院议员。

金尚洗（1868—? ）

字苑秋。浙江温岭人。历任本邑民团、水利、工艺、禁烟等局总理。1913年当选为众议院议员。1917年任护法国会众议院议员。1922年北京国会恢复时，仍任众议院议员。

金岳霖（1895—1984）

字龙荪。湖南长沙人，祖籍浙江诸暨。美国哥伦比亚大学哲学博士。曾任清华大学、西南联大教授。1948年当选中央研究院院士。新中国成立后，任清华大学哲学系主任、全国政协委员。著有《论道》、《逻辑》等。

金宝善（1893—1984）

浙江绍兴人。1911年考取官费赴日留学，后到美国进修，获公共卫生硕士学位。历任国民政府卫生署署长、卫生部次长。新中国成立后，任北京医学院教授、全国政协委员。

金宗城（1895—1995）

浙江镇海人。曾任上海商业储蓄银行常务董事兼副经理，五洲银行、新新有限公司、家庭工业社、国华工业投资公司董事长。1950年迁居香港，任海外信托银行董事、华侨地产公司董事长。

金承新（1874—? ）
字子铭。山东宁阳人。曾任山东河防局文案，宁阳高等小学监督。1913年当选为众议院议员。1917年任护法国会众议院议员。1922年北京国会恢复时，仍任众议院议员。

金树仁（1879—1941）
字德庵。甘肃河州（今临夏）人。早年就读于甘肃高等学堂。曾任新疆司克苏知事。1928年任新疆省政府主席。1933年被盛世才赶出乌鲁木齐，后假道苏联回南京。同年因与苏联私订商约获刑。1935年被特赦。

金通尹（1891—1964）
又名问珠。浙江平湖人。北洋大学毕业。历任复旦大学土木工程系主任、理学院院长，北洋大学代校长。新中国成立后，任青岛工学院院长、武汉测绘学院副院长。

金培松（1906—1969）
又名柏卿。浙江东阳人。国立劳动大学化学系毕业。历任中央工业实验所酿造试验室主任、重庆大学教授。新中国成立后，任北京轻工业学院教授、天津轻工业学院发酵教研室主任。

金鸿翔（1895—1969）

江苏浦东（今属上海）人。1916年在上海创立当时我国最大的时装公司——鸿翔服装公司，任总经理。新中国成立后，因病长期在家休养，1956年起担任上海市服装鞋帽公司顾问。

金鼎勋（1879—? ）

字叔奋。吉林永吉人。日本明治大学毕业。曾任吉林民军司令，东三省盐运使。1913年当选为参议院议员。1925年任临时参政院参政。

金善宝（1895—1997）

浙江诸暨人。东南大学农科毕业，后留学美国。曾任浙江大学、中央大学、江南大学农学院教授。新中国成立后，任中国农业科学院副院长、中国科学院生物学部委员。著有《中国小麦分类的初步》。

金锡龄（1814—1892）

字伯年，号芑堂。广东番禺（今属广州）人。治经学，曾任清学海堂书院学长，以耆儒绩学赏加光禄寺署正衔。

金溶熙（1865—? ）

字溶仲。浙江杭县（今余杭）人。曾创办金源昶绢织物商号、振新绢织物厂，并任绸业公所总董、杭州日新绢织公司总办。1913年当选为众议院议员。1917年任护法国会众议院议员。1922年北京国会恢复时，仍任众议院议员。

周择（1880—? ）

字无择。四川成都人。日本法政大学毕业。曾任四川公立法政学校教务长、四川省教育总会会长。辛亥革命后，任四川都督府秘书。1913年当选为国会参议院议员。1916年国会恢复，仍任参议院议员。

周泽（1875—? ）

字润生。四川犍为人。留学日本。曾任四川中学、四川师范学校教员，四川省视学。1913年当选为国会众议院议员。国会解散期间，任四川师范学校校长。1917年任护法国会众议院议员。1922年北京国会恢复时，仍任众议院议员。

周璇（1918—1957）

女。原名小红，艺名周璇。江苏常州人。8岁入歌舞团习艺。有"金嗓子"之称。1935年入艺华影业公司任演员。因出色主演《马路天使》，跻身电影明星行列。后受刺激，精神失常。

周一良（1913—2001）

祖籍安徽东至，生于山东青岛。美国哈佛大学哲学博士。先后任燕京大学、清华大学教授。新中国成立后，任北京大学历史系教授。系魏晋南北朝史和敦煌学专家，亚洲史与日本史研究的奠基人。

周三元（1898—1977）

又名锡珍。浙江定海人。历任祥生汽车公司副经理、上海市三轮客车同业公会理事、上海市出租汽车同业公会理事长。新中国成立后，曾任公私合营祥生汽车公司副经理。

周之翰（1881—?）

字文山。甘肃武威人。1913年当选为国会众议院议员。1917年任护法国会众议院议员。1922年北京国会恢复时，仍任众议院议员。

周长龄（1865—1959）

字寿臣。广东宝安人，生于香港。作为清政府第三批官派幼童之一留学美国。回国后曾任清政府驻朝鲜仁川领事、轮船招商局督办、上海大北电报局总办。是清朝最后一任上海电报局总办，也是民国第一任电报总局局长。后投资实业，任电力、电话、电车等公司经理和董事。晚年定居香港。

周化人（1902—？）
广东化县（今化州）人。1939
年任汪伪国民党组织部副部
长。1940年任汪伪铁道部常务
次长。1941年任汪伪广州市市
长。1943年任汪伪全国经济委
员会委员。

周化鹏（1903—1975）
字云程。江苏泗阳人。曾任国民
党江苏省党部书记长。1948年去
台湾。

周从化（1895—1949）
四川新繁（今新都）人。陆军
大学毕业。曾任川军刘湘部第
十军团长。抗战时任第二十三
集团军总司令部参谋长。抗战
胜利后任川北师管区司令。
1949年因密谋反蒋，在成都被
捕，同年11月在白公馆大屠杀
中遇难。

周文德（1919—1981）
浙江杭州人。美国伊利诺伊州立大
学水利工程博士。曾任伊利诺伊州
立大学教授。组织了国际水资源协
会。后入选美国国家工程科学院、
文理科学院。主要从事水资源系统
分析研究。

周可涌（1912—1988）

安徽当涂人。中央大学农学院农艺系毕业。曾任安徽省建设厅农业局局长、安徽大学农学院教授。新中国成立后，任福建农学院副院长、全国政协委员。长于甘蔗研究，著有《甘蔗栽培学》。

周邦俊（1890—? ）

江苏武进人。苏州伊利萨伯医学校毕业。曾任清江浦陆军医院医官、上海禁烟委员会总务科科长、京沪铁路医官、上海中西大药房董事兼总经理、上海制药业同业公会常委。在上海期间曾发明"明星"牌花露水。后去台湾，继续从事香水业。

周达民（生卒年不详）

1930年代知名的电影摄影师。曾参加左翼剧联活动。摄制影片有《荒江女侠》（1930年）、《王老五》（1936年）、《锦绣江山》（1946年）等。

周至柔（1899—1986）

原名百福。浙江临海人。保定军校第八期毕业。曾任杭州中央航空学校校长、航空委员会主任、中国空军前敌司令部指挥官、昆明中央航校校长、空军总司令。1949年去台湾，任"参谋总长"、"空军总司令"。

周廷弼（1871—1953）

字右卿。山东寿光人。日本东京私立政法大学政治科速成班毕业。曾任北京政府、护法军政府国会众议院议员。后闲居在家。

周自齐（1871—1923）

字子廙。山东单县人。美国哥伦比亚大学毕业。旧交通系首领。曾任北京政府交通总长、财政总长、教育总长、代理国务总理。

周庆恩（1876—？）

字次瑾。山东历城人。日本法政大学毕业。曾任天津北洋高等警察厅法律教员、山东法政学堂教习。1912年任山东省议会副议长。1913年当选为国会众议院议员。1917年任护法国会众议院议员。1922年北京国会恢复时，仍任众议院议员。

周克昌（1876—1947）

字峻青。山西平定人。山西大学堂毕业。后任山西补用知县。1913年当选为国会众议院议员。1917年任护法国会众议院议员。1922年北京国会恢复时，仍任众议院议员，并任修订法律馆副总裁。

周作人（1885—1967）

原名櫆寿，号知堂。浙江绍兴人。早年留学日本，与兄周树人（鲁迅）一起翻译介绍外国文学。曾任北京大学教授。1924年与林语堂创《语丝》周刊。抗战时任伪华北政务委员会教育总署督办、伪北京大学文学院长。抗战胜利后，以汉奸罪判刑。新中国成立后，主要从事翻译、写作工作。有《知堂回想录》、《周作人自编文集》。

周作民（1884—1955）

原名维新。江苏淮安人。日本京都第三高等学校肄业。曾任金城银行总经理、南京国民政府全国经济委员会委员。新中国成立后，任全国银行业公私合营董事会副董事长、全国政协委员。

周佛海（1897—1948）

湖南沅陵人。日本京都帝国大学经济科毕业。中共"一大"代表。1924年脱离中共，加入国民党。1932年参与筹建国民党特务组织复兴社，并任蒋介石侍从室副主任、国民党中宣部代部长。抗战爆发后，1938年即随汪精卫投敌，在汪伪政权中历任要职。抗战胜利后被判死刑，后改判无期徒刑，1948年病死狱中。

周启刚（1889—1951）

字觉庸。广东南海人。1916年赴古巴经商。先后任古巴《民声日报》董事，国民党古巴总支部常务委员。回国后，任国民党中央海外部主任委员、国民政府侨务委员会副委员长。当选为国民党第三、四、五届中央执行委员。

周诒春（1883—1958）

又作贻春，字寄梅。安徽休宁人。美国威斯康星大学硕士。曾任北京清华学校校长、中美文化教育基金会保管委员会常务董事、国民政府农林部部长。1948年底赴香港。1950年回内地。

周叔弢（1891—1984）

原名暹。安徽至德（今东至）人。周学熙之侄。曾任华新纱厂、启新洋灰公司经理。是中国北方民族工商业代表人物。新中国成立后，任天津市副市长、全国政协常委、全国工商联副主席。富文物图书收藏，多宋元精品，后捐献给国家。

周泽南（1884，一作1857—1927）

字达之。江西萍乡人。日本早稻田大学政治经济科毕业。回国后考取清法政科举人。民国后，1913年当选为国会参议院议员。1916年国会恢复时，仍任参议院议员。

周学熙（1869—1947）

字缉之，号止庵。安徽至德（今东至）人。清举人。曾为袁世凯幕僚。历任清长芦盐运使、直隶按察使，北洋政府财政总长。1906年，代表清廷从英国人手中收回唐山细绵土厂，改名为启新洋灰公司，并开办滦州煤矿。后又创办华新纺织公司、中国实业银行、华新银行。与南方实业家张謇齐名，有"南张北周"之说。1927年以年高引退。

周诗穆（1902—1980）

浙江宁波人。先后在上海商务印书馆活动影戏部、大中华百合公司、明星影片公司、中华电影公司等任摄影师。新中国成立后，任上海电影制片厂特技总技师。代表作有《十字街头》、《渡江侦察记》、《林则徐》等。

周承钥（1905—1996）

江苏宜兴人。美国康乃尔大学农学博士。历任中央大学农学院教授、国民政府农业部官员。新中国成立后，任浙江省农科院研究员、浙江农业大学教授。

周树模（1860—1925）

字少模、考甄，号沈观、伯园。湖北天门人。清光绪进士，授翰林院编修。历任清都察院御史、江苏提学使、黑龙江巡抚、中俄勘界大臣，北京政府平政院院长。

周厚钧（1906—1981）

江苏江都人。历任南京国民政府交通部长航局局长、国民党中央政治学校高等科训导。后去台湾，任"立法委员"。著有《四川省之牛皮调查报告》、《四川省粮食问题研究报告》、《宁麻与夏布业考察报告提要》。

周星诒（1833—1904）
字季贶，浙江山阴（今绍兴）人。官清福建建宁府知府。工诗，好为近体。著有《窳樯诗质》、《瑞瓜堂诗钞》。

周保中（1902—1964）
原名奚李元，号绍黄。云南大理人。白族。云南陆军讲武学校毕业。1927年加入中国共产党。曾赴苏联学习军事。历任中共满洲省委军委书记、吉林省委书记，东北抗日联军第二路军总指挥，东北民主联军副司令员，吉林省政府主席，东北军区副司令员。新中国成立后，任云南省政府副主席、云南大学校长、全国政协常委。

周兹绪（生卒年不详）
贵州安顺人。清华学校肄业，留美电气工程师。民国时期任浙江杭州闸口电力厂工程师、上海电力公司馈电部设计工程师。

周炳琳（1892—1963）
字枚荪。浙江黄岩人。美国哥伦比亚大学文学硕士。早年参加五四运动。历任清华大学教授、北京大学法学院院长、国民政府教育部次长、国民参政会副秘书长。新中国成立后，任全国政协委员、民革中央委员。

周炼霞（1908—2000）

女。字紫宜，号螺川。江西吉安人。少从尹和白和郑凝德学画，从朱古微学诗，又随蒋梅笙学词。新中国成立后，为中国美协会员、上海中国书画院画师。2000年逝于美国。擅画仕女和花鸟，风格清新。著有《嘤鸣诗集》。

周祖谟（1914—1995）

字燕孙。祖籍浙江杭州，生于北京。北京大学毕业。曾任中央研究院史语所助理研究员、辅仁大学副教授。新中国成立后，任北京大学中文系教授、中国语言学会常务理事。著有《广韵校本》、《唐五代韵书集存》。

周培源（1902—1993）

江苏宜兴人。美国加利福尼亚理工学院博士。曾任清华大学、西南联大力学教授。新中国成立后，任清华大学教务长、北京大学校长、中科院副院长、中国科协主席、全国人大常委、全国政协副主席。主要从事爱因斯坦广义相对论中的引力论和流体力学中的湍流理论的研究。著有《理论力学》等。

周盛传（1833—1885）

字新如。安徽合肥人。清同治间随李鸿章征讨太平军，擢总兵。光绪初经营津沽屯田。官至湖南提督。

周雪鸥（1902—1975）
曾名燮欧、鉴西。安徽滁县人。南京高等师范毕业。曾在西北大学、中央大学任教，1945年赴美进修，回国后任重庆大学、四川大学数学教授。著有《向量分析讲义》。

周逸群（1896—1931）
字立风，化名易穷，笔名翊勋。贵州铜仁人。日本东京庆应大学毕业。1924年入黄埔军校第二期。同年加入中国共产党。1927年参加南昌起义。1928年起与贺龙一起开辟湘鄂西革命根据地并创建工农武装。历任中共湘西北、鄂西特委书记，鄂西苏维埃政府主席，红二军团总政委。1931年在5月在岳阳县遭伏击遇难。

周鸿经（1902—1957）
字纶阁。江苏铜山人。英国伦敦大学理科硕士。1937年起任中央大学数学系教授，1945年任国民政府教育部高等教育司司长，1948年任中央大学校长。1949年去台湾，任"中央研究院"总干事兼数学研究所所长。

周腾虎（1816—1862）
字韬甫。江苏阳湖（今常州）人。官主事，曾为曾国藩幕僚，素以经济之学自负。工诗。

周雍能（1893—1986）

字敬中。江西波阳人。江西武备学堂及北京汇文大学毕业。曾任赣军旅长、香港晨报社长、国民革命军总司令部秘书。后任南京国民政府上海市政府秘书长、侨务委员会副委员长。1949年去台湾，任"立法委员"、"国民外交协会"理事长。

周嘉坦（1887—? ）

字履安。山东长山（今属邹平）人。山东优级师范学堂毕业。1911年任山东农业专门学校数学教员。1913年当选为国会众议院议员。1917年任护法国会众议院议员。1922年北京国会恢复时，仍任众议院议员。

周增奎（生卒年不详）

别号揆平。上海人。留美博士。曾任上海南洋大学教授。1928年任南京国民政府审计院审计。1935年任审计部驻外审计。

周震鳞（1875—1964）

字道腴。湖南宁乡人。两湖书院毕业。同盟会会员。历任北京政府、护法军政府国会参议院议员，南京国民政府立法院委员，国民党中央监察委员会委员。1949年参与湖南和平自救运动，随程潜和平起义后，历任中南军政委员会顾问、湖南军政委员会委员、全国政协委员。

周鲠生（1889—1971）
又名周览。湖南长沙人。法国巴黎大学法学博士。历任商务印书馆法制经济部主任，北京大学、东南大学教授，武汉大学校长。1948年当选中央研究院院士。新中国成立后，任全国人大法案委员会副主任委员。著有《国际法》。

冼星海（1905—1945）
广东番禺人。1935年毕业于法国巴黎音乐学院。回国后，投身抗日救亡运动。曾任国民政府军事委员会第三厅音乐科主任。1938年11月，赴延安鲁迅艺术学院任教。1940年赴苏联。1945年病逝于莫斯科。代表作有《黄河大合唱》。

冼炳成（1887—1952）
字冠生。广东南海人。16岁到上海开设饮食店。1918年与人合办"冠生园"，经营饼干、糖果、罐头等食品，任董事长兼总经理，并在南京、杭州、天津、武汉、成都等地设立分店。

庞雄（1891—1911）
字苏汉。广东吴川人。曾留学日本，参加同盟会。1911年4月参加黄花岗之役，被捕就义。为黄花岗七十二烈士之一。

庞京周（1897—1966）

江苏吴江人。上海同济大学毕业。后在上海开业营医，历任亚东医科大学教授、同德医学校校长、上海医师公会副会长、国民政府卫生署技正。新中国成立后，任职于上海市公费医疗第一门诊部。

庞炳勋（1879—1963）

字更臣。河北新河人。早年在冯玉祥麾下，以勇悍闻军中。1930年任国民党陆军第四十军军长。抗战期间，任国民党第三军团军团长，曾率部参加临沂保卫战，后投降日伪。抗战胜利后，被蒋介石收编，旋去职。1949年去台湾。

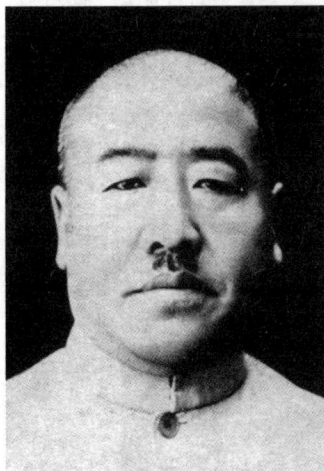

於达（1893—1985）

浙江黄岩人。保定军校第三期毕业。历任国民党陆军第一师参谋长、第一军参谋长、第三集团军副总司令、第一战区副司令长官、国防部第一厅厅长。1949年去台湾，任"国防部"参议。

郑珍（1806—1864）

字子尹，晚号柴翁。贵州遵义人。治经学，通文字、训诂、声韵。为清诗名家，又工古文。

郑重（1911—1993）
江苏吴县人。清华大学毕业，留英博士。曾在英国阿伯丁、牛津大学任教。1947年回国后任厦门大学教授，并创立"海洋浮游生物学"专业。新中国成立后，历任厦门大学海洋学系和生物学系教授、系主任，中科院华东海洋研究所副所长，国家科委海洋组生物学科组成员。一生主要从事海洋浮游生物学的教学和研究。

郑烈（1888—1958）
字晓云，笔名天啸生。福建闽侯人。1905年留日，加入同盟会。曾任广西、福建高等检察厅厅长，江苏、福建高等审判厅厅长，国民政府最高法院检察署检察长。1948年辞职赴台湾，在台北市专事律师工作。

郑人康（1885—? ）
字驭纷。湖南衡山人。湖南省高等警察学校毕业。曾任衡山警察局局长。辛亥革命时，参与光复湖南，任郴宜安抚使。1913年当选为国会众议院议员。1917年任护法国会众议院议员。1922年北京国会恢复时，仍任众议院议员。

郑士良（1863—1901）
原名振华，字安医，号弼臣。广东归善（今惠阳）人。孙中山同窗，曾为三合会首领，后入兴中会，领导惠州三洲田起义。

郑小秋（1911—1989）

原名鸿彬。祖籍广东潮阳，生于上海。上海艺术大学肄业。先后入上海明星、国华、香港大中华等影业公司。1952年任上海科教电影制片厂导演。主演了《孤儿救祖记》、《啼笑因缘》、《姐妹花》等影片。

郑天锡（1884—1970）

广东香山（今中山）人。英国伦敦大学法律系毕业。历任北京政府大理院大法官、北京大学教授、国民政府司法行政部次长、海牙国际法庭法官、中国驻英国大使。1950年后居英国。

郑长海（1904—?）

天津人。曾入东北讲武堂、陆军大学学习。1938年任陆军大学教官。1945年任国民政府军令部次长。抗战胜利后任第十一战区副参谋长、华北"剿总"副参谋长。1949年随傅作义起义。

郑文焯（1856—1918）

字俊臣，号小坡、叔问、大鹤山人。奉天铁岭（今辽宁）人，自称原籍山东高密，属清汉军正黄旗。能词善画，兼擅金石、医学。著有《瘦碧词》、《比竹余音》、《樵风乐府》。

郑斗南（1863—？）
字晓江。江苏江都人。清举人。曾任山东临淄县、历城县知县。1912年任江苏省议会议员。1913年当选为国会参议院议员。1916年国会恢复，仍任参议院议员。

郑正秋（1888—1935）
原名伯常，号药风。广东潮阳人。1913年创办新民影戏公司，编导中国首部短故事片《难夫难妻》。旋组新民新剧社、大中华新剧社、药风剧团。1922年创办明星电影公司，任明星影戏学校校长。

郑占南（1887—1937）
广东香山（今中山）人，美国华侨。少年时在美州组织少年学社，创办《少年中国晨报》。为三藩市同盟会主盟人，美国总支部执行委员。后回国，1922年参加讨伐陈炯明。1929年任首都华侨招待所主任。1935年当选国民党中央执行委员。

郑汉淇（1879—？）
福建思明人。香港医科大学医学士。历任菲同盟会（后改国民党）会长（支部长），普智阅书报社社长，公理报总理，善举公所、教育会、中华商会董事、侨界医院院长等职。

郑江灏（1882—?）

字南溪。湖北襄阳人。留学日本。加入同盟会、共进会。1906年在汉口办《湖北日报》。辛亥武昌起义，任湖北都督府参议。1913年当选为国会参议院议员。1916年任四川省浦江县知事。1922年北京国会恢复时，仍任参议院议员。

郑汝成（1862—1915）

字子敬。河北静海（今天津）人。毕业于英国海军学校。曾任北洋陆军速成学堂总办、海军部司长。1913年任上海镇守使，镇压二次革命。1915年授将军府彰成将军。同年11月被中华革命党人刺杀。

郑观应（1842—1921）

字正翔，号陶斋。广东香山（今中山）人。早年曾充当英商宝顺洋行、太古轮船公司买办。后任上海机器织布局、轮船招商局、上海电报局、汉阳铁厂总办。投资兴办了许多贸易、金融、航运、工矿等企业。从买办转化为民族资产阶级代表人物。著有《盛世危言》、《易言》。主张发展民族资本以抵御外国侵略。

郑孝胥（1860—1938）

字太夷，号苏戡、海藏。祖籍福建闽侯，生于苏州。晚清福建乡试解元。曾入李鸿章幕府。1923年任溥仪清宫内务府大臣、顾问。伪满洲国成立后，任国务总理兼文教部总长。著有《海藏楼诗集》。

郑良斌（1902—? ）

浙江镇海人，生于上海。广州岭南大学理科及上海东吴大学法科肄业。1924年起任职上海远通轮船公司、恒安轮船公司，后任公用电机公司任董事长。1942年后担任宁绍轮船公司、宁绍保险公司总经理、董事长，恒安机器造船厂经理，中华轮船股份有限公司常务董事兼船舶部部长。上海市民营轮船业同业公会理事长。

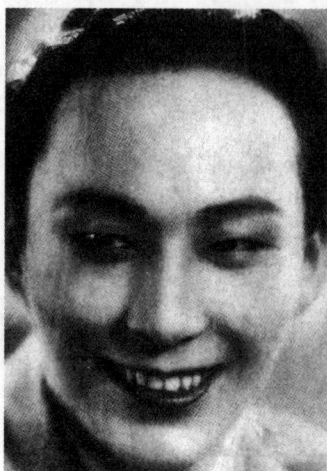

郑际平（1873—? ）

字平甫。浙江黄岩人。日本明治大学政治学学士。曾任浙江咨议局议员、资政院议员。1913年当选为国会参议院议员。1917年任护法国会参议院议员。1922年北京国会恢复时，仍任参议院议员。

郑君里（1911—1969）

原籍广东中山，生于上海。1927年考入南国艺术学院戏剧科。1931年参加左翼戏剧家联盟。1932年入联华影业公司当演员，演有《新女性》、《大路》等。1947年与蔡楚生合作导演《一江春水向东流》，还导演了《乌鸦与麻雀》。新中国成立后，任上海电影制片厂导演，导演的影片有《林则徐》、《聂耳》等。

郑其和（生卒年不详）

1917年任四川督军刘存厚部第三师师长，盘踞广元。后任川北防军司令，强令农民种植鸦片以解决军饷。

郑林皋（1882—? ）

字鸣九。黑龙江拜泉人。黑龙江省立第一师范学校毕业。曾任黑龙江省视学、临时省议会议员。1913年当选为国会参议院议员。1928年任东北交通大学校长。1932年任伪满黑龙江省公署教育厅厅长。

郑昌藩（1889—? ）

广西桂林人。保定军校第一期、陆军大学第二期毕业。曾任国民党第五战区高参、干训团副教育长。1942年授少将，后任第十六集团军参谋长，参加桂南战役。

郑律成（1914—1976）

原名富恩。原籍朝鲜。1937年入延安鲁迅艺术学院学习音乐。曾任鲁艺教员及华北朝鲜革命军政学校教育长。1950年入中国籍，于北京人民艺术剧院、中央歌舞团从事音乐工作。创作歌曲有《八路军进行曲》、《中国人民志愿军进行曲》。

郑庭笈（1905—1996）

海南文昌人。黄埔军校第五期毕业。抗战时期先后参加忻口战役、昆仑关战役、入缅作战。1944年任第四十八师师长。1947年任第四十九军军长。1948年在东北被人民解放军俘虏。新中国成立后，任全国政协委员。

郑彦棻（1903—1990）

广东顺德人。法国巴黎大学法学硕士。历任中山大学法学院院长、广东省政府秘书长、三青团中央副书记长、国民党中常委兼秘书长。1949年去台湾，任"司法行政部"部长、"总统府"秘书长、国民党中常委。

郑洪年（1876—1958）

字韶觉，号蒉园、群庵。广东番禺人。清光绪举人。早年受业于康有为门下，后来就读于广雅书院，毕业于两江法政学校。同盟会会员。历任北京政府交通部次长，南京国民政府财政部次长、工商部次长，暨南大学校长。抗战爆发，旅居香港。后被日军押送上海。1949年再赴香港。1952年回上海定居，任上海市人民政府参事室参事。

郑洞国（1903—1991）

字桂廷。湖南石门人。黄埔军校第一期毕业。抗战时期历任国民革命军师长、军长、中国远征军驻印度军副总指挥。参加过长城古北口战役、保定会战、台儿庄战役、徐州会战、昆仑关战役等。后任东北"剿总"副司令兼第一兵团司令、吉林省政府主席。1948年在长春率部投诚。新中国成立后，任国防委员会委员、民革中央副主席。

郑振铎（1898—1958）

笔名西谛。福建长乐人。北京铁路管理专科学校毕业。历任商务印书馆编辑、《小说月报》主编、北京大学教授、暨南大学文学院院长。新中国成立后，任文化部副部长。富收藏，多题跋。著有《西谛书话》、插图本《中国文学史》。

郑晓沧（1892—1979）

又名宗海。浙江宁海人。美国哥伦比亚大学教育学硕士。历任南京高等师范学院教授、中央大学教育学院院长、浙江大学代理校长。新中国成立后，任杭州大学教授、浙江师范学院院长。著有《教育概论》、《教育原理》。

郑通和（1899—1985）

安徽庐江人。美国哥伦比亚大学硕士。历任大夏大学、中国公学、复旦大学教授，甘肃省教育厅长，三青团中央干事，国民党中央执行委员、代理青年部长。1949年去台湾，任"教育部"次长。

郑曼陀（1885—1959，一作1884—1961）

浙江杭州人。幼喜绘画，擅画人物，兼工书法、篆刻、写诗。后研究西方画法，将中、西画技比较而用，独具风格，流传甚广。

郑逸梅（1895—1992）

原名际云，笔名拙鸠、疏影、冷香。江苏吴县人。南社社员。曾任上海音乐专修馆教授、中国法商学院教授。长于掌故杂文，有"补白大王"之称。著有《南社丛谈》、《艺林散叶》。

郑章成（生卒年不详）
1913年毕业于上海浸会大学（后改沪江大学）。美国雅里大学理学博士。1919年起历任沪江大学生物学教授、系主任、理学院院长、校长。1934年与陈纳逊、伍献文等发起成立中国动物学会。

郑焕彩（1883—? ）
福建晋江人。1901年赴菲律宾，从经营布业起家，后扩展为米业、杂货、航业、汇兑、土产、进出口，业务遍及厦门、上海、越南及菲本岛。曾任马尼拉中华商会会长，热心公益事业和国内革命事业。

郑雅秋（生卒年不详）
1930年代知名的电影演员。曾入上海明星影片公司。

郑源兴（1890—1955）
字福明。上海人。通英、俄、法、德、日等多国语言。曾创办茂昌蛋厂。

郑毓秀（1891—1959）

女。广东宝安（今深圳）人。法国巴黎大学法学博士。魏道明夫人。早年加入同盟会。历任上海临时法院院长，上海法政大学校长，国民政府立法院立法委员、教育部次长。1948年后定居美国。

郑肇经（1894—1989）

字权伯。江苏泰兴人。早年留学德国。历任南京河海工科大学、中央大学、同济大学教授，中央水工试验所所长。新中国成立后，任华东水利学院教授。著有《渠工学》、《中国水利史》。

郑鹤声（1901—1989）

字萼荪。浙江诸暨人。东南大学历史系毕业。历任中央大学教授、国民政府教育部编审、国立编译馆编审、国史馆纂修。新中国成立后，任山东大学历史系教授。著有《近世中西史日对照表》。

郑螺生（1870—1939）

号继成。福建同安人。早年赴马来亚，历任南洋霹雳同盟会会长、中华革命党怡保支部支部长。后回国，任孙中山大元帅府庶务司长、南京国民政府监察院监察委员。抗战爆发后，返回马来亚，组织侨胞捐资救国。

郑盛组新（生卒年不详）

女。上海沪江大学校长郑章成夫人。曾任中华基督教女青年会全国协会会长。1928年与鲍哲庆、刘湛恩代表中国基督教界赴耶路撒冷出席世界基督教联合大会。1947年任上海协和高级护士职业学校董事长。

单士厘（1863—1945）

女。号受兹。浙江萧山人。清光绪间，随夫钱恂先后出使欧洲诸国及日本。著有游记《癸卯旅行记》和《归潜记》，记述旅欧、旅日活动及当地文化。

单士魁（1905—1986）

字秉彝。北京人。民国大学国文系肄业。1925年起在故宫博物院工作。新中国成立后，任故宫博物院档案组长、中国第一历史档案馆研究馆员。著有《清代档案丛谈》。

单洪培（1890—1949）

江苏江阴人。陆军大学毕业。曾参加辛亥革命。历任国民党第一一七师参谋长、第八十九军参谋长、青岛警备副司令、江苏水上警察局总局长。1949年被人民解放军击毙。

宝丰（？—1900）

字鹤年，一作龢年。清满洲正蓝旗人。满族。光绪进士，授检讨，官至翰林院侍读。八国联军攻占北京后自尽殉国。

宝棻（1856—1919）

又名宝芬，字湘石。蒙古正蓝旗人。历任清山西、江苏、河南巡抚。武昌起义后，镇压河南革命运动。清帝逊位后归隐以终。

宝熙（1871—？ ）

爱新觉罗氏，字瑞臣、瑞丞，号沈盦。清满洲正蓝旗人。满族。光绪进士。官国子监祭酒、内阁学士兼礼部侍郎、修订法律大臣、总理禁烟事务大臣。民国时任大总统府顾问。

宝鋆（1807—1891）

索绰络氏，字佩蘅。清满洲镶白旗人。满族。道光进士。历官内阁学士、礼部侍郎、总管内务府大臣。同治间入值军机，充任总理各国事务衙门大臣。于洋务新政多有筹划。光绪间授武英殿大学士。

宗白华（1897—1986）

原名之櫆，字伯华。江苏常熟人，生于安徽安庆。早年赴德国留学。曾任《时事新报》副刊《学灯》主编。1925年后任东南大学、北京大学教授。美学造诣深厚，于历史、哲学、诗歌亦有较深研究。

宗稷辰（1792—1867）

字迪甫、涤甫，号笛楼。浙江会稽（今绍兴）人。清道光举人。咸丰时迁御史，官至山东运河道。

官文（1798—1871）

王佳氏，字秀峰。清汉军正白旗人。道光初补蓝翎侍卫，咸丰间擢湖广总督，后历直隶总督、内大臣。曾镇压太平军、捻军起义。

官惠民（1906—1937）

广东曲江人。黄埔军校第四期毕业。1937年任国民革命军第五四〇团团长，参加淞沪会战，旋任第二七〇旅旅长，与日军战斗中牺牲。

居正（1876—1951）

字觉生。湖北广济人。日本政治大学毕业。同盟会会员，参加辛亥革命。历任南京临时政府内务部次长，中华革命党党务部长，国民党中央常务委员，南京国民政府司法院长、国府委员、国史馆馆长。1949年去台湾。著有《辛亥亲历记》等。

屈万里（1907—1979）

字翼鹏，别号书佣。山东鱼台人。曾就学于北京郁文书院。1940年任中央图书馆特藏部主任。1949年去台湾，任"中央图书馆"馆长、"中央研究院"历史语言所所长。

屈映光（1883—1973）

字文六，法名法贤。浙江临海人。杭州赤城公学毕业。早年参加光复会。1916年任浙江都督。1919年署任山东省省长。1929年皈依佛教。1938年任国民政府赈济委员会副委员长。后去台湾。

孟森（1868—1938）

字心史，号莼荪。江苏武进人。日本东京政法大学毕业。1913年当选国会众议院议员。历任中央大学、北京大学历史系教授。著有《清史讲义》、《清初三大疑案考实》等。

孟目的（1897—1983）
名广义。北京人。早年留学于英国伦敦大学医院。后任职于北京协和医学院，1927年编纂《中华药典》，曾创办国立药学专科学校和协和制药厂。新中国成立后，任卫生部药品生物制品检定所所长、中国药学会理事长。

孟昭汉（1869—？）
字羡亭。山东邹县人。1909年被举充孝廉方正。1910年以知县分省试用。1913年当选为众议院议员。1922年国会恢复时，仍任众议院议员。

绍英（1861—1925）
字越千。清满洲镶黄旗人。满族。1903年授商部左参议，迁商部右丞，1905年奉派出洋考察，为革命党人吴樾炸伤，未成行。次年改任商部左丞，后迁度支部左侍郎至清帝退位。

珍妃（1876—1900）
女。他他拉氏。满洲镶红旗人。清德宗（光绪帝）妃。支持光绪帝亲政和戊戌变法。八国联军进攻北京时，慈禧逃离北京前将其推入井中溺死。

项谔（1904—1971）

号叔翔。浙江杭州人。清华学堂肄业，后赴英、美学习金融。曾任浙江兴业银行总经理。新中国成立后，任上海市人民政府委员、全国工商联常委、民建中央常委。

项骧（1880—1944）

字传臣，号微尘。浙江瑞安人。清末进士，美国哥伦比亚大学政治经济学硕士。1910年留学生殿试第一名，清廷授翰林院编修、参议厅行走。辛亥革命后，任北京政府财政部参事兼中国银行监督、盐务署参议。1922—1924年间任财政部次长、盐务署署长、盐务稽核所总办。后解职闲居上海。抗战时期隐居故里。著有《浴日楼诗文稿》。

项松茂（1880—1932）

名世澄，别号渭川。浙江鄞县人。学徒出身。1911年任上海五洲药房总经理。1931年参与创办宁波实业银行。九一八事变后，在上海组织抗日义勇军。1932年1月，被日军逮捕杀害。

项康原（1894—？ ）

上海人。南洋公学毕业。1922年创办康元印刷制罐厂，任总经理。该厂注重科学管理，关心职工福利，被誉为中国模范工厂。1934年，亲赴新加坡等东南亚地区设立代理处，扩大出口。并在香港、天津等地设立分厂。同时兼任中国工业银行、中国国货公司、冠生园董事。

赵丹（1915—1980）

原名凤翱。山东肥城人，迁居江苏南通。早年入上海美术专科学校习国画，后入明星影片公司任演员。九一八事变后，积极投入抗日救亡演出活动。1933年加入中国左翼戏剧家联盟。新中国成立后，任上海电影制片厂演员、导演。曾主演《十字街头》、《马路天使》、《乌鸦与麻雀》、《林则徐》、《聂耳》等影片。

赵声（1881—1911）

原名毓声，字伯先，号百先。江苏丹徒人。江南水师学堂毕业。1906年加入同盟会。1909年任同盟会香港支部负责人。1911年4月任黄花岗起义总指挥。5月在香港病逝。

赵泉（生卒年不详）

1907年任国际经济会议中国代表。

赵倜（1871—1933）

原名金生，字周人。河南汝南人。初入清马玉崑部，1900年升统领。1913年擢河南护军使。1916年改河南督军。1917年兼河南省长。1927年任张作霖督战专使。

赵舒（1885—1948）

字明止、澄心，晚署红蓼花馆主人。浙江缙云人。留学日本早稻田大学。同盟会会员。参与组织光复会。1911年策动处州光复，任铁血军统领。后任北京国会、护法国会众议院议员。1945年当选为第四届国民参政会参政员。

赵鲸（1871—?）

字汉池。云南洱源人。1907年任清度支部主事。民国后，1913年当选为国会参议院议员。1917年任护法国会参议院议员。

赵一荻（1912—2000）

女。名绮霞，俗称赵四小姐。浙江兰溪人，生于香港。1926年与张学良相识后遂伴随终生，1965年正式结婚。

赵一曼（1905—1936）

女。原名李坤泰，又名李一超，字淑宁。四川宜宾人。历任中共满洲省委妇女委员、满洲省总工会组织部长，1935年任东北人民革命军第三军政府一师二团政委，同年与日军作战受伤被俘，1936年在珠河就义。

赵九章（1907—1968）

浙江吴兴人，生于河南开封。德国柏林大学博士。历任清华大学、西南联大、中央大学教授。新中国成立后，任中国科学院地球物理研究所所长。1955年当选中国科学院学部委员。著有《高空大气物理学》。

赵士北（1871—1944）

字于朔。广东新会人。美国哥伦比亚大学哲学博士。同盟会会员。曾任南京临时参议院议员、粤汉铁路管理局局长、唐山工业专门学校校长、广东政府大理院院长、国民政府立法院立法委员。

赵才标（1897—1961）

字铭。浙江永嘉人。曾就读于美国弗吉利亚军校。1939年任国民党中央军校第七分校总队长。1942年任西安警备司令部副司令。1945年任国民政府国防部交际处副处长。1949年去台湾。

赵万里（1905—1980）

字斐云，别号芸庵、舜庵。浙江海宁人。南京东南大学毕业。1928年起在北海图书馆（1929年并入北平图书馆，今为国家图书馆）工作，任善本部主任。同时在北京大学、清华大学兼任教授。主编有《中国版刻图录》、《北京图书馆善本书目》。

赵之琛（1781—1860）

字献甫，号次闲。浙江钱塘（今杭州）人。擅篆刻、书画，为"西泠八家"之一。嗜古，好金石之学，

赵之谦（1829—1884）

字益甫，号㧑叔、悲盦、无闷。浙江会稽（今绍兴）人。清咸丰举人。精碑刻考证，诗、书、画、篆刻均有独特风格。著有《勇庐闲话》、《补环宇访碑录》、《二金蝶堂印存》。

赵元任（1892—1982）

字宣仲。江苏武进人，生于天津。美国哈佛大学哲学博士。曾任清华大学教授、中央研究院史语所研究员。1936年定居美国，历任耶鲁大学、哈佛大学、康奈尔大学、加利福尼亚大学教授。1948年当选中央研究院院士。1982年在美国病逝。语言学造诣很深，著有《中国语入门》、《语言问题》、《音韵学》等。

赵元益（1840—1902）

字静涵，号高斋。江苏新阳（今昆山）人。医学张仲景法。清同治初入翻译馆，译述西学著作。好藏书。

赵玉珂（1877—1959）
字子声。天津人。北洋武备学堂毕业。1912年任京畿警备右翼司令。1916年任川军参谋长。次年任天津镇守使。1920年任直鲁豫巡阅使署参谋长。1923年任北京政府航空署督办兼署长。曹锟下台后，寓居天津。

赵正平（1877—1945）
字厚生。江苏宝山（今属上海）人。日本早稻田大学毕业。历任南京临时政府兵站总监部参谋长、暨南大学校长、北京市社会局长、青岛市教育局长。1940年任汪伪教育部长，次年任汪伪国民政府委员兼上海大学校长。抗战胜利后逃往浙江镇海，后畏罪自杀。

赵世炎（1901—1927）
字琴荪，号国富，笔名乐生。四川酉阳（今属重庆）人。曾赴法国勤工俭学，后留学苏联。1921年加入旅法共产主义小组。同年参与组织中国社会主义青年团。回国后历任中共北京地委、江苏省委书记等。参加领导上海工人三次武装起义。1927年在上海被国民党政府逮捕杀害。

赵丕廉（1882—1961）
字芷青。山西五台人。山西大学毕业。同盟会会员。曾任南京国民政府内政部次长、赈灾委员会委员、蒙藏委员会副委员长。新中国成立后，任北京市文史馆馆员、山西省政协委员。

赵尔丰（1846—1911）

字季和。汉军正蓝旗人。赵尔巽弟。历官清川滇边务大臣、驻藏大臣。1911年任四川总督时，镇压保路运动，屠杀请愿民众，同年12月被尹昌衡派人杀死。

赵尔巽（1844—1927）

字公镶，号次珊、无补。汉军正蓝旗人。清同治进士，翰林院编修。曾任湖广总督、四川总督、东三省总督。民国后，1914年任清史馆总裁，主编《清史稿》。后任枢密院顾问、善后会议议长。

赵兰坪（生卒年不详）

辽宁沈阳人。经济学硕士，曾留学日本。先后任南京中央大学、台湾大学经济学教授。著有《经济学大纲》、《近代欧洲经济学说》、《现代中国货币制度》。

赵成恩（1883—?）

字羲吾。吉林省吉林县（今永吉）人。北洋高等巡警学堂毕业。曾任吉林省城巡警第五区区官、黑龙江省城巡警第一区区官。1913年当选为国会参议院议员。1917年任护法国会参议院议员。1922年北京国会恢复时，仍任参议院议员。

赵汝调（1897—1955）

字寿乔。江苏常州人。药学专科毕业。历任中法大学、东南医学院药科教授。曾在上海开办新亚药厂。1946年去香港，后任广东制药厂厂长。

赵连芳（1894—1968）

字兰屏。河南罗山人。清华学校毕业，留美博士。历任中央大学、金陵大学农学院教授，国民政府全国经济委员会农业处处长。后去台湾，任台湾大学农艺系主任、"中央研究院"院士。

赵时钦（1877—？）

字子钊。四川安江人。1913年当选为国会参议院议员。1917年任护法国会参议院议员。1922年北京国会恢复时，仍任参议院议员。

赵叔雍（1898—1965）

名尊岳，斋名高梧轩。江苏常州人。晚清名幕赵凤昌之子。曾任《申报》董事、采访部长。1940年附汪，后任汪伪铁道部政务次长、上海市政府秘书长。1950年后居香港。喜艺文，尤工词。

赵国贤（？—1911）

字良臣。河南固始人。清将领。早年投靠袁世凯，官至潮州镇总兵。辛亥革命潮州革命军攻打潮州城时，上吊自尽。

赵忠尧（1902—1998）

浙江诸暨人。美国加州理工学院博士。曾任清华大学、西南联合大学、中央大学教授，中央研究院院士。新中国成立后，任中国科学院高能物理研究所副所长、中国科学院学部委员。是中国核物理研究的开拓者，开创中国核事业的先驱之一。

赵秉钧（1859—1914）

字智庵。河南汝州（今临汝）人。甲午战争后趋奉袁世凯，擢升清民政部尚书，袁组阁时任民政部大臣。民国成立后任袁世凯政府内务总长、内阁总理。参与策划刺杀宋教仁，次年被袁世凯毒死灭口。

赵学良（1878—？）

原名学臣、字伊田。吉林长春人。清光绪举人。1906年入北洋法政学堂法律专科。1909年当选为吉林咨议局副议长。民国后，1913年当选为国会参议院议员。1922年北京国会恢复时，仍任参议院议员。

赵承绶（1891—1966）

字印甫。山西五台人。保定军校毕业。1911年参加山西新军起义。1927年任山西第二师师长。1930年任大同警备司令。1938年任第二战区骑兵第一军军长。1946年任山西保安副司令。1948年晋中战役被人民解放军俘虏。新中国成立后，任中央水利电力部参事室参事、山西省政协委员。

赵俊欣（1911—1986）

江苏镇江人。早年赴法、德留学，获博士学位。回国后任教于重庆大学，并在国民政府监察院等机构任职。新中国成立后，任南京大学法语教授，著有《法语文体论》。

赵炳麟（1873—1927）

字竺垣。广西全县（今全州）人。清光绪进士。曾任翰林院编修、京畿道监察御史。民国后，1913年当选为众议院议员。1917年任山西省实业厅厅长。1925年去职。

赵恒惕（1880—1971）

字夷午、彝五，号炎午。湖南衡山人。清末举人，后留学日本陆军士官学校。同盟会会员。参加过辛亥革命。民国后历任北京政府湖南督军、省长，南京国民政府军事委员会军事参议官、湖南省议会议长。1949年去台湾，任"总统府国策顾问"、"总统府"资政。

赵祖康（1900—1995）
字静侯。江苏松江（今属上海）
人。曾就读于上海南洋大学，留学
美国康乃尔大学。历任国民政府交
通部公路总局副局长、上海市工务
局局长、上海市代理市长、中国土
木工程学会会长。新中国成立后，
任上海市政协副主席、民革中央副
主席。

赵资光（生卒年不详）
广东人。曾于1930年在上海开
设光成花边行（今春江百货公
司）。

赵家骧（1910—1958）
字大伟。原籍浙江绍兴，生于河
南汲县。陆军大学毕业。抗战
时曾任第五集团军参谋长。后任
东北"剿总"总司令部参谋长。
1949年去台湾。1957年任"金门
防卫司令部"副司令官。1958年8
月在炮战中身亡。

赵曾珏（1901—2001）
字真觉。上海人。美国哈佛大
学电工硕士。历任浙江大学教
授、浙江省广播无线电台台
长、浙江省电话局局长、交通
部邮电司司长、上海市公用局
局长。1949年后留居美国。

赵登禹（1898—1937）

字舜城。山东菏泽人。曾任冯玉祥部师长。1933年任前敌总指挥，参加喜峰口抗战。1935年任河北省政府委员。1937年7月在南宛与日军作战中牺牲。

赵锡恩（1882—？）

字晋卿。上海人。历任上海总商会会董主席、上海工部局华董、中国红十字会董事、国民政府工商部商业司司长、实业部常务次长、基督教联合会会长。

赵毓松（1899—？）

化名邵松。贵州黎平人。曾任中国青年党中央政治行动委员会委员长、《新中国日报》总主笔。1940年任汪伪农矿部部长。后改汪伪司法行政部部长、铨叙部部长。1943年任汪伪国民政府委员。

赵戴文（1867—1943）

字次陇，别署清凉山人。山西五台人。留学日本东京宏文学院师范班。历任国民政府察哈尔省、山西省政府主席，内政部政务次长，监察院院长。当选国民党第三、四、五届中央执行委员。

郝濯（1879—？ ）
字仲青。直隶（今河北）霸县人。直隶师范学校毕业。曾任育德中学校长。1913年当选国会参议院议员。1947年任河北省议会副议长。

郝梦龄（1898—1937）
字锡九。河北藁城人。保定军校第六期毕业。早年曾投靠奉军，后参加北伐。1931年任国民革命军第九军军长。1937年10月率部参加忻口战役，为中央地区前敌总指挥，16日亲临前线指挥作战时中弹牺牲。国民政府追认为陆军上将。中华人民共和国成立后，追认为革命烈士。

荣庆（1855—1912）
鄂卓尔氏，字华卿。蒙古正黄旗人。清光绪进士。以编修充镶蓝旗管学官。官至学部尚书、弼德院副院长。

荀慧生（1900—1968）
原名秉超，号留香，艺名白牡丹。祖籍河南洛阳，生于河北东光。7岁起学河北梆子、京剧、昆曲等，并登台演出。与梅兰芳、程砚秋、尚小云并称京剧四大名旦。新中国成立后，任北京剧曲研究所所长、荀慧生京剧团团长。

荣厚（1874—？ ）

字叔章，号仆侪。满洲镶蓝旗人。满族。清国子监生。曾任奉天锦州府知府，奉天造币局总裁。1913当选为参议院议员。后任黑龙江、吉林省财政厅厅长。1932年任伪满中央银行总裁。1936年任伪满参议院参议。

荣宗敬（1873—1938）

又名宗锦。江苏无锡人。1900年起与其弟德生在无锡、上海等地开设保兴、福兴、茂新面粉厂和振新、申新纺织厂，后成立总公司任总经理。1927年后任南京国民政府工商部参议、中央银行理事。

荣禄（1836—1903）

瓜尔佳氏，字仲华。满洲正白旗人。满族。任清直隶总督兼北洋大臣，进军机大臣，掌重兵。助慈禧太后发动戊戌政变，官至督办政务大臣，加太子太保、文华殿大学士。

荣德生（1875—1952）

名宗铨。江苏无锡人。早年经营钱庄，1900年起与其兄宗敬先后在无锡、上海等地开设保兴、福兴、茂新面粉厂和振新、申新纺织厂。曾任北京政府国会议员、南京国民政府工商部参议。新中国成立后，任苏南行政公署副主任。

胡风（1902—1985）

本名张光人。湖北蕲春人。留学日本。曾任左翼作家联盟宣传部长、书记，中华全国文艺界抗敌协会常委，长期从事文艺理论研究。新中国成立后，任中国文联委员、中国作协理事。1955年被打为"胡风反党集团"首犯，判处有期徒刑14年。1980年9月平反。任全国政协常委。

胡华（1921—1987）

原名家华。浙江奉化人。1938年10月赴延安，入陕北公学，毕业后留校任教。1939年2月参加中国共产党。后任教华北联合大学、华北大学。新中国成立后，任中国人民大学教授、全国党史学会及党史人物研究会副会长。著有《中国新民主主义革命史》、《中共党史人物传》、《胡华文集》。

胡远（1823—1886）

字公寿，以字行，号瘦鹤，又号横云山民。上海华亭（今松江）人。能诗，善书画。工山水、兰竹花卉，画梅自成一格。

胡丽（生卒年不详）

女。又名胡蒂子。湖南长沙人。1930年代任上海明星影片公司演员。1933年曾参加"左联"领导的南海剧社演出活动。其丈夫董每戡系戏剧家、戏剧史研究专家。新中国成立后，随夫居长沙、广州。

胡珊（生卒年不详）

女。原籍广东鹤山，生于上海。胡蝶堂妹。1927年起先后入上海天一、复旦等影片公司。1935年息影。晚年居加拿大渥太华。主演影片有《花木兰从军》、《一个女明星》、《似水流年》、《难姊难妹》等。

胡适（1891—1962）

原名洪骍，字适之。安徽绩溪人。美国哥伦比亚大学哲学博士。五四时期提倡文学革命，成为新文化运动的领袖之一。受赫胥黎与杜威的影响，毕生宣扬自由主义，提倡怀疑主义。治学提倡"大胆的假设，小心的求证"，"言必有征"。曾任国民政府驻美大使、北京大学校长。1949年赴美国。后去台湾，任"中央研究院"院长。有《胡适文集》。

胡琏（1907—1977）

原名从禄，又名俊儒，字伯玉。陕西华州（今华县）人。黄埔军校四期、美国陆军参谋大学毕业。曾多次参加"围剿"红军。1943年率部在与日军争夺石牌要塞中取胜。1948年8月任第十二兵团副司令。后去台湾，1950年任"金门防卫军"司令。1958任"台湾陆军副总司令"。

胡瑛（1884—1933）

原名宗琬，字经武。湖南桃源人。1905年在日本加入同盟会，任评议员。武昌起义后，任湖北军政府外交部长。民初任山东都督。1915年与杨度等成立筹安会，拥袁世凯复辟帝制。

胡蝶（1908—1989）

女。本名瑞华。广东鹤山人。上海中华电影学校毕业。曾任上海天一、明星影片公司演员。因主演《火烧红莲寺》、《歌女红牡丹》、《姐妹花》等，在1930年代被选为电影皇后。抗战爆发，避居香港，后至重庆居住。抗战胜利后复去香港，1967年定居加拿大。作品还有《夜来香》、《绝代佳人》等数十部。

胡小石（1888—1962）

原名光炜，号倩尹，斋名愿夏庐。浙江嘉兴人。南京两江师范学堂毕业。历任金陵大学国文系主任、中央大学文学院院长。新中国成立后，任南京大学文学院院长、图书馆馆长。

胡元倓（1872—1940）

字子靖、号耐庵。湖南湘潭人。早年留学日本，回国后，在长沙创立明德学堂，后于北京、汉口创立明德大学。1938年任国民参政会参政员。有《耐庵言志诗》。

胡木兰（1909—1992）

女。广东番禺人。胡汉民之女。苏联莫斯科中山大学毕业。抗战时任香港妇联会常委。1947年当选为国民党中央执行委员。1949年去香港经商。1968年定居台湾。1969年当选国民党中央执行委员。

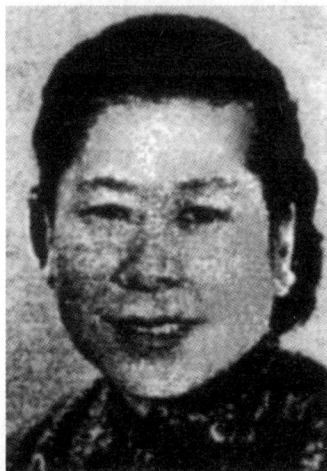

胡长青（1907—1950）
字南章。湖南临湘人。黄埔
军校四期、陆军大学九期毕
业。曾参加过南昌起义，后投
靠胡宗南。1945年任国民党第
五十七军副军长。1948年任第
九十九军军长。1949年参加长
江防卫战和守卫上海，年底败
退至西康。1950年3月在西康
孟获岭弹尽援绝后自杀。

胡文虎（1882—1954）
福建永定人，生于缅甸仰光。
1923年与其弟文豹在新加坡设立
虎标永安堂，制造万金油及其他
中成药，后任虎豹兄弟公司董事
会主席。抗战期间任国民参政
员。先后创办多种中英文报纸。
一生热心教育慈善事业。

胡玉缙（1859—1940）
字绥之。江苏吴县人。清光绪
举人，曾入张之洞幕。辛亥革
命后历任历史博物馆馆长、北
京大学教授。著有《四库全书
总目提要补正》、《许庼学
林》。

胡世泽（1894—1972）
又名子泽，字寿增。浙江吴兴（今
湖州）人。幼年随父胡惟德赴俄
国，在俄国受早期教育。后赴法国
留学，获巴黎大学法律博士。回国
后曾任国民政府外交部秘书。1930
年任外交部亚州司司长，1933年任
驻瑞典公使，1942年任外交部常务
次长。1946—1971年任联合国助理
秘书长、副秘书长。

胡兰成（1906—1981）

字蕊生，化名张嘉仪。曾就读燕京大学。抗战时投敌，历任汪伪国民党中央宣传部政务次长、伪《中华日报》总主笔。1944年与著名女作家张爱玲秘密结婚。1949年后逃亡日本。1974年任台湾中国文化学院教授。著有《今生今世》、《中国文学史话》。

胡汉民（1879—1936）

原名衍鸿，字展堂。广东番禺人。清光绪举人。1902年赴日本留学。1905年加入同盟会。辛亥革命后任广东都督，1912年任南京临时政府总统府秘书长。宁汉分裂时，支持蒋介石，并参与反共清党。后任南京国民政府主席、立法院长。1931年与蒋介石分道扬镳，持抗日、剿共、反蒋三大政治主张。1935年任国民党中常会主席。后病逝。

胡朴安（1878—1947）

原名韫玉，字仲民。安徽泾县人。早年参加同盟会，为南社成员。历任中国公学和暨南大学教授、福建省立图书馆馆长、国民政府考试院专门委员、上海通志馆馆长。从事汉语文字和训诂教学、研究工作几十年，著有《校雠学》、《中国文字学史》、《中国训诂学史》。

胡西园（1896—1983）

浙江镇海（今宁波）人。大学毕业。1921年研制出我国第一只白炽灯泡。1923年在上海创办亚浦耳电灯泡厂，任总经理兼总工程师。1937年后，任中华工业总联合会理事长。1945年参与筹组民主建国会，任常务理事。1950年，主持生产出新中国第一批日光灯。后任上海市杨浦区政协委员。

胡先骕（1894—1968）

江西新建人。美国哈佛大学植物学博士。1915年发起组织中国科学社。历任江西庐山森林局副局长、北平静生物调查所所长、国立中正大学校长、中国植物学会会长。1948年当选中央研究院院士。新中国成立后，任中科院植物研究所研究员。著有《植物分类学简编》。

胡寿昺（1883—? ）

字挚怀。湖南宝庆（今邵阳）人。曾任清政府陆军部录事官。1912年当选为临时省议会议员。1913年当选为众议院议员。1917年任护法国会众议院议员。

胡伯翔（1896—1989）

江苏南京人，1913年迁居上海。画家、前中华摄影学社理事长胡郯卿之子。善摄影及中国画。曾任东方美术出版社、中华摄影杂志社经理，上海家庭工业社常务董事兼总经理。画作有《嘶风图》、《三叠飞泉》、《春风烂漫牧牛陂》等。

胡林翼（1812—1861）

字贶生，号润之。湖南益阳人。清道光进士，授编修。历任安顺、镇远、黎平知府及贵东道。后以办保甲团练起家，以镇压太平天国起义闻名。与曾国藩并称"曾胡"。官至湖北巡抚。为人文武双全，且能诗能文工画。有《胡文忠公遗集》。

胡明复（1891—1927）

名达。江苏无锡人。留美哲学博士。1914年参与创办中国科学社，主持《科学》杂志，后任上海大同大学、交通大学、东南大学教授。1927年6月溺水身亡。著有《高等解析问题》。

胡宗南（1892—1962）

原名琴斋，字寿山。浙江镇海人。黄埔军校第一期毕业。曾任国民革命军第一师师长、第一军军长。抗战时期任第八战区副司令长官兼第三十四集团军总司令、第一战区司令长官。1947年任西北军政长官公署副长官兼西安绥靖公署主任，指挥所部进攻延安。1949年到台湾后，任"总统府"战略顾问、"澎湖防守司令官"。

胡宗铎（1892—1962）

字今予。湖北黄梅人。曾入保定军校第四期。1926年参加北伐。1928年任武汉卫戍司令。曾参与杀害李汉俊、向警予。1932年任国民政府军事委员会高级参谋。后历任国民革命军第七军第七旅旅长、第二师师长、第三路军第三纵队指挥、第十九军军长等。1949年赴香港，1955年去台湾，任"总统府国策顾问"。

胡厚宣（1911—1995）

河北望都人。北京大学毕业。1934年入中研院史语所考古组安阳殷墟发掘团，参与了牛鼎和鹿鼎的发掘。并参加整理殷墟历次发掘的甲骨文，为《殷虚文字甲编》作全部释文。1940年后任齐鲁大学、复旦大学教授。新中国成立后，任中科院历史所研究员，为《甲骨文合集》的编纂倾注了全部心血。著有《甲骨学商史论丛》。

胡秋原（1910—2004）

原名曾佑，又名业崇，字石朋。湖北黄陂人。日本早稻田大学毕业。曾任同济大学、复旦大学教授，福建《国民日报》社社长，《中央日报》副总主笔。1948年当选国民政府立法院立法委员。1949年去台湾。

胡祖舜（1885—1948）

字玉斋。湖北嘉鱼人。初投武昌第三十一标当兵，参加共进会。武昌起义后，任辎重兵管带、军政府参议。民国后当选国会众议院议员。1917年任大元帅府参议。1923年参与曹锟贿选。

胡健中（1906—1993）

原名经亚、字絮若，笔名衡子。原籍安徽和县，寄籍浙江余杭（今属杭州）。复旦大学毕业。曾任复旦大学教授、杭州《民国日报》社社长、《东南日报》社社长、重庆《中央日报》社社长、国民党第六届中央执行委员。1949年去台湾，任《中央日报》社社长、国民党中常委。

胡祥璧（1913— ）

江西兴国人。英国皇家兽医学院毕业。曾任中央大学、岭南大学教授。1949年后任中国农科院哈尔滨兽医研究所副所长、农业部科技委员会委员。著有《家畜解剖学》、《中国家畜传染病学》。

胡鄂公（1884—1951）

字新三，号南湖。湖北江陵人。江西高等农业学堂肄业。同盟会会员。武昌起义后任北方革命协会会长。民初任国会众议院议员、北京政府教育部次长。1945年底任《时事新报》发行人兼总经理。后去台湾。

胡庶华（1886—1968）

字春藻。湖南攸县人。德国柏林工业大学毕业。曾任同济大学、湖南大学、西北大学校长以及国民参政会参政员、三青团中央副书记长、国民党中央监察委员。新中国成立后，任北京钢铁学院教授、全国政协委员。

胡焕庸（1901—1998）

江苏宜兴人。东南大学毕业。留学法国巴黎大学地理系。曾任中央大学地理系主任、中国地理学会理事长。新中国成立后，任华东师范大学教授。著有《中国经济地理》、《中国人口地理简编》。

胡惇五（1898—1974）

女。江苏无锡人。留美医学硕士。历任北京协和医学院护士科讲师、国民政府教育部医学教育委员会护士教育组主任、重庆战时儿童保育总会总干事等。新中国成立后，任济南护士学校副校长、中华全国护理学会山东护理学会理事长、山东省政协常委等职。

胡寄南（1905—1989）

安徽太平（今黄山）人。复旦大学心理学系毕业，美国芝加哥大学博士。历任浙江大学、暨南大学、中央大学、复旦大学心理学教授。新中国成立后，任华东师范大学心理学教授、中国社会心理学会副会长。有《胡寄南心理学文选》。

胡寄窗（1903—1993）

四川天全人。北平大学法学院毕业，英国伦敦大学经济学硕士。历任陕西省立商业专科学校校长，四川大学、华西大学、东北大学教授。新中国成立后，历任浙江财经学院院长，上海财经学院、上海社会科学院、江西大学教授，中国经济思想史学会会长。曾创办和主编《经济学报》、《经济论评》。著有《中国经济思想史》。

胡惠德（1888—？ ）

广东鹤山人，生于香港。英国伦敦大学医科毕业。1913—1918年在英国任眼科、外科、妇产科医生。回国后曾任北京政府医官、北京协和医院医师。八一三淞沪抗战时，组织沪战救护团。晚年任香港中华医学会会长。

胡景翼（1892—1925）

字笠生、励生。陕西富平人。1910年加入同盟会。1914年入陈树藩部。1921年归附直系，后参加直奉第一、第二次战争。1924年北京政变后，任国民军副司令、河南督军。

胡嗣瑗（1869—? ）

字琴初。贵州开州人。清光绪进士。曾任翰林院编修。辛亥革命后任江苏道尹。1917年参与张勋复辟，出任内阁左丞。后追随溥仪，为伪满洲国执政府秘书长、参议。

胡源汇（1896—? ）

字海门。直隶永年（今属河北）人。日本早稻田大学毕业。历任北洋法政学校校长、直隶临时省议会议员。1913年当选为参议院议员。后任河北省政府委员兼建设厅厅长。1948年当选为行宪国大代表。

胡毅生（1883—1957）

原名衍鸾，字毅生。广东番禺人。胡汉民堂弟。留学日本。1905年加入同盟会。1911年广州起义时，曾任储运课课长、第四路队长。后历任广东军政府军务司司长、广州市长、南京国民政府委员。1949年去台湾，任"总统府国策顾问"。

胡燏棻（1840—1906）

字芸楣。安徽泗州（今泗县）人。清同治进士。1894年奉命在小站练新兵，号"定武军"。主张变法自强，后累迁总理各国事务大臣、关内外铁路会办、刑部右侍郎。

胡璧城（1885—? ）

字夔文。安徽泾县人。北京大学师范科毕业。参与创办安庆府中学。辛亥安庆光复后，当选为安徽临时省议会议长。1913年当选为参议院议员。1922年北京国会恢复时，仍任参议院议员。

胡礽泰（1876—? ）

字伯平。江苏太仓人。上海南洋公学毕业，后留学日本警察学校。曾任清末资政院议员、北京政府驻日本长崎领事、北京政府交通部航政司长。抗战爆发后投敌，任伪维新政府司法行政部长。

荫昌（1859—1928）

字午楼。清满州正白旗人。北京同文馆肄业，历任北洋武备学堂教习、江北提督。陆军部成立，任侍郎，1911年任奕劻内阁陆军大臣。

南次郎（1874—1957）

日本人。日本陆军大学毕业。历任日本天津驻屯军司令官、陆军大臣、关东军司令官。参与策划九一八侵华事件与伪满政权的建立。日本投降后列为甲级战犯，被判处无期徒刑。1954年假释出狱。

柯劭忞（1850—1933）

字凤荪，号蓼园。山东胶州（今胶县）人。清光绪进士。历任翰林院编修、侍读、侍讲，京师大学堂总监督。民国后，任清史馆代馆长、总纂等。治学广博，尤精元史，独力编著《新元史》，并负责总成《清史稿》。

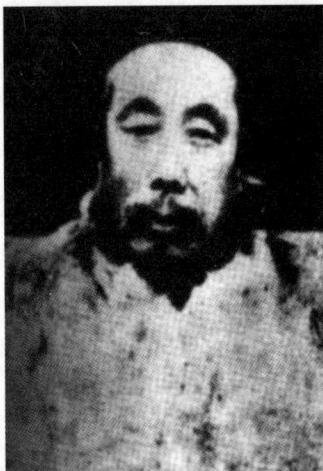

查顿（1784—1843）

一译渣甸。英国人。1822年到广州。1832年与英国鸦片商孖地臣合组查顿·孖地臣公司（英商怡和洋行前身）。进行大规模的鸦片武装走私，遂至巨富。1839年因林则徐禁烟，逃回英国并煽动对华战争。

查良钊（1897—1982）

字勉仲。浙江海宁人。金庸堂兄。美国哥伦比亚大学师范研究所肄业。曾任河南大学、中山大学（开封）校长。1937年在甘肃天水创办国立第五中学。1945年任昆明师范学院院长。后去台湾，任台湾大学心理系教授。

查良鉴（1905-1994）

别号方季。浙江海宁人。查良钊四弟，金庸堂兄。法理学博士。历任上海市法院院长，东吴大学法学院兼职教授，中央大学、上海政法大学教授。1949年去台湾，任"司法行政部部长"、"总统府国策顾问"。译有《犯罪学与刑罚学》。

柏文蔚（1876—1947）

字烈武。安徽寿县人。安徽武备学堂毕业。1905年加入同盟会。武昌起义后任安徽都督，参加讨袁的二次革命。后任国民党中央执行委员、国民政府委员。著有《五十年革命大事》。

柳大纲（1903—1991）

江苏仪征人。东南大学化学系毕业，美国罗彻斯特大学研究院博士。曾任中央研究院化学研究所研究员。新中国成立后，任中国科学院研究员、中科院学部委员。著有《数种著名国产陶料之分析》、《宜兴陶业之初步化学观察》。

柳亚子（1887—1958）

原名慰高，又名弃疾，字安如。江苏吴县人。清末秀才。早年加入同盟会，1909年创办南社。后任孙中山总统府秘书、国民党中央监察委员、上海通志馆馆长。"四·一二"政变后，逃往日本。1928年回国，进行反蒋活动。抗日战争时期，从事抗日民主活动。后任民革中央常委。新中国成立后，任中央人民政府委员、全国人大常委。有《磨剑室诗文集》。

柳兴恩（1795—1880）

原名兴宗，字宾叔。江苏丹徒人。清道光举人。阮元弟子，学治经史。

柳克述（1904—1987）

字剑霞。湖南长沙人。北京大学政治系毕业。1928年任中央军校政治总教官。1939年任三青团中央干事。1945年当选国民党中央执行委员。后去台湾，任"交通银行"董事长、"中国石油公司"董事长。

柳诒徵（1880—1956）

字翼谋，号劬堂。江苏镇江人。历任南京高等师范学校、中央大学历史系教授，江苏省立国学图书馆馆长，中国史学会会长，中央研究院院士。新中国成立后，执教于复旦大学。任上海市文物管理委员会委员。著述颇丰，有《中国文化史》、《国史要义》、《中国版本概论》等。

柳英俊（生卒年不详）

南京中央大学体育系毕业。后去台湾。

柳定生（1913—2006）

女。江苏镇江人。柳诒徵之女。曾在苏州女子师范学校、浙江大学、国立编译馆、中央大学、江苏省立国学图书馆供职。新中国成立后，任南京图书馆古籍部主任。编著有《柳诒徵传略》、《柳诒徵先生史学论文集》。

咸丰帝（1831—1861）
即清文宗。爱新觉罗氏，名奕詝。满族。道光帝第四子，母亲是孝全成皇后钮祜禄氏。1850—1861年在位，年号咸丰。在位期间，正值太平天国起义如火如荼之际，用湘军镇压太平军。又遭英法联军入侵，被迫签订丧权辱国的《北京条约》。咸丰十一年（1861年8月22日）在承德病故。

战云霁（1872—？）
字林晴，后改名涤尘，字邻晴。黑龙江木兰人。清拔贡生。历任北京政府、护法军政府国会参议院议员、奉天洮昌道尹等。1930年在通辽任辽北荒务局总办。

钟标（生卒年不详）
广东云浮人。民国时期曾任上海新亚大酒店经理，在上海租界开设京华、荣华、新华、美华等粤菜馆。

钟彬（1900—1949）
字中兵，别号炽昌。广东兴宁人。陆军大学毕业。抗战时曾任国民革命军第十军、第七十一军军长。抗战胜利后任青年军第九军军长。1949年任川陕鄂边（恩施）绥靖公署副主任兼十四兵团司令。同年11月在四川白涛镇被俘，旋自杀。

钟祺（？—1900）

姓马，字味春。汉军镶红旗人。清儒生。

钟龄（生卒年不详）

1931年任国民会议湖南省代表，旋任湖南省印花烟酒税局局长。1938—1939年任国民政府内政部秘书。

钟毅（1899—1940）

乳名必魁，字天任。广西扶南（今扶绥）人。陆军大学毕业。1926年参加北伐。1937年任国民革命军第一七三师师长。1940年5月在与日军作战的唐河战役中阵亡，同年6月追赠陆军中将衔。

钟才宏（1880—1962）

字伯毅。湖南蓝山人。清光绪举人。曾创办两等小学。清末历任教育会会长、咨议局议员。武昌起义后，被推为蓝山事务所所长。1913年当选为国会众议院议员。1917年任护法国会众议院议员。1922年北京国会恢复时，仍任众议院议员。1949年去台湾。

钟宝璇（1891—？）

广东香山（今中山）人，生于
广州。留美理科硕士。曾任驻
法华工青年会干事、岭南大学
农林科教授、中华电影联合股
份有限公司发行部经理。

钟敬文（1903—2002）

原名谭宗。广东海丰人。1934年
留学日本早稻田大学研究院。后
任中山大学、香港达德学院教
授。新中国成立后，任北京师范
大学教授。为我国民俗学和民间
文艺学的创始者和奠基人。著有
《近代民间文艺学史略》。

钟耀华（生卒年不详）

民国时期曾任上海市都市计划
委员会委员、上海市园林处处
长。参与编制《上海市都市
计划总图》、《绿地研究报
告》。

钮长耀（1905—？）

上海人。钮永建之侄。毕业于上海
法学院，后赴日本留学。曾在重庆
创办中学。历任国民政府社会部处
长、江苏省政府委员。1949年去台
湾，继任"国大代表"。著有《公
民训练之理论与实践》、《宗族组
织》、《社会工作初稿》。

钮永建（1870—1965）

字惕生。上海人。清末举人，曾留学日本。1905年加入同盟会。历任南京临时政府参谋次长，南京国民政府秘书长、江苏省主席、内政部长、考试院副院长。1949年去台湾，任"考试院"代院长。

钮先铭（1912—1996）

字剑鸣。原籍内蒙古，寄籍江西九江。日本陆军士官学校毕业。抗战时曾任独立工兵第十五团团长、陆军总司令部情报处长。南京保卫战时，撤退不及，无意中闯入永清寺，情急之下出家，法名"二觉"，目睹了日军的大屠杀。1949年去台湾，任"警备总司令部"副总司令。有自传《还俗记》。

郜子举（1899，一作1897—1982）

原名郜超。河南鲁山人。保定军校第八期毕业。1924年任黄埔军校教官，1930年任国民党新编第九军军长，1938年任第九十一军军长兼洛阳警备司令，1947年任国民政府立法院立法委员。1949年去台湾。

香翰屏（1890—1978）

字墨林。广东合浦（今属广西）人。广东护国军第五军军官讲武堂毕业。曾任广东军邓铿部营长。1931年任国民革命军第一集团军第二军军长。1937年任第九集团军副总司令，曾率部参加淞沪会战。抗战胜利后任广州绥靖公署副主任。1949年去香港。

秋瑾（1875—1907）

女。原名闰瑾，字璿卿，号旦吾，自号鉴湖女侠。浙江山阴（今绍兴）人。留学日本时加入同盟会，归国后积极参加反清革命，筹备武装起义，事泄被捕牺牲。工诗词。有《秋瑾集》。

段雄（1880—1917）

字裕如。云南思茅人。留学日本岩仓铁道学校。同盟会会员。辛亥革命时，任沪军先锋队大队长，会攻南京。1912年回云南，组织国民党云南省支部。1913年当选众议院议员。1917年任护法国会众议院议员。

段芝贵（1870—1925）

字香岩。安徽合肥人。北洋武备学堂毕业。早年投靠袁世凯。1912年任驻京总司令官，旋任陆军第二军军长，镇压"二次革命"，拥袁称帝。后任北京政府陆军总长、京畿警备总司令。

段祺瑞（1865—1936）

原名启瑞，字芝泉，晚号正道居士。安徽合肥人。北洋武备学堂毕业，后赴德国学习军事。1896年协助袁世凯创办北洋军，曾任清江北提督。民国初年为北洋军阀皖系首领。历任北京政府陆军总长、参谋总长、国务总理，中华民国临时执政，后被冯玉祥赶下台。

段锡朋（1897—1948）

字书诒。江西永新人。五四运动中任全国学联主席。后在武昌大学、广东大学任教授。曾任国民政府教育部代部长、中央大学代校长、国民党中常委。

段德昌（1905—1933）

字裕昌，号魂。湖南湘潭人。黄埔军校第四期毕业。1925年加入中国共产党。参加北伐战争，领导湘鄂农民起义。1930年任中国工农红军第六军军长。1931年当选中华苏维埃政府中央执行委员。1933年被诬为"改组派"，遭杀害。

修世泽（1902—?）

云南昆明人。香港大学医学士。曾任香港大学外科副教授、上海雷氏德医学研究院研究员、上海公共租界工部局医院副监督。后自行执业，专治外科病。

禹之谟（1867—1907）

字稽亭。湖南湘乡人。曾赴日本学习应用化学及纺织。1900年参加自立军活动。1905年加入同盟会，为湖南分会负责人。1906年在湖南被捕，次年1月遇害。

侯过（1879—1974）

字子约。广东梅县人。日本帝国大学林科毕业。同盟会会员。曾任广东大学、中山大学农学院教授，湖北省农务局局长，广东省森林局局长。新中国成立后，任广东省文史馆馆长。

侯腾（1908—1963）

号飞霞。湖北黄陂人。美国参谋大学毕业。曾任国民革命军第五军参谋长、国民政府驻美大使馆副武官。1948年任国民政府军令部第二厅厅长。1949年去台湾，任"总统府"战略顾问。1958年退役。

侯仁之（1911— ）

山东恩县（今平原）人。英国利物浦大学哲学博士。曾任燕京大学、清华大学教授。1949年后，任北京大学地理系主任、中国地理学会副理事长、中国科学院院士。长期致力于历史地理学的教学与科学研究。著有《中国古代地理学简史》等。

侯外庐（1903—1987）

原名兆麟。山西平遥人。曾在法国巴黎大学学习马克思主义哲学、政治经济学。1928年加入中国共产党。历任北平大学、北平师范大学教授。新中国成立后，任北京师范大学历史系主任、西北大学校长、中国科学院历史所所长、中国科学院社会科学哲学部委员。一生主要从事社会史、思想史的学术研究和教学。著有《中国思想史纲》等。

侯汝信（1869—? ）

字意樵。河南杞县人。曾任农林分会会长、河南省议会议员。1916年补为参议院议员。1917年任护法国会参议院议员。1922年北京国会恢复时，仍任参议院议员。

侯封鲁（1881—? ）

字东屏。内蒙古包头人。曾就读山西法政学校。1911年加入同盟会，参加太原光复之役，当选山西省议员、绥远兴和县县长。1918年任山西方山县署承审。1929年代理绥远省高等法院院长。

侯树彤（1904—? ）

别号伧北。河北宁河（今属天津）人。英国利物浦大学经济学博士。历任北平燕京大学、北平大学教授，南京国民政府铁道部专员。1938年任国民参政会参政员。

侯家源（1896—1957）

字苏民。江苏吴县人。美国康乃尔大学土木工程硕士。历任杭江铁路桥梁工程师、南京市工务局局长、湘黔铁路工程局局长兼总工程师、国民政府行政院工程计划团团长。1949年后去台湾，任台湾省交通处处长。

侯鸿钧（生卒年不详）

又名鸿鉴，号宝三。福建省图书馆筹办者之一。民国年间编著有《无锡兵灾记》、《寰球旅行记》、《南洋旅行记》、《西北漫游记》、《初等博物教科书》。

侯鸿鉴（1872—1961）

字保三，号病骥。江苏无锡人。早年加入南社。日本弘文学院师范科毕业。回国后创设西域师范竞志女学、模范小学。后历任多所学校校长、福建省教育厅秘书、上海致用大学校长、福建图书馆协会常委。著有《古今图书馆考略》。

侯德榜（1890—1974）

字致本。福建闽侯人。留美哥伦比亚大学博士。曾任永利化学工业公司总经理、中央研究院院士。新中国成立后，任中国科学院学部委员、化学工业部副部长、中国科协副主席、中国化学会理事长。

侯镜如（1902—1994）

原名心朗。河南永城人。黄埔军校第一期毕业。1925年加入中国共产党，参加北伐与南昌起义。1931年与中共中央失去联系。抗战爆发，时任国民革命军第九十二军二十一师师长，参加台儿庄会战、武汉会战、枣宣会战。抗战胜利后，任北平警备司令、第十七兵团司令。新中国成立后，任民革中央副主席、全国政协副主席。

俞樾（1821—1906）

字荫甫，号曲园。浙江德清人。俞平伯曾祖父。清道光进士，授翰林院编修。晚清著名经学家，声名远播日本。主讲紫阳、求志书院及诂经精舍。潜心学术达四十余载。治学以经学为主，旁及诸子学、史学、训诂学，乃至戏曲、诗词、小说、书法等，博大精深。海内外求学者甚众，尊之为朴学大师。章太炎、吴昌硕、日本的井上陈政皆出其门下。

俞大维（1897—1993）

浙江绍兴人。曾国藩外曾孙。美国哈佛大学哲学博士。后又入柏林大学研究天文学、弹道学。1933年任国民政府军政部兵工署署长。1944年升任军政部常务次长。1946年任交通部部长。去台湾后，任"国防部"部长。

俞飞鹏（1884—1966）

字樵峰。浙江奉化人。北京军需学校毕业。1928年11月任国民政府军政部军需署署长。1937年任交通部部长。抗战爆发后专任军事委员会后方勤务部部长。1949年去台湾，任中国油轮公司董事长，"中央银行"副总裁。

俞开龄（1896—1962）

江苏镇江人。上海圣约翰大学毕业。曾入花旗银行，旋赴美国华尔街学习有价证券业务，回国后开设新丰洋行。新中国成立后，移居香港。

俞天愤（1881—1937）

又名承莱，字彩生。江苏常熟人。是我国最早用文言文撰写侦探小说的作家之一，后改用白话。有侦探小说集《中国新侦探案》、长篇小说《镜中人》。

俞正燮（1775—1840）

字理初。安徽黟县人。清代著名学者。治经史考证之学，曾掌教惜阴书舍。工诗。著有《癸巳类稿》、《癸巳存稿》等。

俞平伯（1900—1990）

原名铭衡。浙江德清人，生于苏州。俞樾曾孙。北京大学毕业。先后任燕京大学、清华大学教授。新中国成立后，任北京大学教授。是新文学运动的代表作家。有诗集《冬夜》、散文集《燕知草》及《红楼梦研究》。

俞启葆（1910—1975）

字遂初。江苏昆山人。中央大学农学院毕业，后留校从事棉花遗传育种研究。1946年任中央农业实验所技正。新中国成立后，任中国农科院陕西分院副院长。

俞叔平（1909—1978）

浙江诸暨人。维也纳大学法学博士。曾任国民党中央警察学校教授，中组部人事室主任，四川大学、重庆大学、东吴大学教授。1946年任上海市警察局局长。1949年去台湾，任"司法部"政务次长兼刑事司司长。1951年任台湾大学法律研究所教授，兼营律师业务。著有《指纹学》、《法医学》、《刑事警察与犯罪侦察》。

俞国华（1914—2000）

浙江奉化人。俞飞鹏侄，蒋经国表弟。美国圣约翰大学博士。1936年起任蒋介石侍从室秘书。1944年赴美、英学习。1955年回台湾后，任"财政部"部长、"中央银行"总裁、"行政院"院长。

俞明震（1860—1918）

字恪士，号觚庵。浙江山阴（今绍兴）人。清末曾任南京路矿学堂总办、甘肃提学使、肃政厅肃政使。工诗。

俞济时（1904—1990）

字良桢。浙江奉化人。俞飞鹏侄。陆军大学毕业。曾任国民警卫军第二师师长。抗战时任国民革命军第十、第二十、第十九集团军副总司令，国民政府军事委员会委员长侍从室侍卫长。1948年任总统府第三局局长。去台湾后，任"总统府国策顾问"。

俞恩嗣（1890—? ）

浙江奉化人。东吴大学毕业，获加拿大神学博士学位。曾任东吴大学教授、开封圣安德中学校长、大夏大学教授、中华圣公会江苏省教区主教、中华圣经会总干事。抗战爆发，1937年8月31日，与上海基督教各教会团体负责人联名发表《为中日战争告普世基督徒书》，揭露日本侵略者屠杀无辜百姓的暴行。

俞鸿钧（1899—1960）

广东新会人。上海圣约翰大学毕业。南京国民政府成立后，任上海市长、财政部长、中央银行总裁。1949年去台湾，任"财政部长"、"中央银行总裁"、"台湾省主席"、"行政院长"。

俞履圻（1911—1997）

浙江平湖人。中央大学农学院毕业。曾任中央大学、安徽大学教师，中央农业实验所技正。新中国成立后，任河北省农林科学院副院长、中国农科院学术委员。主要从事水稻研究。

饶芝祥（1861—1912）

字符九、占斋。江西南城人。清光绪进士。官至四川道监察御史、贵州铜仁府知府。

饶廷辅（1880—1911）

名可权，字竞夫。广东梅县人。上海中国公学毕业。曾任小学校教员。广州起义前与妻同赴广州，被推举掌管粮饷。后奋攻督署，被捕就义。为黄花岗七十二烈士之一。

饶国华（1894—1937）

字弼臣，号退思。四川资阳人。早年入川军第二师头目养成所学习。曾任川军第四师旅长。1936年任第一四五师师长。抗战爆发后，率部出川，赴安徽广德布防。1937年11月广德失陷时，自杀殉国。

奕劻（1836—1918）

爱新觉罗氏。满族。乾隆帝第十七子永璘孙。1884年任总理各国事务大臣。1900年八国联军侵入北京，奉命留守。和李鸿章同任全权大臣，与八国联军议和。次年签订《辛丑条约》，改任总理大臣。旋任军机大臣。1911年任内阁总理大臣、弼德院总裁。

奕訢（1832—1898）

爱新觉罗氏。满族。道光帝第六子，咸丰帝异母弟，封恭亲王。咸丰帝病死后，与慈禧太后密谋发动辛酉政变，被封为议政王，执掌军机处及总理衙门。主张借洋兵镇压太平军。支持近代军事工业，系清廷主持洋务的首脑人物。1865年（同治四年）与慈禧太后发生权力之争，被罢去议政王等一切职务。后复任。

奕譞（1840—1891）

爱新觉罗氏，号朴庵。满族。道光帝第七子，光绪帝生父。迭授都统、御前大臣，领侍卫内大臣，管神机营。封醇亲王。任总理海军衙门大臣时承慈禧太后旨意，挪用海军经费修建颐和园。

施洋（1889—1923）

名吉超，字伯高，号万里。湖北竹山人。湖北私立法政专门学校法律科毕业。执律师业。曾任武汉律师公会副会长，京汉、粤汉铁路总工会法律顾问。1922年加入中国共产党。1923年2月，参与组织领导京汉铁路工人大罢工。二七惨案中被捕，2月15日在武昌英勇就义。

施章（1900—1942）

字仲言。云南昆明人。南京东南大学中文系毕业。曾任云南省之农校、宣威师范国文教师，著有《六朝文学概论》、《庄子新探》、《国学论丛》、《诗经研究》、《春秋探微》。

施愚（1875—？）

字鹤雏，号小山。四川涪陵人。清光绪进士。后留学日、美、德。回国后任清翰林院编修，1905年为考察宪政大臣顾问。入民国后曾任北京政府法制局局长。主持起草天坛宪法。1915年为洪宪大典筹备委员会委员。1927年任安国军总司令部政治讨论委员会委员。

施士元（1908—2007）

上海崇明人。清华大学物理学学士，法国巴黎大学科学博士。系世界著名物理学家居里夫人的学生，我国最早从事核物理研究者之一。曾任中央大学物理系教授、系主任。新中国成立后，任南京大学物理系教授、江苏省物理学会理事长。著有《核反应堆物理导论》等。

施世珍（生卒年不详）

浙江义乌人。毕业于中央大学美术专业，后任教浙江民众教育实验学校。1936年夏，与钟敬文一起举办"民间图画展览会"。

施北衡（1893—1961）

原名机，字北衡。浙江缙云人。陆军大学毕业。曾任孙传芳部第一师师长。北伐时入国民革命军。抗战时曾任第二十六、第二十、第十一集团军副总司令。1947年任上海港口司令。后任国民政府国防部部员。1949年去台湾。

施存统（1899—1970）

又名复亮。浙江金华人。1920年在上海参与成立上海共产主义小组，是中国共产党最早的党员、领导人之一。1922年任中国社会主义青年团中央书记，主编《先驱》。四一二事变后，声明脱离中共。后参与发起民主建国会。新中国成立后，任政务院劳动部副部长、民主建国会副主任委员、全国政协常委、全国人大常委等。

施光铭（1866—?）

又名光从，字昭庆。福建晋江人。幼随兄赴菲律宾经商，从事食品、杂货、土产。热心公益慈善事业，对华侨新义山（坟场）之设立贡献尤巨。历任马尼拉善举公所总理、中华商会会长、华侨教育会副会长。1923年前后逝世于菲律宾。

施汝为（1901—1983）

字舜若。上海崇明人。美国耶鲁大学物理学博士。曾任中央研究院物理研究所研究员，大同大学、中央大学教授。新中国成立后，任中国科学院物理研究所所长、中科院学部委员。著有《铁铝单晶的磁性》。

施绍常（1873—?）

字伯彝。浙江吴兴（今湖州）人。清举人。曾任清驻荷兰、意大利、德国参赞。1914年任北京政府外交部参事。后又任驻马尼拉总领事、秘鲁公使。1929年任国民政府外交部条约委员会顾问。著有《中俄条约注解》。

施蛰存（1905—2003）

原名青萍，笔名安华等。浙江杭州人。曾就读于杭州之江大学，上海大同、震旦等大学。1928年起先后创办《新文艺》、《现代》等文学刊物。并曾任云南大学、厦门大学、暨南大学教授。新中国成立后，任华东师范大学中文系教授。著有小说、散文、译著、学术著作多种。

施敬道（1906—？）

字铭镜。上海人。早年入海军江南造船所，后入英美烟草公司、法商修焊公司。曾任中国点金公司工程师、安徽馒头山煤矿矿长、上海制胶厂股份有限公司董事长兼总经理。

施肇祥（1880—1961）

字炳之。浙江杭县（今余杭）人。美国康乃尔大学毕业。清末工科举人。曾任汴洛铁路局局长兼陇海铁路顾问、国民政府交通部惠工科科长、美裕津制革公司总经理。1949年后定居美国。

施肇基（1877—1958）

字植之。江苏吴江震泽人。早年就读于上海圣约翰书院，美国康乃尔大学博士。1902年回国，曾任张之洞洋务文案。1905年随端方等五大臣出洋考察。1906年任清邮传部右参议兼京汉铁路局总办，后又任京奉铁路局总办。民国后历任北京政府外交总长，国民政府外交部长、驻英国全权公使、驻美国大使。1958在美国逝世。有《施肇基回忆录》。

施肇曾（1866—1945）

字省之。江苏吴江震泽人。早年就读于上海圣约翰书院。曾任清驻美国纽约正领事官。回国后任二品衔江西道员，沪宁、沪杭甬铁路总办等。民国后，历任陇海铁路局局长，交通银行董事长，国民政府驻澳大利亚、新加坡、葡属帝汶岛领事等。1921年与陆勤之等捐款创办了"无锡国学专修馆"。

施肇夔（1891—197? ）
字德夔。浙江绍兴人。天津北洋大学法科毕业，美国华盛顿大学硕士。后任驻美使馆官员、华盛顿会议中国代表团秘书。1922年回国，历任财政部、外交部官员，驻法使馆一等秘书。

施懿德（1913—2006）
女。上海崇明人。南京中央大学教育系毕业。1938年起一直在上海南洋模范中学任教，创办该校女中部并任主任。1972年退休。晚年居加拿大。

闻一多（1899—1946）
原名多、家骅，字友三。湖北浠水人。清华学校毕业，留学美国。历任青岛大学、清华大学、西南联大等校教授，民盟中央执行委员。1946年在昆明被国民党特务暗杀。擅诗歌、文学、美术。有《闻一多全集》。

闻兰亭（1870—1948）
名汉章。江苏武进人。早年经营棉业，组织上海证券物品交易所，任常务理事。又任江苏省商联会常委、全国商联会执委。1943年后，任汪伪中国实业协会监事长、商业统制总会理事长。抗战胜利后，以汉奸罪被判刑。

闻承烈（1889—1976）

字朴庭。山东威海人。陆军大学毕业。曾任国民革命军第二集团军第七军军长。后追随韩复榘任济南市市长。抗战时曾任第六战区兵站总监。新中国成立后，任中央文史馆馆员。

姜立夫（1890—1978）

原名姜蒋佐。浙江平阳人。哈佛大学博士。回国后创办南开大学数学系，任系主任。后历任西南联合大学教授、中央研究院数学研究所筹备处主任、研究员。1948年当选中央研究院院士。解放前夕，被迫迁往台湾。随即返回大陆，任中科院学部委员、中山大学教授。一生主要从事几何学的研究。著有《算学名词汇编》。

姜桂题（1843—1922）

字翰卿、汉卿。安徽亳州（今亳县）人。先后在僧格林沁、左宗棠、宋庆军中效力。1896年后被袁世凯重用，任甘肃提督、热河都统，拥袁称帝。1921年任陆军检阅使。

姜维良（1899—?）

上海人。曾任中国奶粉股份有限公司副总经理、大中行总经理、大中铁厂总经理、泰兴染织厂董事、大茂钱庄董事、上海乳品业联合会董事。

姜登选（1881—1925）

字超六。河北冀县人。日本陆军士官学校毕业。1905年在日本加入同盟会。历任黑龙江护军使署参谋长、虎门长洲要塞司令、东三省陆军整理处副监、苏皖鲁"剿匪"总司令。与李景林、韩麟春、张宗昌、郭松龄并称张作霖帐下"五虎将"。1925年郭松龄倒戈，被捕遇害。

姜毓英（1877—？）

字孟斐。奉天盖平（今辽宁盖县）人。奉天统计讲习所毕业。曾任筹办咨议局司选员、奉天提学使署科员。1913年当选为众议院议员。1922年国会恢复时，仍任众议院议员。

娄鸿声（1873—？）

字醒园。吉林宾县（今属黑龙江）人。1911年筹办地方自治，被选为吉林宾州府府议会议长。1913年当选为国会参议院议员。1917年任护法国会参议院议员。

洪业（1893—1980）

号煨莲。福建侯官（今闽侯）人。美国哥伦比亚大学文学硕士。系哈佛燕京学社创办人，任引得编纂处总编辑。历任燕京大学历史系教授、系主任，教务长，图书馆馆长，研究生院文科主任。1946年春赴美讲学，后定居美国。任美国哈佛大学、夏威夷大学客座教授。

洪莺（生卒年不详）

女。1930年代知名的电影演员。

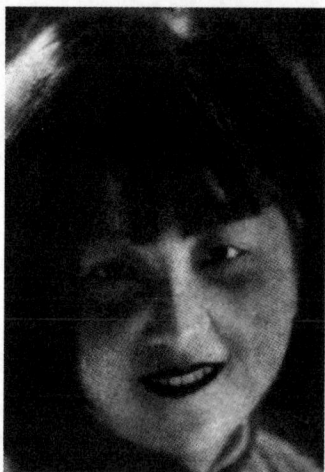

洪逵（1885—? ）

字芰舲。安徽怀宁人。英国伦敦大学毕业。历任安徽高等学堂教员、北京政府专门教育司司长、安徽教育厅厅长、代理中央大学文学院代理院长、暨南大学副校长、上海市图书馆馆长。

洪深（1894—1955）

笔名庄正平。江苏常州人。早年在上海从事戏剧活动，参与创办戏剧改进社、中华电影学校。1930年加入左翼作家联盟和戏剧家联盟。后任国民政府军政部戏剧科长，复旦大学、上海戏专教授。新中国成立后，任北京师范大学外语系主任，文化部对外文化事务联络局副局长、中国戏剧家协会副主席。有《洪深文集》。

洪铸（1883—? ）

别号德滋。江西余江人。留学日本、比利时。历任北京政府成都造币厂厂长、江西印花税分处处长、财政部公债司司长。1934年任伪满财政部理财司科长，后任汪伪政府考试院秘书长。

洪士豪（1902—？）

字豪庐。浙江人，生于上海。留美法学博士。初在上海执律师业，1941年后经营地产。曾任江苏省赈务委员及县知事、中华基督教青年会全国协会执行董事。用英文著有《中国商法》、《中国现代法论纲》等。

洪文澜（1891—1971）

字赋林。浙江富阳人。毕业于浙江法政学校。1929年任南京国民政府最高法院推事。后任中央公务员惩戒委员会委员、司法行政部民事司司长、最高法院民庭庭长。抗战后，任国民政府司法院大法官，兼上海法学院、东吴大学教授。新中国成立后，执教于上海高校，曾任上海法学会常务理事。

洪兰友（1900—1958）

江苏江都人。毕业于震旦大学法科研究院。曾任国民党中央执行委员、副秘书长，中央政治委员会代秘书长，中央非常委员会秘书长，国民政府内政部长。1949年去台湾，任国民党中央评议委员。

洪兆麟（1872—1925）

字湘臣。湖南宁乡人。陈炯明部下。历任惠州军务督办、鄂军第二师师长、鄂军潮梅副总指挥、广东陆军第三师师长、潮梅镇守使、善后会议会员。1925年12月遭枪杀。

洪秀全（1814—1864）

原名仁坤，又名火秀。广东花县人。太平天国领袖。1843年创拜上帝会，与冯云山等结义反清。1851年在广西发动金田起义，建号太平天国，称天王。1853年建都南京，改称天京。颁布《天朝田亩制度》。1864年太平天国运动失败前病逝。

洪弃生（1867—1929）

名攀桂、繻，字月樵。福建南安人，生于台湾彰化。幼攻举业，因日陷台，绝意仕途，潜心古文辞，为当时台湾国学界第一人。著有《寄鹤斋诗集》、《寄鹤斋古文集》。

洪明炭（1850—1935后）

字辉煌。福建晋江人。11岁赴菲律宾，经营笠业、通讯、汇兑。历任马尼拉中西学校、善举公所、教育会董事，中华商会副会长，石狮旅菲同乡会会长。热心慈善事业，在厦门、泉州、漳州等地均有捐助。

洪烈伟（生卒年不详）

1930年代知名的电影布景师。1927年参与摄制上海友联影片公司出品的电影《山东响马》。

洪维国（1893—?）

字敬民。辽宁义县人。毕业于中国大学法律专科。历任陆军第一混成旅书记官、察哈尔都统署审判处处长、热河实业厅厅长、山海关监督。1933年任伪满财务部次长。抗战胜利后，被国民党军统逮捕。

恒钧（1887—?）

爱新觉罗氏，字诗峰。河北宛平（今属北京）人。满族。奕山玄孙。日本早稻田大学毕业。初任《大同报》总经理。1913年被选为众议院议员。1922年，仍任众议院议员。1932年参加"国难会议"。

恒龄（?—1911）

舒穆鲁氏，字锡九，号友兰。清满洲正蓝旗人。满族。官至宁夏副都统、署理荆州左翼副都统。武昌起义后，荆州外城被起义军攻占，用手枪自杀。

恽代英（1895—1931）

又名遽轩，字子毅。江苏武进人，生于湖北武昌。中华大学毕业。1921年加入中国共产党。1923年任共青团宣传部长兼《中国青年》主编。1927年当选为中共中央委员。参加南昌起义和广州起义。历任广州苏维埃政府秘书长，中共中央宣传部、组织部秘书长。1930年在上海被捕，次年被叛徒顾顺章指认，在南京中央军人监狱被杀害。

宣铁吾（1897—1964）

号惕我。浙江诸暨人。黄埔军校第一期毕业。曾任蒋介石侍卫长。1932年加入复兴社。抗战时曾任第九十一军军长。1946年任淞沪警备司令。1949年任京沪杭警备司令部副总司令。1949年后移居香港、台湾。

宣景琳（1907—1992）

女。原姓田。江苏苏州人。1925年起，先后入上海明星、天一、新华等影片公司任演员。新中国成立后，任上海电影制片厂演员。主演影片有《上海一妇人》、《歌场春色》、《少奶奶的扇子》、《姊妹花》等四十多部。

宫子丕（1919—1969）

山东乳山人。1944年参加八路军。1945年参加胶东军区五师宣传队，开始了演艺生涯。新中国成立后，任前线话剧团演员。先后出演《白毛女》、《杨根思》、《霓虹灯下的哨兵》。

宫崎寅藏（1870—1922）

原名宫崎虎藏。日本熊本人。1897年曾奉命秘密来华，调查中国秘密结社。同年在日本结识孙中山。1905年加入中国同盟会。为日本支持和参加中国革命的代表性人物。

祝平（1902—1988）

字兆觉，原名肇阶。江苏江阴人。经济学博士。历任国民党中央政治学校地政学院教授，江苏、四川、上海地政局局长，国民政府地政部次长。1949年迁居香港。同年8月13日在港发表声明脱离国民党，拥护中国共产党领导。被国民党开除，并遭通缉。1983年移居美国纽约。

祝大椿（1885—1926）

字兰舫。江苏无锡人。曾任怡和洋行总买办。1888–1913年间，陆续投资创办源昌机器碾米厂、上海恒源纱厂、大通振通电灯厂。1907年，因投资总额超过200万元，清政府赏给二品顶戴。晚年任上海总商会董事。

祝世康（1901—1982）

字尧人，笔名鲁膺。江苏无锡人。美国锡拉丘兹大学经济学硕士、印地安那州大学博士。回国后历任北京政府工商部法规委员，中央大学、交通大学教授，中央储蓄会副经理。新中国成立后，任上海市政协委员、上海市政府参事室参事。

祝绍周（1893—1976）

字芾南。浙江杭州人。保定军校第二期毕业。1934年负责秘密督修黄河沿岸的国防工事。抗战时担任黄河防务。1944年起任陕西省政府主席。1948年调任京沪杭警备总司令部副司令。1949年去台湾。

祝皋如（1892—? ）

又字膏如。云南保山人。云南陆军讲武堂毕业。曾任滇军总司令部顾问兼第一军军部少将副官长。1926年参加北伐，任国民革命军副师长。1929年任第一军第二十旅旅长。1936年授陆军少将。

祝隆意（1905—? ）

湖北宜昌人。上海圣约翰大学文学士。曾任厦门大学、安徽大学、中央政治学校讲师，上海英文《民族周刊》、《大陆报》编辑，中国兴信社及中国征信所秘书，《征信日报》发行人及经理。

祝惺元（1880—? ）

字砚溪。河北大兴（今属北京）人。中央大学毕业。历任国民政府北平市政府专员、外交部参事。抗战时投敌，任伪中华民国临时政府天津市社会局局长、伪华北政务委员会委员。

祝慎之（1894—? ）

湖北武昌人。美国哈佛医学院医学博士。曾任北京协和医学院及上海国立中央大学医学院儿科教授、北京协和医院及上海中国红十字第一医院儿科医师、中华小儿科学会会长。

费穆（1906—1951）

电影导演、编剧。1932年入上海联华影业公司。1949年去香港，创办龙马影片公司。导演作品有《城市之夜》、《人生》、《生死恨》、《小城之春》等；编剧有《香雪海》、《梦断香闺》、《前台和后台》、《江湖儿女》等。

费师孟（生卒年不详）

奥地利地理地质学家。民国时期曾任南京中央大学地理系教授。著有《扬子江下游地理问题》。

费孝通（1910—2005）

江苏吴江人。燕京大学社会学系毕业，清华大学社会学及人类学系研究生，英国伦敦经济学院哲学博士。曾任云南大学、清华大学教授。新中国成立后，任中央民族学院副院长、北京大学教授、民盟中央主席、全国政协副主席、全国人大副委员长。平生致力于社会学研究。著有《江村经济》、《乡土中国》。

费启能（1906—1981）

江苏启东人。同济大学毕业。曾任经纬纺织机械厂副总工程师。新中国成立后，任纺织工业部顾问和中国纺织机械总公司总工程师。

费敏士（1894—?）

字功甫。江苏吴县人。日本东京帝国大学经济部商科学士。曾任北京通才商业专门学校教授、汉冶萍煤铁厂矿有限公司会计所所长、华光实业公司董事。

姚华（1876—1930）

字一鄂，号重光，晚号芒父。江西人。清光绪进士。后留学日本，习法政。回国后执教于京师五城学堂、清华学堂。1913年当选为国会参议院议员。1914年任北京女子师范学校校长。

姚琮（1891—1977）

字味辛。浙江瑞安人。陆军大学毕业。曾任浙江陆军卢永祥部团长。1928年任国民政府内政部首都警察厅厅长。1933年任国民政府军事委员会第三厅副厅长。抗战时任军事委员会办公厅副主任。1948年任总统府战略顾问。1949年去台湾。

姚藩（1893—1949）

字价垣。湖南醴陵人。保定军校毕业。1927年任何键部中校参谋。1929年任刘建绪部团长。1935年任第四路总指挥部副参谋长。1938年任第十集团军副参谋长。1939年任温州师管区副司令。

姚燮（1805—1864）

字梅伯，号复庄、大梅山民。浙江镇海人。清代学者，以著作教授终身。学涉经史、地理、释道、戏曲、小说。长于诗，工画人物、梅花。

姚一苇（1922—1997）

本名公伟。江西南昌人。厦门大学毕业。1946年赴台湾银行任职。后任台湾中国文化大学艺术研究所教授，并出任台湾"中国话剧欣赏演出委员会"主任委员。著有剧作《红鼻子》。

姚士泉（1913—1968）

江苏宜兴人。1927年入上海友联公司学摄影。1928年起，先后入上海强华、联华、香港大地、重庆中电等影片公司任摄影师。新中国成立后，任上海电影制片厂、珠江电影制片厂摄影师。拍摄影片有《续儿女英雄》、《荒江女侠》等。

姚元之（1773—1852）

字伯昂，号荐青。安徽桐城人。清嘉庆进士。官至左都御史。善画人物、果品、花卉。书法尤精隶书。

姚从吾（1894—1970）

原名士鳌，字占卿、存吾。河南襄城人。北京大学毕业，后赴德国柏林大学留学。曾任北京大学历史系主任、河南大学校长。1949年去台湾，任台湾大学历史系教授、"中央研究院"院士、"中国历史学会"理事长。

姚文枬（生卒年不详）

字子让。上海人。清末任上海全县学务公会会长、劝学所总董、江苏省咨议局议员。辛亥革命后，任上海市议会议长、众议院议员。

姚守先（1869—1925）

字警莹。陕西西乡人。曾任本邑劝学所董事，办理白话《劝学报》，并创立初等小学。1913年当选为国会众议院议员。1917年任护法国会众议院议员。1922年北京国会恢复时，仍任众议院议员。

姚雨平（1882—1974）

原名士云、字立人。广东平远人。曾入陆军速成学堂。1907年加入同盟会。辛亥革命时任广东北伐军总司令。1922年任广州大元帅府中央直辖警备军司令。南京国民政府成立后任监察院监察委员。1949年去香港，后回广东定居。

姚秉乾（生卒年不详）
绿林出身。九一八事变后，任冯占海吉林边防军第四旅旅长，为抗日名将。

姚俊之（1908—？）
江苏扬中人。上海圣约翰大学化工系毕业。1927年在上海创设"鲜大王"等品牌酱油及"味精"调味粉。后又创办新星化学制药厂、新星化学药物研究所。1948年去台湾，继续生产调味品，曾任台湾酿造业协会理事长。

姚洪业（1881—1906）
原名宏业，字剑生，号竞生。湖南益阳人。肄业于长沙明德学堂。早年加入华兴会，后加入同盟会。先后创立湖南事务所、中国公学。1906年因愤恨清廷，自蹈黄浦江而死。

姚振宗（1842—1906）
字海槎。浙江山阴（今绍兴）人。专攻目录学。花费十数年，对历代正史艺文志和经籍志作了补撰、补注，融目录学、校勘学、考证学为一体。为《汉书艺文志拾补》、《汉书艺文志条理》、《后汉艺文志》、《三国艺文志》、《隋书经籍志考证》及《七略别录佚文》、《七略佚文》等七种，合曰《快阁狮石山房丛书》。

姚桐豫（1869—? ）

字吾刚。浙江临海人。日本法政大学毕业。曾任桂林地方审判厅厅长。1912年调任浙江都督府秘书长兼法制局局长。1913年当选为国会众议院议员。1917年任护法国会众议院议员。1922年北京国会恢复时，仍任众议院议员。

姚雪垠（1910—1999 ）

原名冠三。河南邓县人。曾就读河南大学预科。1933年开办大陆书店。1937年主编《风雨》周刊。1943年任中华全国文艺界抗敌协会理事。新中国成立后，任湖北省文联主席、中国作协理事。著有长篇小说《李自成》。

姚锡舟（1875—1944 ）

字锦林。上海人。1900年创办姚新记营造厂。1905年投标建造上海电话大厦。1921年筹组中国水泥公司，后又在南京创办中国水泥厂，任董事长兼总经理。

姚福同（1876—? ）

字慕莲。浙江嘉兴人。上海银行巨子姚伯庸之子。曾任北京电报局总办，上海招商局会办，上海自来水公司、上海女子商业储蓄银行、中国渔牧公司董事长。

姚翰卿（1878—? ）

字介忱。黑龙江青冈人。曾在黑龙江办理荒务，创设学校，并组织吉林双城县轻便铁路、电灯、电话公司。1913年当选为国会参议院议员。1917年任护法国会参议院议员。1922年北京国会恢复时，仍任参议院议员。

贺麟（1902—1992）

字自昭。四川金堂人。留学美国、德国，攻哲学。曾任北京大学教授。建立了"新心学"体系，被视为现代新儒学八大家之一。新中国成立后，续任北京大学教授，并任中国科学院哲学社科部研究所研究员。著有《近代唯心主义简释》、《文化与人生》、《当代中国哲学》。

贺子珍（1910—1984）

女。江西永新人。1926年加入中国共产党，后参加创建井冈山革命根据地，并与毛泽东结婚。1934年参加长征。1937年冬去苏联治病，1947年回国。1978年当选全国政协委员。

贺长龄（1785—1850）

字耦庚，号耐庵。湖南善化（今长沙）人。清嘉庆进士。官南昌知府、江苏布政使、贵州巡抚、云贵总督。曾主持编纂《皇朝经世文编》。

贺廷桂（1879—？ ）

字馥阶。安徽宿松人。1904年以主事签分户部，肄业于计学馆。1909年授知府分发贵州，任贵州检察厅检察长。1911年贵州起义时被推为该省都督。1913年当选为众议院议员。1922年北京国会恢复时，仍任众议院议员。

贺国光（1885—1969）

字元靖。湖北蒲圻人。陆军大学毕业。曾任吴佩孚部第十五军军长。1929年秋率部加入国民革命军，任新编第四军军长。后历任军事委员会第二厅副主任、成都行营主任、重庆绥靖公署副主任。1949年任西康省主席。1950年去台湾，任"总统府国策顾问"。

贺衷寒（1899—1972）

字君山。湖南岳阳人。黄埔军校第一期毕业。曾任国民政府军事委员会政治部秘书长、国民党中央常务委员、国民政府社会部政务次长。1949年去台湾，任"交通部"部长、"行政院"政务委员。

贺维珍（1887—1976）

字宣珏。江西永新人。陆军大学毕业。曾在李宗仁军中任职。1942年任第十六集团军第三十一军军长。1944年任桂林城防副司令。1949年任赣西绥靖司令。后兵败去台湾。

贺粹之（1898—1985）

河北文安人。陆军大学毕业。1942年任国民革命军第十二军军长。1944年任第二十八集团军副总司令。1948年寓居陕西宝鸡。新中国成立后，曾在宝鸡市政协任职。1966年回原籍。

贺赞元（生卒年不详）

字尔翊。江西永新人。清举人。曾任邮传部主事、江西省教育总会会长。民国后，1913年当选为众议院议员。1917年任护法国会众议院议员。1922年北京国会恢复时，仍任众议院议员。

贺耀组（1889—1961）

又名耀祖，字贵严。湖南宁乡人。日本陆军士官学校毕业。曾任湖南陆军第一师师长，后参加北伐。1928年任南京卫戍司令。1942年任重庆市市长。1949年任国民政府行政院政务委员，不久在香港通电起义。新中国成立后，任中南军政委员会委员。

贺昇平（1883—?）

字瑞宇。河南许昌人。留学日本。武昌起义后回国，为沪军都督府军事科员。1913年当选众议院议员。1917年任护法国会众议院议员。1922年北京国会恢复时，仍任众议院议员。

骆秉章（1793—1867）

原名俊，字吁门，号儒斋。广东花县人。清道光进士。官至四川总督。曾在大渡河边击败太平军石达开部。

骆耕漠（1908—2008）

浙江临安人。1927年加入中国共产主义青年团，1938年加入中国共产党。1930年代起从事马克思主义经济理论研究。抗战时期在苏浙鲁豫皖解放区负责地方财经和军队供给。新中国成立后，任国家计划委员会副主任、中国科学院哲学社会科学部委员、中国科学院经济研究所研究员。

骆继汉（1885—? ）

字墨苏。湖北枣阳人。日本早稻田大学政治经济科毕业。1913年当选为众议院议员。1922年国会恢复时，仍任众议院议员。

秦炳（1883—1911）

一名昌恩，字燧生、炳烈。四川广安人。同盟会会员。曾参加广安起义。广州起义时，攻水师行台，被围中弹牺牲。为黄花岗七十二烈士之一。

秦力山（1877—1906）
名鼎彝，号俊杰。湖南善化（今长沙）人。清秀才。早年入长沙时务学堂，师从谭嗣同。后留学日本。1905年加入同盟会，主持安徽分会。同年7月回国，在安徽、云南等地从事反清活动。1906年病逝。

秦邦宪（1907—1946）
又名博古。江苏无锡人。1925年加入中国共产党。留学苏联莫斯科中山大学。曾任共青团中央书记、中共临时中央主要负责人、中央组织部长、国民参政会参政员。因推行王明的"左"倾错误路线，又过于听从李德的指挥，使红军伤亡惨重。遵义会议被取消最高权力。后曾和周恩来、叶剑英参与了西安事变的和平解决。1946年4月8日，因飞机失事去世。

秦和生（1910—2000）
山东泰安人。农学学士。长期任西北畜牧兽医学院教授。著有《我国兽医外科学发展简史》等。

秦缃业（1813—1883）
字应华，号澹如。江苏无锡人。清道光副贡生，官浙江盐运使。工诗文、善书画。有《虹桥老屋遗稿》。

秦毓鎏（1880—1937）

又名默，字效鲁，自号天徒。江苏无锡人。留学日本早稻田大学。参与发起成立华兴会，任副会长。武昌起义爆发后，参加光复上海之役。1912年任无锡民政长。1927年任无锡县县长。1931年皈依佛教。

秦德纯（1893—1963）

字绍文。山东沂水人。早年任冯玉祥部军长，中原大战后被张学良收编，任第二十九军总参议。1935年参与签订《秦土协定》，任北平市长。后任国民政府国防部次长、山东省主席。1949年去台湾，任"总统府"战略顾问。

秦赞尧（1827—？）

号醉经，籍里不详。清代文人。

载沣（1883—1951）

爱新觉罗氏，号伯涵。满洲正黄旗人。满族。清宣统帝之父。袭封醇亲王。历任军机大臣、摄政王、监国、代理海陆军大元帅等。1911年12月以醇亲王退归，居北平。

载泽（1868—1928）

本名蕉，爱新觉罗氏。满洲正白旗人。满族。袭辅国公，又晋爵镇国公。1911年任奕劻内阁度支大臣。民国后隐居北京，反对清帝逊位。

载洵（1886—1949）

爱新觉罗氏。满州镶白旗人。满族。清醇亲王奕譞子、光绪帝弟。宣统帝即位后，加郡王衔，任筹办海军大臣，授参预政务大臣，又任海军大臣、皇族内阁海军大臣。1911年9月去职居天津。

载振（1876—1948）

爱新觉罗氏，字育周。满洲镶蓝旗人。庆亲王奕劻长子，封贝子。曾任商部尚书、蒙古正红旗副都统。1907年，因接受段芝贵为贿谋黑龙江巡抚之职花巨金买的歌妓杨翠喜，被弹劾，轰动京都，终以"事出有因，查无实据"而了之。奕劻内阁成立，任弼德院顾问大臣。辛亥革命后居天津，经商。

载涛（1887—1970）

爱新觉罗氏，字野云。满洲正黄旗人。满族。清光绪帝同父异母弟。曾任清军咨大臣。1912年反对清帝退位，组织"宗社党"。1917年张勋复辟，任"禁卫军司令"。新中国成立后，任全国政协委员。

载润（1878—1963）

爱新觉罗氏，字寄云。奉天长白
（今属吉林）人，汉军镶黄旗。满
族。1886年袭贝勒。1902年任守护
西陵大臣。1910年任管理陆军贵胄
学堂事务大臣、钦选资政院议员。
民国后授清室宗人府宗人、宗正。
1957年任北京市文史馆馆员。

袁昶（1846—1900）

字爽秋，又字重黎。浙江桐庐
人。清光绪进士。官总理各国
事务衙门章京，戊戌政变后任
总理衙门大臣。1900年直谏反
对用义和团排外，被处死。亦
是近代宋诗派代表作家。著有
《于湖文录》、《浙西村人
集》。

袁翼（1789—1863）

字毅廉。江苏宝山（今属上海）人。
诗以工秀胜，亦工词，善骈文。

袁见齐（1907—1991）

上海奉贤人。中央大学地质系
毕业。曾任国民政府盐务局技
正、唐山工学院教授。新中国
成立后，任北京地质学院、武
汉地质学院教授，中国地质学
会副理事长。

袁文才（1898—1930）
又名选三。江西宁冈人。1926
年发动宁冈起义，同年11月加
入中国共产党。参与创建井冈
山革命根据地。历任工农革命
军第一军第二团团长、红四军
三十二团团长、中共湘赣边特
委委员、湘赣边界苏维埃政府
主席、中共宁冈县委常委。
1930年3月被错杀。新中国成
立后被追认为革命烈士。

袁尹邨（1904—？）
四川江津人。长期在上海聚兴诚
银行供职，任至经理。其夫人杨
锡苹为聚兴诚银行董事长杨粲三
之长女。

袁世凯（1859—1916）
字慰亭，号容庵。河南项城人。
清季投身行伍，襄赞洋务运动
及新政，自道员累升直隶总督、
军机大臣、内阁总理大臣。从
甲午战争后期小站练兵始，逐
渐掌控中国的军权，并在武昌
起义后以军队胁迫清廷退位。
民国成立后，为首任中华民国
大总统。1915年12月建立君主
立宪政体，自立为皇帝，年号洪
宪，81天后即告失败。旋病死。

袁丛美（1916— ）
四川人。曾就读于国立暨南大学。
1926年从影。先后入上海快活林、
联华、中电、大华等影片公司。
1949年去台湾，任台湾电影制片厂
厂长。主演影片有《移花接木》、
《渔光曲》等。导演影片有《热血
忠魂》、《日本间谍》等。

袁同礼（1895—1965）

字守和。河北徐水人。北京大学毕业，留美图书馆学学士。曾任北京大学教授兼图书馆主任、广东大学图书馆馆长、北平图书馆馆长。1949年赴美，先后在美国国会图书馆和斯坦福大学研究所工作。著有《西文汉学书目》、《国会图书馆藏中国善本书目》。

袁仲安（1905—1994）

浙江定海人。东吴大学法科学士。曾为律师。1930年代初，任上海良友图书出版公司董事长，出版《良友丛刊》、《良友画刊》等。抗战胜利后到香港，成立长城电影制片有限公司，任总经理、导演，后任董事长。导演的第一部作品《孽海花》获选参加英国爱丁堡电影节。

袁守谦（1904—1992）

字企止。湖南长沙人。黄埔军校第一期毕业。1932年参与组织复兴社。后任国民政府军政部副部长、三青团中央副书记长、国民党中央常务委员。1949年去台湾后，任国民党第七至十二届中央常委。

袁克文（1890—1931）

字豹岑，号寒云。河南项城人，生于朝鲜汉城（今首尔）。袁世凯次子，生母金氏是朝鲜人。是昆曲名票，民国四公子之一。曾师从方尔谦，熟读四书五经，精通书法绘画，喜好诗词歌赋，还极喜收藏。后因反对袁世凯称帝，生活放浪不羁，妻妾成群，触怒其父，逃往上海，加入青帮。1931年病逝于天津。著有《寒云诗集》、《袁寒云说集》。

袁希涛（1866—1930）
又名鹤龄，字观澜。江苏宝山
（今属上海）人。上海龙门书
院肄业。先后创办宝山县学
堂、龙门师范学堂、太仓州中
学。历任江南制造局广方言馆
教授、北京政府教育部次长、
江苏省教育会会长。

袁国平（1905—1941）
原名裕，字醉涵。湖南邵阳人。
黄埔军校第四期毕业。早年随田
汉从事革命文艺活动。1925年加
入中国共产党。参加南昌起义和
广州起义。历任红三军团政治部
主任、红八军政治委员、新四军
政治部主任。1941年1月在皖南事
变突围中牺牲。

袁金铠（1870—1947）
字洁珊、兆傭，号傭庐。1909年
任清奉天咨议局副议长。1913
年任奉天省财政司司长。1916
年任奉天督军署秘书长。1930
年任国民政府监察院监察委
员。1932年任伪满奉天省省长。
1935年任伪满尚书府大臣。

袁绍梅（生卒年不详）
女。1930年代起先后入上海明星、
国华等影片公司任演员。主演影
片有《姊妹花》（1933年）、《马
路天使》（1937年）、《孟丽君》
（1940年）、《长恨天》（1942
年）等二十多部。

袁树勋（1847—1915）

字海观，晚号抑成老人。湖南湘潭人。曾任清天津知府、江苏按察使、顺天府尹、民政部左侍郎、山东巡抚。1909年任两广总督时主张开国会、后辞官。

袁美云（1917—1999）

女。原名侯桂凤。浙江杭州人。1932年起先后入上海天一、艺华、"中联"、"华影"等影业公司。1946年赴香港，为大中华、永华公司拍片。1948年息影。1986年回上海定居。主演影片有《逃亡》、《何日君再来》、《国魂》等。

袁炳煌（1881—?）

字经凡。湖南湘阴人。湖南省城警察学校毕业。1913年当选为国会众议院议员。1917年任护法国会众议院议员。1922年北京国会恢复时，仍任众议院议员。

袁曼丽（生卒年不详）

一作袁曼莉。女。1930年代知名的电影演员。曾入上海明星影片公司。

袁景熙（1872—? ）
字光泗。山东济宁人。晚清以附贡生考补济南尚志堂学长。1899年任曹县书院院长。后应上海《中外日报》之聘任驻京新闻记者。1913年当选为国会众议院议员。1917年任护法国会众议院议员。1922年北京国会恢复时，仍任众议院议员。

袁弼臣（1872—? ）
字朝佐。四川长宁人。四川通省师范学堂毕业。1912年任南京临时政府内务部礼教局科长。1913年当选为国会众议院议员。1917年任护法国会众议院议员。1922年北京国会恢复时，仍任众议院议员。

袁履登（1879—1954）
原名贤安，又名礼敦，字履登。浙江宁波人。上海圣约翰大学毕业。辛亥革命后在沪经商，曾任上海商务印书馆襄理、宁绍轮船公司总经理、上海公共租界工部局副总董、上海总商会副会长、上海特别市商会理事长。1942年后任汪伪上海市商会理事长、全国经济统制总会理事。抗战胜利后以汉奸罪被判刑七年。后病逝于上海。

袁翰青（1905—1994）
江苏南通人。清华大学毕业，美国伊利诺大学哲学博士。曾任中央大学、北京大学、北京师范大学化学系教授。新中国成立后，任文化部科普局局长、商务印书馆总编辑、中科院技术情报所代所长。著有《科技情报工作概论》。

耆英（1790—1858）

爱新觉罗氏，字介春。满洲正蓝旗人。满族。历官清内阁学士、护军统领、内务府大臣、礼部和户部尚书、钦差大臣兼两广总督、文澜阁大学士。曾与英国签订《南京条约》，与美国签订《望厦条约》。后因欺谩之迹，咸丰帝赐自尽。

耆龄（？—1863）

伊尔根觉罗氏，字九峰。满洲正黄旗人。满族。清道光间官知府，咸丰时升巡抚，官至福州将军。

耿苍龄（1826—1888）

字思华。江苏华亭（今上海松江）人。习举业，屡试不中。偕郡绅办民团，由同知谒选，知湖北德安府。工诗。

耿以礼（1897—1975）

字仲彬。江苏江宁人。曾赴美留学，获博士学位。历任中央大学生物系教授、中央研究院动植物研究所研究员。1949年后，任南京大学生物系教授。著有《中国种子植物分科检索表》。

耿春宴（1884—1931）

字杏珊。河南孟县人。日本东京宏文学院速成师范毕业。回国后任清卫辉府官立中学堂监督。民国初年任河朔法政学校校长。1913年当选众议院议员。1917年任护法国会众议院议员。1922年北京国会恢复时，仍任众议院议员。

耿臻显（1886—？）

字扬廷。山西浑源人。日本盛冈高等农林学校毕业。曾任山西省高等农林学校农科主教。1913年当选众议院议员。1922年国会恢复时，仍任众议院议员。

聂士成（1836—1900）

字功亭。安徽合肥人。晚清淮军将领。曾参加镇压太平军和捻军，后参加中法战争、甲午战争。于辽东大高岭一带，击毙日军将领富刚三造，以功授直隶提督。甲午战争后改编淮军为武毅军，后又奉命改为武卫前军。1900年义和团兴起，力主镇压。是年7月在天津与八国联军战斗中牺牲。

聂云台（1880—1953）

名其杰。湖南衡山人，生于长沙。早年从学西人。1908年出任恒丰纺织新局经理。1919年建大中华纱厂，并任大通纺织股份有限公司、中美贸易公司董事长和总经理。1920当选上海总商会会长、全国纱厂联合会副会长。

莫友芝（1811—1871）

字子偲，号邵亭，晚号眲叟。贵州独山人。清道光举人。通文字学，精版本目录，与遵义郑珍并称西南巨儒。所撰《遵义府志》被誉为"天下府志中第一"。后定居金陵，任扬州书局主校刊。为寻找文宗、文汇两阁被焚后散失的图书，突感风寒，病逝船中。著有《声韵考略》、《宋元旧本书经眼录》等。善书法篆刻。工诗。

莫德惠（1883—1968）

字柳忱。吉林双城（今属黑龙江）人。北京高等巡警学堂毕业。曾任东北大学校长、国民参政员、南京国民政府委员。1948年为"行宪国大"副总统候选人。1949年去台湾，任"考试院"院长。

桂良（1785—1862）

爪尔佳氏，字燕山。满洲正红旗人。满族。清恭亲王奕訢岳父。咸丰间历官兵部尚书、吏部尚书、直隶总督、东阁大学士、文华殿大学士、总理衙门大臣、军机大臣。先后签订《天津条约》、《北京条约》。

桂荫（？—1911）

嵩佳氏，字集五，号福庭。满洲镶蓝旗人。满族。由刑部郎中、军机章京外擢施南府知府，调安陆。辛亥武昌起义时，携妻富察氏一同上吊自尽。

桂永清（1901—1954）

字率真。江西贵溪人。黄埔军校第一期毕业。1931年发起筹建复兴社。后任中央军校教导总队总队长、国民政府驻德国大使馆武官。1948年任海军总司令。1949年去台湾，任"海军总司令"、"参谋总长"。

桂质柏（1900—1979）

湖北武昌人。美国哥伦比亚大学图书馆学博士。历任奉天东北大学图书馆馆长、南京国立中央大学教授兼图书馆馆长。新中国成立后，任武汉大学、中科院武汉分院图书馆馆长。

桂崇基（1901—1990）

江西贵溪人。美国哥伦比亚大学硕士。曾任中山大学、复旦大学、中央大学教授。为国民党第四届中央执行委员。1949年去台湾，1968年任台湾东吴大学校长。

索非（1899—1988）

姓周。安徽绩溪人。早年从事无政府主义宣传活动，并任《微明》半月刊主编。1925年参与发起组织无政府主义团体"民众社"。曾任北京《国风日报》副刊编辑。1927年到上海，任开明书店襄理兼上海总店主任、中华麻疯救济会董事。又创办索氏制药公司及《科学趣味》杂志。1946年去台湾。著有《世界语入门》、《战时救护》。

贾士毅（1887—1965）

字果伯，号荆斋。江苏宜兴人。早年留学日本。民国期间，主要担任财政部高级官员，一度兼任中央大学、中央政治大学经济系教授。1951年去台湾。著有《民国财政史》、《国税与国权》。

贾兰坡（1908—2001）

河北玉田人。1931年入中国地质调查所新生代研究室，参加周口店北京人遗址的发掘。新中国成立后，历任中国科学院院士、中国科学院古脊椎动物与古人类研究所研究员。1994年当选美国科学院外籍院士。著有《中国远古人类》。

贾亦斌（1912— ）

又名思齐。湖北兴国（今阳新）人。重庆陆军大学毕业。曾任国民政府军事委员会参议，国防部预备干部局局长。1949年4月率部在浙江嘉兴起义。新中国成立后，任民革中央副主席、全国政协常委。

贾拓夫（1912—1967）

陕西神木人。1926年参加中国共产主义青年团，1928年转入中国共产党。长期在中共西北工作委员会及西北局担任领导工作。曾参加过长征。抗战期间积极争取回、蒙民族参加抗日民族统一战线。新中国成立后，任国家计委副主任。

贾鸣梧（1862—1939）
字凤栖。山西汾城（今襄汾）人。清光绪拔贡生。曾任汾县视学总董、县议会议长。1913年当选为众议院议员。1922年国会恢复时，仍任众议院议员。

贾桂林（1895—？ ）
字文焕。山西太谷人。毕业于中央大学。历任北京政府工商部秘书、国民政府财政部卷烟局局长、南京海关监督。

贾景德（1880—1960）
字煜如，号韬园。山西沁水人。清末进士。1914年任山东济宁道尹。北伐战争时期，任第三集团军秘书长。抗战爆发后，任第二战区司令部秘书长。1948年任考试院副院长。1949年任行政院副院长。后去台湾，任"考试院"院长。

贾德耀（1880—1941）
字焜庭。安徽合肥人。毕业于保定军校及日本士官学校。1914年任第十五混成旅旅长。1923年任保定军校校长。次年任陆军部总长。1926年任国务总理，旋辞职。1936年任国民政府外交委员会主席委员。

夏威（1893—1975）

字煦苍。广西容县人。保定军校毕业。1926年参加北伐，后任南京国民政府军事委员会委员。抗战时期任国民革命军第十六集团军总司令、第四战区副司令长官，曾率部参加桂南会战、桂柳会战。抗战后任安徽省主席、华中"剿总"副司令。1949年去香港。1975年死于车祸。

夏衍（1900—1995）

原名沈乃熙，字端先。浙江余杭人。中国新文化运动的先驱者之一。早年留学日本。1927年加入中国共产党。1930年参加左翼戏剧家联盟，从事剧本创作。抗战爆发后，辗转各地开展救亡运动。1944年起任《新华日报》代总编辑。新中国成立后，任文化部副部长、中国电影家协会主席。有《夏衍剧作集》、《夏衍电影剧本集》等。

夏淳（1918—1996）

原名查强麟。北京人。中学期间即参加业余戏剧活动。曾导演《雷雨》、《风雪夜归人》。新中国成立后，任中央戏剧学院话剧团导演，北京人民艺术剧院导演、副院长，中国戏剧家协会常务理事。

夏超（1882—1926）

字定侯。浙江青田人。杭州武备学堂毕业。曾任同盟会浙江支部会长。辛亥浙江光复后，任都督汤寿潜幕僚。后任浙江省警察厅厅长、省长。北伐时，任国民革命军第十八军军长兼浙江省民政长。1926年夏败退杭州，被俘遇害。

夏勤（1892—1950）

原名惟勤，字敬民、竞民。江苏泰州人。京师法政大学、日本东京帝国大学毕业。历任北京政府大理院首席检察官，南京国民政府最高法院院长，中央大学、中央政治学校教授。新中国成立后去了香港，不久病逝。著有《法学通论》、《刑法总论》。

夏鹏（1896—? ）

别号筱芳。上海圣约翰大学毕业。1932—1935年任中央银行常务理事。

夏銮（约1801—1854）

字鸣之。江苏上元（今南京）人。清咸丰间与褚汝航同为湘军监造战船，水师成军后随军出战。官至同知。

夏鼐（1910—1985）

原名国栋，字作铭。浙江温州人。清华大学历史系毕业，英国伦敦大学考古学博士。曾任中央研究院历史语言研究所研究员。新中国成立后，任中国科学院考古研究所所长、中科院哲学社会科学部学部委员。是新中国考古工作的主要指导者和组织者。有《考古学论文集》。

夏开权（1901—? ）

湖南安化人。南京高等师范学校毕业。1932年任湖南省教育厅科长。1944年任国民政府教育部训育委员会委员。1948年当选国民政府立法院立法委员。

夏斗寅（1885-1951）

字灵炳。湖北麻城人。1906年加入同盟会，入湖北新军。参加辛亥革命。曾任鄂军司令。1926年加入国民革命军，任独立第十四师师长。1927年5月17日，在宜昌发动兵变，拥护蒋介石，任第十三军军长。旋率部参加中原大战和对红军的围剿。1932年，被任命为湖北省主席、湖北省警备司令。后为蒋介石猜忌，1945年退役。1949年去香港。

夏光宇（1889—1970）

名昌炽。江苏青浦（今属上海）人。毕业于北京大学土木工程科。历任国民政府铁道部参事、交通部专门委员、平汉铁路局和粤汉铁路局局长。是中国土木工程师学会首任会长。1949年去台湾。

夏同善（1831—1880）

字舜乐，号子松。浙江仁和（今杭州）人。清咸丰进士。光绪时官至吏部右侍郎，督江苏学政。

夏其昌（1908—？）

江苏吴淞（今属上海）人。上海圣约翰大学医学博士，留学奥地利。曾任江西省卫生署技正兼江西省立医院泌尿科主任医师、上海虹桥疗养院院长、上海联青社社员。

夏奇峰（1887—1961）

原名夏云。江苏泰州人。苏州高等学堂肄业。曾任南京国民政府外交部条约委员会委员。抗战爆发后投敌，任伪维新政府外交部长、汪伪监察院审计部长。抗战胜利后以汉奸罪被处无期徒刑。

夏国璋（1896—1937）

字超然。广西容县人。陆军大学毕业。初在桂军中任职。1930年任第三集团军总司令部参谋。抗战爆发后，任国民革命军第一七五师副师长，率部参加淞沪抗战。1937年11月在扼守吴兴战役中殉国。

夏佩珍（1908—1975）

女。江苏南京人。1925年起，先后入上海明星、影戏、暨南、孔雀等影片公司。主演影片有《火烧红莲寺》、《歌女红牡丹》、《啼笑因缘》、《香草美人》、《难姊难妹》等数十部。

夏承枫（1897—1935）

字湛初。江苏南京人。东南大学毕业。历任东南大学教授、南京市教育局科长、中央政治学校大学部讲师。曾主编《教育月刊》、《新教育月刊》。

夏济安（1916—1965）

江苏吴县人。上海光华大学英文系毕业。后任教于光华大学、西南联大、北京大学外语系。1940年代赴美，先后于华盛顿大学、柏克莱加州大学任教。著有《黑暗的闸门》。

夏晋麟（1894—？）

字天长。浙江鄞县人。留英博士。曾任上海南方大学、东吴大学教授。1931年任中国驻英使馆一等秘书。1935年任国民政府立法院立法委员。后任国民党中宣部驻英代表、驻美代表，创立中国新闻社。1946年任国民政府驻安理会副代表。1949年去台湾。著有《中英修约论》、《中国民法》。

夏琴西（生卒年不详）

五四运动时任天津总商会秘书长，负责筹组天津各界联合会，支持学生运动。1928年7月，天津国货维持会成立，任主席，开展抵制日货运动。

夏敬观（1875—1953）

字剑丞，号缄斋。祖籍江西新建，生于湖南长沙。清举人。曾随皮锡瑞治经学，又随文廷式学词。后入张之洞幕府，主办两江师范学堂。曾任江苏提学使兼复旦公学校长、浙江省教育厅长。1924年辞官闲居上海。著有《词调溯源》、《历代御府画院兴废考》。

夏瑞芬（1871—1914）

字粹芳。江苏青浦（今属上海）人。创办商务印书馆，自任总经理。又创办《外交报》杂志，后为陈其美派人暗杀。

顾沄（1799—1851）

字沣兰，号湘舟。江苏长洲（今苏州）人。清道光间官教谕。建"怀古书屋"、"艺海楼"庋藏书籍，多秘本、善本。

顾春（1799—约1876）

女。西林觉罗氏，字子春，号太清。满洲镶蓝旗人。满族。鄂尔泰曾孙女。工诗词书画，有"满洲词人，男中成容若，女中太清春"之誉。

顾荃（1842—1905）

字春岩，江苏无锡人。工诗。有《自怡轩诗词存》。

顾莲（1842—1910）

字子爱，号香远、复斋。上海华亭（今松江）人。有《素心簃集》。

顾澄（1882—？）

江苏无锡人。江南格致书院毕业。曾任清华大学、北京大学教授。抗战爆发后投敌，任伪中华民国维新政府教育部长。

顾广誉（1800—1867，一作1798—1865）

字惟康，号访溪。浙江平湖人。清优贡生。精经术，尤精《诗》、《礼》。曾主讲上海龙门书院。有《学诗详说》、《悔过斋文集》等。

顾子扬（1876—1940）

名声振。江苏铜山人。留学日本。同盟会会员。武昌起义时，在徐州响应独立。后创办《民生日报》，任徐州中学校长，组织国民党徐州支部。为国民党一至四大代表、国民参政会参政员。

顾正汉（1912—？）

江苏阜宁人。美国北卡罗纳大学公共卫生硕士。曾任上海市卫生局主任、卫生部秘书、内政部中央卫生实验院副院长。1949年去台湾，任"中国红十字会总会"秘书长、台湾师范大学教授。

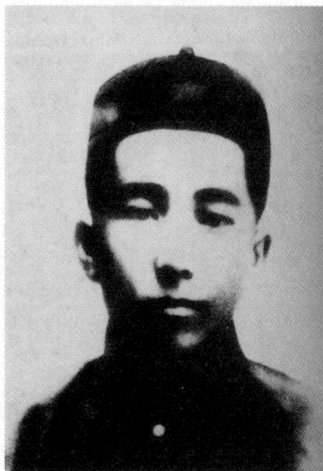

顾正红（1900—1925）

江苏滨海人。上海日商内外棉七厂工人。1925年加入中国共产党。同年5月15日，为保护工人利益，领导工人与资本家、工头交涉时，遭日本资本家枪杀，引发五卅运动。

顾兰君（1917—1989）

女。上海人。1930年代起先后入上海明星、华新影片公司、香港大中华影业公司、上海国泰公司，出演《翡翠马》、《金刚钻》、《貂婵》、《武松与潘金莲》、《武则天》等三十多部影片。1948年息影。1989年10月在上海逝世。

顾廷龙（1904—1998）

字起潜。江苏苏州人。燕京大学文学硕士。曾任燕京大学图书馆中文采访主任。1939年与人共创上海合众图书馆，任总干事，并兼暨南大学、光华大学教授。新中国成立后，任上海市历史文献图书馆馆长，上海图书馆馆长、名誉馆长。长期致力于古典文献学、版本学和目录学的研究。主编有《中国丛书综录》、《中国古籍善本书目》。

顾克民（1891—?）

字鼎贞。江苏武进人。南京南洋方言学堂及上海商业专门学校毕业。曾任上海华商证券交易所及银行信托公司董事长兼总经理、新亚药厂董事兼经理、上海市制药工业同业公会理事长。

顾忠琛（1880—1945）

字荩忱。江苏无锡人。曾任国民政府文官处参事。七七事变后投敌，任汪伪中央常务监委、监察院长。

顾孟余（1888—1973）

名兆熊，字梦渔。浙江上虞人。留学德国。历任北京大学教授，国民党中宣部长、中常委，国民政府铁道部长、中央大学校长。1949年迁居香港。1969年去台湾，任"总统府"资政。

顾南群（1891—1964）

江苏启东人。日本名古屋医科大学毕业。1917年回国之初在崇明县开设医院行医。1918年在上海创建南洋医院与南洋医科专门学校，任院长和校长。还曾任上海地方法院法医、上海市保安处军医主任。后去台湾，1964年病逝于台湾。

顾炳元（生卒年不详）

字伯雄。民国时期曾任上海太平人寿保险公司总经理、吉美罐头食品公司常务董事兼总经理、四维化学农园股份有限公司董事兼总经理。

顾祝同（1893—1987）

字墨三。江苏涟水人。保定军校第六期毕业。历任南京国民政府江苏省政府主席、第三战区司令长官、陆军总司令。1941年1月，奉蒋介石密令，策划制造了震惊中外的"皖南事变"。1949年去台湾，任"代理国防部长"、"总统府"战略顾问。

顾梅君（1915—1972）

女。上海人。与妹妹顾兰君均为著名电影演员。1930年代入上海明星公司，出演影片《慈母》、《姊妹花》、《上海二十四小时》、《新旧上海》等。1942年后在"中联"、"华影"拍片。1949年随丈夫导演徐欣夫去台湾。

顾惕生（生卒年不详）

又名实。民国时期任无锡国专教授，语言文字学家，为《辞源》编纂者之一。著有《汉书艺文志讲疏》、《中国文字学》、《中国文学史大纲》。

顾惟精（1887—1958）

字心一。江苏无锡人。美国麻省理工学院机械学硕士。曾任南京河海工程专门学校、上海交通大学、北京交通大学、金陵大学、无锡江南大学教授。新中国成立后，任淮南煤矿专科学校教授、安徽省政协常委。

顾维钧（1888—1985）

字少川。江苏嘉定（今上海）人。美国哥伦比亚大学博士。毕生从事外交工作，曾任北京政府外交总长兼代国务总理，南京国民政府外交部长及驻法、英、美大使，1957年后任海牙国际法院副院长。1968年后定居美国。有《顾维钧回忆录》。

顾颉刚（1893—1980）

原名诵坤，字铭坚。江苏苏州人。北京大学毕业。相继在多所大学任教授。1948年当选中央研究院院士。从1920年开始考辨古史，提出"层累地造成的中国古史观"论点，在史学界引起争论。后将争辨文章编为《古史辨》（八册）。继而逐渐侧重边疆地理研究。新中国成立后，任中科院历史所研究员。著有《秦汉的方士与儒生》等，主编《中国历史地图集》。

顾森书（1840—1904）

字纶卿。江苏金匮（今无锡）人。工诗。有《篁韵庵诗钞》。

顾毓琇（1902—2002）

字一樵。江苏无锡人。美国麻省理工学院科学博士。历任浙江大学、清华大学、中央大学教授，中央大学、国立政治大学校长。1950年赴美国定居，任宾夕法尼亚大学教授。

顾毓琦（1901—1978）

江苏无锡人。上海同济大学医学博士。历任宝隆医院内科主任、上海肺病疗养院医务主任、上海同德医学院及同德医院院长、新亚药厂董事。一二八淞沪抗战时，曾组织救护队，救治伤员。

顾毓瑔（1905— ）

别号一泉。江苏无锡人。美国康乃尔大学实业工程博士。历任中央大学机械学教授、实业部技正、经济部中央工业实验所所长、全国经济委员会副秘书长。新中国成立后，任上海中纺总公司工程师、全国政协委员。

顾震潮（1920—1976）

上海人。清华大学研究院毕业，后为瑞典斯德哥尔摩大学气象系研究生。1950年回国，历任中央气象局主任、中国科学院气象研究室主任、大气物理研究所所长、世界气象组织大气科学委员会委员。在数值预报、云物理研究等方面，做出了许多开创性的工作。著有《云物理学》等。

晏阳初（1890—1990）

又名遇春，字东昇。四川巴中人。美国普林斯顿大学研究院硕士。早年曾赴法国办理华工教育，创办《华工周报》。1923年任中华全国平民教育促进会总干事。1950年赴美定居，任国际平民教育委员会主席。

恩华（1879—？）

字詠春。江苏镇江人。清光绪进士，日本法政大学毕业。历任清江南三江师范学堂提调、学部总务司司长。1913年当选众议院议员。1924年任北京华北大学校长。

恩寿（生卒年不详）

索卓罗氏，字艺棠。满洲镶白旗人。满族。清同治进士，授庶吉士。1897年任陕西陕安道。后任江西按察使、江苏巡抚、漕运总督。1906年改山西巡抚。次年调陕西巡抚。武昌起义时，被清廷革职。

恩铭（？—1907）

于库里氏，字新甫。满洲镶白旗人。满族。庆亲王奕劻女婿。清举人。1895年任太原知府，1903年迁江苏按察使，1905年任江宁布政使，1906年升任安徽巡抚。1907年奉旨推行"新政"，整顿巡警学堂，开办警察处。同年7月，在安庆被光复会会员徐锡麟开枪杀死。

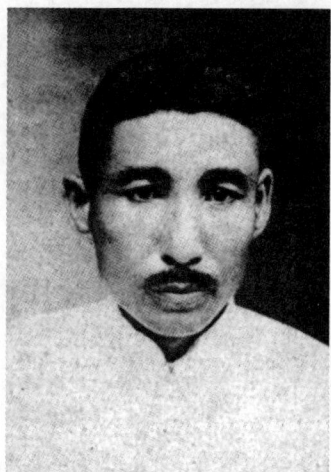

恩克巴图（1882—1944）

字子荣。察哈尔（今内蒙古）人。蒙古族。北京蒙旗师范学校毕业。历任大总统最高顾问，北平故宫博物院理事，国民党中央执行委员，国民政府立法院立法委员、监察院监察委员。1939年投靠汪伪。1942年被免去南京国民政府委员职务。

钱宁（1922—1986）

浙江杭州人。加利福尼亚大学博士。1955年回国后，曾任中国科学院水工研究室研究员、水利电力部河渠研究所副所长、清华大学教授。当选中国科学院学部委员。留美期间，与H.A.爱因斯坦合作发展了高度不均匀沙的输沙理论，为该学派创始人之一。著有《泥沙运动力学》、《河床演变学》。

钱恂（1853—1927）

字念劬。浙江吴兴（今湖州）人。钱玄同兄。清光绪时曾任出使荷兰、意大利大臣。1914年任参政院参政。整理天一阁藏书，编成《天一阁见存书目》。

钱泰（1886—1962）

字阶平。浙江嘉善人。法国巴黎大学法学博士。曾任北京政府外交部条约司司长，南京国民政府驻法国、比利时、挪威大使，外交部常务次长。1949年去职，后居美国、奥地利。

钱潮（1896—1994）

浙江杭州人。日本九州帝国大学医学博士。曾任浙江省立医药专科学校教授、浙江省直辖广济医院内科主任、浙江第九辅助医院院长。新中国成立后，任中国医学科学院寄生虫病研究所研究员、上海市卫生工作者协会秘书长。主要从事寄生虫病的研究工作。

钱穆（1895—1990）

字宾四。江苏无锡人。1930年起任燕京大学、北京大学、齐鲁大学、四川大学教授，中央研究院院士。1949年赴香港，创办新亚书院、新亚研究院。1967年迁居台湾，任中国文化书院教授。为国学大师，以治学术思想和文化史见长。著有《国学概论》、《国史大纲》、《中国近三百年学术史》、《中国文化史导论》、《先秦诸子系年》等。

钱乃文（1906—？）

广东东莞人，生于天津。上海圣约翰大学毕业，美国芝加哥大学法学博士。广州名律师钱树芬之子。曾任中国驻古巴、美国外交官，圣约翰大学、沪江大学、东吴大学教授。后为执业律师，并任上海泰山路新华信托储蓄银行经理。

钱三强（1913—1992）

浙江吴兴（今湖州）人，生于浙江绍兴。钱玄同之子。清华大学毕业，法国巴黎大学博士。曾任法国国家科学研究中心研究员、清华大学物理系教授、北平研究院原子学研究所所长。新中国成立后，任中科院近代物理研究所所长、原子能研究所所长，中科院副院长，中科院学部委员。对组建中国原子核科学研究基地、培养原子核科学技术人才作出了重要贡献。

钱大钧（1893—1982）

字慕尹。江苏吴县人，生于昆山。日本陆军士官学校毕业。曾任黄埔军校代理教育长、淞沪警备司令、国民政府军事委员会委员长侍从室主任、航空委员会主任、上海市长。1950年去台湾，任"中华航空公司"董事长、国民党中央评议委员、"总统府"战略顾问等。

钱之光（1900—1994）

浙江诸暨人。1927年加入中国共产党。1933年任中央苏区对外贸易总局局长，后被派往香港，创建香港华润公司并任董事长。新中国成立后，任轻工业部部长、纺织工业部部长。

钱仪吉（1783—1850）

初名逵吉，字蔼人，号衎石、新梧。浙江嘉兴人。钱陈群曾孙。清嘉庆进士。治经史，工诗文。

钱玄同（1887—1939）

字中季，号德潜。浙江吴兴（今湖州）人。早年留学日本并加入同盟会。曾师从章太炎，致力文字音韵学研究。1916年任北京大学与北京师范大学教授。五四时期从事新文化运动，提倡文字改革。著有《音韵学》、《中国文字学概论》。

钱亚新（1903—1990）

字维东，号东山。江苏宜兴人。武昌华中大学文华图书科毕业。历任河北省立女子师范学院图书馆及湖南大学图书馆主任、苏州社会教育学院教授。新中国成立后，任南京图书馆代理馆长、《江苏图书馆学报》主编。

钱伟长（1912—2010）

江苏无锡人。清华大学物理系、研究院毕业，加拿大多伦多大学博士。曾任美国加利福利亚理工学院研究员、清华大学教授。新中国成立后，任中科院学部委员力学研究所副所长，民盟中央副主席，全国政协副主席，上海大学校长。是中国近代力学、应用数学的奠基人之一。

钱仲联（1908—2003）

原名萼孙，号梦苕。原籍浙江吴兴（今湖州），生于江苏常熟。无锡国学专科学校毕业。先后执教于上海大夏大学和无锡国专。新中国成立后，任江苏师范学院（后改为苏州大学）中文系教授。著有《人境庐诗草笺注》等。以十年时间编写了《清诗纪事》。

钱寿荃（生卒年不详）
女。南京中央大学艺术系毕业。民国时期曾任上海革命博物馆筹备委员。

钱卓伦（1890—1967）
字企裴。江苏宜兴人。陆军大学毕业。曾任南京警备司令部参谋长，国民政府军事委员会铨叙厅厅长、国防部参谋总长办公室主任。1949年去台湾，任"东南军政长官公署"主任。

钱国成（1914— ）
江苏武进人。南京中央大学法律系毕业。历任重庆地方法院检察官、甘肃高等法院推事。1949年去台湾，任"最高法院院长"，台湾大学、东吴大学、辅仁大学教授。著有《民法判解研究》、《破产法要义》。

钱昌照（1899—1988）
字乙藜。江苏常熟人。英国伦敦大学经济学硕士。曾任南京国民政府教育部常务次长、资源委员会委员长，国民党中央候补执行委员。新中国成立后，任全国政协副主席、民革中央副主席。

钱学森（1911—2009）

浙江杭州人，生于上海。上海交通大学毕业，美国加利福利亚理工学院博士。曾任美国麻省理工学院航空工程系、加州理工学院教授。1955年冲破阻力回到中国，任中科院力学研究所所长，中国科学院、中国工程院院士，全国政协副主席。是中国航天事业的奠基人，获得中国两弹一星功勋奖章。被誉为"中国航天之父"和"火箭之王"。为中美两国的导弹和航天计划都曾作出过重大贡献。

钱宝钧（1907—1996）

江苏无锡人。英国曼切斯特理工学院硕士。曾任金陵大学、交通大学教授。新中国成立后，任华东纺织工学院院长。

钱宝琮（1892—1974）

字琢如。浙江嘉兴人。英国伯明翰大学土木工程系毕业。曾在南开大学、中央大学、浙江大学任教。1956年起任中国科学院自然科学史研究所研究员。主编《中国数学史》。

钱钟书（1910—1998）

字默存，笔名中书君。江苏无锡人。清华大学外文系学士、英国牛津大学文学副博士。曾任西南联大、清华大学教授。新中国成立后，任中国社科院副院长、全国政协常委。长期致力于人文社会科学研究，学贯中西、古今。著有《谈艺录》、《管锥编》、《围城》等。

钱俊瑞（1908—1985）
江苏无锡人。江苏第三师范学校毕业。1935年加入中国共产党。曾任新四军政治部宣教部长，新华社北平分社社长。新中国成立后，历任教育部和文化部副部长、中国科学院哲学社会科学部委员、世界经济研究所所长，《世界知识》和《永生周刊》主编。著有《怎样研究中国经济》等。

钱泰吉（1791—1863）
字辅宜，号警石。浙江嘉兴人。专事古籍校勘，与从兄钱仪吉有"嘉兴二石"之称。诗作温厚真朴。

钱能训（1869—1924）
字干臣。浙江嘉善人。清光绪进士。历任清广西学政、巡警部左丞、顺天府尹、护理陕西巡抚。1916年任北京政府平政院院长。1917年任内务部总长。1918年任国务总理。

钱基博（1887—1957）
字子泉，号潜庐。江苏无锡人。历任清华大学、无锡国专、浙江大学、华中大学等校国文教授。新中国成立后，任华中师范学院（原华中大学）教授。著有《无锡光复志》、《现代中国文学史长编》。

钱崇垲（1881—？）

字响辰。直隶（今河北）青县人。北洋大学毕业。曾任北京高等实业学校教员、河东盐务稽核分所稽核科主任、广宁盐税局局长。1916年任众议院议员。1917年任护法国会众议院议员。1922年北京国会恢复时，仍任众议院议员。

钱崇澍（1883—1965）

字雨农。浙江海宁人。曾入美国哈佛大学学习。历任北京大学、清华大学、复旦大学教授，中国科学社生物研究所所长。1948年当选中央研究院院士。新中国成立后，任中科院植物研究所所长、中国科学院学部委员、中国植物学会理事长。著有《高等植物学》。

钱清廉（生卒年不详）

第一批庚款留学生。1942年任中山大学法学院院长，后任时政周刊《客观》编辑。著有《惩治汉奸法》、《英国司法制度》。

钱智修（1883—1948）

字经宇。浙江嵊县人。复旦公学文学士。长期任上海商务印书馆编辑所编辑，主办《东方杂志》，参编《辞源》。1931年任国民政府监察院秘书。1942—1947年任监察委员。

钱新之（1885—1958）
名永铭。浙江吴兴（今湖州）人，生于上海。日本神户高等商业学校毕业。历任国民政府财政次长、国民参政员、交通银行董事长、复兴航业公司董事长。1949年去香港，后定居台湾。

钱端升（1900—1990）
上海人。哈佛大学政治学博士。先后任清华大学、北京大学、中央大学教授，中央研究院院士。1952年任北京政法学院院长。参加了新中国第一部宪法的起草工作。著有《中国的政府和政治》、《民国政治史》。

铁良（1863—1938）
字宝臣。满洲镶白旗人。满族。初入荣禄幕，后任清户部及兵部侍郎、练兵大臣、军机大臣、陆军部尚书、江宁将军。辛亥革命时在南京与苏浙联军作战。后依附日本，进行复辟活动。

倪亮（1903—？）
女。字朗若。江苏江宁人。法国巴黎大学文科博士。曾任金陵大学、重庆大学教授，国民政府内政府统计长。后去台湾，任台湾大学心理系教授。1980年定居美国。著有《教育与心理测验》、《心理学大纲》。

倪尚达（1898—1988）
上海人。南京高等师范学校毕业，美国哈佛大学通信系硕士。历任南京中央大学、成都金陵大学教授。新中国成立后，任南京工学院电机系教授。著有《无线电学》。

倪征燠（1906—2003）
江苏吴县人。美国斯坦福大学博士。先后在东吴大学、大夏大学、持志大学任教。二战后，参与远东国际军事法庭对日本战犯的审判工作。新中国成立后，任东吴大学教务长外交部法律顾问、联合国国际法院法官。

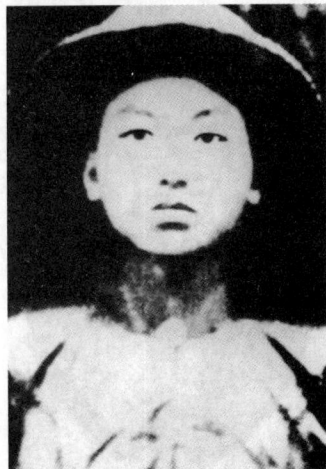

倪映典（1885—1910）
又名端，字炳章。安徽合肥人。曾入安徽武备学堂、江南陆师学堂学习。任广东新军炮兵排长，筹划广州起义时被推举为总司令。1910年2月率新军起义，中弹牺牲。

倪道烺（1881—1951）
号炳文。安徽阜阳人。北洋军阀倪嗣冲之侄。抗战时投敌，曾任伪维新政府安徽省长、汪伪安徽省主席、国民政府委员。1951年被蚌埠市人民政府镇压。

倪嗣冲（1868—1924）

字丹忱、丹宸。安徽阜阳人。清秀才。北洋军阀。早年投淮军、新建陆军，后受到袁世凯的赏识和重用。辛亥革命后，先后参与镇压二次革命，拥护袁世凯称帝、张勋复辟，反对孙中山护法运动，支持段祺瑞武力统一。历任安徽都督、省长、巡抚、督军，长江巡阅使等。1920年解职后在天津投资经商。1924年病逝于天津。

徐光（1888—1962）

字子明。江苏宜兴人。德国海德堡大学法学博士。历任北京大学、中央大学、中央军校教授。后去台湾，任台湾大学、东吴大学教授。通希腊、罗马、拉丁及英、德、法等语言。

徐华（1906—？）

字雨孙。广东香山（今中山）人，生于天津。留学英国。前轮船招商局会办徐润之孙、前京奉铁路局长徐见堞之子。1932年任景纶衫袜纺织厂股份有限公司总经理、国华工业投资及华泰电机公司董事。

徐寿（1818—1884）

字雪村。江苏无锡人。研究西方科技，精工程制造，参办安庆、江宁机器局，入上海江南制造局主持技术工作。倡译西学著作，参与创办上海格致书院。作化学实验演示，译介西方化学知识。翻译出版西方科技著作13部。

徐松（1781—1848）

字星伯。直隶大兴（今北京）人。清嘉庆进士，授翰林院编修，入直南书房。29岁入全唐文馆，负责编修《全唐文》，并辑录《宋会要辑稿》等。而立之年便出任湖南学政。后遭弹劾，流放伊犁。流放期间编纂了《新疆识略》，并成就《西域水道记》、《汉书西域传补注》和《新疆赋》（合称西域三种）。另著有《登科记考》、《唐两京城坊考》。

徐桐（1819—1900）

字豫如，号荫轩。汉军正蓝旗人。清道光进士。曾任同治帝师傅。光绪时官至礼部、吏部尚书，协办大学士，体仁阁大学士。素负理学名，极端守旧排外。

徐润（1838—1911）

字润立，号雨之，别号愚斋。广东香山（今中山）人。早年为上海英商宝顺洋行买办。捐员外郎。后自开宝源祥茶栈，并创办仁和水险公司、济和水火险公司等。1873年起受李鸿章委派，先后担任上海轮船招商局、开平矿务局会办。后在上海创办同文书局，陆续影印了《二十四史》、《古今图书集成》等。

徐堪（1888—1969）

原名代堪，字可亭。四川三台人。清秀才出身，后入四川通省师范学堂。同盟会会员。1919年补选为国会议员。1928年任国民政府财政部钱币司司长。1941年任粮食部部长。1949年任财政部部长、中央银行总裁。旋去台湾。

徐谟（1893—1956）

字叔谟。江苏吴县人。天津北洋大学法科毕业，美国华盛顿大学法律硕士。历任南开大学教授，国民政府外交部欧美司司长，驻澳大利亚、土耳其大使。1946年当选为海牙国际法庭法官。1956年病逝于海牙。

徐谦（1871—1940）

字季龙，教名乔治，晚年自署黄山樵客。安徽歙县人。清光绪进士。曾任北京政府司法部次长、孙中山大元帅府秘书长、国民政府司法部长。1933年任福建人民政府最高法院院长。1940年在香港病逝。著有《民法总论》等。

徐嘉（1833—1913）

字宾华，号遯庵。江苏山阳（今淮安）人。工诗。有《味静斋集》。

徐士浩（1899—1961）

字静安。江苏昆山人。北京大学法学学士。曾在上海圣约翰大学、南京法政学院任教。又为上海律师公会执行律师，上海华商水泥公司、大中华火柴公司监察人。后侨居香港，创办佑业、茂华公司。

徐士銮（1833—1915）

字苑卿，一字沅青。天津人。清咸丰举人。官内阁中书，擢侍读、记名御史，年四十九即引疾归。潜心著述数十年。著有《乡笔述》、《古泉丛考》、《蝶坊居诗文钞》等。

徐小麟（生卒年不详）

民国时期曾与袁克文等发起全国伶选大会，任"胜利"戏曲唱片发行公司执行人，创办"高亭"唱片公司。

徐天深（1893—？）

字穆和。广东琼山（今属海南）人。日本大学政治科毕业。历任国民党广东省党部农民部部长、广州政治分会军事委员会政治训练部主任。抗战时附汪投敌，任汪伪监察院监察使、全国经济委员会委员。

徐少明（1901—？）

广东人，生于上海。美国南加利佛尼亚大学牙科博士。曾任上海中国红十字会第一医院及中山医院牙医主任、中国齿科医学会会长、上海齿科医学院院长、上海中国牙医材料商社董事。

徐中舒（1898—1991）

安徽怀宁人。清华大学国学研究院毕业，师从王国维、梁启超等。历任复旦大学、暨南大学、四川大学教授。新中国成立后，任四川大学历史系主任、中科院学部委员、中国先秦史学会理事长。著有《殷周文化之蠡测》、《甲骨文字典》。

徐公美（生卒年不详）

民国时期曾任上海商务印书馆影片部主任、大夏大学教授。著有《演剧术》、《电影教育》、《电影发达史》、《戏剧短论》、《日本电影教育考察记》、《演剧概论》、《电影场》、《农民剧》。

徐世大（1895—1974）

别号行健。浙江绍兴人。美国康乃尔大学土木工程硕士。历任钱塘江工程局总工程师、华北地区水利委员会常委、全国水利委员会参事、水利部河海工程局局长。1949年去台湾，任"石门水库建设委员会"总工程师。

徐世昌（1855—1939）

字卜五，号菊人、东海、弢斋、水竹邨人。天津人。清光绪进士。官至内阁协理大臣。助袁世凯创办北洋军并窃取总统位，任国务卿。1918年由"安福国会"选为大总统，1922年下台。

徐世章（1886—1954）

字瑞甫。天津人。徐世昌之弟。比利时黎其大学毕业。曾任津浦铁路管理局局长、北京政府交通部次长、交通银行副总经理、币制局总裁。1922年去职，寓居天津。

徐东藩（1886—1949）

字寿城。浙江金华人。英国伯明罕大学毕业。后又入英国伦敦大学、瑞士鲁桑大学专修国际法。曾任北京政府外交部特派山东交涉员，参与收回青岛主权的谈判。后任国民政府外交部参事、英士大学教授。

徐用仪（1826—1900）

字吉甫，别号小云，一作筱云。浙江海盐人。清咸丰举人。累官总理各国事务衙门大臣、军机大臣、兵部尚书。1900年因反对利用义和团排外、反对围攻使馆和对外宣战，被处斩于北京菜市口。

徐乐天（1902—？）

江苏武进人，生于福建福州。南洋大学毕业，留学美国。曾任北平短波无线电台长、国民政府交通部国际无限电台业务主任、开滦矿务局营业部经理、华丰搪瓷公司董事。1943年创办乐华毛织厂，任总经理。

徐兰墅（1885—?）

字树馨。江苏崇明（今属上海）人。日本早稻田大学政治经济科毕业。1912年始任律师。1913年当选为国会众议院议员。国会解散后，任浙江省杭县地方审判厅推事。1925年任江苏省实业厅厅长。

徐永昌（1887—1959）

字次宸。山西崞县（今原平）人。保定陆军大学毕业。历任绥远、河北、山西省政府主席。抗战时期任国民政府军事委员会军令部部长。抗战胜利后，代表中国政府参与盟国受降典礼、签署受降书。后任陆军大学校长、国防部长。1949年去台湾，任"总统府"资政。

徐邦道（1837?—1896）

字见农或剑农。四川涪州（今涪陵）人。行武出身，清将领。曾参加镇压太平天国、捻军及回民起义。1878年升提督。甲午战争中，在旅顺、牛庄抗击日军。

徐廷玑（1854—1929）

字玉衡，号雨荪。上海青浦人。工诗。有《碧莲居遗稿》。

徐廷瑚（1890—1974）

字海帆。河北蠡县人。法国巴黎大学毕业。历任国立北平大学教授、国民政府农矿部农务司司长、全国经济委员会蚕丝改良委员会委员。

徐传霖（1879—1958）

字梦岩。广东和平人。日本早稻田大学毕业。同盟会会员。1913年当选为国会众议院议员。1932年参与组织中国国家社会党（后改组为民主社会党）。1947年任民社党主席。1948年被提名为副总统候选人。1949年去台湾。

徐仲年（1904—1981）

学名家鹤，笔名丹歌。江苏无锡人。法国里昂大学文学博士。历任中央大学、复旦大学外文教授。主编《美术生活》、《星期文艺》。新中国成立后，任南京大学、上海外国语大学教授。

徐血儿（1891—1915）

原名裕，字天夏，别署衣谷。江苏金坛人。同盟会会员。曾任《民呼日报》记者。1911年主《民立报》笔政。1912年被推为同盟会驻沪机关部文事长。1915年病逝于上海。

徐寿兹（1852—1917）

初名谦，字受之，更名寿兹，字袖芝，晚号六盦。江苏元和（今苏州）人。官至清直隶州知州，发河南署许州牧。民国初曾任安徽政务厅长。

徐志摩（1896—1931）

原名章垿，字槱森，笔名诗哲。浙江海宁人。美国哥伦比亚大学硕士，后留学英国剑桥大学。1923年发起成立新月社。后创办、主编《诗刊》月刊。曾任北京大学、中央大学教授。1931年11月因飞机失事遇难。著有《志摩的诗》。

徐启明（1891—1989）

又名成，字光华。广西榴江人。陆军大学毕业。1936年任国民革命军第四集团军第二十师师长，参加两广倒蒋活动。抗战时任第二十一集团军参谋长、第七军军长。1949年任第十兵团司令。1950年赴香港，后去台湾。

徐松根（1883—1911）

广东花县人。同盟会会员。广州起义时为"选锋"（敢死队队员），攻督署，转战负伤被捕就义。为黄花岗七十二烈士之一。

徐佩璜（1888—？）

字君陶。江苏吴江人。1910年入美国麻省理工学院学化学。1921年回国。曾任上海南洋大学教授、中国工程师学会会长。1928—1937年任上海市政府参事、上海市教育局局长、上海市公用局局长。

徐金溧（1888—？）

字侍峰。河南南阳人。英国剑桥大学毕业。曾任河南第一师范学校校长，河南中山大学、北平辅仁大学教授，福建省政府参议。著有《青年心理》。

徐泽予（1911— ）

浙江临海人。美国哥伦比亚大学商学硕士。曾任复旦大学、上海政法大学、浙江之江大学教授。后被浙江省政府派往美国为特派员。到台湾后，任淡江文理学院、中兴大学、台湾大学商学教授。

徐宝谦（1892—1944）

字六吉。浙江上虞人。1913年入基督教。1915年毕业于北京税务专门学校，任北京基督教青年会干事。后留学美国哥伦比亚大学，获哲学博士学位。回国后历任燕京大学、沪江大学、震旦大学教授。1941年任全国基督教青年会总干事。1944年遭车祸遇难。

徐建寅（1845—1901）

一名寅，字仲虎。江苏无锡人。早年随父徐寿先后供职于安庆军械所、江南制造局，参与了中国第一艘轮船"黄鹄"号的研造。曾任山东机器局总办、福州船政局提调。1886年会办金陵机器局。戊戌政变后调湖北，总办全省营务，督办保安火药局。1901年因试制无烟火药失事而亡。著有《造船全书》。

徐承锦（1875—？）

字尚之。贵州省铜仁县。清优贡生，授户部主事。京师大学堂仕学馆毕业。后为清民政部左参议、记名御史。1913年当选为国会参议院议员。1916年国会恢复后，仍任参议院议员。

徐绍桢（1861—1936）

字固卿。广东番禺（今广州）人。清光绪举人。1905年任清新军第九镇统制。1911年响应武昌起义，任江浙联军总司令。后历任南方革命政府总统府秘书长、广东省长、南京国民政府委员。

徐柏园（1902—1980）

浙江兰溪人。留学美国，攻读经济学及国际法。1933年任中国电气公司副总裁。后任交通银行北平、天津分行经理，四行联合办理总处秘书长，国民政府财政部政务次长。1948年去台湾后，历任"财政部"部长、"中央银行"总裁。

徐树铮（1880—1925）

字又铮，幼号铁珊、则林。江苏萧县（今属安徽）人。日本陆军士官学校毕业。陆军上将衔。先属皖系，后投奉系。曾任北京政府陆军部次长、西北筹边使兼西北边防军总司令。1925年12月在廊坊车站被冯玉祥拘杀。

徐钟霖（1911—?）

江苏泰县人。中央大学机械系毕业。抗战期间任航空研究所研究员。1943至1946年在美国参加飞机设计工作。后返台湾，参与台湾空军飞机制造业。

徐复观（1903—1982）

原名秉常，字佛观。湖北浠水人。早年赴日本留学，曾任国民党中央训练团教官。1949年去台湾，任东海大学教授。曾师事熊十力，于先秦两汉思想史研究方面颇有建树。著有《中国思想史论集》、《中国经学史基础》。

徐俊民（1893—?）

广东香山（今中山）人，生于广州。日本东京齿科医学专门学校牙医学士。曾任上海市卫生局、南京卫生署牙科审查委员，上海牙科医学校创办人兼教师。

徐庭瑶（1892—1974）

字月祥。安徽无为人。保定军校第三期毕业。曾任国民革命军第一军第二师师长、陆军第十七军军长。抗战时，任第八军团总指挥、第三十八集团军总司令等。1950年去台湾，任"东南军政长官公署"副长官、"总统府"战略顾问。

徐冠仁（1914—2004）

江苏南通人。中央大学农艺系毕业后留校任教，后获美国明尼苏达大学遗传学博士。新中国成立后，任中国科学院学部委员、中国农科院原子能利用研究所所长。

徐祖诒（1895—1976）

字燕谋。江苏昆山人。保定军校、日本陆军大学毕业。曾任第五战区参谋长、华中"剿总"副总司令、国防部参谋次长。1949年去台湾，任"国防部"高参。

徐祖善（1889—1957）

字燕谋。江苏无锡人。清南洋水师学堂毕业，美国麻省理工大学海军造船学硕士。曾任北京政府海军部科长、财政部胶海关监督，南京国民政府陇海铁路管理局长、江汉关监督。新中国成立后，隐居北京，1957年病逝。

徐诵明（1890—1991）

浙江新昌人。历任北平大学医学院院长、北平大学校长、西北联大商学院院长、同济大学校长。新中国成立后，任卫生部教育处处长兼北京医学院教授、人民卫生出版社社长。

徐统雄（1886—1947）

字洞云。广东大埔人。幼年随父赴新加坡经商。后加入同盟会。历任中华革命党、中国国民党新加坡支部长。后回国，1925年任广东韩江治河处处长。1931年任国民政府侨务委员会委员。1935年任四川禁烟督察处处长。1937年调任上海分处处长。抗战爆发后，告老居家，不再任职。

徐振东（1902—？）

江苏昆山人，生于上海。沪江大学毕业，留美硕士。曾任沪江大学教师、上海中华转运公司支行经理、金城银行郑州支行副经理、新华信托储蓄银行总行银行部经理、南京扶轮社社长。

徐莘园（1886—？）

湖南长沙人。湖南法政大学毕业。1929年从影。先后入上海长城、明星、华新，香港永华等影片公司。主演影片有《风流督军》、《战地历险记》、"大侦探陈查礼"系列、《一代枭雄》等数十部。1950年代初在香港病逝。

徐致靖（1842，一作1843—1918）

字子静，号仅叟。江苏宜兴人，寄籍顺天宛平（今属北京）。清光绪进士。官至礼部侍郎。曾向光绪帝推荐康有为、梁启超、谭嗣同等维新派。戊戌政变后被革职监禁。

徐恩元（1885—1926）

字容光。浙江吴兴（今湖州）人。英国伦敦大学经济政治科毕业。历任南京临时政府财政部公债司司长、北京政府财政部制用局局长、中国银行总裁、中华懋业银行总理。

徐恩曾（1898—1985）

字可均。浙江吴兴（今湖州）人。美国卡纳奇大学电机工程学士。1928年入国民党中央组织部，后升任党务调查科科长。1932年筹建特工总部。1938年任中统局副局长。1945年，蒋介石颁下"撤去徐恩曾本兼各职永不录用"的手谕。1949年去台湾。

徐高阮（1914—1969）

字芸书。浙江杭县人。早年先后就读于北京大学与清华大学。后入中央研究院历史语言研究所。1949年去台湾。著有《山涛论》、《重刊洛阳伽蓝记》。

徐海东（1900—1970）

原名元清。湖北黄陂夏店（今大悟）人。1925年加入中国共产党。1927年参加黄麻起义。1934年任红二十五军军长，参加长征。1937年任八路军第一一五师三四四旅旅长。新中国成立后，任中央军委委员、国防委员会委员。1955年被授大将军衔。

徐朗西（1884—1961）

字峪云。陕西三原人。日本铁道学校毕业。1905年在日本加入同盟会。旋奉命回国负责联络帮会，辛亥革命时率洪帮参加上海起义。孙中山就任全国铁路督办，为秘书。1931年任新华艺术专科学校校长、《生活日报》主笔。1949年被特邀参加中国人民政治协商会议第一届全体会议，后任上海市政协委员。著有《艺术与社会》。

徐继畲（1795—1873）

字健男。山西五台人。清道光进士。官至福建巡抚、署闽浙总督。工诗文，通外国史地。著有《瀛寰志略》。

徐培根（1895—1991）

字石城。浙江象山人。"左联"烈士殷夫胞兄。民国陆军二级上将。德国参谋大学毕业。历任国民政府参谋本部第二厅厅长、军政部航空署署长、陆军大学教育长。去台湾后，任"国防大学"校长、"国防部"常务次长。

徐象先（1880—?）

字慕初。浙江永嘉人。北京大学仕学馆毕业。历任清邮传部主事、江苏知县等。民国后，1913年当选为国会众议院议员。国会解散后，执律师业。1922年国会恢复时，仍为众议院议员。

徐淑希（1892—?）

广东饶平人。美国哥伦比亚大学博士。历任燕京大学法学院院长、联合国安理会中国副代表、国民政府外交部西亚司代理司长。1949年去台湾，任驻秘鲁、加拿大"大使"，1960年代在美国病逝。

徐寄庼（1881—1956）

浙江永嘉人。早年毕业于浙江杭州高等师范学堂，后留学日本山口高等商业学校。历任南京国民政府中央银行副总裁、浙江兴业银行董事长、泰山保险公司董事长。1948年当选"国民大会"代表。后在上海病逝。曾创办《银行周报》。著有《最近上海金融史》。

徐维震（1880—?）

字旭瀛。浙江桐乡人。上海南洋大学毕业，留美法学士。历任北京政府大理院推事、山西高等审判厅厅长、上海东吴大学法学院教授、南京国民政府工商部及司法行政部参事、江苏高等法院第二分院院长。抗战时期投敌，任伪上海高等法院院长、伪中央储备银行专门委员。抗战胜利后，以汉奸罪被判四年有期徒刑。

徐琴芳（1907—1985）

女。江苏常州人。上海中华电影学校毕业。先后入友联、明星、艺华、新华、国华、国泰影片公司。晚年任上海文史馆馆员。曾主演影片《秋扇怨》、《荒江女侠》、《姐妹冤家》等。

徐悲鸿（1895—1953）

原名寿康。江苏宜兴人。9岁随父学画。后赴法国巴黎，从画师达仰习素描，兼及油画。工西画，善写动物，国画以马最著名。抗战期间在国外多次展售画作，支持抗战。回国后历任中央大学艺术系教授、北平艺术学院院长。新中国成立后，任中央美术学院院长、全国美协主席。有画集《悲鸿绘集》。

徐善祥（1882—1969）

字凤石。上海人。美国哥伦比亚大学化学工业博士。历任长沙雅礼大学、南京第四中山大学教授，国民政府工商部工业司代理司长，上海化学公司工程师。新中国成立后，任上海文史馆馆员。

徐道邻（1906—1973）

名审交。江苏萧县（今属安徽）人。徐树铮之子。德国柏林大学法学博士。1937年任国民政府行政院院部秘书。后任考试院铨叙部甄核司司长、行政院政务处处长。去台湾后，执教于台湾大学。1962年赴美讲学，并留美任教。

徐锡麟（1873—1907）
字伯荪，号光汉。浙江山阴（今绍兴）人。参加光复会，至绍兴办大通学堂，积蓄反清力量。捐资为道员，赴安徽试用，与秋瑾准备在皖浙两省起义，在刺杀安徽巡抚恩铭时被捕就义。

徐新六（1890—1938）
字振飞。浙江余杭人。英国维多利亚大学商学学士。曾任浙江兴业银行常务董事兼总经理、上海市商会公债基金保管委员会主任委员、全国经济委员会委员。1938年8月乘飞机赴重庆时，为日机截击遇难。著有《币法考》。

徐源泉（1886—1960）
字克成。湖北黄冈人。湖北武备学堂毕业。行武出身。历任国民党湘鄂边区"剿匪"总司令、第二十六集团军总司令、第八战区副司令长官、军事参议院参议。1935年被授陆军上将衔。1949年去台湾。

徐嘉瑞（1895—1977）
号梦麟。云南昆明人。曾入昆明师范学校。1927年加入中国共产党，并刊行地下刊物《南焰》、《压榨》。1930年与党失去联系。后任武汉大学、云南大学教授、文史系主任。新中国成立后，任西南军政委员会委员、云南省教育厅长、云南省文联主席。1956年重新加入中国共产党。著有《中古文学概论》、《云南农村戏曲史》等。

殷同（1889—1942）

字桐声。江苏江阴人。日本陆军高等经理学校毕业。1933年任国民政府北平政务整理委员会顾问、《塘沽协定》交涉委员。抗战爆发后投敌，任伪中华民国临时政府建设总署署长，汪伪国民党中央政治委员会委员、华北政务委员会常务委员兼建设总署督办，新民会副会长。1942年病死。

殷兆镛（1800—1883）

字补金、谱经。江苏吴江人。清道光进士，授翰林院编修。光绪初官至礼部侍郎。工诗文。

殷汝耕（1885—1947）

字亦农。浙江平阳人。日本早稻田大学毕业。曾任南京国民政府驻日外交特派员，参与签定《淞沪停战协定》和《塘沽协定》。1935年底，成立伪冀东防共自治政府，任主席，公然叛国投敌。后又在汪伪政府任职。1947年以"连续通谋敌国，图谋反抗本国"罪被枪决。

殷秀岑（1911—1979）

天津人。1930年入联华公司北京分厂当演员。后到联华上海一厂，与韩兰根搭档拍片。在左翼电影运动中，参加拍摄《无愁君子》、《三人行》等进步影片。新中国成立后，曾任长春电影制片厂演员。

殷孟伦（1908—1988）

字石臞。四川郫县人。中央大学中文系毕业，后留学日本东京帝国大学。历任四川大学教授、中央大学副教授。1953年调山东大学，任中文系教授。精研汉语词汇史和训诂学，著有《中国语文学概说》、《训诂学概论》。

奚则文（1898—？）

字学舟，化名李如渊。江苏武进人。曾任南京国民政府铨叙部科长，抗战爆发后投敌，任伪维新政府苏北行政委员会主任，汪伪交通部次长、监察院秘书长。

奚元龄（1911—1988）

江苏武进人。中央大学农学院毕业，曾任中央农业实验所技士。1950年获英国剑桥大学细胞遗传学博士学位。历任中山大学农学院教授、江苏省农科院所长、中国遗传学会副理事长、中国棉花学会理事长。1973年研制成功 S 7—1 号棉花花药基本培养基，获得分化叶茎、根和苗原基（胚状体），在国际上居领先地位。

奚润耕（1888—？）

字亚村。江苏江阴人。曾任瑞润颜料靛青号经理、大沪饭店总经理、久源地产公司经理、上海西颜料号业同业公会理事长、江阴旅沪同乡会主席。

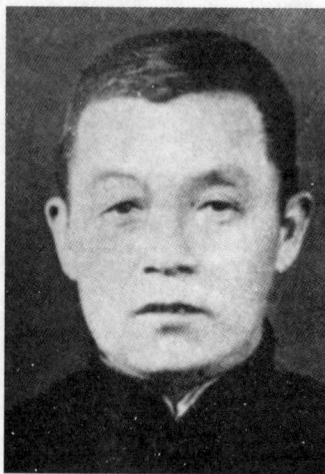

翁文灏（1889—1971）

字詠霓。浙江鄞县人。比利时罗文大学物理及地质学博士。历任北洋政府地质调查所所长，北京大学教授，清华大学代理校长，国民政府经济部部长兼资源委员会主任委员、行政院院长、总统府秘书长。1948年当选中央研究院院士。1949年经香港移居法国，1951年回国定居。任全国政协委员、民革中央常委。

翁世莹（生卒年不详）

1930年代知名的电影演员。

翁同龢（1830—1904）

字声甫，号叔平，晚号松禅。江苏常熟人。清咸丰六年（1856）状元。光绪帝师傅。两度任军机大臣兼总理衙门大臣。甲午战争时反对求和，主张光绪帝亲政，变法图强。戊戌政变后被"即行革职，永不叙用"，回籍。工诗，间作画，尤以书法名世。晚年沉浸汉隶，为同、光书家第一。著有《翁文恭公日记》。

翁独健（1906—1986）

福建福清人。美国哈佛大学博士。曾受业于伯希和。历任云南大学、燕京大学教授。新中国成立后，任中央民族学院教授，中国社科院历史所、民族所所长。曾主持《元史》校点及《蒙古族简史》的编写。

翁恩裕（1876—?）

字问卿。奉天（今辽宁）本溪人。曾任笔帖式，授官候补主事。1913年当选为国会众议院议员。1922年国会恢复时，仍任众议院议员。

翁照垣（1892—1972）

广东潮州人。日本陆军士官学校毕业。1932年任国民革命军十九路军第七十八师第一五六旅长，参加淞沪抗战。1933年闽变发生，任十九路军第六军军长。抗战爆发后，任第一战区前敌总指挥。1946年参与创立中国民主促进会。后在家乡经营西岭矿场、葵峰农场和兴纪行等实业。1949年移居香港。

凌冰（1894，一作1891—1993）

字济东。河南固始人。早年留学美国，获心理学博士。回国后，任南开中学大学部首任教务长。1928年任河南省教育厅长兼开封中山大学校长。1929年任中国驻古巴公使。后去台湾，曾任"立法院"立法委员、"行政院驻美全权代表"、纽约商爱罗公司董事长等。1993年逝于纽约。著有《儿童学概论》。

凌钺（1882—1945）

字子黄。河南固始人。早年加入同盟会，曾参加武昌起义，任敢死队队长。1912年当选为国会众议员，1935年任国民政府立法院立法委员。著有《滦州革命纪实》。

凌士钧（1885—1954）

字砺深，号狷盦。浙江崇德人，迁居杭州。早年留学日本，回国后历任湖南、河南、直隶等省高等审判厅厅长，杭县律师会会长，1933年署河南高等法院院长。40岁以后学画山水，与徐瑞徽、余绍宋、汤定之（涤）相切磋，晚年精进，作品收入《姜丹书稿》。著有《中国法系考》、《蜕庐杂俎》。

凌发彬（生卒年不详）

字雅林。广西省靖西县人。日本明治大学法学专科毕业。毕业初从事教育工作。后投身军界。1916年为众议院议员。

凌启鸿（1896—？）

字楫民。浙江吴兴（今湖州）人。美国华盛顿大学法学士。历任北京大学法学院教授、北平律师公会会长。1938年后投敌，历任伪维新政府高等法院第二分院院长、武汉市高等法院院长，汪伪立法委员。

凌其峻（1897—1968）

上海人。早年留学美国，1921年创办中国制瓷公司，后长期任仁立公司经理。新中国成立后，任全国工商联副主席、北京市民建副主委。

凌鸿勋（1894—1981）

字竹铭。江苏常熟人，生于广州。上海高等实业学堂土木工程科毕业。历任上海高等实业学堂校长、陇海铁路工程局长、粤汉铁路管理局长、国民政府交通部次长。1948年当选中央研究院院士。后去台湾，1950年后，任台湾大学教授。著有《中国铁路志》等。

凌道扬（1888—1993）

广东宝安（今深圳）人。美国耶鲁大学林学硕士。历任北平大学、中央大学农学院教授，联合国农林粮食组专门委员。1917年发起创建中华林学会。1949年后移居香港，任香港崇基学院院长、联合书院院长。1993年病逝于美国。

高旭（1877—1925）

字天梅，号剑公。江苏金山（今属上海）人。1904年赴日本留学。1905年加入同盟会，次年创办同盟会江苏分会。后创办留溪钦明女校，发起创立南社。1913年当选为国会众议院议员。

高邕（1850—1921）

字邕之，号李盦、孟悔。浙江仁和（今杭州）人。曾任江苏县丞，在上海豫园创立书画善会。好李邕书法，能以草书作画。工篆刻，能画。

高鲁（1878—1947）

字曙青。福建长乐人。福州船政学堂毕业、比利时布鲁塞尔大学理学士。历任北京中央观象台台长，中国气象学校校长，江苏省政府委员，中央研究院天文研究所主任，国民政府驻法公使、监察院监察委员。

高翰（1904—1996）

字公翰。福建长乐人。清华大学毕业，美国加利福尼亚大学哲学博士。历任武汉大学哲学系主任、文学院院长，重庆大学教授，善后救济总署台湾分署副署长。1949年去台湾，任政治大学、辅仁大学等校教授。

高一涵（1885—1968）

安徽六安人。留学日本明治大学。1916年起任《每周评论》、《新青年》编辑。1918年任北京大学教授。1931年后任国民政府监察院监察委员。新中国成立后，任南京大学法学院院长、江苏省政协副主席。

高天楼（生卒年不详）

1930年代知名的电影编剧。

高友唐（1881—1934）

名维宗。辽宁铁岭人。毕业于清仕学馆法政班。历任国民党直隶支部总务干事，汉口《楚报》主笔、《汉报》总编辑，上海《民呼》、《民吁》、《民立》报主笔，江苏江浦县知事。1931年任国民政府监察院监察委员。

高仁山（1894—1928）

原名宝寿。江苏江阴人。美国哥伦比业大学硕士。曾赴欧美、日本考察教育。历任北京师范大学、北京大学教育系教授。又创办北京艺文中学，任校长。组织新教育评论。1927年任"北方国民党左派大联盟"主席。1928年1月在北京天桥被张作霖杀害。

高凤池（1864—1950）

名翰卿，字凤池，以字行。上海人。初服务于美华书馆，旋与夏粹芳、鲍咸昌创设商务印书馆，并于1915-1920年任总经理。后任五州大药房董事。亦参与创设上海孤儿院。

高凤谦（1869—1936）

号梦旦。福建长乐人。1893年任浙江大学总教习。1894年赴日任留学监督。回国后历任上海商务印书馆国文部长、编译所所长、出版部部长，复旦公学监督。译有《日本法规大全》，编有《辞源》。

高本汉（1889—1978）

瑞典汉学家。早年利用汉语方言调查写成《中国音韵学研究》。后期研究金文、甲骨文，发表《汉语文字》。代表作《汉语音韵史纲要》。

高平子（1888—1970）

名均，字君平。江苏金山（今属上海）人。上海震旦学院毕业。曾任中央研究院天文研究所研究员。1935年出席巴黎国际天文学联合会大会。1948年后去台湾，任"中国天文学会"理事长。著有《学历散论》、《平子著述馀稿》。

高占非（1904—1969）

原名高执欧。天津人。曾就读于保定军校。1923年从影。先后入上海明星、联华、艺华、天一、香港大光明等影业公司。晚年居上海。主演了《小侦探》、《热血忠魂》、《长空万里》、《野火春风》等四十多部影片。

高尔松（1900—1986）

字继郇，笔名希圣。江苏青浦（今属上海）人。曾留学日本。1923年任国民党江苏省党部监察委员。1927年任青浦县长。后赴上海，任开华书局编辑，并从事译著。新中国成立后，任国家出版总署编审。译有《社会科学大辞典》。

高尔柏（1901—1986）

号詠薇，笔名郭真。江苏青浦（今属上海）人。历任国民党上海市党部宣传部秘书、江苏省党部代理宣传部长、江苏省政务委员会委员、上海开发书局编辑。新中国成立后，任民进中央宣传委员。

高廷梓（1895—1984）

广东新会人。美国哥伦比亚大学哲学博士。曾任中山大学、岭南大学教授，教育部、交通部司长，国民参政会参政员，立法院立法委员。1949年去台湾，后任国民党中央评议委员。著有《中国经济建设》、《中国航政建设》。

高仲和（1876—1970）

原名维崧，字重源。湖北枣阳人。日本早稻田大学毕业。清廷授法科举人，充黑龙江陆军学堂教习。辛亥革命后，曾任湖北都督府秘书。后加入同盟会，任《民心报》主编。1913年当选国会参议院议员。后赴沪为《民意报》、《民信报》主笔。1942年任鄂豫边区临时参议会秘书长。新中国成立后，任湖北省文史馆馆员，寓居北京。

高纪毅（1889—？）

字仁旃。辽宁辽阳人。曾任张学良副官长、东北航空处总务处长、东北军第十九旅旅长、辽宁省政府委员兼公安管理处处长、东北交通委员会副委员长兼北宁铁路管理局局长。

高志航（1907—1937）

原名铭九，字子恒，号德隆。辽宁通化（今属吉林）人。留学法国莫拉诺高等航空学校。曾任中央航空学校飞行教官，空军第六大队、第四大队大队长。1937年任空军驱逐机上校司令，同年11月遭日机袭击殉国。

高步瀛（1873—1940）

字阆仙。河北霸县人。清季举人。1902年游学日本师范学校。历任清学部主事、北京政府社会教育司司长、北京师范大学教授。

高奇峰（1889—1933）

广东番禺人。同盟会会员。曾任广东工业学校、岭南大学教授。是岭南画派创始人之一。著有《奇峰画集》、《新画学美术史》。

高卓东（1896—1972）

又名瑞恂。河北丰润人。陆军大学毕业。曾任国民革命军孔令恂师参谋长。1941年任第八十七军军长。后任新编第二军军长。1946年任北平、石家庄铁甲司令。后去台湾。

高宗武（1905—1994）

化名其昌。浙江乐清人。日本九州帝国大学法学学士。曾任国民党中央政治学校教授、国防设计委员会视察专员、外交部亚洲司司长。曾参与重光堂会谈。1939年任汪伪中央常务委员。1940年脱离汪伪集团，后隐居美国。

高建章（生卒年不详）

1930年代知名的电影摄影师。

高荫藻（1881—?）

字际唐。安徽合肥人。日本长崎高等商业学校毕业。历任安徽都督府参事官，安徽植边银行筹备处副办，安徽《皖报》馆总经理。1913年当选国会参议院议员。1917年任护法国会参议院议员。

高树勋（1898—1972）

字建侯。河北盐山人。初在冯玉祥部任职。1936年任河北保安处处长。抗战时任第三十九集团军总司令，冀察战区总司令，第十一战区副司令长官。1945年10月在邯郸起义。1946年加入中国共产党。新中国成立后，任河北省副省长。

高剑父（1879—1951）

名仑。曾入澳门格致书院、日本东京美学院学画。1909年加入同盟会。1911年参加黄花岗起义。1912年创办《真相画报》。后任中山大学、中央大学美术教授，为岭南画派开山大师。

高济宇（1902—2000）

河南舞阳人。美国伊利诺大学化学博士。历任中央大学和南京大学教授、理学院院长、副校长，中国化学会副理事长。1980年当选中科院学部委员。

高冠吾（1892—1953）

原名高愈。江苏崇明（今属上海）人。保定军校毕业。曾参加北伐战争。抗战爆发后投敌，任伪维新政府南京特别市市长，汪伪江苏省政府主席、安徽省主席、江西省长。其下落，一说抗战后自杀。一说后经旧友中共党员王绍鏊介绍，与中共建立联系，弃暗投明，易名张天云。1953年病逝于山东济南。

高桂滋（1891—1959）

字培五。陕西定边人。陕西军官学校毕业。历任胡景翼部旅长，国民革命军独立第八师师长，第十七军军长，国民党第三十六、三十八集团军副总司令。新中国成立后，任陕西省政协副主席。

高倩苹（生卒年不详）

女。1927年从影，先后入上海明新、明星等影片公司任演员。主演影片有《奇女子》、《男士救美记》、《时代的儿女》、《春蚕》等三十多部。1936年退出影坛，在上海挂牌做律师。其夫高占非为同时期的著名电影演员。

高凌霨（1868—1943）

字泽畬。天津人。清末举人。曾任湖南布政使。1913年任直隶财政厅长。北京政府时任财政总长、内务总长。日军侵入华北后，为天津维持会主席、河北省省长。1937年任伪华北临时政府河北省长。

高家骥（1878—?）

字季喆。黑龙江巴彦人。北京法政专门学校法律科毕业。1913年当选国会参议院议员。后任黑龙江省政府委员、农矿厅及教育厅厅长，呼伦贝尔市政筹备处处长。1932年辞职。

高梨痕（1890—1982）

湖北竹溪人。早年投身戏剧运动，倡导新剧，并组织启明剧社。1923年进入电影界。抗战爆发后，加入华南电影界赈灾会。1953年聘为上海文史馆馆员。主演《少奶奶的扇子》、《火烧红莲寺》，导演《似水流年》、《红楼春深》。

高惜冰（1894—1984）

原名介清。奉天（今辽宁）安东人。清华大学、美国麻省罗威尔理工学院毕业。历任东北大学工学院院长、察哈尔省政府委员、新疆省政府委员、国民政府铨叙部育才司司长、国民参政会参政员、安东省政府主席。1949年去台湾，任台湾纺织建设公司董事。1973年移居美国。

高维岳（1876—1938）

字子钦。奉天（今辽宁）锦县人。东北讲武堂毕业。历任东北军第二十七师参谋长、奉军第七师师长、察哈尔都统、安国军第九军军长、国民政府军事参议院参议。

高维藩（1883—1935）

字介任。湖北沔阳人。清庠生。湖北法政专科学校毕业。历任鄂东军政府外交部文书、丙辰俱乐部文牍、上海通讯社编辑、湖北靖国军参事会秘书长、湖北远安县司法委员、山东青州地方法院院长。

高槐川（1881—？）

原名毓秀。河北柏乡人。河北师范学校毕业。早年加入同盟会，参加辛亥革命。曾任段祺瑞执政府参议。1927年任安徽滁州县长。1928年起先后任国民政府考试院秘书、参事、顾问。

高魁元（1907—　）

字煜辰。山东峄县（今枣庄）人。黄埔军校毕业。曾任国民党第十八军第九十九师、第一一八师师长。1949年任第十八军军长，同年10月退守金门岛。后任台湾"陆军总司令"、"国防部长"。

高增融（1863—?　）

字仲昭。陕西米脂人。清光绪进士，分户部任主事。武昌起义后，任陕西红十字分会会长。1913年当选国会众议院议员。1917年任护法国会众议院议员。1922年北京国会恢复时，仍任众议院议员。

高觐昌（1856—1924）

字葵北，号省盦，辛亥革命后改字遽庵，江苏丹徒人。清光绪进士。官至广州知府、广东巡警道。

高镜朗（1892—1983）

浙江绍兴人。湖南湘雅医学院医学博士。1927年，在上海参与筹建第四中山大学医学院(上海医学院前身)，任执行委员。次年赴美留学。后任上海医学院儿科教授，并创办福幼医院。曾任中华医学杂志总编辑。新中国成立后，历任上海广慈医院(今瑞金医院)、新华医院儿科主任，上海第二医学院儿科系主任，上海市儿科医学研究所所长。

郭凤（1772—1840）

字丹叔。江苏吴江人。工诗。

郭乐（1874—1956）

又名鸾辉。广东香山（今中山）人。早年赴澳大利亚谋生，1905年在澳组建以永安果栏为主体的生安泰公司。1907年在香港与其弟创设永安百货公司。数年后又开设上海永安百货公司、永安纺织公司，并涉足银行、酒店、房地产等行业。1939年离沪赴美国定居，1956年在美国逝世。

郭忏（1894—1950）

字悔吾。浙江诸暨人。保定军校毕业。初在浙江陆军孙传芳部任职。1926年后，历任国民革命军第九十四军军长、武汉警备司令、国民党第六战区副司令长官、联勤总司令。1949年去台湾，任"东南军政长官公署"副长官。

郭顺（1885—1976）

又名和辉，字景春。广东香山（今中山）人。郭乐六弟。1901年由二兄郭乐召往澳大利亚。1920年赴上海，与兄郭乐创立上海永安纺织公司，并为实际筹划人。曾任上海市政府参议、汪伪全国商业统总会监事。抗战后任全国经济委员会委员。后到美国定居。

郭涵（1883—？）
字芳五。河南孟津人。1913年当选众议院议员。1922年任陕西省政务厅厅长。1925年去职。

郭腾（1894—？）
福建福州人。福建协和医学院医学博士，后留学英国。曾任北京协和医院医师、上海工部局巡捕医院医务长、上海特别市第一区公署卫生处社会健康科科长。

郭澄（1907—1980）
字镜秋。山西阳曲人。北京中国大学政治系毕业。曾任三青团山西支团干事长、国民党山西省党部副主任委员。1947年当选为国民党中央执行委员。去台湾后，任台湾省党部主任委员，"光复大陆设计研究委员会"副秘书长。

郭骥（1911—1990）
字外川。浙江龙泉人。伦敦大学政治经济学院人事行政硕士。曾任湖北省政府人事处处长，重庆大学教授。1946年任国民政府国防部第一厅办公室副主任。后去台湾，任"光复大陆设计研究委员会"秘书长。

郭一岑（1894—1977）

江西万载人。留德哲学博士。历任中央大学副教授、上海暨南大学教育系主任、西南联大教育学院院长。新中国成立后，任广州中山大学、北京师范大学教授，中国心理学会理事。著有《苏俄新兴心理学》、《现代心理学概观》。

郭人漳（？—1925）

字葆生。湖南湘潭人。清湘军名将郭松林之子。曾任清陕西道台，广东钦廉道台、都督。入民国后，1913年当选众议院议员，并授陆军中将。1917年任护法国会众议院议员。

郭人骥（1891—？）

浙江兰溪人。浙江医药专科学校毕业。曾任上海斜桥医院院长兼医师、上海市医师公会编辑委员。著有《痨病救星》、《女性养生鉴》、《传染病问答》。

郭大力（1905—1976）

江西南康人。1923年入厦门大学习化学，后转学大夏大学攻哲学，开始研究马克思主义。1928年起与王亚南合译《资本论》。毕生研究、宣传马克思主义政治经济学。新中国成立后，在中共中央党校任教。并任中国科学院哲学社会科学部委员。著有《西洋经济思想》。

郭广恩（1875—?）
字泽田。山东益都人。日本东京警监学校毕业。曾任奉天高等巡警学堂、山东法政学校教员。1913年当选国会众议院议员。1922年国会恢复时，仍任众议院议员。1923年曹锟贿选时曾受贿。

郭云观（1889—1961）
字闳畴。浙江玉环人。清末秀才早年赴美留学。1919年任巴黎和会中国代表团秘书。后任燕京大学代副校长兼法学教授、上海高等法院院长。

郭午峤（1903—?）
安徽合肥人。美国纽约大学商科博士。曾任沪江大学及大夏大学教授。1939年创立上海益丰公司，专营证券股票，任总经理。

郭凤朝（1896—?）
字仲阳。山西五寨人。毕业于山西大学工科。曾任太原修械所所长、山西省政府设计委员会经济建设组委员。1935年任太原西北实业公司机械厂厂长。

郭心崧（1897—1979）

字仲岳。浙江平阳人。早年留学日本。历任中山大学、中央大学教授，教育部高等教育司司长。1948年任中国驻日本代表团组长，后居日本，任东京大学教授。译有《商业经济概论》。

郭生荣（1876—1941）

字耀卿。山西平遥人。清光绪举人。先在乡办理学务，提倡实业。1916年任国会众议院议员。1917年任护法国会众议院议员。1922年北京国会恢复时，仍任众议院议员。1926年回平遥，在县城创办书业、织业两个有限公司，并当选为董事长。

郭永镳（1904—1952）

广东德庆人。陆军大学毕业。1945年任国民党第一五四师师长。1948年任第六十三军副军长，同年12月在淮海战役中兵败。1949年12月在广东被人民解放军俘虏。

郭有守（1901—1978）

号子杰。四川资中人。北京大学法科毕业，法国巴黎大学文学博士。1938年任国民政府教育部秘书。1939—1946年任四川省教育厅长。1943年任三青团中央候补监察委员。后去台湾，1956年起以"文化参赞"长驻法国巴黎。1966年从巴黎回北京，任全国政协委员。

郭光麟（1880—?）

字伯庸。河南陕县人。专门法政学校毕业。辛亥革命后，当选本省临时省议会议员。1913年当选国会众议院议员。1916年国会恢复后，仍为众议院议员。长期任陕西省驻京代表。1924年鲁迅赴西安讲学时，曾前往车站送行。

郭廷以（1903—1975）

字量宇。河南舞阳人。东南大学历史系毕业。曾任河南大学、中央大学教授。1949年去台湾，任台湾大学教授、"中央研究院"近代史研究所所长、"中央研究院"院士。著有《太平天国史事日志》、《近代中国史》。

郭仲隗（1887—1959）

字燕生。河南新乡人。曾任北伐军豫北自治军司令，南京国民政府河南省政府委员、国民参政会参政员、"制宪国大"代表。新中国成立后，任河南省人民政府委员、省政府参事室主任。

郭任远（1898—1970）

广东梅县人。美国哥伦比亚大学心理学博士。曾任复旦大学、光华大学教授，浙江大学校长。1946年定居香港，1970年病逝于美国。著有《行为主义心理学讲义》。

郭全樑（1914—1995）

字又任。青海循化人。黄埔军校毕业。曾任新疆骑兵指挥部副指挥、骑一师少将副师长。1949年9月参加新疆起义，后任人民解放军骑七师、第二军第六师副师长。

郭坚忍（1870—1940）

女。原名宝珠，字韵笙、延秋。江苏江都人。早年结识秋瑾，创立扬州女子公学与武昌不缠足会扬州支会，倡导妇女解放。辛亥革命后，积极参加并组织革命活动，担任扬州妇女会会长，为扬州妇女界领袖。著有《游丝词》、《延秋馆诗草》。

郭松龄（1883—1925）

字茂辰。辽宁沈阳人。北京陆军大学毕业。历任奉天讲武堂教官、奉军师长。1925年通电脱离张作霖，改称东北国民军，自任总司令。年底在新民县被奉军俘获，遭枪杀。

郭秉文（1879—1967）

字鸿声。江苏江浦人。美国哥伦比亚大学哲学博士。1915年任南京高等师范学校教务主任。1921年任东南大学校长。后任华美协进社社长、国民政府驻英商务参赞、联合国善后救济总署副署长。晚年寓居美国。

郭学礼（1906—1988）

字立亭。甘肃合水人。国民党中央党务学校毕业。曾任国民党青海省党部委员、青海省民政厅厅长、兰州《和平日报》社社长。1948年当选为国民政府监察院监察委员。1949年去台湾后，仍为"监察院"监察委员。

郭宝钧（1893—1971）

字子衡。河南南阳人。早年入北京师范大学学习。1928年参加首次对安阳殷墟的考古发掘。后历任中央研究院史语所研究员、河南大学及北京大学教授。新中国成立后，任中科院考古研究所研究员、中国史学会理事。毕生从事商周时代的考古发掘和研究，先后参加、主持山东章丘城子崖、河南浚县辛村等遗址、墓地的发掘。著有《中国青铜器时代》等。

郭宝慈（1878—？）

字少云。广东英德人。日本东京帝国大学农科毕业。1911年应殿试，授主事，签分农工商部。后参加辛亥革命。1913年当选众议院议员。1917年任护法国会众议院议员。1922年北京国会恢复时，仍任众议院议员。

郭承恩（1884—？）

字伯良。广东潮阳人。英国谢菲尔大学工程学士。历任上海广方言馆及圣约翰大学英文教员、大冶铁厂总工程师、上海兵工厂厂长、京沪及沪杭甬铁路管理局局长、中央造币厂厂长。

郭绍虞（1893—1984）

原名希汾，字绍虞。江苏苏州人。五四时期参与发起成立文学研究会。历任燕京大学、同济大学、复旦大学文科教授。新中国成立后，任复旦大学中文系主任，上海市文联、作协副主席。主要致力于中国古典文学及中国文学批评史等方面的研究。著有《中国文学批评史》、《谚语的研究》。有《郭绍虞文集》行世。

郭春涛（1895—1950）

湖南酃县人。毕业于北京大学，后赴法留学。早年参加五四运动。曾任国民党中央政治会议秘书、国民政府实业部政务次长。抗战期间，参加发起组织三民主义同志联合会。新中国成立后，任中央人民政府政务院副秘书长、全国政协副秘书长、民革中央常委。

郭相维（1884—?）

字雍赓。黑龙江庆城（今庆安）人。黑龙江初级师范学校毕业。曾任伦海县视学、省农会副会长。1913年当选参议院议员。1917年任护法国会参议院议员。1922年北京国会恢复时，仍任参议院议员。

郭威白（1899—1968）

原名开瑜，字远湘，号星叔。江西黎川人。美国纽约大学法学博士。曾任中山大学法学教授、国民政府侨务委员会秘书处处长。1949年后，任广州华侨大学法学院院长。著有《比较宪法》、《战时国际公法》。

郭显钦（1884—1955）

字端伯。湖北安陆人。毕业于山西大学。曾任北京大学、北京农学院、中国大学教授，后任国民政府陕西省建设厅市政处处长、唐山工程局局长。新中国成立后，任交通部工程师、公路总局试验室副主任。著有《消防建筑学》、《我国的土木工程学史略》。

郭冠杰（1882—1951）

广东梅县人。曾赴日、法留学。1907年加入同盟会。参加过辛亥革命、北伐战争。后任北京师范大学等校教授。1935任国民党临时中央执行委员会委员。抗战胜利后赴香港从事民运。新中国成立后，任全国政协委员、中央人民政府政治法律委员会委员、农工民主党中央委员。1952年病逝于北京。

郭娃娃（生卒年不详）

女。1930年代知名的电影演员。曾入上海联华影业公司。主演影片有《破浪》（1934年）等。

郭泰祯（1899—？）

字葆东。湖北广济（今武穴）人。郭泰祺之弟。美国纽约大学硕士。曾任国民政府外交部汉口第三特别区市政管理局局长、立法委员。

郭泰祺（1888—1952）

字保元，号复初。湖北广济（今武穴）人。美国宾夕法尼亚大学博士。1919年出席巴黎和会。1926年参加北伐，任国民政府外交部次长。后历任驻意大利公使、立法委员、驻英国大使。1940年后任国民政府外交部部长、国防最高会议外交委员会主席。曾三次代表中国出席国联会议。1946年任联合国安理会首任中国首席代表。后病逝于美国。

郭晓岚（1915—2006）

河北满城人，后入籍美国。清华大学学士，浙江大学硕士，美国芝加哥大学博士。1962年任芝加哥大学教授。他在博士论文中给出的"正压不稳定性判据"为国际普遍接受，获美国气象学会罗斯比研究奖章。著有《大气动力学》等。

郭继枚（1892—1911）

字寄梅。广东增城人，生于南洋。同盟会会员。广州起义时攻打督署，冒险争先，失败后惨遭杀害。为黄花岗七十二烈士之一。

郭崇熙（1893—？）

河北人。毕业于北京俄文专修馆。历任京东铁路车务副总管，中东铁路局副局长、局长。

郭象升（1878—1942）
字可阶，号允叔、云叟。山西晋城人。清贡生。曾任清史馆纂修，文才横溢。1918年被选为安福国会众议院议员，后任山西大学教育学院院长。抗战时曾被日军俘虏，任伪山西省公署参议。著有《文学研究法》、《允叔诗文集》。

郭寄峤（1902—1998）
原名季峤。安徽合肥人。国防大学毕业。初在东北军郭松龄部任职。1930年任卫立煌第四十五师参谋长。1942年任重庆卫戍司令部副总司令。1946年任甘肃省政府主席。1949年代理西北军政长官公署长官。后去台湾，任"国防部长"。

郭琳爽（1896—1974）
又名启棠。广东香山（今中山）人。岭南大学毕业。1933年任上海永安公司总经理。抗战期间，捐款支援抗日。1947年发起抵制美货运动。新中国成立后，任全国工商联执委、全国政协委员。

郭斌佳（1906—？）
江苏江阴人。美国哈佛大学历史学博士。1931年任哈佛大学中国学生会会长，同年加入美国史学会。1933年后任上海光华大学、武汉大学教授。译有《历史哲学概论》、《西洋史学史》。

郭嵩焘（1818—1891）

字伯琛，号筠仙。湖南湘阴人。清道光进士，选为翰林院庶吉士。曾从曾国藩抗击太平军。1875年授福建按察使，又任总理衙门大臣。次年任清廷首任驻英公使，1878年兼驻法公使。主张学习西方科技，兴办洋务。工诗文。著有《使西纪程》、《郭嵩焘日记》。

郭滴人（1907—1936）

福建龙岩人。1926年加入中国共产党，后领导后田暴动。历任中共龙岩县委书记、中华苏维埃政府国家政治保卫局福建分局局长、福建省委组织部长、陕北省委宣传部长。1936年11月在保安病逝。

郭彝民（1893—？）

字则生。吉林长春人。毕业于日本东京帝国大学。曾任国民政府外交部秘书、外交部驻日本横滨总领事、。1944年任国民政府委员，曾拟《收复台湾意见书》。

郭崑焘（1823—1882）

原名先梓，字仲毅，号意诚、樗叟。湖南湘阴人。郭嵩焘弟。咸丰间因荐进内阁中书四品京堂。

席绶（1886—1943）

又名启骝，字资生、克南、季五。湖南东安人。清附生。同盟会会员。曾与孙洪伊组创《国民公报》。历任同盟会湘支部副支部长，北京国会、护法国会众议院议员。

席宝田（1829—1889）

字研芗。湖南东安人。初在家乡举办团练，对抗太平军。转战湖南，败石达开、擒洪仁玕，镇压苗、教起义，官至清布政使。

席德炯（1894—1950）

字鸣九。江苏吴县人。哥伦比亚大学硕士。曾任安徽当涂铁矿矿长、汉冶萍公司材料课课长、江苏财政厅秘书、国民政府内政部水利委员会委员。1933年任黄河水灾救济委员会委员兼灾赈组主任。1946年任善后救济总署苏宁分署副署长。后移居国外，1950年病逝于香港。

唐兰（1901—1979）

字立厂、立庵、立盦。浙江嘉兴人。无锡国学专修馆毕业。曾任西南联合大学、北京大学教授。新中国成立后，仍任北京大学教授兼中文系代理主任。后任故宫博物院副院长。在古文字研究考释和青铜器断代方面有很深造诣。著有《中国文字学》、《古文字学导论》。

唐豸（1886—1956）

字仲揆。湖北应山人。法国陆军步骑专门学校毕业。同盟会会员。1912年后，历任北京政府陆军部司长，南京临时大总统府参军，南京国民政府参军处参军、驻法国大使馆武官、典礼局局长等。1936年授陆军中将。1937年再任驻法国大使馆武官，法国被德军占领后，撤往美国。1946年回国后退役。1956年在北京病逝。

唐纵（1905—1981）

字乃健。湖南酃县（今炎陵县）人。黄埔军校第六期毕业。曾任复兴社书记长、国民政府军事委员会委员长侍从室侍从参谋、内政部警察总署署长。1949年去台湾后，任"内政部"政务次长，国民党中央委员会秘书长。

唐炯（1829—1909）

字鄂生，晚号成山老人。贵州遵义人。清道光举人。官至云南巡抚，中法战争时擅自逃回，被逮问。后督办云南矿务十五年，辞归。著有《援黔录》、《成山庐稿》。

唐鉴（1778—1861）

字镜海。湖南善化（今长沙）人。清嘉庆进士。鸦片战争时，任太常寺卿，劾琦善、耆英等误国。曾主讲金陵书院，治程朱理学。

唐襄（1885—？）

字佛哉。安徽宿松人。北平测绘学校毕业。1931年任国民政府军事参议院少将参议。1936年任财政部金陵关监督。

唐弢（1913—1992）

原名端毅。浙江镇海人。早年曾任《文汇报》副刊《笔会》主编、震旦大学教授。新中国成立后，任复旦大学教授。平生致力于鲁迅研究。有《唐弢杂文集》、《鲁迅的美学思想》。

唐乃康（1888—1949）

字伯耆。浙江吴兴（今湖州）人。复旦公学、浙江高等学堂毕业。1913年参加二次革命。曾任国民政府南京市财政局长、内政部总务司司长、审计部审计。

唐才常（1867—1900）

字伯平、黻丞，号佛尘。湖南浏阳人。清贡生。与谭嗣同同乡，同师于欧阳中鹄，并称为"浏阳二杰"。治经世致用之学，为文长于议论，参与湖南新政，任《湘报》总撰述。戊戌变法失败后，创立自立会，组织自立军准备起义，事泄遇害。有《唐才常集》。

唐义精（1896—1944）

字粹庵，号韵农。湖北武昌人。湖北第一师范学校毕业。曾任教于中华大学、湖北省立第一师范。1920年与蒋兰圃等创办武昌美术专科学校，任教务主任、校长。并创办《支前》、《江天》、《歌笛湖》等刊物。后因舟船失事与弟唐一禾同时遇难。著有《中国美术史》、《艺术教育》、《湖北画家小传》。

唐文治（1865—1954）

号蔚芝、茹经。江苏太仓人。清光绪进士。21岁进江阴南菁书院，受业于经学大师黄元同和王先谦的门下，从事训诂之学。历任上海高等实业学堂（交大前身）监督、江苏教育总会会长。先后创办北京实业学堂、吴淞商船学堂。1920年应聘任无锡国学专修馆馆长(后改为无锡国学专修学校)，直至解放。新中国成立后，无锡国专改名为中国文学院，任院长。

唐允恭（1894—?）

女。广东海丰人。日本东京美术专科学校毕业。曾任广东女子体育专门学校校长、女子商业学校校长、国民党"一大"代表、国民党中央妇女部部长。

唐生明（1906—1987）

号季澧。湖南东安人。唐生智之弟。陆军大学毕业。1935年任国民政府军事委员会高级参谋。抗战爆发后，任长沙警备副司令。1940年受军统委派，赴上海从事地下活动。1949年任第一兵团副司令，在湖南起义。新中国成立后，任国务院参事。

唐生智（1889—1970）
字孟潇，号曼德。湖南东安人。保定军校毕业。先后参加辛亥革命、讨袁护法及南京保卫战。曾任国民革命军第八军军长、湖南省政府主席、国民政府军事参议院院长、国民党中央执行委员。1949年参加湖南和平起义。新中国成立后，任湖南省副省长、全国人大常委、民革中央常委。

唐圭璋（1901—1991）
字季特。江苏南京人。满族。国立中央大学中文系毕业。曾任中央大学、金陵大学中文系教授。新中国成立后，历任南京大学、东北师范大学、南京师范学院中文系教授。终其一生，专治词学。著有《全宋词》、《全金元词》、《词话丛编》、《宋词鉴赏辞典》。

唐在礼（1880—1965）
字执天。上海人。日本陆军士官学校毕业。曾任清直隶督练处参议、库伦兵备处总办。民国后，历任总统府机要处长、参谋次长，蒙事委员会委员。1927年6月任潘复内阁外交部主任参事。后回上海寓居。新中国成立后，为上海文史馆馆员。

唐在复（1878—1962）
字心畲。上海人。法国巴黎大学毕业。曾任中国驻法、俄、荷兰使馆官员。1912年任外交部秘书。1913年任驻荷兰公使。1921年调驻意大利公使。1925年任外交部编纂处处长。新中国成立后，1956年任上海文史馆馆员。

唐有壬（1893—1935）

字寿田。湖南浏阳人。唐才常次子。日本庆应大学毕业。曾任南京国民政府交通部次长、外交部常务次长，国民党中央执行委员。是汪精卫的重要谋士。1935年12月在上海遇刺身亡。

唐庆增（1902—1972）

字叔高。江苏常州人。祖籍江苏太仓，后居无锡。经学大师唐文治之子。美国哈佛大学硕士。回国后历任交通大学、暨南大学、浙江大学教授。新中国成立后，为复旦大学教授。著有《经济学原理》、《中国经济思想史》、《唐庆增经济论文集》。

唐纪翔（生卒年不详）

民国时期曾任北平中国大学、天津南开大学法学教授。著有《中国国际私法论》、《民法总论》等。

唐寿民（1892—1974）

江苏镇江人。1915年参与创办上海商业储蓄银行，任副经理。1927年创办国华银行，任副董事长兼总经理。1929年后，历任交通银行董事兼上海分行经理、中央造币厂厂长、中央银行常务理事。抗战期间，任汪伪交通银行董事、全国商业统制总会理事长。抗战后因汉奸罪被判刑。1953年由上海市人民法院判处有期徒刑十年，缓刑两年，后改为管制。

唐启宇（1895—1977）

字御仲。江苏扬州人。美国康乃尔大学农业经济学博士。曾任东南大学、中山大学、中央大学教授，国民政府农林部垦务局长、农业经济司司长，复旦大学农学院、南通农学院院长。著有《垦殖学》、《历代屯垦研究》、《农业经济学》、《中国作物栽培史稿》等。

唐国安（1858—1913）

字介臣。广东香山（今中山）人。清政府首批公派留学生之一，毕业于美国耶鲁大学。归国后任上海圣约翰书院教授、清华学校副监督。曾担任万国禁烟会代表。

唐佩珩（1870—？）

字子韩。山西省五台县人。在日本加入同盟会。任《民报》社干事。专门从事反清革命事业。回国后入晋垣，联络军队，活动范围很广，所到之处便演说革命，被清政府通辑。1913年后数次担任国会众议院议员。

唐受祺（1841—1924）

字若钦，号兰客。江苏太仓人。工诗，好搜集乡邦文献。著有《浣花庐诗钞》、《浣花庐赋钞》。

唐宝书（1892—?）

广东香山（今中山）人。唐绍仪之侄。德国柏林大学经济财政硕士。1933年任国民政府交通部邮政储金汇业局局长。后任香港国民银行沪行经理、交通部购料委员会委员长。

唐宝泰（1893—?）

字冠东。广东香山（今中山）人，生于上海。巨商唐仲良之子，唐绍仪之侄。曾留学德国习军事。独资创办上海瑞泰机制石粉厂，兼任德商泰来洋行华总经理，后任瑞泰毛纺染厂常务董事、瑞华商业储蓄银行董事。

唐宝锷（1877—1953）

字秀峰。广东香山（今中山）人。日本早稻田大学法学士。1912年任归绥警察厅厅长兼归化县知事。1913年当选为国会众议院议员。1917年任护法国会众议院议员。1922年北京国会恢复时，仍任众议院议员。

唐宗愈（1878—1929）

字慕潮。江苏无锡人。京师大学堂毕业。曾任奉天大清银行会办、黑龙江省财政厅厅长、江苏防灾会会长。

唐绍仪（1860—1938）

又作绍怡，字少川。广东香山（今中山）人。自幼在上海读书，后留学美国哥伦比亚大学。归国后曾任清政府驻朝鲜总领事。民国成立，任袁世凯政府内阁总理，乃为民国第一任总理。后历任护法军政府财政部长、国民党中央监察委员、国民政府委员。1938年9月在上海被刺身亡。

唐柯三（1882—1950）

名仰槐，字柯三，一作珂三。山东邹县人。回族。清附贡生。京师大学堂毕业。曾任清内阁中书。民国后，任南京临时政府国会参议院议员。1916年任北京政府外交部特派山东交涉员。1920年任厦门关监督。1930年起任国民政府蒙藏委员会委员。

唐炳源（1898—1971）

字星海。江苏无锡人。清华学校毕业，美国麻省理工学院学士。曾任上海庆丰纺织漂染整理股份有限公司总经理、建安实业股份有限公司办事董事、九丰面粉公司董事、上海工业专科学校主席校董。

唐海安（1894—？）

字肇凯。广东香山（今中山）人。英国伦敦大学科学学士。曾任广州、武汉、南京国民政府缉私处处长。1928年任国民政府财政部禁烟处处长。1931年任财政部镇江关监督，后任上海江海关监督。

唐悦良（1888—1956）

原籍广东香山（今中山），生于上海。美国普林斯顿大学硕士。曾任清华大学教授，南京国民政府外交部常任次长、代理外交部长。新中国成立后，任中央文史馆馆员。

唐继尧（1883—1927）

字蓂赓。云南会泽人。日本陆军士官学校毕业。同盟会会员。辛亥革命时参与昆明重九起义，1915年发起护国运动，后反对孙中山护法和北伐。长期统治云南，为西南军阀首领。

唐景崧（1841—1903）

字维卿、薇卿。广西灌阳人。清同治进士。光绪初赴越南，会同刘永福抗击法军。后任台湾布政使、巡抚。反对割让台湾，曾筹措自主抗日，任"台湾民主国"总统。著有《请缨日记》。

唐槐秋（1898—1954）

原名震球。湖南湘乡人。曾留学日本、法国。1925年开始戏剧生涯。1933年创办中国旅行剧团，演出《茶花女》、《雷雨》。抗战爆发后，率中旅剧团在武汉、香港演出救亡戏剧。新中国成立后，任中国戏曲研究院京剧导演。

唐慎徽（1877—?）

字尔夫。山西省榆次县人。山西大学毕业。曾为山西咨议局议员。辛亥革命时，在当地组织国民公会，被举为会长。民国后在榆林创设行政公所，改革吏制。1913年后数次担任国会众议院议员。

唐德炘（1875—?）

号雪樵。福建闽侯人。福建船政学堂毕业。1924年任海军总司令部课长。1928年任国民革命军海军总司令部轮机处处长。1930年任海军部舰政司司长。1947年授海军少将衔。

浦漪人（生卒年不详）

南京中央大学毕业。曾任职于江苏省立太仓师范学校。译著有《新法考试》、《教育概论》、《教育测验及统计》、《标准教育法》。

涂长望（1906—1962）

湖北汉口人。毕业于英国伦敦大学，后入利物浦大学为气象专业研究生。曾任清华大学、浙江大学、中央大学教授。新中国成立后，筹建中国气象局并任局长。1955年当选中国科学院学部委员。著有《中国气候区域》。

容闳（1828—1912）

字达萌，号纯甫。广东香山南屏村（今珠海南屏镇）人。中国最早的留美毕业生。1860、1865年两次至太平天国首都天京(今南京)，提出建议。1868年，向清政府提出以选派幼童出洋留学为重点的四项条陈。1870年受命主持选派幼童赴美留学，任留美学生监督、驻美副公使。1900年任"中国国会"会长。著有《西学东渐记》。

容庚（1894—1983）

字希白。广东东莞人。北京大学毕业。长期从事古文字学研究。曾任燕京大学教授，《燕京学报》主编。新中国成立后，任中山大学教授、中国古文字研究会理事。著有《金文编》、《商周彝器通考》。

诸乐三（1902—1984）

原名文萱。浙江安吉人。1921年拜吴昌硕为师。1923年后任上海美专、杭州国立艺专教授。新中国成立后，任浙江美术学院教授、西泠印社副社长、西泠书画院副院长。著有《希斋题画诗选》、《希斋印存》。

诸青来（1881—？）

名翔。上海人，原籍浙江绍兴。清末留学日本，习工商经济。曾在上海创办神州大学，任总务长。1940年加入中国国家社会党。同年任汪伪交通部部长。后任汪伪水利委员会委员长、立法院副院长。

诸闻韵（1894—1940）
原名文蕴，号汶隐，别号天目山民。浙江安吉人。早年向吴昌硕学画。曾任上海美专国画教授、杭州国立艺专中国画科主任。著有《中国画论》。

诺们达赉（1884—?）
字恒山。蒙古卓索图盟喀喇沁右旗人。蒙古族。博览群书，长于诗文。1913年当选为国会众议院议员。1916年国会恢复，仍为众议院议员。

诺那呼图克图（1864—1936）
本名赤乃隆措。藏族。西藏恩达人。自幼被诺那寺选为呼图克图（即活佛），法号诺那。1910年被清廷封为西康大总管，后与十三世达赖发生冲突辗转内地，任国民政府蒙藏委员会委员、中国佛学会名誉理事长。

谈瑛（1915—2001）
女。上海人。原名素珍。上海民立女子中学肄业。1931年从影。先后入明星、新华、中电等公司。晚年居上海。主演《失足恨》、《暴雨梨花》、《夜半歌声》续集、《衣锦荣归》、《乾隆下江南》等影片。

谈荔孙（1880—1933）

字丹崖，祖籍江苏无锡，寄籍山阳（今淮安）。留学日本东京高等商业学校。1908年回国，应张謇之聘任江南高、中两等商业学堂教务长兼银行科主任。旋考中清商科举人。民国后历任国库局局长、中国银行行长、大陆银行董事长兼总经理、太平保险公司董事。

谈家桢（1909—2008）

浙江慈溪人。东吴大学毕业，燕京大学硕士，美国加州理工学院博士。为中国现代遗传学奠基人之一。1937年起任浙江大学生物系教授。新中国成立后，任复旦大学生物系主任、副校长，中国科学院学部委员，民盟中央副主席。

陶逊（生卒年不详）

字宾南。江苏丹徒人。早年在南京创设民立、思益两等小学校。后江督创练新军时，征为参谋处文案。辛亥革命时，主持江浙联军总兵站。1913年当选为国会参议院议员。1917年任护法国会参议院议员。

陶澍（1778—1839）

字子霖，号云汀。湖南安化人。清嘉庆进士。官至两江总督。更革漕盐诸政，官声清正。诗庄雅可诵，奏议文为世所称。

陶樑（1772—1857）

字宁术，号凫芗。江苏长洲（今吴县）人。清嘉庆进士。官至礼部侍郎。工诗文，善填词。有《红豆树馆词》。

陶大镛（1918—2010）

上海人。中央大学经济系毕业。曾任四川大学教授，《文汇报》经济周刊主编。新中国成立后，历任北京大学、辅仁大学、北京师范大学教授，《新建设》主编。长期从事经济学研究和教学工作。

陶云逵（1904—1944）

江苏武进人。德国柏林大学人类学博士。1934年任中央研究院历史语言研究所编辑员，1937年后任云南大学社会学系主任、西南联大社会学教授。

陶百川（1901—2002）

浙江绍兴人。上海法科大学毕业，后留学美国哈佛大学。1937年任陈立夫机要秘书。1938年递补为三青团筹备常务干事。1941年任三青团中央常务干事。1942年任《中央周刊》社社长。1949年去香港。后去台湾。

陶成章（1878—1912）

字焕卿、守礼，别号济世。浙江会稽（今绍兴）人。与蔡元培等组织光复会，在日本加入同盟会，赴南洋各地筹集革命经费。起义后发动沪、浙等地光复军响应。后在上海被蒋介石暗杀。

陶行知（1891—1946）

原名文濬。安徽歙县人。先获美国伊利诺大学政治学硕士，继入哥伦比亚大学，师从杜威研究教育。1916年任南京高等师范学校教务长。后组织中华教育改进社，成立中华平民教育促进会，创办南京晓庄乡村师范学校，从事教育活动。

陶希圣（1899—1988）

名汇曾。湖北黄冈人。北京大学法科毕业。曾任教于中央大学、北京大学、清华大学。1938年底随汪精卫出走河内，任汪伪中央宣传部部长。1940年与高宗武逃赴香港，披露汪日签订"密约"内容。1942年回重庆，任蒋介石侍从秘书。后兼任国民党中央宣传部副部长。1949年任《中央日报》社社长。旋去台湾，任"总统府国策顾问"、《中央日报》社董事长。

陶诗言（1919— ）

浙江嘉兴人。中央大学毕业。曾任中国科学院地球物理研究所研究员，大气物理研究所所长。1980年当选中国科学院学部委员。1982年当选为中国气象学会副理事长。长期从事大气环流和天气动力学研究。为新中国天气预报业务的建立和发展作出重要贡献。

陶孟和（1887—1960）

名履恭。祖籍浙江绍兴，生于天津。英国伦敦大学经济学博士。曾任北京高等师范学校、北京大学教授。1948年当选中央研究院院士。新中国成立后，任中国科学院副院长、社会研究所所长。

陶峙岳（1892—1988）

字岷毓，学名记常。湖南宁乡人。保定军校第二期毕业。历任国民党第一军军长、第三十七集团军总司令、新疆警备总司令。1949年率部起义。新中国成立后，任新疆军区副司令员、西北军政委员会委员。1955年被授上将军衔。

陶保晋（1875—1948）

字席三。江苏江宁人。日本法政大学毕业。执律师业。历任金陵法政专门学校校长、江宁律师公会会长、北京国会众议院议员。南京沦陷后投敌，任伪"南京自治委员会"会长、伪"大民会"副会长、汪伪国民政府立法委员。

陶菊隐（1898—1989）

湖南长沙人。民国期间先后任长沙《女权日报》、上海《时报》、《湖南日报》、上海《新闻报》编辑、撰稿人。新中国成立后，任上海文史馆副馆长。著有《菊隐丛谈》、《袁世凯演义》。

陶福祥（1834—1896）
字春海，别号爱庐。广东番禺人。曾任学海堂学长、广雅书局总校，喜藏书。

陶濬宣（1849—1915）
字心云，号稷山、东湖。浙江会稽（今绍兴）人。书法擅长魏碑体，工画人物，精诗词。以教授自给。

焉泮春（1863—1936）
字旭升。奉天复县（今辽宁瓦房店）人。清廪贡生。历任奉天咨议局议员、临时省议会副议长。1913年当选为国会众议院议员。1922年国会恢复时，仍为众议院议员。

黄人（1866—1913）
初名振元，字摩西。江苏昭文（今常熟）人。学问淹博，国学与西方自然科学都有研究。入南社，任东吴大学教授，撰中国最早的文学通史著作。主编《小说林》、《雁来红》杂志。

黄节（1873—1935）

原名晦闻，字玉昆。广东顺德人。1904年参与创立"国学保存会藏书楼"。后为南社成员。辛亥革命后，任北京大学教授。以诗名世，为"岭南近代四家"之一。著有《兼葭楼诗集》。

黄兴（1874—1916）

原名轸，字廑午，号克强。湖南善化（今长沙）人。留学日本。1904年在长沙创立华兴会，次年与孙中山共同组建同盟会，任执行部庶务。领导了一系列反清武装起义。武昌起义后，被推为革命军总司令。1912年任南京临时政府陆军总长。1913年领导二次革命，任讨袁军总司令。后病逝于上海。有《黄兴集》。

黄杰（1902—1994）

字达云。湖南长沙人。黄埔军校第一期毕业。1937年任国民革命军第八军军长，参加淞沪抗战。后任国民党中央军校教育长、集团军副总司令、国防部次长、湖南省主席。1949年率残部败退至越南，1953年去台湾，任"陆军总司令"、"台湾省主席"、"国防部长"。

黄侃（1886—1935）

字季刚，别号量守居士。湖北蕲春人。早年从事反清活动，遭通缉，逃往日本。师从章炳麟。辛亥革命后回国。历任北京大学、东南大学、金陵大学教授。在经学、诗赋、音韵、训诂方面均有高深造诣。重要著述有《音略》、《说文略说》、《声韵略说》、《尔雅略说》、《集韵声类表》、《文心雕龙札记》等数十种。

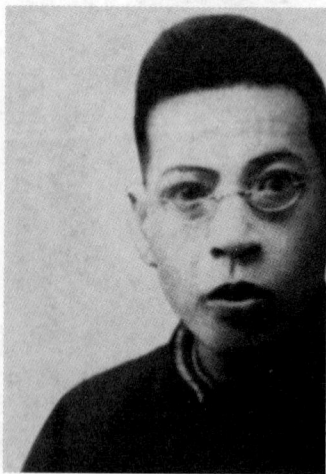

黄实（1885—?）

字蘅秋。云南楚雄人。北京陆军速成学校毕业。曾任四川督军署副官长、江西省政府委员兼财政厅厅长。当选为国民党第二、六届中央执行委员。

黄荃（1884—?）

字歠襟。福建南安人。法政学校毕业。1913年当选为众议院议员。1922年北京国会恢复时，仍任众议院议员。

黄郛（1880—1936）

原名绍麟，字膺白，号昭甫。浙江嘉兴人，生于上虞。日本东京振武学校毕业。同盟会会员。曾任北京政府外交总长、教育总长、代理国务总理和南京国民政府上海市长、外交部长、内政部长。

黄涛（1900—1973）

字肇堃。广东蕉岭人。云南讲武堂、陆军大学将官班毕业。曾任国民党厦门警备司令、第六十二军军长。抗战时期参加长衡会战、桂柳会战。抗战胜利后赴台湾接受日军投降。1947年辞职。1949年8月在香港通电起义。新中国成立后，任广东省政协委员。

黄维（1904—1989）

号悟我，改号培我。江西贵溪人。陆军大学毕业。1937年任国民党第十八军第六十七师师长。后任第十八军军长、青年军第三十一军军长、联勤副总司令。1948年9月任第十二兵团司令。同年11月在淮海战役中被俘。1975年获特赦。

黄翔（1904—1990）

原名衍缵，字少愚。湖北长阳人。陆军大学研究院毕业。曾任国民党长阳县党部宣传部长，第五军第九十六师师长，第九十二军军长。1949年参加北平起义。新中国成立后，任水利部参事、中国摄影家协会副主席。

黄勤（1894—?）

字俭翊。福建福州人。北京清华学校毕业，留学美国。历任上海浙江实业银行国外部总会计、上海总行副经理、香港扶轮社董事。

黄震（1889—?）

别号达澄。浙江瑞安人。日本陆军士官学校毕业。曾任黄埔军校教官、国民革命军总司令部军官教育团副教育长。抗战爆发后，附汪降日，任汪伪第一方面军总司令部军需处长。抗战胜利后匿居。

黄銏（1777-1851）

字仲西，号子仁、石香。清江苏嘉定（今上海）人。有文名。

黄乃裳（1847—1924）

名藏臣，别号慕华。福建闽清人。清末举人。1898年参与戊戌变法。1905年加入同盟会。1911年任福建英华、福音、培元三书院教务长。1920年任广州大元帅府高等顾问。

黄士松（1920—　）

浙江金华人。美国加利福尼亚大学硕士。为南京大学教授、中国气象学会、理事会副理事长、《气象科学》编委会主任。其有关副热带高压的研究成果先后获全国科学大会奖、国家自然科学奖。

黄士陵（1849—1908）

字牧父，别号倦叟、黟山人。清安徽黟县人。工书画，篆刻尤突出，于浙、皖两派外，自成一家。

黄士衡（1889—1978）

字剑平。湖南郴县人。美国哥伦比亚大学政治学硕士。曾任湖南省教育厅长、湖南大学校长、湖南省临时参议会秘书长、"制宪国民大会"代表。新中国成立后，任湖南省文史馆副馆长。

黄子濂（生卒年不详）

曾任国立中央大学牙医专科学校校长。1934—1937年任国民政府军事委员会航空委员会参事。

黄天始（1906—?）

字随初。香港人。原广东省政府交涉员及两广电政监督黄国瑜之子。上海商科大学毕业。曾任香港明达影院公司宣传部经理、中央电影摄影场上海办事处主任及营业部经理、艺联影业公司董事。并任《现代电影》编辑、出版人，该刊以介绍中外电影知识、动态和理论为宗旨，著名的"软性电影论"即首先由该刊提出。

黄云鹏（1883—?）

字默咸。四川永川人。日本早稻田大学政治经济科毕业，清廷授法政科进士。1912年任大清银行清理处清理员、重庆濬川源银行总理，并当选为国会众议院议员。国会解散后，任中国公学大学部校长。1916年国会恢复，仍为众议院议员。

黄少谷（1901—1996）

幼名亮。湖南南县人。1934年留学英国伦敦大学政治经济学院。抗战爆发后回国，历任《扫荡报》社长、国民政府军事委员会政治部副部长、国民党中宣部长。1949年去台湾，任"行政院"副院长、"司法院"院长。

黄仁霖（1901—1983）

江西安义人。美国俄亥拉荷马大学法学博士。曾任励志社总干事、三青团中央干事、联勤总司令部副总司令。去台湾后，任联勤总司令部总司令、"驻巴拿马大使馆"大使。1975年旅居美国。

黄文山（1901—1988）

号凌霜。广东台山人。美国哥伦比亚大学文学硕士。曾任中山大学法学院院长、中央大学社会系主任、国民政府立法院立法委员。1949年去美国。著有《文化学体系》、《文化学与中国文化》。

黄文弼（1893—1966）

字仲良。湖北汉川人。毕业于北京大学哲学系。历任西南联合大学、四川大学教授。新中国成立后，任中国科学院考古研究所研究员。主要从事新疆考古及西北史地研究。著有《西北史地论丛》、《新疆考古发掘报告》等。

黄以周（1828—1899）
字元同，号儆季。浙江定海人。黄式三之子。清同治举人。为分水训导、处州府学教授。学精于《礼》，主讲南菁书院、辨志精舍。著有《礼书通故》等。

黄玉珊（1917—1987）
江苏南京人。美国斯坦福大学力学博士。曾任中央大学教授。新中国成立后，任南京大学、浙江大学、西北工业大学教授，中国航空学会和中国力学学会理事。著有《飞机结构力学》。

黄玉麟（1907—1968）
原名琼，字瑞生，别号欧碧馆主，艺名绿牡丹。贵州安平人，生于江西南昌。青衣、花旦皆出色，系京剧"南方四大名旦"之一。亦擅书画。1933年组"群强京剧社"在汉口演出，名噪一时。演出剧目有《游龙戏凤》、《天雨花》等。后染鸦片，渐沉寂。

黄汉彦（1900—?）
广东开平人。中国内衣纺织染公司监督黄鸿钧之子。美国纽约大学毕业。曾任安大染织衬衫有限公司总经理、中国内衣纺织染公司总经理兼总工程师、中国布匹经销公司副总经理。

黄汉樑（1892—？）

福建思明（今厦门）人。美国哥伦比亚大学哲学博士。1923年任和丰银行香港分行行长。1930年任国民政府铁道部常务次长。1931年署理财政部长。1932年去职，后定居美国。

黄式三（1789—1862）

字薇香。浙江定海人。清道光岁贡生。治《易》、《春秋》，尤长于《礼》。著有《论语后案》、《周季叙略》、《儆居集》。

黄兆麟（1807—1856）

字叔文，号黻卿。湖南善化（今长沙）人。清道光进士，改庶吉士，授编修。历官光禄寺少卿。有《古樗山房遗稿》。

黄旭初（1892—1975）

广西容县人。广西陆军速成学校肄业，后留学日本。历任广西陆军第一军参谋长，国民革命军第七军第六师师长、陆军第十五军军长，广西省政府主席。当选国民党第五届中央执行委员。1949年后，辗转于日本、香港、台湾。

黄汲清（1904—1995）

曾用名德淦。四川仁寿人。瑞士浓霞台大学理学博士。曾任中央地质所地质主任、国民政府经济部地质调查所调查所所长、中央研究院院士。新中国成立后，任地质部西南地质局局长、中国科学院学部委员、中国地质学会理事长。

黄汝鉴（1886—?）

字筱衡。四川荥经人。日本东京帝国大学法科毕业。授内阁中书。1913年当选为众议院议员。后任第二、三、四届国民参政会参政员。1948年任国民政府监察院监察委员。

黄汝瀛（1874—?）

字仙舫。广东龙山人。广东法政学堂毕业。在北京执律师业。1913年当选为众议院议员。1917年任护法国会众议院议员。1922年北京国会恢复时，仍任众议院议员。

黄宇人（1905—?）

贵州黔西人。黄埔军校第四期毕业。曾任国民党中央组织部调查科总干事、贵州省党部主任委员、三青团中央干事。1947年当选为国民党中常委。1948年当选立法院立法委员。

黄远庸（1885—1915）

名为基，笔名远生。江西九江人。清光绪进士，留学日本。初为《亚细亚报》、《东方日报》撰文。辛亥革命后任《申报》、《时报》记者。撰文拥护帝制，被刺杀身亡。著有《远生遗著》。

黄芸苏（1882—1974）

字魂苏。广东台山人。美国哥伦比亚大学硕士。1910年加入同盟会，任美洲支部长。1921年后任南方革命政府秘书。1933年任国民政府驻墨西哥公使。1940年任立法院立法委员。

黄呈标（1875—？）

字达建。福建晋江人。15岁赴菲律宾学商。历任马尼拉善举公所、华侨教育会董事，东方俱乐部总理，中华商会会长。曾领导抗议菲议院西文簿记案。

黄伯韬（1900—1948）

原名新，字焕然。天津人，祖籍广东梅县。陆军军官教育团毕业，曾入陆军大学受训。历任国民党第三战区参谋长、第二十五军军长、第七兵团司令官。1947年参加孟良崮战役。1948年淮海战役中被击毙。

黄序鹓（1879—?）

字季飞。江西萍乡人。日本早稻田大学政治经济科毕业。清廷授法政科举人。曾任北京政府财政部金事、汉口《民国日报》总理。1916年当选为众议院议员。1922年北京国会恢复时，仍任众议院议员。

黄国书（1905—1987）

原名叶焱生。台湾新竹人。日本陆军士官学校毕业。历任中央军校、炮兵学校教官，国民革命军师长，"国民大会"代表，国民政府立法院立法委员。1949年去台湾，后任"立法院长"、国民党中央评议委员。

黄国璋（1896—1966）

字海平。湖南湘乡人。美国芝加哥大学理学硕士。曾任中央大学、北平师范大学地理系教授，中国地理研究所所长。新中国成立后，任北京师范大学、陕西师范大学地理系教授。

黄昌毂（1891—1959）

字贻荪。湖北蒲圻（今赤壁）人。美国哥伦比亚大学矿冶硕士。1924年任广东大元帅府会计司司长。1929年任湖北省政府委员。后任中山大学三民主义教授。1949年去澳门。1951年去台湾。

黄忠浩（1859—1911）

字泽生。清湖南黔阳人。早年以优贡生捐资为内阁中书。后为张之洞赏识，升任湖南营务处总办。1903年广西柳州爆发农民起义，率军前往镇压，升任总兵。1910年升任湖南提督，次年为巡防营中路统领。1911年10月22日湖南新军起义后，被起义军斩首示众。著有《黄黔阳遗诗抄》。

黄咏商（生卒年不详）

广东香山（今中山）人，世居澳门。兴中会会员。1895年广州起义时负责经费筹措、军械购运。起义失败后，匿居澳门，未几病故。

黄秉衡（1900—1989）

名钧。浙江余姚人。日本陆军士官学校毕业，后入美国航空学校学习。历任国民政府军政部航空署署长、重庆航空司令、空军第一军区司令官、总统府参军。1949年定居美国。

黄金荣（1868—1953）

字锦镛，乳名和尚。原籍浙江余姚，生于江苏苏州。初为上海法租界巡捕房包探，后升任警务处督察长。与杜月笙、张啸林同为上海青帮首领，支持蒋介石发动四一二政变，后任国民革命军总司令部少将参议、国民政府行政院参议。抗日战争时期寓居上海，拒绝出任伪职。新中国成立后，向人民政府坦白了罪行，有悔改表现。

黄念忆（1877—1970）

福建晋江人。11岁随父赴菲律宾经商，后任黄联兴铁业有限公司经理，在各地设立了分店，至20世纪初叶已成为马尼拉铁业巨子。并任马尼拉中兴银行、善举公所、华侨教育会董事及中华商会副会长。第二次世界大战结束后，移居香港九龙。

黄宝铭（1881—？）

字叔箴。广西宾阳人。两广师范学校毕业。曾创办两等小学校，并参与创办岭南法政学校。1912年任同盟会宾阳县分部部长。1913年当选为众议院议员。1917年任护法国会众议院议员。1922年北京国会恢复时，仍任众议院议员。

黄宗仰（1865—1921）

一名中央，释名宗仰，别号乌目山人、乌目山僧。江苏常熟人。工诗古文辞及释家内典。1884年在金山江天寺出家为僧。1902年与章太炎、蔡元培等发起中国教育会，成立爱国学社。

黄建中（1889—1959）

字离明。湖北随县人。北京大学文学院毕业后，入英国爱丁堡大学及剑桥大学研习教育及哲学。曾任暨南大学、中央大学教授，湖北省教育厅长，国民党中央候补监察委员。1949年去台湾，任"立法院"立法委员。

黄绍芬（1911—？）

笔名黄克。广东香山（今中山）人。与19世纪30年代著名影星陈燕燕曾为夫妻。先后入上海民新、联华、文华影片公司和上海电影制片厂任摄影师。新中国成立后，任上海电影制片厂总工程师、上海市电影局摄影总技师、上海摄影家协会主席、上海文联副主席。拍摄影片有《梁山伯与祝英台》、《林则徐》、《霓虹灯下的哨兵》。

黄绍竑（1895—1966）

字季宽。广西容县人。保定陆军军官学校毕业。曾任广西、湖北、浙江省政府主席，广州、武汉、南京国民政府委员，国民党中央监察委员、国民政府监察院副院长。新中国成立后，任中央人民政府政务院政务委员。

黄绍箕（1854—1907）

字仲弢，号漫庵。浙江瑞安人。清光绪进士，授编修。曾任京师大学堂总办、湖北提学使。研究教育史及中日学制。

黄珍吾（1901—1969）

字静山，原名宝循。广东文昌（今属海南）人。黄埔军校第一期毕业。1933年任复兴社组训处处长。后任福建省保安处处长、青年军副军长、福建绥靖公署副主任。1949年去台湾，任宪兵司令、台北卫戍司令官、"总统府"参军。

黄荣良（1876—？）

字子诚。安徽无为人。美国哥伦比亚大学毕业。1909年10月，任中国驻新西兰领事馆首任领事。1912—1927年先后任中国驻澳大利亚总领事，外交部佥事，外交部特派直隶交涉员，驻奥地利公使、国际联合会代表。

黄复生（1883—1948）

原名位堂，字明玉。四川隆昌人。曾留学日本。1905年加入同盟会。1907年在研制炸弹时，不慎引起爆炸，身负重伤，痊愈后更名复生。1910年谋炸清摄政王载沣，被捕入狱。武昌起义后出狱。南京临时政府时任印铸局局长。1918年代理四川省长。1933年任南京国民政府委员。1936年中风偏瘫。

黄弈住（1868—1945）

福建南安人。早年赴印尼经商，后成为"糖王"。1919年4月返回厦门鼓浪屿定居。同年12月在菲律宾倡设中兴银行，任董事；翌年又创办上海中南银行，任董事长。一生热心公益慈善事业，在厦门等地广设银号、电话、自来水公司，开办学校，筹划福建漳龙铁路，并捐资抗日。抗战胜利前夕病逝于上海。

黄首民（1990—1976）

浙江吴兴人。曾参加辛亥革命。1912年由孙中山推荐留学美国。1917年任上海市商会会长聂云台秘书，后任恒丰纱厂、信和纱厂经理，溥益纱厂、泰山砖瓦公司总经理，有"砖瓦大王"之称。新中国成立后，任上海泰山耐火材料厂经理。

黄炳基（1891—?）
广东台山人，生于加拿大。美国牙科医学博士。曾任上海特别市卫生局牙医兼牙医检查局局长、上海牙医学校教务长、上海牙医会第一任会长。

黄炳垕（1812—1893）
字蔚廷，号蔚亭。浙江余姚人。清同治举人。精历算，曾为左宗棠测造沿海经纬舆图。主讲宁波辨志精舍数十年。著有《交食捷算》、《测地志要》、《诵芬诗略》。

黄宣平（1910—?）
厦门人，生于上海。1937年入英国籍。原教育部留学监督公署督办黄佐廷之子。加拿大多伦多大学毕业。曾在美国通用汽车公司实习。后任中国通惠股份有限公司总经理、上海公益协进会总干事。1945—1947年任上海美商北极电气冰箱公司总裁兼执行董事。1947年受权负责在香港成立分公司，任董事长，并定居香港。

黄素封（1904—1960）
又名雪楼。江苏铜山人。金陵大学化学系毕业。初在印尼爪哇从事华侨教育，1928年曾出席第四届太平洋科学会议。后在上海创立人和化学制药厂和衡光仪器有限公司，任总经理。新中国成立后，为上海市人大代表，任化工部医药工业研究所工程师兼顾问。翻译有《亚瑟王之死》。

黄海山（1891—? ）
字鉴远。原籍广东台山。少小赴香港谋生。后至菲律宾经营洋服、洋货、酒店等。1917年孙中山开府广州，受任为驻菲律宾筹饷委员，旋筹组中华革命党马尼拉支部，任《民号报》（《新中国报》）总理、中山学校董事会主席。

黄象熙（1876—? ）
字星衢。江西临川人。清孝廉。1913年当选为众议院议员。1922年北京国会恢复时，仍为众议院议员。

黄鸿钧（1881—? ）
广东开平人。美国纺织学校毕业。1920年创办中国内衣织布厂，1924年改组为中国内衣纺织染厂股份有限公司，生产的ABC牌内衣远销海外。还任中国布匹经销股份有限公司总经理、上海广东同乡会副会长。

黄琪翔（1898—1970）
字御行。广东梅县人。保定军官学校毕业。北伐时期任国民革命军第四军军长。曾发起组织中国国民党临时行动委员会，参与福建事变。抗战时期任国民政府军委会政治部副部长、第六战区副司令长官、中国远征军副司令长官。1947年任国民政府驻德军事代表团团长。1948年赴香港参加爱国民主运动。新中国成立后，任体委副主任、全国政协常委、农工民主党中央副主席。

黄彭年（1823—1890）

字子寿。贵州贵筑（今贵阳）人。清道光进士。官至湖北、江苏布政使。曾掌教关中、莲池书院。应李鸿章之聘修《畿辅通志》。

黄楚九（1872—1931）

名承乾，号磋玖。浙江余姚人。靠在上海法租界开中法药房起家，开设龙虎公司，研制龙虎人丹。以后涉足房地产业、金融业、创设公益玻璃厂，并开设中华电影公司、大世界游艺场。

黄锡铨（1852—1925）

原名南生，字锡铨，号钧选。广东嘉应州（今梅县）人。清附贡生。曾任清廷驻美国纽约领事。1911年当选为广东临时省议会议长。1913年当选为国会参议院议员。

黄筠贞（生卒年不详）

女。1925年从影，1937年息影。主演影片有《新人的家庭》、《她的痛苦》、《桃花泣血记》、《母爱》、《青年进行曲》等约20部。

黄慕松（1884—1937）

广东梅县人。先后毕业于日本陆军士官学校、炮兵学校。历任临时大总统府军咨府第四局局长，陆军第三师师长，陆军大学校长，广东省政府主席。

黄增耇（1885—?）

字元白。广东罗定人。日本庆应大学毕业。毕业后，任筹办地方自治所所长。1913年当选为众议院议员。国会解散后，与冯自由等发刊《民国杂志》。1917年任大元帅府参议。

黄霄九（1885—?）

广东新会人。曾为新会县署民政科科员。1913年当选为众议院议员。1922年北京国会恢复时，仍任众议院议员。

黄镇球（1898—1979）

字剑霆，号剑灵。广东梅县人。保定军校第六期毕业。1931年赴德国学习防空。1934年回国，历任首都防空司令部副司令、国民政府国防部次长、广州绥靖公署副主任。去台湾后，任"国防部"副部长、"台湾警备总司令"、"总统府"参军长。

黄遵宪（1848—1905）

字公度，别号人境庐主人。广东嘉应州（今梅县）人。清光绪举人。历任驻日、英参赞，旧金山及新加坡总领事。戊戌变法期间署湖南按察使，助巡抚陈宝箴推行新政。工诗文，主张"我手写我口"，多爱国诗作，有"诗界革新导师"之称。著有《人境庐诗草》、《日本国志》、《日本杂事诗》。

黄鹤鸣（？—1911）

又名觚。广东南海人。同盟会会员。广州起义前，制造炮弹及秘密运输车，起义时攻入督署，中弹牺牲。为黄花岗七十二烈士之一。

黄赞元（1880—？）

字镜人。湖南长沙人。日本东京法政大学毕业。曾任四川宪政筹备处主任，北京政府币制局调查员。1913年当选为众议院议员。1922年国会恢复时，仍任众议院议员。

黄懋鑫（1883—？）

字颖亭。江西武宁人。江西初级师范学校毕业。曾任江西速记学校主任教员。1912年当选为众议院议员。1917年任护法国会众议院议员。1922年北京国会恢复时，仍任众议院议员。

黄爵滋（1793—1853）

字德成，号树斋。江西宜黄人。清道光进士，授编修，迁御史。力主禁烟，官至刑部左侍郎。倡经世之学，有诗名。

黄翼升（1818—1894）

号昌歧。湖南长沙人。曾任曾国藩水师哨长，转战湘、赣、皖，官至长江水师提督。

黄警顽（1894—1982）

上海人。少年时到商务印书馆学徒，业余博览群书，致力社会福利事业，创立难民收容所、民生厂、工学团。后应申报馆之聘，任社会服务工作，救苦济贫，助学育才。著有《社会交际学》。

萧军（1907—1988）

学名刘鸿霖。笔名萧军。辽宁义县人。东北陆军讲武堂毕业。曾任陆军少尉。九一八事变后，参加东北抗日义勇军。1934年创作了著名的《八月的乡村》。1936年鲁迅逝世，任治丧、送葬总指挥。1938年任中华全国文艺界抗敌协会理事。1940-1945年生活、创作在延安。1946年任东北大学鲁迅艺术文学院院长。新中国成立后，任全国政协委员、北京作协副主席。有《萧军全集》。

萧红（1911—1942）

女。原名张香环，后改名张乃莹，曾用笔名悄吟。黑龙江呼兰人。1931年考入北平女子师范大学附中。1933年开始文学创作，与萧军一起自费出版第一本作品合集《跋涉》。1935年在鲁迅的帮助下，发表了成名作《生死场》。1938年参加西北战地服务团去延安。1940年与端木蕻良同抵香港，之后发表中篇小说《马伯乐》和著名长篇小说《呼兰河传》。1942年病逝于香港。

萧英（1890—1964）

湖南衡山人。早年从军，1926—1937年先后入上海明星、天一、民新等影片公司，晚年经商。主演影片有《春蚕》、《丰年》、《火烧红莲寺》、《大侠复仇记》、《啼笑因缘》等数十部。

萧乾（1910—1999）

原名萧秉乾。北京人。蒙古族。英国剑桥大学研究生毕业。先后主编天津、上海、香港等地《大公报》文艺副刊。1949年任《人民中国》副总编辑。1956年任《文艺报》副总编辑。后任全国政协委员、中国作协理事。

萧一山（1902—1978）

江苏铜山人。北京大学政治系毕业，后留学英国剑桥大学。历任河南大学、西北大学文学院院长，第二至四届国民参政会参政员，国民政府监察院监察委员。1949年去台湾，1976年任国民党中央评议委员。著有《清代通史》。

萧之楚（1897—1958）

字景湘。山东荷泽人。陆军大学毕业。1930年任国民党第四十四师师长。后任第二十六军军长，第十一、第十九、第三十集团军副总司令，第七绥靖区副司令官。

萧友梅（1884—1940）

字思鹤。广东香山（今中山）人。德国莱比锡音乐学院博士。先后任教于北京女子高等师范学校、北京大学音乐传习所。1927年在上海创办国立音乐专科学校，任校长。有《中西音乐的比较研究》，作曲集《今乐初集》。

萧公权（1897—1981）

名笃平，字恭甫。江西泰和人。清华大学毕业，美国康奈尔大学政治学博士。曾任燕京大学、清华大学教授。1948年当选中央研究院院士。1949年后任美国华盛顿大学教授。著有《中国政治思想史》。

萧凤翥（1851—?）

字仙渠。广东潮阳人。清举人。授江西直隶州知州。后赴日本东京游历。又创办官立东山高等小学堂、县立中学校等。1913年当选为国会众议院议员。1917年任护法国会众议院议员。

萧文彬（1884—?）

字郁宜。吉林五常（今属黑龙江）人。吉林高等巡警学堂毕业。曾任警务局局长，吉林省议会议员。1913年当选为国会参议院议员。1917年任护法国会参议院议员。1922年北京国会恢复时，仍任参议院议员。

萧正中（生卒年不详）

1930年代知名的电影演员。1925年从影。1925—1934年主演影片有《母亲》、《莲花洞》、《红楼春深》、《兰谷萍踪》、《青春之火》、《欢喜冤家》等近二十部。

萧吉珊（1893—1956）

广东潮阳人。广东高等师范学校毕业。黄埔军校建立后，蒋介石任为秘书。北伐时掌机要。历任国民政府侨务委员会委员、国民党中央海外部副部长、南洋研究所所长。当选为国民党第五、六届中央执行委员。1949年去南洋。

萧同兹（1895—1973）

原名异，号涵虚。湖南常宁人。长沙甲种工业学校毕业。1920年参与组织湖南劳工会。后任国民党中央劳工部组织科科长，国民政府劳工局行政处处长。为国民党第五、六届中央执行委员。后去台湾。

萧孝嵘（1897—1963）
湖南衡阳人。美国加利福尼亚大学哲学博士。历任中央大学、复旦大学心理学教授。新中国成立后，任华东师范大学心理学教授、上海心理学会副理事长。擅长儿童心理学、教育心理学研究。

萧佛成（1862—1940）
字铁桥，晚号南湄老人。祖籍闽南，生于暹罗。早年执律师业。曾任同盟会暹罗分会会长、暹罗国民党总支部长。当选为国民党第二届中央执行委员，第三、四届中央监察委员。抗战爆发后返暹罗。

萧孚泗（？—1884）
字信卿。湖南湘乡人。清咸丰初入湘军，官至福建提督。后以破天京，捕获太平军李秀成、洪仁达，封一等男。

萧奇斌（1884—？）
字质钧。福建闽侯（今福州）人。日本陆军士官学校毕业。曾任福建军务司次长、船政局总办、北京政府军事咨议院咨议、福建军官教导学校教育长。1940年后任汪伪参军处参军兼典礼局局长。

萧忠贞（1897—1943）

字伯亨。湖南石门人。北京大学肄业。曾组织湖湘学社,刊行《湖湘半月刊》。又组织少年建国团。历任国民党北京特别市党部青年部部长、中央监察委员。1940年返乡,创办九沣中学,并恢复天门书院。

萧承弼（1874—?）

字右乡。山东长清人。北京大学毕业,清廷授内阁中书。不久回山东,任省提学司署考验校阅委员、财政公所科长。1913年当选为参议院议员。1922年国会恢复时,仍任参议院议员。

萧冠英（1892—1945）

广东大埔人。日本九州帝国大学毕业。1922年任广东工业专科学校校长。1927年任汕头市长。1931年任广州中山大学教务长,后任工学院院长。1943年任韶关市长。著有《机械原件学》、《六十年来之岭东纪略》。

萧振瀛（1886—1947）

字仙阁。吉林扶余人。吉林法政专门学校毕业。曾任国民政府西安市市长、天津市市长。抗战爆发后,任第一战区长官部总参谋长。1940年辞职经商,创办大明公司、大同银行。

萧晋荣（生卒年不详）
字曜海。广西富川人。曾创办
《中华杂志》。1913年当选为国
会众议院议员。1917年任广州
大元帅府参议。

萧辉锦（1871—1952）
字实中。江西永新人。清举人。
1910年考取法官，任京师地方审判
厅民三庭推事。1913年当选为国会
参议院议员。1917年任护法国会参
议院议员。后任北京女子大学教
员、永新禾川中学校长。

萧锡龄（1893—？）
广东香山（今中山）人。创办隆
昌机器厂。任中国兴仁企业股
份有限公司及中华实业银行董
事长。

萧毅肃（1899—1975）
原名昌言。四川蓬州（今蓬安）人。
陆军大学毕业。1938年任国民革命
军第四十三军副军长，参加淞沪会
战和湖口战役。后任中国战区陆军
总司令部参谋长、重庆行辕副主
任、国防部次长。1949年去台湾，任
"副参谋总长"。

萧赞育（1905—1993）

字化之，别号铭圭。湖南邵阳人。黄埔军校第一期毕业。曾任国民政府军委会委员长侍从室主任、三青团中央干事、国民党中组部副部长。1948年当选国民政府立法院立法委员。后去台湾，任"中国广播公司"常务董事、国民党中央委员。

萧耀南（1875—1926）

字珩珊。湖北黄冈人。清末秀才，后投笔从戎。陆军速成学堂肄业，为曹锟部下。北洋政府时期，历任北洋陆军第二十五师师长、湖北督军、两湖巡阅使。陆军上将衔。

萨本栋（1902—1949）

字亚栋，号仁杰。福建闽侯人。蒙古族。留美理学博士。曾任清华大学物理系教授、厦门大学校长。1945年任中央研究院总干事兼物理研究所所长。1948年当选中央研究院院士。于电机工程研究有突出贡献。

萨孟武（1897—1984）

名本炎。福建福州人。日本京都帝国大学政治系毕业。曾任中央政治大学行政系主任、三青团中央评议员、中山大学教授。1948年任台湾大学法学院政治系教授、法学院院长。

萨福均（1886—1955）

字少铭。福建闽侯人。美国普渡大学工程学学士。曾任粤汉铁路管理局局长，国民政府铁道部工务司司长，交通部路政司司长、常务次长。新中国成立后，任西南军政委员会交通部副部长。

梅阡（1916—2002）

曾用名梅曾溥。天津人。东吴大学法律系毕业。1939年起从事电影、戏剧编导工作。先后在上海艺华影片公司、上海未名剧团北京民艺剧团任编导。新中国成立后，任北京人民艺术剧院导演、全国政协委员。代表剧目有《骆驼祥子》。

梅熹（1911—1983）

原籍江苏武进，生于天津。1933年入上海明星影片公司。主演影片有《丰年》、《乡愁》、《长恨歌》、《木兰从军》、《儿女英雄传》等数十部。新中国成立后，任北京电影制片厂导演，导演影片《风暴》、《停战以后》等。

梅兰芳（1894—1961）

原名澜，字畹华、浣华。祖籍江苏泰州，生于北京。从小学戏，尤致力创演时装和古装新戏，并整理演出京昆传统剧目，表演自成一家，世称"梅派"。新中国成立后，任中国文联副主席、中国剧协副主席、中国京剧院院长。演出的代表剧目，京剧有《贵妃醉酒》、《霸王别姬》等；昆曲有《思凡》、《游园惊梦》等。

梅光远（1880—?）

字斐漪。江西南昌人。清光绪举人。以内阁中书、为江苏补用道，加二品衔。历任上海清丈局总办、江南师范学堂监督。1913年当选为众议院议员。1927年至1928年任侨务局副总裁。

梅光迪（1890—1945）

字迪生。安徽宣城人。先后入美国西北大学、哈佛大学研究院学习。历任南开大学英文系主任，东南大学西文系主任，浙江大学文学院院长。1921年创办《学衡》杂志，为学衡派代表人物之一。

梅仲协（1899—1970）

字祖芳。浙江永嘉人。法国巴黎大学法学硕士。1933年后任教于中央大学和中央政治学校，并任中央政治学校法律系主任。1949年去台湾，任台湾大学、中兴大学、东吴大学教授。

梅旸春（1900—1962）

江西南昌人。美国普渡大学硕士。1946年任中国桥梁公司汉口分公司经理兼总工程师。新中国成立后，任铁道部工程总局副总工程师、大桥工程局总工程师，曾主持南京长江大桥的设计与修建。

梅思平（1897—1946）

名祖芬。浙江永嘉人。北京大学法律科毕业。曾任中央大学、中央政治大学教授，江苏省第十区行政督察专员。抗战爆发后，参与日、汪"重光堂"密约谈判。后任汪伪实业部、内政部部长。1946年被判死刑，同年9月被枪决。

梅贻琦（1889—1962）

号月涵。天津人。留美工学士。1922年任清华大学物理系主任，1931年任清华大学校长，1938年任西南联大校务委员会主席。后赴美国。1955年去台湾，任"教育部长"、新竹清华大学校长、"中央研究院"院士。

曹杰（生卒年不详）

曾任上海东吴大学法学院教授。新中国成立后，任司法部第二司司长。著有《中国民法物权论》、《民法判解研究》、《民法总则注释》、《中国民法亲属编论》、《公司法理注释合纂》、《强制执行法》。

曹禺（1910—1996）

原名万家宝，字小石。湖北潜江人，生于天津。清华大学西洋文学系毕业。曾任教于南京国立戏剧专科学校。新中国成立后，任北京人民艺术剧院院长、中国戏剧家协会主席、全国文联主席。是中国现代杰出的剧作家。代表作有《雷雨》、《日出》、《原野》、《北京人》。

曹瑛（1872—1926）

字子振。天津人。曹锟之弟。北洋武备学堂毕业。1912年任陆军测量学校校长。1917年反对张勋复辟，任讨逆军参谋长。后先后参加直皖战争、奉直战争，任第二十六师师长、陆军上将。

曹谟（1898—1994）

字叔谋。浙江兰溪人。清拔贡出身。毕业于北京中央测量学校高等科。后赴德国普鲁士大地测量研究所留学。1933年创建南京天文台。曾任中国地理研究所研究员、中央大学教授。1949年去台湾。著有《新天文学基础》、《天文学》。

曹锟（1862—1938）

字仲珊。天津人。北洋武备学堂毕业。曾任袁世凯新军统领、北洋陆军第三师师长、直隶督军。冯国璋死后成为北洋军阀直系首领。1923年10月，贿选为大总统。

曹瀛（1864—1947）

字子登。山东惠民人。清光绪拔贡，北京师范传习所毕业。1907年分发云南补用知县。1913年当选为国会众议院议员。1922年国会恢复时，仍任众议院议员。

曹元宇（1898—?）

字行素、红雨。安徽歙县人。毕业于苏州工专，后赴日本留学。曾在南京工专、中央大学、杭州医专、英士大学、浙江大学、北洋工学院、南京医学院任教。著有《定量化学分析》、《中国化学史话》。

曹凤箫（生卒年不详）

南社社员。曾任南京国民政府最高法院推事、司法行政部法官训练所民事审判实务讲席。著有《民事审判实务》。

曹玉德（生卒年不详）

字运生。安徽灵璧人。安徽法政学堂毕业。1912年任北京临时参议院议员。1913年当选为国会众议院议员。1917年任护法国会众议院议员。

曹亚伯（1875—1937）

原名茂瑞，字庆云、凌云。湖北兴国（阳新）人。牛津大学毕业。1905年加入同盟会，为同盟会湖北主盟人。1922年在上海组织联省自治促进会。后脱离政界，从事实业。晚年信佛，隐居江苏昆山。

曹汝霖（1877—1966）

字润田。上海人。留学日本。1913年任袁世凯政府外交次长。1915年奉袁世凯之命，与外交总长陆徵祥一起同日本谈判，签署了丧权辱国的"二十一条"。1916年任交通总长、财政总长。为"新交通系"首领。五四运动中，学生要求惩办曹、章、陆，并烧毁曹宅。被免职。抗日时期任伪华北临时政府最高顾问。1949年后去台湾，后去日本、美国。著有《一生之回忆录》。

曹芳涛（1896—？）

上海人。上海圣约翰大学医学博士，留学英国。曾在上海公共租界工部局卫生处各医院工作19年，主治热症及急性传染病。后自开诊所，并任圣约翰大学公共卫生及传染病学讲师。

曹伯闻（1893—1971）

湖南长沙人。保定军校、日本早稻田大学毕业。曾任湖南省民政厅长、湖南公立医院院长、湖南省参议会秘书长。新中国成立后，曾任湖南省高级人民法院院长、全国政协委员。

曹典球（1877—1960）

字籽鹄。湖南长沙人。清附生。早年留学日本。曾任北京政府国务院秘书长。1929年任湖南大学校长。1931年任湖南省教育厅长。新中国成立后，任湖南省文史馆副馆长。

曹诚英（1902—1973）

女。字佩声。安徽绩溪人。胡适三嫂之妹。曾就读杭州女子师范学校。1931年毕业于中央大学农学院，并留校任教。1934年赴美国康奈尔大学农学院主修遗传育种，1937年获硕士学位。归国后任安徽农学院教授，是我国农学界第一位女教授。1943年任复旦大学农学院教授。新中国成立后，任沈阳农学院教授。后病逝于上海。

曹树人（生卒年不详）

1928年曾与沈文元、周桂荣等开设竞华美术制版社。

曹祖蕃（生卒年不详）

字实卿。江西新建人。日本东京法政大学毕业。历任江苏高等审判厅推事、直隶高等检察厅检察官、京师高等审判厅推事、北京大学法律系讲师。1933年任国民政府最高法院推事。

曹振懋（1873—？）

字勉盦。福建沙县人。辛亥革命后，被举为福建省议会副长。1913年当选国会众议院议员。1917年任护法国会众议院议员。1922年北京国会恢复时，仍任众议院议员。

曹浩森（1884—1952）

原名明魏，字善继。江西都昌人。日本陆军大学毕业。1924年任孙中山总侍卫。后历任国民政府军政部陆军署署长、政务次长，江西省政府主席、保安司令。1945年当选为国民党中央监察委员。1952年病逝于台湾。

曹雪松（1907—1987）

1931年入上海天一影片公司任编剧。1934年与演员汤杰自办新时代电影公司。新中国成立后，仍居上海。编写电影剧本有《二孤女》、《热血青年》、《欢喜冤家》、"王先生"系列、《红楼春深》、《三女性》、《杨贵妃》等。

曹鸿勋（1848—1910）

字仲铭，号兰生。山东潍县人。清光绪二年（1876年）状元。1894年充武英殿纂修。历官至湖南布政使、陕西巡抚。1907年被召回北京协理开办资政院事。擅书法。

曹聚仁（1900—1972）

字挺岫。浙江浦江人。毕业于浙江省立第一师范。先后任暨南、复旦、光华等大学教授。抗战时期任中央社战地特派员。1950年移居香港，任《星岛日报》编辑。有文史专著、散文集、报告文学集多种。早年与鲁迅关系密切，晚年著有《鲁迅评传》。

戚正成（1897—？）

浙江鄞县人。上海沪江大学毕业。曾任华东基督教教育会总干事、华中学校长、宁绍人寿保险公司副经理、宁兴保险公司总经理。

戚法仁（生卒年不详）

南京中央大学毕业。曾任南京大学中文系教授。著有《先秦文学史》、《先秦散文选注》。

戚嘉谋（1880—？）

字羽顾。浙江绍兴人。1913年当选为众议院议员。1916年国会恢复时，仍任众议院议员。

龚怀（1894—？）

字隐轩，号粟寰居士。江苏海门人。曾任启秀学校国文、国画教师兼理校务。后创设粟寰国学专修学校，旋任东吴大学国学教授。著有《隐轩诗存》、《讲易引端》。

龚浩（1887—1982）

字孟希。湖南益阳人。陆军大学毕业。曾任南京国民政府参谋本部厅长、军事委员会办公厅副主任、陆军大学教务处处长。1949年去台湾，任"行政院"设计委员。

龚自珍（1792—1841）

一名巩祚，字璱人，号定庵。浙江仁和人。清道光进士。官至礼部宗人府主事。12岁即随外祖父段玉裁习说文解字。为文奥博纵横，倡导变革，具进步思想，称"龚派"。对后来的思想界有相当的影响。有《龚自珍全集》。

龚焕辰（1880—？）

字北居。四川江津人。曾任《醒华报》主任。1913年当选参议院议员。1917年任护法国会参议院议员。1922年北京国会恢复时，仍任参议院议员。

龚照玙（？—1894）

字鲁卿。安徽合肥人。1871年投北洋制造局当差，后捐纳同知，保知府。1885年捐道员。1890年为直隶候补道，总办旅顺船坞。甲午战争期间，避走烟台、天津，致旅顺沦陷。后被判斩监候。

龚稼农（1902—1993）
江苏南京人。国立东南大学毕业。1925年从影。先后入上海明星、国华、金星等影业公司。1949年去台湾。主演了《玉洁冰清》、《火烧红莲寺》、《生死夫妻》、《啼笑因缘》、《满江红》、《国色天香》等影片。

龚德柏（1891—1980）
字次筠，笔名陆齐。湖南泸溪人。早年留学日本。1922年后任《外交杂志》主编。1927年任《革命军日报》总编。1928年任《申报》总编。1949年去台湾，任"国大代表"、"光复大陆设计研究委员会委员"。

龚懋德（1909— ）
上海人。沪江大学商学院肄业。曾任奚玉书会计事务所会计、暨南大学总务干事。编有《国立暨南大学五年来财务报告》。

盛才（1892—?）
字清诚。浙江莫干山人。南京金陵大学医科博士。民国时期曾任绍兴复康医院住院医师、沪东公社工业医院主任医师、沪东医院院长。

盛昱（1850—1899）

爱新觉罗氏，字伯熙，号韵莳。满洲镶白旗人。满族。清光绪进士。清宗室，肃武亲王后裔。官至国子监祭酒。尚风雅，广交游，工诗词。辑编满洲文献成《八旗文经》。

盛世才（1892—1970）

原名振甲，字德三。奉天开原（今属辽宁）人。日本陆军大学毕业。1927年回国，参加北伐。后去新疆。从1933年至1944年间掌控新疆的政治、军事。任新疆省政府主席、保安司令。有"新疆王"之称。曾在新疆实行亲苏政策。后推行反苏反共政策，杀害共产党人陈潭秋、毛泽民和进步人士杜重远等。1944年调离新疆。1949年去台湾，任"总统府国策顾问"。

盛怀玉（1895—？）

江苏吴县人，生于上海。曾任上海老字号盛泰昌糖果厂总经理。兼三兴糖果厂、同诚公糖果厂总经理，上海市罐头糖果饼干食品业同业公会理事。

盛宣怀（1844—1916）

字杏荪，号次沂，别号愚斋。江苏武进人。1870年入李鸿章幕，受李鸿章赏识。督办轮船招商局、总办中国电报局，成为清末洋务运动的核心人物之一。后创办中西学堂，经办铁路、煤矿，倡办中国通商银行。1908年成立汉冶萍煤铁厂矿公司。历任清工部左侍郎、会办商约大臣、邮传部大臣等。有《愚斋存稿》。

盛振为（1900—1997）

上海人。美国西北大学法学博士。1927年任东吴大学法学院教务长。1933年起任国民政府立法院立法委员。抗战胜利后，任东吴大学法学院院长、代理校长。著有《证据法学》、《中国继承法原论》、《英美法的审判制》等。

盛恩颐（1892—1958）

字泽承。江苏武进人。盛宣怀四子。曾留学英国伦敦大学和美国哥伦比亚大学。历任汉冶萍公司总经理、三新纱厂董事长、中国通商银行董事、丰盛实业公司董事长。1958年病逝于苏州。

虚云（1840—1959）

俗姓萧，名古岩、演彻，法号清德，自号幻游。湖南湘乡人。1858年于福州鼓山涌泉寺开法师披剃。一生足及全国并周边邻国名山古刹参究禅理。1934年移锡南华禅寺。

虚谷（1823—1896）

本姓朱，名怀仁，后为僧，名虚白，字虚谷，别号紫阳山民、倦鹤。安徽歙县人，侨居扬州。早年为清军参将，后出家，为晚清海上画派代表人物。

常书鸿（1904—1994）

浙江杭州人。满族。法国巴黎高级美术专科学校毕业。1944年任中央研究院敦煌美术研究所所长，此为首任敦煌研究所所长。新中国成立后，任敦煌文物研究所所长，甘肃省美协主席、文化局副局长。1982年3月，调任国家文物局顾问，为敦煌文物研究所名誉所长。毕生从事敦煌文物的保护和研究，是中国敦煌学的奠基人之一。

常恒芳（1882—?）

字藩侯。安徽寿县人。日本大学法科毕业。曾任南京临时参议院议员、北京国会众议院议员、国民革命军第三十三军政治部主任。1948年当选国民政府监察院监察委员。1949年受邀出席全国政协会议，因病未赴会，不久逝世。

常燕生（1898—1947）

又名乃德。山西榆次人。曾任燕京大学、四川大学教授，1926年当选为中国青年党中央执行委员，主办《醒狮周报》。1938至1945年连任国民参政会参政员。1947年选为国民政府委员。著有《社会学要旨》。

鄂森（1902—1970）

字吕弓。江苏邗江人。美国斯坦福大学法学博士。曾执教东吴大学，并兼职律师。在东京审判时任中国检察官顾问。新中国成立后，任上海文史馆馆员。编著有《国际私法讲义》。

崔嵬（1912—1979）

原名崔景文。山东诸城人。早年参加左翼戏剧活动，从事文艺创作，1938年赴延安，于鲁迅艺术学院任教。新中国成立后任中南人民艺术剧院院长、北京电影制片厂演员和导演。主要影片有《青春之歌》、《小兵张嘎》。

崔士杰（1887—1970）

字景三。山东临淄（今淄博）人。日本东京帝国大学法科毕业。1917年任山东交涉公署科长。1928年任外交部特派山东交涉员。后任山东省政府委员、胶济铁路管委会委员长、外交部鲁豫陕甘视察专员。抗战后在济南创办仁丰纱厂，并任董事长。1955年退休。

崔广秀（1890—1974）

广东清远人。同盟会会员。曾任广州市立银行监督，北京政府财政部琼海关监督，国民党中央执行委员、候补中央监察委员。1948年当选"国民大会"代表。1949年去台湾。

崔廷献（1875—1942）

字文征。山西寿阳人。清光绪进士。曾留学日本。1906年任山西法政学堂斋务长。1916年任保晋矿务公司总理。1918年任山西省议会议长。1928年任天津特别市市长。1932年任晋绥靖公署首席参议。1937年后移居香港。

崔贡琛（1901—1947）

字华璞。河南荥阳人。陆军大学毕业。曾任抗日同盟军第二军参谋长。抗日战争爆发后，任第六十八军参谋长。抗战胜利后，任联勤总司令部重庆补给区司令、川乐供应局局长。1947年因车祸去世。

崔怀灏（1881—?）

字香波。直隶（今河北）晋县人。北洋师范专修科毕业。曾任本县高等小学校校长。1913年当选众议院议员。1917年任护法国会众议院议员。1922年北京国会恢复时，仍任众议院议员。

崔其枢（1879—?）

原名怀清，字玉如、裕如。河北高阳人。保定军校毕业。同盟会会员。历任北京政府陆军部顾问、大总统府谘议、天津电话局局长、山东省民政厅主任秘书。著有《金石文字名家考略》、《唐宋明清四大政治家语录》。

崔星五（1885—?）

又名新五、兴五。辽宁锦州人。行伍出身，曾任清毅军帮带、营长。1925年任东北边防军骑兵独立旅旅长。1933年被张学良任命为第五十九军军长。后在热河投降日军，任汪伪兴亚皇协军司令。

崔通约（1863—1937）

乳名恭定，原名成达，字贯之，号洞岩、沧海。广东高明人。幼入万木草堂，师从康有为。早期前往吉隆坡创办《南洋时务报》，宣传维新变法。后又在香港、加拿大、美国等地办报、从事新闻工作。

崇厚（1826—1893）

完颜氏，字地山。满洲镶黄旗人。满族。清道光举人。官至直隶总督。1878年与俄谈判伊犁交涉事，次年擅自签订丧权辱国的《里瓦几亚条约》，入狱定斩监候。

崇绮（1829—1900）

阿鲁特氏，字文山。满洲镶黄旗人，原籍蒙古正蓝旗。满族。清同治状元。历官内阁学士、吉林将军、盛京将军、户部尚书、翰林院掌院学士。八国联军进犯时，自缢而死。

符鼎升（1879—?）

字九铭。江西宜黄人。日本东京高等师范学校理化科毕业。曾任江西教育司司长、广东教育厅厅长。1913年当选参议院议员。1928年任国民政府交通部总务司司长。1932年任行政院秘书，8月免职。

康泽（1904—1967）

原名代宾，号兆民。四川安岳人。黄埔军校毕业。1925年入苏联莫斯科中山大学学习。1931年参与组织国民党特务组织复兴社。1932年创立力行社。是三青团创始人之一，并长期担任三青团中央组织处长。1948年任第十五绥靖区司令官，同年7月在襄阳被人民解放军俘虏，1963年获特赦。

康源（1840—1884）

字石泉。广东电白人。工诗、善画。

康广仁（1867—1898）

原名有溥，字幼博，号大中。广东南海人。康有为胞弟。在澳门创办《知新报》，任总理。倡设女学堂，经理大同译书局。1898年春，与梁启超结伴入北京，参与新政，助康有为拟新政奏稿，奔走呼号不遗余力。戊戌政变时被捕入狱，不久与谭嗣同等同时遇害。为"戊戌六君子"之一。

康心如（1890—1969）

名宝恕。原籍陕西成固，生于四川成都。早年加入同盟会，留学日本，筹设中华民国联合会四川分会。后任四川美丰银行经理、重庆临时参议会议长。新中国成立后，任西南军政委员会委员、全国工商联执委。

康有为（1858—1927）

原名祖诒，字广厦，号长素。广东南海人。清光绪进士。1895年发起公车上书。同年8月在北京组织强学会。1898年与弟子梁启超领导戊戌变法。失败后逃亡日本。组织保皇会，反对革命。辛亥革命后回国，居上海。1923年迁居青岛。信奉孔子儒家学说，致力于将其改造为适应现代社会的国教，曾任孔教会会长。著有《新学伪经考》、《孔子改制考》、《大同书》。

鹿钟麟（1886—1966）

字端伯。河北定县人。1924年随冯玉祥发动北京政变。1926年任国民军联军总参谋长。蒋、冯、阎"中原大战"时，任冯部第二方面军总司令。1931年后，任国民党中执委、河北省政府主席。新中国成立后，任中央人民政府国防委员。

章泯（1906—1975）

原名谢兴。四川峨嵋人。国立北平大学艺术学院戏剧系毕业。主要从事戏剧导演、戏剧教育工作。1931年加入中国左翼戏剧家联盟。新中国成立后，任中国影协理事，北京电影学院院长。主要作品有《静静的嘉陵江》。

章钰（1865—1937）

字坚孟、茗理，晚号霜根老人。江苏吴县人。清光绪进士。清季任外务部一等秘书兼京师图书馆编修，辛亥革命后任清史馆纂修。富藏书。撰有《四当斋书目》、《当斋集》。

章乃器（1897—1977）

原名埏，字子伟。浙江青田人。浙江甲种商业学校毕业。先后创办中国征信所、上川实业公司。1936年参与成立全国各界救国联合会，被国民党逮捕，为"七君子"之一。抗战时任安徽省财政厅厅长等。1945年参与发起组织中国民主建国会。新中国成立后，任粮食部部长、中国民建中央副主任委员、全国工商联副主任委员。

章士钊（1882—1973）

字行严，号秋桐，笔名黄中黄。湖南善化（今长沙）人。留学英国。清末任《苏报》主笔。民国后任段祺瑞政府司法总长、教育总长，创办《甲寅》周刊。抗战时期任国民参政员。1949年作为国民党政府代表团成员参与国共和谈，后留北平。新中国成立后，任全国人大常委、全国政协常委、中央文史馆馆长。著有《柳文指要》。

章元善（1891—1987）

字彦训。江苏吴县（今苏州）人。美国康乃尔大学毕业。历任北京大学、燕京大学讲师，国民政府全国经济委员会合作事业委员会委员、实业部合作司司长、经济部商业司司长。新中国成立后，任政务院参事、民建中央委员、全国政协委员。

章文才（1904—1998）

浙江杭州人。伦敦大学园艺学博士。回国后，历任金陵大学农学院教授、西北农学院院长。新中国成立后，任武汉大学农学院教授、园艺系主任，华中农学院教授、园艺系主任、副院长，中国园艺学会副理事长、湖北省政协副主席。著有《实用柑桔栽培学》、《果树研究法》等。

章斗航（1899—？）

江西丰城人。江西新远大学毕业。曾任江西《新闻日报》社社长、江西通讯社社长。1933年任国民党江西省党部执行委员。1940—1949年任国民政府行政院编审。后去台湾。

章伯钧（1895—1969）

安徽桐城人。留学德国柏林大学。留德期间加入中国共产党，1927年脱党。1930年参与创办国民党临时行动委员会。1941年任中国民主政团同盟中央常委。1947年任农工民主党中央主席。新中国成立后，任交通部长，民盟中央副主席。

章叔淳（生卒年不详）

曾任汪伪国信银行行长、中南银行厦门分行经理、汪伪"华民各界协议会"委员。

章宗祥（1879—1962）

字仲和。浙江吴兴（今湖州）人。日本东京帝国大学毕业。曾任北京政府法制局长、司法总长。1916年任驻日公使。因其出卖国家主权，向日大量借款，签订众多损害中国权益和民族尊严的卖国条约，在五四运动中成为广大学生要求严惩的三大卖国贼之一。被迫去职。后长期居住青岛。1942年任伪华北政务委员会"咨询委员"。抗战后居上海，后迁居加拿大。

章绍烈（1899—?）

字道衡。安徽桐城人。1939年起供职于国民政府教育部，其中1943—1945年任人事处处长。著有《韩非思想之体系》。

章炳麟（1869—1936）

字枚叔，号太炎。浙江余杭人。早年曾参加维新运动。1906年加入同盟会，主编《民报》。1909年任光复会会长。1913年参与反袁。1917年任护法军政府秘书长。同年在苏州设章氏国学讲习会，以讲学为业。主编《制言》杂志。晚年政治趋于保守，专注治学。在国文、历史等方面造诣深厚。有《章太炎全集》。

章祖纯（1885—?）

字子山。浙江吴兴（今湖州）人。美国加利福尼亚大学农学士。历任全国物产调查会副会长、北京农业大学教授、浙江省政府法规委员会委员。

章嘉呼图克图（1891—1957）

即章嘉第十九世。生于青海。藏族。曾任国民政府蒙藏委员会委员、国民党中央监察委员、国民政府委员。1949年去台湾，任"中国佛教会"理事长。

商震（1891—1978）

字启予。原籍浙江绍兴，生于河北保定。早年赴日加入同盟会，曾为阎锡山部将。后任国民政府河北、山西、河南省主席，第六战区司令长官。1947年任"同盟国对日委员会"中国驻日代表团团长。1949年后侨居日本。

商言志（1869—1962）

又名志，字笙伯，号安庐、长乐乡人。浙江嵊县人。清末曾任江西湖口知县。辛亥革命后居沪习画，师法徐青藤、李复堂、李晴江、赵撝叔诸家，专工花鸟。新中国成立后，任上海中国画院画师。

商承祖（1899—1975）

笔名章孙。广东番禺人。商衍鎏长子，商承祚之兄。留学德国汉堡大学，民族学博士，曾任中央大学外文系教授、主任。新中国成立后，任南京大学外文系教授、德文教研组主任。1959年加入中国作家协会。著有《德国文学史》等；译著有《爱美丽雅·迦洛蒂》、《海涅散文选》等。

商承祚（1902—1991）

字锡永，号契斋。广东番禺人。商衍鎏次子，商承祖之弟。早年师从罗振玉研究甲骨文、金文，后入北京大学研究所。先后在中山大学、东南大学、北京大学等多所大学任教。1948年回广州，在中山大学任教授，直至逝世。又为中国书协理事，尤长于篆书。著有《殷虚文字类编》、《商承祚秦隶册》。

商衍鎏（1875—1963）

字藻亭，号又章、冕臣、康乐老人。广东番禺人。清光绪三十年（1904）清朝最后一次科举考试之探花，授翰林院编修。1912年应聘为德国汉堡海外商务学院汉文教授，1916年回国。抗战时期曾以卖文鬻字为生。新中国成立后，任中央文史研究馆副馆长。擅长诗书画，尤以绘画竹石著名。著有《清代科举考试述录》、《太平天国科举考试纪略》。另有《商衍鎏诗书画集》传世。

阎光耀（1877—？）

字连城。新疆乌苏人。清附贡生。曾任塔城参赞文案处委员。1913年当选为国会参议院议员。1922年国会恢复时，仍为参议院议员。

阎治堂（生卒年不详）

字子勤。河北景县人。保定速武学堂毕业。1921年继陕督阎相文任中央陆军第二十师师长。1924年参加第二次直奉战争，任直系讨逆援军第六路司令。1927年在北伐战争中被打败。

阎鸿举（1879—？）

字遇唐。山西山阴人。山西大学堂理化专科肄业。清廷授举人，分发礼部司务。曾任大同实业学校教员。1913年当选为国会众议院议员。国会解散后回乡，创立富山水利股份有限公司。

阎瑞芝（1917— ）
女。吉林四平人。北平师范学院毕业。1937年7月任全国妇女代表大会主席。1949年去台湾，曾任长青书画会会长。工现代山水画。

阎锡山（1883—1960）
字伯川。山西五台人。日本陆军士官学校毕业。1905年加入同盟会。组织与领导了太原辛亥起义。民国时期长期统治山西，先后任都督、省长、省主席，北方国民革命军总司令。曾任南京国民政府军事委员会副委员长、行政院院长、国防部部长。1939年12月至1943年4月还兼任山西大学校长。1949年去台湾，避居阳明山。

清仁宗后（1776—1849）
女。钮祜禄氏。满族。清嘉庆六年（1801）册为皇后。谥孝和睿皇后。

清宣宗妃（生卒年不详）
女。舒穆噜氏。满族。初为彤贵人，晋为彤妃，复降贵人。咸丰时尊为皇考彤嫔。同治时累尊为皇祖彤贵妃。

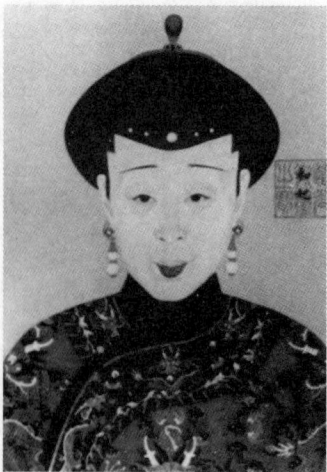

清宣宗后（1812—1855）

女。博尔济吉特氏，谥孝静成皇后。蒙古族。清道光帝时封静贵人、静皇贵妃，皇六子奕訢生母。咸丰帝即位，以有抚育之恩，尊为康慈皇贵太妃，咸丰五年（1855）七月，尊为康慈皇太后。

清德宗后（1868—1913）

女。皇后，谥孝定。叶赫那拉氏。满族。慈禧太后胞弟桂祥女。清光绪十五年（1889）立为皇后。在光绪帝与慈禧太后死后被尊为隆裕皇太后，立3岁的溥仪继帝位。

清穆宗后（1854—1875）

女。谥孝哲毅皇后。阿鲁特氏。满族。清同治十一年（1872）立为皇后。

梁龙（1893—?）

字云从。广东梅县人。英国剑桥大学毕业。曾任北京政府外交部条约委员会委员、北京法政大学校长、广东大学法学院院长。1928年起先后出使德国、捷克、罗马尼亚、瑞士。1942年任国民政府外交部欧洲司司长。

梁发（1789—1855）

一名亚发，号学善者。广东高明（今高鹤）人。中国第一位基督教牧师。早年在广州当雕板印刷工，为英国传教士所雇，刻印《圣经》。1816年受洗入基督教。1832年撰写《劝世良言》，是一本用很浅显的，一般人易懂的话讲解基督教的教义和一部分的圣经精选的合编。此书后来对洪秀全的太平天国有很大的影响。

梁希（1883—1958）

字叔五。浙江吴兴（今湖州）人。曾留学日本、德国。历任北京农业专门学校、浙江大学、中央大学、南京大学森林学教授。新中国成立后，任林垦部长、中国科学院生物学部委员、九三学社中央副主席。

梁诚（1864—1917）

原名丕旭，别名肇旭，字义衷，号震东、镇东。广东番禺人。12岁赴美留学，为清廷所派第四批幼童之一。回国后任总理衙门章京，曾出使美国、西班牙、秘鲁。使美时致力于修改华工条约。

梁济（1859—1918）

字巨川、孟匡，别号桂岭劳人。广西桂林人。梁漱溟父。清光绪举人。历官内阁中书、教养局总办委员、民政部主事、京师高等实业学堂斋务提调。清亡后投水自尽。

梁培（1882—?）

字桂山，广西扶南（今扶绥）人。1909年拔贡。1912年回南宁办理《西江报》，并任中国国民党南宁县党部总务主任。1913年任国会参议院议员。1917年任护法国会参议院议员。

梁士模（1883—?）

字范西。广西北流人。两广师范学堂毕业。1909年选为拔贡，授知县。1913年当选国会参议院议员。1917年任护法国会参议院议员。

梁玉儒（1914— ）

原名瑜。河北定兴人。1946年入晋察冀军政干部学校学习。1949年入人民解放军总政文工团任演员。曾扮演过话剧《万水千山》中的罗顺成，并获第一届全国话剧观摩演出表演二等奖。

梁邦楚（1913—1996）

江西南昌人。南京中央大学艺术系科毕业。先后得傅抱石、徐悲鸿、吕凤子教导。曾任江苏丹阳正则艺专、江西立风艺专国画教师。新中国成立后，任北京中央工艺美术学院、河北艺术学院、江西文艺学校教授，长期任中国美术家协会江西分会副主席、八大山人研究学会副会长。

梁成久（1860—1933）
字柽涛。广东海康人。清拔贡。历任广雅书院斋长，海康官立两等小学校长。1913年当选为众议院议员。家富藏书，筑漱芳园藏之。

梁廷楠（1796—1861）
字章冉，号藤花主人。广东顺德人。林则徐幕客，与商禁烟守战之事。精史学、金石学，通音律，多戏曲创作。

梁如浩（1863—1941）
字孟亭。广东香山（今中山）人。1874年，作为清政府第三批留美幼童之一赴美留学。1881年回国，曾为袁世凯幕僚。历任清津海关道、苏松太兵备道、外务部右丞、邮传部右丞等。1912年任北京政府外交总长。1921年任华盛顿会议中国代表团高等顾问。翌年，任督办接收威海卫事宜，1923年与英国草签《中英威海卫条约》。

梁伯枝（1902—？）
广东东莞人。上海沪江大学肄业。澳大利亚华侨巨商梁创之子。1924年创设光明制造水瓶电器股份有限公司，任总经理。

梁启超（1873—1929）

字卓如，号任公，别号饮冰室主人。广东新会人。清末举人。与其师康有为一起倡导变法维新，人称"康梁"。1895年发动"公车上书"。次年主编《时务报》，鼓吹变法。1898年参与领导戊戌变法，失败后逃亡日本，坚持立宪保皇。民国初年支持袁世凯，出任司法总长。后任段祺瑞北洋政府财政总长。晚年任清华研究院导师、北京图书馆馆长。有《饮冰室合集》。

梁忠甲（1888—1930）

字子信。辽宁梨树（今属吉林）人。保定军校第二期毕业。历任东北军营长、团长、旅长，哈满警备司令，呼伦贝尔警备司令。

梁实秋（1903—1987）

原籍浙江杭州，生于北京。美国哈佛大学文学硕士。历任暨南大学、复旦大学、中国公学、北京大学、中山大学等校教授。为新月派代表人物。抗战时期任第一至四届国民参政会参政员。1949年去台湾，任台湾师范大学、台湾大学教授。著有《雅舍小品》、《秋实杂文》等。

梁思永（1904—1954）

广东新会人。早年入美国哈佛大学习考古学与人类学。回国后入中央研究院历史语言研究所，曾数次参加安阳殷墟考古发掘工作。1948年被选为中央研究院院士。新中国成立后，任中科院考古所副所长。有《梁思永考古论文集》。

梁思成（1901—1972）
广东新会人。梁启超长子。早年赴美留学，回国后历任东北大学、清华大学建筑系教授，中国营造学社法式部主任，中央研究院院士。新中国成立后，任清华大学土建系主任、中国建筑学会副理事长。著有《中国建筑史》。

梁冠榴（1896—？）
广东南海人，生于上海。苏州东吴大学毕业，美国哥伦比亚大学硕士。曾任广东银行经理、上海银行公会理事会监理、环球企业公司董事、上海关勒铭金笔有限公司董事长。

梁容若（1905—1997）
河北行唐人。北平师范大学毕业，后留学日本东京帝国大学。回国后初在大学任教，从事语言文学研究。后参加北伐，任国民党北平市党部秘书。后又任河北教育厅主任督学。1948年去台湾，任国语推行委员会常委暨台湾大学、政治大学、东海大学教授。著有《中国文学史研究》、《国语与国文》、《中国文化东渐研究》等。

梁章钜（1775—1849）
字闳中、茝林，晚号退庵。福建长乐人。清嘉庆进士。官至广西、江苏巡抚，兼两江总督。能文工诗。著有《经尘》、《归田琐记》等。

梁鸿志（1882—1946）

字仲毅、众异。福建长乐人。京师大学堂毕业。曾任安福国会参议院秘书长、段祺瑞临时执政府秘书长。抗战爆发后投敌，任伪维新政府行政院院长、汪伪立法院院长。1946年以汉奸罪被处死。

梁敬錞（1892—1984）

字和卿。福建闽侯人。英国伦敦大学经济学院硕士。历任宁夏省、甘肃省政府委员兼财政厅长，国民政府主席东北行辕经济委员会田粮处处长。1948年侨居美国，1968年回台湾，任"中央研究院"近代史研究所所长。

梁鼎芬（1859—1919）

字星海，号节庵。广东番禺人。清光绪进士。曾任清布政使，因弹劾李鸿章而辞官。后受张之洞之聘为肇庆端溪书院、广雅书院院长。继入张之洞幕，成为张之洞的得力助手，反对戊戌变法。辛亥革命后曾担任溥仪的师傅。晚年参与张勋复辟。其还是近代著名藏书家，书室名为"葵霜阁"。

梁鼎铭（1898—1959）

原名协荣。广东顺德人。南洋测绘学校毕业。曾任《革命画报》、《图画京报》主编，南京中央陆军军官学校教官，东北中正艺术专科学校校长。1948年去台湾，任"政工干校"教官。

梁善济（1862—?）

字伯强。山西崞县人。清光绪三十年进士，后赴日本留学。曾任山西谘议局议长、国民政府教育部次长、众议院议员。

梁寒操（1899—1975）

原名翰藻，号君默、均默。广东高要人，生于三水。毕业于广东高等师范学校。历任国民党中央党部书记长，第五、六届中央执行委员、中央常委，国民政府立法院秘书长，国民党中央宣传部长。1949年去香港新亚书院任教。1954年去台湾，任"中国广播公司董事长"、"总统府国策顾问"。

梁登瀛（1878—?）

字晓舫。甘肃金县（今榆中）人。清光绪二十三年（1897）解元。曾任京师地方审判厅推事、京师第二初级检察厅检察官。1913年当选为参议院议员。1917年任护法国会参议院议员。1922年北京国会恢复时，仍任参议院议员。

梁嵩龄（1895—?）

广东中山人，生于上海。美国纽约大学商科学士。曾任银行职员、会计师。后创办上海裕华化学工业公司，任董事兼总经理。该公司生产的香皂名闻遐迩。

梁漱溟（1893—1988）

原名焕鼎。广西桂林人。早年投身辛亥革命。历任北京大学教授、山东乡村建设研究院院长、国民参政员、中国民主政团同盟常委。新中国成立后，任全国政协常委。主要研究人生问题和社会问题，现代新儒家的早期代表人物之一，有"中国最后一位儒家"之称。著有《东西文化及其哲学》、《中国文化要义》、《乡村建设理论》、《人心与人生》。

寇遐（1884—1953）

字胜孚，号玄疵。陕西蒲城人。西安师范学堂毕业。同盟会会员。1913年当选为众议院议员。后任北京政府农商总长、国民政府行政院侨务委员会委员。新中国成立后，任陕西省人民政府委员。

宿白（1922— ）

辽宁沈阳人。北京大学文科研究所研究生肄业。新中国成立后，任北京大学教授、国家文物委员会委员。专于隋唐考古学和佛教考古学。1951年主持河南禹县白沙水库墓群的发掘。著有《白沙宋墓》。

谌克终（1899—?）

湖南溆浦人。日本京都帝国大学农学士。历任北平大学、保定农学院、西北农学院教授。1949年后，任台湾大学农学院教授。著有《果树园艺学》、《农业概论》、《园艺学总论》。

屠寄（1856—1921）

字敬山，号结一宧主人。江苏武进人。清光绪进士。任淳安县知县。精史学，工诗文。曾在广雅书局校书，任京师大学堂教习、常州府中学堂校长、国史馆总纂。

婉容（1906—1946）

女。郭博勒氏，字慕鸿。满洲正白旗人，生于天津。满族。1923年与溥仪结婚，被册封为"宣统皇后"。1934年被立为伪满洲国"皇后"。1946年在吉林病逝。

续亮（？—1896）

僧人。俗姓刘，字月谷。云南富民人。工诗。

续范亭（1893—1947）

山西崞县（今原平）人。1910年加入同盟会。1918年参加陕西靖国军。1932年任陆军新编第一军参谋长。为求蒋介石抗日，1935年12月在中山陵剖腹自杀，遇救。1936年后回山西推动抗日救亡运动。1938年秘密加入中国共产党。1942年任中共西北军区副司令员、晋绥边区行政公署主任。1947年9月12日病逝于山西临县，被公开追认为中共正式党员。

续桐溪（1880—1926）
字西峰，号寒泉。山西崞县（今原平）人。山西大学肄业。同盟会会员。1916年当选为国会议员。1919年任陕西靖国军总参议。1924年任国民军总参议。

维经斯基（1893—1953）
苏联人。中文名吴廷康。1918年加入布尔什维克。1920年受共产国际派遣来华，协助创建中国共产党。1923年任共产国际驻中国代表。1925年任共产国际远东委员会书记。大革命失败后回国。

琦璘（1875—1911）
字叔敏。满洲镶红旗人。满族。清官吏。

塔齐布（1817—1855）
陶佳氏，字智亭。满洲镶黄旗人。满族。官至湖北提督。从曾国藩征讨太平军，转战湘鄂。

越飞（1883—1927）

苏联克里米亚人。曾任俄共中央委员。1922年作为苏俄政府特使来华。次年在上海与孙中山发表《孙文越飞联合宣言》。不久奉召回国。1927年11月，因涉"托季联盟案"自杀身亡。

揭曰训（1882—？）

字友莘。山东单县人。山东优级师范学堂毕业。清廷授举人。武昌起义后，被选为山东省临时省议会议员。1913年当选为参议院议员。1917年任护法国会参议院议员。

喜饶嘉措（1884—1968）

青海循化人。藏族。幼年于循化古雷寺出家。后在甘肃拉卜楞寺和拉萨哲蚌寺求学，32岁考取最高格西学位"拉然巴"。曾主持重刊藏文《大藏经》。新中国成立后，任青海省人民政府副主席、中国佛教协会会长。

彭湃（1896—1929）

原名汉育。广东海丰人。日本早稻田大学毕业。1921年加入中国社会主义青年团，1924年初转入中国共产党。同年创办广东农民运动讲习所，是中共早期农民运动的主要领导人之一。南昌起义时任中共中央前敌委员会委员，后创建海陆丰革命根据地。1927年八七会议当选为临时中央政治局委员。1929年在上海龙华被国民党杀害。2009年9月14日，被评为100位为新中国成立作出突出贡献的英雄模范之一。

彭士量（1904—1943）

号秋湖。湖南浏阳人。陆军大学毕业。1941年任第六战区司令长官高级参谋。1943年任国民革命军第二十九集团军第七十三军暂编第五师师长。同年11月参加常德会战，在石门激战中牺牲。

彭允彝（1878—1943）

字静仁。湖南湘潭人。早年留学日本并加入同盟会，辛亥革命后任临时参议院参议员，与宋教仁等创立统一共和党。1922年任北京政府教育总长。1938后当选为第一至三届国民参政会参政员。

彭玉麟（1816—1890）

亦名玉磨，字雪琴。湖南衡阳人。历任安徽巡抚、兵部尚书。从曾国藩创办湘军水师，镇压太平军。工书，善画梅。

彭占元（1870—1942）

字青岑。山东濮县（今河南范县）人。日本法政大学毕业。加入同盟会，为山东同盟会部长，并捐款创办《民报》社。1913年当选为众议院议员。1917年任护法国会众议院议员。1922年北京国会恢复时，仍任众议院议员。

彭先捷（生卒年不详）
字啸虎。江西南昌（一说四川双流）人。黄埔军校第八期英文教员。

彭寿松（1869—1918）
号岳峰。湖南长沙人。早年留学日本。后加入同盟会，任福建同盟会会长。武昌起义后任福建都督。1917年任湘鄂民军联络部部长。1918年被张敬尧逮捕杀害。

彭运斌（1867，一说1865—1919）
字右文。河南邓县人。清光绪进士，后留学日本。初任资政院议员，1912年被选为河南临时省议会议员，1913年当选为国会众议院议员，1918年任安福国会众议院议员。

彭旷高（1902—1951）
又名辛丑。湖北天门人。北京陆军通信军官学校毕业。1943年任第二十九集团军参谋长。后历任湖北省第七、第三、第六区行政督察专员。1949年2月任湖北省政府委员。同年10月去四川，12月起义。

彭迪先（1908—1991）

四川眉山人。日本九州帝国大学经济系研究生毕业。历任武汉大学、四川大学教授，成华大学校长。新中国成立后，参与筹建四川财经学院。后任四川大学校长、四川省副省长、民盟中央副主席、全国政协常委、全国人大常委。长期从事马克思主义经济理论研究。著有《世界经济史纲》、《货币信用论大纲》。

彭泽民（1877—1956）

字锦泉，号铺希。广东四会人。早年去马来亚吉隆坡谋生。1906年加入同盟会，为同盟会吉隆坡支部长。1927年参加南昌起义。后从事民主活动。1947年任农工民主党中央监察委员会主席。新中国成立后，任农工民主党中央副主席。

彭学沛（1896—1948）

江西安福人。留学日本和比利时。历任北京大学政治学教授，《中央日报》主笔，国民政府内政部代理部长、交通部次长，国民参政会秘书长，国民党中央执行委员、中央宣传部长。1948年飞机失事遇难。

彭建标（1880—?）

字策遐。广东龙川人。清副贡生。广东法政专门学校毕业。执律师业。1913年当选为参议院议员。1917年任护法国会参议院议员。1922年北京国会恢复时，仍任参议院议员。

彭孟缉（1908—1997）
字明熙。湖北武昌人。黄埔军校第五期毕业，后赴日本进修。曾任炮兵指挥官。1949年去台湾，任"陆军总司令"、"台湾防卫总司令"、"参谋总长"。

彭施涤（1870—1947）
字心筌。湖南永顺人。清光绪举人。留学日本，习师范。回国后与同志组织上海中国公学。1913年当选为众议院议员。1933年任湖南省政府委员。1937年去职。

彭战存（1902—1971）
字铁如。江西萍乡人。陆军大学毕业。1944年任第六十六军第一九九师师长。1948年任青年军第二〇一师师长。1949年任第八十军副军长，驻守金门。次年任"金门防卫副司令"。1954年任"国防部"联合作战研究委员会委员。

彭家珍（1888—1912）
字席儒。四川金堂人。成都武备学堂毕业。同盟会会员。曾任清云南新军随营学堂管带兼教训官。1912年在北京谋炸宗社党首领良弼时牺牲。

彭楚藩（1887—1911）

原名家栋，字青云。湖北武昌（今鄂州）人。1904年入湖北新军。先后加入共进会、文学社。1911年任武昌起义总指挥部军事筹备员，被捕就义。为武昌首义三烈士之一。

斯立（1891—1983）

号卓然。浙江东阳人。陆军大学毕业。1928年任陆海空军总司令部交通处科长。抗战爆发后，任川桂、川滇线运输司令，陆军辎重兵学校教育长。1948年加入民革。新中国成立后，任南京市政协常委。

联元（1838—1900）

崔佳氏，字仙蘅。满洲镶红旗人，迁河北宝坻。满族。清同治进士。历任安徽按察使、总理各国事务衙门大臣、内阁学士、礼部侍郎。1900年为义和团所杀。

葛庄（1873—？）

字懋忱。江西雩都（今于都）人。曾创办葛坳高初两等小学校，并倡办私立昌村中学校。1913年当选众议院议员。1917年任护法国会众议院议员。1922年北京国会恢复时，仍任众议院议员。

葛乐汉（生卒年不详）
德国人。毕业于德国国立体育学校。1929年受聘任教中央大学体育科。著有《德国新体操》（口述）。

葛武棨（1901—1981）
浙江浦江人。黄埔军校第二期毕业，后留学日本明治大学经济系。曾任甘肃省政府委员、三青团中央干事。1948年当选"国民大会"代表。1949年去台湾。

葛家澍（1921— ）
江苏兴化人。厦门大学会计学系毕业。后留校任教。历任厦门大学教授、经济学院院长，中国会计学会副会长，《会计文库》主编。著有《会计学原理》。

葛宴春（1902—1956）
字芳辰。辽宁辽阳人。东北陆军讲武堂毕业，后留学日本。曾任热河省保安副司令，第九兵团副司令。1949年随傅作义起义，任人民解放军第十九兵团副司令员。1955年转业，任甘肃省人民委员会参事。

葛福荣（生卒年不详）

1930年代知名的电影演员。1929年入上海天一影片公司任演员，1940年后相继入新华、华新、中联等影片公司。主演影片有《无敌英雄》、《富贵荣华》、《王先生做寿》、《尽忠报国》等。

黄延芳（1883—1957）

浙江镇海人。历任中华捷运公司总经理、中国渔业公司董事、上海市商会理事长、浙江兴业银行地产部经理。1939年参与创办国际难民救济会。新中国成立后，任全国政协委员、上海交通运输局局长。

董恂（1807—1892）

初名醇，以避同治帝讳改名，字忱甫，号韫卿。江苏甘泉（今扬州）人。清道光进士。官顺天府府尹、户部尚书。

董康（1867—1947）

字授经，号诵芬室主人。江苏武进人。清进士，后留学日本习法律。1908年清政府颁布的、中国历史上第一部宪法性文件——《钦定宪法大纲》，出自其手。曾任北京政府大理院院长、广东高等法院院长。抗战时投靠日伪。历任华北伪中华民国临时政府委员、司法委员会委员长、最高法院院长，汪伪华北政务委员会委员、汪伪国民政府委员。抗战胜利后被捕，1947年病逝。

董大酉（1899—1973）

浙江杭州人。清华学校毕业，留美建筑科硕士。1929年起在上海、广东等地从事建筑师业务，曾任中国建筑师学会会长。在上海五角场地区，主持规划设计建造了一批驰名中外的重要建筑（1990年该批建筑被定为市文物保护单位）。新中国成立后，任西北建筑设计公司总工程师。著有《中国艺术》、《建筑记事》、《大上海发展计划》等。

董子廉（1902—1973）

河南温县人。美国普渡大学电气工程师。曾在美国电灯公司工作多年。1932年入上海电力公司，后任馈电部建筑处代理处长。著有《发展中国电气之计划》。

董天涯（生卒年不详）

1930年代知名的电影布景师。1923年从影，曾任上海明星电影公司置景科长，1948年任上海大同电影公司厂长。参与制作的影片有《孤儿救祖记》、《新人的家庭》、《新西游记》、《黄金之路》、《船家女》等。

董汉槎（1898—1995）

浙江余姚人。上海大同大学毕业。曾任上海安平水火保险公司总经理，太平、丰恒联合保险公司业务部长，大东、大上海、大南保险公司及中国航运保险公司董事长兼总经理，上海市保险业同业公会常务理事，忆中商业银行董事长兼总经理。1950年赴香港，后去台湾，任台湾太平产物保险公司董事长兼总经理。

董克毅（1906—1978）

生于浙江宁波。早年在上海明星影片公司任摄影师，参加拍摄《歌女红牡丹》、《火烧红莲寺》。后入大同摄影场、国华影片公司、中国联合电影制片公司、中央电影制片厂。1948年去香港，入长城影业公司。

董作宾（1895—1963）

字彦堂，号平庐。河南南阳人。1923年入北京大学。1928年任中央研究院史语所研究员。1948年被选为中央研究院院士。1949年去台湾，任台湾大学教授、"中央研究院"史语所所长。曾多次主持安阳殷墟甲骨发掘。著有《殷历谱》。

董伯生（1916—?）

浙江宁波人，生于上海。沪江大学肄业。原上海老顺记五金店总经理董寄沧之子。曾任上海协昌贸易公司副经理、永和纸号总经理、大东纸业股份有限公司经理。

董其武（1899—1989）

山西河津人。1919年从军。1924年参加国民军，参加北伐战争。1928年起，在傅作义部历任参谋、团长、旅长。1933年，参加著名的长城抗战。1936年，参与组织指挥绥远抗战，获百灵庙大捷。1946年任绥远省政府主席兼保安司令。1949年起义。新中国成立后，任人民解放军第二十三兵团司令员、全国人大常委、全国政协副主席。1955年被授上将军衔。

董国华（1773—1850）

字琴南，号荣若。江苏吴县（今苏州）人。清嘉庆进士。道光时官至广东雷琼道。工诗文，词尤婉约。

董承琅（1899—1992）

浙江鄞县人。沪江大学毕业，留美医学博士。曾任北京协和医学院内科副教授、北京协和医院主任医师，擅长心脏病治疗。后自行执业，兼任上海剑桥医院内科主任。新中国成立后，历任上海市第六人民医院内科主任、卫生部医学科学委员会委员、全国人大代表。主编有《实用心脏病学》。

董政国（？—1947）

字赞勋。山东人。原任曹锟第三师团长。1921年任第十三混成旅旅长。1924年任第九师师长，参加第二次直奉战争。1926年任吴佩孚部援湘军副司令。1928年被北伐军击败，后隐居天津。

董显光（1887—1971）

浙江鄞县人。美国哥伦比亚大学博士。历任英文《北京日报》、《大陆报》主笔，国民党中宣部副部长、国民政府中央执行委员，国民政府行政院新闻局局长。1949年去台湾，任《中央日报》董事长，驻日本、美国"大使"。

董修甲（1891—?）

字鼎三。江苏六合人。清华学校毕业，留美市政学硕士。回国后曾在上海、北京高校任教。后任国民政府江苏省财政厅长。抗战爆发后投敌，任汪伪安徽省财政厅长、财政部税务署副署长。著有《市政学纲要》、《市财政学纲要》等。

董耕云（1863—1932）

别号话年。吉林长春人。1909年加入同盟会，任同盟会吉林省区支部部长。1913年当选众议院议员。1924年隐退，不问政事。

董辅礽（1927—2004）

经济学家。浙江镇海人。苏联副博士学位。历任武汉大学讲师，中国科学院经济研究所研究员、所长。著有《社会主义再生产和国民收入问题》。

葆初（?—1900）

阿鲁特氏，字效先。蒙古正蓝旗人。崇绮子。清官吏。

蒋义明（1878—？）

字石皋。湖北潜江人。日本早稻田大学政治经济科毕业。清廷授政治科举人。辛亥革命时，任鄂军政府财政司参议官。1913年当选为参议院议员。国会恢复后，仍任参议院议员。

蒋天枢（1903—1988）

字秉南。江苏丰县人。早年就读于无锡国学专修馆，师从唐文治。1927年考入清华研究院国学门，师从陈寅恪、梁启超学习文史。曾任东北大学教授。1943年起任复旦大学教授。晚年全力搜集、整理和编辑恩师陈寅恪的著作。著有《陈寅恪先生编年事辑》、《全谢山先生年谱》、《楚辞章句校释》。

蒋云台（1905—1987）

名汉臣。甘肃定西人。陆军大学毕业。曾任陇右师管区司令、甘肃师管区司令。1949年4月任第一一九军副军长，同年12月率部在甘肃武都起义。新中国成立后，任甘肃体委主任、甘肃省政协副主席。

蒋方震（1882—1938）

字百里。浙江海宁人。早年留学日本，主编《浙江潮》。后赴德国学习军事。辛亥革命后任保定军校校长、吴佩孚军总参谋长、国民政府军事委员会高等顾问、陆军大学代校长。著有《国防论》。

蒋允福（1897—?）

江苏常州人。美国纽约大学肄业。民国时期曾任金城银行天津及北京分行会计主任、通成公司经理、上海新裕纱厂总稽核、中央信托公司副总经理。

蒋有建（1911—?）

苏州人，生于北京。原中国驻意大利公使、财政部公债司司长蒋履福之子。上海光华大学毕业。曾任上海广东银行泰山路支行经理、益茂企业公司董事长。

蒋光鼐（1888—1967）

字憬然。广东东莞人。保定军校第一期毕业。早年加入同盟会，参加武昌起义。1932年任国民革命军第十九路军总指挥，指挥淞沪抗战。1933年参与福建事变。抗战时期任第四、第七战区副司令长官。1946年参加中国国民党民主促进会。新中国成立后，任纺织工业部部长、民革中央常委、全国政协常委。

蒋当翊（1908—1990）

字芝山。湖南零陵（今永州）人。黄埔军校第三期毕业。曾任国民党第五战区豫鄂边区第一纵队司令、第十二军副军长、整编第五十二师师长、第九十七军军长。1949年去台湾，任"国民大会"代表。

蒋廷黻（1895—1965）

字绥章，湖南邵阳人。美国哥伦比亚大学史学博士。历任南开大学教授、清华大学历史系主任、国民政府驻苏联大使。后去台湾，任"中央研究院"院士、驻美国"大使"。著有《中国近代史》。

蒋庆均（1778—1844）

字春祺。江苏长洲（今苏州）人。蒋曾燠子、蒋泰阶弟。清嘉庆进士，选庶吉士。

蒋孝先（1899—1936）

字啸剑。浙江奉化人。蒋介石堂侄孙。黄埔军校毕业。曾任北平宪兵副司令，国民政府军事委员会委员长侍从室高参。1936年12月随蒋介石赴西安督战，西安事变时被击毙。

蒋坚忍（1902—1993）

字孝全，又名斌。浙江奉化人。蒋介石堂侄孙。中央航空学校毕业。曾任中央航空学校副校长，陕西、浙江省政府委员，西南军政长官公署秘书长。去台湾后，任"国防部"政治部副主任、常务次长。1965年退役。

蒋作宾（1884—1942）

字雨岩。湖北应城人。日本陆军士官学校毕业。历任南京临时政府和北京政府陆军部次长，南京国民政府委员、驻德公使、驻日大使、内政部长、安徽省主席、国民党中央监察委员。1929年，曾在日内瓦国际联盟裁军会议讲坛上，一破只使用英、法两种语言的惯例，代表中国政府庄严地用华语发言。

蒋伯诚（1888—1952）

号志迪。浙江诸暨人。苏州武备学堂毕业。曾任保定军校教官。1927年任国民革命军第一路军参谋长。1928年代理浙江省政府主席。1934年任国民政府军事委员会北平分会常委。抗战时期任国民政府上海工作统一委员会常委。

蒋君超（1912—1991）

江苏武进人。上海英法学院毕业。1930年起任上海联华影业公司演员，主演《人道》、《共赴国难》。1937年后去香港，主演《血肉长城》、《游击队进行曲》。新中国成立后，任上海电影制片厂导演，导演《乘风破浪》、《母亲》。

蒋纬国（1916—1997）

乳名建镐，号念堂。浙江奉化人。蒋介石次子。东吴大学毕业。后赴德国、美国军校受训。曾任国民党装甲部队副司令官。1949年去台湾，任"装甲部队总司令"、"联合勤务总司令"、"国家安全会议"秘书长。

蒋学模（1918—2008）

浙江慈溪人。四川大学经济系毕业。著名经济学家，马克思主义理论家。历任复旦大学教授、复旦大学社会主义经济研究所所长，中国国际交流协会理事，《辞海》政治经济学分部主编。著有《政治经济学》、《社会主义的分配》等。译著有《基督山伯爵》。

蒋春霖（1818—1868）

字鹿潭。江苏江阴人。清咸丰中官东台富安场盐大使。少工诗，中岁专力攻词。与纳兰性德、项鸿祚有清代三大词人之称。有《水云楼词》。

蒋复璁（1898—1990）

字美如，号慰堂。浙江海宁人。蒋百里之侄。留学德国柏林大学哲学系及图书馆学院。曾任北京图书馆协会书记，中华图书馆协会干事，中央图书馆馆长。1949年去台湾，仍任"中央图书馆"馆长，并任"故宫博物院"院长。

蒋著卿（1877—？）

浙江奉化人。早年任同盟会浙江总务主任。辛亥革命后，任浙江军事参议。1913年当选为众议院议员。1917年任护法国会众议院议员。1922年北京国会恢复时，仍任众议院议员。

蒋梦麟（1886—1964）

原名梦熊，字兆贤，号孟邻。浙江余姚人。曾就学于浙江高等学堂、上海南洋公学，美国哥伦比亚大学哲学博士。历任南京国民政府教育部长、北京大学校长、中华文化教育基金会副董事长、国民政府行政院秘书长、国民政府委员。1949年去台湾。著有《中国教育原理之研究》等。

蒋翊武（1885—1913）

原名保襄，字伯夔。湖南澧州（今澧县）人。同盟会会员。曾入湖北新军。武昌起义后，任湖北军政府顾问，又代黄兴任战时司令。1913年策动反袁世凯，事泄，在桂林就义。

蒋维乔（1873—1958）

字竹庄，号因是子。江苏武进人。早年留学日本。先在商务印书馆编写新式教科书，旋参加中国教育会，任爱国女校校长。1912年参组南京临时政府教育部。1921年任江苏省教育厅长。1924年任东南大学校长。新中国成立后，任上海市政协常委、上海文史馆副馆长。著有《因是子静坐法》、《中国近三百年哲学史》、《中国佛教史》等。

蒋雁行（1875—1941）

字宾臣。河北阜城人。北洋武备学堂和日本陆军士官学校毕业。辛亥革命前后任陆军第十三协协统、江北都督、江北护军使。1915年后任北京政府陆军训练总监、署陆军总长。

蒋鼎文（1895—1974）
字铭三。浙江诸暨人。浙江讲武堂毕业。初入浙督署守备队任职。1929年任第二军军长。抗战时，任第四集团军总司令、军事委员会委员长西安行营主任、第十战区司令长官。1945年当选为国民党中央执行委员。1949年去台湾。

蒋尊簋（1882—1931）
字伯器。浙江诸暨人。日本陆军士官学校毕业。1905年加入同盟会。武昌起义后，任浙江都督。1917年参加护法战争，任浙军总司令。1921年任广州军政府军政部次长。1927年任南京国民政府上海政治分会主席。1929年因参加反蒋活动被捕，释放后持斋奉佛。1931年任广州国民政府委员。同年8月病逝。

蒋渭水（1890—1931）
字雪谷。祖籍福建漳州，后迁台湾宜兰。台湾医学专科学校肄业。早年加入中华革命党。1920年创办台湾文化协会。1923年组织新台湾联盟。1927年创设台湾民众党，反对日本殖民统治。

韩恢（1887—1922）
字复炎。江苏桃源（今泗阳）人。1909年在江苏镇江参加新军。旋加入同盟会。武昌起义时，在南京任炸弹队司令。后参加讨袁、护法运动。1922年讨伐陈炯明，任讨贼军总司令，同年11月在上海遇害。

韩玉辰（1885—1975）

字达斋、大载。湖北松滋人。湖北官立法政学堂毕业。武昌起义后，任鄂军刑事司司长。1913年当选国会参议院议员。1934年任宣化使署秘书长。新中国成立后，任湖北省参事室参事。

韩兰根（1909—1982）

上海人。著名电影演员、导演。1926年入上海黄浦影片公司。1927年入联华影片公司。1932年与王人美合演《渔光曲》，获国际电影节演员奖。新中国成立后，任苏州新苏话剧团团长、长春电影制片厂演员。

韩国钧（1857—1942）

字紫石、止石、子石。江苏泰县人。清末举人。1922年任江苏省省长。后任南京政府水利、导淮、赈灾等委员会委员。抗战期间，与共产党建立抗日合作关系。

韩组康（1894—1968）

湖南长沙人。长沙雅礼大学毕业。曾在清华大学、复旦大学、中央大学任教。1924年到上海卜内门公司任化学室主任。后发起成立中国化学会上海分会。新中国成立后，任同济大学教授、上海化工学会副理事长。著有《仪器分析大纲》、《极谱分析》、《吸收光谱》、《质谱分析》等。

韩绍徽（？—1900）
字小山。贵州贵阳人。清官
吏。

韩复榘（1890—1938）
字向方。河北霸县人。原冯玉祥部
属。逐渐成为军阀，1920—1930
年代年代声震西北、华北、中原各
地。后投靠蒋介石。曾任山东省政
府主席、第五战区司令长官。1938
年1月，因其不战而放弃济南，并与
刘湘密谋反蒋，被蒋介石以"违抗
命令，擅自撤退"的罪名处决。

韩培森（1859—1900）
字子乔。浙江余姚人。曾任清都
察院江西道监察御史。八国联
军入侵北京时，绝食而死。

韩德勤（1892—1988）
曾名韬，字楚箴。江苏桃源（今泗
阳）人。保定军校第六期毕业。历任
国民党第五十二师师长、第二十四
集团军总司令、江苏省政府主席、第
三战区副司令长官、联勤总司令部
副总司令。1949年去台湾，任"国民
大会"代表。

辜鸿铭（1857—1928）

名汤生。福建同安人，生于马来西亚。曾留学英、法、德。归国后研习汉文，充英文翻译。是晚清时代精通西洋科学、语言兼及东方华学的第一人。曾入张之洞幕。光绪间曾任外务部员外郎、郎中、左丞。民国时为北京大学教授，以尊孔守旧名。热衷向西方人宣传东方的文化和精神，以致在西方有"到中国可以不看紫禁城，不可不看辜鸿铭"的说法。其英译《论语》、《中庸》，汉译《痴汉骑马歌》均享名。

植田谦吉（1875—1962）

日本人。陆军大学毕业。1928年任天津驻屯军司令官，1929参与制造"一二八事变"。后任日军参谋本部次长、关东军司令官兼驻伪满"大使"。

覃振（1885—1947）

原名道让，字理鸣。湖南桃园人。同盟会会员。曾任南京国民政府司法院副院长、代理院长。

覃超（1879—？）

字哲民。广西柳州人。广西法政专门学校毕业。1911年任云南都督府秘书所编修官。次年任柳州中学校校长。1913年当选为国会参议院议员。1924年任广州大元帅府大本营咨议。

覃异之（1907—1995）

原名异存。广西安定（今都安）人。黄埔军校第二期毕业。历任国民党第五十二军第一九五师师长、青年军第二〇四师师长、第五十二军军长。1949年去香港，同年12月回北京。任全国政协委员。

覃寿公（1875—?）

字达方。湖北蒲圻人。留学日本。清廷授法科举人。1911年任鄂都督府秘书。1913年当选为国会众议院议员。1917年任护法国会众议院议员。1922年北京国会恢复时，仍任众议院议员。

粟威（1876—1951）

别号松邨。湖南邵阳人。1926年任广西省政府民政厅厅长。1927—1929年兼广西省政府委员。1933年任国民政府禁烟委员会委员。

粟戡时（1879—?）

字墨生。湖南长沙人。曾留学日本。历任湖南都督府外交司司长、长沙群治大学校长。

斐廷藩（1879—？）

字宜丞。陕西神木人。北京大学毕业。辛亥革命后，为陕北安抚使。又当选国会众议院议员。国会解散后，回乡创办神木女子学校。1916年国会恢复，仍就原职。

景幼南（1903—1982）

初名炎昭，改名昌极，字幼南，以字行。江苏泰州人。南京支那内学院毕业。历任成都大学、南京中央大学、杭州大学教授。新中国成立后，任江苏省立泰州中学、扬州师范学院教师。著有《哲学论文集》。

景定成（1879—1959）

字梅九，别号无碍居士。山西运城人。清举人，后留学日本东京帝国大学。1905年加入同盟会。曾在北京创办《国风日报》，鼓吹革命。1913年当选为国会众议院议员。1930年后潜居故乡。新中国成立后，任西北行政委员会参事。

景耀月（1883—1944）

字太昭，笔名秋陆、大招。山西芮城人。清末举人。日本早稻田大学毕业。同盟会会员。先后创办《晋乘》、《夏声》，宣传革命。历任南京临时政府教育部代总长，北京政府总统府高等顾问、众议院议员。1937年秋创立夏学会，进行抗日活动。1944年在北京病逝。

喻培伦（1886—1911）
字云纪。四川内江人。留学日本，加入同盟会。先后谋刺端方、载沣未成。广州起义时负责制造炸弹，被捕就义。为黄花岗七十二烈士之一。

嵇镜（1877—？）
字涤生。江苏无锡人。日本早稻田大学毕业。曾任北京政府外交部政务司司长，南京国民政府外交部第一司司长、国际司司长、条约委员会委员。抗战时附汪投敌，任汪伪内政部次长。

程克（1878—1936）
字仲渔、众渔。河南开封人。日本东京帝国大学法学士。同盟会会员。历任总统府咨议、司法部总长兼修订法律馆总裁、内务部总长、天津市市长。

程良（1884—1911）
安徽怀远人。同盟会会员。曾与熊成基发动安庆起义，失败。广州起义时攻督署，弹尽被捕就义。为黄花岗七十二烈士之一。

程铎（1885—？）

字振之。江西鄱阳（今波阳）人。日本早稻田大学政治经济科毕业。曾任江西公立法政专门学校、高等巡警学校教员，南昌律师公会会长。1913年当选众议院议员。1917年任护法国会众议院议员。1922年北京国会恢复时，仍任众议院议员。

程琼（生卒年不详）

女。字玉夐。湖南宁乡人。清光绪间有文名。撰有《游历记》。

程憬（1903—？）

字仰之。安徽绩溪人。清华国学研究院肄业。曾任安徽大学教务长兼文学院长，后任中央大学教授。著有《商民族的经济生活之推测》、《夷方与徐方》、《中国的原始社会》、《古神话中的水神》。

程干云（1890—1968）

字松生。浙江宁海人。美国康乃尔大学机械学硕士。曾任京绥铁路局南口机车厂厂长，上海劳动大学和北平大学工学院院长。新中国成立后，任北京工学院教授。

程小青（1893—1976）

原名青心。安徽安庆人，生于上海。早年为上海《申报》、《新闻报》等报纸副刊撰稿，后以翻译、创作侦探小说闻名。民国时期创作《霍桑探案》，一举成名。后成为系列，达三十多部，许多被改编成了电影。另译有《福尔摩斯探案》。新中国成立后，移居苏州。创作了小说《大树村血案》、《生死关头》、《不断的警报》等，并改编成电影《徐秋影案件》。

程天固（1889—1974）

幼名天顾。广东香山（今中山）人。留美硕士。同盟会会员。1924年起任广东大学（中山大学）教授。南京国民政府成立后，任广州市长、实业部代部长、中国驻墨西哥、巴西大使。1949年后寓居香港。

程天放（1899—1967）

原名学愉。江西新建人。加拿大多伦多大学政治学博士。先后任复旦大学、中央大学教授，安徽大学、浙江大学、四川大学校长，中国驻德国大使，国民党中宣部长。1949年去台湾，任"教育部"部长、"考试院"副院长。

程元斟（1899—?）

安徽凤阳人。北京大学毕业。1926年任《民国日报》总编辑。1930年任《中央导报》编辑、国民党中央宣传委员会设计委员。1946年任国民政府立法院立法委员。

程文皆（生卒年不详）
安徽新安（今歙县）人。清咸丰间文人。

程发轫（1894—1975）
字旨云。湖北大冶人。武昌高等师范学校毕业。1937年起任武昌女子师范学校、建始师范学校校长。后任汉口市政府主任秘书。1949年去台湾，任台湾师范学院教授。著有《中国正统学术思想》。

程孝福（1896—?）
女。江西宜黄人。曾留学日本。1920年任南京第一女子师范学校训育主任。1924年任江西第一女子师范学校校长。1935年任江西妇女生活改进委员会副董事长。1948年当选国民政府立法院立法委员。新中国成立后，居上海。

程步高（1898—1966）
字东齐。浙江平湖人。上海震旦大学肄业。1924年起先后入大陆、明星等影片公司任导演。1936年任上海电影界救国会执行委员。抗战胜利后移居香港。导演影片有《水火鸳鸯》、《狂流》、《春蚕》、《欢喜冤家》等。

程时煃（1890—1951）
字柏庐。江西新建人。留美硕士。历任北京师范大学、大夏大学、中央大学教授，福建省、江西省教育厅长。有《柏庐讲稿论文集》。

程沧波（1903—1990）
原名中行，字小湘。江苏武进人。复旦大学毕业，后留学英国。曾任中央大学教授、《中央日报》社长。1942年任国民党中宣部副部长。1945年任国民党候补中央执行委员。1949年赴香港，1951年转去台湾，任台湾"中央大学"教授、国民党中央评议委员。

程其保（1895—1975）
名琛，别号雅秋、穉秋。江西南昌人。美国哥伦比亚大学教育学博士。历任东南大学、中央大学教授，湖北省、西康省教育厅厅长。1948年当选国民政府立法院立法委员。后赴美国大学任教。著有《教育法概论》。

程茂兰（1905—1978）
河北博野人。法国里昂大学博士。先后在法国巴黎天体物理研究所、里昂天文台、上普罗旺斯天文台从事恒星光谱研究，并获法国科学院颁发的骑士勋章。1957年回国，筹建北京天文台，并任台长。为中国天文学会第二、三届副理事长。

程学启（1829，一作1830—1864）

字方中、方忠，谥忠烈。安徽桐城人。曾为太平天国英王陈玉成所部先锋，后叛降湘军。从李鸿章至沪，以军功官至总兵。攻打嘉兴时受伤，死于苏州。

程砚秋（1904—1958）

本姓索卓络氏，后改姓程，名艳秋、砚秋，字菊侬，号玉霜。满族。6岁学戏，11岁登台，与梅兰芳、荀慧生、尚小云合称四大名旦。1930年起任北平戏曲学校校长、中国戏曲音乐院副院长。有《程砚秋文集》。

程奎光（？—1895）

字恒敦，号星堂。广东香山（今中山）人。毕业于马江船政学堂，入北洋海军，为镇涛舰管带。加入兴中会，联络广东水师拟参加广州起义，事泄被捕遇难。

程莹度（生卒年不详）

字百高。四川云阳人。日本明治大学毕业。曾任四川省官立法政学校教员、四川都督府参赞。1913年当选参议院议员。1916年北京国会恢复时，仍任参议院议员。

程家柽（1874—1914）
字韵荪，别名润生。安徽休宁人。留学日本东京帝国大学。1905年参与创办《二十世纪之支那》，参与起草同盟会章程。1912年被孙中山任为幽燕招讨使。1913年冬与熊世贞组织铁血团，谋毒袁世凯。后事泄被捕，次年9月遇害。

程崇信（1864—1933）
字戟传。湖南衡阳人。清光绪举人。曾任陕西省延安府知府，法政学堂监督。1913年当选众议院议员。1914年任北京政府肃政院肃政使。1922年北京国会恢复时，仍任众议院议员。

程登科（1902—1991）
湖南衡山人。东南大学体育科毕业，1929年留学德国柏林体育大学。1933年回国后任中央大学体育系教授，开发女生垫上运动、器械体操课，首开中国女子体操运动的先河。后历任重庆大学、北平师范大学体育系教授。新中国成立后，任东北师范大学体育教授。著有《战时体育补充教材》、《德国体育现状》、《世界体育史纲要》。

程锡庚（1893—1939）
字莲士。江苏镇江人。留英博士。历任北京政府外交部条约研究会秘书，南京政府外交部驻北平特派员、条约委员会委员。1937年加入北平伪临时政府，任"联银"经理。著有《近代中国政治研究》（英文）。

程源铨（1887—？）

字霖生、龄孙。安徽歙县人。曾任安徽军、民两署高等顾问、参议院议员。1923年任蚌埠商埠督办。1929年任南京国民政府赈灾委员会委员。

程慕颐（1894—1958）

浙江桐乡人。日本东京帝国大学医科学士、美国哈佛大学公共卫生科硕士。曾任国民政府中央防疫处技正、上海市卫生试验所所长、新亚血清厂厂长、程慕颐化学所所长、同德医学院教授。新中国成立后，任上海生物制品研究所总技师。著有《细菌学总论》、《细菌学各论》。

程德全（1860—1930）

字纯如，号雪楼。四川云阳人。曾任清江苏巡抚。辛亥革命时"反正"加入革命军，任江苏都督。后任南京临时政府内务总长。旋退出政坛，隐居上海。

程璧光（1861—1918）

字恒启，号玉堂。广东香山（今中山）人。福建水师学堂毕业。袁世凯死后任海军总长。1917年随孙中山南下护法，任军政府海军总长。1918年被刺杀。

程籍笙（生卒年不详）
籍里不详。主要活动于清咸丰、同治间，是孙中山在翠亨村读书时的启蒙老师。

傅铜（1886，一说1888—1970）
字佩青。河南兰封（今兰考）人。英国伯明翰大学哲学硕士。历任西北大学校长、河南大学文学院院长、安徽大学校长、私立中国大学哲学系主任。新中国成立后，任中央文史馆馆员。

傅雷（1908—1966）
上海人。曾留学法国。1925年参加五卅运动。1932年与表妹朱梅馥结婚。曾任职于上海美术专科学校和南京中央文物保管委员会。1958年被划为右派。1966年自杀。以翻译巴尔扎克、罗曼·罗兰等人作品著名。著有《傅雷家书》，译著有《约翰·克利斯朵夫》等。

傅式说（1891—1947）
又作傅式悦，字筑隐。浙江乐清人。日本东京帝国大学研究生。回国后开办鸣山煤矿，任厦门大学教授。创办大夏大学，并任校董、教授。抗日时期投靠汪伪政府，任要职。1947年被处死。著有《化学概论》。

傅师说（1877—?）

字仲华。浙江瑞安人。浙江官立法政学校毕业。1910年考取法官。1916年当选众议院议员。1922年国会恢复时，仍任众议院议员。

傅汝霖（1896—1985）

字沐波。黑龙江安达人。北京大学毕业。历任国民政府第二、三届立法委员，内政部常务次长，全国经济委员会扬子江委员会委员长。1945年当选为国民党中央执行委员。1949年底在香港主持中国实业银行。后寓居美国。

傅启学（1903—1992）

别号述之，又名叔文。贵州贵阳人。美国加利福尼亚大学研究院毕业。曾任国民党中央宣传部秘书、贵阳大夏大学政治系教授、贵州省党部主任委员。1950年去台湾，任台湾大学政治系教授。

傅季重（生卒年不详）

上海东吴大学法学院毕业。哲学专家。新中国成立后，任上海社科院哲学研究所教授。曾参加《辞海》编辑工作。译有《猜想与反驳》。

傅秉常（1896—1965）

原名裦裳。广东南海人。香港大学毕业。曾任1919年巴黎和会中国代表团秘书，南京国民政府立法院外交委员会委员长、外交部政务次长、驻苏联大使。1957年赴台湾，后任"司法院副院长"。

傅宗耀（1872—1940）

字筱庵。浙江镇海人。早年在上海浦东英国商人开办的耶松造船广做工。后步入商界，历任华兴保险公司经理、中国通商银行董事、祥大源五金号总经理、美国钞票公司买办、英商耶松船厂董事等职。1926年任上海总商会会长。1939年出任汪伪"上海特别市"市长。1940年被国民党军统特工刺杀于家中。

傅统先（1910—1985）

云南澂江人，生于湖南常德。回族。上海圣约翰大学哲学系毕业。曾在多所大学任教。1942年秋获圣约翰大学文学硕士学位，留校任教授、教育系主任。1948年8月赴美国哥伦比亚大学深造，1950年获哲学博士学位回国。任山东师范学院教授、教育系主任。著有《知识论纲要》、《中国回教史》、《美学纲要》等。

傅振伦（1906—1999）

河北新河人。北京大学史学系毕业。历任北京大学、文华图书馆专科学校教授，东北大学历史系主任，新中国成立后，任中国历史博物馆研究员。对档案学有精深研究。著有《公文档案管理法》。

傅桂凤（生卒年不详）

女。1930年代知名的电影演员。主演的影片有《施公案续集》（上海天一影片公司，1930年）、《三人行》（上海联华影业公司，1937年）等。

傅祥巽（1904—？）

浙江镇海人。上海复旦大学商科学士。曾任奉天花旗银行出纳、奉天东方汽车材料公司华经理、上海三轮客车同业公会理事长、中国交通企业股份有限公司总经理、上海永久印书馆董事长。

傅斯年（1896—1950）

字孟真。山东聊城人，祖籍江西永丰。北京大学毕业，五四时期为学生领袖。后留学英、德。回国初，任中山大学教授、文学院院长。1928年积极筹划并负责创建了中央研究院历史语言研究所。后任中央研究院总干事、中央研究院院士、北京大学代理校长。1949年去台湾，任台湾大学校长。著有《古代文学史》、《古代中国与民族》。

傅筑夫（1902—1985）

河北永年人。北京师范大学国文系毕业。后留学英国伦敦大学政济经济学院。先后任河北大学、中央大学、南开大学教授。新中国成立后，任中国人民大学教授。著有《中国经济史论丛》、《中国古代经济史概论》。

傅道伸（1897—1988）
湖南醴陵人。美国北卡罗来纳州农工大学毕业。1935年筹建中央研究院工程研究所棉纺织染实验馆。新中国成立后，任西北纺织工学院教授、陕西省纺织管理局局长。

傅瑞鑫（1898—？）
字品圭。浙江镇海人。银行界巨子及上海招商局总经理傅筱庵之子。上海南洋公学肄业。曾任祥大源五金号经理、上海自来水公司董事、友华银行华经理、新华玻璃公司总经理、中汇银行总经理。

傅增湘（1872—1950）
字沅叔，书潜，号藏园居士。四川江安人。清光绪进士，授翰林院编修，任贵州学政、直隶提学使。1917年任北京政府教育总长，后供职于故宫博物院和清华研究院。长期从事藏书和版本目录研究。著有《清代殿试考略》。

焦达峰（1886—1911）
原名大鹏，字鞠荪。湖南浏阳人。留学日本时入同盟会，任调查部长。并发起成立共进会，回国在汉口设立共进会总部。武昌起义后，任湖南军政府都督。谭延闿政变时遇害。

焦易堂（1880—1950）
名希孟。陕西武功人。同盟会会员。1912年任临时参议院议员。1917年任大元帅府参议。南京国民政府成立后，任国民党中执委员、国医馆馆长、最高法院院长、国民政府委员。1948年底去台湾。

焦菊隐（1905—1975）
原名承志，艺名菊影。生于天津。法国巴黎大学文学博士。曾任广西大学文法大学、国立戏剧专科学校教授。1948年创办北平艺术馆。新中国成立后，任北京人民艺术剧院副院长、总导演。

焦蕴华（1899—1987）
字实斋。河北井陉人。北京高等师范学院英语系毕业。1928年任天津市教育局局长。后任国民党陆军第五十二军参议、华北"剿总"副秘书长。1949年随傅作义起义。新中国成立后，任民革中央宣传部长、全国政协常委。

舒志（？—1911）
乌济佳拉氏，字昶如。满洲正白旗人。满族。晚清官吏。

舒丽娟（生卒年不详）

女。1930年代曾在上海天一、合众等影业公司做演员。主演了《李三娘》、《空门红泪》、《王先生》、《黄浦江边》、《自由天地》、《珍珠衫》等影片。

舒新城（1896—1960）

湖南溆浦人。湖南高等师范毕业。1916年在长沙创办《湖南民报》。1919年加入少年中国学会。1921年任上海中国公学中学部主任。后任《辞海》主编、中华书局编译所所长。新中国成立后，任上海市政协副主席。著有《近代中国教育思想史》。

鲁迅（1881—1936）

原名周树人，字豫才，笔名鲁迅。浙江绍兴人。早年留学日本。曾于北京大学、女子师范大学任教。五四前后，参加《新青年》工作，抨击封建文化、道德，为新文化运动的代表性人物。1930年发起成立中国左翼作家联盟，撰写大量杂文抨击时政。1936年病逝。是中国文化革命的主将，也被称为"民族魂"。著有《狂人日记》、《阿Q正传》等。有《鲁迅全集》。

鲁一同（1805—1863）

字兰岑、通甫。江苏山阳（今淮安）人。清道光举人。精田赋、兵戎、河道、地形之学，能文。著有《通甫类稿》。

鲁荡平（1895—1975）

字若衡。湖南宁乡人。曾入北京法政学堂学习。1920年任岳阳、安乡、湘乡县知事。1928年任天津特别市社会局局长，并创办天津《民国日报》。1930年任南京《中央日报》社长。1948年当选国民政府立法院立法委员。后去台湾。

鲁昭祎（生卒年不详）

南京中央大学毕业。著有《金鸡纳树皮之化学分析》、《台湾省林业试验所专报》、《松脂采集及松节油制造试验报告》、《台湾产松脂之研究》、《木材干馏试验报告》等。

鲁涤平（1887—1935）

字詠安。湖南宁乡人。湖南兵目学堂毕业。1925年任国民革命军第二军代军长，参加北伐。后任南京国民政府湖南、江西、浙江省主席，南昌行营主任兼第九路军总指挥，军事参议院副院长。后病逝于南京。

鲁道源（1900—1985）

字子泉。云南昌宁人。云南讲武堂毕业。曾任国民党第五十八军军长、第十一兵团司令官。1949年去台湾，任"国防部"参议。

鲁穆庭（1897—1969）
字际清。辽宁营口人。毕业于北京陆军军需学校。历任国民政府陆军军需监、东三省保安司令部军需处处长、辽宁造币厂厂长、河北省财政厅厅长。新中国成立后，任辽宁省政协常委。

童行白（1898—？）
江苏崇明（今属上海）人。上海法政学院毕业。1929年任国民党上海市党部执行委员。1933年任上海市党部主任委员。1947年任宪政实施促进委员会考察委员会委员。

童杭时（1877—1949）
字枕溪，号萱甫。浙江嵊县人。日本东京法政大学毕业。曾任参议院议员、浙江省实业厅厅长、福建高等法院院长。有《积厚轩义论策》、《财政刍议》、《浙江实业财政计划书》。

童冠贤（1894—1981）
原名启颜。察哈尔宣化（今属河北）人。南开大学毕业，后留学日本早稻田大学，美国哥伦比亚大学硕士。曾任伦敦经济学院研究员。回国后任国立中山大学、中央大学教授，国民政府立法院立法委员。1948年12月至1949年4月任立法院院长。1950年移居香港。1981年在加拿大逝世。

童润之（1899—1993）

原名德富。江苏南京人。留学美国。历任中华女中校长、江苏省立教育学院农教系主任、广西大学农学院院长、苏南文教学院副院长。新中国成立后，任南京师范学院外文系教授。著有《乡村社会学纲要》、《教育概论》、《最近之日本教育》。

童蒙正（1903-1989）

字果顺。浙江龙游人。北京中国大学商科毕业。历任《京报》、《银行月刊》、《统计月报》编辑，中央政治学校、中央大学教授。新中国成立初期，任教于上海商业专科学校。后为上海文史馆馆员。著有《中国陆路关税史》、《财政学》、《关税论》。

善耆（1866—1922）

字艾堂。满洲镶白旗人。满族。历任清都统、民政部尚书、筹办海军大臣、理藩部大臣。辛亥革命后，曾组织武装复辟。

道光帝（1782—1850）

清朝皇帝。即爱新觉罗·旻宁，庙号宣宗，年号道光。满族。嘉庆帝次子。1820—1850年在位。任内爆发鸦片战争，签订丧权辱国的《南京条约》。

道贤模（1902—?）

字仲陶。江苏镇江人，生于如皋。上海圣约翰大学毕业，美国纽约大学商科硕士。曾任光华及沪江大学教授、上海中南银行总务处处长、太平保险公司广州分公司经理。

曾三（1906—1990）

湖南益阳人。1924年参加革命，加入中国社会主义青年团，1925年加入中国共产党。曾任红军联络处电台台长、中共中央敌区工作委员会秘书处处长。参加长征。到延安后，任中央秘书处处长。新中国成立后，任中共中央办公厅副主任、国家档案局局长、中央档案馆馆长。

曾朴（1872—1935）

字孟朴，又字籀斋，笔名东亚病夫。江苏常熟人。清光绪举人。捐内阁中书。先后在上海开设小说林、真善美书店，创办《小说林》、《真善美》月刊。曾任江苏省财政厅、政务厅厅长。著有《孽海花》。

曾勉（1901—1988）

字勉之。浙江瑞安人。东南大学园艺系毕业，留法博士。历任中央大学、云南大学教授。新中国成立后，任南京大学教授、中国农科院柑橘研究所所长。著有《中国果树名录》。

曾琦（1892—1951）

原名昭琮，字锡璜、慕韩，号愚公。四川隆昌人。先后赴日、法留学。1916年发起组织少年中国学会。1923年建立中国青年党，宣传国家主义。后任国民参政会参政员、国民政府委员。1948年赴美。

曾铸（1849—1908）

字少卿。福建同安人，居上海。发起上海商团公会，主持上海市总工程局。曾参加立宪运动，主张严禁鸦片。担任上海商务总会总理，是1905年上海抵御美货运动的领导人。

曾干桢（1877—？）

字昭森。江西会昌人。日本中央大学法律本科毕业。回国后，创办江西省法制专门学校。1913年当选为国会众议院议员。1917年任护法国会众议院议员。1922年北京国会恢复时，仍任众议院议员。

曾广方（1902—1979）

字竞生。广东中山人。日本东京大学药学博士。历任新亚药物化学研究所所长、中国科学院药物研究所研究员、中国药学会副理事长、《中华药学杂志》主编。

曾扩情（1897—1983）

四川威远人。黄埔军校第一期毕业。1932年参与创办三民主义力行社。后曾任国民政府军事委员会政训处西北分处处长、第八战区司令长官部政治部主任、四川省党部主任委员。1949年12月在重庆被人民解放军俘虏，1959年12月获特赦，定居本溪。后任全国政协委员。

曾有翼（1870—？）

字子敬。奉天（今辽宁）沈阳人。京师大学堂师范科肄业。曾任奉天教育总会会长。1913年当选为国会众议院议员。1932年任伪满奉天市政公署市长兼奉天电灯厂厂长。

曾仲鸣（1896—1939）

福建闽侯人。法国里昂大学法国文学博士。曾任广东大学教授。后历任国民政府秘书、汪精卫秘书、国民党中央候补执行委员、中央政治会议副秘书长、铁道部次长兼交通部次长、行政院秘书长等职。1938年12月，追随汪精卫离开重庆到河内，从事投降卖国活动。1939年3月21日凌晨，在河内汪精卫寓所中，被前来刺杀汪精卫的军统特务误刺身亡。

曾纪芬（1852—1931）

女。晚号崇德老人，湖南湘乡人。曾国藩季女。工书法。

曾纪泽（1839—1890）

字劼刚。湖南湘乡人。曾国藩长子。袭侯爵，历任驻英、法大臣。中法战争时主张抗法。通外交，工诗，善画，会篆刻。有《曾惠敏公全集》。

曾呈奎（1909—2005）

福建厦门人。厦门大学毕业，留美博士。历任山东大学教授、中国科学院海洋研究所所长。当选为中国科学院学部委员、国际藻类学会主席。著有《中国经济海藻志》。

曾国荃（1824—1890）

字沅甫，号叔纯。湖南湘乡人。曾国藩弟。贡生出身。因率湘军攻打太平军有功，赏"伟勇巴图鲁"名号和一品顶戴。1864年，加太子少保，封一等伯爵。 同治间，与郭嵩焘等修纂《湖南通志》。 1875年后历任陕西、山西巡抚，署两广总督。1884年署礼部尚书、两江总督兼通商事务大臣。1889年加太子太保衔。翌年卒于位。

曾国葆（1828—1863）

字季洪，易名贞斡，字事恒。湖南湘乡人。曾国藩弟。从曾国藩攻打太平军，官至知府。

曾国藩（1811—1872）
原名子城，字伯涵，号涤生。湖南湘乡人。清道光进士。湘军的创立者和统帅，亦是洋务运动的倡导者之一。以编练湘军、镇压太平天国起家，官至两江总督、直隶总督、武英殿大学士，封一等毅勇侯。其对晚清的政治、军事、文化、经济等方面都产生了深远的影响。有《曾文正公全集》。

曾泽生（1902—1973）
云南永善人。黄埔军校毕业。抗战时任国民革命军第六十军第一八二、第一八四师师长。抗战胜利后，任第六十军军长、第四绥靖区副司令、吉林守备司令、第一兵团副司令。1948年10月在长春起义。新中国成立后，任中南行政委员会委员。

曾宝荪（1893—1978）
女。字平芳，号浩如。湖南湘乡人。曾国藩曾孙女。英国伦敦大学理科学士。曾任湖南省立第一师范学校、湖南省第二中学校长。1947年当选为"国民大会"代表。1951年去台湾，任"光复大陆设计委员会"副主任委员。

曾昭抡（1899—1967）
字叔伟。湖南湘乡人。美国麻省理工大学化学博士。曾任中央大学、北京大学、西南联合大学教授，中央研究院院士。新中国成立后，任教育部副部长，中国科学院学部委员、化学研究所所长。

曾昭燏（1909—1964）

女。湖南湘乡人。曾国藩的大弟曾国潢的曾孙女，曾昭抡之妹。英国伦敦大学考古学硕士。曾任南京博物院院长、江苏省文物管理委员会副主任。著有《博物馆》（与李济合著）。

曾养甫（1898—1969）

原名宪浩。广东平远人。美国匹茨堡大学工学士。曾任国民政府建设委员会副委员长，全国经济委员会蚕丝改良委员会主任委员，铁道部政务次长，交通部部长。1949年去香港。1969年在香港病逝。

曾继梧（1878—1944）

字奉岗。湖南新化人。清附生。保定军校和日本陆军士官学校毕业。曾任湖南陆军第三师师长，湖南护国军第一军总司令，国民政府参事、湖南省政府委员、军事参议院参议。

曾虚白（1895—1994）

原名曾焘。江苏常熟人。上海圣约翰大学毕业。1928年与父曾朴合创真美善书店。1932年创办《大晚报》。后任国民党中宣部国际宣传处处长、新闻局局长。去台湾后，任"中央通讯社"社长，台北新闻协会理事长。

曾焕堂（1895—1949？）
广东顺德人。上海圣约翰大学毕业。1917年创办上海大戏院，任总经理。1924年在上海创办中国第一所电影学校——中华电影学校。

温恭（1857—1921）
又名周恭，字肃庵，号晶安，学者称周原先生。陕西韩城人。肄业于关中书院。曾任龙门小学校长。晚年闭门著述。

温文光（1893—？）
字瀚周。广东台山人。美国康乃尔大学果物分类学研究生毕业。历任北平大学、中山大学农科教授。著有《果树园艺学》。

温世霖（1870—1934）
字子英、支英，号铁仙。天津人。北洋海军驾驶学堂肄业。在天津创办两等小学、普通女学校、幼稚园。曾任《醒俗》、《人镜》报馆总编辑。立宪运动中参加国会请愿。1913年当选为众议院议员。著有《段氏卖国记》。

温生才（1870—1911）

字练生。广东嘉应州（今梅县）人。早年入清军，后赴南洋作工，加入同盟会。1909年组织广益学堂。1911年4月8日，刺杀水师提督李准未遂，误毙广州将军孚琦，旋被捕就义。

温寿泉（1880—1955）

字静庵。山西洪洞人。山西武备学堂和日本陆军士官学校毕业。1905年在日本加入同盟会。1909年回国，任山西大学堂兵学教官。参加了辛亥革命，任山西军政府副都督，后任燕晋联军参谋长、北京政府陆军部参议。1929年后任河北省政府建设厅厅长等。新中国成立后，任中央文史馆馆员。

温宗尧（1867—1947）

字钦甫。广东新宁（今台山）人。香港皇仁书院毕业，后赴美留学。曾任清外务部参议、广州护法军政府外交部长。抗战爆发后投敌，任伪维新政府立法院长、汪伪司法院长。

温崇信（1902—1987）

广东梅县人。上海复旦大学毕业，后留学美国。1941年任陕西第九区行政督查专员。1945年任北平市社会局局长。1949年去台湾，任"光复大陆设计研究委员会"委员、台湾复旦中学校长。

温雄飞（1882—1974）
字定甫。广东台山人。曾留学美国。早年加入同盟会，任《自由新报》、《开智报》总编辑。民国后任参议院议员。1942年任国民政府立法院立法委员。新中国成立后，任广西文史馆馆员。

温毓庆（1895—？）
广东台山人。美国哈佛大学哲学博士。历任北京大学物理学教授，北京税务学校校长，国民政府交通部无线电管理局局长、国际电信局局长、电政司司长。1940年后居香港。

温德勒克西（？—1871）
李佳氏，满洲镶红旗人。满族。参与镇压太平军、捻军及陕西回民。官至都统。

游寿（1893—1911）
又名寿昌。广东南海人。曾参加镇南关起义和钦廉上思起义。广州起义时奋攻督署，中弹牺牲。为黄花岗七十二烈士之一。

富元（1882—?）

字惠宣。奉天（今辽宁）铁岭人。清优附生。曾任铁岭自治研究所所长、奉天北路防疫局坐办。1913年当选国会参议院议员。1916年国会恢复时，仍任参议院议员。

富文寿（1901—1971）

浙江海盐人，生于江苏吴县。清华大学毕业，美国哈佛大学医学博士。曾在上海红十字会医院创设儿童诊所，兼任儿科主任医师。又创办上海儿童医院，任院长。并任上海中华医学会主席、中华儿科学会会长。新中国成立后，任上海市儿童医院院长，同时兼任上海第二医学院儿科系主任、教授，并任上海市政协委员。

裕禄（约1844—1900）

喜塔腊氏，字寿山。满洲正白旗人。满族。官军机大臣、礼部尚书兼总理各国事务衙门大臣，后任直隶总督兼北洋大臣。八国联军攻占天津时，在杨村（今武清）兵败自杀。

谢山（1903—?）

字春溥。浙江上虞人。大夏大学商学士。曾任国民政府建设委员会无线电报局、上海电报局、湖南电政管理局会计主任，大道烟草公司董事长，春泰贸易公司总经理，中业信托银行常务董事兼业务部经理。

谢持（1876—1939）
原名振心，又名振新，字慧生。四川富顺人。清光绪秀才。曾任同盟会富顺分部长、护法军政府司法部次长、国民党中央监察委员。1925年，与邹鲁等组西山会议派。1927年任国民党中央特别委员会常委、国民政府委员。1937年八一三事变后迁居成都，后病逝于成都。

谢晋（1883—1956）
字廊晋。湖南衡阳人。早年加入同盟会。1926年任广州国民政府委员会副官长，并当选为国民党候补中央监察委员。1927年代理武汉国民政府军事委员会经理处处长。新中国成立后，任湖南省政协副主席、民革中央委员。

谢健（1883—1958）
字铸陈。四川荣昌人。日本大学法科毕业。曾任秭归、黄陂县知事。1935年任国民政府司法行政部常务次长。1938年任第一届国民参政会参政员。1947年任合江县高等法院院长。

谢义炳（1917—1995）
湖南新田人。美国芝加哥大学博士。曾任北京大学教授、地球物理系主任。1980年当选为中国科学院学部委员。1979至1983年任《气象学报》编委会主任。中国现代天气学和大气环流学奠基人之一。所著《天气学基础》，是中国第一部独具特色的天气学教科书。

谢云卿（生卒年不详）

1926年入上海大中华百合影片公司，1929年入明星影片公司。主演影片有《呆中福》（1926年）、《桃李争春》（1927年）、《香草美人》（1933年）、《春之华》（1936年）等数十部。

谢少文（1903—1995）

原籍浙江绍兴，生于上海。长沙湘雅医学院博士。1932年赴美进修二年。曾任北京协和医院医师、协和医学院教授。新中国成立后，任人民解放军军事医学研究院、首都医科大学教授。主编《中国微生物学报》，著有《免疫学》。

谢公展（1885—1940）

名翥。江苏镇江人。曾在南京美术专科学校、上海艺术大学、暨南大学任教，并任中国画会理事。善花鸟鱼虫，尤工画菊，有"谢家菊"之称。传世作品有《春江水暖图》轴，图录于《中国名画集》。著有《水彩画》、《记忆画》、《谢公展画册》等。

谢书林（1876—？）

字东府、东甫。奉天柳河（今吉林）人。清附生。曾任本县劝学员长，自治研究所所长。1913年当选为国会参议院议员。1922年国会恢复时，仍任参议院议员。

谢玉铭（1895—1986）

字子瑜。福建晋江人。北京协和大学（燕京大学前身）毕业，留美博士。先后任燕京大学物理系教授、系主任，厦门大学物理系教授、理学院院长、教务长。1946年应聘赴菲律宾马尼拉东方大学，任教授、物理系主任。1968年退休后移居台湾。编有《物理学原理及应用》。

谢东闵（1906—2001）

号求生。台湾彰化人。国立中山大学政治系毕业。1942年任桂林《广西日报》电讯室主任。1943年到重庆参加台湾党务训练班。1947年任台湾省教育厅副厅长。1972年任"台湾省政府"主席。1978年任"副总统"。

谢永森（1885—？）

字植甫。浙江绍兴人。留英硕士。曾任上海工部局华人顾问委员会主席、上海租界临时法院推事，并在上海执律师业。

谢冰莹（1906—2000）

女。原名鸣冈，字凤宝，笔名谢彬等。湖南新化人。先后就读于湖南女子师范学校、中央军事政治学校、日本早稻田大学。曾参加左联，组织湖南妇女战地服务团、主编《黄河》文艺月刊。1948年去台湾。著有《女兵日记》、《从军日记》。

谢寿康（1897—1973）

号次彭。江西赣县人。瑞士罗山大学政治学硕士、比利时布鲁塞尔大学经济学博士。曾任中央大学文学院院长，国立戏剧学院教授，国民政府立法委员、驻比利时代办、驻瑞士代办、驻罗马教廷公使等。1946年当选为比利时皇家文学研究院院士。1949年经香港到美国，后到台湾。著有《东方与西方》（法文）、《中国思想与种族问题》。

谢扶雅（1892—1991）

浙江绍兴人。先后留学日美。曾任中山、东吴、金陵大学教授。1949年后移居香港，任教于香港崇基学院、浸会学院。主编《岭南学报》。著有《宗教哲学》、《基督教与中国思想》。

谢志方（1906—？）

上海人。曾任中国天一保险公司常务董事兼经理、上海信通地产公司董事长、华孚保险公司常务董事等职。热心公益、慈善事业。

谢志光（1899—1967）

广东东莞人。湖南长沙湘雅医学院毕业，美国康涅狄格大学医学博士。1923年到北京协和医学院放射科工作，逐步晋升为教授、放射科主任。1948年任广州岭南大学医学院院长兼放射科主任。新中国成立后，任广州市第一人民医院放射科主任、中山医学院放射科主任、华南肿瘤医院院长、中华放射学会名誉会长。是中国放射学科创始人之一。

谢应瑞（生卒年不详）

湖南人。医学博士。英国皇家医学会会员。曾任伦敦公立医院主治医师、英国战地医院主刀医生。回国后，曾在上海任医院院长。

谢良牧（1884—1931）

字叔野。广东嘉应（今梅县）人。1904年赴日本。1905年任同盟会会计部长。1912年当选为国会参议院议员。1923年任广东政务厅厅长。1924年为国民党中央临时执行委员。

谢奉琦（1884—1910）

字能久，号玮瓶。四川自贡人。留学日本早稻田大学，加入同盟会，参加反对日本《取缔清国留学生规则》的斗争。回国后，谋于四川叙州、泸州发动起义，事泄就义。

谢松涛（生卒年不详）

毕生从事伊斯兰教的教育和研究。1925年成达师范学校在济南创立，历任训育主任、教务主任，1942-1945年任校长。1949年去台湾，后任台北清真大寺董事长。著有《回教概论》、《穆哈默德传》等。

谢国桢（1901—1982）
号刚主。河南安阳人。清华学校国学研究院毕业。曾任北京大学、南京中央大学教授，北京图书馆编纂。新中国成立后，任南开大学历史系教授、中国社科院历史研究所研究员。著有《晚明史籍考》、《明清之际党社运动考》等。

谢侠逊（1887—1987）
浙江平阳人。童年即善弈。研究象棋数十年，校订了象棋古谱，编成《象棋谱大全》。新中国成立后，任上海文史馆馆员、市政协委员、市棋类协会副主席。

谢宝胜（？—1911）
字子兰。安徽寿县人。清将领。

谢保樵（生卒年不详）
广东南海人。美国霍金斯大学博士。民国时期历任北平政法大学等校教授，江苏烟酒税局局长，广九铁路管理局局长，国民政府立法院编译处长、驻泰国大使。

谢冠生（1897—1971）

名寿昌。浙江嵊县人。留法法学博士。历任震旦大学、复旦大学、中国法政大学教授，中央大学法学院院长，南京国民政府司法行政部部长、司法院院长。1947年6月28日，曾以司法部长名义下令通缉毛泽东。1949年去台湾，任"司法院"院长。著有《中华民国宪法概论》、《法理学大纲》、《中国法制史》。

谢耿民（1909—1981）

浙江余姚人。中央大学毕业。曾任贵州省政府委员兼财政厅长。1948年任财政部国库署署长。1949年去台湾，任"财政部"常务次长，"行政院"秘书长。

谢晋元（1905—1941）

字中民。广东镇平（今蕉岭）人。黄埔军校毕业。1937年八一三淞沪抗战时，任国民革命军第八十八师第二六二旅第五二四团团长，率部死守上海四行仓库，孤军奋战，闻名中外。1941年4月遇刺身亡。

谢恩隆（生卒年不详）

1912年任北京政府农林部编纂、技正。后任中华农学会总干事。著译有《派赴万国旱地耕种会回国报告书》（1913年）、《调查祁浮建红茶报告书》（1915年）、《改进中国农业与农业教育意见书》（1922年）等。

谢颂羔（1880—1950?）

中国基督教徒。曾任基督教广学会（上海）牧师、编辑。致力基督教著作的编撰和翻译。主编《明灯》（双周刊）。著译有《宗教教育概况》、《诸教的研究》、《基督教思想进步小史》、《天路历程》、《孙总理与基督教》等。

谢海燕（1910—2001）

原名益先，又名海砚。广东揭阳人。上海中华艺术大学西洋画系毕业，留学日本东京帝国美术学校。曾任上海美术专科学校教授兼教务主任、国立艺术专科学校教务主任。抗战胜利后，任上海美专副校长。新中国成立后，任南京艺术学院副院长、江苏省美协副主席。著有《西洋美术史》、《西洋名画家评传》。另有《谢海燕中国画选集》。

谢家泽（1911—1993）

湖南新化人。清华大学毕业，后获柏林工科大学凭证工程师学位。曾任昆明螳螂川水力发电工程处工程师，中央大学、交通大学教授。新中国成立后，任南京大学教授、水利部水文局局长、水利电力部水利水电科学研究院副院长、水利学会水文专业委员会主任。是全国政协委员。著有《水计方程与水之循环》。

谢家荣（1897—1966）

字季骅。上海人。美国威斯康星大学地质学硕士。曾任中央大学、清华大学、北京大学教授，中央研究院院士。新中国成立后，任地质部地质矿床所副所长、中国科学院学部委员、地质科学院副院长。

谢崇文（1903—1989）
号质恭。云南昆明人。陆军大学毕业。抗战胜利后任国民党第九十三军副军长。1949年任云南保安副司令、绥靖公署参谋长。同年协助卢汉在云南和平起义。新中国成立后,任云南省政府委员、政协副主席。

谢铭勋（1883—?）
别号孟军。上海人。清末任上海《民呼日报》、《民吁日报》、《民立报》英文编辑。1920年任上海市议会议员。1928年任南京国民政府审计院会计科长。1933年后任国民政府审计部专员、中央银行监事等职。

谢章铤（1820—1903）
字枚如,号藤阴客。福建长乐人。清光绪进士。曾任致用书院山长。工诗词。

谢翊元（1887—?）
字筱。江苏东海人。京师法政学堂毕业。曾任清法部主事。1912年为共和党东海分部部长。1913年当选国会众议院议员。1922年国会恢复时,仍任众议院议员。

谢随安（生卒年不详）

河南淮阳（一说杞县）人。同盟会会员。1936年任河南信阳县长，后任许昌行政督察专员。抗战时期阵亡。主持修纂有《重修信阳县志》（1936年汉口铅印本）。

谢鹏飞（生卒年不详）

字隐庄。江苏武进人。清咸丰、同治间学者。

谢德风（1906—1980）

湖南新邵人。先后毕业于复旦大学史学系、东吴大学法律系。曾任复旦大学副教授、湖南大学教授。新中国成立后，任湖南师范学院教授。主治世界古代史。著译有《欧洲近代史》、《美国史》、《罗马史》。

谢鹏翰（1872—?）

字荫南。河南商丘人。曾入河南法政学校。后为商丘县议会议长。1913年当选为国会参议院议员。1917年任护法国会众议院议员。

谢鹤年（1900—1960）

字鸣皋。广东高要人。广东肇庆雅类思英文专修科、南京中央军校高等教育班第五期毕业。历任广东德庆、揭阳县长，国民党广东省党部书记长，广东省农民协会理事。抗战时期曾任国民革命军第七战区司令长官部少将参议。1948年任"国民大会"代表。

谢缵泰（1872—1937）

字圣安、重安，号康如。广东开平人，生于澳大利亚。1895年加入兴中会，参与广州起义准备工作。后在香港编辑《南华早报》。曾研制成"中国"号氢气飞艇。

谢瀛洲（1894—1972）

字仙庭。广东从化人。法国巴黎大学法学博士。历任中央大学、北京大学教授，广东高等法院院长，国民政府司法行政部次长、最高法院院长。1949年去台湾，任"司法院"副院长，台湾大学、政治大学教授。

瑞麟（？—1874）

叶赫那拉氏。字澄泉。满洲镶蓝旗人。满族。清道光进士。官至礼部侍郎、两广总督、文渊阁大学士。参与镇压太平军。

瑞澂（1863—1912）

博尔济吉特氏，字莘儒，号心如，又
名瑞澄。满洲正黄旗人。满族。曾任
清江苏巡抚、湖广总督。武昌起义爆
发，弃城逃往上海。

靳云鹏（1877—1951）

字翼青、翼卿。山东济宁人。早
年投军袁世凯，后被擢为新军
标统、统制。1913年署山东都
督。1919年任北洋政府陆军总
长、国务总理。1942年任伪华
北政务委员会咨议会议委员。
1951年病逝于天津。

蓝天蔚（1878—1921）

字秀豪。湖北黄陂人。曾留学日本
陆军士官学校和陆军大学。1910
年任陆军第二混成协统领，发动
北方新军响应武昌起义。后任北
伐军第二军总司令、鄂西联军总司
令，支持护法和北伐。

蓝公武（1887—1957）

字志先。江苏吴江人。早年留
学日本、德国。1913年当选参议
院议员。后任上海《时事新报》
总编辑、北京《国民公报》社
长、《晨报》主笔。新中国成立
后，任最高人民检察署副检察
长、全国人大常委。

蓝渭滨（生卒年不详）

广东潮安人。曾任广东省新闻记者联合会执行委员。1933年任国民党江苏省党部常务委员。

蒲殿俊（1875—1934）

字伯英。四川广安人。清光绪进士，后留学日本。1909年任四川省谘议局议长，领导四川保路运动。武昌起义后，任四川都督。1917年任段祺瑞内阁内务部次长。后任《晨报》主编。

楚溪春（1896—1966）

字晴波。河北蠡县人。陆军大学毕业。曾任北平宪兵司令、晋军第四军副军长。抗战时，任第八集团军副总司令、第四十三军军长。1947年任沈阳防守司令、河北省政府主席。1949年随傅作义起义。新中国成立后，任政务院参事。

楼光来（1895—1960）

字石庵。浙江嵊县人。清华学校毕业，美国哈佛大学文学硕士。历任国民政府外交部秘书，南开大学、东南大学、清华大学教授，中央大学文学院院长、外语系主任，浙江省政府委员。新中国成立后，任南京大学教授。

裘芑香（生卒年不详）

1930年代知名的电影导演。1924年入上海神州影片公司。仅1925—1933年导演的影片即有《花好月圆》、《孟姜女》、《小女伶》、《挣扎》、《欢喜冤家》等十余部。

裘胜嘉（生卒年不详）

浙江人。1942年11月至1946年10月任贵州省思南县县长。

裘逸苇（生卒年不详）

1930年代知名的电影摄影师。1946年任上海中电一厂厂长。曾参演《渔光曲》（1934年）、编剧《体育皇后》（1934年）、拍摄《三箭之爱》（1931年）等影片。

赖琏（1900—1983）

字景瑚，号觉仙。福建永定人。美国康奈尔大学工科硕士。曾任中央大学教授、西北工学院院长、西北大学校长、国民政府教育部常务次长。1945年任国民党第六届中央执行委员。1949年去美国。1979年定居台湾。

赖庆晖（1882—?）

字洁平。江西龙南人。日本法
政大学法律科毕业。清廷授
法科举人。曾任江西省总检察
分厅厅长、省高等审判厅民庭
长。1913年当选为众议院议员。
1917年任护法国会众议院议
员。1922年北京国会恢复时，
仍任众议院议员。

雷殷（1886—1972）

字渭南。广西邕宁人。毕业于日本
法政大学。历任北平民国大学、哈
尔滨法政大学校长，国民政府内
政部常务次长，国民党第六届中央
监察委员，国民政府立法院立法
委员。1949年去台湾。

雷震（1897—1979）

浙江长兴人。日本京都帝国大
学毕业。1917年加入国民党。曾
任国民党中央监察委员、国民
参政会副秘书长、国民政府委
员。1949年去台湾，后被国民党
开除党籍，另组中国民主党。

雷沛鸿（1888—1967）

字宾南。广西宣化人。同盟会会员。
曾参加广州黄花岗起义和武昌起
义。后赴美国学习教育学，任广西省
教育厅长，创办百色西江学院。新中
国成立后，任广西政协副主席。著有
《英国成人教育》、《国民基础教育
论丛》。

雷补同（1861—1930）

字谱同。江苏华亭（今上海松江）人。补博士弟子。历任户部广东司、总理衙门章京、外务部郎中、出使奥国大臣。

雷法章（1902—1988）

湖北汉川人。早年任青岛教育局局长。抗战期间从事敌后工作。后历任山东省民政厅厅长，国民政府内政部常务次长、考试院秘书长。1949年去台湾，任"总统府国策顾问"、"光复大陆设计研究委员会"委员。

雷宝华（1893—1981）

字孝实。陕西安康人。早年毕业于北洋大学采矿冶金学系，一度任矿业工程师。国民政府期间，任国防设计委员会专门委员、陕西建设厅长。抗日结束后，奉令接收北票煤矿公司，任董事。1948年去台湾，任台湾糖业公司总经理。

雷海宗（1902—1962）

字伯伦。直隶永清（今属河北）人。美国芝加哥大学哲学（历史学）博士。历任中央大学、武汉大学、清华大学历史学教授，西南联大历史系主任、文学院代院长。新中国成立后，任清华大学历史系主任、南开大学教授。毕生从事历史教学和研究工作。著有《中国通史》、《西洋通史》、《中国文化与中国的兵》等。

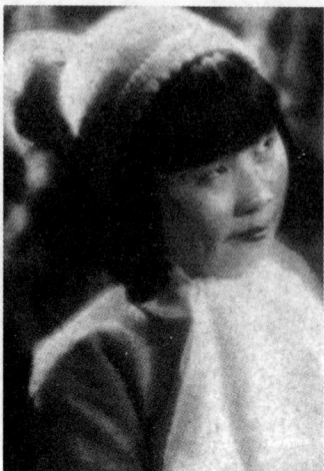

虞丽华（生卒年不详）
女。1930年代知名的电影演员。抗战时期曾在重庆参加文化活动。

虞顺慰（1912— ）
浙江慈溪人。美国密西根大学理科硕士。虞洽卿之子。曾任三慰公司总经理、上海轮船业公会常委。新中国成立后，任长江航运公司副董事长、上海市政协委员。1978年后居香港。

虞洽卿（1867—1945）
名和德。浙江镇海（今宁波）人。捐候补道台衔。早年到上海当学徒，后以买办起家。1903年独资开设通惠银号，后先后发起创办四明银行，宁绍、三北、鸿安轮船公司，上海证券物品交易所。辛亥革命时支持上海光复。曾任上海总商会会长，国民政府财政委员会委员、上海公共租界工部局华董。抗战时期上海沦陷后，拒任伪职。

虞鲁伯（1904—? ）
上海人，生于烟台。美国伊利诺大学学士。原南京中央医院副院长虞顺德之子。曾任沪宁铁路试用铁路总管、台湾银行华经理、有利银行上海分行华经理、新汇银行董事长。

锡良（1853—1917）

巴岳特氏，字清弼。蒙古镶蓝旗人。清同治进士。历官至四川、云贵、东三省总督。1911年称病解职。武昌起义后，授热河都统，旋以病重解职。辑有《锡良遗稿》。

简朝亮（1852，一作1851—1933）

字竹居、季己，学者称简岸先生。广东顺德人。治经学，工诗。曾在阳山开读书堂，从学者甚众。入民国，杜门著述。

詹大悲（1887—1927）

名培翰，字质存。湖北蕲春人。早年任《大江报》主笔，倡言革命。1911年与蒋翊武组织文学社。1914年加入中华革命党。1917年参加护法运动。1926年当选国民党候补中央执行委员。1927年任湖北省财政厅长，年底被桂系军阀杀害。

詹天佑（1861—1919）

字眷诚。广东南海人，原籍安徽婺源（今属江西）。12岁赴美国，为清政府所派首批留美幼童之一，毕业于美国耶鲁大学。回国后主持修建京张铁路，清廷特授工科进士。

詹孟杉（1868—？）

福建晋江人。早年赴菲律宾经商，以布业起家，后执菲铁业之牛耳。历任马尼拉教育会、善举公所、中华商会董事，铁商会会长，对公益事业多有贡献。

鲍超（1828—1886）

字春霆。四川奉节（今重庆）人。在湘军水师以勇战擢至参将，清咸丰初改领陆军，称"霆军"，为湘军主力之一。官至提督。

鲍文樾（1892—1980）

字志一。奉天凤凰（今辽宁凤城）人。满族。陆军大学毕业。1934年任国民政府军事委员会办公厅副主任。1939年投靠汪伪，任军政部部长、河南省省长。抗战胜利后被捕入狱。1949年押解台湾。1975年获释。

鲍志新（1903—？）

江苏嘉定（今属上海）人。香港大学毕业。曾任美灵登广告有限公司营业部华经理、环球出版公司总经理、大东纸业股份有限公司董事兼经理。新中国成立后，曾任上海常熟区政协常委。

鲍国昌（1901—?）

浙江宁波人。震旦大学毕业。曾任上海信谊化学制药厂股份有限公司、大德火柴原料制造厂和信谊化工厂总经理。

鲍国梁（1899—?）

字叔光。上海人。上海圣芳济学校毕业。曾任瑞士商盛亨洋行华经理、玲奋电器机械制造厂总经理、上海电器厂业同业公会理事、上海飞花业同业公会主席。

鲍罗廷（1884—1951）

原名米哈伊尔·马尔科维奇·格鲁森伯格。前苏联籍。早年加入布尔什维克。1923年来华，任苏联政府常驻广州代表，并任孙中山首席顾问、国民党特别顾问。1927年被国民党中央解聘。后回国。1949年被捕，1951年死于西伯利亚集中营。

廉良（1868—1932）

字惠卿，号南湖。江苏无锡人。清末举人。曾任清度支部郎中。擅长诗词，精于书画鉴定，富收藏。1915年在日本举办元明清扇面展。著有《南湖集》、《南湖梦还集》。

廉隅（1885—？）

字励青。江苏无锡人。清举人，后留学日本。抗战时曾任伪维新政府外交部长。

廉炳华（1883—？）

字沚蓉。山西万泉（今万荣）人。北京法政大学肄业。曾任新疆学务公所专门科科员、省视学学员。1913年当选为参议院议员。1917年任护法国会参议院议员

雍克昌（生卒年不详）

号风翔。四川成都人。1919年毕业于北京高等师范学校，1930年获法国巴黎大学动物学博士学位。曾任北京大学、西北大学、齐鲁大学教授。新中国成立后，任四川大学生物系主任。长期从事细胞学、组织学、动物学的教学与研究。撰有《硬骨鱼卵分割细胞之原生质运动与细胞核之关系》等论文。

雍家源（1898—1975）

字海楼。江苏江宁人。美国西北大学毕业。历任国民政府审计部审计、湖南省审计处处长、中央大学商学院会计科主任兼教授。新中国成立后，任复旦大学、上海财经学院教授，上海社会科学院研究员。著有《中国政府会计论》。

慈安太后（1837—1881）

女。亦称东太后，谥孝贞。钮祜禄氏。满洲镶黄旗人。满族。清咸丰帝皇后。同治帝即位后，被尊为皇太后，徽号慈安。与慈禧共同垂帘听政。

慈禧太后（1835—1908）

女。又称西太后，谥孝钦。叶赫那拉氏。满洲正黄旗人。满族。惠徵女，咸丰帝妃，同治帝生母。其好奢华，善权术，实施垂帘听政，是清末同治、光绪两朝的实际最高统治者。

溥仪（1906—1967）

清朝末代皇帝。爱新觉罗氏。生于北京。满族。1908-1911年在位，年号宣统。1917年一度复辟。九一八事变后在日本挟持下组织伪满洲国，其在伪满洲国皇帝位时年号"康德"，又称康德皇帝。日本投降后，企图潜逃日本，被苏联红军抓获。在苏联被监禁5年。1950年8月初被押解回国，1959年获特赦。曾任全国政协委员。著有《我的前半生》。

溥伟（生卒年不详）

爱新觉罗氏。恭亲王奕訢孙、载滢子，过继于贝勒载徵。光绪二十二年（1896）封贝勒，二十四年奕訢卒，袭爵恭亲王。

溥伦（1869—1927）

爱新觉罗氏，字顺斋。满洲镶红旗人。满族。历任清副都统、资政院总裁、农工商部大臣、参与政务大臣。民初任北京大总统府政治顾问、参政院院长。

溥侗（1875—1952）

爱新觉罗氏，字厚斋，号红豆馆主。吉林长白人。满族。幼年习戏，通晓词章音律。曾执于清华大学。1933年任国民政府蒙藏委员会委员。后任汪伪政府委员兼蒙藏委员会委员长。1952年在北京病逝。

溥杰（1907—1994）

爱新觉罗氏。满洲正黄旗人。满族，清末代皇帝溥仪之弟。日本陆军大学毕业。任伪满军职。日本投降后被苏联红军俘虏，1950年移交新中国政府关押，1960年获特赦。擅书法，有《溥杰诗词选》。

溥儒（1896—1963）

爱新觉罗氏，字心畬，号西山逸士。生于北京。满族。德国柏林大学博士。曾任北京师范大学、北京国立艺专教授，后去台湾，任台湾师范大学教授。擅诗文书画，其山水画成就与张大千齐名，称"南张北溥"。著有《四书经义集证》。

溥儁（1888—1953）

爱新觉罗氏。满族。端亲王载漪子。1900年慈禧太后谋废光绪帝，被立为"大阿哥"，预定次年元旦继位，因国内外各派势力反对未成。后其父获罪，废大阿哥名号。

窦应昌（1871—1951）

字瑞卿。陕西凤翔人。清举人。历任正谊书院主讲，凤翔县高等小学校长，教育会会长。1913年当选参议院议员。1917年任护法国会参议院议员。1922年北京国会恢复时，仍任参议院议员。

褚民谊（1884—1946）

原名明遗，号重行。浙江吴兴（今湖州）人。留学日本。同盟会会员。早年赴法国，组织华法教育会，创办里昂中法大学。曾任国民党中央执、监委员。后随汪精卫投敌，任汪伪外交部长、行政院副院长。1946年以汉奸罪被处死。

褚辅成（1873—1948）

字慧僧。浙江秀水（今嘉兴）人。留学日本法政大学。1905年加入同盟会。曾任北京政府国会众议院议员、广州护法国会副议长、南京国民政府第一至四届国民参政会参政员、上海法科大学校长。

福裕（？—1900）
乌齐格里氏，字馀庵。蒙古正红旗人。清官吏。

赫德（1835—1911）
字鹭宾。英国人，生于北爱尔兰。1854年来华。1859年任广州海关副税务司，1861年代理中国海关总税务司，1863年任上海税务司，旋继任中国海关总税务司，直至1911年病死。是英国侵华的主要代表人物。

赫崇本（1908—1985）
辽宁凤城人。满族。清华大学毕业。曾在清华大学、西南联合大学任教。1948年获美国加利福尼亚理工学院哲学博士学位。新中国成立后，任中国科学院海洋生物研究室研究员，山东大学、山东海洋学院教授，国家科委海洋组副组长，《海洋与湖沼》副主编。

蔡旭（1911—1985）
江苏常州人。中央大学农学院农艺系毕业。后留学美国康乃尔大学。曾任北京大学副教授。新中国成立后，任北京农业大学教授兼副校长、中国科学院生物学部委员。著有《四川小麦的调查试验与研究》、《小麦育种各论》。

蔡昌（1877—1953）

广东香山（今中山）人。驰名中外的中国四大百货公司之一大新公司（即今上海第一百货公司）的创建人。历任上海大新有限公司董事长兼总经理、永生有限公司董事、长途汽车公司董事。热心公益事业，曾任广州孤儿院院长、旅沪广东同乡会副会长、香港华人总商会执委。晚年居香港。

蔡培（1884—?）

字子平。江苏无锡人。清末秀才。日本早稻田大学法学士。曾任南京国民政府交通部、内政部司长。1940年起历任汪伪工商部次长、南京市长、行政院政务委员、驻日本大使、国民政府委员。抗日战争胜利后，以汉奸罪被逮捕。

蔡雄（1894—1977）

字声白。浙江湖州人。清华学校毕业，留学美国。1920—1943年，先后创办上海美亚织绸厂、铸亚铁工厂、美恒纺织有限公司、中国国货公司和中国丝业股份有限公司，并任上海丝绸业同业联合会理事长、中华工业总联合会常委。

蔡锷（1882—1916）

原名艮寅，字松坡。湖南邵阳人。曾入长沙时务学堂，师从梁启超、谭嗣同，后留日学习军事。武昌起义后，领导昆明新军起义，任云南都督，1915年12月，与唐继尧等领导反对袁世凯复辟帝制的护国运动。1916年赴日就医，不治逝世。有《蔡松坡先生遗集》。

蔡公时（1888—1928）

号虎痴。江西九江人。留学日本东京帝国大学。同盟会会员。1923年任广东大元帅府参谋处秘书。1928年北伐军攻克济南后，任山东交涉员。同年5月3日，交涉署被日军包围，被施以割耳削鼻酷刑残忍杀害。

蔡文治（1911—1994）

字定武。湖北黄冈人。美国参谋大学毕业。1944年任陆军司令部中将副参谋长。1948年任国防部第三厅厅长。淮海战役后，隐居香港。1950年移居美国。

蔡可成（1868—?）

字用甫。广西宾阳人。云南法政学堂官学速成科毕业。在云南法政学堂念书前即为清吏。后任清查普洱府属营田、南防副统领。1912年后数次担任众议院议员。

蔡尔康（1858—1932）

字紫绂，别署铸铁庵生、子茀，号采芝翁。上海人。历任《申报》、《新闻报》、《万国公报》主笔。译有《大同学》、《泰西新史揽要》、《万国近史》。马克思之译名即出自其手笔。

蔡成勋（1873—1946）

字虎臣。天津人。北洋武备学堂毕业。1912年任北京大总统府侍从武官。1914年任陆军第一师师长。1921年任北京政府陆军总长。1922年任江西省长。晚年隐居天津。

蔡廷锴（1892—1968）

又名炳南，字贤初。广东罗定人。就读于护国第二军陆军讲武堂。早年在粤军中任职。1930年任第十九路军军长。1932年参加淞沪抗战。1933年参与发动"福建事变"。1946年任中国民主促进会主席。新中国成立后，任全国政协副主席。

蔡廷幹（1861-1935）

字耀堂。广东香山（今中山）人。早年作为清政府第二批赴美留学幼童之一，留学美国。回国后于北洋水师任职，中日甲午海战时受伤被俘，被押送至大阪囚禁，后遣返。辛亥革命后曾任袁世凯高等军事顾问，1921年任华盛顿会议中国代表团顾问。著有《老解老》、译著《唐诗英韵》。

蔡汝霖（1868—1916）

字雨香。浙江东阳人。清光绪拔贡。1903年赴日本考察学务。历任新昌县渥西学堂堂长、金华府中学堂监督、东阳县教育会长。1913年被选为众议院议员。

蔡枢衡（1904—1983）
江西永修人。留学日本。历任北京大学、西南联合大学教授。新中国成立后，曾在中央人民政府法制委员会、国务院法制局、全国人民代表大会常务委员会办公厅工作。著有《刑法学》。

蔡果忱（1877—？）
又名国忱，字兴周。黑龙江肇州人。直隶法政学堂毕业。曾任呼兰县视学兼教育会长、海伦县小学校长。1913年当选为参议院议员。1918年任安福国会参议院议员。

蔡和森（1895—1931）
原名林，又名泽膺，字润寰，号和仙。湖南湘乡人。1918年与毛泽东组织新民学会。1919年赴法国留学，组织"勤工俭学励进会"。1921年与妻子向警予一同回国，并加入中国共产党。主编《向导》周报。为中共早期领导人之一。1931年因顾顺章出卖，被港英警方逮捕，后从香港引渡回广州，英勇就义。有《蔡和森文集》。

蔡绍逵（生卒年不详）
南京高等师范学校体育专修科毕业。曾任南京中央大学、南京农学院（后改为南京农业大学）体育教授。曾从太极拳大师陈济生学习。

蔡洪田（1901—？）

上海人。曾任国民党上海市党部书记长。抗战时附汪投敌，任汪伪上海市党部主委、江苏省民政厅长、上海市盐务局长。

蔡济民（1887—1919）

原名国祯，字幼香。湖北黄陂人。湖北陆军特别小学堂肄业。1911年任同盟会湖北分会参议部议长。武昌起义时，率第二十九标攻克督署。1913年任黎元洪参谋长。后任护法军鄂西靖国联军总司令。1919年被川军旅长方化南所害。

蔡突灵（1880—1949）

字少黄。江西宜丰人。同盟会会员。辛亥革命后，曾任瑞州民军总司令、江西教育司长。1913年当选参议院议员。1914年在上海创设新华社。1917年任护法国会参议院议员。1922年北京国会恢复时，仍任参议院议员。

蔡培火（1889—1983）

号峰山。祖籍福建泉州，生于台湾云林。日本东京高等师范学校毕业。1920年组织台湾留学生成立新民会，并创办《新民报》。1945年任国民党台湾省党部委员。1948年当选国民政府立法院立法委员。后去台湾，任"行政院"政务委员。

蔡联芬（？—1935前）

福建晋江人。少小赴菲律宾经商。热心公益事业，曾捐助泉州华侨女子工业学校。任马尼拉善举公所总理时，创办华捐及西医院。享年58岁。

蔡智堪（1888—1955）

原名扁。祖籍河南，台湾苗栗人。日本早稻田大学毕业。加入兴中会，秘密从事革命活动。1927年冒险手抄"田中奏折"。后因"田中奏折"事被捕，在狱10年。1945年任国民党党部特别党员、台湾省党部文化委员。

蔡楚生（1906—1968）

广东潮阳人，生于上海。1929年起在上海从事电影工作。1933年参加左翼电影文化协会。1936年创立上海电影救国会。抗战爆发后，参加上海文化界救亡协会。1946年创办联华影艺社和昆仑影业公司。新中国成立后，任中国电影家协会主席。编导的电影代表作为《渔光曲》、《一江春水向东流》等。

蔡福棠（1891—？）

上海人。曾任大上海房地产股份有限公司、大陆保险股份有限公司、长丰地产公司及汇通地产公司总经理。

蔡增基（1890—?）

广东香山（今中山）人。美国哥伦比亚大学毕业。曾任广东省议会议员、香港工商银行经理。1927年任国民政府财政部金融管理局局长。1930年任杭州市市长。1936年任招商局总经理。1947年被选为民社党中央执行委员。1949年后，定居美国。

熙元（?—1900）

喜塔腊氏，字吉甫。满洲正白旗人。满族。清光绪进士，由编修累迁至国子监祭酒。八国联军入侵北京时，与妻、嫂自尽殉难。善画。

熙凌阿（?—1918）

字子捷。蒙古喀拉沁东旗人。为世袭内蒙古扎萨克亲王衔郡王。1913年当选为国会参议院议员。1916年国会恢复时，仍任参议院议员。

臧元骏（1906—1993）

号伯风。山东济宁人。黄埔军校第四期毕业。1938年任国民党第三十九集团军特别党部书记。后任三青团中央干事。1948年当选国民政府立法院立法委员。1949年去台湾。

臧克家（1905—2004）
山东诸城人。先后入中央军校武汉分校和青岛大学学习。1933年出版第一本诗集《烙印》。抗战时期任第五战区战时文工团团长。1942年参加中华全国文艺界抗敌协会。新中国成立后，任全国政协常委、全国文联委员、《诗刊》主编。著有《臧克家诗选》。

臧启芳（1894—1961）
字哲先、哲轩，号蛰轩。辽宁盖平（今盖县）人。留学美国，习经济学。曾任东北大学教授、校长，国民政府天津市市长、财政部顾问。1949年去台湾，任"国立"编译馆编译委员。

裴文中（1904—1982）
字明华。河北滦县人。法国巴黎大学考古学博士。1929年在周口店发现北京人第一个完整头盖骨化石。新中国成立后，曾任文化部文物局博物馆处处长、北京自然博物馆馆长。著有《周口店洞穴层采掘记》、《中国史前时期之研究》。

裴昌会（1896—1992）
别号同野。山东潍县人。历任国民党第十四、第四、第三十九集团军副总司令，国民政府川、陕、甘边绥靖公署副主任兼兵团司令。1949年在四川率部起义。新中国成立后，任重庆市副市长、民革中央副主席。

管雄（1910—?）
浙江温州人。中央大学中文系毕业。1934—1937年任南京江宁县中国文教师，后执教于厦门大学、中央大学、江西大学。新中国成立后，任南京大学中文系教授。

毓朗（1864—1922）
字月华，号余痴。爱新觉罗氏。满族。清宗室。1907年袭贝勒。历任清礼部侍郎、巡警部侍郎、步军统领、军机大臣、军谘大臣。辛亥革命后，积极参与宗社党活动。

僧格林沁（1811—1865）
博尔济吉特氏，蒙古科尔沁旗人。蒙古族。封科尔沁亲王。清咸丰间统兵拒太平军北伐。第二次鸦片战争时为钦差大臣，督办军务。1865年在镇压捻军中被杀。

廖平（1852—1932）
字季平，号四益、六译。四川井研人。清光绪进士。曾师事王闿运。选授龙安府学教授，任尊经书院襄校，长成都国学院。精治经学，尊今抑古，对康有为托古改制颇有影响。著有《四益馆丛书》、《六译馆丛书》。

廖磊（1890—1939）

字燕农。广西陆川人。保定军校毕业。参加北伐，后任国民革命军第三十六军军长。抗战时任第二十一集团军总司令、安徽省政府主席，参加淞沪会战、徐州会战。1939年因脑溢血病逝于安徽。

廖世承（1893—1970）

字茂如。江苏嘉定（今属上海）人。留美教育学硕士。曾任东南大学、中央大学教授，参与创建南京高等师范学校心理实验室。新中国成立后，任上海师范学院院长。著有《教育心理学》、《中等教育》。

廖廷相（生卒年不详）

字泽群，号子亮。广东南海人。清光绪进士。以经学闻于时，曾任广雅书局总校。工词章。

廖仲恺（1877—1925）

原名恩煦。祖籍广东归善，生于美国。历任同盟会总部会计长、中华革命党财政部副部长、孙中山大元帅府财政次长。1924年国民党改组后，任中央执行委员会常委、黄埔军校党代表。1925年8月被国民党右派暗杀。

廖运周（1903—1996）

字冠渊。安徽凤台人。黄埔军校第五期毕业。1927年加入中国共产党，参加南昌起义。1933年与党组织失去联系。1942年任国民革命军一一〇师师长，参加抗战。1946年又与中共取得联系，开展地下斗争，并于淮海战役中率部起义。新中国成立后，曾任人民解放军沈阳炮兵学校校长、吉林省体委主任、民革中央常委兼秘书长。1955年被授予少将军衔。

廖希贤（1886—？）

字劲伯。四川合江人。日本中央大学毕业。曾任重庆军政府实业分司司长、四川官银行上海分行行长。1913年当选为国会众议院议员。1917年任护法国会众议院议员。1922年北京国会恢复时，仍任众议院议员。

廖宗北（生卒年不详）

字汇川。湖北荆门人。日本法政大学专门部政治科毕业。1913年当选为国会众议院议员。1917年任护法国会众议院议员。1922年北京国会恢复时，仍任众议院议员。

廖维藩（1897—1968）

字华荪。湖南衡山人。毕业于北京大学。历任国立劳动大学、同济大学、上海法学院、中国公学教授，国民党中央组织委员会设计委员，国民政府立法院立法委员。1949年去台湾。著有《中国财政史》、《中国政治思想史》。

廖湘芸（1887—1935）

湖南安化人。曾参加武昌起义，加入同盟会。1913年起兵响应二次革命。次年加入中华革命党，从事反袁活动。1917年任护法军湖南游击司令。1926年任国民革命军第二十独立师师长，出师北伐。

廖温魁（1905—1952）

字文奎。福建南靖永丰人。金陵大学文学院毕业，美国芝加哥大学博士。历任金陵大学、中央大学教授，上海大诚企业股份有限公司及大承兴业信托公司董事长。著有《政治心理论》、《现代中国哲学》。

廖耀湘（1903—1968）

号建楚。湖南邵阳人。早年就读于黄埔军校并赴法国留学。抗战期间，任国民党军少将参谋长、师长、军长，1942年随中国远征军入缅甸、印度对日作战。1946年调往东北内战战场，任东北"剿匪"副总司令，后在辽沈战役中被俘。1961年获特赦。后任全国政协委员。

端方（1861—1911）

托忒克氏，字午桥，号匋斋。满洲正白旗人。清光绪举人。曾任湖广总督，两江总督，川汉、粤汉铁路督边大臣。1905年出洋考察宪政。1911年在四川被新军所杀。工书法，好收藏彝器。有《端忠敏公奏稿》、《匋斋吉金录》。

端纳（1875—1946）
澳大利亚人。曾任《纽约论坛报》记者，纽约《先驱报》驻上海记者。1920任北京政府顾问。1928年为张学良私人顾问。1934年为蒋介石顾问。1938年辞职。1941年在菲律宾被日军拘捕。战后获释。

端锦（？—1911）
托忒克氏，字叔绸。满洲正白旗人。清官吏。

端木恺（1903—1987）
别号铸秋。安徽当涂人。美国纽约大学法理学博士。历任安徽大学法学院院长，中央大学、复旦大学教授，行政法院院长。1949年去台湾，任台湾东吴大学校长。

阚朝玺（1884—1952）
字子珍，又名朝洗。辽宁盘山人。奉天陆军讲武堂结业。1906年入奉军，1918年任奉军第二混成旅旅长，1924年任东北陆军第三师师长。1931年九一八事变后投敌，任奉天地方自治维持会副委员长。1940年任伪满中央银行总裁。抗战胜利后投靠国民党。1951年被捕，后死于狱中。

潇湘云（生卒年不详）

女。京剧名伶。民国时期曾与张文艳、孟小冬等在上海大世界演出，轰动一时。为上海著名实业家、上海内地自来水公司总经理姚慕莲如夫人。

赛金花（约1872—1936）

女。原名傅彩云。江苏盐城人。幼居苏州时以家贫鬻为雏妓，后被状元洪钧纳为妾，随洪至国外，归国后，因洪病死复为妓。后至天津改名赛金花，传与八国联军德国军官有染。

谭垣（1903—1996）

广东香山（今中山）人。南京中央大学毕业，建筑学士。历任中央大学、重庆大学、之江大学、同济大学建筑系教授。晚年致力于纪念性建筑研究。著有《纪念性建筑》。

谭政（1907—1988）

原名世铭，号举安。湖南湘乡人。1927年参加秋收起义并加入中国共产党。历任红十二、二十二军政治部主任、第一军团政治部组织部长，参加了长征。抗战时期任八路军后方政治部主任、中共中央总政治部副主任。解放战争时期任第四野战军政治部主任、第三政委。新中国成立后，任国防部副部长、中央军委常委。1955年被授大将军衔。

谭莹（1800—1871）

字兆仁，号玉生。广东南海（今广州）人。清道光举人。任琼州教授，加内阁中书衔。好读书，博考粤中文献。工诗与骈文。

谭献（1832—1901）

原名廷献，字仲修，号复堂。浙江仁和（今杭州）人。清同治举人。曾任安徽含山、歙县等地知县。工诗词文赋，以词见长。好藏书，精于鉴别校勘。有《复堂文集》。

谭人凤（1860—1920）

字石屏，号雪髯。湖南新化人。留学日本东京法政学校。同盟会会员。曾参与策划黄花岗起义。起义失败后，与宋教仁、陈其美在上海成立同盟会中部总会。武昌起义后，任武昌防御使、长江巡阅使。1913年"二次革命"时回湖南策动讨伐袁世凯，失败后逃亡日本。1916年回国，居上海。

谭之澜（1899—1978）

字浚泉。江西永新人。江西心远大学中文系毕业。1929年任国民党江西省党部组织部总干事。后任江西《民国日报》社长、江西省党部书记长。1948年当选"国民大会"代表。1949年去台湾。

谭天凯（生卒年不详）
曾任青岛齐鲁大学文学院院长。著有《山东问题始末》。

谭友六（生卒年不详）
广东汕头人。1933年入上海联华影片公司任编导。1937年赴香港，任大地、新生等影片公司编导。新中国成立后，任八一电影制片厂、珠江电影制片厂导演。编导影片有《酒色财气》、《摇钱树》、《刘明珠》、《韩江花似锦》等。

谭平山（1886—1956）
名鸣谦。广东高明人。北京大学毕业。1921年加入中国共产党。第一次国共合作时，任国民党中央组织部部长。1943年在重庆发起组织三民主义同志联合会。1948年在香港参与组织中国国民党革命委员会。新中国成立后，任全国人大常委、民革中央副主席。

谭延闿（1880—1930）
字祖庵、祖安。湖南茶陵人。清光绪进士。1909年任湖南咨议局议长。民国后曾任湖南都督、省长，湘军总司令，国民革命军第二军军长，南京国民政府主席、行政院长。

谭志远（生卒年不详）

1930年代知名的电影演员和导演。1926—1938年主演影片有《他的痛苦》、《旧时京华》、《狂流》、《春之花》、《恐怖之夜》等。1930-1931年在上海明星影片公司导演影片《三个父亲》、《恨海》、《杀人的小姐》等。

谭伯英（？—1973）

北京大学历史系毕业，后获德国柏林大学工学博士。1936-1937年任上海轮船招商局副经理，后任滇缅公路运输管理局局长。抗战胜利后，受命赴美接受租用船只。1949年后侨居美国。

谭启秀（1892—1949）

广东罗定人。广东陆军将校团炮科毕业。曾任汕头公安局长、国民革命军第十九路军第七十八师副师长、福建人民政府第五军军长、国民政府军事参议院参议。参加过一二八淞沪抗战。1949年病逝于广州。

谭其骧（1911—1992）

字季龙。浙江嘉善人。燕京大学研究院毕业。曾任北平图书馆馆员、燕京大学讲师、浙江大学教授。新中国成立后，任复旦大学历史系主任、中科院学部委员、《历史地理》杂志主编。著有《长水集》。主编《中国历史地图集》。

谭钟麟（1822—1905）
字文卿。湖南茶陵人。清咸丰进士。谭延闿之父。曾任陕甘总督、闽浙总督、两广总督。

谭浩明（1871—1925）
字月波。广西龙州人。1911年任广西巡防营统领，武昌起义后与陆荣廷在南宁宣告独立。1913年任广西陆军第二师师长。1917年先后署广东、广西督军。1919年与陆荣廷开办广西陆军讲武堂。1925年在上海被杀。

谭常恺（1899—1977）
号九思。湖南长沙人。美国加州大学毕业。历任北京政府农矿部科长、湖南大学教授、湖南省政府委员、鼎新煤矿公司董事长、"行宪国大"代表。1949年去台湾。

谭富英（1906—1977）
谱名裕升。祖籍湖北武昌，生于北京。1917年入富连成社科班，演老生。后拜余叔岩为师。1935年组同庆社。唱腔继承"谭派"和"余派"风格，人称"新谭派"。新中国成立后，曾任北京京剧团副团长。

谭瑞霖（1886—?）

字涤夏。广东新会人。广东师范学校毕业。曾赴越南创办海防华侨时习两等小学校。辛亥革命时归国，参与江门、新会独立。1913年当选为国会众议院议员。1922年国会恢复时，仍任众议院议员。

谭嗣同（1865—1898）

字复生，号壮飞。湖南浏阳人。湖北巡抚谭继洵之子。参与戊戌变法，公开提出废科举、兴学校、开矿藏、修铁路、办工厂、改官制等变法维新的主张。写文章抨击清政府的卖国投降政策。1898年变法失败后被杀，为"戊戌六君子"之一。工诗。著有《仁学》。

谭鑫培（1847—1917）

名金福、金培，号英秀，艺名小叫天。湖北江夏（今武昌）人。幼随父进京，习艺于金奎科班，初演武生兼武丑，后改老生。为晚清京剧艺术主要代表人物，世称"谭派"。

熊恢（1894—1974）

字琢如，晚号竹如。江西丰城人。日本京都帝国大学经济系毕业。曾任南昌市教育会理事长，江西省农业专门学校、工业专门学校教授。1951年赴香港任教。1974年在台北逝世。

熊斌（1894—1964）

字哲明。湖北礼山（今大悟）人。陆军大学第四期毕业。历任南京临时政府参谋本部参谋，北京政府陆军次长，国民政府陕西省政府主席、北平市长、总统府战略顾问。1949年去台湾，任"中央银行"顾问。

熊十力（1885—1968）

原名升恒，字子真，晚号漆园老人。湖北黄冈人。早年参加辛亥革命。后致力于哲学研究，先后任北京大学、中央大学教授。新中国成立后，任全国政协委员。其学融合儒释，自成一派。有《新唯识论》。

熊之渭（1889—1956）

别号番溪。湖北黄陂人。陆军大学毕业。曾任中央军校教官、军政部高参。1936年授少将衔。1940年附汪降日。抗战胜利后匿居。

熊少豪（1892—？）

广东台山人。香港皇仁学院毕业。曾任北京路透通信社通信员，天津分社翻译通信员，《中国周报》、《天津报》编辑，北京政府直隶省特派交涉员，国民政府驻欧美外交专员。

熊式辉（1893—1974）

字天翼。江西安义人。日本陆军大学毕业。同盟会会员。参加过北伐战争。历任国民革命军第五师师长、淞沪警备司令、江西省政府主席兼南昌行营办公厅主任、东北行营主任。1949年居香港，1954年去台湾。

熊成基（1887—1910）

又名承基，字味根。江苏甘泉（今扬州）人。在安徽武备学堂入岳王会反清，后任岳王会主持人，发动安庆起义，失败后逃亡日本加入同盟会。在哈尔滨进行革命活动时遇害。

熊成章（1886—?）

字斐然。四川华阳（今双流）人。日本早稻田大学毕业。清廷授法科举人。曾任广西高等检察厅检察官。1912年任孙中山秘书。1913年当选为众议院议员。1917年任护法国会众议院议员。

熊仲韬（1893—1965）

字经略。江西新建人。北京陆军军需学校毕业。曾任国民革命军第四十四军经理处科长、陆海军兵站总经理处处长、军政部军需总监。1940年任全国粮食管理局副局长。1945年任东南补给区司令部副司令。1949年去台湾。

熊庆来（1893—1969）

字迪之。云南弥勒人。法国国家理学博士。历任东南大学、清华大学数学系教授，云南大学校长。1949年赴巴黎作数学研究工作。1957年回国，任中国科学院数学研究所研究员。著有《微分几何》。

熊克武（1885—1970）

字锦帆。四川井研人。早年入日本陆军学校。同盟会会员。辛亥革命时，任蜀军总司令。护国战争时，任川滇联军总司令。1920年任四川省长。曾当选国民党中央执行委员。新中国成立后，任西南军政委员会副主席。

熊佛西（1900—1965）

原名福禧。江西丰城人。美国哥伦比亚大学戏剧硕士。早年加入民众戏剧社，提倡学校戏剧运动。后历任北平大学艺术学院戏剧系主任、四川省立戏剧教育实验学校校长、中央青年剧社社长。新中国成立后，任上海戏剧学院院长。

熊希龄（1870—1937）

字秉三。湖南凤凰人。清光绪进士，翰林院庶吉士。1905年随五大臣出国考察宪政。后任北京政府财政总长、国务总理。1920年在北京创设香山慈幼院。1932年任世界红十字会中华总会会长。1937年病逝于香港。

熊秉坤（1885—1969）

原名祥元，字载乾。湖北武昌人。初入湖北新军第八镇。参加日知会、共进会，组织反清起义。1911年武昌首义时任工兵营革命军大队长，率部攻克总督府。后任湖北省政府委员、国民政府军事参议院参议。新中国成立后，任中南军政委员会参事。

熊育锡（1869—1942）

字纯如。江西南昌人。早年研治经史，后倾向维新。1898年在南昌开设广智书局。又创办乐群学校、心远学校，任校长。1910年被推为江西教育会副会长。后任女子公学校长、国民党江西省党部组织部长、国民政府监察院监察委员。

熊炳琦（1884—1959）

字润丞。山东济宁人。陆军大学毕业。曾任大总统侍从武官、陆军大学校长。1922年任山东省省长，同年12月兼任胶澳商埠督办，会同王正廷办理接收胶澳事宜，1924年去职。1926年夏任河南省省长，旋被赶下台。后在天津投资实业，任利中酸厂的董事会董监、东亚毛呢厂董事长。新中国成立后，任天津市人民代表、天津市民革副主委。

熊崇志（1883—？）

字位西。广东梅县人。美国哥伦比亚大学文科硕士。归国后清廷授予进士。1908年6月至1912年7月，曾任唐山路矿学堂（后为唐山交通大学，今西南交通大学）监督。后历任北京政府教育部、外交部秘书，国民政府驻纽约总领事，驻墨西哥、巴西公使。1941年去职。

缪斌（1895—1946）
字弼丞。江苏无锡人。上海南
洋大学电机科毕业。1927年任
国民革命军司令部军需局局
长。后当选国民党第三、四届
中央执行委员。1940年投敌，任
汪伪立法院、考试院副院长。
1946年以汉奸罪被处决。

缪荃孙（1844—1919）
字炎之，号筱珊，晚号艺风。江苏
江阴人。清光绪进士。历任国史馆
总纂、江南图书馆及京师图书馆
监督。富藏书。精于目录学、金石
学。著有《续碑传集》、《清学部
图书馆善本书目》。

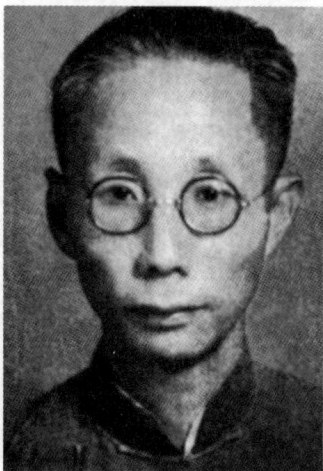

缪秋笙（1894—？）
字维章。浙江鄞县人。沪江大学
毕业，美国芝加哥大学哲学博
士。曾任沪江大学教育系教授、
中华全国基督教协进总会干
事，多次代表中国教会出席国际
基督教大会。1965年曾在《文史
资料》上发表过回忆文章。

瑾妃（1874—1924）
女。清德宗妃。他他拉氏，谥端康皇
贵妃。满洲镶红旗人。满族。珍妃
同父异母姐。

增祺（1851—1919）

伊拉里氏，字瑞堂。满洲镶白旗人。满族。任清黑龙江将军，充船政大臣兼署闽浙总督。任盛京将军时，受俄军协迫，擅签《奉天交地暂行章程》，被革职留任。宣统间任广州将军兼署两广总督。

增韫（生卒年不详）

字子固。蒙古镶黄旗人。蒙古族。1905年任奉天府尹，官代理湖北按察使、直隶按察使、直隶布政使、浙江巡抚。1911年新军敢死队攻占巡抚衙门时被俘获，旋释归。

樊增祥（1846—1931）

字嘉父，号云门、樊山。湖北恩施人。清光绪进士。官江宁布政使、护理两江总督。工诗词骈文。有《樊山全集》。

黎丹（1865—1940）

字雨民。湖南湘潭人。清附贡生。辛亥革命后，任马麟秘书。1918年任西宁道尹。1930年任青海省政府秘书长。1933年任国民政府监察院监察委员。

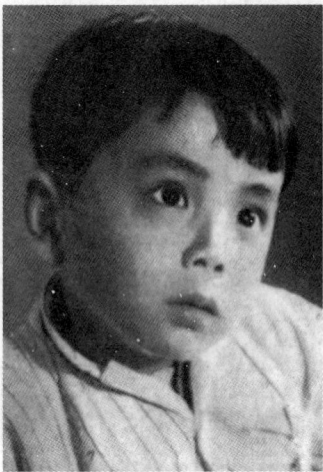

黎铿（1928—1965）

广东新会人。"中国纪录片之父"黎民伟之子。3岁即入上海联华影片公司拍片。新中国成立后任北京电影制片厂演员，1958年调珠江电影制片厂。主演影片有《人道》、《神女》、《灵肉之门》、《七十二家房客》等。

黎天才（1866—1927）

字辅臣。彝族。云南丘北人。1884年参加中法战争。后任清军协统。1911年任淞沪光复军第一协司令。1915年任陆军第十一师师长。1918年任鄂豫联军总司令。

黎元洪（1864—1928）

字宋卿。湖北黄陂人。北洋水师学堂毕业。曾任清第二十一混成协统领。武昌起义时任中华民国军政府鄂军大都督，后任南京临时政府副总统、北京政府大总统。旋与国务总理段祺瑞发生府院之争，被赶下台。有《黎副总统政书》。

黎民伟（1893—1953）

广东新会人，生于日本。早年在香港读书。1911年加入同盟会。拍摄了一批国民革命和孙中山的新闻纪录片，被誉为"中国纪录片之父"。1923年创办香港第一间电影公司——民新影片公司。后与罗明佑等合办联华影业公司。代表作有《胭脂》、《天涯歌女》、《战地情天》、《古都春梦》、《渔光曲》、《母性之光》等。1953年病逝于香港。

黎灼灼（1905—1990）

女。1932年从影，长期在上海联华影片公司任演员。新中国成立后，短暂居天津，后长期定居香港。1979年退出影坛。主演影片有《三个摩登女性》、《天伦》、《春闺断梦》、《人鬼恩仇》等数十部。

黎明晖（1909—2003）

女。湖南湘潭人。曾在北京孔德益学院读书，嗣随其父黎锦晖学习歌唱及舞蹈。1925—1937年，先后入上海大中华百合、天一、明星、艺华影业公司，主演电影《花好月圆》、《美人计》、《凤求凰》等。息影后曾在上海创办托儿所。

黎照寰（1888—1968）

字曜生。广东南海人。留美经济和政治双硕士。曾任中国公学教授、上海交通大学校长、中央银行副行长、国民政府立法院立法委员。新中国成立后，任上海市政协副主席。

黎锦熙（1890—1978）

字邵西、劭西。湖南湘潭人。清光绪秀才。湖南优级师范学堂毕业。历任北京师范大学、北京大学等校教授、院长。新中国成立后，任中科院哲学社会科学部委员。当选为全国政协委员、全国人大代表。精通汉语语言文字。著有《国语运动》。

德王（1902—1966）

原名德穆楚克栋鲁普。察哈尔锡林郭勒盟旗人。蒙古族。1913年被北京政府授予扎萨克和硕杜棱亲王。历任蒙古地方自治政务委员会副委员长、伪蒙古军政府总裁、伪蒙古军总司令、伪蒙古自治政府主席。新中国成立后，作为战犯被关押。

德锐（?—1911）

字时敏。满洲正白旗人。清官吏。

德龄（约1884—1944）

女。汉军正白旗人。清朝郡主。幼年随父与妹容龄在欧州生活多年，1903年回国，入清官做慈禧的帖身女官，颇得宠爱。后与美国驻上海副领事结婚，赴美定居。善写作。著有《御香缥缈录》、《清官二年记》。

滕杰（1905—　）

号俊夫。江苏阜宁人。黄埔军校第四期毕业，后留学日本习政治经济。历任复兴社书记、三青团中央干事、徐州绥靖公署政治部主任、南京特别市市长。1948年当选"国民大会"代表。1949年去台湾，任国民党"国民大会"党部书记长。

颜文樑（1893—1988）

江苏苏州人。15岁到上海商务印书馆当艺徒。1922年创办苏州美术学校，任校长。后留学法国巴黎美术学校学习油画，其油画长于风景静物。回国后仍主持苏州美专的工作，兼中央大学艺术系代主任。新中国成立后，任浙江美术学院副院长、上海美协副主席。出版有《颜文樑画集》、《油画小辑》、《欧游小品》、《苏州风景》等。

颜宗仪（1822—1881）

字挹甫，号雪庐。浙江海盐人。工诗。

颜惠庆（1877—1950）

字骏人。上海人。与胞弟颜德庆、堂弟颜福庆有"颜氏三杰"之誉。上海同文馆毕业后留美。历任商务印书馆编辑，清政府驻美使馆参赞，北京政府外交总长、内务总长、国务总理兼行总统职权，南京国民政府驻英、驻苏大使。1949年参与国共和谈。新中国成立后，任华东军政委员会副主席。1950年5月在上海病逝。

颜福庆（1882—1970）

字克卿。上海人。颜惠庆堂弟。上海圣约翰大学医学院毕业，留美医学博士。先后创办湖南湘雅医学专门学校（湖南医科大学前身，任校长）、第四中山大学医学院（上海医科大学前身，任院长）、中山医院、澄衷肺病疗养院（上海第一肺科医院前身）等医学教学、医疗机构。新中国成立后，任上海第一医学院副院长、全国政协委员。

颜德庆（1878—1942）

字季余。上海人。上海同文馆毕业。1895年随胞兄颜惠庆前往美国留学，获工程硕士学位。回国后，曾任粤汉铁路、京张铁路、川汉铁路工程师。1912年任南京临时政府交通部路政司司长。1922年出任接收铁路委员长，协助王正廷接管胶济铁路。1923年任胶济铁路管委会委员长。1937年代理铁道部次长。创立工程师学会，任会长。

翦伯赞（1898—1968）

维吾尔族。湖南桃源人。早年留学美国。曾参加北伐战争。后潜心研究中国社会和历史问题。曾任香港达德学院教授。1937年加入中国共产党。新中国成立后，任北京大学副校长。是马列主义新史学"五名家"（郭沫若、范文澜、翦伯赞、吕振羽、侯外庐）之一。著有《中国史纲》、《翦伯赞历史论文选集》。

潘复（1883—1936）

原名贞复，字馨航。山东济宁人。清末举人。历任南京临时政府山东实业司司长，北京政府全国水利局署理总裁、交通部总长，安国军政府国务总理兼交通部总长，南京国民政府东北边防军司令长官高等顾问。后退居天津，1936年病逝于北平。

潘菽（1897—1988）

原名有年，字水叔。江苏宜兴人。北京大学哲学系毕业，美国芝加哥大学哲学博士。回国后任中央大学心理系教授。新中国成立后，任南京大学校长、中国科学院生物学部委员、中国心理学会理事长。著有《心理学概论》等。

潘天寿（1897—1971）

原名天授，字大颐。浙江宁海人。1923年任上海美专、新华艺专中国画教授。新中国成立后，任浙江美术学院院长、中国美术家协会副主席。擅写意花鸟和山水画，笔墨气势雄阔、风骨遒劲。著有《中国绘画史》、《治印丛谈》。

潘公展（1895—1975）

原名有猷，字干卿，号公展，以号行。浙江吴兴（今湖州）人。曾就读于上海圣约翰大学外文系。南京国民政府成立后，历任上海市社会局局长、中国公学副校长、《晨报》社长、国民党中宣部副部长、国民党中执会常委、《申报》董事长。1949年去香港创办国际编译社，旋赴加拿大。1950年定居美国。

潘公弼（1895—1961）

原名保同。江苏嘉定（今属上海）人。日本东京法政学堂政治经济科毕业。曾任《京报》主编，上海《时事新报》总经理。1945年当选为国民党中央执行委员。后去香港筹办《国民日报》。1950年去台湾，主持《中华日报》笔政。

潘月樵（1869—1928）

艺名小连生。江苏扬州人。初习梆子文武老生，后改习京剧老生，为清末民初南派京剧代表人物。文武兼长，擅做功。1908年创办上海新舞台，从事京剧改良活动。曾参加辛亥革命和"讨袁"斗争。

潘文华（1886—1950）

字仲三。四川仁寿人。1910年入四川陆军速成学堂。抗战爆发后，随刘湘出川抗战。历任川康绥靖公署副主任、第二十一绥靖区司令官、华中"剿匪"副总司令。1949年任西南军政长官公署副主任，同年12月起义。

潘文安（1894—？）

字仰尧。江苏嘉定（今属上海）人。江苏神州法政学校毕业。为中国征信所发起人及董事，并任中国兴业热水瓶厂、天宝染织厂、大上海皮革厂、中国国货公司、永丰银行等公司董事，还曾任《申报》国货专刊编辑。

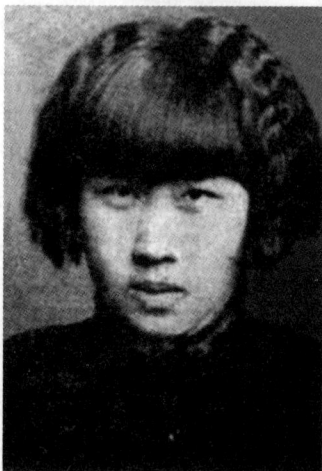

潘玉良（1895—1977）

女。原姓张，字世秀。江苏镇江人，生于扬州。父母早亡，少年时沦为歌妓。后被芜湖潘赞化赎出，结为夫妇，改姓潘。旋迁居上海，进上海图画美术院（后改为上海美术专科学校）学西画。1921起先后留学于法国巴黎国立美术学院、意大利罗马国立美术学院。1928年回国，历任上海美术专科学校、中央大学教授。1937年赴法国定居。

潘世恩（1769—1854）

字槐堂，号芝轩。江苏吴县人。清乾隆状元。嘉庆间历侍读、侍讲学士、户部尚书。道光间官至武英殿大学士，充上书房总师傅。

潘仕成（1785—1859）

字德畲。广东番禺人。曾任广东候补道。将经世致用思想付诸实践，曾出资仿制西洋战舰，1843年以重金聘请美国人研制攻船水雷。好藏书，辑刊《海山仙馆丛书》，收录西学著作。

潘达微（1880—1929）

又名心微，号景吾。广东番禺人。1905年参与创办《时事画报》。后组建国画研究会。曾不避风险，收葬黄花岗七十二烈士遗骸。晚年潜心佛学。工画，擅长花卉山水，作品有《病梅图》。

潘光旦（1899—1967）

字仲昂。上海宝山人。美国哥伦比亚大学硕士。历任复旦大学教授、光华大学文学院院长、清华大学教授，新中国成立后，任中央民族学院教授。于优生学、民族学研究领域成就卓著。著有《优生原理》、《中国之家庭问题》。

潘志贤（1914—?）

广东新会人，生于上海。上海怡和洋行前华经理潘澄波之子。上海圣约翰大学毕业，留美硕士。1939年与其兄潘志铨共同创办同济机织印染有限公司，任常务董事兼总经理。

潘志铨（1899—？）

广东新会人，生于上海。潘澄波之子。香港大学肄业。1919年由其父推荐，入怡和洋行为买办，直至1941年。此外还曾任上海振中丝织整染公司、同济机织印染公司、建安银公司、建元兴业公司董事长。

潘序伦（1893—1985）

字秩四。江苏宜兴人。美国哥伦比亚大学哲学博士。回国后，创设立信会计事务所、立信会计学校。1946年任国民政府经济部常务次长。新中国成立后，任上海会计学会理事、顾问。著有《高级商业簿记教科书》、《会计学》。

潘国瑛（生卒年不详）

女。南京中央大学体育系毕业。后去台湾。

潘念之（1902—1988）

浙江新昌人。留学日本明治大学法学部。1924年加入中国共产党。抗战期间，曾任国民政府政治部第三厅主任科员。新中国成立后，任复旦大学教授、上海社会科学院法学研究所副所长、华东政法学院副院长。

潘学海（1873—？）

字会东。江西上高人。清廪生。日本中央大学法学士。回国后，任江西都督府法制课课长，湖南高等审判厅厅长。1913年当选为众议院议员。1922年国会恢复时，仍任众议院议员。

潘祖诒（1883—1946）

改名祖彝，字谷孙、竹孙，号谷神。福建崇安人。日本岩仓铁道学校毕业。曾任福建省议会议员，兼主《群报》笔政。1913年当选为参议院议员。晚年执教于广东文理学院、中山大学师范学院。

潘祖荫（1830—1890）

字伯寅，号郑盦。江苏吴县人。清咸丰状元。潘世恩孙。光绪间官至工部尚书、军机大臣。1881年中俄《伊犁条约》签订，条陈善后策四事。富藏金石，学通经史。

潘振华（1855—1921）

字奏平，江苏阳湖（今常州）人。清末民初学者。有《鸥舫诗文钞》。

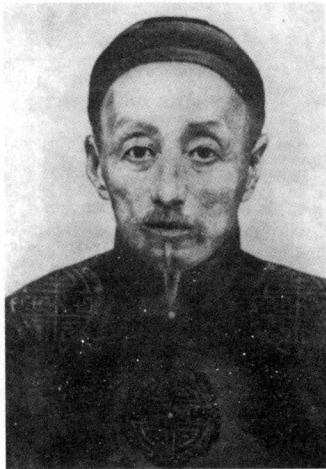

潘逢泰（1847—1924）

字保之，后改名荫东，晚年自号樵叟。江苏如皋人。治经学，读医书，能诗文。

潘曾莹（1808—1878）

字星斋（亦作号）、申甫，号惺斋。江苏吴县人。潘世恩子。清道光进士。官至吏部侍郎。工诗词，精书画，亦能书。

潘福莹（1912— ）

浙江嘉兴人。中央大学化工系毕业。曾任南京国民政府中央电工器材厂电池部主任、汉口电池厂厂长。新中国成立后，任电子工业部长江电池厂及天津电源研究所总工程师。

潘毓桂（1884—？）

字燕生。河北盐山人。日本早稻田大学毕业。历任北京政府蒙藏院副总裁、国务院参议、津浦铁路局副局长，南京国民政府行政院冀察政务委员会政务处处长。1940年任汪伪华北政务委员会委员、天津市长。

潘震亚（1887—1978）

字树庸。江西南城人。早年执律师业。北京政府时任大理院推事、黄埔军校政治教官、江西高等法院院长。1927年任武汉国民政府司法处处长。1928年赴上海继续执律师业，兼复旦等大学教授。1934年加入中国共产党，1937年失去组织联系。仍以各种方式积极参加抗日救亡运动。新中国成立后，任复旦大学法学院院长、中央人民政府监察委员会副主任、政务院监察部副部长、江西省副省长。

潘遵祁（1808—1892）

字觉夫，号顺之。江苏吴县人。清道光进士。隐居吴县邓尉山。善画，尤工花卉。

璞鼎查（1789—1856）

英国人。1841年被英国政府任命为侵华全权代表，来华扩大侵略战争。1842年指挥英军侵入长江，并胁迫清政府签订中英《南京条约》。1843年任香港第一任总督。

潘第恭察布（生卒年不详）

即潘王。内蒙古乌兰察布盟四子部落旗人。蒙古族。1934年任蒙古地方自治政务委员会委员。1936年任绥远境内蒙古各盟旗地方自治政务委员会委员长，次年兼该委员会保安处处长。后任伪蒙古联盟自治政府乌盟副盟长。

燕登榜（1906—1959）
字子龙。山西绛县人。保定北方军官学校骑兵科毕业。1945年任第二战区骑兵第四师师长。1949年任绥远省归绥市警备副司令，同年9月参加绥远和平起义。1953年任人民解放军蒙绥军区高级参谋。

薛正（1901—1995）
女。江苏无锡人。教育学学士。中西女中校长、上海市第三女中副校长。论著有《我所知道的中西女中》、《论中国教育现代化》。

薛岳（1896—1998）
字伯陵。广东乐昌人。保定军校第六期毕业。1914年加入中华革命党。曾任国民政府贵州省、广东省政府主席，第九战区司令长官，国民政府参军长。抗战期间，曾指挥过武汉会战、徐州会战、长沙会战等。1949年去台湾，任"总统府"战略顾问、"光复大陆设计委员会"主任委员。

薛中华（1885—？）
福建厦门人。6岁去新加坡。1901年入汇丰银行，八年后任该行买办。历任新加坡总商会会董、新加坡工部局议董、新加坡商会副会长。

薛芬士（1883—?）

原籍福建思明，生于菲律宾。7岁回国念书，21岁返回菲律宾。历任马尼拉金顺昌商号经理、施泉益公司协理、益华公司经理、中华总商会会长。兴学校，办医院，致力于慈善福利事业。晚年仍担任中华总商会名誉理事长和顾问，直到1970年身体欠佳才真正退休。

薛南溟（1862—1929）

名翼运。江苏无锡人。薛福成子。曾为永泰洋行买办，后与周舜卿在上海合办永泰丝厂。1909年在无锡开办锦记丝厂，后逐步发展为拥有十八家工厂的丝业厂主。

薛笃弼（1892—1973）

字子良。山西解县（今运城）人。山西法政学校毕业。历任临汾地方审判厅厅长、北京政府司法部次长、国民政府卫生部部长。当选国民党第六届中央执行委员。新中国成立后，任全国政协委员、上海法学会理事。

薛敏老（1887—?）

原籍福建思明，生于菲律宾。美国密芝根大学法学学士，上海圣约翰大学荣誉法学博士。其妻为上海商务印书馆经理鲍咸昌之女。曾考中菲执业律师，任马尼拉中华商会会长、中兴银行协理。

薛福成（1838—1894）

字叔耘，号庸庵。江苏无锡人。初为曾国藩幕僚，后随李鸿章办外交。曾任出使英、法、比、意四国大臣，受西方思想影响，主张改良。善以古文议政。著有《筹洋刍议》、《出使四国日记》等。有《庸庵全集》行世。

薛暮桥（1904—2005）

江苏无锡人。1927年加入中国共产党。1934年参与组织中国农村经济研究会。1938年至1942年在新四军工作，任教导总队任训练处副处长，写有通俗著作《政治经济学》教科书，以培训干部。新中国成立后，任国家统计局局长、国家计委副主任、国务院经济研究中心总干事。1955年当选为中科院哲学社会科学学部委员。著有《中国社会主义经济问题研究》。

霍元甲（1857—1909）

字俊卿。直隶静海（今天津）人。出身武术世家，得七代绝技"迷踪艺"，并发扬光大，曾先后击败俄国、日本武士。1909年在上海创办精武体操学校。后遭日本浪人毒杀。

霍絮如（生卒年不详）

女。生于广州。香港圣公会牧师霍静山之女，香港巨商马永灿之妻。热衷教会及社会慈善事业。民国时期曾任香港圣公会董事、基督教女青年会董事长、中华麻疯救济会董事，上海富吉堂董事。

冀朝鼎（1903—1963）

山西汾阳人。美国哥伦比亚大学法律、经济学博士。1927年在欧洲加入中国共产党。1941年回国，被中共组织派到国民政府从事经济工作。曾任平准基金委员会秘书长、中央银行经济研究处处长。新中国成立后，任中国银行副董事长、中科院哲学社会科学学部委员。

冀鼎铉（生卒年不详）

字葆忱。山西平遥人。日本明治大学商科毕业。清廷授商科举人。曾任山西商业法政学校教员。1913年当选为众议院议员。1917年任护法国会众议院议员。1922年北京国会恢复时，仍任众议院议员。

穆郇（生卒年不详）

字晋乡。山西浑源人。清附生。1902年入山西大学堂。1911年本县举孝廉方正。1913年当选为众议院议员。1922年国会恢复时，仍任众议院议员。

穆藕初（1876—1943）

名湘玥。上海人。留美农学硕士。先后创办德大、厚生和豫丰纱厂。历任上海华商纱布交易所理事长、南京国民政府工商部常务次长、实业部常务次长、行政院农产促进会主委、农本局总经理。有《穆藕初文集》。

戴笠（1897—1946）

字雨农。浙江江山人。黄埔军校第五期毕业。1932年任三民主义力行社特务处处长。1938年任国民政府军事委员会调查统计局（简称"军统"）副局长，1945年升局长。一手策划了种种血腥事件，暗杀了许多共产党人和爱国人士，号称"中国的盖世太保"。1946年3月在南京岱山因飞机失事遇难。

戴戟（1895—1973）

原名光祖，字孝悃。安徽旌德人。保定军校第三期毕业。1931年任淞沪警备司令。1933年任福建省政府委员，同年11月参加福建事变。抗战初期任皖南行署主任、东南补给区司令。新中国成立后，任安徽省副省长。

戴策（1912—?）

号子丹。湖南宁乡人。曾任国民党中央电影检查委员会委员。抗战爆发后，任汪伪国民党中央秘书厅处长、粮食委员会常委、法制委员会副主任、外交部司长、教育部次长。

戴戡（1879—1917）

原名桂龄，字循若，号锡九。贵州贵定人。留学日本。辛亥革命后随唐继尧入黔，任都督府左参赞、贵州巡按使、贵州省省长、四川省省长。张勋复辟时，率黔军迎击围攻成都的叛军，战死。

戴熙（1801—1860）

字醇士，号榆庵、鹿床。浙江钱塘（今杭州）人。清道光进士。官至兵部右侍郎。工诗书画，尤以画名。

戴之奇（1904—1946）

贵州兴义（今安龙）人。陆军大学毕业。1935年任国民革命军第一〇七师副师长。抗战时，任第九十四军第一二一师师长、第十八军副军长。抗战胜利后，任青年军第六军副军长、整编第六十九师师长。1946年12月在安徽沭阳兵败身亡。

戴文赛（1911—1979）

福建漳州人。剑桥大学博士。曾任中央研究院天文研究所研究员、燕京大学教授。新中国成立后，历任北京大学、南京大学教授。著有《天体的演化》、《太阳系演化学》。

戴书云（1872—？）

字纪白。江西余干人。清光绪举人。1913年当选众议院议员。1917年任护法国会众议院议员。1922年北京国会恢复时，仍任众议院议员。

戴正中（生卒年不详）

福建南安人。13岁赴菲律宾谋生。加入同盟会阅书报社，从事革命宣传。任马尼拉中华革命党交际主任及驻菲总支部执委、中华商会副会长。热心侨乡文化教育事业。

戴世光（1908—2000）

湖北武昌人。美国密歇根大学数理统计学硕士。曾任清华大学、中央财经学院、中国人民大学教授。1982年被吸收为人口学研究国际协会会员。著有《人口普查选样研究》。

戴礼智（1907— ）

湖北黄陂人。理学博士。首次发现含铋、铜的汞合金具有顺磁性。先后任职于重庆大学、北京钢铁学院、冶金部钢铁研究院。著有《磁性材料》。

戴仲玉（1909—1986）

福建长汀人。黄埔军校第五期毕业。历任福建省永安、龙溪、建欧县县长，三青团中央干事，国民党福建省党部主任委员。1945年当选国民党中央执行委员。去台湾后，任"国民大会"代表、"福建省政府"主席。

戴安澜（1904—1942）

字衍功。安徽无为人。黄埔军校第三期毕业。参加北伐战争。七七事变后，任国民革命军第七十三旅旅长，参加了保定、漕河、台儿庄、中条山诸战役。1939年任中国第一支机械化部队——第五军二〇〇师师长，参加桂南昆仑关战役，苦战一月，歼敌6千，击毙日军前线指挥官中村正雄少将。1942年5月，率领中国远征军在缅甸与日军作战时殉职。

戴志昂（生卒年不详）

南京中央大学建筑系毕业。民国时期任中央大学教授。新中国成立后，任中国交通大学唐山工学院、清华大学建筑系教授。著有《〈红楼梦〉大观园的园林艺术》。

戴英夫（1897—?）

字鹏夫。江苏丹阳人。曾任中国公学教授、上海警备司令部秘书。1939年后任汪伪国民党中组部副部长、教育部次长、行政院政务委员、国民政府政务参赞。

戴季陶（1891—1949）

名良弼、传贤，号天仇。浙江吴兴（今湖州）。日本东京帝国大学毕业。同盟会会员，国民党理论家。曾任国民党中宣部长、黄埔军校政治部主任、国民政府考试院院长、国史馆馆长。孙中山逝世后，著文反对国共合作。1949年服毒自杀。

戴金华（生卒年不详）
原籍福建南安。14岁赴菲律宾经商。后为国民党在菲律宾的中坚，创办《公理报》，任总理。并任善举公所总理，复在菲律宾创办普智学校，在故乡创办崇诗学校。

戴居正（1898—1978）
江苏海门人。工学硕士。历任交通大学、复旦大学、中央大学、南京工学院教授。著有《工程材料》。

戴恩赛（1892，一说1896—1955）
广东五华人。美国哥伦比亚大学哲学博士。孙中山女婿。曾任国民政府驻巴西公使、财政部厦门海关监督。新中国成立后，任广东海关监督。

戴高翔（1908—1995）
四川仁寿人。陆军大学毕业。曾任国民政府军政部兵役署常备兵司司长、国防部兵役局局长。1949年去台湾，任"国防部"人力司司长。

戴鸿慈（1853—1910）

字少怀。广东南海（今广州）人。清光绪进士，授编修。督学山东、云南、福建。历任刑部侍郎、户部侍郎、刑部尚书、军机大臣。1905年曾作为五大臣之一出国考察。

戴愧生（1892—1979）

福建南安人。先世侨商菲律宾。曾入厦门同文书院习英文。同盟会会员。历任中华革命党菲律宾支部党务科长、南京国民政府侨务委会委员、国民党中央海外部部长。当选为国民党第五、六届中央执行委员。1949年后去台湾。

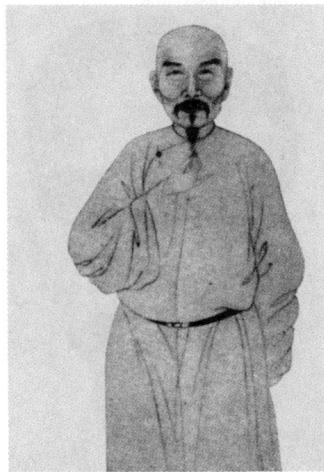

魏源（1794—1857）

字默深。湖南邵阳人。曾入裕谦、林则徐幕。学主"通经致用"，与龚自珍并称"龚魏"。倡"师夷长技以制夷"，主张革新变法。著有《海国图志》、《圣武记》，辑有《皇朝经世文编》。

魏毅（1884—？）

字文谦。河南武陟人。天津北洋高等师范学校毕业。历任河南工业中等学校、第二师范学校教员。1913年当选为国会众议院议员。1922年国会恢复时，仍任众议院议员。

魏元光（1895—1958）
字明初。河北南乐人。美国西拉求斯大学硕士。历任直隶工业学校校长、河北工学院院长、金陵大学教授、重庆中央工业职业学校校长。新中国成立后，任平原师范学院化学系教授、平原省政协副主席。

魏丹书（1875—？）
字吉卿。山东钜野人。法政大学毕业。曾任山东都督府军事顾问。1913年当选为国会众议院议员。1917年任护法国会众议院议员。

魏邦平（1884—1935）
字丽堂。广东香山（今中山）人。日本陆军士官学校毕业。辛亥革命时参加光复广州。后任广东都督府陆军司司长，广东警察厅厅长。1922年任广州卫戍司令。1925年涉嫌参与刺杀廖仲恺案，避居香港。1935年在广州病逝。

魏光焘（1837—1916）
字午庄。湖南邵阳人。早年隶左宗棠军，赴陕甘镇压回民起义。甲午战争时募兵北上，援辽抗日。后历任陕西巡抚、云贵总督、两江总督。

魏拯民（1909—1941）

原名关有雄，字伯张，化名魏民生。山西屯留人。入私立宏达学院学习。1927年加入中国共产党。历任中共东南满省委书记、东北抗日联军第二军政委、抗日联军第一路军副总指挥。1941年病逝于长白山。

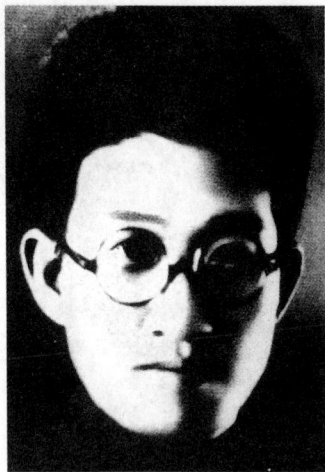

魏宸组（1880—1942）

字注东。湖北江夏（今武昌）人。留学法国、比利时。同盟会会员。历任南京临时政府外交次长、北京政府驻德国公使、南京国民政府驻波兰公使。

魏鸿发（1887—1982）

又名绍武。甘肃伏羌（今甘谷）人。保定陆军速成学堂毕业。历任兰州振武军教练官、甘肃陆军测量局局长、宁夏省政府建设厅长。新中国成立后，任甘肃省文史馆馆员、省政协常委。

魏鸿翼（1872—？）

字可庄。甘肃伏羌（今甘谷）人。清光绪进士。历任翰林院庶吉士，四川南江县知县。1913年当选为国会众议院议员。1922年国会恢复时，仍任众议院议员。

魏道明（1901-1978）

字伯聪。江西德化（今九江）人。法国巴黎大学法学博士。历任国民政府司法行政部长、南京市长、行政院秘书长、驻美国大使、立法院副院长、台湾省主席。去台湾后，任"驻日大使"、"外交部长"。

魏鹏飞（生卒年不详）

著名电影演员、导演。1925年进入影坛。1925—1955年主演影片《立地成佛》、《血滴子》、《吉地》、《绝代佳人》、《儿女英雄》、《人犬恩仇》等100多部；导演影片《五鼠闹东京》、《狸猫换太子》等。

魏肇文（1884—1955）

字选廷、伯武。湖南宝庆（今邵阳）人。留学日本。曾任同盟会湖南分会支部长。1911年任度支部漕仓司京仓科科长。1913年当选为国会众议院议员。后定居邵阳。

魏敷滋（1897—？）

字南芳。甘肃皋兰人。保定军校第六期毕业。曾任南京国民政府陕甘宁青"剿匪"总司令部参议、青海省政府委员兼财政厅厅长。1948年当选"国民大会"代表。

魏喦寿（1900—1973）

字孟磊。浙江鄞县人。日本东京帝国大学工业化学学士。加入中国科学社。历任上海光华大学教授，汉阳、上海兵工厂技师，中央卫生试验所技正。1949年去台湾，任台湾大学工学院院长、"中央研究院"化学所所长。

濮成德（生卒年不详）

曾任南京中央大学畜牧兽医系、南京农业大学教授。著有《家畜通用饲料和饲料调制方法》。

布政司理问瞿先生象

瞿中溶（1769—1842）

字镜涛，号木夫、英生。江苏嘉定（今属上海）人。钱大昕女婿。好收藏及金石之学，善画花卉。

瞿秋白（1899—1935）

原名双、爽、霜。江苏常州人。就学北京俄文专修馆。1922年加入中国共产党。曾两度担任中国共产党最高领导人（1927年7月—1928年7月，1930年9月—1931年1月）。曾任上海大学社科系主任，《向导》、《新青年》编辑。1931年在上海领导左翼文化运动。1935年2月在福建长汀县被国民党军逮捕，6月18日从容就义。著有《赤都心史》、《俄乡纪程》、《多余的话》。

瞿鸿禨（1850—1918）

字子玖、子久、子九，号止盦，晚号西岩巷人。湖南善化（今长沙）人。清同治进士。官至内阁学士兼礼部侍郎、工部尚书、军机大臣。袁世凯当政时曾任参政院参政。

酆悌（1903—1938）

字力余。湖南湘阴人。黄埔军校第一期毕业。曾任中央军校政训处处长、复兴社第四任书记、军事委员会第六厅厅长。1938年任湖南省政府委员兼长沙警备司令。同年11月因长沙大火案被长沙临时军事法庭判处死刑。

麟庆（1791—1846）

完颜氏，字伯宗，号见亭。满洲镶黄旗人。满族。清嘉庆进士。历官至江南河道总督、两江总督。有诗名。

主要参考文献

文字部分

1、徐友春主编《民国人物大辞典（增订本）》，河北人民出版社2007年版

2、张宪文、方庆秋、黄美真主编《中华民国史大辞典》，江苏古籍出版社2002年版

3、李盛平主编《中国近现代人名大辞典》，北京：中国国际广播出版社1989年版

4、陈旭麓、方诗铭、魏建猷主编《中国近代史词典》，上海辞书出版社1984年版

图像部分

1、华人德主编《中国历代人物图像集》（下），上海古籍出版社2004年版

2、熊治祁主编《中国近现代名人图鉴》，湖南人民出版社2002年版

3、刘国铭主编《中国国民党百年人物全书》，北京：团结出版社2005年版

4、杨家骆著《民国名人图鉴》（上、下），南京：辞典馆1936年版

5、《大革命写真画》，上海：商务印书馆编译所编，1912年版

6、李元信编纂《环球中国名人传略》，上海：环球出版社1944年版

7、（日）佐藤三郎编《民国之精华》，北京：写真通讯社1916年版

8、中国教育电影协会年鉴编纂委员会编《中国电影年鉴》，南京：中国教育电影协会1934年版。

9、叶衍兰、叶恭绰编《清代学者像传》，上海：商务印书馆1930年版

10、民国时期中央大学、复旦大学等校年鉴、纪念刊、毕业纪念册等，南京图书馆藏

索 引

后 记

本书的动议始于2005年。2004年11月，上海古籍出版社出版了华人德主编的《中国历代人物图像集》，共收历代人物约3000人，其中含近代人物约600人。考虑到近现代人物的重要性，同时鉴于上述历代人物图像集收录近现代人物较少，且人物只截止于晚清辛亥革命时期，所指"历代"实际上未包括民国在内，上海古籍出版社遂想以民国人物为主，将中国近现代人物图像加以扩充。恰好南京图书馆自2004年起，开建了全国公共图书馆"中文文献资源共建共享"大型项目《中国近现代文献图像数据库》，已积累了相当数量的图片资料，其中人物图像又占绝大部分。于是，上海古籍出版社和南京图书馆商议，决定由南京图书馆负责编撰《中国近现代人物像传》。

如众周知，南京图书馆前身为江苏省立国学图书馆和民国中央图书馆，所藏晚清和民国文献非常丰富，近现代人物图像亦在富藏之列。本书所收入的4255幅人物图像绝大部分采自于馆藏晚清或民国图书期刊，有很强的原始性和珍稀性；为弥补馆藏中晚近人物图像的相对缺失，故有极少部分采自新中国成立后、尤其是近年出版的人物图像书籍。必须说明的是，虽然我们尽了很大的努力，这本像传仍然存在很多的不足。我们的遗憾主要有二：一是有的图像质量还有欠缺，二是一些重要政治人物因各种原因而未收录。这些都希望得到读者的谅解和指教，以便我们今后修订、完善。

本书的编撰自始至终得到上海古籍出版社和南京图书馆领导的大力支持和具体指导，责任编辑谷玉女士在编辑、修订、校对诸方面付出了辛勤的劳动，在此一并表示感谢！

本书由南京图书馆该课题组编辑（编撰人员名单见卷首），本书初稿编撰完成后，徐亚玲和刘小云作了部分文稿的初校，全书最后由陈希亮、夏彪统一校核定稿。

《中国近现代人物像传》编委会

2011年10月

图书在版编目(CIP)数据

中国近现代人物像传／南京图书馆编. —上海：
上海古籍出版社,2011.12
ISBN 978 - 7 - 5325 - 6163 - 6

Ⅰ. ①中… Ⅱ. ①南… Ⅲ. ①历史人物—列传—中国—近
现代—图集 Ⅳ. ①K820.5 - 64

中国版本图书馆 CIP 数据核字(2011)第 236140 号

中国近现代人物像传

南京图书馆 编

上海世纪出版股份有限公司 出版
上 海 古 籍 出 版 社

(上海瑞金二路 272 号 邮政编码 200020)

(1)网址：www.guji.com.cn

(2)E - mail：gujil@ guji.com.cn

(3)易文网网址：www.ewen.cc

上海世纪出版股份有限公司发行中心发行经销

金坛古籍印刷有限公司印刷

开本 787×1092 1/16 印张 71 插页 5 字数 450,000

2011 年 12 月第 1 版 2011 年 12 月第 1 次印刷

印数：1 — 2,300

ISBN 978 - 7 - 5325 - 6163 - 6

K·1462 定价：258.00 元

如有质量问题,请与承印公司联系